《当代中国人物传记》丛书

书名题字：江泽民

彭雪枫传

《彭雪枫传》编写组　著

当代中国出版社
Contemporary China Publishing House

图书在版编目（CIP）数据

彭雪枫传 /《彭雪枫传》编写组编 .—北京：当代中国出版社，2007.7（2025.7 重印）

ISBN 978-7-80170-311-8

Ⅰ. 彭…　Ⅱ. 彭…　Ⅲ. 彭雪枫（1907~1944）—传记
Ⅳ. K825.2

中国版本图书馆 CIP 数据核字（2007）第 101939 号

出 版 人　蔡继辉
责任编辑　姜楷杰　柯琳娟
责任校对　康　莹
装帧设计　北京华子图文设计公司
出版发行　当代中国出版社
地　　址　北京市地安门西大街旌勇里 8 号
网　　址　http://www.ddzg.net
邮政编码　100009
编 辑 部　（010）66572264
市 场 部　（010）66572281　66572157
印　　刷　北京润田金辉印刷有限公司
开　　本　720 毫米 × 1060 毫米　1/16
印　　张　28.5 印张　6 插页　插图 69 幅　469 千字
版　　次　2015 年 8 月第 3 版
印　　次　2025 年 7 月第 3 次印刷
定　　价　128.00 元

《彭雪枫传》编审委员会

《彭雪枫传》编写组

出版说明

1982年，中共中央书记处讨论通过、中共中央宣传部发文布置在全国范围内编写出版《当代中国》丛书。根据编写计划，《当代中国》丛书依内容共分为五类，人物传记是其中之一。由于人物传记涉及方方面面，情况繁杂，且编写时间长，1991年人物传记从《当代中国》丛书中分立出来，确定为《当代中国人物传记》丛书。

《当代中国人物传记》丛书编辑委员会在丛书第1版总序中说：

"二十世纪的中国，是一个风云际会、英杰辈出的时代。正是伟大的时代造就出灿若群星的历史伟人；也正是历史伟人们艰苦卓绝的奋斗历程和忘我建树的光辉业绩，才能充分地体现着潮流之所趋、人心之所向，才最深刻最生动地反映着奔腾前进的伟大时代。他们一生的业绩，恰恰构成了从旧中国到新中国这一旷古未有的历史性大变革的缩影。正因为这样，修撰作为中华人民共和国缔造者的一代杰出历史人物的传记，其意义自是远远超越记述个人身世的范围。这套传记丛书，无疑应当看作是，当代中国千百万爱国志士、革命先驱的杰出代表用毕生的血和汗谱写出的挽救祖国、振兴中华的可歌可泣的历史画卷，它将是永远矗立于世世代代人民心中的革命丰碑。《当代中国人物传记》丛书中的每一部传记，都可读作当代中国的救国史，中华人民共和国的开国史、建国史；每一部传记都可读作结束中国苦难危亡命运的革命史，披荆斩棘建设社会主义的奠基史、创业史。"

"《当代中国人物传记》丛书，首批编撰的是中华人民共和国建国时期的开国元勋和各方面的最杰出人士的传记。这批传记的主人公将包括：党和国家的主要领导人（其中毛泽东、周恩来、刘少奇、朱德、邓小平、陈云的传记，将由中共中央文献研究室编写、出版)、人民军队中功勋卓著的元帅、参与新中国创建大业的各民主党派的领导人和各方面的著名爱国人士、贡献突出的著名科学家、文学家和艺术家，以及为中国民主革命事业和社会主义事业做出重大贡献的国际主义战士，等等。毫无疑问，他们既是当代中国最卓越的代表，同时也是彪炳千秋青史的历史巨人。当然，如同一切历史人物一样，我们时代的杰出代表也不可能不受到历史条件的限制，也必然会具有这样那样的弱点、短处，一生中也不免会发生这样那样的某些过失。但是，所有这些，当如日月之蚀，堂堂正正公之于众亦无损于他们形象的光辉。他们为中华民族创建的功业，他们的革命精神、高尚情操，他们的鸿才睿智、嘉言懿行，无不震古铄今，垂范后世。这是中华民族一份永远值得倍加珍摄的宝贵精神财富。”

“愿人们从这部《当代中国人物传记》丛书中，以这些历史人物的光辉业绩为典范，学习他们的革命献身精神、爱国主义情操和坚定的社会主义信念，为中华民族的历史伟业做出更大的贡献。”

我社有幸承担了《当代中国人物传记》丛书的编辑出版工作，自1991年以来陆续出版了一批中华人民共和国开国元勋的传记，获得很好的社会影响。我们将继续按照丛书的编辑出版方针，把《当代中国人物传记》丛书编辑出版工作做好，以飨读者。

书中图片绝大部分为本书编写组提供，因时间仓促等，有的图片未能注明著作权，特致歉。请相应著作权人知晓后，与当代中国出版社总编室联系(电话：010-66572131)，以便我们再版时准确署名及支付稿酬。

当代中国出版社

2021年11月

彭雪枫（摄于1942年）

文武兼备一代英才
功垂祖國澤被長淮
江澤民
一九九七年八月十六日

目　录

第一章　少怀壮志 …… **001**
一、中原农家子 …… 001
二、家教和初等教育 …… 003
三、向苦难和邪恶挑战 …… 006
第二章　华北求索悟人生 …… **010**
一、赴津京求学 …… 010
二、就读南苑军官子弟学校 …… 012
三、随军北迁绥远 …… 016
四、任中学党支部书记 …… 022
第三章　秘密战线经考验 …… **028**
一、“卖文”为生待时机 …… 028
二、投考开封训政学院 …… 030
三、到山东搞兵运和农运 …… 034
第四章　转战中央苏区 …… **041**
一、参加红军第五军 …… 042
二、率部首登长沙城 …… 044
三、参加中央苏区三次反“围剿” …… 053
四、在“乐安事变”前后 …… 068
五、转战闽西与喋血八角亭 …… 076
第五章　万里长征到陕甘 …… **083**
一、任军委作战局长 …… 083
二、四渡赤水 …… 088

三、抢渡金沙江、大渡河……100
四、过雪山草地……105
五、随红一方面军主力到达陕甘……112
六、参加直罗镇和东征战役……115
七、入抗日红军大学学习……120

第六章 致力于西北、华北统战工作……123
一、密赴西安……123
二、出使太原……128
三、筹建红军联络站——“彭公馆”……133
四、巡视平津济……137
五、主持八路军驻晋办事处……144
六、宣传抗日与作《游击队政治工作》报告……151
七、撤离太原和创办临汾学兵队……159

第七章 运筹中原抗战……168
一、新的使命……169
二、整编第八团与改造安段团……176
三、开办竹沟军政教导大队……180
四、竹沟统战与智退夏团……185
五、组建新四军游击支队……191
六、创办《拂晓报》……198

第八章 挺进豫东敌后……206
一、誓师东征……206
二、杜岗会师……211
三、窦楼首战告捷……216
四、回师睢杞太……220
五、重建拂晓剧团……225

第九章 开辟豫皖苏抗日根据地……232
一、白马驿整训……233
二、开辟亳永地区……236
三、书案店卖马度春荒……238
四、进军淮上……244
五、新兴集的金秋……252

六、抗议“竹沟事变”……256
七、不朽的丰碑……260
第十章 在“坚持与扩大”中发展……264
一、“我们的斗争方针”……265
二、边战斗，边建设……268
三、向中共中央提出加强淮北的建议……275
四、为建设铁的党军而斗争……280
五、“山雨欲来”时……284
第十一章 三个月反顽斗争……291
一、“首当其冲”……291
二、奋战在日伪顽重兵夹击中……296
三、奉命率主力转移皖东北……304
四、仁和集会议与整训部队……307
五、创建骑兵团……313
第十二章 战斗在淮北苏皖边区（上）……318
一、参与指挥程道口战役……319
二、战友情深……323
三、粉碎日顽的“扫荡”与进攻……329
四、致力于部队的全面建设……332
五、从刻苦学习中提高……336
六、在边区参议会上作军事报告……342
第十三章 战斗在淮北苏皖边区（下）……348
一、在33天反“扫荡”中……348
二、捉放韩德勤……355
三、联系实际进行整风……363
四、作《时事教育总结》报告……368
五、关注人民武装力量建设……372
六、甘当人民的护兵……376
第十四章 回师收复豫皖苏边区……384
一、西进时机的到来……384
二、受命率部西进……386

三、初战小朱庄……390
四、击破顽军夹击方针的确立……396
五、再战八里庄……399

第十五章　浩气长存……404
一、将星陨落……404
二、中央遥祭……408
三、军中缅怀……411
四、人民痛悼……413
五、永远的纪念……418

生平大事年表（1907—1944）……423
后记……448

第一章　少怀壮志

彭雪枫是著名的军事家和无产阶级革命家。他出生的前后，正是清朝末期，中国进一步陷入了半殖民地半封建社会的最黑暗年代。帝国主义列强继强迫腐败的清廷签订了许多丧权辱国的不平等条约，强占或“租借”中国大片领土，取得在中国驻军、筑路、开矿、办学、传教等特权，控制中国的海关、外贸、财政、交通和金融等命脉，大量向中国输出商品和掠夺资源后，进而在中国加紧划分势力范围，纵恿清政府编练新军，加紧对中国的侵略和掠夺。中国陷入四分五裂的境地，中国人民更加置身于水深火热之中。

为了反抗外国侵略及其走狗的反动统治，中国人民进行了不屈不挠的英勇斗争，著名的有义和团运动、抗击沙俄入侵东北、抗击英军入侵西藏战争和辛亥革命战争。辛亥革命虽然推翻了清王朝统治，结束了两千多年的封建帝制，创立了中华民国，但是革命成果被袁世凯等封建军阀所篡夺，中国的半殖民地半封建社会性质和中国人民遭受屈辱的情况依然没有改变。辛亥革命后，帝国主义列强为了巩固和扩大其在华利益，竞相支持实行封建割据的各系军阀，造成各军阀间的长期对立和战争，给中国人民带来了新的灾难和痛苦。彭雪枫出生后，也同广大的人民一样，饱受着压迫和煎熬。

一、中原农家子

中原大地，山川秀丽，历史悠久，人文荟萃，是中华民族文明的发祥地之一。自古以来，群雄逐鹿，人才辈出。巍巍伏牛山，是英雄贤达的摇篮。南阳，从秦朝始即称南阳郡，唐代改为宛州，元代称南阳府。早在东汉光武帝刘秀时代，它就以号称“二十八宿”的大将重臣多出于此而名噪遐迩。人杰地灵、群英争斗的历史使南阳这个并不太雄伟的城镇威震八方，名垂史册。而在中国现代史上，南阳更因出了一代名将、无产阶级革命家和军事家彭雪枫，再添辉煌，名扬中外。

清光绪三十三年农历八月初二寅时（1907 年 9 月 9 日凌晨），彭雪枫出生在河南省镇平县城南七里庄一个耕读世家“六德堂”里。

镇平北枕伏牛山，南指汉水，西瞰湍河，东接南阳盆地，地势优越。它古名涅阳，课阳，号称“故宛西乡”。金代哀宗（金哀宗完颜守绪）正大三年（1226

年），改名镇平，数百年来，沿袭至今。它在中州众多属县中如珍似珠，光华灿烂，独具特色。

据史志记载，镇平除农产品外，还出产玉雕和丝绸。相传，镇平玉雕始于宋代。当地本不产玉，所用玉石材料，大半取之南阳独山。独山玉，质地坚硬细密，呈玻璃和珍珠之光泽，素有“透光玉”的美称。镇平县的能工巧匠云集县城，城内一街两巷的玉石店铺鳞次栉比，竞放光华，从而成为该县人民维系生计的重要手段。镇平绸，自明代起便成为名优产品，驰名中外。镇平绸，绸面条纹明显，如将它置于灯光之下，则如珠玉，色彩夺目，闪光发亮，因而素以“珠光绸”著称。再加上此绸具有防潮、耐高温、防腐和绝缘等特性，更受外商的青睐。因此，时至清代，镇平绸即“已骎骎驾南阳而上”，以致县北丝绸集散地石佛寺“附近村民几乎家家有机，人民赖以谋生无殊农田”①。到20世纪初叶，镇平绸每年输出两万多匹，销路日广，从事此业者亦日益增多。

彭雪枫出生的七里庄，因位于镇平城南七里而得名。七里庄西北角原有一眼喷涌而出的“蟒泉”，清澈的泉水顺着田沟蜿蜒南流。靠北面的称“上田”，靠南面的称“下田”，宽约一丈，水流不断，潺潺有声，滋润着方圆数里美丽富饶的肥田沃土。七里庄紧靠“上田”东南沿，村里住着一百多户勤劳朴实世代务农的农民。放眼望去，环村种植的带刺灌木林枝繁叶茂，郁郁葱葱，宛如一座绿色的围墙，天然的屏障。就在这溪流环绕、丛林掩映、茅舍错落的庄西头，有一座坐北朝南的幽静宅院，那便是彭雪枫的家。其家号“六德堂”，主人彭汝澜（亦叫彭如兰）。

当时，彭家院内种有棕树、桑树、红果树、葡萄树，枝繁叶茂；院外植有一园翠竹，挺拔向上，几幢砖瓦草房坐落其间，显得十分恬淡幽雅。加之，由于当时家里人口还不算多，拥有耕地二十多亩，依靠全家辛勤劳作，勤俭持家，生活尚且过得去，就更使祥和安适的“六德堂”充满欢声笑语，喜气洋洋了。

彭雪枫出生时，家里不仅有祖父和父亲、母亲，还有伯父、伯母和一个堂姐。祖父彭汝澜，通文墨，喜拳术，讲义气，是个颇有学问和道德修养的人。因他在胞兄弟中排行第六，故自取家号“六德堂”。他一生除农忙时日出而作，日落而息，辛勤耕作，养家糊口外，还曾倡办家塾，设帐教读，人称“西学”，名震一方。他平生主张“耕读传家”，轻视好逸恶劳，反对封建迷信，不信鬼，不信神，不信邪，在七里庄和邻村一带德高望重，深受乡里民众的仰慕和拥戴。

彭雪枫的父亲彭延泰，是个识字不多的农民，农闲时在家里搞点丝绸纺织，也曾一度外出当过织绸工人，挣钱贴补家用。后来，又曾和兄长彭延庆合伙在县城宅后街经营一个土杂商店，取商号“庆泰和”。他一生正直无私，为人憨厚，安分守己，勤劳苦干，口碑甚好。母亲王氏②，生于1882年，是七里庄附近大和营一家佃户的女儿，忠厚善良，勤劳朴实，具有中国妇女的传统美德。她婚后共

---

① 见民国《河南新志》上册卷四，河南史志1988年，第200页。

② 彭雪枫的继母亦姓王，湖北人。1951年冬在开封病逝。

生四个孩子，雪枫居长。后来彭雪枫曾经在书信中说过，他的父母“都是正直无私的人”，他们给了他“教养下的聪明”①。

彭雪枫的伯父彭延庆，毕业于法政学堂，一生大半时间从事教育，任过职员，是位旧式知识分子。伯母马氏，小榆盘村人。继伯母王氏，小刘营村人。均系一般家庭妇女。一家三代，亲密无间，和衷共济，直到1938年彭汝澜去世后，彭延庆、彭延泰兄弟二人才另立门户。分家后，彭延庆住老宅，南头一间草房，就是彭雪枫的出生地；彭延泰迁新宅，取号“泰和堂”，从1984年9月即辟为“彭雪枫同志旧居”。

彭雪枫的出世，给闻名乡里的耕读世家“六德堂”的家人，增添了无比的欢乐和快慰。“六德堂”喜添孙辈人，举家自然将他视为掌上明珠，特别是彭汝澜更为喜不自胜，关爱有加。在彭雪枫刚生下来时，彭汝澜让人在其床头拴个大红公鸡，三天后将鸡从院内掷出去，谁逮住属于谁。据说这样不仅可以驱魔消灾，而且还象征着男子汉展翅高飞，鹏程万里，吉祥如意。而后又把雪枫抱到三关庙，找到人称五方丈的老道士，为他押了生辰八字，起名“隆成”。接着，彭汝澜又为他起乳名“隆兴”，同时又按照家谱“修”字辈起了学名“修道”。很显然，彭汝澜真诚地希望彭雪枫长大成人之后，能够成就一番非凡的事业，从而使他的家道兴隆发达起来。

彭雪枫出生时，正值中国历史上最腐败没落的年代，正如鲁迅在一首《自题小像》诗中所描绘的那样：“灵台无计逃神矢，风雨如磐黯故园”。偌大的中国在帝国主义和封建势力的压迫下，在极度苦难和屈辱的深渊中不可自拔。他出生不久，中国很快陷入了四分五裂的军阀混战局面。乱世人不如太平犬，中国人民在内忧外患中度日如年，成了任人宰割的羔羊。中原地区更是豪强林立，土匪蜂起，灾害频仍，人民更加苦不堪言，处于水深火热之中。这时，彭雪枫又有二弟宝兴（1910年生，学名修教，后又易名之久）、三弟玉兴（1915年生，学名修学）相继出生，更加重了家庭经济负担。此时的“六德堂”家业日渐衰落，捉襟见肘，入不敷出了。这就是彭雪枫自幼年开始在贫穷痛苦中奋斗的环境。但是，正如毛泽东所说的那样：哪里有压迫，哪里就有反抗。压迫愈深，反抗愈烈；蓄之既久，其发必速。它决定了彭雪枫在黑暗中寻求光明的个性。这也是中国近现代历史上许多仁人志士敢于舍生取义，赴汤蹈火的真正根源和动力。

二、家教和初等教育

古人云：致天下之治者在人才，成天下之才者在教化，教化之所本者在学校②。彭雪枫良好的人生起点是从家教和启蒙教育开始的。

---

① 林颖：《彭雪枫家书》，文物出版社1985年版，第41页。

②［宋］胡瑗：《松滋县学记》。

彭雪枫的家庭是个典型的耕读世家。祖父彭汝澜是个正直无邪，富有爱国心、正义感和有文化有教养的农民；父亲和母亲为人忠厚老实，勤俭为本，并极有责任心；伯父彭延庆是个学养深厚、知识广博的教师。彭雪枫生长在这样的一个家庭里，他耳闻目睹的是半殖民地半封建社会中的种种不平等现状，厌恶和憎恨的是地主豪绅、军阀和土匪对农民的压迫与剥削，同情和怜悯的是父老乡亲在苦难中的挣扎与呻吟。其次，祖父、伯父的文化修养的影响及言传身教的作用，使他很自然地受到中华民族优秀传统文化的熏陶。这样，在彭雪枫幼小的心灵里，便播下了爱祖国、爱人民的思想种子。

彭雪枫天资聪明，勤学好问。从四五岁起，便跟祖父读书识字，听民间故事。《三字经》《百家姓》《千字文》一类儿童启蒙读物，就是在这时候学的。《三国演义》《水浒传》《杨家将世代忠义志传》《说岳全传》中叱咤风云的英雄人物以及民间传说里陈胜、吴广、李自成等农民起义领袖的生动鲜活形象与豪情壮举，都铭刻在他幼年的记忆里，对他忧国忧民的思想和勇于反抗封建压迫的个性形成产生了重要的促进作用。彭雪枫在回忆自己的成长道路时说，除了参加革命以后，“长长的党的教育”外，就是幼年“短短的家庭教育”了。“祖父给我幼小时的一点‘文化’”，尤其是“国文这种文化水平”就是“祖父教我的”[①]。从此可以看出他对祖父的怀念和感激之情溢于言表，发自肺腑。

这时除了祖父闲暇时的言传身教外，自然还有在地主家当私塾教师的伯父的良好影响和教育。在富家子弟集中的私塾学堂里，彭雪枫不以家境的贫寒和地位的卑下对学业稍有懈怠。相反，他却牢记“贫贱不能移”和“威武不能屈”的名训，以古人头悬梁、锥刺股的精神，刻苦攻读。其胞弟宝兴在回忆雪枫在陈园随伯父伴读的情景时说：“当你很小的时候，伯父给财主家教学，你也跟着念书。因为比别人穿的吃的都粗笨，曾经受人的小看和奚落，但你安心求学，丝毫不为这些所牵动。”[②] 宝剑锋从磨砺出，梅花香自苦寒来。逆境和清贫的生活磨炼了彭雪枫锲而不舍、水滴石穿的坚强意志，在不到三年的时间里，他跟着伯父熟读了《论语》《中庸》《大学》《千家诗》《诗经》《出师表》《赤壁赋》《滕王阁序》《南昌阁序》《李陵答苏武书》等许多古典名著。有些脍炙人口的佳作，如岳飞的《满江红》词，他不但能够背诵，而且对其大意要旨心领神会。伯父彭延庆每每为侄儿雪枫的天赋聪颖惊叹不已，时常为他的精学猛进称赞不迭，遂嘱其弟延泰送雪枫到县城仓房街初级小学校，即“仓房学堂”继续读书。

1916 年春，彭雪枫踌躇满志转入镇平县城读书。东风习习，阳光明媚，万象更新。展现在彭雪枫面前的一切，都使他感到无比新奇和美好。由于家学扎实的底蕴和自己的刻苦努力，在仓房学堂，彭雪枫的学习成绩年年名列前茅，名扬全城。1919 年春，有一天省里一位视学先生到该校察看与督导，得悉彭雪枫学

---

① 林颖：《彭雪枫家书》，文物出版社 1985 年版，第 43、42、41 页。

② 彭之久：《悼胞兄雪枫同志》，《解放日报》1945 年 4 月 1 日。

习如何优秀的反映，便想当面口试问个究竟。于是，他就用命题考问的方式考问彭雪枫所在班级的学生。因题目难度大，又是考问，他提的问题多数学生都面面相觑，不敢回答，而彭雪枫却从容不迫，面无难色，对答如流。这位视学先生听后击节赞赏，于是决定免试让他直接升入县城察院高等小学校读书。

镇平察院高小，又称模范高小，位于县城北关察院街。门前一对威武雄壮的石狮，院内古柏苍翠、挺拔遒劲，青灰色的屋宇房舍，均使这座当时镇平的最高学府显得神秘莫测，高不可攀。然而，就在那位视学先生推荐下，1919 年春，彭雪枫怀着对未来的美好憧憬，步履轻盈地跨进这所神圣的殿堂，开始了他少年时代又一新的学习历程。

彭雪枫入学伊始，便深感此次学习机会难得，来之不易，于是更加惜时如金，废寝忘食。这时，他的两个弟弟渐渐成长起来，大弟也要上学，家境日趋窘迫，使雪枫的学习条件更为艰苦，难以为继。但彭雪枫知难而进，孜孜不倦，努力学习。他的二弟宝兴深情地回忆道：因为家里穷，“我们穿鞋也很困难。你在上高小时为了省鞋，从城里回家，常是光着脚走路，直到村边，才把手提着的鞋穿上。回到家，不休息，总是帮助父亲种地，帮助母亲做饭。夜里，我睡醒一觉了，你还在念书”。[①]

随着年龄的增长，阅历的丰富，文化水平的提高，面对民国以来社会的动荡不安和人民的疾苦，彭雪枫渐渐了解了封建地主阶级对劳动人民的压迫和剥削，帝国主义列强对中国的侵略和欺凌，是中国国势日衰和人民苦难的根源。于是他那潜在的爱国忧民思想和埋藏在心底的反抗意识，便随着时代的前进以崭新的形式不可阻遏地迸发出来。

1919 年是现代中国历史的伟大开端，是一个翻天覆地的年代。这年 5 月 4 日，即彭雪枫刚进镇平察院高小不久，北京爆发了群众的反帝爱国学生运动，并且很快发展到全国 20 个省区，100 多个城市，它突破了知识分子的狭小范围，成了有工人阶级、小资产阶级和民族资产阶级参加的全国规模的革命运动。“外争国权，内惩国贼”的呐喊也唤醒了沉睡千年的镇平县城。一天，县城十字街口贴出了一幅日本帝国主义侵略朝鲜的漫画，引起了群众的围观和议论。恰巧，彭雪枫正好由学校出来走到那里。他目睹漫画所描绘的朝鲜迭遭日本侵略的悲惨景象，联想到祖国即将面临同邻邦一样可悲的命运，不禁怒火中烧，愤怒地举起那小而有力的拳头，振臂高呼：“中国人民团结起来，打倒卖国的北洋军阀，不要像朝鲜一样的给日本当牛马！”[②]他的呼喊，激发了许多围观群众的爱国热情，阵阵“打倒帝国主义”“打倒北洋军阀”“惩办卖国贼”等口号声此起彼伏，震撼着这座古老的中原城镇。

五四运动后，彭雪枫的爱国热情益发高涨。他边努力学习文化科学知识，边

---

① 彭之久：《悼胞兄雪枫同志》，载《忆彭雪枫同志》，河南人民出版社 1979 年版，第 51 页。

② 彭之久：《悼胞兄雪枫同志》，《解放日报》1945 年 4 月 1 日。

探索救国拯民的革命道路。这时，他本着自己所熟知的民间传说和当时他所能够接触到的一点新文化新思想，认真考虑和整理自己的思绪，写出了两篇具有现实意义的作文。一篇题目叫作《李自成打梁寨》，一篇题名为《和家姐谈女子无才便是德》。很显然，此时彭雪枫心里所向往的革命，是要仿效闯王李自成式的农民起义推翻封建政权，同时又要发动社会最底层包括妇女在内的人民群众。这样寓意深刻，说理透彻，笔墨酣畅的文章，经过老师推荐在察院高小传阅，轰动全校，彭雪枫更为广大师生所注目，称羡不已。日月如梭，时节如流，两年倏忽而过。彭雪枫将在察院高小结业，一位直接给雪枫授课的老师曾特意把他招来，无限感慨和深情地对雪枫说："我（已）教不了你了，你应该到外边去深造！"[①]

深造，继续充实自己的文化科学知识，当然对雪枫来说是极其需要和梦寐以求的。但是冷酷的现实却与人们的良好愿望相悖，等待他的并不是什么深造，而是失学，以及失学后的痛苦抉择。

三、向苦难和邪恶挑战

"少年心事当拏云，谁念幽寒坐呜呃。"[②] 正当彭雪枫踌躇满志的时候，却因荒年歉收和家庭经济拮据而不幸失学了。1921 年春，彭雪枫辍学在家，一面跟着父亲学织绸和干农活儿，一面等待时机到外地求学。家境的贫困，衣食无着，他每前进一步，都要以无比的勇气和顽强的毅力去克服前进道路上的艰难险阻，并付出许多沉重的代价。因此，从彭雪枫的个人生活道路上看，在他的幼年和少年时期，就"具备了英勇机智、爱国爱民的优良品质"。[③] 后来，彭雪枫在给家人的信中也曾谈到自己的过去说：我是一个"自幼从苦难之中奋斗出来的人"，"是敢于而且曾经向苦痛挑战的人！"所以，"生活上的刻苦性，对物质享受的淡薄"以及"严以律己"等等，就已经成为我"今天的习性"和"习惯"[④] 了。

彭雪枫的少年时代，是近现代中国革命风起云涌，急剧变化的时代，同时也是中国封建社会末期和民国初期最黑暗、最反动的时代。在这样的社会里，兵荒马乱，匪势猖獗，灾患横流，民不聊生。特别在人称"匪穴"的豫西山区，更是兵匪交加，为害剧烈。因此，在彭雪枫刚刚懂事的时候，祖父便常常这样谆谆叮嘱他："咱是河南镇平七里庄的人，可不敢（要）忘记了！"[⑤] 担心他说不定哪一天，一旦被土匪抓走或同家人失散了，找不到家，而流离他乡。

为了防范土匪的骚扰和劫掠，护卫自己的家园，素以民性强悍著称的中原

---

① 闻国栋：《彭雪枫的青少年时代》，载中共河南省委党史资料征编委员会：《功垂祖国——纪念彭雪枫同志牺牲四十周年专辑》，河南人民出版社 1986 年版，第 318 页。

②［唐］李贺：《致酒行》。

③ 彭之久：《悼胞兄雪枫同志》，《解放日报》1945 年 4 月 1 日。

④ 林颖：《彭雪枫家书》，文物出版社 1985 年版，第 49、43 页。

⑤ 彭之久：《悼胞兄雪枫同志》，《解放日报》1945 年 4 月 1 日。

人民很早以前就借助中华传统的武术以自保。彭雪枫的祖父彭汝澜虽然略通招式和路数，但是仅仅为了健体防身，从来没有一般武林术士“设坛教授”和比武较量之举。彭雪枫自幼年起便“闻鸡起舞”，天天跟着祖父练习武术，锻炼体魄和意志。据说，彭雪枫在跟着祖父练武以前，就喜欢玩一种叫“攻土城”和以竹竿代战马骑的游戏。骑竹马时，一群孩子总是两旁列阵，彭雪枫位居中心，步伐整齐，队形威严，绕着七里庄转圈子，喊口号，俨然一派将帅披挂出征的气概。玩“攻城拔寨”时，他带领同伴们在路旁空地上用砖头、瓦块摆成墙垛，然后跑步或匍匐前进攻城。有一次正在演习攻城时，他们的“城池”不慎被行人碰坏了，雪枫等人一齐起而围着那位行人，非让他重新给摆好不可，直闹得在场的人笑得前仰后合，不知该劝谁好。稍长时，真的学骑马了，又不慎因骑马而摔伤了胳膊，但他只是咬牙忍痛，不哭也不喊。有时为了练习快跑和学习古典小说中侠客义士“飞檐走壁”一类的功夫，曾腿绑沙袋和铅丸，把小腿磨得像蜂窝一样，亦毫不在乎，还自得其乐。

有一年春天的一个漆黑夜晚，一股土匪窜扰七里庄，村里顿时枪声大作，火光烛天，鸡鸣狗叫，乱作一团。他的父亲和弟弟手足无措，躲在家里，不敢出门。彭雪枫镇定自若，把父亲和弟弟引到村外的田沟边，让他们隐蔽在茂密的荆棘丛中。由于荆棘盘根错节，枝叶稠密，钻不进去，彭雪枫急中生智，用棉衣裹着父亲与弟弟的头，拨开棘条，让他们钻了进去，一直待到天亮。而彭雪枫自己则背着土枪，和村里的其他年轻人巡逻放哨去了。

为防匪御兵，保卫家乡，在近代的河南，一种带有封建迷信色彩的群众自卫武装红枪会应运而生。由于红枪会以“吞符念咒，可避枪炮”相号召，并在农村“广为设坛，习练红枪”,“乡人习之……遍于全省”[①]，从而成为当时河南农村中的一种普遍而强大的社会势力。彭雪枫与其祖父一样，反对迷信，不信鬼神，远离妖孽。一天，有支红枪会的一些人到七里庄，以上述伎俩妖言惑众，骗人入会。彭雪枫拿过一颗红枪会用过的子弹对乡亲们说：你们看，他们用过的那些子弹里没有火药，是假的！当场揭穿了“红枪会把药倒去，反说打不入身的骗术”[②]。红枪会会首眼看阴谋败露，无法挽回面子，只好收兵回营，悻悻而去。这样一来，七里庄竟无一人参加红枪会。后来，在彭雪枫的宣传鼓动下，七里庄的广大群众依靠自己的力量，购买枪支弹药，并在村口要道安放耙齿，设置障碍，建立哨棚，日夜巡逻放哨，形成了全村团结御侮、保卫家园的自卫局面。这时，年轻的彭雪枫除了成为学校的“模范娃”外，又“已成为村里的中心人物”[③]，深受乡亲们的喜爱。

社会的动乱不安，灾祸丛生，使彭雪枫养成了机智勇敢和自强不息的坚强性

---

①《晨报》1921 年 7 月 16 日。
② 彭之久:《悼胞兄雪枫同志》,《解放日报》1945 年 4 月 1 日。
③ 彭之久:《悼胞兄雪枫同志》,《解放日报》1945 年 4 月 1 日。

格；残酷的阶级压迫和剥削的现实生活，又使他对当时的统治者和吸血鬼充满了不共戴天的仇恨，对受苦受难的劳动人民怀着深切的同情。这对彭雪枫尔后的成长起着奠基石的作用。

由于家庭的贫困，入不敷出，使彭雪枫一家终于难逃地主富商高利贷的盘剥。有一年的阴历年除夕，一个凶狠的地主老财坐在彭家讨债不走。因为没有钱还债，雪枫的父亲躲着不敢露面，他的母亲也愁得手足无措，连连向债主求情，容许他们过了年再想办法还钱。看着地主老财穷凶极恶的样子，年轻气盛的彭雪枫气愤不过，便大骂这个狠心的财主是“讨债的凶鬼！”还有些时候，当这些讨债的“凶鬼”索债殴打穷人，他便帮助穷人三拳两脚地把这些“凶鬼”打回去。

因为人穷，社会地位低下，常被有钱有势的人瞧不起，有时还无缘无故受到侮辱和欺凌。有一次，彭雪枫和父亲由县城回家，在城门口被一个看守城门的警察突然拦住，并不容分说地在他父亲挎的篮子里胡摸乱翻，无理地进行搜查。他父亲是一个非常安分守己的人，行为不轨的事从来找不到他，虽然遭到这般无礼的对待，还是含垢忍辱。但是事出意料，灾祸降临，那个门警却从他的篮子里摸出一排子弹，于是便声色俱厉，破口大骂，并强行罚款。这分明是有意敲诈勒索，栽赃陷害。面对警察这种横行霸道，欺良侮善的可耻行径，彭雪枫和他的父亲看在眼里，恨在心头，但是人在矮檐下，不得不低头。他们有理难辩，只得忍气吞声，忍辱受罚。彭雪枫怒火满腔，恨不得一拳砸碎这暗无天日的旧社会。不久，一个土豪劣绅的儿子，拿着一副望远镜得意忘形地向一些穷人家的孩子夸耀他的富有，但又不让那些穷孩子们看一眼，表现了富家纨绔子弟特有的做作和吝啬。这时，积压在彭雪枫心中的忿恨和不平，再也按捺不住了，便走上前一拳把他打翻在地，为自己也为一帮穷孩子们痛痛快快地出了一口恶气。

此后不久，一天他和二弟宝兴在县城街上，看见县府里的一个衙役极端蛮横粗暴，当众白白地拿走了一家玉石铺的珍藏宝玉——“透光玉”和“点翠玉”。这家玉石铺的掌柜跟在差役后面连声呼喊，叫苦不迭，但看热闹的人谁也不敢出面干预，只得听之任之。此时，彭雪枫见状，大步流星赶上前去，一把揪住差役不放，要他交出宝玉。差役横眉立目，哪里肯依，彭雪枫拳脚并用，狠狠揍了差役一顿，夺回宝玉，还给了店主。从此，雪枫和那玉石铺的掌柜等人结下了不解之缘，并和该店铺的小徒弟交上了朋友。当看到那些小学徒长年累月地待在磨床边，两只小手整天泡在水里，便十分同情和关心他们，有时便鼓励他们读书上进，以便将来自谋生路，脱离苦境。

“丈夫贵兼济，岂独善一身。”① 少年的彭雪枫继承与发扬中华民族兼济天下的传统美德，满腔热情，极富正义感和同情心，特别是对穷苦百姓，只要有可能，他总是千方百计想方设法给予无私的救济和援助。他的胞弟宝兴回忆其兄这方面的事迹时说：有一年冬天，地冻天寒，“好多难民住在村里，他们饿得在街

① ［唐］白居易：《新制布裘》。

上抢馒头吃，你不仅劝阻索馒头的人打骂难民，并且还给难民们送饭送菜，使他们在饥寒交迫中，才得以不死。”①

1921年上半年，由于上年秋天豫西南各县天旱不雨，河水干涸，土地龟裂，七里庄一带的大片庄稼亦同其他地区一样颗粒无收。镇平周围各县许多青壮年为生活所迫，不得已上山落草为“寇”，向为富不仁者打家劫舍。当青黄不接的时候，镇平县小刘营一带的村民“拉杆”而起，号称“‘白道僧’查衙门”，实际上是饥民走投无路，铤而走险，愤砸县衙，开仓济贫。当暴动队伍赤着膀子，手执火叉，威风凛凛，浩浩荡荡从七里庄东岗向北开进时，辍学在家、度日艰难的彭雪枫也和村里的男女老少一样在村头翘首相望。过去，他只是在书本上和他爷爷所讲的故事中了解些历史上农民起义的英雄事迹，他自己也曾写过《李自成打梁寨》的文章，可是从来没有亲眼看到过农民揭竿起事的情景。现在，他目睹了农民大无畏的壮举，心情格外激动，于是便对身旁一位长者提议说：“给咱们村上的人都说说，大伙一起去，把县官赶跑，就不用纳粮了！”②当时，站在他身边的父亲赶紧向他使了一个眼色，示意他不要乱说。但他却安之若素，不以为然。事后，他逢人便讲，只有像“白道僧”那样不怕官，不怕压，敢于和官府斗，乡亲们才能扬眉吐气和有出头之日。

彭雪枫这种朴素的阶级反抗意识，是蕴藏在广大的中国农民群众中宝贵而又具有伟力的革命火种。它一旦得到马列主义的洗礼和工人阶级先锋队的点燃，很快就会成为燎原之势，转化为改天换地的伟大革命力量。然而，在中国共产党尚未成立之时，他们的这种革命的愿望和革命行动，是无法实现和成功的。事实上，镇平县“白道僧”的起事同全国其他各地的旧式农民起义一样，都因历史的局限和没有先进阶级的领导，在反动势力的镇压下不可避免地失败了。

“山重水复疑无路，柳暗花明又一村。”③就在“白道僧”起事那年夏秋之交，即1921年7月23日至31日，中国共产党第一次全国代表大会在上海召开，正式宣告，中国工人阶级的先锋队和领导核心中国共产党成立了。这是中国开天辟地的大事件，从此，中国的历史翻开了新的一页，中国革命的面貌为之焕然一新。中国共产党的成立，给灾难深重的中华民族带来了希望和光明。它像光芒四射的灯塔，照亮了中国人民斗争的道路。当然，这时处在穷乡僻壤的少年彭雪枫虽然不可能知道这一切，但是随着时代的潮流，他却自觉不自觉地走出了乡村，跑进了城市，开阔了视野，迈出了人生旅途中重要的一步。

---

① 彭之久：《悼胞兄雪枫同志》，载《忆彭雪枫同志》，河南人民出版社1979年版，第50页。

② 闻国栋：《彭雪枫的青少年时代》，载中共河南省委党史资料征编委员会：《功垂祖国——纪念彭雪枫同志牺牲四十周年专辑》，河南人民出版社1986年版，第312页。

③［宋］陆游：《游山西村》。

第二章　华北求索悟人生

1921 年秋，彭雪枫到华北求学时，中国共产党刚成立不久，虽然力量还很弱小，但它满怀信心地率领全党以改造中国为己任，为改变国内人民被压迫、被剥削的状况，为实现共产主义的远大理想，开始了艰苦卓绝、不屈不挠的斗争。

这个时期，各帝国主义列强，特别是日、英、美等国，加紧对中国的侵略和掠夺，企图进一步分割中国。日本在第一次世界大战期间，在中国攫取了大量的政治和经济利益。战后最初几年，进一步入侵中国东北和蒙古，扩大了在华势力。日本侵略势力独霸性的扩展，同英美帝国主义发生了尖锐的矛盾和冲突。美国在战后为了缓和国内经济危机，迫切需要占领中国广大市场。英国在中国拥有最大利益，战后又卷土重来，它和美国勾结起来对付日本。1921 年 11 月至 1922 年 2 月的华盛顿会议后，帝国主义在对中国问题上"机会均等"和"门户开放"的原则下，竞相扩大各自在华势力范围，加紧在政治上、经济上对中国的控制和掠夺。它们对中国的商品输出和资本输出，使中国民族工业受到严重打击。广大农村进一步成为外国资本家推销商品、榨取原料的市场，农村经济更加凋敝。工人、农民的生活更加痛苦，破产失业沦为游民者激增，帝国主义列强间的矛盾加剧，使它们分别操纵的中国各系军阀之间的争夺更加激烈，战争连年不断。这更加重了中国人民的负担和灾难。

为了反对帝国主义、封建主义和军阀统治，在中国共产党领导下，工人运动、农民运动、青年运动和妇女运动逐渐开展起来。彭雪枫在天津、北京和绥远等地求学期间，就是在上述形势下开展工作的。

一、赴津京求学

大约半年之久的失学生活，彭雪枫虽然有着许多富有传奇色彩的动人故事，但对他这样一个抱有远大理想和求知欲极强的少年来说，毕竟是一段痛苦难熬的岁月。惆怅、迷惘和不平时常袭来，使他怏怏不快，苦闷不已，有时甚至彻夜难眠。

尽管这时的彭雪枫只是一位在黑暗中摸索、血气方刚的少年，但他敢于直面人生，勇于向邪恶挑战，是一个具有高尚灵魂的人。在 21 年后彭雪枫曾这样深有感触地说："读《日出》剧本或观《日出》演出的人们，当他已为一名革命战士时，他将更坚定更奋发更自感其为革命事业而奋斗的伟大与光荣！当他尚在黑暗之中——即‘太阳’尚未照在他的身上而他又具备着‘灵魂’时，他将走向‘太阳’”①。

彭雪枫所走过的道路，同曹禺在话剧《日出》中向人们所启示的道路是极其相似的。

1921 年春，由于上年秋季的灾害，豫西南的农村经济一派萧条，接踵而来的便是数以万计的饥民嗷嗷待哺，沿街乞讨，背井离乡。彭雪枫的祖父和父亲不忍眼睁睁地看着自家的孩子坐以待毙，更不愿让一个花季年华的少年孑然一身外出讨荒，同时又不甘心因为穷困而改变对雪枫寄予厚望的初衷。恰巧那时，适逢彭延庆已由成安县（今属河北省）携眷赴天津供职，地位和收入虽不高，但念及叔伯之情，到他那里总还有个落脚栖身之处。所以，他们决定让雪枫前往天津，投奔伯父，另谋生路，寻求发展。

1921 年初秋的一天，刚满 14 周岁的彭雪枫，带着祖父与父亲的谆谆嘱咐，拿着母亲交给他的 15 块银元，也就是他父亲为别人织绸攒下的一点积蓄，“背着被子离乡背井，脱离了父母亲邻”，凭着祖父和老师教给他的文化知识，父母教养下的聪明才智，开始“不依靠家而去自力更生了”②。

彭雪枫离开家乡，经历徒步、乘车，饱尝一路千里行程之苦，终于到达了中国北方第二大城市，闻名中外的商埠天津，找到阔别已久、时常思念的伯父彭延庆。伯父、伯母为爱侄雪枫的平安到达十分高兴，但同时又为他的生计和前途非常忧虑。为使他能够尽早上学读书，不再受失学之苦，伯父曾多方奔跑，并不惜典当衣物，终于使他得以在南开中学旁听。可是时过不久，因为伯父经济拮据，又使他失掉了旁听的机会。这样彭雪枫就不得不在外面找活干，自食其力受尽了折磨。正如他后来回忆所说：“所谓‘自力更生’，其中不知受尽了多少不堪的苦头！”③然而，正是由于他的吃苦耐劳，才受到时在冯玉祥部任书记官的族叔彭禹廷先生的钟爱和关照，“怜其聪敏，且嘉其志”，并慷慨拿出“自己薪俸之一部”④供其求学于冯玉祥在北京所办的军官子弟学校。从此，他安身立命，迈出了平生具有决定意义的一步。这就是他后来所说的“雪枫自幼随先叔禹廷公北游故都，受教南苑，戎马行伍，在外 20 年”⑤的开端。

彭禹廷，生于 1893 年，原名彭延忠，又名彭锡田。北京汇文大学肄业。1921 年 10 月，由南阳随冯玉祥入陕西，被荐为西北军第一师师长张之江的秘书长。1922 年 11 月，任书记官兼军法官，随冯部由开封入北京。1925 年夏，任察哈尔都统署秘书长。1927 年 8 月，脱离军界，倡办宛西地方自治，名震遐迩。

① 林颖：《彭雪枫家书》，文物出版社 1985 年版，第 39 页。

② 林颖：《彭雪枫家书》，文物出版社 1985 年版，第 41 页。

③ 林颖：《彭雪枫家书》，文物出版社 1985 年版，第 41 页。

④《彭故师长雪枫同志传略》，《拂晓报》1945 年 1 月 10 日。

⑤《告南阳同乡书》，《拂晓报》1941 年 4 月 21 日。

1933 年去世。

刚到北京的彭禹廷，从族兄彭延庆那里得悉族侄修道失学在天津，并有志勤学苦干，甚是称赞嘉许。同时，他又一向喜欢“接济贫苦”，“延揽人才”[①]，雪枫有意跟随，正合其意。于是他慨然应允，并亲送雪枫到刚由湖南常德迁京的军官子弟学校继续上学，在生活和学业上，对其关心入微，视为亲生骨肉。

二、就读南苑军官子弟学校

1922 年底，彭雪枫以陆军第十一师官佐子弟的名义由天津到达北京，投入该部官佐子弟育德学校。该校原名为陆军第十六混成旅官佐子弟育德小学，1919 年由旅长冯玉祥创办于湖南常德[②]。1921 年 8 月，因冯旅扩编成第十一师，曾易名陆军第十一师官佐子弟育德学校，并于同年 11 月迁至北京崇文门方壶斋，不久又搬到西直门南小街井儿胡同。1924 年 10 月冯玉祥将该校扩充，改称育德中学，迁址于南苑团河[③]。团河是清代皇帝巡猎休息之所，院内碑志林立，古柏参天，楼阁高耸，轩窗掩映，曲径幽室，金碧辉煌，环境清静，风光秀丽，是办学读书的好地方。校长由杨慕时改为余心清[④]。冯玉祥将军曾说：“我在北京办的育德中学”，“校长派余心清任之。余为美国留学生，专攻教育，办事甚认真，极小之事亦不放过，故当时曾造就出不少的有为青年”。[⑤] 彭雪枫就是这些“有为青年”中的佼佼者。

彭雪枫进校以后，对严格的军校纪律和紧张的生活虽然有些不适应，但是他能够置身于中国六大古都之一的北方大都市、世界文化名城——北京，学习文化

彭雪枫（右）同育德中学同学合影

① 《彭禹廷与镇平自治》，1936 年，第 66、75 页。

② 《冯玉祥自传》，军事科学出版社 1988 年版，第 137 页。

③ 团河，为清代名苑“南海子”四大行宫之一，建成于乾隆四十二年（1777 年），面积达 400 亩。

④ 余心清（1898—1966），安徽合肥人，金陵神学院毕业。

⑤ 冯玉祥：《我的生活》（下），黑龙江人民出版社 1981 年版，第 377 页。

科学知识，接受军事操练，心中的自豪和愉悦是不可言状的。他和其他同学一样身着灰色军服，头戴大檐帽，吃着粗粮糙米，每天照例受着严格的军事教育和文化教育，上学犹如“投军”，可是他深知时光易逝，机会难得，不可使岁月蹉跎，于是谨遵冯玉祥“勤工苦读”的校训，“一面放哨，一面偷偷读书”，“几乎见书必读，逢报必看”，“追求知识如饥似渴”[①]他在别人的帮助下，通过社会科学教员借阅进步书刊，如饥似渴地阅读了《新青年》《语丝》和《共产主义 ABC》《共产党宣言》以及李大钊、鲁迅、邹韬奋等文豪、名人的著作、文章。犹如在漫漫的黑夜里，见到了灯塔。这就使彭雪枫接受马列主义，知道了俄国的十月革命和苏联的现状。一天，他和堂弟彭修敏由井儿胡同去南苑陆军检阅使署看望族叔彭禹廷，路遇一个衣衫褴褛的拉黄包车的男孩子，得知其家世极苦，便对他说：北京这些汽车和洋楼，总有一天……都要交给老百姓。见到彭禹廷后与他谈及此事，为穷苦人的遭遇深感不平。族叔说：这是个社会问题，并不稀罕。彭雪枫则争辩道：“咱们要照俄国那样干，10 年，20 年，啥都好了。”[②]从而不难看出，这时的彭雪枫不仅在孜孜以求先进的革命理论，而且时时关心民间疾苦，决心跟着共产党，走俄国十月革命的道路。

育德中学的学制原为四年，正式易名后改为新学制，初、高中各三年，另设小学部和一个特别班。彭雪枫开始在小学部高小班，后入中学部。他涉猎甚广，除认真学习学校所规定的各门课程外，还学习了做皮鞋的手工艺术。他读书学习刻苦，待人接物老成，深受教师的器重和同学们的敬重，不少人都亲切地称他为“彭君”。特别在“基督将军”冯玉祥善言嘉行的影响下，育德中学一时“基督”之风盛行，《圣经》是每个学生必读之书，《赞美诗》亦为每次学生集会时所必唱之歌。这不仅培养了学生“讲文明，讲礼貌，讲卫生，不打人，不说谎”的美德，而且使彭雪枫有机会熟悉、研究和按照自己的理解去阐释《圣经》。这对后来他在豫皖苏边区用以争取、教育和团结众多基督教友，使之参加到神圣而伟大的抗日民族统一战线斗争中来，无疑起到了重要作用。至于基督教所倡导的上帝“救赎人类”和对今世的“忍耐”“顺从”及迷信等消极的东西，则被他视如敝屣，嗤之以鼻，远远抛弃了。

学校紧张有序、严格生动的半军事化的学习生活，继续磨炼着彭雪枫吃苦耐劳、坚韧不拔的优秀品格。尤其是学校自 1923 年以来每年举行的“五七”国耻纪念活动和“真爱民，不扰民，誓死救国”教育，更激发着他的反帝反封建的爱国精神。彭雪枫品学兼优，学业与日俱进。他本可以依赖学校搬到团河以后的清静幽雅环境更好地陶冶情操，学习更广博的知识，不料事与愿违的事情戛然而至。由于彭禹廷家里人对雪枫的“忌妒”，“三番五次的反对”接济他读书，彭禹

---

① 林颖：《彭雪枫家书》，文物出版社 1985 年版，第 42 页。

② 闻国栋：《彭雪枫的青少年时代》，载中共河南省委党史资料征编委员会：《功垂祖国——纪念彭雪枫同志牺牲四十周年专辑》，河南人民出版社 1986 年版，第 315、316 页。

廷被迫突然中断了对雪枫的生活供给。这时，远离家乡、年少无靠的彭雪枫长夜难以入眠，“独自在被中饮泣”，其情甚凄。于是富有同情心、家庭富裕而又与他意气相投的同学纷纷向其伸出了援助之手，校长余心清对他特别垂青和关照，决定让雪枫在育德中学附属小学“一星期教七小时的国文”[①]，报酬每月十元。这使他兴奋莫名。校长和同学们的关爱和照顾，不仅使他免遭再度失学的厄运，而且使他更加惜时如金，发愤苦读，孜孜不倦。

学校的教育内容与严格、紧张而艰苦的半军事生涯，对彭雪枫军事素养的提高与反帝爱国、爱民思想及其一丝不苟的严谨作风的形成，均产生了重要影响，为尔后不久成长为学生领袖和无产阶级的先锋战士奠定了基础。

1924 年 9 月，直系军阀同奉系军阀间爆发第二次直奉战争。10 月 23 日，受革命影响的直系将领冯玉祥等率部从古北口、密云、怀柔等前线回师北京，发动政变，推翻直系军阀首领曹锟、吴佩孚控制的北京政府，并驱逐清朝末代皇帝溥仪出宫。直系在前方全线溃败，在北方的势力损失殆尽，吴佩孚逃往长江流域。这时，冯玉祥把自己的部队改称国民军，发表反对军阀割据、要求和平统一等具有一定进步意义的政治主张。但他迫于当时形势，又同反直系的奉系军阀首领张作霖、皖系军阀首领段祺瑞妥协，组成以段祺瑞为临时执政的北京政府。

北京政变后，冯玉祥致电邀请孙中山赴京共商国是，段祺瑞、张作霖亦发表文电表示欢迎。11 月，孙中山毅然接受邀请决定北上，并发表了《北上宣言》。他偕夫人宋庆龄，途经香港、上海，取道日本，辗转月余，终于在 12 月 31 日风尘仆仆抵达北京。

当时，中共中央支持孙中山北上，并于 11 月 19 日发表了《第四次对时局的主张》，号召全国人民团结起来，努力促进国民会议的召开。

由于孙中山的《北上宣言》和中国共产党对时局的主张代表了全国人民的愿望，深受各阶层民众的拥护，一个反对帝国主义侵略和促成召开国民会议的群众运动正在全国迅速兴起。因此，当孙中山由天津乘车到达北京车站时，北京十万多人冒着严寒，手持彩旗、标语，前往火车站热烈欢迎。彭雪枫当时作为育德中学的学生代表，也参加了热烈欢迎孙中山的群众队伍。十多年后，他在回忆当时的盛况时说：“记得当时我也是在中山先生车抵北平车站时前往欢迎的代表之一，群众要求孙中山先生讲话，满想一瞻中山先生丰采，却因中山先生病势沉重，而不可得。正因为群众的热望，中山先生的汽车在……群众热情欢迎中进了行辕。”[②]

1925 年 3 月 12 日，伟大的革命先行者孙中山因病医治无效，与世长辞，终年 59 岁。噩耗飞传，全国震痛。北京“各学校、各机关、各民众团体都臂缠黑纱，下半旗表示无限哀悼！没有任何通知，到处开追悼会，大家痛哭流涕，如丧

① 林颖：《彭雪枫家书》，文物出版社 1985 年版，第 42 页。
② 彭雪枫：《谁是中山先生主张的忠实执行者》，《拂晓报》1940 年 3 月 20 日。

考妣"[1]。育德中学师生在校长余心清主持下隆重召开追悼会，并和全国军民一样，从 12 日开始，左臂佩戴黑纱，持服一周，以志痛悼！

正当全国人民还沉浸在无限悲痛和哀思之中时，又发生了举国震惊的"五卅"惨案，激起了全国人民的无比义愤和反对。5 月 30 日，英国巡捕在上海南京路以排枪向游行的学生队伍射击，造成了数十人伤亡。当日晚，中国共产党召集中央会议，决定将斗争扩大到各阶层人民中去，号召上海人民实行罢工、罢课、罢市，抗议帝国主义的大屠杀行为，并组成行动委员会领导这次斗争。6 月 1 日，上海开始了轰轰烈烈的"三罢"斗争。接着，形成了全国规模的反帝爱国运动。消息传至北京，全城立刻沸腾。中共北京组织在北方区委和李大钊的领导下，很快组织了北京学生"沪案雪耻会"，同时加强了学生联合会的工作。6 月 3 日，北京各校师生员工 3 万多人举行罢课游行示威，并赴外交部敦请严重交涉。5 日，在中国共产党发表《为反抗帝国主义野蛮残暴的大屠杀告全国民众》书的同时，北京总商会开会议决先行对日本、英国经济绝交。10 日，北京各界召开北京国民大会，议决对付英、日议案二十条，声言面对英、日"此辈强盗之凶迹，如不共同奋斗，一致抗争，则举国民众，死亡无日"！会后，20 万群众冒雨游行示威 20 里，群情激昂，声势浩大，"形成了一幅火热的群众斗争壮丽图景"[2]。

在北京各界支持声援上海"五卅"反帝爱国运动的斗争中，地处北京南苑的育德中学也积极响应。当时，北京学联已派人到育德中学联络[3]。在北京学联的推动下，育德中学的学生"推出以彭雪枫为代表，向学校提出成立学生会，以推动反对英（日）帝国主义的学生运动。此项要求，得到校方的同情和支持。于是成立了学生会，一致推选彭雪枫为学生会会长"。[4]学生会成立以后，"以雪枫同志为首的具有爱国主义思想的同学，要求参加北平（京）学生的反帝游行示威，遭到校方拒绝。经过雪枫的多次交涉和斗争，终于迫使学校当局同意

北京各界群众游行示威的情景

① 彭雪枫：《谁是中山先生主张的忠实执行者》，《拂晓报》1940 年 3 月 20 日。
②《李大钊传》编写组：《李大钊传》，人民出版社 1979 年版，第 181 页。
③《纵横》1987 年第 4 期。
④《纵横》1987 年第 4 期。

了”他们的“正义要求”[①]。彭雪枫还把同学们分成小组，并曾率领张维翰、牛连文、赵子众、郭英、路庭训、张式哲同学，深入到学校附近的团河村、黄村一带农村，张贴反对帝国主义杀害中国工人的标语；同时召开群众大会，发表演说，揭露英国和日本帝国主义的罪恶行径。在所有这些“游行宣传活动”中，“雪枫同志带头高喊‘打倒帝国主义’的口号”，在学校“驻地北京南苑团河附近的农民群众中，产生了积极的影响”。[②]

这样，彭雪枫在“五卅”反帝爱国运动中便脱颖而出并崭露头角，并于这年即1925年6月由共青团北京地委书记唐从周介绍，光荣地加入了中国共产主义青年团。从此，开始了他“出生入死，致力革命二十年”[③]的光辉斗争历程，揭开了他“为革命奋斗，替人民服务”[④]的壮丽篇章。

三、随军北迁绥远

在“五卅”反帝爱国运动的鼓舞下，北方革命形势继续高涨。11月28日，北京工会和学生会在中共北方区委与李大钊的领导下，举行声势浩大的游行示威活动，提出“打倒段政府”“打倒奉系军阀”和“废除不平等条约”等口号，并且试图发动武装起义，推翻段祺瑞政府。北方革命形势的迅速发展，中国共产党在国民军中卓有成效的工作和冯玉祥的反奉与同情革命，使日本、英国帝国主义和直、奉、晋、鲁各派军阀如坐针毡，十分惶恐。

帝国主义和反动军阀把拥有四十万之众的国民军视为心腹大患，大造冯玉祥是“赤化”人物，国民军是“赤化”武装的舆论，必欲大张挞伐，彻底消灭而后快。于是，张作霖、吴佩孚、阎锡山、张宗昌等军阀在帝国主义支持下，拼凑“反赤大同盟”，组建“讨赤联军”，并调兵遣将从不同方向对国民军实施进攻。

面对剑拔弩张、战争一触即发的严峻形势，冯玉祥只好以“釜底抽薪”的办法，决然下野，赴苏联考察；同时又制定了保存实力、待机而动的战略方针，决定国民军撤离京津，集中察东、晋北，并以绥远、甘肃为后方。

1926年1月1日，冯玉祥通电下野。4日，冯将军政大权交给部下张之江代理，并由张家口移住平地泉。2月20日，英帝国主义策划“反赤”运动，主张以十万外国侵略军登陆消灭国民军。3月12日，日本帝国主义支持奉鲁联军反对国民军，以军舰驶入大沽口，掩护奉军进攻天津，炮轰国民军，被国民军击退。接着，日本联合美、英等八个帝国主义国家向北京政府发出最后通牒，提出拆除大沽炮台等无理要求；各帝国主义国家的军舰20多艘麇集大沽口，进行武

① 张维翰：《我所知道的彭雪枫同志》，载《忆彭雪枫同志》，河南人民出版社1979年版，第104页。

② 方中铎：《我们这辈人就是要干一番大事业》，载《忆彭雪枫同志》续集，河南人民出版社1981年版，第104页。

③ 刘少奇、陈毅挽雪枫词，《解放日报》1945年2月8日。

④ 彭德怀挽雪枫词，《解放日报》1945年2月8日。

力威胁。20 日，冯玉祥由平地泉出发赴苏联考察与游历。22 日，奉军李景林部占领天津。24 日，国民军执行“依次撤退的指示”，从天津“登上专用列车开往西部山区”[①]，退守南口。就在国民军从津浦、京奉等线向北京撤退的时候，育德中学亦接到随国民军西撤绥远特别区[②]的指令。当时，韩复榘、石友三、郑金声等部国民军在廊坊、高碑店、顺义等地同奉军激战正酣。育德中学已在隆隆的炮声中被迫停课，准备撤离。

3 月 28 日，天色灰暗，蒙蒙细雨下个不停。北京西直门火车站运输紧张，人心惶惶。育德中学师生员工被指定乘坐几节“闷罐子”车厢随军西撤。当时，由于校长余心清离校赴美，学校无人主持，以彭雪枫为首的学生会便承担起组织学校西撤繁重而艰巨的任务。原育德中学学生方中铎在《我们这辈人就是要干一番大事业——忆学生时代的彭雪枫》一文中深情地写道：“为了使数百名同学顺利撤退，雪枫同志按事先编好的车厢号码，把同学们分班编组，指挥同学有秩序地登车。旅途中，雪枫同志带领一批身体强壮的同学，分头负责向各车厢的同学发放馒头、咸菜和开水。一路上，火车开得很慢，塞外天气十分寒冷，加上又是坐的没有座位的‘铁闷子’车，许多年幼体弱的同学患了病，有的同学因为战火离乱，想家心切而痛哭起来。在这种情况下，雪枫同志虽然也是 20 岁不到的青年，但他却像大哥哥似的照料大家。入夜，他手执马灯，巡车查铺，给同学们添衣盖被，问寒问暖，关怀备至。当时，我正发高烧，泻肚子，卧病不起，粪便弄脏了衣服被褥自己无力清理，十分苦恼。雪枫同志看见了，一点也不嫌脏，亲手替我收拾得干干净净。由于他对我亲切、周到的照顾，使我在思想上受到极大鼓舞和安慰，病也很快地痊愈了。雪枫同志这种团结友爱的精神，给了我很大的教育，使我至今不能忘怀。”[③]

彭雪枫身负重任，心情十分沉重。他不仅感慨自己和同学们是“无枪阶级的老百姓”，途中曾因“兵车拥挤”而受阻，而当他在南口下车后发现南口已“挖遍了壕堑，蜿蜒盘曲，犹如蜘蛛之网”时，心里便蓦地闪出了一种无名的悲哀：“可怜无定河边骨，犹是春闺梦里人！”因为“那时候就轰传国民军退守南口。这壕堑是早先预备好的”[④]。

4 月 1 日下午，火车虽到达绥远的归绥（今呼和浩特市），车站迎面有名的大青山，那“青的山尖，红的山腰，白的山脚”，使他一饱眼福，但一路上的心事重重而又无可奈何的他，“爱怜世上的一切，同时又忘掉世上的一切”的他，却又在感叹归绥车站的落后破败，竟连一个“天桥”也没有。并且还自我解嘲地

---

① 郭绪印、陈兴唐：《爱国将军冯玉祥》，河南人民出版社 1987 年版，第 104 页。

② 1928 年改设绥远省，辖今内蒙古自治区乌兰察布盟、伊克昭盟、巴彦淖尔东部及呼和浩特市、包头市等地。1954 年撤销，并入内蒙古自治区。

③《忆彭雪枫同志》续集，河南人民出版社 1981 年版，第 105 页。

④ 彭修道：《塞上琐记》，载《国闻周报》卷五。

说：对此“我并不以为奇特，只是叹气罢了！”[①]

当天晚上，火车终于到达目的地，他们住进了归绥的新城学校新址。由于此次战事的影响，加上初到边塞僻地，学校秩序一时难以安定，彭雪枫和同学们只好看书，谈天，漫游。他们正值血气方刚、精力充沛之时，不顾疲劳，跑遍了归绥新城与旧城，接触了当地的少数民族，体察了淳朴而浓烈的风土民情，丰富了自己的知识和阅历。

这不仅使彭雪枫开阔了眼界，而且使其潜在的阶级意识急剧增长，他在《塞上琐记》中这样写道：“咱们人类，无论怎样劳辛，势必得有点儿娱乐相调和，也不至于感到人生的无味。然而现实界，多半又是相反！做工的成年成月得不到休息的空儿；享福者彻年彻月的淫乐，不受一点儿的累；天地般的悬殊！这怎能会不激起阶级意识来呢？”接着，他又写道：“我见到这些‘吹弹儿’的——权且杜撰这个名字吧——就起了敌视、卑鄙之念，如见了北京之养鹰育鸟者的浪子一般。自然绥远也免不了有‘财主’了！”这就是彭雪枫首次出塞，身临中国北疆边陲绥远后所得出的重要结论，对他尔后的人生革命道路颇有影响。

学校安顿下来后，教职员工已换了一批新人，原培德女校校长浦化人出任校长。他危难中受命，事繁且艰，力不从心，不仅房舍简陋无力修缮，而且学校在学生食宿生活和卫生医疗等方面多照料不周，学生心中不满。恰在此时，为众人所喜爱的席沿平同学却因病不治而死亡，引起了广大同学对学校当局的强烈义愤和不平。彭雪枫更不能容忍校方对学生的这种漠不关心的态度。他挺身而出，“偕同学代表和校方交涉，提出抗议，终于迫使校方为席同学开追悼会。在追悼会上，雪枫同志代表全体同学发表了慷慨悲壮的悼词，历数校方不关心同学疾苦，造成同学死亡的罪状。他号召同学们在远离父母，环境艰苦的条件下，要互相团结，互相爱护，学习席同学刻苦学习和反帝爱国精神。这是雪枫同志领导的一次很有政治意义的斗争”[②]。自此以后，以彭雪枫为首的进步同学在全校同学中威信倍增，团结友爱、互相关心、互相爱护的精神蔚然成风，并且形成了一种强大的凝聚力量。

归绥是中国的北部边疆重镇，1928 年设省后为绥远省的省会，1954 年改称呼和浩特市。这座塞外名城，自古以来为兵家必争的军事要地与古战场。自秦、汉、隋、唐等朝以来，有许多古圣先贤在这里活动，留下了不少动人的传说和不朽的遗迹，甚至还有一些时人和后人编写的故事，建造的人文景点。一天，彭雪枫在旧城一家照相馆门前发现挂有“昭君坟”和“焦赞墓”的一些照片，更引起了他凭吊“昭君坟”的强烈愿望。

王昭君名嫱，字昭君，西汉南郡秭归香溪（今属湖北省兴山县）人，汉元帝时被选入宫。公元前 33 年，汉朝和匈奴和亲时，匈奴呼韩邪单于入朝求亲，她主动要求出塞远嫁，后立为宁胡阏氏（皇后）。汉匈和亲后，汉朝出现了“数世

① 彭修道：《塞上琐记》，载《国闻周报》卷五。

② 方中铎：《忆学生时代的彭雪枫》，载《忆彭雪枫同志》续集，河南人民出版社 1981 年版，第 105 页。

不见烟火之惊，人民炽盛，牛马布野”的和平兴旺景象。相传昭君自沉黑河而死，遂葬于河南岸。然据大同府志记载，“塞草皆白，惟此冢草青”，因此世称青冢。历代文人雅士至此竞相题咏。1963 年 10 月 15 日，国家副主席董必武途经此地观光游览，曾挥毫赋诗：“蒙汉人同社，桃花艳一乡。”“黑河能供水，青冢尚留香。”③ 此诗句咏赞的就是王昭君的爱国行为和汉蒙两族和睦相处的团结精神。

青冢，位于归绥旧城城南约 25 公里（今呼和浩特市以南 9 公里）。为了拜谒青冢，彭雪枫犹如大旱而望云霓般的期盼等待着。一个阳光明媚、和风习习的北国夏日终于到来。彭雪枫约方中铎、牛连文、路庭训、郭英等十余位学友乘坐马拉的“轿车”前往。途中，他们不时地向车夫询问有关昭君和亲安塞的故事。快到冢区时，他们发现距昭君墓约三四里有一条河叫“小黑河”，河面不宽，水很浅，清清碧流，潺潺有声，引人入胜。过了小黑河，那高大似小丘般的昭君墓便映入眼帘，坟坡上的裂痕亦渐渐分明。坟坡半腰处有座用砖砌的大仙小庙，甚是显眼别致。坟的南面立了几块石碑。最高处的牌楼，是前绥远都统马福祥主持建造。碑文数百字，内容是考据昭君墓的真伪，文尾是些感慨赞叹的话。另外几个碑是清朝康熙、乾隆两代的，因年代已久，风吹雨打，字迹模糊不清。唯有一座新碑为绥远警务处长吉鸿昌④ 出资建造，上书“懦夫愧色”四个大字。登上坡顶，约有两间民房大小，平平的，“红黄土色，并无一草”。这时彭雪枫不禁浮想联翩：“假若把坟掘开，圹穴之内恐怕连昭君的骨屑也没有了吧？然而首饰之类的金银器总还可以探讨一些残迹吧？唉！可怜一个弱不胜衣的女子，伊如何能猜到伊死后会瘗埋在这里呢？那少识的土人们，躲懒的地方官们，为什么不种些树木在这里呢？”⑤

彭雪枫怀着“万分惆怅”与落寞的心情和同学们告别了昭君墓，坐着“轿车”，摇摇晃晃，木然地回到了住地。

7 月的一天，适逢新城东北八九里处有个庙会，正在演戏，会期三天仅剩最后一天了，彭雪枫遂偕两位同学前往一游。这天正下着毛毛细雨。三人出城后，他们看到当地，“这来来往往的我的同胞，红男绿女，绿女红男；挤挤抗抗，抗抗挤挤都向往舞台集中。牛驾的车，骡驾的车，一般的上面棚着苇席，鱼鳞似的围着舞台多半圈。旷野荒村，有这种花样来点缀，看去，另是一番情趣；煞有意味”！然而举目看戏，头一出是反映一个武将，奉旨挂帅，征讨反贼，遂议论道：“反者必贼，这是我们中国的逻辑！”显然，对此他不屑一顾，并痛斥这种千古不变的忠君思想和“反者为贼”的反动逻辑。第二出是《捉放曹》，虽说是传统剧目，然而他所抱定的：“凡未见过的事物与常见过的事物不一样”主义则被打破了！他直白道：“即如那曹操的白脸儿也一样的令人可恨，亦复可怕，而又可

③《董必武诗选》，人民文学出版社 1977 年版，第 181 页。

④ 吉鸿昌，抗日将领，民族英雄，中共党员，河南扶沟人。1925 年底，曾任绥远特别区都统署副官长兼警务处长。1933 年任察绥抗日同盟军第二军军长兼北路军前敌总指挥。1934 年 11 月被蒋介石杀害于北平。

⑤ 彭修道：《塞上琐记》，载《国闻周报》卷五。

爱了！——那么痛快淋漓！”他敢于直抒胸臆：“多么直爽，干脆！不似如今口蜜腹剑人面兽心的可比；但有一种，那终是‘古人之心’哩！”[①]可见，他是非分明，最憎恨和厌恶的是世上那般笑面虎与两面派，亦即披着人皮的狼。

7月18日，彭雪枫特约一位同学出游大青山、焦赞墓、蜈蚣坝。他们每人带着外套，一把雨伞，一个茶碗，并在途中买了一根拐杖，便兴致勃勃地上山了。他们还趁机调查走访了蒙古寺庙和武川农村，饱览了塞外奇特的大好风光，了解了农牧民的生活状况和疾苦。

早晨6点钟，他们经过蜈蚣坝口，便进了大青山。彭雪枫仰望那红色的山头，白色的山腰，穿云破雾，飘然若仙。站在焦赞墓的墓顶上，眺望那四周远远近近，重重叠叠的山峰，在夕阳的照耀下，金光闪动，不禁热血沸腾，“神往魄去，不知所以了”！待到十里巍峨蜈蚣坝顶，经过上上下下、弯弯曲曲的盘山道，再鸟瞰那一望无垠的莽原，又使他“飘然怡然，如登仙境”！

在夕阳晚照隐去时，在蜈蚣坝的尽头，他们来到了一座庙前，庙门前两旁的柱子上有一副木刻对联是：“仁兄玄德，贤弟翼德，义让孟德，活捉庞德”；“生在蒲州，出任冀州，镇守荆州，代管九州”。这是关羽的事迹，自然是关帝庙了。他们进了关帝庙，见了小和尚的“真礼”和“真禅”，“脸色焦黄，面庞消瘦”，不禁私下为他们打抱不平，说：你们“生在这里，长在这里，长此以往不是一辈子不得发迹么？假如能够上学，多得经验，焉见得不能平治天下呢？可惜！可惜！”[②]

第二天，又外出游览周围的人文胜景。彭雪枫不仅发现吉鸿昌写的“化险为夷”四个大字高高地刻在半山腰的青石壁上，而且快步走到溪流汩汩的湛清碧绿的河边，掬水洗脸，沐手濯足，顿时感到“精神振发，胸怀开洒”！再仰首遥望那三角形的蓝天，灿烂的阳光返照在对面山顶上“金光辉煌，酷肖金顶子的伞盖”。在这洞天福地神仙般的境地里，到处是“清秀明媚”的“大好山河”。这种清静幽雅之福，唯他独享，他真的变成天之骄子了。当他见到塞外草原上的马群时的瞬间，儿时耳熟能详的西汉李陵《答苏武书》中“凉秋九月，塞外草衰……侧耳远听，胡笳互动，牧马悲鸣，吟啸成群，边声四起”的名句便很自然地吟诵出来。这时的他，“可怜李陵”，“可怜昭君”，“可怜文姬”，又“可怜自己”，“可怜一切在塞外居住的人们”！尤其当他在山间土坑里发现一颗白皑皑的头颅时，他这种缠绵而“沸腾的思想，总是排遣不开”，大有南唐词人李煜《相见欢》词中的“剪不断，理还乱”，“别有一番滋味在心头”的景况。

此次塞外出游，使彭雪枫开阔了眼界，“得了不少见识和感想。像绥远的这些同胞们，山东、河南等省，也何止千万？总是抱着那‘宿命论’的传统思想，听天由命，人力不可强的老调！我想负指导社会之责的人们不要总是在总司令部，或是什么党部里瞎来往，而一方面口头上却喊着‘到民间去！’凡事非下一

① 彭修道：《塞上琐记》，载《国闻周报》卷五。

② 彭修道：《塞上琐记》，载《国闻周报》卷五。

个决心不可，如老在自己身上打算，那即成了社会的废人了！”“固然，‘到民间去’，也有‘到民间去’的先决条件；然而如无必要之阻碍，自然还是以此为急着！”显而易见，彭雪枫经过此次广泛的社会调查，已经初步认识到中国革命或曰国民革命，需要有个大的农村变动和农民革命。而农民的教育和发动则尤为重要和迫切。因此，所有要革命的政党和人们，都必须真正与刻不容缓地实行“到民间去”的口号，广泛发动农民，教育农民，组织农民，担当起历史的重任。这就是彭雪枫的爱国主义思想在当时的历史条件下同中国革命实践的具体结合，及其在中国革命基本问题上所实现的思想飞跃。

同年 8 月 15 日，国民军作战失利，南口失守，决定实行总退却，撤往绥远五原。20 日，张家口失守，国民军溃兵遍野，纷纷西撤绥远。22 日，绥远都统李鸣钟离绥远赴甘肃，绥远即被晋军占领，晋军将领商震于 30 日就任绥远都统。此次国民军顷刻兵败，匆忙撤兵，损失甚巨。在国民军兵败仓皇西撤时，育德学校师生亦由归绥随军西迁包头。待国民军西退包头后，代总指挥张之江又“命一部分入新疆，一部分入甘肃，一部分入陕西”①，包头情况亦不佳。在这种混乱无序的形势下，育德中学的大部分教师离校各奔前程，部分学生随父兄亲友西去，剩下二百多名学生被迫折回归绥旧城，住在一座大庙里。这座庙是个破旧不堪的喇嘛庙，终日风吹铃响，乌鸦悲啼，景象凄凉，出门遥望，大有唐代诗人郎士元“荒城背流水，远雁入寒云”之感。这批流落异乡的青年学生由于衣食无着，迫不得已时只好与喇嘛为伍，他们的生命与安全正受到严重威胁。在一无领导、二无经济来源的情况下，这批无依无靠的学子出路何在呢?

一天，彭雪枫和韩慰民、王志远、吴清海、赵子众、路庭训、郭武林等八人，正在旧城北大街一家饭馆的小楼上吃饭，一个同学慨然提议盟誓结拜，成为同生共死的金兰之友。这个提议，立刻得到大家的热情支持和一致赞同，彭雪枫亦神色为之一振，喜上眉梢，并略加思索，郑重其事地说：为了联络感情，开展革命工作，我们结拜为兄弟，但不单单是为我们这八个人，而是为了我们学校这前途未卜的一群人，脱俗救国，将来干一番大事业。“对！”大家不约而同地说：脱俗救国，将来干一番大事业！于是便由彭雪枫排序，大家依次换帖，正式结为金兰兄弟。他们表示：今后无论到何时何地，都要互相关心，互相爱护，互相帮助，亲如手足，携手奋斗②。

单丝不成线，独木不成林，团结就是力量。有了组织，有了志同道合同学的支持，身为育德中学学生会会长的彭雪枫，置个人安危和前途于不顾，毅然担负起收拾学校残局的重任，决心使二百多名学友渡过难关，安然返京。此时，正值仲秋。塞外，冯玉祥的归国车队，日夜兼程，奔驰于途中；南方，自广州出师北

① 《守常政治报告》，载《第一次国共合作在北京》，北京出版社 1989 年版，第 344 页。

② 王志远：《回忆青少年时期的雪枫同志》，载《忆彭雪枫同志》续集，河南人民出版社 1981 年版，第 113 页。

伐的国民革命军在国共两党的领导下，一路势如破竹，浩浩荡荡，武汉三镇指日可下。全国各地革命风起云涌，已形成大革命的高潮。彭雪枫抓住时机，因势利导，整天奔走于归绥新旧两城极力斡旋。他一面直接找新任都统商震交涉，要求接济给养，发放返程路费；一面组织同学互教互学，坚持出早操，整顿纪律，保持育德校风。恰巧，商震昔日与冯玉祥交谊较深，且闻北伐军兴，恐时局有变，加之他与阎锡山早已貌合神离，矛盾与隔阂日深，为了将来的进退着想，遂慨然应允彭雪枫等人的请求，准拨路费，交派专车送育德中学学生顺利返回北京。9月20日，正当冯玉祥接受中共北方区委"固甘援陕，联晋图豫"方针，誓师五原之际，彭雪枫、王志远、赵蓬如、郭武林等二百多名育德中学学生终于平安抵达北京，开始了新的学习和斗争生活。近半年的塞外的学习和生活，磨炼了彭雪枫的革命意志，更广泛地接触了边远贫困地区的人民群众，为尔后的革命铺平了道路。

四、任中学党支部书记

天地有四时，人生多转折。按照彭雪枫自己的说法，他一生有两个重要转折点。第一个转折点，就是他由中国共产主义青年团转入中国共产党。

1926年，中国共产主义青年团中央委员会规定：年过20岁的团员全部介绍入党（仍可兼团员）；年过23岁的团员，全部脱离团组织；不到20岁，但较精干的团员，也可以加入共产党[①]。这年的9月2日，彭雪枫由共青团员转为共产党员。后来，彭雪枫曾经这样说过："9月，这月份对于我有特别意义，是我生平过程中的转折点。阴历的八月初二（往往是在阳历的9月）是我生日（不必为外人道），1926年的9月2日是我由当时的青年团转入党的日子，1930年的9月，我们从长沙入江西开始建立苏维埃，而1941年9月呢，终身大事得以决定了！这叫做'巧合'吧。"[②]

彭雪枫由共青团转入中国共产党时的照片

9月2日，彭雪枫由团转党，这是个值得他永远记忆的日子。此时，他尚在绥远。由共青团员转为共产党员后，他"更有计划地受着马列主义的训练，和实际工作的锻炼"[③]。这时他虽然还是个学生，但凡是党组织所分配给他的

① 转引自《北京青年运动史》，北京出版社1989年版，第135页。
② 林颖：《彭雪枫家书》，文物出版社1985年版，第2页。
③ 林颖：《彭雪枫家书》，文物出版社1985年版，第42页。

革命工作都被视为自己的第一生命，都全心全意不遗余力地去完成，开始为共产主义而奋斗。

在绥远，彭雪枫刚转为共产党员，便领导了育德中学流亡绥远的学生返京斗争。一段时间以来，他们度日如年，艰苦备尝，每个人都像塞外“细弱的杨柳”，棵棵“都是梢冲东南”，他们心驰神往，天天嚷着：“回京吧！回京吧！”向往着关内火热的革命斗争生活。这正如归途中“默默的坐着，眼光向着太空”的彭雪枫所痴情发问的那样：“我的可怜的同胞！可怜的老百姓们！自己是鱼，任人捕！自己是肉，任人割！然则，然则又该如何呢？我的‘不在其位，不谋其政’的苦同胞们呀！”[①] 这段话淋漓尽致地抒发了作者对苦难同胞们“哀其不幸，怒其不争”的悲悯与忿懑的心情。

返回北京，一下火车，尽管满街摆的“中秋节用的果品之类”把北京“粉饰得……更加出色了”，但在他看来，“这任何的事物，都离他们各自的灭亡日期，一天相近一天了”！[②] 很显然，他是在诅咒“讨赤”战争，诅咒张作霖等北洋军阀的余孽反动统治的灭亡。

回京后的彭雪枫，豪情满怀，待机而作。在度过短暂的“在京株守”的“渺渺茫茫”的生活之后，彭雪枫便和王志远、赵蓬如、郭武林等人，于 9 月下旬通过原育德中学教务主任、时任汇文中学教务主任周祝三的关系，以欠交学费（实际免交）的优待条件，进入北京汇文中学继续求学。不久，彭雪枫即任汇文中学中共支部书记。时年 19 岁。

汇文中学，位于北京崇文门内船板胡同，属教会学校，原由美国以美教会牧师刘海兰所创办。这个学校学费昂贵，每个学生每学期要交学杂费 100 多元。同时，校内学生阶级界限非常分明，不平等现象比比皆是。比如：“有钱有势的学生住在西楼，室内陈设好，睡的是钢丝床；穷学生住的是北楼，室内陈设简陋，睡的是木板床。西楼的学生吃得也好，每月伙食费 7 元，北楼的学生伙食费每月 4.8 元。”[③] 而且，学校当局还强迫学生读圣经，做礼拜。所以，汇文中学的大多数学生都反对帝国主义对中国的侵略和奴化教育，强烈要求改变学校的现状。在当年的“三一八”惨案[④]中，该校学生谢戡、唐耀昆就曾为此而献出了年轻而宝贵的生命，所以该校具有反帝爱国的光荣传统。

在汇文中学学习，为彭雪枫从事党的秘密工作提供了较好的职业掩护条件。当时，中共北方区委领导的革命运动，已经逐渐恢复，广大青年也从奉、直军阀

---

① 彭修道：《塞上琐记》，载《国闻周报》卷五。

②《彭雪枫书信日记选》，河南人民出版社 1980 年版，第 129 页。

③ 王志远：《回忆青少年时期的雪枫同志》，载《忆彭雪枫同志》续集，河南人民出版社 1981 年版，第 115 页。

④ 1926 年 3 月 18 日，北京总工会等团体和学校学生五千余人，在北京举行“反对八国最后通牒国民大会”，抗议日舰炮击大沽口和各帝国主义的侵略罪行。大会通过了驳帝国主义最后通牒、驱逐帝国主义公使出境、督促国民军为驱逐帝国主义而战、组织北京市民反帝大同盟等项决议。会后，群众赴执政府请愿，遭反动军警血腥镇压，死伤二百多人。史称“三一八”惨案。

汇文中学学生宿舍旧址

联合“讨赤”战争中更加觉醒，知道“赤化就是‘不扰民，真爱民’，反赤就是烧、杀、奸、掠、军用票。所以，他们日思赤之再来，并深信唯赤可以使他们自救”[①]。为了适应革命青年运动日渐恢复和发展的需要，北京东城区中共地下党组织加强了对该区青年活动工作的领导。此时，转为共产党员不久的彭雪枫已是该区地下党组织的负责人之一，负责东城区学生运动的领导工作。

为了积极开展学生运动，彭雪枫联络育德中学解散后分散在北京各校的部分思想进步的同学，以他和王志远、赵蓬如、郭武林为核心，成立了中共的外围组织“育德同学会”和“汇文学艺读书会”。“同学会”和“读书会”的革命活动，大多数由彭雪枫亲自组织领导。他们经常在汇文中学地下室或其他比较僻静安全的地方召集会议，讨论时事，交流学习心得，阅读党刊和其他进步书籍。中共中央第一个机关报《向导》周刊，就是他们经常学习的重要报刊之一。而对外的或公开的活动，彭雪枫则让王志远以该校学生会的名义，带领同学们共同行动，借以掩护党组织在该校秘密工作的开展。

1926 年 10 月底，为了配合北伐军向武汉等地的胜利进军，反对奉军和直鲁联军的联合行动，在中共北方区委和李大钊的领导下，北京各大中学校学生突破奉系军阀张作霖的严密控制，毅然组织发动了“唤起民众”、“响应革命”的罢课风潮。汇文中学的广大学生群情激愤，起而响应，但却遭到校长高凤山和学生会会长（一个牧师的儿子）的反对和阻挠。这时，彭雪枫决定，由擅长体育并在同学中有较大影响的王志远和赵蓬如、郭武林出面，公开组织全校同学罢课，提

① 《政局发展的新趋势》，《政治生活》第 78 期，载《北京青年运动史》，北京出版社 1989 年版，第 134 页。

出罢免学生会会长的强烈要求，决心“不拿过来学生会会长职责，不然罢课不止”[①]。一天，“同学们慷慨激昂地涌到学校办公楼前，高呼革命口号”，王志远等人代表全体同学向校长“提出条件，进行说理斗争。在同学们斗争的压力下，高凤山被迫同意了同学们提出的要求，改组了学生会，罢免了原学生会会长，斗争取得了胜利”[②]。

此后，彭雪枫等人利用学生会这一合法的学生组织，组织和领导了各种形式的革命宣传活动，从而使汇文中学的学生运动蓬勃发展，并成为北京东城区的学运中心之一。1926 年冬，在彭雪枫的组织领导下，汇文中学的进步学生经常到校外散发革命传单，张贴红色标语。在这些活动中，彭雪枫机智顽强，足智多谋，计划周密，行动果敢。他为了躲避反动警察的干涉与稽查，曾“一面让两个同学各骑一辆自行车，当骑到崇文门离警察不远的地方，故意互相撞车，故意大吵大闹，待警察过来查看时，另外的同学就把‘打倒张作霖’，‘打倒帝国主义’，‘打倒北洋军阀政府’的标语贴到崇文门的城门上”[③]。同时，同学们还经常在数九寒天里，顶风冒雪，深夜外出，来回都是爬大树，翻围墙，不走学校大门，避开门卫，神不知鬼不觉地把传单、标语散发和张贴在崇文门内外的闹市区和交通要道等处。

汇文中学和其他学校学生的革命宣传活动引起了北京反动警方的密切注意。彭雪枫等人的活动受到严密的监视，而且他们的人身安全也受到严重威胁。在危急的情况下，彭雪枫、郭武林、赵蓬如、李恒春等人于 1927 年初由汇文中学秘

1926 年，彭雪枫（前排左二）和北京汇文中学同学合影

① 访问王志远记录，1978 年 9 月 20 日。

② 王志远：《回忆青少年时期的雪枫同志》，载《忆彭雪枫同志》续集，河南人民出版社 1981 年版，第 114 页。

③ 王志远：《回忆青少年时期的雪枫同志》，载《忆彭雪枫同志》续集，河南人民出版社 1981 年版，第 115 页。

密转入北京“今是中学”。

今是中学，是冯玉祥将军取东晋诗人陶渊明《归去来辞》中“实迷途其未远，觉今是而昨非”的名句中“今是”二字为名，于“五卅”运动后在北京创办的。冯玉祥曾经明确地说：在北京创办“今是中学，是为了收容那些因参加此次运动而被学校（尤其基督教会学校）开除的大中学学生”[①]。该校校址在北京东四北大街棉花胡同。校长简又文[②]，副校长宝广林（满族），教务主任饶世芳。今是中学创办后，许多积极从事反帝爱国活动的学生聚集一堂，革命氛围热烈，革命活动更加开展。转入今是中学后，彭雪枫即担任该校学生自治会会长，继而又担任中共支部书记。他除继续领导“读书会”的活动外，还经常组织进步同学深入学校附近的铁工厂和黄包车工人、清道夫中间进行社会调查，了解劳动群众的生活疾苦，宣传马列主义，鼓动革命。同时，他还率先到东直门外大粪场，同掏粪工人交朋友，发动工人为自身的利益进行斗争，受到了广大工人的赞扬与爱戴。

1927 年春，中共北京地下组织遭到严重破坏，中共北方区执行委员会书记李大钊亦于 4 月 6 日在苏联大使馆旧俄兵营内被奉系军阀张作霖逮捕入狱。在狱中和法庭上，李大钊坚贞不屈，于 4 月 28 日在绞刑架下从容就义。与此同时，代表帝国主义和大地主、大资产阶级利益的国民党反动派蒋介石在 4 月 12 日发动了骇人听闻的反革命政变，在上海和南方其他城市和地区大肆镇压共产党人与革命群众，加之共产党内以陈独秀为代表的右倾机会主义错误，放弃对革命的领导权，放弃对军队的指挥权，对国民党只讲联合，不讲斗争，致使轰轰烈烈的大革命归于失败，革命转入低潮。

大革命失败后，国民党新军阀统治的中国依然是一个半殖民地半封建的社会，广大工人、农民和其他小资产阶级，在帝国主义、封建主义和新旧军阀的残酷压迫剥削下，生活极为悲惨，迫切要求变革。民族资产阶级遭受外国资本家和国内大资产阶级排挤和打击，逐渐对国民党新军阀感到不满。各派军阀既互相勾结，狼狈为奸，疯狂地对付共产党和革命群众，又互寻靠山，各据一方，拥兵自重，战火连绵。国民党的血腥镇压，并没有把中国人民和共产党吓倒，也没有把共产党斩尽杀绝，“他们从地下爬起来，揩干净身上的血迹，掩埋好同伴的尸首，他们又继续战斗了”[③]。中共中央和中共许多地方组织保存了下来，共产党人经受了血与火的洗礼，成了革命的中坚力量。中国共产党通过北伐战争，培养了一批军事干部，掌握了部分军队。大革命中的工农运动在湖南、广东、江西、湖北等地声势浩大，影响深远，部分群众和农民武装仍在坚持斗争。这些情况表明，国民党新军阀的统治是不稳固的，革命的因素仍然存在，并有广泛而深厚的群众基础和有利条件。

---

① 冯玉祥：《我的生活》（下），黑龙江人民出版社 1981 年版，第 424 页。
② 简又文，广东人，曾留学美国，后任国民革命军第二集团军政治部少将副部长。
③《毛泽东选集》第 3 卷，人民出版社 1991 年版，第 1036 页。

在上述形势下，中共中央于 8 月 7 日在汉口召开了紧急会议，纠正了以陈独秀为代表的右倾机会主义错误，确定了实行土地革命和武装反抗国民党反动派的总方针，组成了以瞿秋白为首的新的中央领导。“八七”会议和此前的“八一”南昌起义，揭开了土地革命的新篇章。经过南昌起义、湘赣边界秋收起义和广州起义等，进入了创建中国工农红军的新时期。

在南昌起义、湘赣边界秋收起义和南方其他起义的推动与影响下，中共北方区委于 1927 年 10 月组织领导北京“南郊暴动”，彭雪枫被指派参加，但因条件不成熟，暴动计划被反动军警侦破而流产。

李大钊被捕后，北京城一片白色恐怖。面对旧军阀反动统治者的大逮捕、大屠杀，彭雪枫在北京已无安身之处。他衔恨忍痛，揩干眼泪，“逃亡到天津”，并且时刻牢记着革命先驱李大钊遇害时在敌人绞刑架下，最后一次对全党同志关于不能因为敌人“今天绞死了我，就绞死了伟大的共产主义！我们已经培养了很多同志，如同红花的种子，撒遍各地！我们深信，共产主义在世界、在中国，必然要得到光荣的胜利”[①] 的亲切教导和殷切希望，继续不屈不挠、坚韧不拔地战斗在“秘密党的工作”战线上。

彭雪枫在总结他由团转党，到任今是中学党支部书记在北京的工作情况时，曾这样写道：“在北京，曾做过青工运动，学生运动，农民运动，参加南郊暴动。同时，也看过不少的轻视的侮辱的颜色！”并且被反动“统治者关过三次”，“其中一次是一天一夜的优待室”[②]。这段时间，是彭雪枫由共青团员转为中共党员后的首次革命洗礼。

---

①《李大钊传》编写组：《李大钊传》，人民出版社 1979 年版，第 220、221 页。

② 林颖：《彭雪枫家书》，文物出版社 1985 年版，第 42、43 页。

第三章　秘密战线经考验

大革命失败后，彭雪枫在中共北方区委领导下，继续坚持秘密战线的斗争。这时，国民党各派军阀和政客既互相勾结，又为争夺最高权力而互相倾轧、争斗，以致兵戎相向。南京蒋介石于1927年秋在受桂系排挤，一度"下野"，但其嫡系仍控制着江浙一带。10月，宁（李宗仁、何应钦）汉（汪精卫、唐生智）之战爆发。不久，武汉方面败北，汪精卫又依靠广东地方势力成立国民党中央，与南京抗衡。1928年1月，蒋介石重新上台拉拢汪精卫，排斥桂系势力。随后，国民党召开二届四中全会，改组国民党中央机构，谭延闿任国民政府主席，蒋介石任国民革命军总司令兼军事委员会主席（不久又任国民党中央政治会议主席和国民政府主席）。会后，蒋（介石）、冯（玉祥）、阎（锡山）、桂（李宗仁、白崇禧）四大派系，由于对奉系军阀作战的需要达成暂时妥协，其军队分别改编为第一、二、三、四集团军。4月开始二期北伐，至6月夺取奉系军阀所占地盘，张作霖所部退回东北。1928年底，东北保安司令张学良宣布"服从国民政府，改易旗帜"。至此，国民党政府在名义上实现了全国的统一。国民党南京政府成立后，彻底放弃了孙中山"联俄、联共、扶助农工"的三大政策，代之以亲帝、反苏、反共和压迫工农的政策，实行封建独裁统治，给中国人民带来了新的苦难。

为了反抗国民党的反动统治，开展土地革命，中国共产党领导各地工人、农民和革命军队奋起举行武装起义，建立红军、苏维埃政权和革命根据地，在广袤的中国大地上兴起了轰轰烈烈的土地革命战争。

一、"卖文"为生待时机

在天津，彭雪枫仍然住在伯父彭延庆家里，实际上则干着"秘密党的工作"。因为这种工作有着严格的要求和纪律约束，"不能告人"，曾引起伯父的误解，两人的关系曾一度相当紧张。十多年后，彭雪枫在回忆这段生活时把它称之为"一种寄人篱下的生活，继续接受着人家的怜悯！"①

1927年11月，彭雪枫由天津"又被波浪打回北京"。1928年初，他再次被

① 林颖：《彭雪枫家书》，文物出版社1985年版，第42页。

"波浪"打回天津。在此"翻来滚去"、"飘去浮来"、"客居无聊"之际，他的生活陷入"踟蹰于沙漠般的寂寞"[①]！为了摆脱寄人篱下的生活，排遣这"一丝一缕的哀愁"，他曾"投考过《大公报》的招收校对考试"，因为人多未被录用，于是便开始埋头"整理"、"改削"1926年在绥远"随时所作之塞外游记"的"旧稿"，并投诸报刊，过了"一个时期的卖文章日子"[②]。

关于彭雪枫的"卖文"生涯，迄今没有发现并收集到很多翔实的材料。据同彭雪枫有"金兰"之交的路庭训回忆，1926年4月初，在育德中学由北京随军迁至绥远后，彭雪枫即以鲁迅名著《呐喊》的形式，主持编辑出版该校学生自治会会刊《育德校友》。他在该刊发表文章，指点江山，抨击时政，激扬文字。应该说，这是彭雪枫利用文坛，拿起笔杆子进行战斗的开始。在尔后的革命岁月里，人们不难发现，他与文学结下了不解之缘，不管何时，何地，不管是忙，是闲，不管是顺境，还是逆境，他总是孜孜以求，笔耕不辍。

然而，按照彭雪枫自己的说法，1927年11月，则是他"卖文章日子"的真正开始。因为这时他已脱离了学校生活，除了做地下党的工作外就是写作，并把《塞外游记》的某些篇章在北京的报刊上予以发表。不过，大半只是发表些"咏这呀，咏那呀之类，毫无系统之可说"[③]罢了。1928年初，他由北京重返天津。经过一番对旧稿的删改，同年2月5日的一个"月晦之夜"，正式将《塞外游记》定名为《塞上琐记》，投寄天津《国闻周报》。一个月后，即3月8日，《国闻周报》自第5卷第9期开始连续七期予以全文发表。《塞上琐记》共有《首次出塞》《京绥道上》《新城与旧城》《土人的风俗》《昭君坟》《村中的会餐》《捉放曹》《大青山、焦赞墓、蜈蚣坝》《山庙里的小和尚》《牧马悲鸣》《六月间的麦苗》《武川县与荷包蛋》《少见多怪》《蒙古牧场》《杨六郎的箭与洪洋洞》《大同城的迫击炮声》《极度的恐怖》《重过居庸关》《中秋节之前一日》《风波中的纪念》等20节，计2万余字，主要反映了彭雪枫当时忧国忧民的爱国主义思想，及其追求革命向往美好幸福生活的强烈愿望。文章情景交融，情节曲折，夹叙夹议，文笔流畅，真实生动地描绘了塞外的壮丽风光和历史遗迹与人文景观，详细地记录了彭雪枫等人流离塞外，慷慨悲歌的思想生活历程。这是迄今为止人们所能知道的彭雪枫在其"卖文"生涯中具有代表性的主要作品。

3月24日，彭雪枫在天津乘车外出。不料公共电车发生了一场车祸。目睹惨状，富有怜悯和同情之心的彭雪枫，不禁十分悲怆。然而，车内乘客中的一帮纨绔子弟公子哥儿却以此寻开心，幸灾乐祸。这，又引起了彭雪枫的无比义愤。回到家里，他寝食不安，思潮澎湃，原已满腔的积愤随之迸发出来，形之于笔端，迅速草就一篇短文，标题为《又是在电车上》，当即投寄天津《大公

---

①《彭雪枫书信日记选》，河南人民出版社1980年版，第90页。引文中的"波浪"，意指传主当时漂泊不定的生活和急剧变化的斗争形势。

② 林颖：《彭雪枫家书》，文物出版社1985年版，第42页。

③《彭雪枫书信日记选》，河南人民出版社1980年版，第91页。

报》，表示了他对当时社会里的无耻阔少的无限愤慨和无情鞭挞。没过几天，这篇短文在《大公报》副刊专栏《小公园》里以“修道”[①]的署名全文登载。原文如下：

> 忽然，只觉车身颤动得异乎寻常，满车的乘客们向前一跄踉。
>
> 都直觉到惹下祸，火速由室内伸出头去，只见一辆洋车仰翻着，车夫跟着电车慢慢的走，满头汗珠。车上坐一位老太婆，两腿朝天。苍白的脸。
>
> 开车的不能立刻关闸，以致蹭着洋车走还走了五尺来远。圆的车轮，变成三角。
>
> 顷刻，众人集拢过来，洪水似的。围个大圆圈，好像看市场的耍戏法的。
>
> 随后，老太婆救起，开车的摘下号牌给送警。车开了，人散了。
>
> 车内，大家坐定。一位大哥开言道：“要不来怎么能看这个？”说时瞅着他的同伴。
>
> “要轧死了才好看呢？”那位二哥他的同伴付（附）和着答他。
>
> 我打个寒噤，横他们一眼。他们不睬。
>
> 这是今天下午的事！
>
> 二十四日[②]

彭雪枫的“卖文”生涯，当是更为广博和丰富多彩的。但是囿于所闻和资料所得，目前只能这样说：这段时间先后分别发表在《国闻周报》的《塞上琐记》和《大公报》上的《又是在电车上》两篇文章，就是彭雪枫所说的“一个时期的卖文章日子”里所发表的基本的或主要的作品。所谓“一个时期”，从写作到发表，大致将近半年。至于在此时期内彭雪枫是否还有其他作品或以其他名字发表，因根据不足，不好妄加推断或猜测。然而，管中窥豹，可见一斑。仅凭这些作品，便足以说明彭雪枫具有较深厚的文学素养，勤于动笔，善于思考，并使之日后具有刚柔相济、文武兼备的儒将气质和风度。

二、投考开封训政学院

1928 年 6 月，由国民党蒋、冯、阎、桂（李宗仁、白崇禧）四派联合进行的二期北伐基本结束。6 月 2 日，张作霖通电声明退出北京。4 日，张作霖回奉专车在京奉、南满两铁路交接处之皇姑屯（今属沈阳）车站时，被日本关东军

① 有人认为，彭雪枫曾以彭年、高风等笔名在天津《大公报》副刊专栏《小公园》里发表文章，经查证不确。

②《大公报》1928 年 3 月 29 日。

预先埋置的炸弹炸死。8 日，阎锡山就任京津卫戍司令，所部商震进驻北京。15 日，南京政府发表宣言，宣布“中国之统一”，“正告完成”，并称“此实结束军政，开始训政之时也”[①]。

这时，彭雪枫由天津回镇平探亲。然而关于此次探家的事，彭雪枫却从来没有谈及过。1943 年 4 月，淮北泗（县）南一带曾经有过一个谣传，说“因河南灾荒”，彭司令员“有一个十三岁的孩子从家……特来相寻”。彭雪枫闻悉此话惊诧莫名，曾经愤慨地写道：“二十年不回家，倒跑出一个十三岁的孩子来！岂不怪哉！”[②]这是他唯一提到“回家”的事。不过他这里所说的却是 1924 年那次“回乡”，并非是 1928 年这次回乡。他 1928 年这次回家乡的主要情况是这样的：

1. 原中共南阳特委书记郝久亭 1957 年 9 月 28 日在介绍镇平地下党组织的情况时说：“1928 年……在镇平方面的地下工作人（员）”[③]中有彭雪枫。对于此事，中共镇平县委党史委员会经过调查，彭雪枫是于 1928 年夏由天津返乡，在与郝久亭在南阳取得联系后，曾亲自“到镇平县北部山区的乱杈崖、凉水坪、宅（灶）爷庙等地观察过地形，准备以后在伏牛山区打游击”[④]。

2. 彭雪枫的二弟彭之久在回忆其兄这次回家的情形时说：这次“你从天津回家，路上没有盘费，我到南阳去接你，你仅仅穿着一身很脏的白单衣。在路上，你愤愤不平地说：‘中国旧军阀还没有被打倒，新军阀又起来了。蒋介石抱着……孙中山作招牌来剥削老百姓，河南的人民更苦了。’”到家以后，“每当乡邻在场里吃晚饭的时候，你就对他们讲，俄国十月革命后人民都有肉吃、有地种、有工做、有好房子住的故事，启发大家的阶级觉悟。你还对我说：‘革命并不难，像咱村百多户人家，只有两三户是地主，那九十多户团结起来推翻他们是容易的。’”[⑤]

其间，彭雪枫还曾到镇平的侯集同族叔彭禹廷共议时局。当时，彭禹廷曾因家母病逝，已早于 1927 年 10 月，由郑州国民革命军第二集团军总执法处高等执法官任上返回乡里奔丧，从事“乡村建设”，组训民团，肃清土匪，并任镇平南区（侯集区）区长和镇平民团旅长。两人见面后，寒暄多时。然后，他针对彭禹廷当时所倡导的“以求治必于乡村之说”坦率进言，诚恳地批评了彭禹廷为推行某些地方性措施而采用的强制手段，强调“中国要学苏联，要搞共产主义”[⑥]。当彭禹廷殷切希望雪枫能留下来帮他搞“地方自治”时，彭雪枫却断然以“宁管千军，不管一社”为由予以婉言谢绝。尔后，当他准备离家要走之时，其父亲问他：

---

① 记者：《时局关系重要文件汇存》，《国闻周报》卷五，第 24 页。

② 林颖：《彭雪枫家书》，文物出版社 1985 年版，第 96 页。文中所说“二十年不回家”，实际上不到 20 年。

③《中国共产党河南镇平县党的组织简要历史（初稿）》，中共镇平县委史志编写委员会 1959 年编（铅印本），第 35 页。

④《永恒——南阳党史人物传》第 1 辑，河南人民出版社 1987 年版，第 3 页。

⑤ 彭之久：《悼胞兄雪枫同志》，载《忆彭雪枫同志》，河南人民出版社 1979 年版，第 51 页。

⑥《永恒——南阳党史人物传》第 1 辑，河南人民出版社 1987 年版，第 3 页。

“隆兴，这次出门，啥时候才能回来呀？”彭雪枫若有所思，神情严肃地说道：“天地翻身，河水倒流！”[①]说罢，他便告别家乡和亲人，启程复回天津。自此以后，彭雪枫就再也没有回过家乡镇平了！

1928年秋，彭雪枫到达天津后，便与育德中校同学张维翰取得了联系。此后不久，由于张维翰在山东馆陶县原籍得到河南省政府主席韩复榘“在开封办了一个训政学院”（院长是原育德学校的校长余心清）的消息，即到郑州，并“约彭雪枫、赵子众、牛连文等同学”[②]同到开封，共同投考开封训政学院。彭雪枫为了“寻找机会，继续开展革命工作”[③]，遂应张维翰之约，很快由天津南下，经郑州赴开封，同张维翰、牛连文等人一起考入开封训政学院政治专修班。这是彭雪枫平生第一次来到中国文化古都之一，时为河南省会的开封。

开封训政学院创办于民国十七年一月（1928年1月）[④]，开始叫河南训政学院。同年9月27日，该院为了“扩充范围，训练豫、陕、甘各〔种〕建设人才”，冯玉祥下令将其改称为“开封训政学院”[⑤]。开封训政学院自创立之日起，即“隶属于开封政治分会，经费由豫、鲁、陕、甘四省分担，而以河南省政府主席为院长。内容分设行政、自治、卫生、佐治四班，旋改政治、法律、教育、建设四科”。毕业期“由两月至六月”，“延至一年或两年，骎骎焉有高等教育之规模矣”[⑥]。

彭雪枫等考入开封训政学院政治专修班（科）的时间，大约在1928年底或1929年初[⑦]。他们所上的政治专修班，是以培养科长为目标的[⑧]。除经济学、社会学、统计学、公文程式以及三民主义和军事训练等课程外，政治专修班还学习宪法（比较宪法）、民法、刑法、国际公法、民事诉讼法、刑事诉讼法和国民政府当时所颁布的各种法令条款。另外，还学习帝国主义列强侵华史，注重社会调查，进行社会实践活动。譬如该班在学习社会学、统计学时，曾到开封救济院等处进行社会调查[⑨]；1929年3月，开封进行人口调查时，该院学员又全体参加，亲自填写各种表格[⑩]。同时，他们还受到周末讲演、体育训练和“待人接物常识”等多方面的教育和锻炼。这些对彭雪枫后来从事的军事与政治斗争都产生了广泛

① 访彭修敏等人记录，1981年10月。

② 张维翰：《我所知道的彭雪枫同志》，载《忆彭雪枫同志》，河南人民出版社1979年版，第105页。

③ 方中铎：《记学生时代的彭雪枫同志》，载《忆彭雪枫同志》续集，河南人民出版社1981年版，第109页。

④ 见民国《河南新志》上册卷七，河南史志1988年版，第408页。

⑤ 天津《大公报》1928年9月30日。

⑥ 见民国《河南新志》上册卷七，河南史志1988年版，第408页。

⑦ 彭雪枫投考开封训政学院的时间，现有“1927年4月”和“1927年6月”两种说法，二说均不能成立。因为1927年4月，冯玉祥部尚未进入开封，1927年6月，开封训政学院还未开办，即便其前身——地方行政人员训练所亦未设立。韩复榘是1928年12月18日被南京国民政府任命为河南省政府主席的。彭雪枫等人考入开封训政学院的时间，似应在此后不久。

⑧ 路庭训在《开封训政学院简述》一文中认为，政治专修班是以培养县长为目标的。

⑨ 路庭训：《开封训政学院简述》，载《河南文史资料》第8辑，第102页。

⑩ 崔介：《余心清与开封训政学院》，载《河南文史资料》第28辑，第144页。

1929年，彭雪枫（左一）同河南开封训政学院同学赵子众、牛连文、张维翰合影

而深刻的影响。

当时，在开封训政学院政治专修班学习的原育德学校的学生除彭雪枫、赵子众、牛连文、张维翰、路庭训外，还有韩慰民、于恩沛、王冠瀛、张其祥等十余人。因为该院学员多为国民党政界旧员，只有他们十多个人是青年学生，其中彭雪枫、赵子众又分别是共产党员、共青团员，所以这些青年学员都团结在彭雪枫的周围，"经常看进步书籍，并向其他学员宣传革命道理"。他们的这些活动，曾引起校方和同学们的注意，并普遍认为彭雪枫等人"都是共产党"[①]员。

"风云突变，军阀重开战。洒向人间都是怨，一枕黄粱再现。"[②]1929年5月，当南方第三次粤桂战争[③]方起之时，蒋介石、冯玉祥之间的矛盾亦愈演愈烈，战争一触即发。10日，冯玉祥致电蒋介石称，发饷不公，拒绝赴南京之请。15日，刘郁芳、孙良诚、韩复榘通电反对南京政府，谓已推举冯玉祥为护党救国西北军总司令。为了阻止蒋介石军队的进攻，冯部决定向豫西集中。17日，蒋介石要求冯玉祥停止调动军队。19日，冯玉祥在华阴召开军事会议，确定了"集中兵力，缩短战线"的战略方针。华阴会议后，冯军各部均遵令由山东、河南向潼关、华阴一带集结。不料，正值冯部纷纷西撤之际，刚由豫南移师于豫西被蒋介石分别以数十万元收买的韩复榘、石友三部却于22日于陕州叛冯而去，并发表"养电"，公开投蒋，韩部并于26日与冯部孙良诚部在洛阳附近发生军事冲突。27

① 张维翰：《我所知道的彭雪枫同志》，载《忆彭雪枫同志》，河南人民出版社1979年版，第105页。

② 毛泽东：《清平乐·蒋桂战争》词句。

③ 第三次粤桂战争，1929年4月底，蒋介石电令黄绍竑，交出李宗仁、白崇禧，并缩编桂系军队。李、黄、白三人决定反蒋。5月5日，李宗仁就任护国军总司令。针对蒋介石三路合击广西的部署，桂系决定对湖南何键部取守势，集全力进攻广东陈济棠部。5月下旬，桂军失利退回广西。粤军等攻入梧州，龙云亦从贵州攻入广西。白崇禧、黄绍竑，逃亡越南，转赴香港同李宗仁会合。此战以桂系的失败而告终。

日，冯玉祥在四面受敌的情况下，在泰山宣布入山读书。

在这种急剧突变的军事形势下，开封训政学院于 1929 年 5 月停办，部分学员随军入陕，校长余心清亦随冯部活动。自此以后，特别是从 1930 年蒋、冯、阎中原大战后，冯玉祥部已开始土崩瓦解，开封训政学院的恢复变成泡影。

韩复榘、石友三的叛冯投蒋，使河南的政治、军事形势发生了重大变化。当时，彭雪枫等人都感到自己“时时有被捕的可能”[①]。于是他们便商定一同离校[②]，并计划如下：

1. 彭雪枫、赵子众、路庭训三人去扶沟县，住在路庭训家中，寻找扶沟中共第一个党支部；

2. 张维翰、牛连文二人去柘城，住牛连文家中，设法联络进步青年，在农村进行革命活动；

3. 其余育德同学各返原籍，等候消息。[③]

彭雪枫对中共扶沟第一个党支部的历史状况是清楚的。他和赵子众到扶沟后，住在县城隍庙街一号路庭训家中。赵子众两天后返回郾城原籍。路庭训通过各种关系寻找党的组织，因支部书记吕调阳已被捕入狱，委员施于民、高光等因被当局通缉而逃离扶沟，无法与党组织取得联系。同时，扶沟中区区长杜汉中探知路家来有外地学生，恐生事端，便通知路家，强令外地学生离开扶沟。彭雪枫在扶沟住了二十多天，找党无果，联络无望，便直赴北平，暂时栖身于北平民国大学郭武林同学处[④]。

彭雪枫此次由天津相约投考开封训政学院，是有其远大的抱负的。可惜由于风云突变，学业未竟，壮志难酬，便不得不匆匆离去，另谋出路了。

三、到山东搞兵运和农运

1929 年 6 月，骄阳似火，天气酷热。彭雪枫怀着怅惘的心情告别了路式斋伯伯和路训庭的全家，由扶沟返回北平。不久，彭雪枫又和一个月前在开封分手的同学张维翰取得联系，并相约在北京会面。在同张维翰见面后，他们又于当年夏“一同考取了北平民国大学”[⑤]，彭雪枫考的是文学系，张维翰考的是政治系。但因经济上无力自给而被民国大学拒之门外。这件事在过后多年，他都以自己“未曾受过系统的教育”而引为“一生的憾事”！[⑥]

---

① 张维翰：《我所知道的彭雪枫同志》，载《忆彭雪枫同志》，河南人民出版社 1979 年版，第 105 页。

② 关于彭雪枫等人的离校时间，现有“1928 年春”、“1928 年 8 月”、“1928 年秋”三种说法。这是人们尚不了解开封训政学院“停办”和“解散”的原因所致。因此，1928 年夏，彭雪枫由扶沟回镇平的记述是不准确的。

③ 路庭训：《彭雪枫同志二三事》，载《大兴文史》第 4 期，1989 年 12 月，第 19 页。

④ 路庭训：《彭雪枫同志二三事》，载《大兴文史》第 4 期，1989 年 12 月，第 19 页。

⑤ 张维翰：《我所知道的彭雪枫同志》，载《忆彭雪枫同志》，河南人民出版社 1979 年版，第 105 页。

⑥ 林颖：《彭雪枫家书》，文物出版社 1985 年版，第 43 页。

同年秋，民国大学开学了，彭雪枫却处在“失业”中。无奈，他又拿起了笔，“靠写点文章，收点稿费，来勉强维持生活”[①]。当时，他已由民国大学移住北平西单北大街武功卫胡同一个小公寓里的一间坐南朝北的小屋里，室内阴冷潮湿，生活非常艰苦，有时一天仅能吃上两个烧饼和一根黄瓜。在这样困难的条件下，他的革命意志和奋发向上的精神却没有丝毫的减弱。每天从早到晚，他总是在西单商场的书摊上翻阅进步书刊，乐此不疲，孜孜以求。用精神食粮的丰盈，抵御着肠胃辘辘的饥饿。

在这段困苦的日子里，彭雪枫始终和中共组织保持着密切的联系。9月中旬的一天，中共组织鉴于彭雪枫目前的生活困难情景，决定让他仍然回天津。他接受组织上的安排，在天津继续过着自己所不愿再过的那种“寄人篱下”的生活，仍旧干着“秘密党的工作”。

彭雪枫返回天津不久，接到了二弟宝兴由镇平老家寄来的一封家书，说他最近要到天津与雪枫晤面，心中甚喜。9月底，兄弟两人终于在伯父彭延庆家见面。彭雪枫向不远千里而来的弟弟详细询问了家中的一切情况，最后他们两人竟为家境贫困、生活不济、祖父和父母的身体欠佳而抱头痛哭起来[②]。弟弟宝兴是为生活所迫，无路可走而来天津找哥哥的。彭雪枫当时自己尚且衣食难保，自顾不暇，别无良策，就哭着恳切地嘱咐弟弟依靠“半工半读，自求生活”。坐在一旁的伯父听了这些，心情沉重，便责怪起雪枫来，说他“不顾家”，并说干“革命太危险！”言下之意，是要雪枫放弃共产主义信仰和无产阶级革命，找个稳当的工作，挣点钱，好好照顾长辈和其他家人。

彭雪枫听了伯父责怪的话，便同好心的伯父争执起来。他争辩着坚持说：无产阶级“革命是顾千家万家，不能只顾一家”；“既革命就不怕危险！”说完，他竟离开伯父家，每月“靠着十元钱的稿费，住到法租界去”[③]了。

租界，是帝国主义者强迫被侵略国家在通商都市划给他们直接统治的地区。它是帝国主义列强对中国进行各种侵略和罪恶活动的据点，也是近代中国历史耻辱的重要标志之一。然而，由于帝国主义窃取了租界内的“管理权”，俨如一个“国中之国”，所以，有些革命者在国民党统治区受到迫害或无法继续进行革命活动时，便潜入租界，以求隐蔽。可是，中外反动派在对待无产阶级革命和革命者的问题上是狼狈为奸、沆瀣一气的。因此，许多潜入租界的革命者同样遭到逮捕和杀害。彭雪枫住到天津法租界后，同五六个志同道合的革命青年住在一起。一天，他有事外出，其他几名青年突然遭到逮捕，生死不明。当时彭雪枫的处境非常危险，随时有被人告密和出卖的可能。这种情况表明，彭雪枫的人身安全正受到严重威胁，已失去了继续留在天津做地下工作的条件。为了彭雪枫和天津地下

① 方中铎：《忆学生时代的彭雪枫同志》，载《忆彭雪枫同志》续集，河南人民出版社1981年版，第109—110页。

② 彭之久：《悼胞兄雪枫同志》，《解放日报》1945年4月1日。

③ 彭之久：《悼胞兄雪枫同志》，载《忆彭雪枫同志》，河南人民出版社1979年版，第52页。

党组织的安全，免受意外的损失，中共顺直省委立即决定彭雪枫与过家和[①]一起前往烟台，到山东军阀刘珍年[②]部搞党的兵运工作，并着其赶快启程，离开天津。

刘珍年，国民党地方军阀，号称“胶东王”。原是张作霖奉军第一师李景林部的一名下级军官，逐渐升任旅参谋长。1925 年 11 月，李景林部为冯玉祥国民军击败，刘部被改编为直鲁联军，任褚玉璞[③]部第十六旅旅长。1926 年秋去山东投靠张宗昌[④]，屈就张部“模范团”第二营营长。后该部扩编，升任旅长。1928 年夏，国民党“北伐”军进攻山东，张宗昌退往冀东，取代胶东防御总指挥、鲁军第四军军长方永昌，并自称军长，开始自立门户。同年 7 月，刘珍年首次易帜，表示“服从政府，任胶东第一军军长”[⑤]，与胶东防御副总指挥刘志陆（桂军）战于掖县，迫其逃亡青岛，通电下野。9 月初，以暗杀相威胁，迫使方永昌弃军逃往大连。9 月 4 日，刘珍年取方而代之，并通电“响应北伐”，投靠蒋介石，被任命为国民革命军暂编第一军军长，同时率部进驻烟台[⑥]。1929 年 2 月，张宗昌、褚玉璞联络旧部重返胶东，刘珍年部第二师刘开泰、第四师李锡桐、第五师施中诚率部投张宗昌。蒋介石将刘珍年部缩编为第三师，不久又改为第二十一师，仍驻烟台。3 月 26 日，刘珍年以退为进，放弃烟台，退守牟平。4 月 21 日，刘珍年遣精兵三千人，以“卷席战术”击溃张宗昌部，张宗昌被迫逃亡大连，褚玉璞被俘于福山。24 日，刘珍年部重占烟台。自此以后，刘珍年名声大噪，割据山东，野心急剧膨胀。他为了称霸胶东，除大量收编胶东溃兵游勇、广招青年技工制造枪炮外，还从天津等地广泛接纳进步知识分子以及秘密求助于共产党人，并亲创芝罘陆军军官学校，自兼校长，“半年一期，一期五队，队约百人”[⑦]。

就在刘珍年秘密求助共产党人以求自身生存与发展的时候，共产党员刘锡九[⑧]、李楚离[⑨]等人先后自武汉、北平由党组织派往刘部工作。1929 年 4 月至 9 月，中共顺直省委先后三次派人巡视共产党在刘部的工作情况，中共中央军委亦派柳直荀[⑩]到烟台考察。同年秋，中央军委根据柳直荀关于《烟台情形（的）报

---

① 过家和（1908—1945），又名过一民，中共党员，安徽省蒙城县大过庄人。同彭雪枫为育德学校校友。

② 刘珍年（1898—1935），河北省南宫县人。1922 年保定军校步兵科第八期毕业。1935 年 5 月，被蒋介石以“纵兵殃民”罪名枪杀于南昌东郊。

③ 褚玉璞（？—1931），山东汶上县人。曾任直鲁联军前敌总指挥、直隶军务督办兼直隶省长等职。1931 年被刘珍年活埋。

④ 张宗昌（1881—1932），山东掖县人，出身绿林。多次参加军阀战争和支援孙传芳对抗北伐战争。曾任直鲁联军副总司令和司令等职。1932 年 9 月被韩复榘指使人刺杀于济南车站。

⑤ 天津《大公报》1928 年 9 月 6 日。

⑥ 天津《大公报》1928 年 9 月 9 日。

⑦ 赵延庆：《“胶东王”刘珍年的兴起和败亡》，《民国春秋》1990 年第 1 期。

⑧ 刘锡九，原名刘武年，是刘珍年的胞弟，中共特别党员。

⑨ 李楚离，即李通良，河北人。曾参加“八一”南昌起义。新中国成立后任中共中央组织部副部长。

⑩ 柳直荀（1898—1932），湖南长沙人，又名克明。曾留学日本。1923 年加入中国共产党。1927 年参加“八一”南昌起义后，由党派往上海、天津、湖北等地巡视工作。1930 年以中央军委特派员身份派往洪湖苏区，后任红二军团政治部主任、红六军团政委等职。1932 年在错误的肃反中被杀。

告》，派胡允恭[①]为烟台中央军事特派员。同时，中共顺直省委委派省委特派员白之钰到烟台全面领导党的工作，中共山东临时省委亦划定烟台为今后党的发展中心区域之一[②]。恰值此时，彭雪枫受中共顺直省委指派由天津转到烟台。

彭雪枫受命后，未及与伯父、二弟宝兴辞别，就偕过家和由天津塘沽乘坐轮船，穿过渤海，直下烟台。烟台位于山东半岛东北端，为渤海和黄海门户，地形险要，群山环抱，北临黄海，港阔水深，渔业发达，素有"黄海明珠"之称。因明代防御倭寇，曾在临海北山头筑有狼烟墩（烽火台），后称烟台山，烟台便由此得名。彭雪枫联想到将在此重要港口城市开展艰巨而复杂的斗争，不禁心潮澎湃。他与过家和在烟台港下船后，按照党组织所指示的地址，直赴金沟寨，同在芝罘陆军军校的地下党负责人李楚离取得了联系。李楚离原是北京清明中学的教师。过家和 1926 年由绥远育德中学返回北京后，曾转至清明中学继续读书，同李楚离是师生关系。彭雪枫他们同李楚离接上组织关系之后，经李与刘部政训处长刘锡九商议，委任过家和为政训处上尉股员，委任彭雪枫为政训处宣传股长，组织上隶属于中共烟台军事特别支部领导。

彭雪枫与过家和到烟台时，中共烟台地下组织已经建立了军事、地方、警察三个特别支部。三个特支明确分工，各司其责，但在组织上均由中央军事特派员胡允恭统一领导。而且，在中央军事特派员的组织领导下，中共烟台地方特支和军事特支已共同创办了《胶东日报》（后改为《胶东新闻》，主编许端云、赫联基）和平民夜校（分男校、女校）[③]。彭雪枫栖身刘珍年部政训处，在中央军事特派员的领导下，积极参加烟台党组织所领导的社会宣传工作，并和张恒生、陈桓乔共同担任烟台平民夜校女校教员，亲自"编写识字课和常识课教材"，同时"运用教唱革命歌曲和讲故事等各种方式，生动地向工农进行政治教育，发展中共党员，培养工农骨干"[④]。

彭雪枫在平民女校除教文化课，宣传马列主义外，还重点发展党的组织。他发展的年轻发网女工共产党员崔爱卿[⑤]谈起她们的老师彭修道赞不绝口，不但认为其年轻英俊，为人忠厚，学识渊博，而且还清楚地记得其是"南阳卧龙岗人"。"南阳卧龙岗"与诸葛庐，是彭雪枫第一次给她们上课时讲的一个历史典故。他说：我叫彭修道。大家知道三国时的孔明吗？他是河南南阳人（由山东琅琊移居南阳），后人为了纪念他，辟有一地，盖了茅屋，名叫卧龙岗，也称"诸葛庐"。我是镇平人，家与卧龙岗仅有一河之隔，可谓卧龙岗人。参加平民女校的学员多是发网、绣花女工，文化程度很低。这是她们第一次听说三国时的孔明，第一次

---

① 胡允恭，又名胡萍舟，安徽人，时以养正学校中学部教师身份掩护工作。新中国成立后，任南京大学教授。

②《中共山东党史大事记》，山东人民出版社 1986 年版，第 57 页。

③ 中共烟台市芝罘区党史资料征集研究委员会编：《中共烟台市党史大事记》，1988 年，第 39、40 页。

④ 中共烟台市芝罘区党史资料征集研究委员会编：《芝罘党史资料选编》第 3 辑，第 253 页。

⑤ 崔爱卿，山东栖霞县松山乡人。

听说河南南阳有个卧龙岗。所以，彭雪枫的这一自我介绍——南阳卧龙岗人，便深深地留在她们的记忆里。其中另一个女工学员高爱兰，则坦率地承认自己早年曾为彭雪枫的堂堂仪表和渊博的学识所倾倒。由于广大女工对彭雪枫的深切崇拜和爱慕，因此，他所宣传的革命道理就极易为大家所接受、所信服，并很快点燃了她们心头炽烈的革命火焰，为 1930 年 1 月至 2 月烟台印刷工人全行业罢工高潮和 1931 年 1 月百余名发网女工反对欺压、侮辱女工工头的斗争积蓄了力量，奠定了基础[①]。

到 1929 年底，烟台中共党组织已有较大发展，党员已有一百多人，党的组织除刘珍年军中外，在许多工厂、学校、机关、医院和郊区农村均建立起来，并处于半公开的活动状态。再者，刘珍年部将来必“红”的传说[②]在南京亦广为流传。因此，这便引起了国民党蒋介石对胶东地区和刘部的严重注意。于是蒋介石遂派遣特务曹日轮、刘治俭由南京到烟台刘部任职，监视刘珍年和中共组织的活动。是年冬，蒋介石接连密电刘珍年，指责其“包庇共产党”，命令其“必须即时严加禁绝，否则必予严惩”[③]。有时甚至在文电中指名免去刘锡九的职务，指名驱逐彭雪枫及逮捕共产党员李楚离、过家和[④]等人。对此，刘珍年先是犹豫不决，举棋不定，拖延搪塞，后来又因“惧蒋淫威，变通行事”，采取了“两不得罪”[⑤]的办法，使被指名驱逐的彭雪枫终于被戴上“不稳分子”的帽子，并“给了五十元路费让滚蛋”[⑥]。这样，彭雪枫和李楚离等人不得不先后离开刘部。

李楚离以“告长假照准”的方式被“礼送”离开刘部后，“乘船去沪，接受了新的任务”[⑦]。彭雪枫离开刘部后，被中共烟台特支派往烟台近郊福山古现一带以教小学作掩护，“创办农民夜校，组织贫苦农民学习，并进行反贪官污吏、反土豪劣绅、反卖国军阀的政治教育，发动农民进行抗租斗争”。[⑧]彭雪枫到福山古现后，根据当时山东的政治形势以及大小军阀向人民的空头许诺、笼络人心的种种卑鄙可耻行径，编写了一首《新军阀》的儿歌，教学生们演唱。很快，“新军阀，瞎胡闹，贴标语，喊口号，救国救民做不到，伸着巴掌把钱要”[⑨]的民歌便在福山到处传唱，深刻有力地揭露了国民党新军阀乔装打扮，敲诈勒索，祸国殃民的丑恶嘴脸。

在古现，彭雪枫白天在小学校里“撤（扯）起喉咙苦叫一天”后，晚上才是他干的“正当的工作——农民夜校”[⑩]。他在古现举办“农民夜校”，是中共组织在

① 中共烟台市芝罘区党史资料征集研究委员会编：《中共烟台市党史大事记》，1988 年，第 42、49 页。
② 烟台市政协编：《烟台市文史资料》第 2 辑，第 88 页。
③ 中共烟台市芝罘区党史资料征集研究委员会编：《中共烟台市党史大事记》，1988 年，第 6 页。
④ 烟台市政协编：《烟台市文史资料》第 2 辑，第 87 页。
⑤ 中共烟台市芝罘区党史资料征集研究委员会编：《中共烟台市党史大事记》，1988 年，第 41 页。
⑥ 林颖：《彭雪枫家书》，文物出版社 1985 年版，第 42 页。
⑦ 中共烟台市芝罘区党史资料征集研究委员会编：《芝罘文史资料选编》第 3 辑，第 15 页。
⑧ 中共烟台市芝罘区党史资料征集研究委员会编：《芝罘文史资料选编》第 3 辑，第 15 页。
⑨ 中共烟台市芝罘区党史资料征集研究委员会编：《中共烟台市党史大事记》，1988 年，第 41 页。
⑩ 林颖：《彭雪枫家书》，文物出版社 1985 年版，第 42 页。

福山县的最早革命活动之一。当时正值阴历年关将至，地主逼粮甚急，广大农民因交不起租，叫苦连天。彭雪枫了解此情况后，决定借办“农民夜校”之机，秘密建立农会，发动农民进行抗租斗争。他亲自召集贫苦农民骨干分子进行动员，号召他们团结起来，为自己的切身利益和生存权利而积极率领广大农民参加斗争。正当他专心致志地发动贫苦农民起而进行抗租斗争之时，在他所教的那个小学校里却发生了一件地主的孩子欺负侮辱穷人的孩子的事情。一天，他亲眼看到地主的孩子趾高气扬地骑到穷人的孩子身上。这虽然是小孩子之间的事情，但对爱憎分明的彭雪枫来说，却不容许这类事情发生。于是，他就用戒尺打了那个地主孩子的手心，以示训诫与惩罚，灭了地主阶级的威风，长了穷苦农民的志气[①]。

发动贫苦农民进行抗租斗争，是一场艰巨复杂的阶级斗争。眼看这场斗争准备甫定，斗争将起，不料却为当地地土豪绅察觉，进行反扑，致使抗租斗争功败垂成。这样，彭雪枫仅在古现“二十天”，就“又被土豪劣绅赶走了”。彭雪枫盛怒之下，把因教豪绅子弟读书所得的“二十元酬金，随手摔在地下，扬长而去！”家境贫寒的“学生们哭送”，他亦“向他们哭别”，忿忿不平地离开了福山。彭雪枫尽管来去匆匆，却同古现广大贫苦农民和学生建立了深厚的友谊，并在他们中间播下了永不熄灭的革命火种，谱写了福山农民革命的新篇章。

彭雪枫等人在烟台地区接连被驱逐的情况表明，刘珍年已日趋走向反动，共产党在烟台所面临的形势已经极为不利。鉴于这种严峻的情况，中央军事特派员胡允恭向军委作了“应尽早撤出已公开了身份的共产党员”的报告。中央军委委员关向应为此特地到烟台传达中央军委指示，同意撤离已公开身份的中共党员。于是，李素若、胡允恭、赫连基等于1930年3月先后离开烟台。此前，彭雪枫已于2月间离开烟台，乘船抵上海，由中央军委另行分配工作。此时，党为扩大红军和加强军事工作，已设了“军事工作巡视员”。彭雪枫到达上海后，从2月至4月，受命以中央军委巡视员的身份到镇江巡视，并做争取土匪武装的工作。后来，彭

彭雪枫（右一）和从事革命活动的同学合影

①《金戈铁马》，河南人民出版社1984年版，第191页。

1930 年 2 月，彭雪枫调中央军委工作。图为在上海的中央军委办公旧址

雪枫回忆自己在白区这段艰苦复杂的经历和到上海以后的情况时，曾这样写道：

“这以后才到上海。中央军委派我到过镇江巡视，也做土匪运动，不成功。一天一毛钱的饭食，因为党穷。一月的生活费，是九块钱，这是在上海，每天总在防备着包打听。经济压迫掺和着政治压迫，短短的几年间，被人驱逐了三次，被统治者关过三次（其中一次是一天一夜的优待室，在北京），受过不知多少次的饿，挨过难以忍受的冻寒，当朋友们怜悯送钱在自己的袋中之后，也不知有多少次背地里流泪！我愤恨极了！对社会不满，并不亚于仇虎[①]和陈白鹭[②]，满腔积压着报复心情！我要求党派我到红军中工作，理由似乎很简单——为了泄恨，为了报仇！为了痛痛快快地干一场！1930 年的‘五一’节由上海搭长江轮投入当时游击于湖北阳新大冶的红五军五纵队，这是我生平第二个划时代。”[③]

从 1927 年 4 月到 1930 年 4 月，彭雪枫除在开封训政学院学习约半年时间外，其余大部分时间均战斗在中国共产党的秘密战线上，相继在北京、天津、烟台、福山、镇江等地，开展工运、农运和士兵运动。严酷的社会现实和尖锐复杂的斗争生活，使他进一步了解了工人、农民和士兵的疾苦，了解了社会的黑暗，了解了地主资产阶级和各派军阀的反动本质。这使他更加同情贫苦民众的悲惨命运，更加痛恨剥削阶级和封建制度的残酷统治，决心砸碎旧世界，解救被压迫被剥削的苦难民众。这时，经过秘密战线上严酷的阶级斗争的锻炼与考验，在彭雪枫的主观世界中，无产阶级革命意识，已发生了新的飞跃。

① 仇虎，曹禺编剧《原野》中的人物。

② 陈白鹭，曹禺编剧《日出》中的人物。

③ 林颖：《彭雪枫家书》，文物出版社 1985 年版，第 42、43 页。这里说的“五一”节由上海搭长江轮去湖北，时间有误。据何长工回忆应是 5 月中旬，此说可靠，因为何是参加全国红军代表会和苏区代表会结束后，同中央派往鄂东南的彭雪枫等十多个人一道乘船同行的。

第四章 转战中央苏区

国民党各派军阀为了争夺地盘和权利，战争连年不断。1930 年 5 月，又爆发了蒋介石同冯玉祥、阎锡山的战争，史称中原大战。这是一次反蒋派同蒋介石为争夺中央统治权利而进行的一次空前规模的战争，在广阔的中原战场，双方投入的总兵力达到 100 多万人，战线绵延数千里，时间持续半年之久，双方死伤约 30 万人，军费支出约 5 亿元。反动统治阶级内部的不断分裂和混战，给人民带来巨大的灾难和痛苦，同时也削弱了白色政权的统治势力。这在客观上给革命力量的发展，造成了极为有利的时机和条件。

在这种情况下，中国共产党和工农红军在人民中的影响和声望不断提高，红军和革命根据地迅速发展。到 1930 年夏，红军经过近三年的游击战争，主力部队发展到十多个军 7 万余人，地方武装近 3 万人。5 月，中共中央在上海召开全国苏维埃代表会议和红军代表会议，决定各地红军分别集中组建正规军团。各地红军根据红军代表会议决定和中共中央、中央军委的指示，普遍进行了整编。部队中共产党的领导和政治工作日益加强，组织编制更加严密，武器装备有所改善，战术技术水平普遍提高。红军的发展和整编，为红军实行由游击战向运动战的战略转变，创造了条件。同时，苏区也有很大发展。遍及 11 个省 100 多个县境的小块的、分散的、流动性很大的根据地和游击区，逐步发展成为连成片的、范围较大的、比较稳固的苏区。由于土地革命的逐步深入，群众支援革命战争的热情甚高。苏区的巩固和扩大，使红军有了广阔的战场和充分的回旋余地。

中原大战爆发后，蒋介石调湘鄂赣诸省驻军开赴津浦、陇海、平汉诸线，而用来对付红军的正规部队，在江西，只有第十八师、新编第十三师和独立第十四旅大部；在湘鄂西，只有新编第三师和独立第十四旅一部；在鄂豫皖边，只有川军第二十军和新编第五旅等部。其他均为地方武装和当地民团。各地红军乘国民党军在战略上取守势之际，积极广泛地发起攻势作战，取得了一些胜利。

上述情况表明，革命势力虽然有了较大的恢复和发展，红军和根据地已发展到相当规模，但革命力量弱于反动力量的基本情况，还远未改变。这时，国民党拥有 200 万军队，为共产党武装的 20 倍。苏区仍在白色政权的包围中。各派军阀虽然混战不止，给工农革命以可乘之机，但当革命势力发展到触及其根本利益时，统治阶级的内部矛盾将得到暂时缓和，并联合起来对付革命力量。而且，红军和苏区愈是发展，反革命势力愈要集中更大力量对付革命势力，国民党军对苏区和红军的大规模“围剿”必将来临。因此，中国共产党和红军领导人，不仅要审时度势，充分利用各派军阀之间的矛盾，制定正确的政策和方针，寻求更大的发展，而且还应预见即将出现的新情况，采取符合实际的战略和策略，以便在大规模“围剿”到来时，措置裕如，战而胜之。可是，当时中共中央政治局内以李立三[①]为代表的一些领导人被胜利冲昏了头脑，从唯心主义观点出发，错误地估计形势，采取“左”倾冒险错误的战略方针，让力量弱小的红军，集中兵力进攻国民党控制的中心城市，一度使革命和革命战争遭受挫折，丧失了在有利形势下寻求更大发展的宝贵时机。

一、参加红军第五军

1930年5月，在全国红军代表会议和全国苏维埃区域代表会议在上海召开之际，中央军委决定派彭雪枫前往鄂东南红军第五军第五纵队工作，满足了他迫切要求参加红军，痛痛快快地干一场的强烈愿望。

5月中旬，彭雪枫抑制不住内心的喜悦，匆匆告别了邓颖超，便乘英国太古公司的汽轮，沿长江溯江而上，踏上了投笔从戎新的征途。同行的有赴上海参加全国苏维埃区域代表会议和全国红军代表大会的红五军党代表滕代远、第五纵队党代表何长工等以及与彭雪枫一起派往鄂东南和红军工作的黄克诚、邓乾元、周桓、何时达、石恒中（衡中）等十多人。在途中他写信给学友路庭训，信尾署名“修道（雪枫）”。从此，正式改名彭雪枫[②]。15日，生母王氏病故。葬于镇平。

彭雪枫随滕代远、何长工等一行经过五六日的航程，于5月下旬抵达黄石港（今黄石市）。鉴于该地国民党当局盘查甚严，为防意外，在船靠岸时即在码头附近雇了只渔船顺流而下，在石灰窑以东数十里的太子庙上岸，并得到第五纵队司令员李灿派出的便衣队的接应。滕代远、何长工和彭雪枫等人到达三溪口后，受到了彭德怀的欢迎。6月初，彭雪枫到红军第五军第五纵队，任该纵教导队第三大队长。红五军是彭德怀、滕代远等1928年7月22日在平江起义后创建的一支工农红军。1929年秋，红军第五纵队经过两年来的随军转战，已由湘赣边区转至湘鄂赣边区，转战于鄂南的大冶、阳新、通山、通城、崇阳等县，取得了一系列战斗的胜利，获得较大发展。特别是1929年12月14日程子华等领导的大冶起义的胜利，使红五纵队力量更加壮大，并以参加起义的原国民党新编第一师第

---

① 李立三（1899—1967），中国早期工人运动领导人之一。湖南省醴陵县人。1921年加入中国共产党。参加南昌起义。1928年冬至1930年，在上海中共中央工作，任中共中央政治局常委兼秘书长等职，主持过中央日常工作，犯了“左”倾冒险主义错误。后来改正了错误，为革命做过许多有益工作。

② 有人认为，1928年10月，彭雪枫在天津做秘密工作时，取唐朝诗人杜牧《山行》一诗中的名句“停车坐爱枫林晚，霜叶红于二月花”之意，改名彭雪枫。此说在时间上无确考。1929年秋至1930年初，在烟台做军运工作时，仍用原名彭修道。

二团第三营第九连为基础，新组建了红五纵队教导队[①]。但是，红五纵队当时普遍存在着“政治工作不健全，士兵教育未能作好，以致士兵大部分尚未了解红军的意义”[②]等缺点。彭雪枫到该纵队任职，正适应了当时部队发展的客观需要。

6月10日前后，中共红军第五军军委在湖北省大冶县刘仁八村召开扩大会议，由滕代远、何长工等分别传达全国红军代表会议和全国苏维埃代表大会精神。会议根据红军代表会议精神和中共中央、中央军委的指示，决定以红军第五军为基础成立红军第三军团，彭德怀任总指挥，滕代远任政治委员，邓萍任参谋长，袁国平任政治部主任。同时组成中共红军第三军团前敌委员会，彭德怀任书记。军团下辖两个军：第五军，彭德怀兼军长，滕代远兼政治委员，邓萍兼参谋长，袁国平兼政治部主任，辖四个纵队。第八军（由原红五军第五纵队扩编），何长工任代军长，邓乾元任政治委员，卢匿才任参谋长，柯乃康（柯庆施）任政治部主任，辖三个纵队。第一纵队，陈毅安任纵队长，郭一清任政治委员；第二纵队，谢振亚任纵队长，石恒中任政治委员；第三纵队，何时达任纵队长，徐策任政治委员。全军团近一万人。彭雪枫由教导大队长升任红军第八军第一纵队副政治委员。红三军团的成立，对加强红军的建设，提高部队战斗力，推动湘鄂赣苏区的发展和巩固，为红军由以游击战为主向以运动战为主的战略转变创造了条件。

这时，蒋冯阎中原大战激战正酣。粤军张发奎[③]和桂军李宗仁[④]部为配合冯阎在中原的作战，击溃湘军何键[⑤]第四路军攻占长沙、岳阳。蒋介石组织驻湘粤赣的第四、第八、第九路军等部，反击粤桂联军，湘鄂赣边仅留一些地方部队驻守，兵力分散，战斗力不强，这为红军的发展造成了有利条件。

6月12日，红三军团根据红军代表会议精神和中共中央、中央军委的指示，抓住湘鄂赣边国民党军兵力空虚的有利时机，积极发动攻势作战，红八军第一纵队奉命同兄弟部队一起作战，击溃国民党军第二十军一个团，并于13日晨攻占大冶县城；13日下午攻占长江南岸重镇黄石港，击溃第二十军另一个团，缴枪300余支（挺）。当红军追击至石灰窑时，游弋于长江中的日本帝国主义的军舰公然向红军开炮射击，红军予以还击后撤到黄石港。

6月15日，红三军团总指挥彭德怀召开前线指挥部会议。会议对中央军委长江办事处关于湘鄂赣红军“帮助鄂南与鄂东南地区暴动”，切断武（昌）长（沙）（铁）路和进攻武汉的指示，进行了认真研究。彭德怀不赞成打武汉，他指出，武汉有国民党军5个团据守，且有坚固的工事。岳阳、阳新分别有钱大钧[⑥]12个团和罗霖[⑦]

①《程子华回忆录》，解放军出版社1987年版，第43页。

②《土地革命战争大事月表》，人民出版社1987年版，第64、65页。

③ 张发奎（1896—1980），广东兴始人，时在蒋桂战争中任第一路追击军司令兼第四师师长。

④ 李宗仁（1890—1969），广西桂林人，时自任中华民国陆军第一方面军总司令。

⑤ 何键（1887—1956），湖南省醴陵人，时任国民党第四路军总指挥部总指挥。

⑥ 钱大钧，江苏昆山县人，时在张桂联军反蒋之战中，被蒋任命为前线总指挥。

⑦ 罗霖，时任国民党军第七十七师师长。

1个师驻守。红军如进攻武汉，钱、罗两部必然尾随夹击。红军前有坚城，后无退路，有全军覆没的危险。他主张先消灭鄂东南六县地主武装，进而西进攻占湖南岳阳，作为攻打武汉的准备。此案符合实际，得到与会者赞同。会议决定红三军团继续向西南进击，开展攻势作战，并决定红八军留两个营，坚持鄂东南斗争。

6月16日，红三军团主力由大冶地区分兵向鄂城、通山进击，并扬言进攻武汉。此时，湘鄂西的红二军团开始向东北发展，红一军在武汉以北活动，蕲春、黄梅、广济的红军游击队在武汉以东活动。各路红军逼近武汉，引起了国民党当局的恐慌。国民党武汉行营急调驻岳阳的钱大钧部两个师12个团星夜赶赴武汉，加强该城防御力量，岳阳仅驻何键部一个多团。红三军团依据战场情况变化，转向国民党兵力空虚的岳阳前进。23日，第一纵队与军团其他主力攻占通山县城，击溃国民党军第七十七师第三团。24日，红八军第二纵队攻占崇阳县城，同时控制咸宁县大部地区。此后，红三军团决定夺取岳阳，相继攻占蒲圻县羊楼洞和湖南省临湘县城等地，逼近岳阳。

7月4日，红三军团进攻岳阳城，经激战，歼国民党守军两个营，攻占岳阳，国民党残军在帝国主义军舰掩护下，乘船逃往君山。这次战斗，红军缴枪500余支（挺），火炮16门，子弹、炮弹250余担及大批军用物资和粮食。至此，红三军团完成了中共中央军委赋予的切断武（汉）长（沙）铁路的任务。

在上述作战行动中，作为刚参加红军、任纵队领导职务不久的彭雪枫，积极协助纵队长陈毅安、政治委员郭一清等，动员、组织和指挥部队战斗，圆满完成了上级赋予的各项任务。他深入实际，边学习、边工作、边战斗，军政素质和领导水平迅速提高，很快成长为一名年轻有为的指挥员。

红三军团攻占岳阳后，国民党急调武汉、长沙兵力联合向岳阳反扑。红三军团乘国民党军主力尚未集中之际，于7月6日主动撤出岳阳，重返平江苏区。中旬，到达平江及其周围地区。军团首长鉴于部队行军作战疲劳，决定在此进行短期休整。休整期间，将军以下的纵队、支队改为师、团建制。红五军辖第一、第三师。第一师师长李实行，政治委员吴溉之；第三师师长郭炳生，政治委员朱荣。红八军辖第四、第六师。第四师师长何时达，政治委员石恒中；第六师师长陈毅安，政治委员郭一清，彭雪枫为副政治委员。

二、率部首登长沙城

在平江，红三军团得知国民党湘军何键第四路军主力追击张、李联军，集兵在湘桂边界地区，长沙防务空虚。中共第三军团前委、湘鄂赣特委及各县负责人在长寿街举行会议，讨论红军的行动方针问题。彭雪枫参加了这次会议。会议“就当前形势、部队的任务及下一步行动等问题，展开了激烈的讨论。会上一部分同志，尤其是红八军的同志，极力主张按照中央的部署，实行武装夺取武汉的行动；另一部分同志，主要是军团部和特委的同志，则提出暴动夺取长沙，先取长沙后取武汉的主张。双方争论非常激烈，相持不下”[①]。最后，会议认真分析了敌我力量的变化，认为“当时正处于蒋阎、蒋张（张发奎）等军阀内战正酣之际，长沙何键的主力离开长沙去打桂军了，城内只剩下七个旅，其中五个步兵旅，一个炮兵旅，一个骑兵旅，除何键的女婿李觉旅（第五十七旅是湘军王牌）战斗力较强外，其他部是杂牌部队；而我们打下岳州后，武器弹药都得到了补充，每个军都还保持着一个教导队可随时补充部队干部”。另外，“我军对长沙地形、敌情也比较了解。更重要的是长沙这个湖南反动统治的巢穴，杀人不眨眼的刽子手何键在这里，继上海‘四一二’、广州‘四一五’大屠杀以后，发动了惨绝人寰的‘五二一’马日事变，长沙城十多万革命干部和群众死于反动派屠刀之下，真是鲜血染红湘江水，尸骨堆满桔子洲”。就是现在，“还仍有一大批革命同志被关在狱中，亟待解放。所以解放长沙城，活捉何键，为十万死难烈士报仇已成为全体官兵和广大群众的强烈要求”[②]。因此，会议决定乘虚攻打长沙城，并命令各部抓紧军政训练，做好攻城准备，在平江起义两周年纪念活动后相机攻占长沙。

当时，彭雪枫“年轻、聪明、热情”[③]，会后，他与师长陈毅安、政治委员郭一清一起，按照平江会议决定，积极动员部队，抓紧训练攻城技术，并组织部队侦察敌情，拟定作战方案。7 月 22 日，全军团在平江召开誓师大会，号召工农群众打到长沙去，建立湖南省苏维埃政府。在此之前，长沙守军何键匆忙从衡阳调第十九师第五十五旅到长沙，会同留守长沙的第十五师第四十五旅等部共约七个团的兵力，由第十五师师长危宿钟统一指挥，于 7 月 19 日从长沙沿长（沙）平（江）大道向平江县城推进，对红三军团实行“进剿”，企图先发制人，一举消灭红军，解除对长沙的威胁。23 日“敌先头梯队进到瓮江镇，离平江城三十里，二梯队进到金井，三梯队进到春华山，各隔三四十里，摆成长蛇阵”[④]。

红三军团得悉上述情况后，彭德怀抓住国民党军呈一线部署，兵力分散的弱点，决定集中力量，首歼其先头第五十五旅，然后跟踪追击。24 日，红三军团在平江以西待机一天，国民党军未前进。25 日，红三军团向晋坑守军发起进攻，以红八军第六师从正面攻击，以军团主力和湘鄂赣边红军独立师从两侧迂回包围攻击。战斗发起后，第六师在陈毅安、郭一清和彭雪枫等指挥下，勇猛冲杀，势不可挡。战斗中，彭雪枫机智灵活，派一个中队从侧后袭击国民党军，亲率一个排佯攻，吸引国民党军的火力，并率先带领前锋部队冲入晋坑。经过激烈战斗，红军歼国民党军第五十五旅约一个团，生俘团长一名，旅长罗树甲弃部只身潜逃，险做俘虏。其残部仓皇逃向金井。此战胜利，提高了红军指战员攻打长沙的信心。

晋坑战斗告捷后，红三军团乘胜追击。晋坑离金井约 30 里。彭雪枫协助师长陈毅安、政治委员郭一清率部实施猛烈追击。一路上，他们马不停蹄，穷

---

①《黄克诚回忆录》（上），解放军出版社 1989 年版，第 112、123 页。

②《何长工回忆录》，解放军出版社 1987 年版，第 271、272 页。

③《忆彭雪枫同志》，河南人民出版社 1979 年版，第 116 页。

④《彭德怀自述》，人民出版社 1981 年版，第 154 页。

追不舍。7 月 26 日，彭雪枫率部抄小路首先攻入长沙门户金井，同国民党军第四十五旅汪之斌等部四个团相遇。此时，得悉何键亲自出马，临阵督战，红军指战员无不义愤填膺，怒火中烧，人人奋勇，个个争先，同国民党军展开了近战搏杀。不料，当战斗正酣之际，师政治委员郭一清[①]和第四师师长何时达[②]先后英勇牺牲。彭雪枫抑制住生平第一次在战场上失去亲密战友的悲痛，与师长陈毅安及第四师政治委员石恒中等坚毅地挑起战友牺牲留下的指挥重任，在军首长的指挥与红五军、湘鄂赣边红军独立师及苏区人民的配合下，戮力同心，猛打猛冲，率领全体指战员反复冲杀，经激战，终将第四十五旅大部歼灭，占领金井，缴枪数百支，生俘其团长邓一南。战后，彭雪枫升任第六师政治委员。

国民党军第四十五、第五十五旅残部由金井向长沙溃退，何键深恐省会长沙不保，即令溃退下来的部队和刚从宝庆（今邵阳）调来的第十九师第五十七旅两个营，“沿浏（阳）河构筑工事，分段固守”[③]。同时电令第十九师主力由湘桂边境驰援长沙。

金井战斗后，红三军团对溃逃之国民党军衔尾追击。7 月 27 日，又在春华山、永安市击退国民党军的抗击。红三军团司令部进驻永安市。在此，军团召开军长会议，进一步分析敌情，认为长沙守军仅湘军王牌李觉一个旅尚有元气，其余各部均经红军连续打击，士气沮丧，红军夺取长沙的时机已经成熟。会议决定红八军为总预备队，相机迂回作战。会后，彭雪枫等根据军团夺取长沙的命令，认真做了“活捉何键，为马日事变中死难的烈士报仇”，“为何师长、郭政委报仇”的战地动员。27 日上午 10 时，正当何键梦呓般地炫耀七里巷、乌梅岭一带防御工事“固若金汤”之际，不料红五军在彭德怀军团长指挥下，由永安市、春华山出发，向长沙近郊之㮾梨桥（今㮾梨市）发起猛攻，从正面直扑其主阵地七里巷和乌梅岭。

㮾梨桥是由长沙东郊进入该城的重要通道。何键在此集中了陈光中[④]、危宿钟残部和刘建绪[⑤]共 4 个多旅的兵力，企图凭借浏阳河作最后顽抗。因此阵地几经争夺，得而复失，战斗异常激烈。在双方争夺相持不下之际，红八军在军长何长工指挥下，绕道 8 华里，迂回到国民党守军左后侧，抢渡浏阳河，并立即占领了河对岸据点杉木港。该港守军遭红军两面夹击，无心抵抗，乱作一团，纷纷缴械投降，有的则争相夺路向城内逃窜。当红八军发现溃敌夺路逃命之时，遂以第四

---

① 郭一清（1902—1930），曾用名郭源鉴，江西信丰人。1925 年加入中国共产主义青年团，1926 年转入中国共产党。1928 年 2 月领导信丰农民起义，任暴动总指挥。曾任赣南红军第二十六纵队司令、红五军政治保卫大队党代表等职。

② 何时达（1896—1930），曾用名何时连等，湖南长沙丁家湾（今属望城县）人。黄埔一期毕业。1924 年加入中国共产党。曾任国民革命军连长、营长。后参加中共湖南省委、湘鄂赣特委和武汉市工作。1930 年 6 月率部参加红军。

③《国民革命军第四路军战史》，国民革命军第四路总指挥部编印，第 52 页。

④ 陈光中，湖南邵阳人，时任国民党军湘军独立第七旅旅长。

⑤ 刘建绪，时任国民党湘军第十九师师长。

1930 年 7 月 27 日红军攻占长沙后举行万人庆祝会的盛况

师一部按照军团司令部的命令，换上白军的服装，与国民党军一起混入城内。这时，红五军与敌人争夺七里巷、乌梅岭的战斗仍在激烈地进行，红军渐次出现不支的迹象。在此紧急关头，彭德怀横刀立马站在浏阳河边，果断下令拆掉浮桥，并传令各部：“‘有后退者，军法从事，格杀勿论！’这样一来，才将部队稳住。”[①]此时，彭雪枫在军长何长工指挥下，带领所部赶至桥头增援，集中火力攻击七里巷、乌梅岭。守军遭红五、红八两军前后夹击，全线溃退，旋向烂泥冲、猴子石方向逃窜。至此，国民党湘军在长沙外围的防线即被红军全部突破。红五、红八两军胜利会合后，全军团八千勇士，像钢铁洪流，排山倒海，旋由东屯渡河，经马王堆、五里牌滚滚奔向长沙。长沙城高墙厚，工事坚固，守军火力猛烈，易守难攻。战斗打响后，彭雪枫等率部担任攻坚任务，采用强攻、爆破的手段，均未成功，最后只得冒着守军的猛烈炮火，架云梯登城。27 日 20 时，彭雪枫等率领第六师与第四师紧密配合，从小吴门、四十九标、韭菜园、浏阳门等处首先登城，进入市区，迅速攻占国民党湖南省政府和清乡督办署所在地，占领长沙。何键及其爱将李觉，得悉红军潮水般地冲进城来，吓得魂不附体，慌忙带领少数侍从向城西逃命，守城残部亦匆匆由城内退守岳麓山。彭雪枫率领红六师尾敌猛追，直抵湘江东岸。这时，“敌方载有将军（何键）而退却之兵舰”，“仅距江边百余米”[②]。后来，从俘供中得知，红军只差几分钟就能活捉何键。以至几十年后，主将彭德怀元帅在忆及此事时也不无感慨地说：“此恨犹存！”[③]但彭雪枫和第六

①《黄克诚回忆录》（上），解放军出版社 1989 年版，第 125 页。
② 张震：《含泪痛忆彭故师长》，载《忆彭雪枫同志》续集，河南人民出版社 1981 年版，第 3 页。
③《彭德怀自述》，人民出版社 1981 年版，第 154 页。

师全体指战员的“勇敢与以小胜众之精神”，当时“曾受到红三军团长彭德怀总指挥之口头奖励”①。

从7月25日至27日，红三军团在晋坑、金井、梟梨、长沙连打4个胜仗，共俘国民党湘军4000余人，缴获长短枪3000余支，手提机关枪20余支，轻、重机关枪28挺，迫击炮20余门，山炮2门，电台9部，以及大批弹药物资；红三军团伤亡1600余人。

被红军占领的湖南省国民党党部

红三军团攻占长沙后，根据中共湖南省委原先的决定，以原红五军第一纵队和湘鄂赣边红军独立师为主，与平江、岳阳、修水、铜鼓、茶陵、醴陵赤卫队共3000余人组成第十六军，编入红三军团序列。红十六军，胡一鸣任军长，李楚屏任政治委员。辖第七、第九师。此时，全军团共1.7万余人。

长沙守军主力被歼灭后，红八军奉命留守长沙城，红五军则在彭德怀等率领下进抵城南易家湾，防御国民党军由湘潭、宁乡向长沙反攻。当时，军团指挥部、政治部分别设立办事处于浏阳门正街德人韩理生公馆和大吉祥旅社，红八军军部设在小吴门外韭菜园圣经学校，军团政治委员滕代远、政治部主任袁国平和红八军军长何长工、政治委员邓乾元等留在长沙主持工作。红八军在军团政委滕代远的领导下，除占领了省军政机关外，还占领了长沙发电厂、面粉厂、弹药库和三道城门。同时，还释放了即将被反动派枪杀的向仲华②等千余名革命同志，焚烧了监狱。7月28日凌晨6时，当红八军各部陆续进城时，长沙“工农群众，热烈异常，全城气象，豁然开朗，如严肃纳闷之寒冬，急转燕语莺歌之新境，其中（衷）忱（感）奋，实不可言喻”。③此刻，彭雪枫与长沙广大工农群众一样兴高采烈，如痴如狂地沉浸在胜利的欢歌笑语之中。

攻克长沙，是红军第一次占领省城。由于缺乏管理城市的经验，加上还有大量农民也跟着进城，一度社会秩序不大好，国民党伤兵和潜藏在居民中的反革命势力趁机闹事。“为了迅速恢复秩序，安定民心，军团部组织了执法队，由第六师

① 张震：《含泪痛忆彭故师长》，载《忆彭雪枫同志》续集，河南人民出版社1981年版，第3页。

② 向仲华（1911—1981），曾用名向镇华，湖南溆浦人。1927年加入中国共产主义青年团，在湖南从事地下工作，被捕入狱。1930年7月出狱，参加红军，同年加入中国共产党。参加了历次革命战争。曾任军政治委员、兵团政治部主任、军事科学院副政治委员、副总参谋长等职。1955年被授予中将军衔。

③《红军日报》1930年7月29日，见《红军日报》，湖南人民出版社1979年版，第18页。

政委彭雪枫率领一个团负责维持治安。他以快刀斩乱麻的行动，坚决打击、镇压了肇事者，很快就控制了局面。因此，彭雪枫这个名字给我留下了深刻印象。”[①]

7月30日，湖南省苏维埃政府成立。正当红军和人民群众热烈庆祝自己的胜利，整顿治安秩序，没收国民党反动官僚、豪绅的财产，分配给贫苦工农群众和动员青年民众及俘虏兵参加红军的时候，8月1日，停泊在湘江中的英国、日本帝国主义的军舰开炮轰击长沙。4日，何键在帝国主义和蒋介石的支持下，集结重兵，开始反扑。5日，第十九师刘建绪部、第十六师罗藩瀛部从湘潭直奔长沙，第七十七师罗霖部、新编第五师公秉藩部自湖北经汨罗直逼长沙城下，第四十五旅王东原部在五万元奖金利诱下，已开始由三汊矶渡河向长沙城内进攻。长沙城四面被围，形势十分紧张。

红三军团对进攻之敌进行了英勇的抗击。在双方兵力众寡悬殊的情况下，中共第三军团前委召开紧急会议，决定撤出长沙，向浏阳、平江苏区转移。彭德怀总指挥率红五军一个师为后卫，控制浏阳门外高地，掩护部队撤退。红八军边打边撤，于5日拂晓，已由乌梅岭、橥梨镇撤出长沙。6日，国民党军南北两路向浏阳门对进。此时，红三军团政治部和省苏维埃政府机关尚未撤出长沙城。在此紧急情况下，彭德怀亲自指挥两个连阻击北进的国民党军，集中一个师的主力突击南进之国民党军，牢牢控制着浏阳门外高地，掩护军团政治部、省苏维埃政府和进城的苏区群众撤退。此时，彭雪枫奉命率领第六师一部回城接应。他临危不惧，毫不迟疑，指挥部队“来了个反冲锋，从敌人猛烈炮火下又突入市区”，把军团政治部、行委的同志“救了出来”，充分表现了他的坚毅“勇敢战斗精神和指挥才能”。[②]

国民党军进占长沙后，何键即以一个师又三个旅分三个纵队向浏阳、古港、永和市、达浒、陈家桥、陈家坊追击红三军团。同时，在长沙疯狂地逮捕和屠杀革命群众。红三军团在撤离长沙的作战中，歼国民党军一个团，毙伤其一千余人；红八军第六师师长陈毅安[③]英勇牺牲。

长沙之役，正如彭德怀所说：“三天打四仗，行程一百四五十里，经过待伏战、进攻战、阵地攻坚战，我八千人打败三万有余之优势敌军，这在军事史上是不多的。”[④]尽管红“三军团第一次进攻长沙在整个政治路线上是执行立三路线”[⑤]的，但攻占了湖南省会长沙，打击了国民党反动统治，扩大了共产党和红军的影响。在敌强我弱的情况下，长时间占领长沙是不可能的。

---

①《张震回忆录》(上)，解放军出版社2003年版，第32页。

②《忆彭雪枫同志》，河南人民出版社1979年版，第117页。

③ 陈毅安（1904—1930），曾用名陈斌，湖南湘阴人。1922年加入社会主义青年团。1924年转入中国共产党。1926年进入黄埔军校学习，毕业后参加了北伐战争。1927年9月参加湘赣边界秋收起义。历任团长、军副参谋长等职。

④《彭德怀自述》，人民出版社1981年版，第155页。

⑤ 苏区中央局扩大会议关于《接受国际来信及四中全会决议的决议》(1931年3月18日)。

8月9日，红三军团转移到平江长寿街地区进行休整补充。在休整期间，红三军团前委召开团以上干部会议，总结了进攻长沙的经验，批评了红八军政治委员邓乾元坚持要红八军回鄂东南进攻武汉的错误。彭雪枫参加了这次会议，同与会同志一道严肃批评了邓乾元的宗派主义倾向，维护了党和军队的团结。前委扩大会议后，红五、红八军进行整编。郭炳生任第六师师长，彭雪枫任政治委员。在此期间，红十六军分别向岳阳、长沙一带游击，开辟白区工作。此时，红三军团得知红一军团已进至万载县境，遂派袁国平前往湘赣边界地区联络。

不久，袁国平返回红三军团，带回红一军团关于要红三军团向浏阳县东北的永和市进击，配合红一军团进攻文家市之敌的信件。8月中旬，红三军团主力由长寿街地区出发，向永和市方向进击。23日北进到永和市，同红一军团胜利会师。两军会师后，红一军团前委和红三军团前委在该市举行会议，决定成立中国工农红军第一方面军，朱德任总司令，毛泽东任总政治委员，彭德怀任副总司令，滕代远任副总政治委员，朱云卿任参谋长，杨岳彬任政治部主任，辖第一、第三军团；成立了以毛泽东、朱德、彭德怀、滕代远、黄公略、林彪、谭震林等为委员的中共红一方面军总前敌委员会，毛泽东任书记；成立了以毛泽东、朱德、彭德怀、滕代远、黄公略、林彪、谭震林等为委员的中国工农革命委员会，毛泽东任主席，统一领导红军和地方工作。

红一军团总指挥部由方面军总部兼理，朱德兼任总指挥，毛泽东兼任政治委员，朱云卿兼任参谋长，杨岳彬兼任政治部主任，辖第三、第四、第十二、第二十、第二十二5个军。红三军团，彭德怀兼任总指挥，滕代远兼任政治委员，邓萍任参谋长，袁国平任政治部主任，辖第五、第八、第十六3个军及炮兵团。红军第一方面军共3万余人。彭雪枫仍任第八军第六师政治委员。

红一方面军的成立，使活动于赣南、闽西和湘鄂赣苏区的两支主力红军汇集在一起，在战略上进一步集中了兵力。这对加强红军建设，提高部队战斗力，实现由以游击战为主向以运动战为主的战略转变，开展土地革命战争的更大局面，具有重要意义。

红一方面军组成后，总前委利用第四路军第三纵队被歼，第一、第二纵队尚在浏阳以东地区的有利时机，决定“以消灭何键部队，进占长沙之目的”①，各部队遂进行了战前准备。8月25日，红六师在平江县嘉义岭举行誓师大会。誓师前，彭雪枫作了简短有力的战斗动员：我们红六师的前身是平江起义的部队，具有光荣的革命传统。不久前参加一打长沙，首登长沙城，消灭了大量敌人。这次二打长沙，我们有了经验，部队扩大了，装备改善了，有利条件增加了。但我们一定要准备好。上次打长沙，我师首战金井，再战榘梨，直下长沙，势如破竹，英勇善战，攻无不克，战功卓著。这次打长沙要比第一次困难，因为敌人有了前次教训，兵力增加了，工事坚固了，还增设了铁丝网、电网。军团买了几百头

① 参见红军第一方面军命令，1930年8月24日。

牛，已分配给各部队，我们前面攻击部队必要时要用“火牛阵”冲击敌人的电网，用大刀劈敌人的电网，要准备付出更大的代价。他还号召部队新老成员要互相学习，取长补短，团结战斗，遵守纪律，听从指挥，争取更大的胜利。

8 月 29 日，红六师在彭雪枫和郭炳生的率领下随军团主力进抵长沙近郊。总前委鉴于长沙守敌较多，工事坚固，决定采取“诱歼敌军于其工事之外，然后乘胜利攻入长沙”[①]的战法，在城郊待机。从 8 月底到 9 月 11 日，国民党军除在 9 月 3 日以第三十一师由猴子石等地出击，被红军歼灭两个多团外，其主力始终没有脱离坚固阵地。其间，红军曾两度进攻长沙，均未奏效。总前委随即决定，全军于 9 月 12 日撤长沙之围，转到株洲、醴陵、萍乡、攸县地区，寻机歼灭国民党军有生力量。

在进攻长沙的作战中，彭雪枫舍生忘死，冒着枪林弹雨，同师长郭炳生等一起率部多次英勇攻城。一次，他率部攻入长沙守军数道坚固工事，眼看就要破城而入，攻进长沙，却遭到长沙守军猛烈炮火的拦截，被迫退了下来。9 月 10 日，彭雪枫率部多次向守军高压电网工事发动强攻。关键时刻，还采用在牛角上绑上尖刀、牛尾上点燃煤油火把，驱赶牛群冲击其阵地的“火牛阵”战法，以及用胶带裹住刀把的大刀劈电网的办法，均未奏效。第一梯队虽然冲破国民党守军的第一道铁丝网，但因后续部队未能及时跟进，部队被阻于高压电网二、三层之间，伤亡严重，强攻失利。彭雪枫真是心急如焚，恨不得插翅飞进城去，杀尽长沙守军。

红一方面军进攻长沙，共歼国民党军两个多团，毙伤其一千余人。红军也受到不小损失，红三军第一纵队政治委员刘作述[②]，红八军第三团团长、原第三纵队长谢振亚[③]英勇牺牲。

9 月 12 日，红六师奉命撤至东山镇地区，稍行整顿。彭雪枫针对部队进攻长沙未克，情绪低落的情况，作了总结讲话：这次我们虽然未打下长沙，但经受了锻炼和考验，我们的战斗作风是英勇顽强，非常过硬的。他号召部队要学习文化科学知识和军事知识，学会利用地形地物，要爱护武器，严守纪律。并批评了部队中有些干部态度粗暴，打骂战士的军阀主义残余作风。

9 月 17 日，毛泽东向中共中央的报告中分析红一方面军进攻长沙不克的原因时说：“（1）未能消灭敌之主力于打工事之前。敌共有三十一团之众，我在文家市、猴子石两役虽已消灭敌兵在五团以上，但大部尚未消灭，即入城壕，因此敌有余力守城；（2）群众条件不具备，城内无工人暴动，无士兵暴动以为响应，粤汉路、株萍路及对河群众没有起来，不能断绝敌人之水陆交通，不能封锁敌人

① 参见红军第一方面军命令，1930 年 8 月 31 日。

② 刘作述（1905—1930），江西永新人。1926 年加入中国共产党。参加了井冈山革命根据地的斗争。历任永新赤卫大队党代表、红六军第三纵队长兼政治委员等职。

③ 谢振亚，又名谢正亚，湖北人。中国共产党党员。1929 年春被中共中央派往湖北大冶地区组织革命武装，曾任红十二军军长、红五军第三纵队长、红八军第三纵队长等职。

之经济及军事运输；（3）技术条件不具备，敌之工事是欧式的重层配备，铁丝网、壕沟等八九层，我们只有肉搏没有重炮破坏敌人之工事，交通器材如无线电等我们也没有，以致两个军团联络不好，因而失机。”[①]

9 月 13 日，红一方面军转移到株洲后，从缴获的国民党军档案中，发现一份由国民党军截获后翻印的中共中央和中央军委于 8 月初发给红一军团的指示，其中提到要红一军团“夺取南昌、九江，占领南浔铁路，建立江西政权，及全国性政权，封锁长江，向右进攻南京，向左保障武汉胜利”[②]。据此，红一方面军一部分干部，提出立即进攻南昌、九江。还有一部分干部主张在湘鄂赣边坚持斗争，再攻长沙。中共红一方面军总前委为了统一思想，在株洲、袁州（今宜春）等地连续召开会议，讨论红军的行动问题，经过广泛深入地讨论，总前委决定：第一步，以红一军团攻取吉安，求歼守军第十三师一部；以红三军团主力占领清江（今临江）等地，截断赣江，阻敌增援，保障红一军团进攻吉安的翼侧安全；红三军团第十六军留在湘鄂赣苏区坚持斗争。红一军团、红三军团主力完成上述任务后，就地发动群众，扩大红军，为夺取南昌、九江准备条件。第二步，攻略南昌、九江。

会后，彭雪枫等奉令率红六师随红三军团离开株洲，东出湖南醴陵和江西萍乡，为“建立苏维埃”[③]而斗争。9 月 20 日，红六师抵达萍乡，在萍乡附近发动群众打土豪，分财物，为红军筹措粮款，并扩大了部分兵员。24 日，红六师由萍乡出动，经袁州、分宜等地，进驻樟树（今清江县城），占领清江（今临江镇），阻击国民党军。

9 月 24 日至 28 日，中共六届三中全会扩大会议在上海召开。会议批评与纠正了李立三的“左”倾冒险错误，通过了《关于政治状况和党的总任务决议案》，停止了组织全国总暴动和集中红军进攻中心城市的冒险行动，结束了李立三“左”倾错误在中共中央领导机关的统治。但是，由于交通联络不便，中共长江局、红一方面军总前委和赣西南特委未及时收到中共六届三中全会扩大会议的文件。

9 月 29 日，中共长江局代表周以栗[④]到达袁州，带来了中共中央关于红一方面军回攻长沙的指示，红一方面军一部分干部，支持再攻长沙。为了统一战略思想，总前委在袁州又举行会议，经毛泽东等苦口婆心地多方说服，周以栗终于同意了总前委关于先攻吉安，发动群众，创造条件，再攻南昌、九江的决策。

9 月底，红一方面军首长率红一军团由袁州、萍乡、攸县等地向吉安方向前进，于 10 月初进到路口、阜田地区。红三军团首长奉命由萍乡以南地区向清江

---

①《一军团前委书记毛泽东同志向中央的报告》1930 年 9 月 17 日。

②《一军团前委书记毛泽东同志向中央的报告》1930 年 9 月 17 日。

③ 林颖：《彭雪枫家书》，文物出版社 1985 年版，第 2 页。

④ 周以栗（1897—1934），字子慎，湖南长沙九福乡（今属望城）人。1924 年加入中国共产党。参与领导湖南农民运动和中央苏区第一至第三次反“围剿”等。曾任中共中央长江局军事部长、红一方面军政治部主任等职。1934 年 10 月主力红军长征时留在苏区坚持斗争。同年 11 月赴上海治病途经信丰时被捕，惨遭杀害。

方向开进，于10月初进到黄土街、清江地区。彭雪枫等奉命率红六师由分宜出发，经新喻（今新余）向清江前进，担负对南昌、九江之国民党军警戒任务。

10月4日拂晓，红一军团主力对吉安守军发起攻击，一度突入城内，由于兵力不集中，遭反击被迫撤出。当日晚，红军再次向吉安发起总攻，守军乘船逃往南昌，红一军团进占吉安城，俘国民党军二百多人，缴获了大批武器弹药。红军随即在吉安附近地区休整，扩大红军和发动群众。

这时，泰和、安福、吉水、峡江、新淦（今新干）、清江等地国民党军纷纷撤走，赣西南苏区扩大到30多个县境。苏区群众踊跃参军，红一方面军发展到约4万人（不含第十六军）。10月7日，江西省苏维埃政府成立，曾山任主席。接着，以李文林为主席的中共江西省行动委员会组成。

10月上旬的一天，红六师奉命由清江沿赣江边向新淦开进。时值金秋，清风送爽，沿途大片大片的柑橘林果实累累，刚好新传来了红一军团进占吉安的捷报，战士们兴奋中望着黄澄澄的柑橘不觉流出了口水，多想摘一个尝尝鲜呀！但部队出发前，师部已命令广大官兵要严格遵守群众纪律，不准采摘群众的柑橘。彭雪枫非常重视此事，他边行进边观察，还不时督促部队迅速通过果林。但在林中休息时，发现有个别人还是捡了被风吹落在地上的果实。彭雪枫得知此事，便把这个部队集合在赣江边的一块空地上，严肃地批评了这种违犯群众纪律、损害人民利益的行为，语重心长地说道：种柑橘的农民很苦，为了生活，一年忙到头就收获一次。我们这么多人，如果都吃群众的柑橘，便会给群众造成很大损失，甚至影响到生活。我们队伍中的绝大多数人来自农民，将心比心，如果你家的柑橘被人家吃了，你会不心痛！我们是工农红军，是革命的队伍，是人民的子弟兵，应该时刻想到人民的利益。我们一定要遵守毛泽东政委为我军制定的三大纪律八项注意，秋毫无犯，把打仗、筹款、做群众工作的任务做好，这样人民群众就会爱护我们，支援我们，我们才可以无往而不胜！一席话让人心服口服，牢记心头。

10月14日，红一军团按原定计划移师北进，于下旬进至新余地区，同红三军团靠拢。这时总前委进而决定停止执行进攻南昌、九江的原计划，将部队部署在清江至分宜的袁水两岸地区，以战备姿态开展群众工作和筹措给养，避免了因立三路线可能造成的损失。这对下一步顺利转入反对国民党军第一次“围剿”作战，具有重要的意义。

三、参加中央苏区三次反“围剿”

10月间，蒋介石在取得对冯玉祥、阎锡山的中原大战胜利后，迅速调转兵力，组织对红军和苏区的大规模“围剿”，并把重点置于红一方面军和中央苏区，企图在3—6个月内消灭红军。

早在8月上旬，即红三军团攻占长沙以后，蒋介石就命令“武汉行营”主任何应钦召集湘鄂赣三省党、政、军高级官员举行“绥靖会议”，确定了以军事为主，党务、政务密切配合，分别“围剿”各个苏区红军的总方针。接着，向各苏区周围陆续调集军队。其中用于“围剿”中央苏区和红一方面军的有七个师又一个旅。另外，在武汉休整的蒋光鼐第十九路军两个师，也准备调入江西参战。航空第一、第三、第五队位于南昌、樟树镇机场支援作战。以上各部，统由国民党江西省主席、第九路军总指挥鲁涤平指挥。10 月 20 日前后，新调来的军队大部进入江西省境内。

11 月 2 日，鲁涤平将到达江西的部队编为三个纵队，限定于 5 日前在下列各地集中：第一纵队第十八师位于樟树镇，第二十四师位于丰城西北之赣江北岸，新编第十三师位于临川；第二纵队第五十师位于万寿宫，独立第十四旅位于靖安；第三纵队第七十七师位于上高，新编第五师位于高安；总预备队位于南昌。国民党军的企图是围歼红一方面军于清江至分宜的袁水两岸地区。此外，何键令第十九师进驻袁州，配合鲁涤平部的行动。

中共红一方面军总前委在查明国民党军准备发动大规模“围剿”的情况后，同江西省行委就反“围剿”的战略方针问题进行了多次讨论。讨论中，有人主张仍按中共中央和中央军委 8 月初的指示进攻南昌、九江，以迫使国民党军转入防御，放弃其“围剿”计划。毛泽东认为，在红军和苏区还不巩固，全国范围内敌强我弱的基本情况还远未改变的条件下，对于大规模的“围剿”，红军应先向苏区内退却，依靠苏区人民的支援和有利地形，发现和造成敌人的弱点；使双方力量对比发生有利于我不利于敌的变化，然后集中兵力实施反攻，各个歼灭敌人于运动中，以粉碎其“围剿”，即采取诱敌深入的战略方针。10 月 30 日，总前委在罗坊会议上通过了这一方针，并决定主力红军全部东渡赣江，在苏区幅员较大、地形有利、群众条件好，且便于尔后发展的赣江以东地区作战。11 月 1 日，红一方面军下达了“诱敌深入赤色区域，待其疲惫而歼灭之”的命令。

罗坊会议后，总前委、江西省行委和省苏维埃政府，领导苏区军民紧张地进行了反“围剿”的准备。军队和地方各级组织，采取各种形式，在干部、战士和人民群众中进行政治动员，说明诱敌深入方针的必要性，解除群众和干部中的顾虑，号召军民同心协力，对付国民党军的“围剿”，树立敢打必胜的信心。红一方面军总部按照罗坊会议的决定，以第三军留在赣江西岸监视敌人，主力于 11 月 5 日前后从袁水两岸向赣江以东的崇仁、宜黄、永丰、新淦之间地区转移，并向樟树镇、临川方向进逼；另以由赣南归建的第二十二军担任吉安城防，准备掩护江西省政府机关转移。这时，彭雪枫等率红六师东渡袁水、赣江，进至新淦地区，一边进行临战准备，一边发动群众和筹款。

11 月 5 日，国民党军开始进攻。7 日，各路国民党军分别进到清江、新淦、黄土街、罗坊、新余、分宜等地。由于红军已先期转移，国民党军行动扑空。

鲁涤平发觉红军主力东渡赣江后，生怕红军夺取樟树镇、临川，急忙调整部署：第三纵队继续在赣江西岸进攻，第一、第二纵队集中到赣江以东，寻求红军主力作战。

国民党军大规模进攻开始后，红军即以少数兵力配合地方武装迟滞、消耗、疲惫、迷惑敌人，主力于11月中旬分别从赣江以东的新淦、崇仁、南城、南丰、吉水之间地区和赣江以西的路口、油田地区，逐次秘密地向苏区中部的东固、龙冈地区转移，以保存军力，待机破敌。

11月中旬末，各路国民党军分别进到吉安、吉水、永丰、乐安、宜黄、南城等地，结果又一次扑空。此后，国民党军即在上述各地进行"清剿"，为继续进攻苏区的中心区作准备。

12月1日，红军以第二十军分散在富田、东固、龙冈地区活动，并协同群众在东固附近各山头构筑假工事，以迷惑敌人；主力秘密转移到苏区中部黄陂、小布、洛口地区隐蔽集中。

彭雪枫和郭炳生率第八师随红三军团向黄陂、小布地区作"求心退却"途中，越向"苏区中心地带"转进，"越见不到群众，甚至连带路的向导也找不到"①。这种现象引起了部队干部战士普遍的思想混乱和困惑，甚至有些人还埋怨说："这是什么根据地，还不如白区！"一路上他们还看到了一些分裂红军、攻击红军主要领导人的大字标语。这种极端反常的现象，不仅使彭雪枫大惑不解，而且感到十分忧虑。

彭雪枫是个心细如发，见微知著，思维敏捷，善于思考的人。面对眼前所发生的一切，他马上联想到三个月前红三军团首次由长沙撤至平江、浏阳地区时反对红八军政委邓乾元企图分裂红军的斗争。这场斗争是红八军政委邓乾元因与军团长彭德怀发生意见分歧而企图"脱离前委领导"，"单独向武汉行动"而引起的。邓乾元湖南溆浦人，1924年夏加入中国社会主义青年团，次年转入中国共产党。原是湖南大学的学生，既有很高的文化水平，又有相当的工作能力，是位能干的红军领导干部。本来，他曾对"夺取"长沙、武汉表示"怀疑"，认为这是"军事冒险"、"英雄式的拼命主义"，在抵制李立三"左"倾错误路线上有其正确的一面，但他对军团政委滕代远和军团长彭德怀常怀不满，尤其认为彭德怀"独裁"，并诬指彭对红三军团的领导是"落后领导"。8月5日，红五军在彭德怀率领下，由长沙到达浏阳东乡，因红五、红八两军分配"住房问题"与彭德怀发生争执，受到彭的训斥。本来这是件小事，完全可以商量解决。但事后邓乾元却凭借红八军军委书记的权力召开会议，鼓动"风波"，并提出"五、八两军分家"的口号，声称"脱离前委的指挥"。第二天，他又擅自召开中共第八军军委扩大会议，并写信给红三军团前委，扬言红八军"与红五军的关系，在手续上要弄一个清楚，前委可派人出席，我们要马上行动了"。从而走上了主张红三军团分家和违犯党的组织纪律的错误道路。

当时红三军团政治状况不够稳定，党组织生活亦不健全。在红五、红八两军就要因此而分裂的关键时刻，彭雪枫出于维护党和红军团结的需要与愿望，把邓

---

①《彭德怀自述》，人民出版社1981年版，第163页。

乾元煽动分裂的错误如实报告了军团政治部和前委。军团政治部和前委得到彭雪枫的报告后，认为邓乾元的问题非常严重，立即去信制止，并决定改红八军军委扩大会为红三军团前委扩大会。前委扩大会规定“各军委、师委书记概行参加”。彭雪枫时任红六师政委参加了此次会议。会议经过长时间的讨论，认为邓乾元的上述活动是“超组织的行动”，是宗派主义的表现，因而撤销了他的红八军政委和军委书记的职务，调任军团政治部秘书长兼宣传科长。8 月 15 日，红三军团前委在平江长寿街召开红五、红八、红十六军各军党的代表会议，改选前委。此时，邓乾元再次致信代表大会，仍然坚持个人主张，坚持各种错误观念。后经代表大会主席团扩大会议再三讨论，决定令其脱离红军，交给特委训练。自此以后，红“三军团中的无原则纠纷和宗派主义倾向，便很快克服了”[①]。这就防止了红三军团内部的分裂倾向，巩固了红五、红八两军的革命团结，为尔后红三军团在毛泽东、朱德领导下开展土地革命战争奠定了坚实的基础。而彭雪枫的名字，也因此为红三军团广大指战员所熟知了。现在，又有人公开来搞什么“拥护朱、彭、黄，打倒毛 ××”，再次使党和红军面临分裂，其结果将更加不堪设想。想到这里，彭雪枫的思想虽然已经逐渐明朗，但因情况不明心情仍非常沉重。

12 月 21 日，彭雪枫、郭炳生率红六师由平田移至麻田待命，进行战前政治动员和临战训练。22 日凌晨，他突然接到军团前委秘书长周高潮的通知，要他上午 9 时到前委驻地东山坝参加前委紧急扩大会议。彭雪枫暗自思忖，前委紧急扩大会议肯定与此事有关。他按捺不住自己急切的心情，准时到达会场。此时，军团前委及各师师长、政委、参谋长、政治部主任均基本到齐。大家没有寒暄，表情严肃，会场气氛紧张。军团长彭德怀迈着坚定有力的步子走进会场，他把一封由“富田事变”领导人之一丛允中仿照毛泽东的笔迹并以毛泽东的名义写给其秘书古柏的伪造信，以及他们所发表的所谓《告同志和民众书》，首先拿给大家看，并读给大家听，同时又把昨日晚收到这封假信的情况和前委的处理意见向大家作了介绍。然后，彭德怀斩钉截铁地说：红二十军少数领导人，“伪造信件，陷害同志，企图分裂一、三军团，破坏总前委粉碎白军进攻的计划，公开宣传打倒毛 ××，拥护朱、彭、黄，这不是党内路线争论”。至于这封信，肯定是伪造的。丛允中，“他平日学毛体字，学得比较像，但是露出了马脚——毛泽东同志写信，年、月、日也是用汉字，不用罗马字和阿拉伯字。”他继续说：“诱敌深入，利用山地，依靠群众，增加自己战胜敌人的有利条件，这是完全正确的，我完全拥护这一方针。如果违抗这个方针而又坚持自己的错误方针，总前委即可撤销我的工作，何须用阴谋办法呢？我们对邓乾元也不过是撤销了他的职务吧（嘛）。”[②]

彭德怀讲到这里，彭雪枫和其他与会同志都满腔义愤，鉴于富田事变领导人的严重错误，为了顾全大局、维护党和红军坚如磐石般的团结，一致通过了由彭

① 邱一涵：《忆彭师长，学彭师长》，载《忆彭雪枫同志》，河南人民出版社 1979 年版，第 118 页。
②《彭德怀自述》，人民出版社 1981 年版，第 165—166 页。

德怀起草的反对富田事变的《红三军团宣言》，表示坚决“拥护总前委，拥护毛政委”！此时，朱德、黄公略也接到了同样内容的伪造信，他们也一致认为这是对毛泽东的诽谤。为了维护毛泽东的威信和红军的团结，朱、彭、黄还联名在黄陂发表了《为富田事变的宣言》，指出事变的严重性及其在客观上造成的恶果，呼吁苏区工农群众、红二十军官兵及共产党的各级干部团结起来。

12 月 24 日，红三军团团以上干部会议在小布召开。彭雪枫参加了这次会议，并首次见到仰慕已久的毛泽东总政委，聆听了他的讲话。第二天，彭雪枫又参加了在小布召开的苏区军民誓师歼敌大会。毛泽东主持大会并撰“敌进我退，敌驻我扰，敌疲我打，敌退我追，游击战里操胜算”；“大步进退，诱敌深入，集中兵力，各个击破，运动战中歼敌人”的对联。毛泽东还作了动员讲话，列举克敌制胜的有利条件：第一，我们军民一致，人民积极援助红军，这是最重要条件。第二，我们可以主动选择有利阵地，设下陷阱，把敌人关在里面打。第三，我们可以集中优势兵力，歼灭敌人一部分，一口一口地把敌人吃掉。第四，我们可以查明敌军行动，摸清敌人行动规律，从而发现敌人的薄弱部分，拣弱的打。第五，我们可以把敌人拖得精疲力尽，然后再打。第六，我们可以造成敌人的过失，乘敌之隙，加以打击①。他号召苏区军民英勇战斗，为粉碎国民党军“围剿”，保卫苏区而奋斗。毛泽东在军事上的独到见解，对敌情我情鞭辟入里地分析，使彭雪枫心明眼亮，受到一次深刻的教育，深有“听君一席话，胜读十年书”之感。从此时起，他便自觉立下了平生跟着毛泽东一心一意干革命，赴汤蹈火在所不辞的坚定决心。

国民党军经过休整补充，继续向苏区中心地域推进。12 月下旬，第二十八师进到因富，第十八师先头一个旅进到南垄；第五十师进到源头，准备继续向小布进攻；第二十四师经东韶进到洛口；第八师进到广昌，先头部队进到头陂；第六十师由万安开向赣州，拟由赣州转向北进，配合泰和的第六十一师进犯兴国。这时，已深入到苏区腹地的国民党军，在红军和人民群众的不断阻击与袭扰下，兵力分散，补给困难，部队疲劳，士气沮丧，许多弱点均已暴露出来。红军实施反攻的时机已经到来。

总前委分析了当前敌情，认为：进攻之敌虽达十万之众，但均非蒋介石嫡系；他们又分成许多路，每路又分成几个梯队，各路、各梯队之间距离相当大，有利于红军各个击破；在这些敌军中，张辉瓒第十八师和谭道源第五十师为鲁涤平的嫡系部队，是“围剿”的主力，张又是前线总指挥，消灭了这两个师，国民党军的“围剿”便可基本打破；张、谭两师各约 1.4 万人，红军有 4 万人，一次打破敌人一个师，占绝对优势；红军实行中间突破，将敌阵线打开一个缺口后，东西诸敌便被分隔为距离较远的两个集团，有利于红军机动歼敌。

12 月 25 日和 27 日，为求歼国民党军第五十师，彭雪枫与师长郭炳生奉命

①《毛泽东年谱》上卷，中央文献出版社、人民出版社 1993 年版，第 329 页。

率红六师随军团主力曾在小布附近两次设伏，但因该部畏于被歼未敢出动，未能达到预期目的，又撤回麻田待机。

28日，鲁涤平命深入苏区的部队向宁都以北的黄陂、小布、麻田地区的红军发动总攻。国民党军前线总指挥第一纵队司令兼第十八师师长张辉瓒求胜心切，以一个旅留守东固，率师部和两个旅在右翼第二十八师一个旅由因富东进的配合下，于29日进占龙冈。红军闻讯立即分兵两路秘密向龙冈开进，求歼孤军冒进的国民党军第十八师于运动中或立足未稳之际。

30日晨，细雨薄雾。张辉瓒以第五十二旅为先头，率师部及第五十三旅随后，由龙冈向五门岭前进。9时许，第五十三旅行至小别以西正在登山，突然遭到居高临下的红三军第七师的迎头痛击，战斗打响。这时正面只有红七师，第十八师遂展开两个团，向红军猛攻。中午，彭雪枫、郭炳生率红六师与军团其他部队全部投入战斗，击退国民党军进攻。15时许，张辉瓒孤注一掷，亲自指挥四个多团多路向红三军阵地猛攻，又被击退。此时，红十二军（欠第三十五师，含第六十四师）已沿龙冈南侧占领表湖及其附近各山头，红四军和红三军团一部已沿龙冈北侧插到张家车，完全截断了龙冈之敌同东固、因富等地之敌的联系，并从背后向龙冈发起猛攻；红六师与军团主力已进到上固及其附近地区占领阵地，切断了国民党军从西北增援和突围的道路；红十二军第三十五师也迂回到国民党军侧后，切断其从西南增援和突围的道路。红一方面军主力完成了对国民党军第十八师主力的包围。16时许，红军发起总攻。国民党军左冲右突，拼命反击，均不得脱。战至黄昏，第十八师主力被歼，张辉瓒亦被生擒。

国民党军第十八师主力被歼后，深入苏区的其他部队惧怕被歼，纷纷撤退。红军乘胜于1931年元旦转兵向东，追歼由源头东撤的谭道源第五十师。红六师随军团主力由麻田经陂头北上，进攻东韶。1月3日，第五十师在东韶地区被红军歼灭一个多旅，残部狼狈逃往临川。彭雪枫等率红六师参加了东韶战斗，歼国民党军一部。

红一方面军第一次反“围剿”，是在红军实行向运动战转变过程中进行的第一个战略性战役。红军在中央苏区广大人民支援下，在邻近苏区红军配合下，共歼国民党军约1.5万人，缴获各种武器1.2万余件，打击了国民党军的气焰，振奋了民心士气，取得了反对国民党军大规模“围剿”的重要经验。为了歌颂红军的英勇和胜利，并为第二次反“围剿”作动员，毛泽东挥笔写下了《渔家傲·反第一次大“围剿”》词一首：“万木霜天红烂漫，天兵怒气冲霄汉。雾满龙冈千嶂暗，齐声唤，前头捉了张辉瓒。二十万军重入赣，风烟滚滚来天半。唤起工农千百万，同心干，不周山下红旗乱。”

这次反“围剿”的胜利，主要在于红军实行了“诱敌深入”的正确方针。红一方面军在国民党军部署“围剿”时，适时转入反“围剿”准备，避免同国民党军过早决战，而以一部兵力配合地方武装和人民群众迟滞、袭扰、牵制、削弱国民党军；当国民党军深入苏区，弱点充分暴露时，红军主力则抓住战机，择其要害，集中兵力，打其一路，尔后转移兵力打另一路，各个歼灭敌人。后来，国民党军在检讨这次“围剿”失败的教训时，也不得不承认红军的优长是：“凭借苏区组织，从事作战准备”，“确保主动，避免于不利之态势下作战”，“乘虚蹈隙，机动集中兵力，先后各个击破我第九路军第十八、第五十两师，以致第一次围剿作战失利”。①

在第一次反“围剿”期间，彭雪枫不仅带领部队英勇作战，而且还十分重视部队的后勤供应和生活保障工作，关心指战员的身心健康。东韶战斗，红六师第八团第一连在追击战斗中因司务长和炊事员掉队，致使全连指战员在两天里有两餐未吃饭。1931 年 1 月 1 日中午，当第二连司务长和炊事员送饭经过第一连时饭被一连的战士抢着吃光了，影响到第二连的人吃饭和团结。第二连的党代表杨勇很关心一连的战士，得知一连的人两顿饭未吃，饿着肚子追赶敌人，便向自己连队的战士解释说：大家不要有意见，一连的同志已两顿未吃饭了，等他们的饭送来，我们再吃。为此事，一连召开了士兵委员会，罢免了司务长，并让谢胜坤由排长改任司务长。一次在行军途中，部队在东韶附近的路旁坪地上稍事休息，彭雪枫和八团政委一起到第一连了解情况。连党代表田丰向彭雪枫汇报，谈到连队在追击敌人过程中曾有两顿未吃上饭的事，同时介绍了谢胜坤被士兵委员会新选为司务长。彭雪枫听后，很亲切地问谢是哪里人，怎样参加红军及家中的情况，接着对谢胜坤说：你是全连士兵信得过的人。司务长工作很重要，要掌管全连的经济、伙食、枪械、被服等。这就要求司务长要关心全连官兵的生活，要全心全意地为连队服务，要和士兵委员会在一起，管好财务和账目，实行经济民主，定期向全连公布账目；要定期分点伙食尾子给士兵零用；要官兵吃饱、吃好，只有体质好，才有旺盛的战斗力，部队就能兵强马壮。还要协助连首长进行爱护公物、勤俭节约和艰苦朴素的教育，自己要成为廉洁奉公的模范。要发动、组织和依靠群众，做好打土豪、筹款、筹粮工作。筹到的粮款，还要按规定上缴给师、团经理处。要设法改善连队的生活。这样战士就会拥护支持你，你这个司务长就当好了。彭雪枫还交代谢胜坤，要把军需、上士、文书、炊事班、运输班都组织好，管理好，这样才能保证把平时和战时供给做好。从这件小事不难看出，彭雪枫这时已把关心部队的生活，把做好基层的工作，明确地提到军队建设和培养提高部队战斗力的高度。

与此同时，彭雪枫还十分注重军内关系，保障士兵的民主权利。一次他同旧军人出身的第六团第一连连长何忠谈话，批评他爱打骂战士的军阀主义残余作风，讲解古田会议决议中关于军政、军内和军民关系，实行官兵平等，官长爱护士兵，保障士兵的民主权利，纠正打骂士兵等旧军队的管理方法，士兵尊重官长，自觉接受管理、遵守纪律的问题，使之深受教育，迅速纠正了旧习气和不良作风。

国民党军对中央苏区第一次“围剿”失败后，蒋介石自恃兵多将广，更加丧

① 参见台湾“国防部史政局”《剿匪战史》(一)，中华大典编印会 1967 年版，第 113、115、125 页。

心病狂，于 1931 年 2 月派军政部长何应钦为南昌行营主任，组织对中央苏区的第二次“围剿”，以厚集兵力、严密包围为要旨，采取“稳扎稳打，步步为营”的方针，实行主力分路推进，互相策应的战法，妄图消灭红一方面军，摧毁中央苏区。

3 月下旬，蔡廷锴第十九路军，王金钰第五路军，孙连仲第二十六路军，连同第一次“围剿”失败后继续留在中央苏区周围的部队，总兵力达 20 万人，分别在兴国、万安、泰和、吉安、吉水、永丰、乐安、宜黄、南城、黎川、南丰、建宁等地集结，部署就绪。此外，蒋介石、何应钦还命令航空第一、第三、第五队驻南昌、樟树镇、吉安机场，支援“围剿”军作战，以驻福建的新编第四旅出宁化，新编第二师卢兴邦旅出连城、长汀，第四十九师出上杭、武平，驻广东的第六十二师出蕉岭，防堵红军向东南转移。

这时，红一方面军和中央苏区经过第一次反“围剿”的胜利，诱敌深入的战略方针已为广大军民所接受。红军数量虽减到三万余人，但经过反“围剿”的锻炼和胜利后的休整，秣马厉兵，斗志旺盛。地方部队和赤卫队、少先队得到了整顿和加强。潜伏在苏区内的反革命分子大部被肃清，地主武装盘踞的一部分土围子被拔除，苏区得到了巩固和扩大，广大人民热烈拥护红军。

1931 年 1 月上旬，中共六届三中全会后中央派代表项英到达中央苏区，根据中央的决定于 15 日组成中共苏区中央局。随即发布了中共苏区中央局第一号通告，宣布中共苏区中央局正式成立，周恩来任书记（未到职），项英代理书记，毛泽东、朱德等九人为委员，撤销以毛泽东为书记的中共红一方面军总前委。同时宣布，建立由中共苏区中央局领导的中央革命军事委员会，项英为主席，朱德、毛泽东为副主席，取消以毛泽东为主席的中国工农革命委员会。

1 月 7 日，中共扩大的六届四中全会在上海举行。陈绍禹（王明）在共产国际米夫的支持下进入中央政治局。这次会议成为以王明为代表的新的“左”倾冒险主义在中共中央占统治地位的开端。从此，他们推行了一系列错误的政治、军事、组织路线，给党和红军造成了重大损失。2 月和 3 月，中共中央对于第二次反“围剿”的战略方针陆续发出一些指示和训令，虽然承认诱敌深入“也是可采用的战略”，但其中心思想则是要红军先发制人地去进攻敌人的主力，或在敌人开始“围剿”时就同他决战。并且提出在进攻和决战不利时，“可抛弃旧的与组新的苏维埃区域”。

中共苏区中央局和红一方面军总部，按照毛泽东诱敌深入的方针，领导红军和苏区人民，进行了反“围剿”的准备。将苏区划分为十个游击区，规定各游击区以独立团、警卫营等地方武装领导赤卫队、少先队，运用游击战术，执行扰敌、堵敌、袭敌、诱敌、捉敌、侦敌、饿敌、盲敌等任务。红军除以一部兵力在苏区北部边缘，配合地方部队监视国民党军外，主力移至广昌、宁都、石城地区，进行反“围剿”的临战训练。

3 月 4 日，彭雪枫等率部随红三军团主力在宜黄、南丰一带进行反“围剿”政治动员，协助地方政府召开地方武装、赤卫队、少先队工作会议，同时帮助地方武装进行游击战术训练。17日，召开红六师参谋会议、副官会议、军医和各种专业人员会议，研究部署各自反"围剿"的准备工作。20日，召开红六师士兵会议及军民誓师大会，动员迎击国民党军第二次大规模反革命"围剿"。

4月1日，国民党军兵分四路大举向苏区进攻。各路国民党军在红军一部和地方武装的阻击、袭扰下，进展迟缓，至23日才进至江背洞、富田、严坊、招携、横石、广昌等地。

国民党军在进攻中，采取了军事、政治、经济和特务相结合的毒辣办法。在军事上，按照"稳扎稳打，步步为营"的战法，一天只前进5里、10里或20里，每前进一步，先以小部队游击侦察，大部队随后推进。每占一地，立即构筑工事和进行"驻剿"。在政治上，每到一地，立即召回地主豪绅，组织"善后委员会"和"守望队"（地主武装），实行欺骗宣传和恐怖统治。在经济上，除继续对苏区实行严密封锁外，进入苏区后，又大肆烧杀、抢劫，并屠杀耕牛，毁坏禾苗，企图造成苏区经济困难和人心恐慌。同时还多方派遣特工人员潜入苏区，刺探情报，制造谣言，挑拨红军与民众关系，扰乱后方。

此间，苏区党政军民针对国民党军的进攻和破坏手段，采取了一系列应对措施。主力红军派出一部分兵力配合地方武装积极阻击和袭扰敌人。

4月初，六届四中全会后中共中央代表团到达中央苏区，参加了中共苏区中央局的领导。苏区中央局的主要领导人和中央代表团的一些人，对于诱敌深入的战略方针提出了许多非议，这给第二次反"围剿"作战增加了新的困难。由于对反"围剿"方针有分歧，中共苏区中央局曾多次举行扩大会议，反复进行讨论。一种意见认为，在20万敌军严密包围的情况下，只有采取"分兵退敌"的方针，将红军分散到苏区外去打游击战，把敌人引出苏区，以达到既保存红军又保全苏区的目的。另一种意见主张红军退出中央苏区，转移到云、贵、川去建立新的苏区。毛泽东坚决主张继续采取诱敌深入的方针，把敌人引到苏区内，集中兵力各个击破。他指出，敌人包围我们的军事力量虽多，但有许多弱点，如均非蒋介石的嫡系，指挥不统一，官兵不一致，没有群众帮助，地形不熟悉，给养运输非常困难等。同时指出，红军数量虽少，技术装备虽弱，但有利条件有三："第一红军好"①，上下团结，求战情绪高；"第二群众好"②，得到了土地革命的利益而又遭到敌人严重摧残的苏区人民，对红军热烈拥护，对敌人极端仇恨；"第三是地势好"③，红军可以凭借优越而又熟悉的地形，去打击敌人。红军有这些有利条件，是能够以少胜众，以弱胜强，粉碎敌人"围剿"的。中共苏区中央局经过充分的讨论，终于再次肯定了毛泽东诱敌深入的战略方针，决定在苏区"艰苦斗争，持久作战"④。

中共苏区中央局扩大会议在讨论反攻作战从哪里开始的问题时，有的主张先

---

① 参见中共苏区中央局秘书欧阳钦1931年9月3日向中共中央作的中央苏维埃区域报告。

② 参见中共苏区中央局秘书欧阳钦1931年9月3日向中共中央作的中央苏维埃区域报告。

③ 参见中共苏区中央局秘书欧阳钦1931年9月3日向中共中央作的中央苏维埃区域报告。

④ 参见1931年7月8日中共苏区中央局向中央的报告。

打蔡廷锴军，有的主张先打朱绍良军，毛泽东主张先打王金钰军。他指出：在各路敌军中，蔡廷锴军、孙连仲军、朱绍良军为最强或较强，先打蔡或先打朱都没有必胜的把握；新调来的王金钰军，战斗力不强，地形不熟，心虚胆怯，红军在运动中首歼王金钰军一部有较大的把握。而且打王以后，可以就势向东横扫，在闽赣交界之建宁、黎川、泰宁地区扩大苏区，征集资材，便于打破敌人下一次“围剿”。若由东向西打，则为赣江所限，无发展余地；若打完再东转，又劳师费时。会议最后确定按照毛泽东的意见，第一仗求歼国民党军王金钰部第四十七师和第二十八师。

此时，红三军团取消军的建制，直辖第一、第三、第四、第六 4 个师。

4 月 22 日，彭雪枫等率红六师随红三军团经良村等地集中龙冈地区。25 日，彭雪枫等奉命率红六师进至因富附近地区，对富田、崇贤、良村各方向严密警戒。部队认真执行中央军委《关于为节省经费持久斗争的训令》，积极开展战前练兵，反复进行思想动员，说明一定要让敌来就我，我不去就敌的道理，克服急躁情绪，坚定隐蔽稳得住、出击能胜的思想。针对国民党军不善于山地作战的特点，进行了抢占山头和山地开进、集结、冲锋、追击等临战训练。同时，把部队各项经费开支压缩到最低限度，一日三餐，改为两餐，指战员上山打柴、挖野菜，下田摸田螺、捉泥鳅，坚决克服经济与物资困难，准备与苏区人民群众作长期艰苦的斗争。

5 月 15 日前后，国民党军第五路军进至富田东南地区，向东固前进，第十九路军一部向城冈前进，第二十六路军进至东韶等地，第六路军在广昌、建宁、石城地区“清剿”。

这时，红军主力已在东固地区养精蓄锐，以逸待劳二十余日，终于找到了战机，第一仗拟歼击由富田向东固前进的国民党军第五路军右翼部队。红一方面军首长于 14 日和 15 日，相继下达了歼击由富田出犯之敌的作战命令和补充指示，决心集中兵力，首先歼灭国民党军王金钰指挥的第二十八师和第四十七师一个旅于运动中。部署是：第三军团（并指挥第三十五军）为左路军，经江树头、固陂圩迂回到富田侧后进行攻击；第三军（欠第七师）为中路军，沿东固至中洞大道向桥头江一线攻击前进；第四军（并指挥第六十四师）、第十二军（欠第三十五师）为右路军，分两路抢占九寸岭、观音崖两隘口，尔后继续向富田攻击前进；第三军第七师和第十二军第三十五师之第一〇三团位于枫边、城冈圩以及方太、崇贤附近地区，阻击国民党军第十九路军；第三十五师第一〇四团位于潭头一带协同地方部队，阻击国民党军第四十三、第五十四师；对其他各路国民党军，都由地方部队和群众武装予以牵制。

5 月 15 日拂晓，红军各部开始行动。为了确保打好第一仗，毛泽东于当日晚赶到红三军，同黄公略军长一起，找向导调查道路，在东固至中洞大道的南侧找到了一条小路，随即决定红三军主力改由这条小路前进，从沿大道东犯之国民党军右侧实施攻击。这一改变，对于歼灭国民党军第二十八师起了重要作用。

16 日凌晨，红一方面军总部在由敖上沿通向中洞的大道西进时，前卫特务连同沿中洞至东固大道东犯之国民党军第二十八师先头部队遭遇，并阻止了其前进。近午时分，由小道秘密前进的红三军主力已进到中洞南侧，乘国民党军第二十八师后尾全部离开中洞时，突然从山上猛攻下来。国民党军遭此突如其来的打击，队形混乱，迅速被歼大部。此时，红军右路红四军抢占了观音崖、九寸岭两处隘口，并在追击中歼国民党军第四十七师一个旅大部。担任迂回的红三军团第六师在彭雪枫等率领下，于16日进占固陂，歼第二十八师的兵站后，当夜进占富田。

这一仗，红军歼国民党军第二十八师大部和第四十七师一部，缴获各种枪5000余支（挺），火炮20余门；并俘获包括100瓦电台在内的第二十八师无线电队全部人员和器材，为后来苏区同中共中央建立电讯联系提供了条件。

富田战斗后，国民党军第二十八师残部和第四十七师一个旅的残部仓皇逃向水南；大源坑、潭头方面第四十三师，也在红十二军的进攻下，向水南逃窜。红军主力乘胜于5月17日由富田向水南白沙追击。19日，红六师随军团与友邻部队在白沙截住逃敌，经激烈战斗，全歼国民党军第四十七师一个旅的残部和第四十三师一部，余部逃向永丰。与此同时，红十二军攻占沙溪，国民党军第五十四师星夜逃回永丰；南面第十九路军也由城冈圩撤回兴国，随后又全部撤回赣州。这一仗，红军又俘国民党军1790余人，缴获各种枪4000余支（挺），山炮2门。

两仗获胜，红军士气更加旺盛，便以锐不可当之势，向东卷击。5月21日，红军三军团第六师先头部队追至中村并侦察得悉：中村有高树勋第二十七师第八十一旅据守。该旅是由南团向沙溪增援的部队，在红军攻占沙溪后仓皇退守中村，掩护其主力撤退。据此，红一方面军决定以红三军为左翼，攻击中村北端，以红四军为右翼，攻击中村南端。22日晨，红六师随军团与红四军密切协同，经数小时激战，夺占中村，歼其大部，俘国民党军3000余人，残部窜回乐安。当晚，红军东进至南团。国民党军第二十八师不敢迎战，慌忙由东韶等地逃往宜黄。

此后，红军日夜兼程，向东疾进。这时，国民党军第六路军不敢在原地停留，匆匆向广昌城收缩兵力，接着纷纷向南丰撤退。红军经27日激战，攻占广昌，歼未及撤离的第五师一部。归第六路军指挥的第五十六师，急忙自闽赣边界龟缩进建宁城坚守自保。30日，彭雪枫等率红六师随红三军团秘密东进，于次日拂晓，进抵建宁城郊。经半日激战，红三军团与红十二军一起攻占建宁县城，歼守军刘和鼎第五十六师大部，俘其3000余人，缴获各种枪2500余支（挺）和大批药品，取得了第五仗的胜利。

红军在半个月中，从赣江畔一直打到闽北山区，横扫700余里，连打5个胜仗，共歼国民党军3万余人，缴枪2万余支，并攻城略地，扩大了苏区，痛快淋漓地打破了国民党军第二次"围剿"。鞭敲金镫响，人唱凯歌还。毛泽东豪情满怀地写下了气吞山河的《渔家傲·反第二次大"围剿"》的壮丽词篇："白云山头云欲立，白云山下呼声急，枯木朽株齐努力。枪林逼，飞将军自重霄入。七百里驱十五日，赣水苍茫闽山碧，横扫千军如卷席。有人泣，为营步步嗟何及！"

中央苏区第二次反"围剿"的胜利，是由于毛泽东的正确领导，红军英勇作战所取得的。红一方面军依托苏区的有利地形，依靠苏区人民群众和地方武装、赤卫队的支援，继续坚持诱敌深入的战略方针，运用充分准备、慎重初战的原则，采取集中兵力，先打弱敌的战法，精心地组织战役。初战告捷后，不失时机，一鼓作气地乘胜向东横扫，扩大战果，不怕疲劳，进行连续作战，创造了连续作战各个歼敌的光辉范例，丰富与发展了第一次反“围剿”作战的经验。

第二次“围剿”被打破后，国民党军退向赣州、泰和、吉安、吉水、永丰、乐安、宜黄、南丰之线转入防御。在第二次“围剿”期间，国民党各派军阀之间的矛盾又有新的发展。两广军阀在广州另立一个“国民政府”，同蒋介石的南京“国民政府”相抗衡，并积极向湖南进兵。北方的张学良、冯玉祥、阎锡山所部也在伺机南进。

中共红一方面军临时总前委决定，利用国民党内部矛盾的新发展和江西军队暂时处于守势的有利时机，转入进攻。整个攻势作战拟分三期进行：第一期向建宁、黎川、泰宁及其以北地区发展，威胁临川、南昌，促使两广军阀加速向湖南进兵；第二期向江西南部地区发展，为下一次反“围剿”建立巩固的后方；第三期向赣江西岸地区发展，打通同湘赣苏区的联系。其间的主要任务，是广泛发动和武装群众，扩大苏区，为粉碎国民党军新的“围剿”创造条件。

按照第一期计划，红军主力于 6 月上旬分别进至宜黄以南、南丰、南城、黎川之间，以及建宁、泰宁赣闽边境地区，开展工作。红三十五军调往瑞金，维护闽赣交通。此外，临时总前委还指令闽西新十二军向连城、长汀、清流、宁化发展，求得与江西苏区打通联系。

6 月 3 日，彭雪枫等奉命率红六师攻克泰宁县城，随后在此地休息整训部队，补充干部，开展群众工作。

6 月下旬，临时总前委发现蒋介石有对北方诸军阀妥协，对两广军阀取守势，而集中力量先向红一方面军进行第三次“围剿”的迹象。为了利用蒋介石同两广军阀之间的矛盾，发展革命力量，红一方面军首长根据临时总前委的决定，留第三军第九师和第四军第十二师在宜黄、南丰以南地区监视敌人，率领第三军团、第四军主力和第十二军，分别移驻闽西北的建宁、光泽、顺昌之间地区和闽西及闽赣边的归化（今明溪）、永安、连城、长汀、石城之间地区，进行群众工作和筹款。方面军总部位于建宁。为准备对付可能提前到来的国民党军第三次“围剿”，临时总前委又决定派第三军主力提前到赣南的雩都（今于都）、会昌地区开展工作。

6 月 23 日，彭雪枫等率红六师随红三军团转兵闽西北。红军攻占将乐、顺昌后，并以邵武、光泽为筹款区，进行筹款和扩军工作。

7 月上旬，国民党军第三次“围剿”开始，红军被迫停止攻势作战。在一个月的攻势作战中，红军占领了闽西、闽西北、赣东、赣南广大地区，广泛发动群众，扩大和巩固了苏区，筹措了大量的经费和给养，总结了第二次反“围剿”作战经验，表彰了英模单位和个人，进行了休整、训练；分别组建了第一、第三两军团的山炮连，扩编了无线电队，加强了医疗单位建设，还将建宁战斗的俘虏兵3000余人，经过教育陆续补充部队。同时，以赣南苏区的地方部队和群众武装为基础，组建了第四、第五独立师。这些，为打破国民党军第三次更大规模的“围剿”创造了重要条件。

国民党军对中央苏区第二次“围剿”被粉碎后，又紧锣密鼓地于1931年6月开始组织第三次“围剿”。这次“围剿”，蒋介石自任“围剿”军总司令，坐镇南昌，以何应钦为前线总司令，纠集23个师又3个旅共30万人，兵分三路，采取“长驱直入”的战略方针，先分进合击红军主力，再严密进行“清剿”，妄图一举摧毁中央苏区，消灭红军主力。

这时，红一方面军约有3万人。红一方面军临时总前委对于国民党军的这次“围剿”虽有预见，但未料到来得那么快。当判明国民党军第三次“围剿”开始后，决定继续实行诱敌深入的方针，以独立第四、第五师和第三军第九师在吉安、吉水、永丰、乐安、宜黄以南地区，第四军第十二师在南丰以南和东南地区，协同当地地方部队和赤卫队、少先队，以运动防御和游击战迟滞国民党军前进；将分散在闽西北、闽西、赣南广大地区的红军主力迅速收拢，向苏区中心区回师，准备适时转入反攻，粉碎国民党军的“围剿”。与此同时，中共苏区中央局和中央革命军事委员会也在苏区人民群众中进行反“围剿”的政治动员，领导群众支援红军作战；并命令由粤桂边境转移到赣江西岸活动的第七军东渡赣江，同红军主力会合。

7月10日至12日，红一方面军各部分别从所在地域出发，以紧急行军，向中央苏区中心区集中。彭雪枫奉命率红六师随红三军团由泰宁出发，沿闽赣交界的武夷山，经安远、石城、壬田等地，绕道千里，回师到赣南。随后，稍经整顿，同红一方面军主力一道继续向西北方向转移，于28日全部到达苏区兴国西北的高兴圩地区，完成了回师集中的战略任务。31日，彭雪枫等率红六师随红三军团由高兴圩进抵茶园冈与沙村之间休整。

国民党军进入中央苏区后狼奔豕突，扑朔迷离，二十余日一直找不到红军主力，犹如“盲人骑瞎马，夜半临深池”[①]。7月底，国民党军发现红军主力集中在兴国地区，判断红军有可能西渡赣江，于是以其主力分路向西南急进，企图压迫红军于赣江边而消灭之。其第一军团由富田、东固南进，于7月31日占领白石、崇贤；第一路进击军由黄陂经古龙冈、银坑转向兴国前进，第四军团由南城经宁都随第一路进击军之后跟进；第二路进击军由古龙冈经龙冈、东固向富田前进；第三路进击军由沙溪向良村、莲塘前进；第二军团由大金竹、脑百岭经小布向宁冈前进；第三军团分向龙冈、黄陂、广昌前进；第十师由黎川进驻广昌。

红军主力在高兴圩地区盘马弯弓，休息整训二十来天，士气昂扬。7月31日，方面军总部得悉，各路国民党军正向兴国方向急进，其右侧后富田、陂头、

---

①《世说新语·排调》:“桓南郡（桓温）与殷州（殷仲堪）语次……作危语，桓曰:‘矛头淅米剑头炊。’殷曰:‘百岁老翁攀枯枝。’顾曰:‘井上辘轳卧婴儿。’殷有一参军在坐云:‘盲人骑瞎马，夜半临深池。’”

新安一带仅有三个团防守，由富田往东之后方联络线上防守兵力亦较弱。遂决心“避敌主力，打其虚弱”，先以红军主力由高兴圩秘密北移，突破富田一点，得手后再由西而东横扫，置深入赣南苏区国民党军主力于无用武之地，待其发觉主力回头北上时，红军再乘其疲惫，择其可打者歼之。当日晚，红军开始向富田前进，当进到石陂以北地区时，发现国民党军第二路进击军两个师已先到富田。方面军首长随即改变计划，率领部队于8月4日折返高兴圩地区，另寻战机。

这时，各路国民党军纷纷逼近。其中富田地区之第二路进击军，崇贤、东固地区之第一军团，以及兴国地区之第一路进击军和第四军团战斗力较强，而正向良村、莲塘前进之第三路进击军战斗力较弱，易为红军歼击。红一方面军首长遂以第三十五军、第十二军第三十五师和独立第四、第五师，协同地方武装，将第一、第二路进击军和第四军团向万安、良口方向牵引，将第一军团牵制在崇贤、东固之间地区；集中红军主力以中间突破手段，求歼向莲塘急进之第三路军，尔后进击龙冈、黄陂，调动国民党军于运动中各个歼灭。

8月5日，彭雪枫等奉命率红六师随红军主力穿过兴国、崇贤之间，沿着崇山峻岭，向莲塘方向隐蔽东进。国民党军对红军这一行动毫无察觉，其第一、第二路进击军在红三十五军等部的牵引下，正扑向赣江边。这为红军歼灭第三路进击军创造了条件。

8月6日，红军主力到达莲塘、官田地区，红三军团警戒部队同进至莲塘附近之第三路进击军前卫第四十七师第二旅接触。红一方面军首长决心迅速将其歼灭，尔后向北发展，求歼第三路进击军主力。当日晚，红三军团（并指挥第七军）和红三、红四、红十二军（欠第三十五师）秘密接近国民党军，于7日拂晓突然发起攻击，激战至上午9时，将第二旅及由良村西出侦察的一个多营全歼，毙其旅长谭子钧，初战获胜。国民党军第四十七师余部向龙冈撤退。

红军不顾疲劳，继续向良村急进，途中同由良村方向向莲塘增援之第五十四师第一六〇旅遭遇，迅速歼其一个团，毙其旅长张銮诏。残部向良村溃逃，红军衔尾猛追，直逼良村。刚撤到良村之第五十四师师部及两个旅，惊魂未定，就被红军包围，红军乘势发起猛攻，一举突入圩内，歼其一部，毙副师长魏我威、参谋长刘家祺等，余部逃向龙冈。

一日之内，红三军团和兄弟部队紧密配合，接连打了两个胜仗，歼国民党军2个多旅，俘3500余人，缴获各种枪3100余支（挺）、迫击炮14门、马200余匹。

良村战斗后，红一方面军首长以第三军佯攻龙冈，率领主力继续东进，围歼刚从君埠、南陵等地缩回黄陂之第八师。8月11日晨，红军主力进到黄陂附近。在方面军首长的指挥下，当天中午，第四军和第十二军主力冒着大雨发起攻击，一举突入黄陂，迅速歼其2个团。第三军团第七军不顾天雨路滑，也从东面发起攻击。15时，第五十四师师长毛炳文率余部分路向洛口、宁都突围。红军乘胜追击10多公里，又歼其一部。前后共歼其第八师约4个团，俘4000多人，缴各种枪3000余支（挺），迫击炮11门。

蒋介石在南昌得知在莲塘、良村、黄陂之战接连失利，便恼羞成怒，将其向西、向南的主力转旗东向，采取密集的大包围态势逼近红军，企图寻歼红军主力于宁都以北地区。毛泽东、朱德遂召集红一方面军紧急军事会议，决定以罗炳辉率红十二军主力向东佯动，一路扬旗鸣号，丢弃杂物文件，诱敌向东。国民党军果然上当，被吸引过去，尾追罗部不放。这时，红一方面军主力偃旗息鼓，衔枚疾走，在人民群众的帮助下，从蒋光鼐、蔡廷锴、韩德勤部和陈诚、罗卓英部之间约十公里间隙大山中秘密越过，返回兴国枫边地区，集中隐蔽休整，待机而战。及至国民党军发觉红军主力不在黄陂地区，再转兵西进时，红军已休整了半个月。而国民党军在根据地来往奔波两个来月，即使侥幸未遭到红军歼灭性打击的部队，也吃尽了苦头，被拖得疲惫不堪，"肥的拖瘦，瘦的拖死"，士气低落，无力再战。这时，粤、桂军阀乘机进攻湖南衡阳，蒋介石侧面受到威胁，不得不于9月初下令进攻中央苏区的军队由兴国等地北撤。

9月7日，当国民党军蒋鼎文第四军团，由兴国撤至高兴圩以北地区时，红三军团和独立第五师迅速出击，在老营盘截歼第九师一个旅。8日，彭雪枫等率红六师随红军主力在高兴圩予第六十、第六十一师以沉重打击。在战斗中，彭雪枫光荣负伤。15日，红三军团在方石岭截歼第五十二师及第四军团一部，俘其5000余人。第五十二师师长韩德勤被红六师部队俘虏后化装成伙夫混在其他俘虏中一起领了路费获释。至此，蒋介石对中央苏区的第三次"围剿"又以失败告终。在这次反"围剿"中，红军连同地方部队和群众武装共歼国民党军17个团约3万余人。

方石岭战斗后，红三军军长黄公略[①]在指挥部队转移时，遭国民党军飞机袭击，不幸牺牲。这是红军的重大损失，全军痛悼不已。为表彰他的业绩，中共苏区中央局曾在东固地区设立公略县，在红都瑞金建立公略亭，并将红军第二步兵学校命名为"公略步兵学校"，以志纪念。

彭雪枫自1930年8月，红三军团同红一军团在湘东永和市会师，并成立红一方面军以来，在毛泽东、朱德和彭德怀等领导与指挥下，率红六师参加二打长沙和中央苏区第一、第二、第三次反"围剿"中的重要战斗。在反"围剿"中，他坚决执行毛泽东诱敌深入的战略方针和集中兵力打歼灭战的作战原则，屡建战功。他注重战时宣传鼓动工作，针对国民党飞机疯狂轰炸的情况，提出了"飞机解决不了战斗"[②]的口号，鼓励部队发扬勇敢战斗的精神。他认真贯彻古田会议决议，坚持党对军队的绝对领导，注重部队的政治思想建设，以身作则，深入连队同干部、战士谈心，关心他们的政治文化学习，改善官兵关系，被誉为"讲道理"的政治委员，并创办了《猛攻报》。他还利用战斗间隙，经常带领广大指战员在苏区群众中宣传党和红军的政策主张，发动群众，武装群众，建党建政，筹

---

① 黄公略（1898—1931），字家杞，号公略。湖南湘乡人。早年从军，曾任湘军连长等。1927年入黄埔军官校高级班，同年加入中国共产党。1928年7月参加领导平江起义。曾任红五军副军长、红六军军长兼军委书记、红三军军长兼军委书记。参加湘鄂赣边游击战争和中央苏区一、二、三次反"围剿"。

② 邱一涵：《忆彭师长，学彭师长》，载《忆彭雪枫同志》，河南人民出版社1979年版，第118页。

粮筹款。这为他迅速成长为红军著名青年将领和党的坚强工作者创造了条件。

四、在“乐安事变”前后

1931年9月，日本帝国主义为实现其首先占领中国东北三省，进而灭亡整个中国的侵略野心，制造了震惊中外的“九一八”事变。蒋介石实行不抵抗政策，东北三省很快沦为日本帝国主义的殖民地。翌年1月，日军又挑起事端，向上海发动进攻，制造了“一·二八”事变。淞沪军民奋起抗战，但由于蒋介石及其政府的阻挠破坏，招致失败。

日本帝国主义的侵略罪行和国民党的不抵抗政策，激起了全国人民极大的民族义愤。在中国共产党的号召和组织下，全国各地的工人、农民、学生掀起了空前高涨的抗日反蒋运动。过去曾依附于大资产阶级的上层小资产阶级和民族资产阶级开始改变其政治态度。统治阶级内部也开始分化。蒋介石为了逃避舆论的谴责，缓和其内部矛盾，又一次施展以退为进的手法，于12月再次宣布“下野”。国民党的统治出现了严重的危机。

在“九一八”事变的前夕，中国工农红军第一方面军粉碎了国民党军的第三次“围剿”。红一方面军反“围剿”的巨大胜利以及其他苏区红军反“围剿”的胜利，给予全国人民很大鼓舞。第三次反“围剿”胜利后，中央苏区红军发展到约7万人，中央苏区版图扩大，拥有21座县城，面积达5万平方公里，人口数百万。其他苏区和红军，除个别外，也都取得了许多胜利，有很大的发展。中国共产党及其领导的工农红军的政治影响与威望，在全国人民中大大提高了。

“九一八”事变发生后，东北广大人民群众，在中共中央的号召和东北党组织的领导下，奋起组织抗日武装，开展游击战争，同日本侵略军作战，支援和配合了全国的抗日运动及红军的反“围剿”作战。

在中国共产党领导下，中华苏维埃第一次全国代表大会于1931年11月在中央苏区的瑞金召开，宣告中华苏维埃共和国临时中央政府成立。在中央政府执行委员会第一次会议上，选举毛泽东为临时中央政府主席，项英、张国焘为副主席。

同年11月25日，成立了由朱德任主席，王稼祥、彭德怀任副主席的中华苏维埃共和国中央革命军事委员会（简称中革军委），统一领导各苏区红军的作战和建设。并取消了红一方面军总部。红一方面军改称中央红军。

12月底，周恩来由上海到达瑞金，就任中共苏区中央局书记。

在红军反“围剿”胜利影响和全国抗日反蒋浪潮推动与国民党第二十六路军中的中共特别支部组织领导下，该部参谋长赵博生[①]（共产党员）和旅长

---

① 赵博生（1897—1933），河北沧县东慈庄（今属黄骅）人。保定陆军军官学校毕业。早年任职于皖系、直系。参加北伐和反蒋战争。1931年10月秘密加入中国共产党。同年12月参与领导宁都起义，率部参加红军。1933年1月在黄狮渡战斗中牺牲。中华苏维埃中央政府将宁都县改名博生县，以志纪念。

季振同[①]、董振堂[②]及团长黄中岳[③]率全军1.7万人，于1931年12月14日在江西宁都举行起义。起义部队编为中国工农红军第五军团，季振同任总指挥（不久为董振堂），萧劲光任政治委员，辖第十三、第十四、第十五军。宁都起义，使红军增加了一支新的力量，对国民党的反共政策是个沉重打击。

红军反"围剿"的重大胜利及"九一八"事变后全国的形势，对革命力量发展十分有利。但是，反革命力量强大、革命力量弱小的基本状况仍然没有改变，红军和苏区仍处在国民党军和白色政权的包围之中。

以王明为代表的一部分没有实际革命斗争经验的教条主义者，不了解中国社会和中国革命的性质，不相信中国革命战争有自身的特点和规律。在积极推行"左"倾冒险主义政治纲领的同时，又积极推行"左"倾冒险主义的军事战略，给中国革命和革命战争造成了严重危害。

红一方面军第三次反"围剿"胜利后，为发展胜利，巩固与扩大苏区，中共苏区中央局和方面军首长决定，以红军独立第五师活动于永丰、吉安、泰和附近地区，红军独立第四师和地方武装活动于宁都以北黄陂地区，监视当面国民党军，并开展地方工作；方面军主力由兴国以北地区逐次南移到以瑞金为中心的赣闽边界地区稍事休整，尔后波浪式地向着国民党军力量较弱而我党和红军有一定工作基础的闽西北和赣西南地区发展。

1931年9月18日，红一方面军主力开始南移，于9月底到达以瑞金为中心的赣闽边界地区，同闽西新编红十二军会合。在休整期间进行了整编，对红一、红三军团的编制做了一些调整。

红一军团指挥部由方面军指挥部代理，辖第三、第四、第十二军三个军。红三军团，彭德怀任总指挥，滕代远任政治委员，邓萍任参谋长，袁国平任政治部主任，辖第一、第二、第三师。彭雪枫任第二师政治委员，师长郭炳生，辖三个团。红七军，李明瑞任军长，葛耀山任政治委员，辖三个团，归红三军团指挥。红三十五军改编为独立第三师，辖三个团。随后，赣南地方武装组成独立第二师，辖三个团。

部队整编后，开展打土围子，发动群众，恢复与建立地方党团组织，建立和加强苏维埃政权及群众武装的工作。彭雪枫等率部于10月底进至会昌罗田圩一带，发动群众，打土豪分田地，筹款和扩军。11月下旬，率部移至筠门岭、寻

---

① 季振同（1903—1934），字异之，河北沧县（今沧州人）。保定陆军军官学校毕业。早年参加西北军。参加北伐战争。1931年12月率部在宁都起义，参加红军。1934年夏在江西瑞金叶坪以"企图叛变"嫌疑罪被错杀。新中国成立后，予以平反昭雪。

② 董振堂（1895—1937），字绍仲，河北新河人。保定陆军军官学校毕业。早年参加西北军。1931年12月率部参加宁都起义，加入红军，1932年加入中国共产党。后任红五军团军团长等职。参加中央苏区反"围剿"和长征。1937年1月在甘肃高台战斗中牺牲。

③ 黄中岳（1901—1934），字培山，祖籍河南洛阳，生于罗山。早年入国民军南苑学兵团。日本陆军士官学校毕业。1931年12月率部参加宁都起义，加入红军，后加入中国共产党。1934年10月被错杀。新中国成立后，被平反昭雪。

乌地区。此时当地地主闻讯带领家丁，携眷持宝，逃至附近一座山上隐匿。这座山约二三百米高，山顶上有座庙，常有老百姓上去烧香祭神。地主豪绅就躲在庙里。山的东南北三面均是悬崖峭壁，极难攀登。仅有西面有一条弯弯曲曲的羊肠小道通往山顶。地主豪绅持枪凭险顽抗。经过认真侦察和分析，团长龙昌汉、政委李志民和副团长吴志立根据师部传达总前委关于《收集攻打土围炮楼经验的训令》，认为，不宜强攻，只宜智取。12 月初的一天，副团长吴志立和侦察员龙飞虎等七八个战士乔装上山，智取山寨。第二天，彭雪枫根据李志民的报告以“男扮女装，烧香祭神，智取地主土豪”为题，在《猛攻报》上介绍了红七团智取地主土围子的事迹和经验。

过了几天，彭雪枫到红七团检查工作，在罗田圩的街道上碰到一名干部穿着打土豪缴来的呢子西装大摇大摆地闲逛，当面批评了这个干部。到了团部以后，又批评团的领导没有严格执行“一切缴获要归公”的纪律和严肃军容风纪的规定，对部队教育不够，管理不严。李志民马上作了检讨，虚心接受批评，并请彭雪枫政委在全团干部大会上讲话，对全团干部进行教育。第二天，彭雪枫回到师部以后，又在《猛攻报》上发表了一篇《奇装异服，七团有之》的文章，用七团的事例教育全师指战员。“彭雪枫政委运用报纸进行表扬、批评这两件事，对我启发很大，此后我做政治工作，就比较重视发挥报纸的作用，把它作为宣扬先进典型，批评缺点错误，总结交流经验，指导各项工作的一种有力的工具。”①

中央苏区第三次反“围剿”胜利后，中共临时中央和苏区中央局多次提出夺取赣州、吉安、南昌、九江等赣江流域的中心城市，并指示红一方面军“首取赣州”争取革命在江西及其临近省区的首先胜利。中央红军 1932 年的进攻作战，基本上是在这一战略思想指导下进行的。

当时毛泽东不同意攻打赣州，但中共苏区中央局多数人坚持攻打赣州，彭德怀亦同意多数人的意见。1932 年 1 月 10 日，中革军委根据中共临时中央和苏区中央局的指示，下达了攻打赣州的军事训令。以彭德怀为主作战军前敌总指挥，陈毅为支作战军总指挥。

2 月 3 日，红三军团部队占领了赣州城东门外的天竺山和小南门外的白云山，以两山制高点为支撑，从东门、南门挖掘坑道，准备攻城。攻城的部署是：红二师负责攻击南门；红一师负责攻击西门；红七军负责攻击东门；红三师越过章江，占领制高点，控制北门。红四军各部部署在南康、新城和杨眉市等地。

赣州是江西省南部的政治、经济、军事和文化中心。它三面环水，河宽流急，章水和贡水夹城相汇为赣江，向北奔腾而去。200 多里的河岸多为悬崖峭壁，河水流经 18 处险滩，其中以惶恐滩最为险要。宋代重臣名将民族英雄文天祥途经这里和零丁洋（又作伶仃洋），感慨万千，留下了动人心弦、脍炙人口的不朽诗句：“惶恐滩头说惶恐，零丁洋里叹零丁。人生自古谁无死，留取丹心照

①《李志民回忆录》，解放军出版社 1993 年版，第 182—183 页。

汗青！”赣州素有“铁赣州”之称，它城高墙厚，气势雄伟，十分坚固，城垛间鼓角相闻，守城国民党军有金汉鼎第十二师马昆第三十四旅 3000 余人，还有赣南各县地主反动武装 5000 余人，都是罪恶昭彰的亡命之徒。在城外，北面之泰和、吉安地区有蒋介石嫡系 4 个师，南面之赣粤边有粤军 10 个团，随时可以增援。可谓兵力雄厚，火器充足，确实易守难攻。赣州城北，紧靠城墙有八境台，当时为城中最高建筑，登此台不仅可以眺望赣州八景，而且可供军事眺望。从今人张晓南的《七绝·登八境台》诗：“常思幽境有闲愁，今睹英姿上此楼。二水环城称险要，三台鼎立谓风流。”[①] 人们也不难想象赣州城，作为交通要冲和军事重镇的地位和作用，是何等的重要。

5 日至 12 日，红二师与军团其他参战部队进行了政治动员及各项攻城准备工作。召开了共产党员及积极分子会议，阐明了三次反“围剿”以来的形势和赣州战略地位的重要性，提出一定要攻下赣州。同时积极发动群众，为红军运送弹药物资，支援红军作战。

彭德怀考虑到赣州三面环水，水势很大，攻城难以奏效，决定以坑道爆破攻克此城。自 2 月上旬至下旬，以红三军团为主的主作战军连续三次进行爆破攻城，均未成功。其间，彭雪枫与郭炳生带领红二师在南门挖坑道，由于地势低，水位高，屡挖屡垮，不得已实行爆破攻城，架梯爬城，尽管伤亡很大，终未得手。

在红军一再攻击下，赣州守军士气低落，马昆忧心忡忡，一面电告上司求援，一面凭借坚城顽抗。蒋介石唯恐赣州有失，急命陈诚派兵增援。广东军阀也对赣州守军取援助态度。3 月 2 日，在红四、红三军于南康、信丰阻击粤军增援之机，罗卓英率四个团由北面进入赣州城内。

3 月 4 日拂晓，红军第四次爆破攻城，将城门炸塌，红军指战员在浓烟中攻入城内。城内守军已在城内用沙袋构筑了新的工事，以强大火力网进行猛烈阻击。红军广大指战员冒死发动多次冲锋，伤亡很大，仍无进展，便从城内撤出，对赣州继续围困。

7 日，城内守军乘红军连续作战未得休整之机，在城墙下挖掘坑道，向城外偷袭，发动反攻。部署在双佛岭地区待机之国民党军第十一师第六十二团由杨梅渡强渡章水，从侧后南门大码头向红二师阵地推进，分割包围了该师直属队和两个团。红军攻城部队由于久屯坚城之下，十分疲劳，且疏于警觉，处于被动，遭到严重伤亡。是时，彭雪枫不顾个人安危，找到第七团，率其突入包围圈，救出第五团，在国民党军的密集炮火中，机智勇敢地指挥部队脱离了险境。红一师政治委员黄克诚亦挺身而出，组织部队反击。第二团团长曾春鉴[②]、政治委员方强率部英勇奋战，给敌人以重大杀伤。红五军团第十三军及时驰援，全体官兵以高昂

---

①《难忘的故事》第 2 册，国际文化出版公司 1996 年版，第 60 页。

② 曾春鉴（1902—1937），湖南湘乡人。早年参加国民党革命军和北伐战争。1928 年参加平江起义。1929 年加入中国共产党。参加中央苏区历次反“围剿”和长征。1935 年 2 月留在川南坚持游击战争。曾任团长、师长、游击队参谋长等职。1937 年 1 月在云南扎西（今威信）水田寨战斗中牺牲。

的斗志和奋不顾身的精神，用大刀同守军展开肉搏，掩护攻城部队撤至白云山、天竺山一带，迫其停止在小南门外柑子园、刘家营一线。红军遂撤围赣州。

赣州战役，红军伤亡3000余人。红四军第十一师政治委员张赤男[①]、红五军团第十三军第三十七师政治委员欧阳健[②]等10名师团干部英勇牺牲。红三军团第一师师长侯中英[③]被俘，后遭杀害。

赣州攻坚战，是在王明“左”倾冒险主义军事战略指导下打的第一仗，也是红军遭受严重失利的第一个重大战役。它历时33天，红军指战员进行了英勇顽强的战斗，不仅攻城未克，反遭重大伤亡，且丧失了扩大苏区和发展红军的有利时机，给红军尔后的作战带来了困难。这次战役的失利，主要是王明错误的战略方针所致。彭德怀在《自述》中对赣州战役的经验教训做了深刻的阐述：此时“正处在一二八事变的形势下，应当高举抗日民族革命战争的旗帜”，“红一方面军主力应当开向闽浙赣边区，以援助上海抗战来组织抗日力量，开展政治攻势，揭露蒋介石一切卖国阴谋。”“打赣州不仅没有利用一二八事变，高举抗日旗帜，在政治上打击蒋介石国民党，反而给蒋介石‘攘外必先安内’的反动政策找到了借口。也没有估计到我军进攻赣州……客观上对于蒋粤矛盾起了一定的缓和作用。我在当时没有这种认识……只想打开赣州，解放赣南，联系湘赣边区，巩固后方，保证瑞金（中央所在地）安全，然后再行北进。这样片面的想法，显然是脱离了当时客观政治形势的。”“从军事上看，当时罗卓英率两个师从吉安沿赣江西岸南援，广东两个师六个团由南雄沿粤赣公路北援，我应集结方面军主力一、三军团于南康机动位置，另以其他部队围困赣州进行佯攻。那时消灭两路援军的任何一路都是最好机会，但我未积极建议打援。久攻不克，援军既到，又未迅速撤围，屯兵坚城下，相持日久，兵力疲劳，致遭敌袭。其次敌情不明，对敌兵力估计过低，实际守城敌军比估计大一倍以上。”“敌情没有确实弄清楚，就贸然攻坚，这也是一次严重的错误。”[④]

3月12日，中革军委发布命令，重编红军第一、第三、第五军团。以第四、第十五军编为第一军团，林彪为总指挥，聂荣臻为政治委员。以第五、第七、第十四军为第三军团，彭德怀为总指挥，滕代远为政治委员。以第三、第十三军编为第五军团，季振同为总指挥，董振堂为副总指挥，萧劲光为政治委员。

中旬，中共苏区中央局在赣县江口召开会议，讨论攻打赣州的经验教训和红军今后的行动方针：毛泽东指出攻打赣州的错误，主张红军主力向国民党力量比

---

① 张赤南（1906—1932），字尚书，福建长汀人。1926年参加国民革命军。1927年加入中国共产党和广州起义。1929年领导长汀农民起义，参加创建闽西苏区的游击战争。历任团长兼政委、纵队长与政委、师政委等职。参加苏区第一至第三次反“围剿”。

② 欧阳健（1902—1932），湖南华容人。北伐战争前加入中国共产党。1927年参加湘赣边界秋收起义。历任支队党代表、纵队政委、师政委等职。参加井冈山斗争，赣南、闽西的游击战争和中央苏区三次反“围剿”。

③ 侯中英（1899—1932），湖北阳新大箕铺（今属大冶）人。1926年加入中国共产党。1927年参加南昌起义。历任大队长、团长、师长等职。参加鄂南地区游击战争和中央苏区三次反“围剿”。

④《彭德怀自述》，人民出版社1981年版，第174、175页。

较薄弱、党和群众基础较好、地势有利的赣东北发展，在赣江以东、闽浙沿海以西、长江以南、五岭山脉以北广大地区发展革命战争，建立革命根据地。苏区中央局多数人受临时中央的影响，否定了毛泽东的意见，主张红军主力夹赣江而下向北发展，相机夺取赣江流域的中心城市或较大城市。会议决定：以红一、红五军团组成中路军，以红三军团、红十六军等组成西路军，分别进行作战。18日，中革军委命令西路军应赤化赣江西岸，并相机夺取几个城市；命令中路军迅速集中宁都，以宜黄、乐安、崇仁为目标，努力争取三县苏区，并相机夺取一个或几个中心或较大城市。毛泽东依据闽西敌情变化，主张中路军向闽西行动，并建议改中路军为东路军。21日，中革军委采纳了毛泽东的意见。

江口会议后，东西两路军分兵作战两个多月，东路军取得漳州战役胜利，西路军到上犹、崇义湘赣边活动。两路军会合后，恢复红一方面军番号，继而连续进行南雄水口战役，乐安、宜黄战役，建（宁）黎（川）泰（宁）战役，金（溪）资（溪）战役，开辟了几个县的新苏区，使中央苏区与红军得到发展。但是预期夺取中心城市，实现一省数省首先胜利，以及以进攻战略打破国民党军"围剿"的设想，都没有达到，反而消耗和疲惫了自己，失去了进一步巩固、发展红军和苏区的有利时机。实践证明毛泽东向赣东北发展的意见是正确的。

在宜黄战役中，彭雪枫等率领的红二师为主攻部队，曾攻占四荣山，并与国民党军反复争夺峨眉山据点，与红七军攻入宜黄城。此役红军歼国民党军3个团，俘2000余人，缴枪1000多支（挺）。

乐宜战役后，红三军团奉命在南丰、南城、宜黄一线休整，当时红二师师部驻乐宜地区官仓前村。师领导拟分头到各团参加会议，部署整训，并准备迎击国民党军即将到来的第四次"围剿"。8月31日，不料陈诚、罗卓英纵队第九十师吴奇伟部，突然由北进逼，大军压境，袭占宜黄。

9月初的一天，郭炳生从军团部开会回来，愁眉苦脸，心事重重。他对彭雪枫说："从赣州失败之后，这几个月又连遭败绩，听说蒋介石还要组织第四次大'围剿'，眼看大军压境，敌强我弱，摧毁苏区，压垮我们不成问题。唉，看来革命是完了。"彭雪枫听到这番话很不高兴，便反驳说："什么，革命完了？胡说八道！革命像燎原烈火，风吹不熄，雨浇不灭，要烧掉地主豪绅，烧掉蒋介石和一切反动派，烧掉整个旧世界，革命永远完不了！"郭炳生不服气，脸一沉说："雪枫同志，革命不是靠呼口号取胜，不能光讲大道理，要看到我们面前的环境确实是十分困难的。"彭雪枫看郭炳生思想上没转过弯来，便耐心地说："炳生同志，我们面前的确有不少困难，但比起平江起义，比起第一、二、三次反'围剿'时，我们的力量不是强大得多了吗？这几个月来我们几次攻城虽然伤亡大一些，但还是攻下几座县城，打了些胜仗的嘛，怎么能说我们连遭败绩，克服不了目前的困难呢？"郭炳生争辩着说："要知道，蒋介石的第四次大'围剿'比前几次的兵力更多，更厉害，带来的后果会更严重。我看，我们打败敌人的把握不大，还不如按过去的老办法，把队伍拉回湖南去打游击好。"彭雪枫知道郭炳生的牛脾气，想不通的问题一时很难扭转，想再找机会慢慢启发诱导他认清形势，于是便说："我们都是师的指挥员，有不同看法可以讨论，但不管面临什么困难，都不能松懈斗志，一定要挺得住。"郭炳生发火说："哪个松懈了斗志，我？笑话！我郭某人是从整个战局考虑问题的。我当兵打仗从来没有怕过死，怕死就不会来当兵！"[①]彭雪枫看郭炳生很不冷静，便不再同他争论。

第二天，彭雪枫找李志民研究工作时，把他同郭炳生争论的事告诉了李志民，并征求了李的意见。为了帮助教育郭炳生，彭雪枫向彭德怀军团长反映了郭炳生的思想问题。彭德怀派组织部长黄克诚到红二师召开团以上干部会议，对郭炳生的错误进行严厉的批评。郭炳生被迫作了检讨。会后，政治委员彭雪枫到第七团，师长郭炳生到第六团，政治部主任李志民到第五团，帮助部队整训。

9月上旬，国民党军陈诚、罗卓英部由西向东突然插入红二师驻区，发起了猛烈进攻。红二师各团当时因过于分散，集中不及，遂被国民党军隔断而互相失去联络。这时，彭雪枫率领师直属队及第七团辗转于崇山丛林之中，三日夜无食无眠，分头突围南撤，进入苏区边境江西军区驻地凤岗圩。李志民亦率第五团向驻地东北撤退，走到黄坊时，始悉国民党军由西向东猛进，故又率部向西寻找主力。此时，郭炳生亦带领师特务连转移此地，两部巧遇而会合，同时决定继续西进，连夜行军。一天拂晓，部队到了巴山，因敌情不明，部队靠山扎营，并派员外出侦察。当天17时，第五团侦察员在凤岗圩见到了政委彭雪枫，汇报了该团及郭炳生原拟西进的计划。听过汇报，再联想到郭炳生此前消极思想和行为，彭雪枫洞悉内中有诈，敏锐地感到这是郭炳生企图挟五团叛变投敌，北入白区，远避业已到来的第四次"围剿"和久已厌倦的艰苦斗争生活。

这时，驻扎巴山的师特务连和第五团已对红二师主力安危及彭雪枫的生死谣传纷纭。这更证明郭炳生心怀鬼胎，阴谋投敌。彭雪枫在作出这种判断后，即赴江西军区找到总指挥兼政委陈毅，要求协同处理郭炳生的问题。彭雪枫和陈毅缜密计划后，为了挽救红五团，他将师直及第七团交李志民带领往东韶，便不顾个人安危，即于9月5日带领随行武装潜行北上。此时，郭炳生挟持第五团已进入靠近抚州的崇仁县境，北入抚州，西渡赣江，已是很容易的事。情势紧迫，时不可待，彭雪枫心急如焚，跟踪追赶，连行5日，终于在9月9日傍晚遇到了第五团的前哨连。彭雪枫见到了部队，欣喜若狂，激动地高声喊叫起来。第五团指战员听到彭政委熟悉的声音，事先的战备姿态一变而成欢迎的队形。由于该团与上级失去联络已经多日，行动迷惘，因此一见面，大家都感到恍如隔世，默默无言之中，相互表现出无名的悲戚。之后，彭雪枫大步流星地走进了团部，郭炳生表面上似乎还保持着惊慌中的镇静。第五团全体干部赶来看望，异口同声地表示："回主力去！回主力去！"广大干部表现出来的这种伟大深厚的阶级友爱，感动得彭雪枫热泪盈眶。

---

①《李志民回忆录》，解放军出版社1993年版，第190—191页。

当天黄昏后，师通信排长彭雄[①]把彭雪枫拉到一个隐蔽处，小声地说："郭炳生对大家讲话说你已经牺牲了！他这几天的行动，我十分怀疑，赣江以西的地图，他已自己背起来了，谁知道他搞的什么鬼呢？起码也是躲避四次'围剿'，要当土皇帝享福去！我们一定马上回去，明天就走！"[②]

9月10日，部队休息了一天。红五团党支部中的干部在彭雪枫领导下开了紧急会议，决定黄昏之后部队出发南返，全体指战员莫不欢欣鼓舞。当晚，适逢天雨路滑，伸手不见五指。郭炳生趁此时机，仅带着师特务连出逃，到乐安县城，投入国民党怀抱，葬送了他的革命生涯[③]。郭炳生投敌叛变，绝非偶然，是他平日不注重学习政治，害怕艰苦斗争，丧失革命斗志，羡慕虚荣，贪图享乐的必然结果。彭雪枫则于9月中旬，率领第五团安全到达东韶，与师直、第六团、第七团胜利会合，共同进入休整。休整期间，彭雪枫深入下层，做稳定部队的工作，慰问伤病员。一天，军团卫生部医疗主任饶正锡为师政治部主任李志民的脚伤做手术，彭雪枫非常关心，一直守候在手术室内，直到李志民苏醒过来，他才松了口气。彭雪枫的模范行动，使部属深受教育和鼓舞。

中华苏维埃政府为在粉碎红二师师长叛变中立下殊功的彭雪枫颁发的红星奖章

被称为"乐安事变"的郭炳生叛变投敌事件，是当时红军叛变事件中较为恶劣的一例。彭雪枫在处理此事件中立场坚定，见微知著，洞烛其奸，措施得当，干脆利落，表现出宏伟的气魄和崇高风范，从而受到周恩来、彭德怀、陈毅等领导的高度赞扬。陈毅说："这件事他（彭雪枫）办得很好，挽救了部队，表现了我们红军的政工人员的领导作用。这个时候，我看出他应付事变的机警和能力。"[④]这是陈毅对彭雪枫处置此次事变的中肯评价。1934年1月，在第二次全国苏维埃代表大会上，他因此荣获中华苏维埃政府颁发的"红星奖章"。

---

① 彭雄（1914—1943），江西永新人。1929年参加红军。1932年加入中国共产党。曾任通信排长、连长、营长、团长、师参谋长等职。参加苏区反"围剿"和长征等。1943年3月18日在江苏连云港与日军遭遇战斗中牺牲。

② 彭雪枫：《悼彭雄同志》，《拂晓杂志》第1卷第3期。

③ 郭炳生，湖南湘潭人。1928年参加平江起义，由战士逐步晋升为师长。于1932年9月11日向国民党江西"剿共"前线吴奇伟部"投书请降"后，12日即被送往乐安。9月18日，被国民党赣粤闽边区"剿匪"总司令何应钦委任为国民党军暂编第三十七师师长。1933年7月下旬，郭率部进攻红军，刚到中央苏区边缘，即被打死。

④ 陈毅：《追忆彭雪枫同志》，《解放日报》1945年1月28日。

这是党和人民对彭雪枫在此次事变中的突出表现和其他贡献所给予的最高奖赏。

12月中下旬，彭雪枫等率红二师随军团在极高、中站、严田一带休整待命，进行筹款和开展群众工作。同时根据方面军总部12月2日《关于军事训练问题》的训令，部队进行阶级与政治教育，学习红军学校教程规定之《步兵战斗条令》《步兵教程》《单个战士》《步兵连怎样冲锋》，提高政治觉悟和战术技术水平。还点验了机关部队人员、武器、弹药、物资，开展了军政训练比赛等。

五、转战闽西与喋血八角亭

"乐安事变"以后不久，国民党赣粤闽边区"剿匪"总司令何应钦，即于1932年12月30日下达了对中央苏区第四次"围剿"的计划。1933年1月1日，红一方面军为迎击国民党军的进攻在黎川举行了北上誓师大会。这时，毛泽东已被"左"倾路线执行者排斥于红军领导之外。2月9日起，在周恩来、朱德和彭德怀等指挥下，彭雪枫和师长邓国清率红二师同其他红军部队一起参加了南丰、黄陂、草台岗等重要战斗，并于3月21日胜利地粉碎了国民党军的第四次"围剿"，歼其近3个师，俘1万余人，创造了红军有史以来大兵团伏击歼击战的宝贵经验。这是周恩来、朱德在国民党军多路进攻的情况下，实行诱敌深入的方针，集中主力，运用大兵团伏击的战法取得的胜利。在草台岗战斗中，彭雪枫等率部与红七军攻击黄柏山国民党军第十一师第三十一旅，因地形不便于红军运动与发扬火力，战斗发起后，连续遭到国民党军的反冲击。战斗呈胶着状态。军团首长命令预备队红三师投入战斗，红二师、红三师和红七军部队猛攻黄柏山守军，反复冲杀十余次。经激烈战斗，攻占了黄柏山等地，歼国民党军2个团。此役，红军歼国民党军8个团，击伤第十一师师长萧乾等，毙团长5名。仅红三军团即俘国民党军1197人，缴枪570支（挺）。

第四次反"围剿"开始前夕，1月下旬，以博古（秦邦宪）为总负责人的中共临时中央由上海迁往中央苏区首府瑞金。博古等人到达苏区后，立即推行一条"左"的军事战略，要求红一方面军兵分两路作战，实行"两个拳头打人"的方针。5月底至6月上旬，红一方面军在乐安南部的藤田、大湖坪、善和地区进行改编，取消军一级组织机构，由军团直辖师，师以下逐级缩编，师缩编为团，团缩编为营等。在这次改编中，红三军团辖第四、第五、第六3个师，彭雪枫改任第四师政治委员，师长为张锡龙①。7月1日，红三军团根据中革军委命令正式组成东方作战军（东方军），以彭德怀为司令员，滕代远为政治委员，执行东出入闽作战任务。2日，在"筹款百万，赤化千里"、"创造百万铁红军"②等行动口号

① 张锡龙（1906—1933），四川高县人。1926年加入中国共产党。1927年9月加入南昌起义军，后到莫斯科步兵学校学习。1930年回国。历任师政治部主任、军参谋长、军长等职。参加中央苏区历次反"围剿"。1933年12月在江西黎川团村战斗中牺牲。

②《中央革命根据地史要》，江西人民出版社1985年版，第345页。

下，彭雪枫和张锡龙率红四师随东方军由广昌的头陂、横田地区出发，经新安、丹溪等地，于7月5日抵达福建宁化以西地区，开始入闽作战，“执行收复闽西沦陷的连城、新泉苏区和开辟闽北新苏区的战斗任务”①。

东方军虽系“左”倾冒险主义的产物，但红四师等部在周恩来、朱德、彭德怀、滕代远领导下英勇作战、艰苦奋斗的光辉战绩是永载史册的。7月上旬，遵照周恩来、朱德关于“首袭泉上”、后取归化的电示和彭德怀“围点打援”的部署，红五师第十五团向盘踞建宁、清流、归化（今明溪）、宁化等县要冲泉上的卢兴邦新编第二师第三〇七团发起攻击。泉上是座墙高三丈、宽两丈、周长一里多的大型土堡。战斗一开始，卢兴邦唯恐有失，急令该师旅长张兴隆率第三〇九团速从清流增援泉上。东方军闻讯后，即令张锡龙、彭雪枫率红四师赶赴距泉上十五余公里处的延祥设伏，歼击援军。延祥两面均为高山峻岭，中间是一狭长的洼地，正是打伏击的理想地方。7月9日，待援军一到，张锡龙、彭雪枫便下令严阵以待的部队攻击。红四师指战员先“从两侧山上居高临下以火力杀伤敌人”，继而“以猛虎下山之势冲入敌阵，展开白刃格斗，只一小时激战，就干净利落地全歼敌人……无一漏网。接着，红四师乘胜追击，进占清流东北的嵩溪”②。其他兄弟部队亦分别从清流西北的岭下、田背和清流西南的雾阁等地，切断清流与泉上的联系，孤立了泉上据点。

延祥伏击战胜利后，7月14日，彭雪枫与张锡龙指挥“第十团、十一团和独立七师乘胜进占了清流城”，指挥第“十二团向嵩口坪、秋口推进，牵制连城守敌”③。19日，土堡泉上被红五师第十五团胜利攻克，大获全胜，共计“缴获步枪750支，迫击炮两门，机关枪3架，驳壳枪60支，捉土豪200个，挖出现款万元，俘虏宁化新旧县长两人，营长两人，连以下官兵900余，当作战时当场击毙之敌亦有300余”④。

东方军入闽作战首战告捷，使红军声威大震，士气高昂。中革军委急于扩大战果，迭令红军进攻连城，并限时限刻由北向南进攻。彭德怀亲临前线侦察敌情，决定以朋口为突破口，在运动中消灭莒溪和连城出援之国民党军。7月28日晨，已先期进入汀州、连城县境的红四师在彭德怀和彭雪枫等指挥下，向朋口、莒溪守军第十九路军第七十八师区寿年部丁荣光第四六七团发起进攻。区寿年闻讯急调连城守军第四六六团星夜赴援。与此同时，红五师第十三团亦从宁化经连城县城南下，参加战斗。29日，红四师、红五师以优势兵力，分别向第四六七、第四六六团发动围攻，战斗只两三个小时，朋口、莒溪守军和援军全被歼灭⑤。

8月2日，东方军进占连城，区寿年仓皇东逃永安。彭雪枫等奉命率部追

---

① 李志民：《东方军的英勇作战和经验教训》，载《革命回忆录》第8辑，第6页。

② 李志民：《东方军的英勇战斗和经验教训》，载《革命回忆录》第8辑，第8、10页。

③ 李志民：《东方军的英勇战斗和经验教训》，载《革命回忆录》第8辑，第8、10页。

④《红色中华》第96期，1933年7月26日。

⑤《中央革命根据地史要》，江西人民出版社1985年版，第347页。

击，一天一夜急行军 200 余里，终在连城的姑田赶上区寿年师。红军一阵猛打猛冲，歼其两个团，区师顿时大乱，纷纷弃枪夺路逃命。红四师紧追不舍，尾其东下，又于永安小陶歼其一个团，区寿年丢盔弃甲，失魂落魄，逃至永安。区寿年第七十八师是第十九路军的主力之一，装备精良，训练有素，能征善战，然而与红军一触即溃的事实却使该军认识到，如再执迷不悟，继续追随蒋介石反共反人民，就只有自取灭亡。于是区寿年师在连城的惨败，就成为日后第十九路军放弃“仇蒋反共抗日”方针，走上“联共反蒋抗日”道路的重要因素。因此，连城战斗在彭雪枫的革命军事生涯中应占有重要地位，是具有重大政治意义的一仗。

5 日，红一方面军总政委周恩来致电东方军，盛赞东方军“能适应情况变动，在不违反整个意图下，发扬其机断专行的能力”，“把十九路军的七十八师追得溃不成军了，这开创了我们中央红军的新纪录，我们应向全体东方军的战士致热烈的敬礼！”①

8 月 13 日，中革军委电令东方军主力立即北向进攻洋口、延平（今南平）。16 日，东方军未及充分休整补充，便遵令挥师北上。彭雪枫与张锡龙率红四师由连城出发，经清流、归化，在沙县直入武夷山，冒炎热天气于 24 日抢占夏茂、高桥两镇。25 日，彭德怀、滕代远指挥东方军第四师主力渡过富屯溪，直奔洋口镇。洋口守军刘和鼎部一个团和水警队弃城逃窜，红军占领洋口。红四师部队在洋口广泛发动群众，召开几千人参加的群众大会，选举革命委员会，通过临时政纲，并提出了“要饭吃、要屋住、要工作、要自由”等符合群众切身利益的斗争口号，使群众很快投身革命斗争，四天之内，帮助红军筹款数万元，有 500 名青壮年踊跃参加了红军。

8 月 26 日，红四师主力和红五师攻占峡阳，缴获甚丰，计机枪 4 挺、火轮 3 艘、食盐 15 万斤和大批军用品，并筹款 10 万元。

27 日，东方军以红十九师和红四师第十二团进攻顺昌城。彭德怀亲临顺昌观察地形，鉴于顺昌三面临水，一面靠山，工事坚固，遂向中革军委报告，改强攻为打击援兵。此后，东方军除留红十九师继续围攻顺昌外，其主力部队则以打援为主。与此同时，东方军围攻将乐的红六师等其他部队，连日来几次攻城，均未奏效，乃对该城转为围困。此时，红五军团第十三师亦由黎川向将乐地区开进，准备参加围攻将乐城的作战。

东方军对顺昌、将乐两城由强攻改为围困之后，奉命集中主力部队翻山越岭，袭取延平城。延平城三面为大河环绕，一面紧靠高山，城高墙厚，素有“铁延平”之称。城内有国民党军第五十六师两个团，固守城防工事。因此，东方军首长决定不予强攻，实行“围城打援”战术，求歼援军于运动之中。

国民党军第五十六师师长刘和鼎因部队被红军分割包围在顺昌、将乐、延平几座孤城内，惊恐万状，以十万火急致电向第十九路军总指挥蔡廷锴求援。8 月

①《中国工农红军第三军团纪事》，国防大学出版社 1988 年版，第 143 页。

31 日，蔡命令第六十师由龙岩进至永安；命令第六十一师由泉州经大田向沙县集中待命；亲率补充师由福州沿闽江而上，水陆并进，经水口、尤溪口增援延平。

此时，中革军委为加强东方战线力量，命令红十五师入闽，担任掩护兵站运输线任务；又命令红五军团第十三师从泰宁出发，向沙县前进。

9 月 3 日，彭雪枫等奉令率红四师第十团同红五军第十三团夹击夏道谭启秀补充师先头部队，歼其一个营。夏道战斗后，谭启秀率部回师东窜，彭雪枫等又率红四师主力乘胜追击，直抵福州城北 30 公里之水口镇，使福州全城震动，惶恐不安。此战，红军缴获重机枪 3 挺、步枪 100 余支、汽车 2 辆、汽轮 8 艘、子弹 4 轮船、食盐 7 万斤。

9 月 21 日，顺昌、将乐两城守军由于长期被围，濒于断粮，以笋干充饥。刘和鼎命令部队准备突围。东方军为阻击守军向东突围，遂调红四师、红五帅（各欠一个团）集结王台附近，调红十三师主力集结高桥、夏茂地区。同时调红四师第十团增援顺昌，命红十三师派一个团秘密移至将乐城外，加强攻城力量。为防止延平守军增援顺昌和第十九路军增援延平，又命令红五师第十五团一部在延平城西门，红四师第十二团一部在水南街监视延平守军，命令该两团主力集结西芹和水南街，准备打击从夏道来援之国民党军。此时，蒋介石得知刘和鼎部准备突围，急电告刘：已集中 5 个师准备援闽。刘因此取消突围命令，要求部队死守孤城。此后，红军继续围攻顺昌、将乐两城，均未能克。由于第十九路军方面与蒋介石矛盾日益尖锐，蔡廷锴对增援延平不积极，红军求歼援军于运动中的计划亦未能实现，遂与守军形成相持局面。

正当东方军入闽迭获胜利之时，国民党以 50 万大军在蒋介石直接指挥下，乘红军兵力分散之机，对中央苏区发动了规模空前的第五次“围剿”。9 月 25 日，为隔断中央苏区与闽浙赣苏区的联系，国民党军第八纵队周浑元部 3 个师首先向中央苏区东北部重要战略基地黎川发动进攻，并于 28 日侵占了该城。此时，共产国际东方部派驻中国的军事顾问李德①，已从上海到达瑞金。他在博古的支持下，实际上掌握了军事指挥权，实施一系列错误的方针和战略战术。他震惊于黎川失守，严厉指责红军为避免无谓牺牲而主动撤离黎川是游击战法的回潮。为了重新夺回黎川，他急令远在福建的东方军回师江西，远道奔袭黎川。

在东方军入闽作战的同时，红军中央军在吉水、永丰、乐安、宜黄、新淦之间打击国民党军筑堡部队和破坏其封锁线，除在乌江地区歼国民党第八十三师第二三八旅 3 个团及师直属部队外，未能阻止国民党军构筑碉堡封锁线的活动。

9 月 29 日，东方军遵照红一方面军总部指示，令正在围攻将乐、顺昌的部队撤围，速往泰宁集结待命。彭雪枫等亦率红四师随军回师，长途跋涉，历尽艰辛。10 月 4 日，东方军分左、右两纵队如期到达泰宁地区集中完毕。5 日，东方

① 李德，又名华夫，原名奥托·布劳恩，德国人。博古在上海时得知他毕业于莫斯科伏龙芝军事学院，聘他为军事顾问。

军从泰宁向黎川以北的硝石进发，预定于 8 日攻击硝石之国民党军第二十四师，为收复黎川创造条件。东方军开进途中，在飞鸢、洵口地区与国民党北路军发生遭遇战。在洵口战斗中，红军经三天激战，全歼国民党军第六师第十八旅等部 3 个团，并俘旅长葛振山。洵口之战本是第五次反“围剿”开始后的一个意外的胜利，但中革军委主要领导人则认为洵口战斗具有普遍意义，并以此为根据，作出普遍陈兵于中央苏区北部边缘的决定，实施“御敌于国门之外”的错误方针。10 月 9 日，中革军委不顾红三军团兵力疲惫，以及黎川、南丰、南城三县要隘硝石周围驻有重兵等严重情况，即令该部向硝石进攻。待红四师等部于硝石集结后，即钻进国民党军堡垒群的纵深之中，完全失去主动，结果猛攻硝石不克，伤亡 1000 余人，且曾一度使红三军团处于四面受围被歼的境地。彭德怀敏锐地意识到这种危险情况，没有继续组织进攻，即令红四师等部，主动撤出战斗，挥师返回洵口、莲塘一线。

11 月上旬，红一方面军所属各部，在“御敌于国门之外”等“左”倾冒险主义貌似革命的口号下，先后奉命再度向驻有重兵的南丰、南城、黎川等白区堡垒要塞发起攻击，同时已令红七军团远离苏区，北进金溪活动。3 日，红七军团进攻左坊营受挫。6 日，红三军团和红一军团夺取黎川亦终未果。

在这种情况下，“左”倾冒险主义领导者竟又命令红七军团攻占抚州（今临川）附近的琅琚，袭取金溪、浒湾。浒湾守军第四师，原是张发奎部改编的广东军，战斗力很强。11 月 11 日，红七军团萧劲光部对浒湾发起攻击，在浒湾、八角亭遭国民党军第三十六师和第四师的夹击。同日午夜，彭雪枫等奉命率部于次日拂晓前赶赴增援红七军团。12 日 3 时半，彭雪枫等率红四师准时出发。一路上，他豪情满怀，热血沸腾，认为这一仗无论如何是十拿九稳的。部队到达浒湾后，发现国民党军已向八角亭退却。于是他率部跟踪追了八里，直到八角亭，待接敌进攻时，天已黄昏。八角亭是片树林，且筑有堡垒，国民党军第四师依赖堡垒顽强固守，拼命抗击。红四师几次冲锋均未奏效，致使战斗暂时沉寂下来。

当晚 12 时，彭雪枫等接到上级要他们于次日（13 日）拂晓解决战斗的命令。接到此令，大家非常兴奋，以为敌人已被包围，成了“瓮中之鳖”，“一举可下”，于是便在没有火力支援和近迫作业的情况下，仅以刺刀和手榴弹，就向国民党军发起猛烈的冲锋。冲锋中，由于个别指挥员位置不当，脱离部队而失掉掌握，致使国民党军“钻隙突入到（红四师）师指挥所附近”。当时，红四师“师部只剩下一个通讯排”，情况十分危急。彭雪枫临危不慌，当机立断，“立时带着通讯排进行反冲锋，把敌人打退了”①，“从而挽回了全战场的危局”，使得国民党军不得不在飞机掩护下，向抚州撤退，但他却在此战役中再次“光荣负伤，为党为人民流了鲜血”②。

---

① 张震：《我的良师益友彭雪枫同志》，载《红旗飘飘》第 5 集。

② 张爱萍：《彭雪枫同志永存》，《拂晓报》1945 年 2 月 5 日。

彭雪枫负伤后，立即被抬下火线，并被转往后方医院治疗。红四师政治委员由黄克诚接任。

1934 年春，彭雪枫伤愈后被调往瑞金红军大学学习，并任红大政治委员（未到职）。红军大学创办于 1933 年 10 月 17 日，校长何长工。红军大学当时设有高级指挥、上级指挥、上级参谋和上级政治四科。彭雪枫和张爱萍等人同时进校，彭雪枫在高级指挥科，张爱萍在上级指挥科。

彭雪枫是个勤于学习，善于学习和进取心极强的人。进红大，是他在戎马倥偬中十分难得的一个学习机会。因此他不仅对学习时间特别珍惜，而且能够把理论与实践紧密地结合起来，举一反三，不懈思索，总结经验教训，从而提高自己的军事素养。

瑞金红军大学旧址

1934 年 3 月，他对自己参加红军以来的战斗历程进行了全面的回顾。自二打长沙以后，他经历了中央苏区第一、第二、第三、第四次反“围剿”，参加了许多著名的战役、战斗。第一次反“围剿”，他参加了龙冈、东韶战斗；第二次反“围剿”，他参加了富田、中村、建宁战斗；第三次反“围剿”，他参加了莲塘、良村、黄陂、老营盘、高兴圩、方石岭战斗。特别 1932 年 2 月的赣州战役，历时 33 天，红军屡攻不克，他置个人生死于不顾，甘冒枪林弹雨，突入了敌人的包围圈内，救出第五团。所有这些战役、战斗，有成功的经验，也有失败的教训。尤其是第一次反“围剿”龙冈战斗胜利时，红军指战员“齐声唤，前头捉了张辉瓒”的喊声，音犹在耳，更使他兴奋不已！可是，1933 年 11 月的八角亭战斗呢？他却身负重伤，被抬下火线。这就不能不使他首先从军事理论和战术指导原则上开始思考问题了。

1934 年 3 月，他挥笔撰写了《八角亭战斗的教训》一文，发表在红军总政治部红星出版社 1934 年 3 月 31 日编印的《火线上的一年》上。这是迄今为止人们所发现的彭雪枫第一篇军事著作。他在该文中一针见血地指出：“指挥员的勇敢是冷静的细心的克服一切困难，灵活的敏捷的运用战术原则。但在那时，大家把‘机动’忘记了。”“‘呆笨’把‘机动’赶跑了！”[①] 因此，他认为：在“目前敌人

①《彭雪枫军事文选》，解放军出版社 1997 年版，第 4 页。

实行他的所谓‘堡垒主义’的条件之下，是不轻易离开他的堡垒的。一旦脱离了堡垒，在运动中被我袭击时，他第一步就是修堡垒。我们应抓紧这一时机，迅速动作，干脆解决之。须要记着，在运动中是我们消灭敌人的最好时机！”[①] 不难看出，他的这个总结虽然还尚未彻底摆脱当时王明“左”倾军事路线的影响，但在战术原则的运用上已与他们完全不同了。这就表明了彭雪枫是当时“红大学习成绩最好的学员”，因而曾经得到红大领导“有战略眼光，在军事上很有造就”[②] 的赞扬，从而标志着他在走向无产阶级军事家的道路上已经迈出了坚实的一步。

1934 年夏，彭雪枫由红大政治委员调任江西军区政治委员。当时的江西省是中央苏区的重要组成部分，战略地位重要。中革军委让彭雪枫这位年轻干部与德高望重的陈毅司令员搭班子，无疑是对彭的信任和器重。彭雪枫到军区之日，陈毅即赴西方军工作，由彭雪枫代理司令员，“一切军区后方全部工作由他独立处理，两个月左右处理得很好。”[③] 在此期间，彭雪枫除独立领导军区工作，注重军区政治思想建设，部署部队作战行动，组建军区独立团外，还支持军区政治部出版发行油印的《拂晓报》，给《红星》报撰写《这样的宣传要不得的》评论文章，并积极撰写军事学术文章，虚实结合，深入浅出地论述游击战的思想，形象深刻地指出：“游击队动作应该是绝对的集中主力（就是说不要分散），突然的冲击敌人。严密侦察，了解敌人像了解自己的五个手指一样，动作飘忽，使敌人看我们像浓云密雾一样。使敌人在昏迷不醒中经常受我们打击。”[④] “埋伏袭敌，应该是出敌意表（料）之外，突然的猛烈开火，继之以白刃冲锋，整个埋伏部队对正在运动中的敌人在首长统一讯号之下是伸手一把抓，像暴雷劈枯树样的使敌人心碎胆裂！第一步俘虏他的灵魂，然后是摆布他的肉体！”[⑤] “在袭击完毕以后，精神不能为之松懈下去，应该更加紧张、迅速的处置俘虏和胜利品。袭击不成时也同样在首长统一号令下，按照预定的集合地点和退却方向，闪电似的一溜烟，失影绝踪了！”[⑥]

很明显，彭雪枫在此文中所阐明的游击战的基本思想，同当时王明“左”倾冒险主义领导者所提倡的“短促突击”、“以堡垒对堡垒的阵地战”等错误的军事方针和战略战术是背道而驰，根本对立的。表明他在执行毛泽东军事路线上已经达到了一定的自觉的程度，在军事素养上已有较高的造诣。这就为他在即将开始的中国工农红军伟大的长征中斩关夺隘，荣立赫赫战功奠定了政治上、军事上、思想上的稳固基础。

---

①《彭雪枫军事文选》，解放军出版社 1997 年版，第 5 页。
② 邱一涵：《忆彭师长，学彭师长》，《拂晓报》1945 年 2 月 5 日。
③ 陈毅：《追忆彭雪枫同志》，《解放日报》1945 年 1 月 28 日。
④《彭雪枫军事文选》，解放军出版社 1997 年版，第 10 页。
⑤《彭雪枫军事文选》，解放军出版社 1997 年版，第 10 页。
⑥《彭雪枫军事文选》，解放军出版社 1997 年版，第 10、11 页。

第五章　万里长征到陕甘

1934年夏，中央苏区红军第五次反“围剿”在以王明为代表的消极防御错误战略方针指导下，屡战失利，形势日趋严重，军力、民力、物力消耗巨大，根据地日益缩小，红军在内线打破国民党军的“围剿”的可能性极小。湘赣苏区红军的反“围剿”作战处境亦十分困难，国民党军已深入苏区腹地，红军主力被迫转移到永新东南的牛田、津洞方圆仅数十里的狭小地区，在根据地内粉碎国民党军的“围剿”已经无望。在这种严峻形势下，红军如能及时改变战略方针，转移至外线广大无堡垒地区作战，打破国民党“围剿”的可能性还是存在的。

在苏区和红军地蹙人少的困境下，中共中央和中革军委领导人却没有及时作出转变战略方针的决断。他们仅派出红军第七军团（北上抗日先遣队）向闽浙赣边开进，以吸引国民党军，减轻中央苏区的压力，命令红军第六军团撤离湘赣苏区，到湖南中部发展游击战争，并同红军第三军取得联系；另外，仍然命令中央红军用一切力量捍卫苏区，继续同国民党军死打硬拼。结果使红军继续遭受严重的损失。9月上旬，在国民党军不断向中央苏区腹地推进的情况下，博古、李德等人惊慌失措，决定放弃在苏区内部抵御国民党军的围攻，到湘西与红三军和红六军团会合。

一、任军委作战局长

在中央红军准备撤离苏区之前，即1934年8月，彭雪枫由江西军区政治委员调至红军第六师任师长。9月，彭雪枫率红六师先后参加天虎山和长胜岭等战斗。

对于撤出中央苏区，实行战略转移（即长征）这个关系到中国共产党和中央红军的命运及前途的重大问题，中共中央和中革军委博古等人不在党与红军领导人中酝酿，甚至不经中央政治局讨论，就轻率地做出了决定。长征的准备工作是极其仓促与秘密的，连党和红军一些高层人物都不清楚，像彭雪枫这样的军级干部更是蒙在鼓里，一无所知。彭雪枫只是在同年10月9日，中革军委任命他为军委第一野战纵队第一梯队司令员兼政治委员时，才敏锐地意识到红军将有战略性的军事行动。

为便于随军行动，中共中央、中央政府、中革军委机关和直属部队编为两个野战纵队。第一野战纵队由红军总部和干部团组成，叶剑英任纵队司令员兼政治委员，下辖四个梯队。其第一梯队由军委总部第一、第二、第三局及无线电三台、电话一排、通讯队、警备连、工兵连、运输两排组成。博古、李德、周恩来、朱德等随该纵队行动。第二野战纵队由中共中央、中华苏维埃中央机关、后勤部队、卫生部队、总工会、青年团等组成，罗迈（李维汉）任司令员兼政治委员，毛泽东、张闻天、王稼祥等随该纵队行动。

10月10日晚，中共中央、中革军委率第一、第二纵队及红一、红三、红五、红八、红九军团等部共8.6万余人，从瑞金等地出发，开始长征。红军第二十四师和十多个独立团等共1.6万余人，在项英、陈毅等领导下，留在中央苏区坚持斗争。彭雪枫奉命于10日13时率第一梯队由梅坑出发，于16日到达雩都河以北地区。此时，各部红军先后到达，完成集结。此前，红军代表与陈济棠部代表通过谈判达成了五项协议：（1）就地停战，取消敌对面；（2）解除封锁，互相往来；（3）互通情报；（4）红军可以在粤北设后方医院；（5）可以互借道路，各从现在战线后退20里。这为红军突破第一道封锁线创造了有利条件。

10月17日，中央红军根据中革军委的计划，分别从十个渡口南渡贡水，准备从国民党南路军防区突围西去。根据地的人民群众聚集在道路两旁，怀着难分难舍的心情为红军送行，盼望红军早日打回来。红军指战员也怀着依依惜别的心情，告别了用血汗换来的苏区，告别了情同手足的苏区人民群众。当日，红军渡过贡水。

国民党南路军陈济棠部为配合北路军、东路军对中央苏区的进攻，在赣州以东沿桃江向南，经大埠、王母渡、新田等地修建了许多碉堡群，构成第一道封锁线，阻止中央红军进入广东。其第四师驻赣县、南康，第二师驻信丰，第一师主力位于安西，独立第二旅位于安远。

21日晚，中革军委以红一军团为左路前卫，红三军团为右路前卫，红九军团随红一军团左侧跟进，掩护左翼安全，红八军团随红三军团右侧跟进，掩护右翼安全，军委第一、第二纵队居中，红五军团担任后卫，从雩都西南的王母渡、新田之间顺利突破国民党军第一道封锁线，于25日全部渡过了桃江。这时，彭雪枫调任中革军委第一局（作战局）局长，并继续兼任军委第一梯队司令员和政治委员。协助军委主席朱德、副主席周恩来等进行军事指挥工作。在中央红军第五次反“围剿”失败后，红军进行战略转移的危难形势下，调彭雪枫任军委作战局局长的重要职务，这是中革军委对他的高度信任。从此，彭雪枫得以接近上层，了解高层决策的情况。此后，中央红军继续以甬道式的队形西进。中共中央、中革军委和中央红军八万多人，携带大量笨重物资器材沿着崎岖不平的山道行进，拥挤不堪，行动迟缓。直到11月8日，才在汝城以南之天马山至城口间通过第二道封锁线，15日在良田至宜章间通过第三道封锁线，进至临武、蓝山、嘉禾地域。这种大搬家式的战略转移和甬道式的行军队形，增加了部队的疲劳和减员，削弱了红军的机动和作战能力。

蒋介石为了围歼红军于湘江以东地区，于11月12日任命何键为“追剿军总司令”，指挥西路军和薛岳、周浑元两部共16个师17个团专事“追剿”；令粤军陈济棠[①]以有力部队进至粤、湘、桂边进行截击；令桂军白崇禧以5个师控制灌阳、兴安、全州至黄沙河一线，扼要堵截。13日，何键将“追剿军”分为五路：第一路司令刘建绪，率4个师由湘赣边向全州以北黄沙河地域集结，筑堡堵截；第二路司令薛岳，率4个师又1个支队由茶陵、衡阳进至零陵地区集结；第三路司令周浑元，率4个师由资兴、郴县向道县方向追击；第四路司令李云杰率两个师同第三路相配合，由桂阳向宁远方向追击；第五路司令李韫珩率1个师协同粤军和桂军，由郴县、桂阳向江华方向追击。

这时，各路“追剿军”虽有25个多师，但他们之间存在着复杂的矛盾，多系拥兵自保，只有湘军行动积极，而位于红军右侧和后面的将系薛岳、周浑元部行动迟缓，两广部队只在其边境防堵，并不主动进攻红军。从宜章至湘江广大地区，国民党军防御力量薄弱，又属无堡垒区域，便于红军机动作战。红军如乘薛、周两路尚未靠拢、其他各路“追剿军”正在调动之际，寻歼其一路或一部，战局必将出现有利于红军的变化。而博古等人一味退却逃跑，消极避战，丧失了在湘南歼灭国民党军的战机，使红军继续处于被动挨打的地位。

中央红军分两路继续西进，右路于11月22日袭占道县，左路于24日占领江华，随后全军在道县至江华间渡过沱水，一部兵力西出永明（今江永）。白崇禧[②]害怕红军攻取桂林，遂令其主力由全州、兴安一线南下龙虎关、恭城一带，以阻止红军西进，并防止蒋军乘机进入广西。这样，兴安、全州一线国民党军兵力比较空虚。

11月25日，中革军委决定，中央红军分四个纵队，从兴安、全州之间抢渡湘江，突破国民党军第四道封锁线。此时，何键也令其第一路两个师由东安进至全州、咸水一线；第二路一部进至零陵、黄沙河一线；第三路由宁远尾追红军；第四、第五路由宁远向东安集结。

11月27日，红军先头部队第二、第四师各一部顺利地渡过湘江，并控制了界首至脚山铺之间地域。这时，后续部队因道路狭窄，辎重过多，未及时赶到渡口。28日，国民党“追剿军”第一路由全州向脚山铺地区的红二师发起进攻，桂军主力由龙虎关、恭城一带向兴安、灌阳以北进击。接着，两路国民党军在飞机支援下，向湘江两岸红军发起全面进攻，企图夺回渡河点，围歼红军于湘江两岸。红军广大指战员不怕牺牲，浴血奋战，经新圩、古岭头、界首、脚山铺、咸水等战斗，阻住优势国民党军的进攻，掩护中共中央、中革军委和直属机关于12月1日渡过湘江，进至西延地区。红五军团第三十四师、红三军团第十八团被阻于湘江东岸，虽经英勇战斗，予国民党军以重大杀伤，但终因寡不敌众，弹尽援绝，大

① 陈济棠（1890—1954），广东防城人，粤系首领，时任国民党第一集团军总司令。
② 白崇禧（1893—1966），广西桂林人，桂系首领之一，时任国民党第四集团军副总司令。

部壮烈牺牲；其他各部也遭受重大伤亡。红军渡过湘江后，由长征开始时的8.6万余人，减至3万余人。这是以王明为代表的逃跑主义造成的严重恶果。

在湘江之战中，彭雪枫不仅要协助军委领导指挥部队作战，还要勘察地形，检查部队，了解情况。他曾在一天傍晚，冒着猛烈的炮火，到湘江西岸一个制高点协助部队指挥员进行后卫掩护战。一天深夜，他深入到一个小山村检查干部团的工作，并指示干部团四连军事教员刘清明说："你们连的这些学生，都是前方部队选调来的优秀干部，曾受过一些战斗和艰苦生活的考验。因此，既要紧密结合实际进行教学，又要认真保证战斗任务的完成。"你们应该注意："部队不管在什么情况下执行任务，都要充分掌握当时、当地的敌情、我情，了解地形和气候条件。这就是一种很实际的学习。"然后，他又询问了该连的警戒设置情况，并亲自察看了几个哨点，边走边严肃认真地说道："今晚天很黑，部队又在山地宿营，通信联络比较困难，要特别警惕！"当他发现有一个军士哨距排的位置过远时，便纠正道："距离太远了，如果这个军士哨遭到敌人的袭击，就很难得到排的支援。要记住，一定要根据时间、地点、敌情、我情设置警戒。"说罢他便纵身上马，扬鞭而去。第二天清晨，他则冒着寒风，又出现在山间羊肠小道上，同周恩来副主席一起指挥部队，并高声大喊："往前传，前面的部队速度再快一点。那边的部队暂停一下，让这边的部队通过后，你们再尾随前进！"①

湘江战役后，国民党军判断中央红军将由西延地区经绥宁、洪江、黔阳去湘西同红二、红六军团会合，于是急忙向黔阳、洪江地区转移兵力。12月2日，蒋介石将五路"追剿军"改组为两个兵团，第一兵团司令刘建绪，辖第一、第四、第五路及李觉第十九师；第二兵团司令薛岳，辖第二、第三路。同日，何键以一部兵力协同桂军尾随红军追击，令主力由黄沙河、全州一线向黔阳、洪江地区疾进，企图围歼红军于北去湘西的路上。同时，电请贵州军阀王家烈以有力部队配置在锦屏、黎平一线，阻红军西进贵州。

12月5日，中央红军在西延、龙胜山区继续艰难地西进，于11日进至通道、下乡、长安堡地区，一部占领了通道城。

这时，桂军在红军左侧后紧追不舍，第一、第二兵团则已进至城步、绥宁、靖县、洪江、黔阳、芷江等地赶筑工事，张网以待。而红军经过两个月连续紧张的行军作战，极度疲劳，战斗力大为削弱。在这种情况下，红军如按原定计划仍北出湘西，势必同五六倍于己的国民党军作战，那就有全军覆灭的危险。可是，博古等人却不顾当时的严重形势，仍坚持同红二、红六军团会合的主张。12月13日，他们命令各部队迅速脱离桂敌，西入贵州，寻求机动，以便转入北上。14日，又命令在湖南常德一带活动的红二、红六军团主力转向沅江上游之泸溪、乾城、凤凰地区活动，策应中央红军北上。在红军突破黔军防线，并于15日占

① 刘清明：《忠心耿耿，刚毅无畏》，载《忆彭雪枫同志》续集，河南人民出版社1981年版，第222、223页。

领黎平、老锦屏后，他们又命令红一、红九军团前出至柳霁地域，准备渡过清水江，然后北上同红二、红六军团会合。

12月13日，中革军委决定：军委第一、第二纵队合编为一个纵队，由刘伯承任司令员，陈云任政治委员，叶剑英任副司令员，钟伟剑任参谋长。纵队辖第一、第二、第三梯队。纵队首长兼第一梯队首长，限15日合编完毕。从此，彭雪枫不再兼任梯队司令员兼政治委员。为了充实作战部队，撤销了红八军团建制，除营以上干部外，其余人员编入红五军团。从而，精简了机关，提高了红军机动作战能力。

毛泽东鉴于国民党军在湘西预置重兵，并正向黔东北集结的严重情况，力主放弃同红二、红六军团会合的原定计划，建议中央红军继续西进，在川黔边建立新苏区。12月18日，中共中央政治局在黎平举行会议，讨论红军的战略方向问题。到会的多数同志赞同毛泽东的意见，会议作出了在川黔边建立新的根据的决定。决定指出："鉴于目前所形成之情况，政治局认为过去在湘西创立新的苏维埃根据地的决定在目前已经是不可能的，并且是不适宜的。""新的根据地应该是川黔边地区，在最初应以遵义为中心之地区，在不利的条件下应该转移至遵义西北地区。"决议号召广大指战员，"为着保证这个战略决定之执行，必须反对对于自己力量估计不足之悲观失望的失败情绪及增长着的游击主义的危险"[①]。

黎平会议肯定了毛泽东的正确意见，端正了中央红军的进军方向，使红军避免了可能覆灭的危险。从此，毛泽东的正确意见重新开始进入中共中央和中革军委的决策圈，并开始恢复毛泽东对红军的指挥。其意义是非常重大的。正如一首《忆秦娥·黎平转兵》词所写的那样："山河泣，大军强渡湘流急。湘流急，杀声盈野，怨言难抑。黎平兵转高原地，统帅重把奇谋觅。奇谋觅，纵横云贵，往来无敌。"[②]

12月20日，中央红军分两路向西北前进，连克剑河、台拱（今台江）、镇远、施秉等城，继而进占黄平、余庆地区。1935年1月1日，中共中央政治局在贵州瓮安县猴场（今草塘）召开会议，会议通过了《关于渡江后新的行动方针的决定》，重申黎平会议确定的战略方针，争取时间休整部队。2日至6日，中央红军分别从回龙场、江界河、茶山关渡过乌江天险。7日凌晨，红一军团先头部队智取遵义城。9日，彭雪枫随中共中央和中革军委进驻遵义城，并同周恩来、朱德、刘伯承、张云逸等人一起住在国民党第二十五军第二师师长柏辉章的公馆里[③]。中央红军到达黔北后分别集结于桐梓、松坎、滥板凳（今南白镇）、珠场（今珠藏）、湄潭等地区，除以部分兵力阻击国民党军外，主力进行休整，同时发动群众，扩大部队，在十多天内就有四千余人参加红军。彭雪枫自黎平会议不再担任军委第一纵队第一梯队司令员兼政治委员以来，便集中精力领导作战

---

①《红军长征·文献》（中国人民解放军历史资料丛书），解放军出版社1995年版，第181、182页。

②《难忘的故事》第6册，国际文化出版公司1996年版，第51页。

③［美］哈里森·索尔兹伯里：《长征——前所未闻的故事》，解放军出版社2001年版，第139页。

局工作，协助军委领导指导部队的行军作战。

二、四渡赤水

1935年1月15日至17日，中共中央政治局在遵义召开扩大会议。会议着重总结了第五次反“围剿”失败的经验教训，纠正了博古、李德军事指挥上的错误，重新肯定了毛泽东根据战争实践总结出来的一系列正确的战略战术。关于中央红军今后的战略发展方向，会议一致决定改变黎平会议关于在川黔边建立根据地的决定，改为北渡长江，到成都的西南或西北建立根据地。会议决定改组中共中央领导机构，增选毛泽东为政治局常委，取消博古、李德的最高军事指挥权，实际上确立了以毛泽东为核心的新的中共中央和中革军委的正确领导，在生死存亡的危急关头，挽救了红军，挽救了党，挽救了革命，并为胜利完成长征，打开中国革命的新局面奠定了基础。这是中国共产党历史上一个伟大的转折点。在遵义和遵义会议召开之前，彭雪枫作为军委作战局长，为中革军委领导人进行了军事资料准备。在遵义会议过程中，红三军团第五师在遵义城南刀靶水、乌江沿岸执行警戒任务，突然遭到国民党中央军吴奇伟部的袭击，形势十分紧迫。周恩来指示彭德怀当即离席偕彭雪枫返回三军团司令部，阻止敌军进攻。彭雪枫协助彭德怀部署和指挥作战，取得了刀靶水大捷，保卫了遵义会议的顺利进行。

1月中旬，红三军团在滥板凳地区休整期间，根据中革军委关于部队缩编的指示，进行了整编工作。军团下属的三个师，保留第四、第五师番号，将第六师缩编为独立团。红四师下辖第十、第十一、第十二团；根据彭德怀的提议，彭雪枫任红三军团红五师师长，徐策①任政治委员，下辖第十三、第十四、第十五团。

中央红军进占遵义后，蒋介石为阻止红军北渡长江与红四方面军会师，或东出湘西与红二、红六军团会师，便集中兵力向遵义地区推进，企图围歼红军于乌江西北、川黔边境地区。中央红军为摆脱国民党军的围攻，按照遵义会议制定的战略方针，决定迅速北渡长江，向川西或川西北进军。

1月19日，红三军团遵照中革军委的命令，开始从遵义地区，向土城、赤水前进。20日，中革军委在渡江作战计划中指出，红军目前的基本方针是由黔北地域，经过川南渡江后转入新的地域，以粉碎敌人新的围攻，并争取赤化四川。命令中央红军迅速转移到赤水、土城及附近地域，渡过赤水河，夺取蓝田坝、大渡口、江安之线的各渡河点，以便迅速渡过长江。如渡江不成，则暂时留在川南活动，并伺机从宜宾上游北渡金沙江。

1月21日，中央红军分左、中、右三路纵队开始向土城、赤水地区前进。

---

① 徐策（1902—1935），字在明，湖北大冶大箕铺（今属阳新）人。1926年加入中国共产党。1929年率游击队参加红军，后参加中央苏区反“围剿”和长征。历任县委书记、团政委、师政委、中共川滇黔边特委书记兼游击纵队政委。1935年7月13日在云南扎西长官司战斗中牺牲。

彭雪枫、徐策率红五师在红三军团编成内为左纵队，于当日 14 时到达何家湾、花秋坝地域宿营。根据所获情报，彭雪枫与徐策联名向中革军委首长朱德、周恩来及红一军团林彪军团长、聂荣臻政委与红三军团彭德怀军团长、杨尚昆政委报告，鉴于侯之担[①]部松坎败后，部队无首，纪律松弛等情况，“建议三军团不走温水直出东皇殿消灭该敌，如退则跟踪追击并乘机占赤水”[②]。此建议被中革军委采纳。接着，彭雪枫等率红五师随左纵队迅速脱离国民党追军，经花秋坝、放牛坪、兴隆场，于 25 日进占土城东南的回龙场、临江场等地。右纵队红一军团于 24 日攻占土城，其前锋占领赤水城东南的旺隆场、复兴场。此时，先于红军进入赤水城的川军两个旅，向红一军团前锋部队进行反扑，阻止红军北进；另一部川军两个旅尾追红军不舍，其先头已到达土城以东地区。

中革军委和毛泽东为击破川军的追堵，扫除渡江障碍，命令彭德怀、杨尚昆指挥红三军团、红五军团和干部团，于 28 日晨在土城以东对由木兰坝追来的川军约四个团以决定性打击。27 日晚，彭德怀、杨尚昆根据上述指示，向红三军团、红五军团和干部团下达了土城战斗命令。红五师主力奉命于次日晨 5 时由黑山、青杠坡（今青岗坡）向国民党军右侧突击，一部向石羔嘴以东高地突击。

1 月 28 日拂晓，红三、红五军团和干部团从南北两面向丰村坝、青杠坡川军发起进攻，随后作为预备队的红一军团第二师亦加入战斗。战斗中，彭雪枫等率红五师向川军郭勋祺[③]部第七团青杠坡阵地正面发动猛烈进攻，经三小时战斗，突破其阵地，郭部开始动摇。中午，红军各部在银盘顶、石羔嘴、屋基坝、水石坝等地与川军展开白刃格斗，攻击受阻。激战至黄昏，双方伤亡较大，战斗形成相峙局面。这时，红军发现此战川军投入兵力不是原来估计的四个团，而是三个旅约九个团，而且火力很强，士气亦比较高，遂决定撤出战斗。彭德怀、杨尚昆奉命于次日晨脱离川军，向古蔺地区前进。

1 月 29 日拂晓前，中央红军除以少数部队阻击川军外，主力分三路从猿猴场（今元厚）、土城南北西渡赤水河（一渡赤水），向古蔺、叙永地区前进。红三军团直属队和红四师及红五军团为左纵队，由彭德怀、杨尚昆指挥，在土城上游架浮桥过河，取道头场坝向太平渡前进。红三军团第五师和军委纵队第一梯队、干部团等为中央纵队，由土城下游架浮桥过河，取道角子头、三角塘及头场坝前进。红一军团等部为右纵队由猿猴场西渡赤水河。在一渡赤水中，彭雪枫派出掩护队，掩护中央纵队过河，进入川南。

中央红军西渡赤水后，川军立即以八个旅分路追截，以四个旅沿长江两岸布防；蒋军和黔军也从贵州分路向川南追击；滇军三个旅则向毕节、镇雄急进，企

---

① 侯之担，时任国民党军第二十五军军长兼教导师师长。

②《彭雪枫军事文选》，解放军出版社 1997 年版，第 19 页。

③ 郭勋祺（1885—1959），四川双流人，时任川南“剿匪”军总预备队指挥。

图截击红军。

2月6日上午，因攻打叙永城未果而撤出战斗的红一军团第二师一部行至天堂坝时，被尾追的川军一个团三面包围。行军路过此处的红三军团第五师闻听枪声，彭雪枫等立即指挥所部，主动迅速支援兄弟部队，从两翼包抄川军。激战至15时，红三军团后续部队一千多人又赶来增援，红军向川军阵地反复冲击十多次，双方互有伤亡。入夜，川军乘机转移阵地扼守待援。红军发现川军另一个团正在赴援途中，遂决定撤出战斗。7日，彭德怀、杨尚昆根据部队已很疲惫，掉队落伍者较多的情况，特向中革军委建议：目前须争取一两天休息整理，然后向扎西（今威信）转移，并在川黔滇边建立根据地。中共中央和中革军委鉴于国民党军已经加强了当面长江沿岸防御，并以优势兵力分路向红军进逼，原定在泸州、宜宾间北渡长江的计划已不可能实现，乃决定暂缓渡江，仍以川滇黔边境为发展地区，以战斗的胜利来开展局面，并争取由黔西向东的有利发展。同时命令各军团迅速脱离川军，向川滇边的扎西地区集中。

2月9日，红三军团全部到达扎西附近地区。10日，中革军委发布《关于各军团缩编的命令》，指出："为适应目前战斗的需要，并充实各连队的战斗力，以便有力地消灭敌人有生力量，便于连续作战，军委特决定实行缩编各军团的战斗单位。"[①] 据此，红三军团取消师一级组织，从师长、师政治委员到连、排长层层下放。全军团编为四个团，直属军团指挥。军团长彭德怀，政治委员杨尚昆，参谋长邓萍，政治部代主任刘少奇，原第四师所辖第十、第十一、第十二团番号不变，并将红九军团的部分人员编入这三个团，原第五师缩编为第十三团，团长彭雪枫，政治委员李干辉，参谋长李大佑，政治处主任黄春圃（即江华）；原独立团番号撤销。扎西整编后，红三军团精简了机关，充实了战斗部队，增强了部队的机动性和战斗力。

红军进入川滇边境后，蒋介石于2月2日重新调整了部署，将"追剿军"第一兵团改为第一路军，留湘西"围剿"红二、红六军团。由第二兵团和滇、黔两省军队组成第二路军，以龙云为总司令，薛岳为前敌总指挥，辖四个纵队：以吴奇伟四个师为第一纵队，周浑元部为第二纵队，滇军孙渡部四个旅为第三纵队，黔军王家烈部五个师为第四纵队，专事"追剿"中央红军。企图在川军协同下，围歼中央红军于长江以南、叙永以西、横江以东地区。

中央红军在扎西地区集结时，国民党"追剿军"第三纵队和川军分别从南北两面迫近该地区；第二纵队主力则从黔西、大定地区向古蔺、叙永追击。中革军委鉴于国民党"追剿军"等部主力大部被吸引到川滇边境，黔北地区敌人兵力空虚，决定迅速脱离川、滇两军的夹击和蒋军的追击，于2月11日起分三个纵队向赤水河以东转移：以红三军团和红一军团一部为左纵队，经扎西、双河场向摩泥前进；军委纵队及红一军团主力为中央纵队，经大河滩、石坎子向石厢子及

① 《红军长征·文献》（中国人民解放军历史资料丛书），解放军出版社1995年版，第254页。

其以东地域前进；红五、红九军团为右纵队，担任佯攻和迷惑滇军，掩护红军主力向东转移。11 日，红三军团由扎西出发，经分水岭、站底、营盘山、麻线堡，于 15 日到达回龙场。

2 月 15 日，中革军委命令各军团东渡赤水河（二渡赤水），以消灭黔军为主要作战目标，先由林滩经太平渡至顺江场地段渡过赤水河，然后分三个纵队向桐梓地区前进。红三军团为右纵队，由回龙场经铁厂到太平渡上游的顺江场地段过河，取道赤水河东岸的江场直往桐梓。红五、红九军团为中央纵队，红一军团为左纵队，分路向桐梓前进。

2 月 18 日，红三军团按照中革军委的部署，以红十三团和红十二团为前卫，由回龙场地区出发，经大村、鱼洞沟，东进到赤水河附近。黔军闻讯，急调一个团向赤水河急进，企图堵截红军东渡赤水。为争取先机，彭雪枫、李干辉奉命在红十二团的配合下抢先赶到赤水河畔的二郎滩。二郎滩是川黔两省边境赤水河左岸的一个小镇，河中水急滩险，两岸峭壁高耸。红十三团等部一面组织工兵抢搭浮桥，一面用三条小船以最快的速度运送先头营过河，背水迎战。第一批运送过河的部队很快击溃东岸守军，占领了滩头阵地。当红十三团两个营渡至右岸时，黔军一个团已临近岸边。黔军在山上向红军俯瞰射击，红军指战员迎着弹雨冲锋，黔军见状吓得慌忙逃窜。19 日拂晓，第十三团向麻坪大山黔军犹国材部发起进攻，夺占李家岗，侧击包谷顶，并分兵从大牛窝、沙井等处迂回敌后，拟前后夹击。黔军副师长魏金荣恐后路被红军掐断，率先逃离阵地，其部随即大乱，狼狈溃逃。红军奋起猛追，黔军纷纷跳崖逃命。接着，红三军团主力顺利渡过赤水河。21 日，中央红军其他部队全部渡过赤水河。红十三团等部在二郎滩的背水作战，为中央红军二渡赤水创造了条件。战后，“大军驻在回龙场休息一天。大的干部会中，毛主席作了报告，大会中军团政治部提出了三大号召，把消灭周浑元纵队、吴奇伟纵队的勇气提得更高了”①。在此地红军还砸开侯之担经营的“德谦裕”盐号，将五六十万斤食盐分给了穷人。周围几十里的群众纷纷奔向二郎滩，分到食盐后无不拍手称快。

红三军团渡河后，作为中央红军的右纵队，同左纵队的红一、红五、红九军及军委纵队，分别向桐梓西南和西北地区前进。红三军团命令彭雪枫等率红十三团为前卫，以红十一团为后卫，由临江渡、回龙场经沙秋坝、花秋坝、兴隆场向桐梓进军。进军途中，红军宣传队张贴标语、唱歌、说快板，“打倒王家烈！消灭周浑元！”的口号声响彻山谷和村寨。人民群众拥在路旁端茶、捧烟、送鸡蛋欢迎红军，有的还争相为红军带路、挑担子、抬担架，情景感人。红军前次北进留下的伤病员，在群众掩护救治下绝大部分已经痊愈，此时纷纷归队。青壮年踊跃参军，有的连队一天就吸收几十名新战士。

有一天微雨，部队在行军途中，丛林中突然出现了一个上半身披的像棉袄，

---

①《彭雪枫军事文选》，解放军出版社 1997 年版，第 25 页。文中的“大的干部会中”，原文如此。

下半身烂了裤子的汉子，拦住彭雪枫的马头跪下，递上一张状纸，开头一句是“启禀红军大人”，内容是因受某劣绅的欺压，逼其妻又索其女，新仇旧恨，请求红军伸冤。彭雪枫还未看完状纸，告状人已泪流满面。彭雪枫答应了此人的要求，并经过调查，将被告人——土豪捉来当众斗争，为人民群众伸张了正义。人民群众欢呼雀跃。

2 月 24 日，彭雪枫等率红十三团随红三军团抵达桐梓以南胡坝地区。此时，红一军团第一团攻占桐梓，桐梓守军退守娄山关。

红军二渡赤水，回师黔北，完全出于国民党军意外。川军三个旅慌忙由扎西附近向东追击，黔军匆忙抽调遵义及其附近地区的部队向娄山、桐梓增援，第一纵队的两个师也由黔西、贵阳地区驰援遵义，企图阻止并围歼红军于娄山关或遵义以北地区。

娄山关雄踞大娄山脉的最高峰，是遵义通往川南、黔北的要隘。关上茅屋两间，石碑一通，上书“娄山关”三个大字，周围群峰似剑，直插云霄。中间是一条蜿蜒曲折的公路，大有“一夫当关，万夫莫开”之势。只要占领了此关，遵义城就如囊中之物，唾手可得了，因而它成了历来兵家必争之地。

2 月 25 日，红三军团在向桐梓开进中，前卫第十三团在团长彭雪枫等率领下已向娄山关急进。途中，该团从俘供中得知，娄山关仅有柏辉章部三个团。同时，从窃听黔军的电话中得悉，黔军杜肇华旅在娄山关以南的黑神庙。彭德怀、杨尚昆闻报即将此情况向中革军委作了报告，并提出“我们拟以迅速动作歼灭此敌”的建议和具体作战部署。中革军委遂复电同意彭、杨的建议与部署，并命令第一、第三、第五军团及干部团统归彭、杨指挥，坚决消灭娄山关黔军，乘胜再取遵义城。

彭德怀、杨尚昆接到中革军委的命令后，立即部署中央红军向娄山关攻击。命令第十三团从正面向娄山关守军实施攻击，第十二团紧跟其后协助攻关；第十、第十一团迂回板桥守军，配合正面部队突击；红一军团由长岗、大银厂出发，向石炭关进攻，得手后继向黑神庙东南黔军侧后迂回，并以红五军团迟滞由桐梓方向增援之川军。

为了打好夺占娄山关这一仗，彭雪枫向全团作了简短有力的战前动员：不要忘记我们十三团过去的光荣，要发扬东方军入闽作战时猛打猛冲猛追的精神，发扬中央苏区第五次反“围剿”中高虎垴战斗的英雄气概，我们无论如何要夺取娄山关……然后，他红着眼，高高地举起拳头，挥动臂膀，猛地向下一劈，斩钉截铁地说：限今日天黑前攻下娄山关，占领点金山！广大指战员振臂高呼：“拿下娄山关，重返遵义城！”“夺取娄山关，活捉王家烈！”

红三军团第十三团在向娄山关急进时，前卫侦察连连长韦杰和手枪排战士换上国民党军官兵的服装，准备遇上黔军时，就自称是国民党军的侦察部队。团长彭雪枫紧跟在侦察连之后。26 日拂晓，部队在接近关口处跑步前进，忽见一队国民党军大摇大摆地从关口下来。侦察连迅速埋伏在公路两侧，当国民党军距伏击地五十多米时，红军突然开火，将国民党军大部击毙。侦察连乘胜追击，一鼓作气冲到娄山关口。此时，红十三团第三营已经赶到娄山关口。彭雪枫指挥该营，向占据点金山之国民党军发起猛烈进攻。该营在抢占娄山关口时遭到黔军阻击，营长陈新民身负重伤，教导员立即带领第九连从右侧迂回攻击点金山。教导员英勇牺牲。此时，在该营帮助工作的团特派员欧致富挺身而出，指挥第九连继续攻击，第七、第八连和重机枪连也以全部火力压制国民党军炮火，终于攻占了娄山关口两侧的制高点——点金山和大小尖山，占领了娄山关口。红三营指战员攻占关口后，立即沿着小路，拨开荆棘草丛前进，占领了右边的山腰阵地。该营刚作好射击准备，驻守在娄山关以南的黔军，已向娄山关口发起攻击。红三营居高临下，很快将黔军压了下去。当日 10 时，黔军以六个团的兵力，在督战队的驱使下连续向娄山关口发起反击。彭雪枫率领全团投入战斗。战斗中，彭雪枫还组织特等射手向督战队军官射击和向白军士兵喊话，双管齐下瓦解黔军。在此紧急关头，彭德怀、杨尚昆命令红十二团协助红十三团从正面向娄山关以南之国民党军实施冲击。团长谢嵩、政治委员钟赤兵立即带领部队冲入敌阵，展开激烈的白刃格斗。红十二团连续打退国民党军多次反扑。此时，红十、红十一团和红一军团主力已迂回到黔军后方，向板桥和黑神庙的守军发起攻击，使进攻娄山关的黔军乱了阵脚，军心动摇，纷纷向后溃逃。他们简直“像池中的鸭子，乱竿打下，只有拖泥带水，边飞边跑，‘仍从旧路归’了。那走投无路的，索性坐下，缴枪是最好的办法。战士们立即分出追击队、截击队、缴枪队、安慰俘虏的宣传队。黄昏以前到了板桥，俘虏们恭恭敬敬地排在马路边的坪上”①。

娄山关战斗的胜利是在国民党重兵围追堵截中取得的，是长征以来的第一个大的胜仗，也是毛泽东等指挥的遵义之役的关键一仗，这使毛泽东异常兴奋，他同军委纵队过娄山关后，于 28 日赋《忆秦娥·娄山关》词一首：“西风烈，长空雁叫霜晨月。霜晨月，马蹄声碎，喇叭声咽。雄关漫道真如铁，而今迈步从头越。从头越，苍山如海，残阳如血。”这首词气势磅礴，情感激越，热情地讴歌了红军广大指战员藐视困难，敢于斗争，敢于胜利的大无畏的英雄气概。

娄山关战斗后，红一、红三军团乘胜向遵义方向追击。2 月 26 日，红三军团在董公寺、高坪、大桥等地击溃黔军第六、第十五、第九团的拦阻。当晚，彭雪枫在电话里接受了军团参谋长邓萍要红十三团随红十一团跟进，追击黔军，再战遵义，重占该城的命令。

27 日黎明时分，彭雪枫等率部不顾连日行军作战的疲劳，紧随红十一团之后，向遵义方向猛追。一路上，黔军散兵游勇三五成群地奔逃，有的在路旁摆开烟灯，手拿烟枪，喷云吐雾地过起烟瘾来了。彭雪枫上前询问这些溃兵为啥不跑了，他们说红军跑得快，打得狠，他们实在跑不动，打不赢，不如干脆缴枪投降痛快。

途中，红十三团指战员听到前面一阵阵猛烈的枪炮声。这是张爱萍等率领

①《彭雪枫军事文集》，解放军出版社 1997 年版，第 32、33 页。

的红十一团在石字铺碰上黔军一个营，双方展开了激战。黔军边打边退，逃向遵义，后被红军全部俘虏。

遵义分新老两城，中间以一条河为界。27日下午，红十一团、红十三团配合友军，只用两三个小时，就消灭了新城守军刘鹤鸣团全部。之后，邓萍隐蔽在草丛中观察老城的地形及守军的部署，不幸中弹牺牲。邓萍是四川富顺县人，1908年出生，1926年入武汉中央军事学校，在该校加入共产主义青年团并转为中国共产党党员。1928年参加领导平江起义，历任红五军参谋长、红三军团参谋长兼红五军军长、红军学校训练部长等职。参加湘赣苏区的创建和坚持井冈山根据地的斗争，以及中央苏区历次反"围剿"和长征。作战指挥沉着果断，战斗作风英勇顽强，是红军的优秀指挥员，彭德怀的得力助手。他的牺牲是红军的重大损失。

彭雪枫得知邓萍英勇牺牲的噩耗，如雷轰顶，悲恸难忍。当邓萍的遗体抬下战场时，他含着泪水俯下身来，擦去他脸上的血迹，脱去其血迹斑斑的征衣，换上一套新装。哀悼片刻，彭德怀军团长对彭雪枫说：刚才接到探报，蒋介石派周浑元、吴奇伟两个纵队已渡乌江，明天或者后天，有可能到达遵义。所以决定今晚攻城，完成邓萍同志未竟的事业！

彭雪枫坚定地说：军团长，我们一定要为邓参谋长报仇！请把攻打遵义旧城的任务交给我们团吧！

彭德怀面对遵义城，斩钉截铁地命令道：这个任务交给你团和红十二团完成。现在各团派一个营担任主攻突击队，提前做好战斗准备，深夜拿下遵义城！彭雪枫遂敬礼称："是！"

夜幕降临后，遵义新旧两城没有灯火，寂静无声，天黑得伸手不见五指，偶尔可以听到几声断续的冷枪声。担任主攻的红十二、红十三团四个连队的指战员，怀着为邓萍参谋长报仇的满腔怒火，一个接着一个，依照白天指北针确定的方位摸向城边。站在城下的彭德怀和彭雪枫、黄克诚、张爱萍等指挥员，在一阵猛烈的枪声过后，抬头仰望，没有发现提前约定的信号弹升空，心里十分着急，不知何故？

原来，红十三团第一连连长邹方迪，先率一个突击排架云梯爬进城去，向守军扔出一排手榴弹，打得黔军措手不及，弃械向街内逃跑。突击队的指战员一个接一个地全部爬过云梯，突入城内，很快打开了南门。接着，红三军团主力部队像潮水般地涌进城里。霎时，枪声大作，黔军炮楼连续爆炸，火光冲天，喊杀声不绝于耳，守军四处奔逃。彭雪枫带领红十三团协同红十、红十一、红十二团猛烈冲杀，经三小时激战，全歼城内守军。红军重占遵义城。这时，天色黎明，经过战斗洗礼的遵义城，沐浴在一片朝霞里，显得分外巍峨。

遵义城内，男女老幼纷纷出动，夹道欢呼，不少市民敲锣打鼓，张灯结彩，燃放烟花爆竹，热烈欢迎中央红军回师遵义。彭雪枫等红军指战员走在街上，人民群众三人一伙五人一群，拿着鲜红的橘子，新煮熟的鸡蛋，还有成包的云烟硬往他们手里塞，同指战员们推来让去。墙壁上的标语写道："红军到，干人[①]笑，绅粮叫；白军到，绅粮笑，干人叫；要得干人天天笑，白军不到红军到，打倒军阀妙！妙！妙！"

红军回师黔北，夺取娄山关的战略行动，使国民党军的指挥中枢大为震惊。蒋介石急令相距最近的第一纵队第九十三、第五十九师火速从贵阳出发，渡过乌江，驰援遵义。当红军重占遵义城时，第九十三师已进入忠庄铺，一部前出到遵义城南2.5公里的洛江（枫落）桥；第五十九师已进到新站，正向忠庄铺开进，企图向遵义反扑。其部署是：以第五十九师两个团和第九十三师一个团为主攻，经桃溪寺向遵义城南之红花岗、老鸦山攻击；黔军两个团由忠庄铺向北攻击，配合第五十九师行动；第九十三师主力和第五十九师一个团位于忠庄铺为预备队。

中革军委决心乘国民党援军孤军冒进，而尾追之国民党军又被阻于娄山关以北的有利时机，集中全力求歼其于遵义以南地区。遵照军委命令，中央红军以红一、红三军团各一个团，分两路向滥板凳和鸭溪方向迎击周浑元、吴奇伟纵队。

2月28日上午，红三军团派出的红十一团前进到红花岗时，国民党军一个多团从正面扑来，企图占领红军前面的山头。红十一团第二营抢占了那个小山头后，国民党军发动多次进攻，均被打退。国民党军后续部队赶到后，又向该营左侧包抄，红十一团第一营从山后冲杀出去，才把包抄之军打垮。当红十一团面对国民党军逐渐增加到两个团时，指战员们抱定与阵地共存亡的决心，沉着应战，并依山构筑了野战防御阵地，死死地顶住国民党军的进攻。与此同时，红十团也控制了红花岗右侧的老鸦山主峰。

当天下午，国民党军把主攻方向转向坚守老鸦山主峰的红十团，攻势一次比一次猛烈。国民党军伤亡枕藉，红军也付出了重大代价。红十团团长张宗逊负伤，参谋长钟伟剑牺牲，由伍修权继任。后来，国民党军又出动飞机助阵，狂轰滥炸，战斗越加激烈。15时许，国民党军凭借优势兵力和火力攻占了老鸦山主峰，不仅居高临下威胁着红十一团的红花岗阵地，而且威胁着遵义城的安全。

在战情极端危急之时，指挥这场恶仗的彭德怀，表面上沉着冷静，有条不紊，内心却格外焦急。彭雪枫向彭德怀打电话请示：报告军团长！我代表红十三团全体指战员特意请战。

彭德怀说：我问你，你团打下娄山关后连续作战，部队已经三天两夜没有很好地吃饭和休息，现在拿下老鸦山，你们能行吗？

彭雪枫十分坚定地说：军团长，你把红十三团拿上去吧！我向你立军令状：如果红十三团与兄弟团夺不回老鸦山主峰，我彭雪枫甘当军令惩处！

彭德怀说：我根据毛泽东、朱德、周恩来的指示，命令陈赓团长和宋任穷政委率领的干部团，配合张宗逊、黄克诚带领的红十团进行反击！雪枫同志，我命令你带红十三团与红十二团从红花岗、老鸦山两侧向吴奇伟部猛烈攻击，压住敌

① 干人，贵州对穷苦的老百姓的称呼。

人的凶焰，直到最后打垮敌人！

红十三团接到命令后，指战员跑步赶到老鸦山左侧。当国民党军刚一出现，红军迫击炮营以强大的炮火向其猛烈射击，炸得他们血肉横飞，哭爹喊娘，队形一片混乱。国民党军虽然出乎意料地挨了一顿炸，但仍十分猖狂，稍加整顿便向红十三团扑来。

彭雪枫在前沿阵地见战士们一个个摩拳擦掌，怒目圆睁，等待出战，他把手中的战刀一挥，大声疾呼：同志们！准备血战，不打垮吴奇伟决不收兵！

话音一落，“轰隆！”一声巨响，一发炮弹在团指挥所附近爆炸了。弹片、土石块夹杂在一起，向周围飞溅，有的土块还落在彭雪枫身上。作战参谋见状，一把拉住彭雪枫说：团长到后边去吧！

彭雪枫坚定不移地说：当团长的怎能离开自己指挥作战的位置！话刚说完，头顶上又飞来一排刺耳的、带着呼啸声的炮弹。转眼间，弹片纷飞，火光闪烁，浓烟密布。作战参谋正要开口，一发炮弹在指挥所前面炸开。强烈的气浪将彭雪枫和作战参谋推出去十来步远。彭雪枫一骨碌从地上爬起来，顾不上拍打满身的尘土，扭身查看同志们负伤没有。

作战参谋站起来几步跨到彭雪枫面前，恳求道：团长，这里太危险，你马上下去吧？彭雪枫说：不怕！我还要带着突击部队打头阵哩！在战场上，指挥员的行动就是无声的命令。假如我在前面牺牲了，全团同志会给我报仇的。

一阵火炮急袭过之后，国民党军的机枪又发疯似的吼叫起来，子弹像雨点般地倾洒在红军的阵地上。吴奇伟指挥两个团的兵力，摆成方队，在猛烈火力掩护下，嗷嗷喊叫着，黑压压一片猛扑过来。

彭雪枫边观察情况边骂道：好家伙，来头不小呀！狗日的白军，看你们还能张狂几时？老子现在就等着收拾你们这些王八蛋！

眼看着国民党军神气活现地冲过来了，彭雪枫大吼一声“打！”紧接着，红军阵地上所有的迫击炮、轻重机枪和冲锋枪、步枪，一齐吼叫起来。疾风骤雨般的枪炮声，裹着战士们的怒吼声，赛过山呼海啸。这阵猛烈的炮火，打垮了吴奇伟部两个团的冲锋。

随着一阵嘹亮的冲锋号声，彭雪枫首先跃出战壕，手抡大刀，放声大喊：“同志们！冲呀！”指战员犹如猛虎雄狮，从战壕腾身跃出，狂喊着向国民党军杀去。国民党军狼狈地朝一座小山窜去。

彭雪枫带着第一营指战员边追边打，首先冲入国民党军阵中，并率全团官兵与吴奇伟部展开了一场惊心动魄的近战搏杀。战斗中，彭雪枫身先士卒，眼疾手快，步法灵活，刀枪并用，英勇无比。一时间，战场上枪声稀疏，刀光闪闪，喊杀声震天，杀得白军血肉横飞。红十三团愈战愈勇，犹如饿虎扑食，打得国民党军屁滚尿流，失魂落魄，仓皇败逃。

国民党军没命地溃逃到一座小山下，刚要爬上一座大山时，正好碰上从山上杀过来的红十一团，红十三团与红十一团两面夹攻，把白军团团围着，压在两山之间，他们欲进不能，欲退无路。国民党军人数虽多，但士气已丧，两个团死的死，伤的伤，活着的只好举手投降。

彭雪枫一面派第五连押解俘虏，一面命令部队赶快用缴获的枪弹补充自己，准备攻上老鸦山。接着，红十三团主力在彭雪枫的指挥下，一直冲到半山腰。这时，国民党军居高临下，火力密集，红军强攻困难极大。彭雪枫当即把全团分成六个大队，轮番向老鸦山发动佯攻，麻痹国民党军，准备待其懈怠疏忽乘机猛攻。忽然，山正面响起了一阵枪炮声，国民党军顿时慌了手脚，立刻把主要火力调集过去，拼命地朝山下轰击扫射。正面山坡上立刻腾起一片烟雾，泥沙、石块、树枝到处横飞。

彭雪枫等乘机率领红十三团冲上山去，发现国民党军唐云山部官兵陷入一片惊恐与慌乱之中。原来陈赓、宋任穷带领干部团已经冲上老鸦山头，突破国民党军核心防御，与其厮杀正酣。彭雪枫立刻指挥部队与国民党军展开近战肉搏。他一连砍倒几个国民党军官兵。这时，张宗逊、黄克诚带领的红十团也从正面攻了上来。霎时，红军在唐云山师部周围进行近战格斗，打得该部人仰马翻，尸横遍野。唐云山见老鸦山已失，带着一队人马落荒而逃。

在老鸦山战斗中，红一军团主力从水师坝地区向忠庄铺实施猛烈进攻，直插国民党军第一纵队指挥所，打乱了其指挥中枢。吴奇伟率残部经滥板凳向乌江方向逃遁，当红一军团追到乌江时，他不等部队全部过江，便下令砍断乌江浮桥铁索，把 1000 多名官兵抛在江北岸，成了红军的俘虏。

遵义之战，中央红军在五日之内，连下桐梓、娄山关、遵义，歼灭和击溃国民党军两个师又八个团，毙伤其 2400 余人，俘其约 3000 人。这是长征以来红军最大的一次胜利，是中革军委和毛泽东正确指挥的结果。这次胜利，极大地鼓舞了全军的士气，获得了武器和物资补充，严重地打击了国民党军，特别是打击了蒋介石嫡系部队的气焰。蒋介石被气得捶胸顿足，大骂部下无能，并不得不承认这是国民党军追击以来的奇耻大辱。

为夺取遵义战役的胜利，红三军团英勇作战，付出了重大代价。3 月 2 日，彭德怀在给中革军委的一份报告中说：红三军团在娄山关、遵义城和老鸦山诸役中，减员很多。现在只有一个团能维持原编制，每连也只有五六十人。其余各团，每连只能编四五个班，只有大量补充才能维持四个团的编制。彭雪枫等领导的红十三团作为军团和全军的先锋团之一，能攻善守，所向披靡，为取得战役的胜利立下了卓越的功勋，并付出了很大牺牲。

遵义战役后，红军在遵义召开了团以上干部会议，张闻天等人传达了遵义会议精神。彭雪枫参加了会议。他衷心拥护遵义会议决议，热烈欢呼毛泽东在全党全军领导地位的确立。

中央红军取得遵义之战胜利后，蒋介石焦虑不安，急忙于 3 月 2 日由武汉飞往重庆，亲自出马策划对中央红军新的围攻。3 日，蒋介石判断红军“必向东图，与萧贺联合”，命令驻川黔各军，未得许可，不得擅自进退。要求各部队采用堡垒推进和重点进攻相结合的战略，南守北攻，围歼红军于遵义、鸭溪地区。过了两天，蒋介石又认为红军的行动方向有二："甲，放弃遵义向西窜，达其原来目的。乙，先求与我周纵队决战，然后再向南对贵阳压迫。"[①]为此，他命令川军三个旅由桐梓向遵义地区进攻；上官云相部两个师由重庆向松坎、新站地区推进，支援川军作战，第二纵队三个师进到仁怀、鲁班场地区，向遵义及其西北地区取守势；第三纵队到大定、黔西地区，第四纵队一部集结于金沙、土城等地，阻止红军向西发展；第一纵队四个师位于乌江沿岸待机，策应其他纵队作战。此外，蒋介石还命令第五十三师由镇远向石阡推进，湘军三个师沿乌江东岸布防，阻止红军东进。

为了对付蒋介石新的围攻，加强作战指挥，中革军委于3月4日决定组织前敌司令部，朱德任司令员，毛泽东任政治委员。不久，又组成了毛泽东、周恩来、王稼祥三人军事指挥小组，全权指挥作战。

3月5日，中革军委决定，以红九军团在桐梓、遵义地区吸引川军向东，集中主力红一、红三、红五军团由遵义地区西进白腊坎、长干山（今长岗山），寻歼国民党军第二纵队。次日，又准备在白腊坎以西迎击第二纵队，部署红一军团由北向南打，红三军团由南向北打，但第二纵队畏歼未进。红军在遵义以西的活动，使蒋介石产生了错觉，认为贵州西北地区地瘠民贫，大军行动不仅粮米困难，柴草也不易得，红军徘徊于此绝地，乃系大方针未定的表现。命令各路"追剿军"要不顾一切寻找红军决战，叫嚷"残匪西窜是我军围歼唯一良机，如再不能剿灭，则再无革命军人之资格"[②]。

3月11日，川军三个旅进占遵义，国民党军第一纵队一部北渡乌江向鸭溪、遵义推进，第二纵队主力准备集结于鲁班场地区。据此，中共中央决定，中央红军仍以黔北为主要活动地区，控制赤水河上游，以消灭蒋、黔两军为主要作战目标。中革军委遂决定以中央红军向遵义西南地区转移，求得在运动与消灭黔军的战斗中，调动蒋军第一、第二纵队，迅速掠取与控制赤水河上游的渡河点，以利于作战。

3月13日，红三军团奉命攻打固守平桥、泮水地区的黔军犹禹九部，当即将其击溃，残部向打鼓新场（今金沙）方向逃窜。彭雪枫等奉命率红十三团与红十团追击该残部至离新场十公里的岩孔后，继续向鲁班场方向转进。14日，红军侦悉国民党军第二纵队三个师已到达鲁班场、三元洞地带，其主力位于鲁班场；第一纵队两个师15日可能到枫香坝；第四纵队可能固守岩孔、泮水、新场地域。据此，中革军委决定于15日集中主力对鲁班场第二纵队周浑元部发起进攻，以粉碎国民党军新的围攻，转变整个战局。

鲁班场位于仁怀县西南部，距县城23公里，离赤水河茅台渡口20公里。东有凉风垭，其上的摩天岭海拔1400余米，西接马鞍山，南通三元洞的途中有五六公里的槽形田坝，东北面是连接坛厂、冠英两地的丘陵地带。下场口两

---

① 引自《中国现代政治史料汇编》第2辑，第39册。

② 引自贺国光：《国民政府军事委员会委员长行营参谋团大事记》。

山相峙，形成钳形口，地势险要，易守难攻，国民党军第二纵队所属第五、第九十六、第十三师相继到达鲁班场后，驱赶老百姓伐木筑堡，挖掘战壕，构成数道障碍，以阻击红军的进攻。

中革军委对鲁班场进攻战的具体部署是：以红一、红三军团主力及干部团为右翼队，由林彪、聂荣臻指挥，取道坛厂由北向南突击鲁班场守军左侧背及左正面；以红五军团和红三军团第十、第十三团为左翼队，由董振堂、李卓然指挥；以红五军团一个营固守分水岭，主力则出分水岭由西南协同红一军团突击鲁班场守军。15 日拂晓，红军向国民党军第五师阵地正面进攻，遭到猛烈反击。10 时许，红军向国民党守军三个师的阵地发动全面进攻，均遭到对方重机枪猛烈火力的压制，屡攻不克。双方激战至 13 时，国民党军飞机在其步兵白色标志的指示下，向红军阵地狂轰滥炸，猛烈扫射，压得红军抬不起头来，伤亡不断增加。黄昏，红三军团向国民党军阵地猛攻，国民党军依靠险要阵地顽抗。红军以密集队形向国民党军实施连续突击，与其反复争夺。战至天黑，形成对峙。19 时许，三元洞方向国民党军向红军侧后迂回，黔军两个团由岩孔尾追红三军团第十、第十三团至鲁班场东南永安寺附近。红军为免遭夹击，遂撤出战斗，于 15 日夜转移到茅台、仁怀、坛厂、小河口地域。

16 日晚，红三军团遵照中革军委部署，经坛厂、两路口，袭取仁怀县城，于茅台附近渡过赤水河（三渡赤水）。中央红军其余部队也在 17 日 12 时以前渡过赤水河，向古蔺、叙永方向前进。

红军三渡赤水，重新进入川南，意在造成蒋介石的错觉，更大规模地调动国民党军。蒋介石果然错误地判断红军又要北渡长江，急忙调整部署，命令各路部队再向川南进击，企图围歼红军于古蔺地区。蒋介石声称“剿匪成功，在此一举”①，若再不能消灭红军，“何颜再立于斯世”。②

3 月 18 日，蒋介石发布在江门、叙永、赤水河镇以东及沿赤水河以西地区聚歼红军的命令。其部署为：第四纵队负责赤水河各渡口的防堵，各渡河点要星夜赶筑据点碉堡工事，并于两堡间构筑子堡，连点成线；川军一部在江门、叙永、赤水河镇线上，切实筑碉防守；第三纵队向毕节以北集结，与川军取得联络，严密联防；第二，第一纵队北移至鄢家渡、瓢儿井间，摸清红军动向后，再定行止；川军另一部向古蔺方向尾追。

正当国民党军再次扑向川南尚未形成合围之际，中革军委当机立断，决定回师东渡，以摆脱国民党军的围攻。3 月 20 日，中革军委以红一军团一个团伪装主力，由铁厂、两河口地区大张旗鼓地向古蔺前进，以吸引川、滇两军向西，掩护红军主力东渡赤水河，限令各部于 21 日夜由二郎滩地段渡过赤水河，在东岸寻求机动。

---

①《红军转战贵州——旧政权档案史料选编》，贵州人民出版社 1984 年版，第 128 页。
② 引自贺国光：《国民政府军事委员会委员长行营参谋团大事记》。

中央红军各部于3月21日晚隐蔽、迅速、有秩序地分别经二郎滩、九溪口、太平渡东渡赤水（四渡赤水）河。彭雪枫等率红十三团随红三军团经太平渡过赤水河，再次进入黔北临江场、回龙场地区。

正当红军东渡赤水，把国民党军甩在赤水河西岸时，蒋介石于3月24日自重庆飞抵贵阳。他抱着与红军一决雌雄的决心，一到贵阳就对国民党军政人员发表了一篇洋洋得意、痴人说梦般的训话，决定运用堡垒战术，督促薛岳尽量把部队向川南紧缩包围圈，迫使红军于遵义地区决一死战。

中央红军东渡赤水后，迅速从国民党军重兵集团右翼分路向南急进，26日进至遵义至仁怀大道北侧干溪、马鬃岭等地。27日，红军以红九军团由马鬃岭地区向长干山、枫香坝守军佯攻，吸引国民党军北向，主力继续南进，于28日突破鸭溪至白腊坎国民党军封锁线，进至乌江北岸的沙土、安底等地。31日，彭雪枫等率红十三团随红三军团在江口一带架设浮桥，南渡乌江。中央红军其他各部亦分别从大塘、梯子岩等处渡过乌江。国民党几十万大军被远远甩在乌江以北地区。4月2日，红军以一部兵力佯攻息烽，主力进占扎佐等地，前锋逼近贵阳。

这时，国民党军在贵阳及其周围只有第九十九师四个团。正在贵阳督战的蒋介石如大梦初醒，一面急令各纵队火速驰援贵阳，一面令守城部队死守飞机场，并准备轿子、马匹、向导，以便随时逃之夭夭。

四渡赤水之战，是中央红军在川黔滇边地区进行的一次出色的运动战。在这次作战中，毛泽东充分利用国民党军各部间的矛盾和蒋介石急于“聚歼”红军的心理，根据情况的变化，灵活地变换作战方向，指挥红军纵横驰骋于川黔滇边界地区，巧妙地穿插于国民党重兵集团之间，调动和迷惑国民党军。当发现国民党军的弱点时，立即抓住有利战机，集中兵力，歼其一部，牢牢地掌握战场的主动权，从而取得了长征中具有决定意义的胜利。这是红军战史上以少胜多、变被动为主动的光辉范例，是毛泽东军事生涯中的“得意之笔”。

在四渡赤水之战中，彭雪枫由师长改任团长，他同政委李干辉一道坚决贯彻执行遵义会议的战略方针，听从上级指挥，率领红十三团随红三军团转战川黔滇边，积极主动，机动灵活，英勇善战，逢山开路，遇水架桥，完成了许多艰难险重任务。在著名的娄山关战斗和老鸦山战斗中，抢关夺隘，顽强抗击，浴血奋战，在友邻的支援下，占领了娄山关，重占遵义城，激战老鸦山，为战斗的胜利做出了出色的贡献。

三、抢渡金沙江、大渡河

当国民党各路军正在调动，第三纵队向贵阳急进之际，中央红军主力于4月3日出其不意地改从息烽、扎佐之间东进。5日到达清水江西岸地区。接着，以少数兵力东渡清水江，向平越（今福泉）方向积极活动，同时在清水江上架设浮桥，摆出全军即将渡江的姿态。蒋介石又一次上当，判断红军将向黄平、施秉东进，同红二、红六军团会合。因此，匆忙令湘军三个师开往余庆、石阡堵截；令桂军一个军进至清水江以东的平越等地防堵；令已到达贵阳及其以北地区的第三、第一纵队和第五十三师分三路向东追击；第二纵队位于息烽以北的乌江北岸筑堡，防止红军再次北渡乌江。

中央红军乘各路国民党军匆忙调动，防堵红军东进之机，突然于4月9日分两路从贵阳、龙里间20公里地段，迅速穿越湘黔公路南进。红三军团奉命以一个团于当日从梨儿关向贵阳实施佯攻，并于贵阳以东转至城南之花种老，控制该地，以便阻止国民党军南下。红三军团主力于9日晨经高坡坝向青岩及其以东开进，并以先头团迅速占领青岩。10日，中革军委判断国民党军第三纵队三个旅和第一纵队两个师有向红军侧击的可能，遂决定脱离其追击，迅速西进，向广顺、长寨（今长顺）集结，争取先机。接着，红军以每天60公里的速度，经青岩、定番（今惠水）、紫云等地，向国民党军兵力空虚的云南急进。

4月13日，为迅速渡过北盘江，进占兴仁、安龙等地，中革军委决定以红三、红五两军团为右纵队，归彭德怀、杨尚昆指挥，其任务由白层附近渡过北盘江进占兴仁；以红十三团于14日向江龙场前进，先遭遇并相机消灭国民党军一个团之一部，以伪装红军进窥镇宁。否则，监视之，并控制猛村山南下道路。该团并应派侦察连经吴胜堡、郎洞马场（今马场）、木村（应为木城），限15日赶到并破毁铁索桥。当西岸无敌则过河往贞丰，否则沿东岸往白层归队。该团在江龙场之主力，钳制敌人至15日后由猛村山或小寨南下。在右纵队后跟进。红一军团及军委纵队为左纵队，其任务在罗炎（在贵州望谟县）附近渡过北盘江，经册亨进占安龙[①]。据此，红三军团首长命令彭雪枫等率红十三团伪装国民党军，沿途不进行政治宣传，不打土豪，先于红三军团主力，准备巧夺黔西关岭县的募役铁索桥，西渡北盘江。红十三团进行了周密的计划和认真准备。后因此计划难以实现，又改以红十一团为先遣团，改由白层西渡北盘江。

4月17日、18日，红三军团和红五军团全部从白层及其以北渡江点渡过了北盘江，实现了中革军委的原定部署。红一军团和军委纵队也在者坪地区渡过北盘江。红军主力渡江后，连克数座县城，打开了进入云南的道路。滞留在乌江北岸牵制国民党军的红九军团，也于4月4日在打鼓新场以东的老木孔地区击溃黔军5个团的进攻后，经毛坝场、瓢儿井和猫厂等地，进至黔西的水城地区，同主力南北呼应。

蒋介石为阻止红军主力经平彝（今富源）北进同红九军团会师，然后西渡金沙江或北经毕节入川，命令龙云、薛岳，以第三纵队尾追红军，川军一个师集中毕节机动；以第一、第二、第四等纵队和第五十三师经平彝向宣威、威宁推进，寻歼红军。

红军为进一步调动国民党军，以红九军团向滇东北的宣威地区发展，吸引

---

①《红军长征·文献》（中国人民解放军历史资料丛书），解放军出版社1995年版，第315—316页。

国民党追军向北；主力以神速动作向西挺进，于4月27日攻占马龙，继占寻甸、嵩明，一部进至杨林，前锋直逼昆明。这样，蒋介石围歼红军于宣威、威宁的计划又化为泡影。

这时，昆明及其周围国民党军兵力空虚，第二路军各纵队都距红军三天以上路程。于是，龙云慌了手脚，一面调集各县民团防守昆明，一面电催尚在曲靖以东的第三纵队取捷径直开昆明。这就进一步削弱滇北各地和金沙江南岸国民党军防御力量，为红军北渡金沙江提供了有利条件。

4月29日，中共中央和中革军委在给中央红军各军团的指示中指出："中央过去决定野战军转入川西，创立苏维埃根据地的根本方针，现在已有实现的可能了。""应利用目前有利时机，争取迅速渡过金沙江，转入川西消灭敌人，建立苏区根据地。"①同时，号召全军指战员以顽强的战斗意志，坚决勇敢地完成这一任务。

当日，中央红军主力分三路由寻甸、嵩明地区转向西北前进。红一军团为左纵队，经禄劝、武定、元谋直取龙街；红三军团为右纵队，经思力坝、马鹿塘夺取洪门渡；军委纵队和红五军团为中纵队，经山仓街、海龙塘、石板河进至皎平渡。

蒋介石在贵阳得悉中央红军刚抵达昆明附近又转旗西北时，判定红军真正企图是北渡金沙江，即令薛岳率各纵队跟踪追击，电令川康边防军总指挥刘文辉派兵扼守金沙江各渡口，将船只悉数拉至北岸，严加控制。他还命令空军每天在金沙江各渡口上空进行侦察。妄图将红军消灭于金沙江以南地区。

金沙江是长江的上游，上接通天河，从海拔五六千米的昆仑山南麓和横断山脉东麓奔腾而下，一泻千里，十分险要。从龙街到洪门渡口，江面宽阔，水流湍急，国民党军在对岸控制了所有的渡口，封锁了交通。

红三军团由寻甸、嵩明地区出发前，各部队进行了动员，说明抢渡金沙江、入川建立根据地的意义，并且告诫广大指战员：红军"前无去路，后有追兵"，如不迅速脱离险境，中央红军将有全军覆灭的危险。遵照中革军委命令，全军团兵分两路，每昼夜以80公里的行军速度，向金沙江疾进。

行军途中，彭雪枫还根据4月30日红军《总政治部关于渡金沙江转入川西的政治工作训令》的要求，向部队指战员进行了中央红军进入川西北地区活动，对于实现红一、红四方面军会师，壮大红军力量，打破国民党军围攻，取得更大胜利意义的教育。他说明在红军前进的道路上不仅有高山大河的阻挡，有少数民族的隔阂，更有国民党军优势兵力的堵截、侧击和尾追等自然界和人为的困难，因此要求红军要迅速、敏捷、坚决、果敢地脱离追敌，永远保持与提高旺盛的士气和战斗热忱，克服悲观失败情绪，坚决歼灭阻挡与侧击之敌；要求发扬吃大苦耐大劳的精神，克服高山大河和其他恶劣的自然条件给红军带来的困难，团结一心，并肩携手，圆满完成党中央和中革军委赋予的光荣任务。

5月2日，中革军委在《关于我军分由龙街、洪门口、皎平渡准备渡江致红

---

①《红军长征·文献》（中国人民解放军历史资料丛书），解放军出版社1995年版，第321页。

三、五军团电》中指示："我十三团应经老务营、江边渡普渡河（派工兵先行架桥），转入通马鹿塘道上，亦限四号上午赶到洪门口架桥，侦察其下游各渡河点，并与刘参谋长密切取联络，每日至少两次电话告架桥情形。"①

5月4日，红三军团奉中革军委电令由彭雪枫等率领先头团第十三团，抵达金沙江畔的洪门渡口，因只搞到一条木船，加之此处水深流急，无法架桥，大部队难以迅速过江。由于此前中央纵队先遣队干部团一部，在总参谋长刘伯承率领下，以一昼夜一百多公里的速度，赶到皎平渡口，巧渡金沙江成功。于是，中革军委电示红三军团，除留红十三团在洪门口渡过江外，其余部队溯江而上赶赴皎平渡口过江。

5月7日，红三军团全部渡过了金沙江。至9日，中央红军主力全部渡过了金沙江。此间，原在滇黔边单独执行任务的红九军团，亦渡过了金沙江。至此，中央红军终于摆脱了几十万国民党军的围追堵截，取得了战略转移中具有决定意义的胜利。红军为了庆祝自己的胜利，曾根据渡金沙江的情况，编了《一只破草鞋》的话剧，热情地歌颂红军转危为安、化险为夷的光辉胜利，辛辣地讽刺国民党军追击千里，无功而返，只缴到红军丢弃的一只破草鞋的可怜相。

这时，尾追之国民党军全部被抛在金沙江以南，会理地区只有川康边防军一个旅。中革军委决定，以红三军团和干部团围攻会理；红九军团在蒙姑、巧家之间地区活动，扼阻东岸追军；其余部队在会理地区进行短期休整。5月12日，中共中央政治局在会理县城郊外的铁厂召开扩大会议，进一步阐明了中央和军委机动作战的方针，决定红军继续北上，抢渡天险大渡河，到川西会合红四方面军，并对林彪怀疑毛泽东正确领导、反对机动作战等错误进行了严肃的批评。

遵义会议后，中央红军在以毛泽东为代表的中共中央、中革军委正确领导下，以仅三万余人的兵力，经过三个多月的连续行军作战，取得了四渡赤水河、抢渡金沙江等具有战略意义的胜利，消灭了大量国民党军，摆脱了几十万国民党军的围追堵截，粉碎了蒋介石围歼红军于川黔滇边地区的计划，为红军长征的胜利和进一步发展革命战争奠定了基础。

5月15日，中央红军为执行在川西或川西北创建根据地的计划，放弃对会理守军的围攻，沿会理至西昌大道继续北上。17日，在德昌以南击溃国民党川康边防军一个旅的阻拦，攻占德昌，歼其一部。19日，红军以一部兵力监视西昌国民党军，主力进抵礼州同红九军团会合。

这时，在红军前进的道路上，既有冕宁以北大凉山彝族聚居地区，又有天险大渡河。彝族人民，由于长期遭受封建王朝和国民党军阀欺压，经济文化落后，生活极其贫困，对汉人抱有很深的成见。大渡河水深流急，两岸均是陡峭的高

---

①《红军长征·文献》（中国人民解放军历史资料丛书），解放军出版社1995年版，第327页。

山，地势险要，易守难攻。太平天国著名将领翼王石达开[①]率领数万大军曾在这里因北渡未成而全军覆没，酿成了历史的悲剧。蒋介石企图以薛岳、刘湘等部南攻北堵，围歼红军于大渡河以南、雅砻江以东地区，声称要使毛泽东、朱德成为“石达开第二”。为此，他命令薛岳率其主力迅速北渡金沙江，向西昌追击，并以第三纵队向盐边、盐源推进，沿雅砻江西岸布防，阻止红军西进；同时，以川军第二十四军主力由泸定至富林沿大渡河筑堡，阻止红军北进，以第二十军主力及第二十一军一部向雅安、汉源地区推进，加强大渡河以北的防御力量。

5月20日，中革军委下达训令，指出：在蒋介石企图围歼红军于大渡河南岸的情况下，红军目前的战略任务，是消灭敌人，渡过大渡河，进入川西北地区，建立新的根据地。训令强调指出：“目前应以迅速北进，争取渡江先机，首先进到清溪、泸定桥、洪雅地区与川敌进行作战机动，争取赤化，为战略上基本方针。”[②]为了实现这一方针，各兵团必须以极迅速、勇猛、果敢的行动，消灭阻止红军前进的川军各部队；以最大的努力争取彝民群众，并组织彝民游击队；以急行军到大渡河边，迅速渡河，并准备渡河后与川军进行连续战斗，以开展川西局面。

当日晚，红军继续北进。接着攻占泸沽、越嶲（今越西）、冕宁，进入彝民聚居区。为了取得彝族人民的支持，红军总司令朱德发布《中国工农红军布告》，宣传红军宗旨，揭露反动派的黑暗统治，号召彝族人民团结起来，打倒军阀。红军各部普遍进行了民族政策和纪律教育，要求广大指战员尊重彝族同胞的风俗习惯，严守三大纪律八项注意，以模范行动扩大党和红军的政治影响。刘伯承根据彝族的习俗，同其沽鸡家族首领小叶丹歃血为盟，结友修好，帮助他们成立了“中国红军彝民沽鸡支队”，并争取了老伍家族中立，对受国民党利用同红军对立的罗洪家族则向其晓以利害，进行了耐心的说服教育。这些工作均收到了明显的效果，红军得以顺利地通过彝族地区，并动员了一批彝族青年参加红军。红十三团在彭雪枫等率领下随红三军团行进，以每天80公里的速度强行军，由泸沽地区经冕宁、大桥、拖乌地区，迅速通过彝族区向大渡河急进。

这时，红军总政治部根据杨尚昆的建议，下令调红十一团政治处主任王平任红十三团政治委员。王平觉得，红十三团团长彭雪枫是自己的老上级，文化知识、资历水平都比自己强，关键时刻自己不便对重大问题作最后决定。认为张爱萍去红十三团任政治委员更合适，能配合得好。总政治部接受了王平的建议，遂改任张爱萍为红十三团政治委员，王平任红十一团政治委员[③]。

---

① 石达开（1831—1863），广西贵县人。道光三十年（1850年）率四千人参加金田团营。咸丰元年（1851年），金田起义后，任左军主将。转战广西，屡建战功。后封翼王。率部转战湘、鄂、苏、皖、赣、浙等省，大败清军。天京事变中，深夜缒城出走，留京眷属全部被杀。韦昌辉伏诛后，奉召回天京辅政，又负气出走，率部转战数年兵败。同治二年（1863年），被清军围困于大渡河畔紫打地，自投清营，幻想舍命以全部属。被解送成都，受凌迟大刑，壮烈牺牲。

②《红军长征·文献》（中国人民解放军历史资料丛书），解放军出版社1995年版，第347页。

③《王平回忆录》，解放军出版社1992年版，第101页。

红军通过彝族区后，立即向大渡河急进。红三军团奉中革军委电令，从5月24日1时起，沿红五军团路线向越嶲、大树堡前进，每天行军60公里，于三天半内到达大树堡地域。抵达后，红三军团以一个团协同红五军团执行佯攻任务，日夜砍树扎筏，伪装架设浮桥，牵制对岸富林国民党守军。

5月27日，红三军团又奉命转至洗马姑、擦罗一线，并在擦罗补足五天的粮食，然后向安顺场进发。此前，红军先头部队红一军团第一团一部已于24日控制了安顺场。接着，红一团击溃左岸守军，强渡成功，并巩固了渡河点。但此处河宽、水深、流急，难以架桥，而且船只又少，全军要在几天内渡过河去是不可能的。此时尾追之国民党军已过德昌，情况十分危急。为了迅速渡过大渡河，中革军委决定分左、右两路纵队，沿大渡河两岸夹河前进，火速抢占距安顺场160公里的泸定桥。红三军团随左纵队的红一军团之后跟进。

5月29日，沿大渡河右岸前进的红一军团先头部队，攻占了泸定桥，冲进了泸定城，打通了北上道路。沿左岸北上的部队随后也赶到了泸定城。6月1日，红三军团进入甘露寺、泸定城之线，并全部过了大渡河。2日，中央红军各部队均胜利渡过大渡河，从而彻底粉碎了蒋介石迫使红军重蹈太平天国石达开部覆辙的美梦。

四、过雪山草地

中央红军占领泸定城后，继续北上。6月2日，中革军委在夺取天全、芦山的行动部署中指示："明三日雪枫率十二、十三两团经泥头、泥巴山开新庙子（原名新庙场，今名新庙，属荥经县），向清溪、荥经警戒。""一、五军团及雪枫部队沿途须收集电线，以便架桥。"[①]据此，彭雪枫遂于3日率第十、第十三团，向清溪、荥经前进。5日，中革军委在关于红军突破国民党军雅州、芦山、天全防线的部署致各军团领导人和彭雪枫等的电报中，指示："雪枫率先头两个团由现驻地经恩金坝（今恩京，属天全县），以一部夺取沙坝头，主力夺取龙衣。成功则相机袭占天全，不成则进行下游架桥。三军团主力应跟进至恩金坝。"[②]7日，彭雪枫率先头两个团与红三军团主力、红九军团渡过天全河，攻占天全。这时，薛岳部第一、第二纵队正由西昌北进，第五十三师已到冕宁，原驻天全的杨森部第二十军的一个旅已调往荥经，奉命调往芦山的邓锡侯部第二十八军尚未到达。6月8日，中革军委为了迅速实现同红四方面军会师，开展新的局面，决定乘国民党军杨森部取守势、薛岳部和邓锡侯部到达尚需时日的有利时机，快速前进，突破国民党军芦山、宝兴防线，夺取懋功，控制小金川流域。中革军委还规定红

①《红军长征·文献》（中国人民解放军历史资料丛书），解放军出版社1995年版，第364页。电文中的"十二、十三两团"同《中国工农红军第三军团纪事》中相关的"第十、十三团"记述不同，"十二"团可能系"第十"团之误。

②《红军长征·文献》（中国人民解放军历史资料丛书），解放军出版社1995年版，第369页。

三军团为北进第二梯队，归林彪、聂荣臻指挥。“三军团应以两个团先跟一军团北进，策应战斗。”①

6月8日，中央红军一举突破国民党军芦山、宝兴防线，接着继续北进至宝兴县的大跷碛。这时，海拔四千多米的夹金山挡住了红军北上的去路。红三军团在翻越雪山前，各部队备足了七天的口粮，并准备了生姜、辣椒等御寒食物，进行了政治动员，提出了明确的注意事项。6月13日，红三军团第十一、第十二团进至大马村、宝兴之线，向太平场、双河场方向警戒，掩护中央红军主力翻越夹金山。第十、第十三团则奉命准备随红一军团第一师翻越夹金山。

夹金山终年积雪，空气稀薄，没有道路，没有人烟。山区天气变幻无常，时阴时晴，时雨时雪，忽而冰雹骤降，忽而狂风大作。6月15日上午，在阵阵洪亮的进军号中，红十三团在彭雪枫、张爱萍的率领下，指战员身背干粮，手拄木棍，跟随着红一军团第一师，向夹金山麓进军。

红军指战员们沿着蜿蜒曲折的小道，一步一步向上攀登。彭雪枫见大家精神抖擞，意气风发，心中十分高兴。他用手中的木棍遥指着夹金山主峰说：同志们！我们已经突破了无数个艰难险阻，今天又要征服眼前的这座大雪山。希望大家继续发扬团结友爱精神，互相帮助，克服困难，翻过大雪山，同红四方面军胜利会师。

顿时，红十三团队伍里传出阵阵欢歌笑语，以及此起彼伏的口号声。爬到山腰，山势更加陡峭，到处被冰雪覆盖，气温骤然下降。举目四望，雪岩、雪壁星罗棋布，雪壑四处可见。太阳一照，银光闪闪，刺得人睁不开眼。彭雪枫用力擦了擦眼，感到有些胀痛。他急忙传下口令，让指战员们用毛巾等遮挡阳光，继续艰难地前进。人流缓缓，一步一捱地往山上移动。有的同志不小心摔倒，身边的人赶快把他扶起来；有的不慎掉进雪窝里，几个人下去将其救出来。彭雪枫一边向上爬，不时回头看看新上任不久的团政治委员张爱萍和其他连队上来没有。

部队越往上爬，天气越冷。彭雪枫他们脚下的路冻成一条晶莹的冰道，木棍碰上去发出“咯咯”的响声。这里山体狭窄，一边是松软的雪岩，一边是笔陡的雪壁，雪路虽经过前面兄弟部队的修整，但是走起来仍相当吃力。这时，突然狂风大作，乌云翻滚，山上的雪墙被风吹倒，一块块向下滚落，雪团翻卷，如银龙飞舞。凛冽的寒风呼啸、飞旋，把彭雪枫、张爱萍和指战员吹得难以站立。指战员本来就感到头晕目眩，两腿发软，呼吸困难，浑身发抖，这时几乎无法前进了。彭雪枫、张爱萍在关键时刻鼓动部队：我们红军是钢铁汉，能战胜千难和万险！让同志们用毛巾裹着头，手拉着手，一步一喘地咬紧牙关向上攀登。人在冰路上行走，稍不小心就会滑倒。有的跌下山谷就再也爬不上来，永远离开了朝夕相处的战友。彭雪枫、张爱萍每当看到为革命献身的战友，心里就像针扎刀绞般的难受。只要倒下去的人还有一口气，他们就动员战友们把他扶起来，用担架抬着往前进。彭雪枫对战友们说：我们红军是由一个人一个人组成的千军万马的队

①《红军长征·文献》(中国人民解放军历史资料丛书)，解放军出版社1995年版，第376页。

伍，多一个人翻过雪山，就多一份消灭敌人的力量！

快接近山顶时，天下起了鹅毛大雪。刹那间，又变成了核桃般大的冰雹，劈头盖脸地落下来。干部、战士只好把雨布披在身上，或者把饭锅、脸盆和被包顶在头上继续行进。衣服很快被淋湿了，又迅速结成了一层冰。雨水和冰雹过后，云消雾散，蔚蓝色的天空晶莹明晰，一尘不染，太阳像金轮般光芒四射，照在皑皑冰雪上，闪烁着夺目的光辉。

爬上山顶，空气更加稀薄，人们连说话都觉得上气不接下气。为了节省气力，彭雪枫向指战员们喊着："别说话，赶快下山！"往下走了一段，气温大变，薄雪地里出现了绿色，渐渐又看见了一些不知名的淡黄色野花，在山坡上迎风摇曳，气候从严冬一下子又变成了迷人的春天。三五成群的牦牛在山坡上安详地觅食野草，突然发现那么多远方来的不速之客，吓得乱跑乱叫，但过一会儿便恢复了平静。再往下走，气候又从春天变成了炎夏。

英雄的中央红军广大指战员就这样怀着必胜的信念，发扬不怕苦不怕死的革命精神，以坚韧不拔的毅力，同心同德，团结互助，克服了重重困难，战胜了风雪严寒、高山缺氧的恶劣自然条件，终于翻越了长征路上的第一座大雪山。

此前，中央红军先头部队在北进达维的途中，同红四方面军接应部队会师。消息传来，红十三团一片欢呼。彭雪枫、张爱萍等团领导人，更是欣喜若狂。他们经询问，才知是红四方面军第三十军第八十八师和第九军第二十五、第二十七师各一部在第三十军政治委员李先念与第八十八师政治委员郑维山率领下已同红一方面第一军团第二师第四团胜利会师。两军指战员相互握手、拥抱，欢呼跳跃，沉浸在无比的欢乐之中。

6 月 18 日，中共中央、中革军委和中央红军主力到达懋功地区。21 日晚，中央红军和红四方面军的部队举行联欢会，热烈庆祝两军的胜利会师。

中央红军、红四方面军胜利会师，粉碎了蒋介石各个消灭红军的狂妄计划，打击了国民党军的反动气焰，鼓舞了全党、全军和全国人民的胜利信心，壮大了红军的力量，为中国革命和革命战争的胜利发展，创造了有利条件。

中央红军和红四方面军会师时，全国抗日民主运动更加高涨。中央红军和红四方面军会师后，总兵力达十余万人。红二、红六军团在湘鄂川黔苏区和西北红军在陕北、陕甘边苏区的反"围剿"作战，都取得了一些胜利。红二十五军在鄂豫陕边区建立了一个革命根据地。长江中下游地区原来几个苏区的游击战争仍在坚持。蒋介石虽然还在竭力策划对红军新的进攻，但是由于他追堵围攻红军的数十万军队已远离中心城市，交通不便，补给困难，部队大量减员，士气日益低落，内部又不统一，其困难比过去更多了。

当时，红军所在的大、小金川流域及其周围的川西北地区，虽然地域辽阔，但属高山穷谷，人口稀少，又多系少数民族聚居区，存在着复杂的民族问题，不利于红军的生存、发展和建立根据地。因此，摆在党和红军面前的首要任务，是正确地制定两大主力红军的战略方针。

6月中旬，中共中央和中革军委领导人毛泽东、周恩来、张闻天、朱德连电红四方面军领导人张国焘、徐向前、陈昌浩提出和反复强调了两支主力红军协力北上，建立川陕根据地的方针。张国焘反对中共中央的这一方针，并提出了向川康边退却或暂时向南进攻的主张。为了消除分歧，中共中央和中革军委领导人敦促张国焘“立即赶来懋功，以便商决一切”。

6月24日，中共中央、中革军委率军委纵队和红三军团从懋功地区出发，26日抵达两河口地区。同日，中共中央政治局在两河口举行会议，讨论战略方针问题。经过讨论，会议一致同意周恩来关于目前战略方针的报告。28日，中共中央政治局作出《关于一、四方面军会合后战略方针的决定》。决定指出：“我们的战略方针是集中主力向北进攻，在运动战中大量消灭敌人，首先取得甘肃南部，以创造川陕甘苏区根据地，使中国苏维埃运动放在更巩固更广大的基础上，以争取中国西北各省以至全中国的胜利。”① 为了实现这一战略方针，在战役上必须首先集中主力消灭胡宗南军②，夺取松潘与控制松潘以北地区，使主力能够胜利地向甘南前进。决定还严肃地指出：“必须坚决反对避免战争退却逃跑以及保守偷安停止不动的倾向，这些右倾机会主义的动摇，是目前创造新苏区的斗争中的主要危险。”③

接着，中共中央又增补张国焘为中革军委副主席，徐向前、陈昌浩为中革军委委员，并制定了松潘战役计划。

两河口会议后，为执行北上方针，实行松潘战役计划，中共中央、中革军委率中央红军主力继续北进。红三军团在北进途中从6月28日至7月7日，又连续翻越了梦笔雪山、长板雪山、打鼓雪山和仓德雪山。在翻越雪山途中，彭雪枫亲切地对张爱萍说：爱萍，你的身体比我差，骑上骡子吧！说着，便叫警卫员把全团唯一的一匹骡子牵到张爱萍的面前。早在5月份红军通过大渡河后，全团只剩下彭雪枫和张爱萍的两匹骡子。不久，张爱萍的骡子在行军时又跌死了，就只有彭雪枫骑的那匹黄骡子了。当时，由于水土不服，全团有不少人泻肚子，张爱萍也泻肚子，弄得体乏腿软，行走无力。在过泡桐岗时，上下15公里，荆棘丛生，竹木遍地，张爱萍带头抡起大刀，劈山开路，差点累倒。爬雪山时，张爱萍自感呼吸困难，心跳加剧，头昏眼花。可是，他一声不吭，仍然坚持着照顾体弱的战友。彭雪枫一心想让张爱萍骑上他的骡子。张爱萍知道彭雪枫过去战斗中受过伤，现在有时还隐隐作痛，便笑着回答彭雪枫说：团长，我的身体比你好，还是你骑吧！结果，两人你推我让，谁也不肯骑，最后让给了伤病员乘骑。

红十三团在翻越仓德雪山时，只见石缝里插上木桩，木桩之间绑上绳索，绳索上铺着木板，形成了一条栈道。栈道一边是悬崖绝壁，一边是深不见底的山谷。民间流传着这样的话：“仓德山，仓德山，登山还比上天难。”指战员在晃动

---

①《红军长征·文献》（中国人民解放军历史资料丛书），解放军出版社1995年版，第537页。

② 胡宗南（1902—1962），浙江孝丰（今属安吉）人，时任国民党军第一师师长。

③《红军长征·文献》（中国人民解放军历史资料丛书），解放军出版社1995年版，第537页。

的栈道上艰难地向前移动，稍有不慎，就会粉身碎骨。走在前面的彭雪枫同身边的参谋人员议论道，过去看《西汉演义》上“明修栈道”的故事，可从来不知道栈道是什么样子，今日看到了它的险要，总算是一饱眼福。他向后边的人们大声喊道：“手扒稳，小心慢行！”指战员们小心翼翼地移动着步子，手抓木桩行进。风雪迎面吹来，发出尖利的呼啸。走着走着，他们发现栈道上的木板被国民党军抽掉了，木桩被火烧坏了。彭雪枫走上前用棍子一端往木桩上一戳，残留的木桩一下断成两截坠下山谷。指战员惊愕地望着彭团长，重重地喘着粗气，个个默不作声。不知是谁说了一句：“过不去啦，非返回去不可！”彭雪枫背靠在石壁上深思，突然发现狂风吹着一棵小树从雪坡上滚动而下。他盯着那棵树望了一会儿，兴奋地说：同志们有办法啦！我们先抓住山上的树枝攀上雪山，然后滑下雪山！彭雪枫一声令下：上！指战员们鼓足勇气，抓住树枝爬上了山顶。紧接着，全团指战员滑的滑，爬的爬，跳的跳，终于闯过了难关，向毛儿盖进军。

7 月 8 日，红三军团到达芦花（今黑水）地区。10 日，彭德怀、杨尚昆奉命率红三军团第十一团，并带工兵和炸药，协助红四方面军第三十军攻石碉楼；以第十、第十二团分别驻上下芦花警戒与筹粮，并派部队维持芦花至石碉楼、芦花至仓德的交通；第十三团主力移驻打鼓，策应攻击毛儿盖的部队并筹粮。

张国焘在两河口会议上虽表面同意中共中央的北上方针，但回到红四方面军驻地后却进行破坏党和红军团结的非组织活动。他制造谣言，诋毁中央路线，攻击中央领导人，挑拨中央红军同红四方面军的关系。在张国焘的策动下，中共川陕省委致电张国焘并转朱德，提出改组军委和红军总司令部的名单；红四方面军政委陈昌浩致电中革军委，“职意仍请国焘任军委主席”，并“给军委独断决行”的大权①。

中共中央断然拒绝由张国焘任军委主席的要求，但为了党和红军的团结，于 7 月 18 日任命张国焘为红军总政治委员。此后，张国焘才调动红四方面军北上。

接着，中共中央在芦花召开了政治局扩大会议。张国焘向政治局报告了红四方面军的情况，徐向前、陈昌浩作了补充发言。会议审查了红四方面军从鄂豫皖到川陕苏区的历史，肯定了成绩，总结了经验教训，并对张国焘的一些错误进行了批评。为了统一指挥和编制，中革军委决定以红四方面军总指挥部为红军总前敌指挥部，徐向前兼总指挥，陈昌浩兼政治委员，叶剑英为参谋长；将红一方面军第一、第三、第五、第九军团依次改为第一、第三、第五、第三十二军，第三军军长彭德怀，政治委员杨尚昆（8 月下旬由李富春继任），参谋长萧劲光，政治部主任袁国平。红四方面军之第四、第九、第三十、第三十一、第三十三军番号不变。红十三团仍由彭雪枫任团长，张爱萍任政治委员。

这时，由于张国焘的干扰，延宕了红军北上行动等原因，丧失了歼击胡宗南部和夺取松潘地区的有利时机。中共中央和中革军委决定放弃松潘战役计划，改

---

①《红军长征·文献》（中国人民解放军历史资料丛书），解放军出版社 1995 年版，第 583 页。

经草地北上。

7月下旬，中共中央由芦花到达毛儿盖。24日，彭雪枫、张爱萍奉命率红十三团主力由毛儿盖到坡罗子地区筹粮，次日到达该区，数日内筹粮六七万斤。26日，彭雪枫与张爱萍联名签发部队警戒及行动的命令。命令规定部队警戒是周围的、必须做工事设鹿砦；哨兵须绝对隐蔽，不得暴露；通讯员运粮凡离开哨线者，必须荷枪实弹并上刺刀；行动时注意侦察、搜索和观察大道两侧；外出时兵力不得小于一个排；遇警时警戒部队须坚决抵抗，可能时消灭之；绝对禁止枪打猪牛羊，违者严惩等七项内容。此篇编入《彭雪枫军事文选》时，题为《部队进至茶力革地区后警戒及行动命令》。当日晚，彭雪枫接见茶力革村少数民族代表，并与之交涉买粮问题。因久谈不妥，遂与工作团政委吕振球、总政巡视员符竹庭①商议决定：一方面继续向之宣传并妥为招待；一方面仍继续集中粮食，待行动时，按家清认数量，分别给予银钱及填写买粮证。28日，彭雪枫、张爱萍联名向彭德怀、杨尚昆和徐向前、陈昌浩、朱德、张国焘报告红十三团在茶力革地区筹粮、部队整顿和沿途道路情形。其中关于部队军事政治教育情形报告说：军事教育和操课，是对付骑兵战术的进攻刺枪和瞄准；政治教育是夺取松潘和"赤化川陕甘少数民族问题"。

8月上旬，中共中央政治局在沙窝举行会议，讨论当时的形势和任务。会议通过了《中央关于一、四方面军会合后的政治形势与任务的决议》。决议重申两河口会议关于集中主力向北进攻，创造川陕甘苏区的战略方针，并指出："创造川陕甘的苏区根据地，是放在一、四方面军前面的历史任务。这个根据地的造成，不但是红军作战的后方，而且是推动整个中国革命前进与发展的苏维埃国家的领土。"②中央要求进一步加强党的绝对领导，提高党中央在红军中的威信，维护两个方面军的团结。会议拒绝了张国焘提出红四方面军干部九人参加中共中央政治局的要求，决定增补徐向前等六人为中共中央委员和候补中央委员，陈昌浩、周纯全为政治局委员。会议决定任命陈昌浩为红军总政治部主任，周纯全为副主任；并恢复红一方面军番号，成立红一方面军总部，周恩来为司令员兼政治委员。

沙窝会议前夕，红军总部拟定了《夏洮战役计划》，规定红军"攻占阿坝，迅速北进夏河流域，突击敌包围线之右侧背，向东压迫敌人，以期于洮河流域消灭遭遇之蒋敌主力，形成在甘南广大区域发展之局势"③。计划还规定红军分左右两路，以第五、第九、第三十一、第三十二、第三十三军为左路军，由红军总司令朱德、总政委张国焘率领经阿坝北进；以第一、第三、第四、第三十军为右路军，由前敌总指挥徐向前、政委陈昌浩率领经班佑北上，中共中央随该路军行动。

---

① 符竹庭（1913—1943），江西广昌人。1927年参加革命，1928年加入中国共产党，并参加红军。参加中央苏区反"围剿"和长征。历任团政委、旅政委和滨海军区政委等职。1943年11月在江苏赣榆旦头战斗中负重伤，不久牺牲。

②《红军长征·文献》（中国人民解放军历史资料丛书），解放军出版社1995年版，第609页。

③《红军长征·文献》（中国人民解放军历史资料丛书），解放军出版社1995年版，第604页。

红三军遵照红一方面军的指示，在部队中进行了深入的政治动员，使广大指战员深刻了解了北上过草地的重大意义，认真做好过草地的准备工作。同时，组织部队收割麦子，每人至少带 15 天干粮，并找皮毛做两双鞋，准备一副包脚布和一件羊皮或皮衣。

8 月 23 日，红三军随右路军红一军和军委纵队之后，以第十三、第十二、第十一、第十团梯次东出毛儿盖，开始过草地。

部队北行 20 公里，便进入一望无际的草地。草地一片茫茫，阴森迷蒙，雾气缭绕。水草中沟渠交错，没有道路，没有人烟，没有人们可食的东西。脚下是长年累月腐草结成的泥沼，十分松软，走在上面，稍有不慎，就会陷入泥潭，不可自拔，甚至陷入没顶之灾。草地中的水呈黑色，含毒素甚多，人马不能饮用，误饮此水就会肚子发胀，甚而致命。脚划破了，被这种水一泡，就要红肿溃烂。

一天，红一方面军政治部组织部部长冯文彬策马经过红十三团，团政治委员张爱萍见冯带有一小袋牛羊肉干，大喜。是日晚，风清月朗，张爱萍与冯文彬遂邀团长彭雪枫、团总支书记胡耀邦在草地上赏月联诗。四人面对现实，畅想未来，诗兴勃发，于是张爱萍、胡耀邦、彭雪枫、冯文彬各出一句，诗云：

牛羊肉干邀明月，
水乡泽国没酒喝。
该请老乡杜康来，
打倒老蒋醉弥陀。[①]

从这件小事中人们不难看出，在艰难困苦的情况下，彭雪枫等人昂扬的革命斗志和高度的革命乐观主义精神。

草地里的气候就像小孩子的脸，说变就变。一会儿浓雾蒙蒙，天昏地暗；一会儿乌云密布，狂风四起，大雨滂沱；一会儿气温骤降，飞雪夹着冰雹，劈头盖脸而至；一会儿天高云淡，阳光灿烂，温暖如春。

彭雪枫、张爱萍率红十三团指战员在草地中艰苦跋涉，忽然听到“救人呀！救人呀！”的喊声，急忙转身，发现两个患病的战士陷入泥潭不能自拔，另外两名战士上前救助，也陷进泥沼无法脱身。他们吃力地走上前去，让战士们解下绑腿带，连接成四条长布带扔给被困的战士，然后用力把被困者拉了出来。

进入草原的第四天，红十三团在草地中艰难地走了二十多公里，指战员已经疲惫不堪。黄昏时，部队又遭到一阵暴风雨的袭击，不得不在一块地势稍高一点的地方露营了。红军指战员用青草和木棍垫在地上，身披油布、毯子、兽皮，相互背靠背坐着睡觉。彭雪枫发现有些伤病员穿着破衣烂衫，冻得浑身发抖，便把自己的毯子送给一位重伤员。深夜，天公好像故意与红军作对，又下起了倾盆大

① 见《铁军》2003 年第 1 期《神剑张爱萍》一文。诗中的“弥陀”，为“阿弥陀佛”的简称，也称弥陀佛。

雨，衣物尽湿，人们无法入睡。彭雪枫瑟缩着身子站起来，肚子咕咕直叫，两腿又酸又软，来回走了几步，便让指战员把木棍集中起来，生火取暖，烘烤衣服。

霎时，一堆堆篝火点燃起来。彭雪枫、张爱萍和战士们围着火堆，烤衣话旧，述说胜利，展望美好前程，情意殷殷，度过了一个难忘的长夜。

过草地的第五天，红十三团指战员的干粮吃完了，途中又遇风雨，饥寒交迫，连树皮和皮带都煮吃了。此时，指战员面色蜡黄，衣衫褴褛，行走十分艰难。

傍晚，部队在草地宿营。彭雪枫、张爱萍眼见不少指战员因饥寒倒在地上，心急火燎，焦虑万分。正在着急无奈之时，彭德怀军长派人送来了一百多斤骡子肉。彭雪枫询问来人这肉是从何处买来的，回说是彭军长发现后卫部队连野菜都吃不上，伤病员剧增，所以他命令副官杀掉了军部仅有的六头牲口，把肉分给后面的部队。彭雪枫十分感动，当即对大家说：同志们，彭军长杀掉了他骑的那匹黑骡子，派人送肉慰劳我们来了！现在团里把肉分给大家，一个连队一块，和野菜一起煮成汤，先吃上一顿，明天再设法筹粮。经过五六日的艰难行军，彭雪枫率红十三团随红三军主力终于 8 月底走出了草地。由于饥饿和自然环境的极端恶劣，许多优秀的干部、战士牺牲了年轻宝贵的生命，为中国人民的解放事业做出了可贵的贡献。

五、随红一方面军主力到达陕甘

红军右路军过草地后，取得了包座战斗的胜利，歼灭了包座国民党守军和援军第四十九师大部，打开了通向甘南的门户。此时，甘南的文县、武都、西固（今舟曲）、岷县广大地区国民党兵力不多，堡垒封锁线尚未筑成。从包座到西固、岷县，只有五六日行程，而且交通便利，粮秣充足，迭部县洛大以东又系汉族居住区，群众条件好。这是红军北上甘南的有利时机。

9 月 1 日，毛泽东、徐向前、陈昌浩联名致电朱德、张国焘建议左路军迅速东进，同右路军靠拢。拥兵自重的张国焘再次提出与中共中央北上方针相悖的南下方针，强令已东进至墨洼的左路军先头部队返回阿坝；继而又命令尚在松岗、党坝、卓克基等地的左路军停止北上；电令右路军也停止北上，准备南下。9 日，张国焘甚至背着中央，电令陈昌浩等率领右路军南下，企图分裂党和红军，危害中央。前敌总指挥部参谋长叶剑英，机智地将这一情况报告了毛泽东。毛泽东和张闻天、博古、周恩来、王稼祥等人召开紧急会议，决定迅速脱离险境，率红一、红三军单独先行北上。

这时，红一军已到达甘肃省迭部县的俄界（高吉村）地区，巴西、阿西地区只有红三军和中共中央机关。毛泽东要红三军派一支部队掩护中共中央北上，彭德怀立即派杨勇率红十团担负这一任务。接着，彭德怀连夜赶到红十三团团部，向彭雪枫、张爱萍传达中共中央的意图，并令该团立即在巴西河岸布防，掩护中共中央安全北上。9 月 11 日，红十三团在完成掩护任务后随红三军和军委纵队到达俄界。中共中央亦抵达俄界。

9月12日，张国焘致电红一、红三军领导人，企图煽动他们背叛中共中央，破坏北上方针。林彪、聂荣臻和彭德怀、李富春均及时向中央作了报告，张的阴谋未能得逞。同日，中共中央政治局为了揭露张国焘分裂党和红军的错误，在俄界召开了扩大会议。毛泽东在会上作了关于同张国焘的争论及今后战略方针的报告。会议一致同意中央所采取的步骤和今后继续北上的方针，并通过了《关于张国焘同志的错误的决定》。

会议还决定将红一军、红三军、军委纵队编为中国工农红军陕甘支队，彭德怀为司令员、毛泽东为政治委员，林彪为副司令员，叶剑英任参谋长，王稼祥任政治部主任，杨尚昆任副主任。

9月13日，中共中央率领陕甘支队由俄界地区继续北进。16日，彭雪枫和政治委员李富春率第二纵队，遵照毛泽东9月15日致彭德怀电报中“二纵队全部及军委纵队应于明拂晓前开始出发，全部到达黑拉附近宿营，以便后日到哈麻，莫牙不须留任何队伍”[①]的电令，到达黑拉地区。17日，红一方面军先头第四团，经过激烈战斗，夺占天险腊子口。同日，彭雪枫、李富春率第二纵队遵照毛泽东等当天的电令，到达刀扎里、腊子口、黑朵寺、康朵里等地。18日，红一方面军主力乘胜占领哈达铺。同日，毛泽东关于后续部队行动部署及严整纪律问题致电彭德怀及彭雪枫、李富春，指出：“明（十九）日你们全部开来此间。中央纵队一科、二科驻鹿原里，二纵队驻漩窝、大草滩。三纵队驻红土坡。”“部队严整纪律，没收限于地主及反动派，违者严处。”“缴获手提迫击炮三门、炮弹百余发，尚在大拉。请动员战士带来，可抛弃粮食拿炮弹。”[②]据此，彭雪枫、李富春对部队作了传达教育，认真执行了毛泽东的指示，并率部于19日进至漩窝、大草滩等地。20日，陕甘支队全部到达哈达铺休整。

红一方面军主力在哈达铺，按照中共中央俄界会议的决定，正式改称中国工农红军陕甘支队，下辖三个纵队：第一军改称第一纵队，林彪兼任司令员，聂荣臻任政治委员；第三军改称第二纵队，彭德怀兼司令员，10月彭雪枫任司令员，李富春任政治委员；军委纵队改称第三纵队，叶剑英任司令员，邓发任政治委员。第二纵队下辖四个大队：第十大队（原第十团），大队长黄珍[③]，政治委员杨勇；第十一大队（原第十一团）大队长邓国清，政治委员王平；第十二大队（原第十二团）大队长谢嵩，政治委员苏振华；第十三大队（原第十三团）大队长陈赓，政治委员张爱萍。哈达铺整编后，第十三大队归第一纵队指挥。红三军改称陕甘支队第二纵队，实际把红三军团这支具有坚强战斗力和光荣传统的部队交给了彭雪枫等人指挥，这充分说明了中共中央对彭雪枫的信任及器重。

---

①《红军长征·文献》（中国人民解放军历史资料丛书），解放军出版社1995年版，第693页。

②《红军长征·文献》（中国人民解放军历史资料丛书），解放军出版社1995年版，第698页。

③ 黄珍，湖北阳新人。中国共产党党员。1930年参加红军。参加中央苏区反“围剿”和长征。历任营长、团长等职。1935年10月在陕西保安吴起镇（今吴旗）战斗中牺牲。

9月22日，陕甘支队从哈达铺出发，继续北上，23日以一部兵力东进闾井镇，仰攻天水，调动国民党军向天水集中，主力乘机北进，以一天60公里的速度急进，在鸳鸯镇和山丹镇之间北渡渭河，于27日占领榜罗镇、通渭城，顺利通过国民党军渭河封锁线。在榜罗镇，中共中央政治局召开常委会，根据陕北尚有相当大的根据地和一支人数众多的红军等情况，决定率陕甘支队到陕北去，同当地红军一起，巩固与扩大陕甘苏区。

9月29日，陕甘支队由榜罗镇出发，向北进军，当日，攻占通渭城。10月2日，陕甘支队分左、中、右三路继续北上，向会宁、静宁之间的西兰公路封锁线前进。彭雪枫、李富春率左路第二纵队于3日到达清江驿宿营，彭雪枫与政治委员李富春、副司令员刘亚楼联名向彭德怀、毛泽东和林彪、聂荣臻报告会宁、静宁两城国民党守军情况等（此报告收入《彭雪枫军事文选》时，题目为《会宁地区敌情报告》）。至5日，陕甘支队顺利通过西兰封锁线。当日，陕甘支队将左、中、右三路改为左、右两路从界石铺出发经将台堡，于6日到达马连川地区。

10月7日起，彭雪枫、李富春遵照毛泽东“明日须以急行军通过镇原、固原大道”[①]，并注意向镇原、固原前进之敌三十五师部队动向的指示，与三纵队一起，开始翻越六盘山，通过回民区，穿过国民党军平（凉）固（原）封锁线。11日，彭雪枫、李富春根据毛泽东、彭德怀当日关于“我军明十二日拟分两路经环县西北地区，向毛曲镇、天水甫（似为甜水堡）转进。二、三纵应由现地调查经张家大庄、毛家川前进路线”[②]的命令，率部绕过环县城，向洪德城地域前进。10月19日，中共中央和陕甘支队到达陕甘苏区的吴起镇（今吴旗县城）。这时，国民党骑兵3个团追了上来，主力逼近吴起镇，其中一个团向吴起镇北面迂回。为了不让这部国民党军跟进苏区，陕甘支队于21日晨在塬上设伏，并以彭雪枫等指挥第二纵队在左翼，林彪等指挥第一纵队在右翼，向吴起镇西北之国民党军骑兵团进攻。经数小时激战，将其击溃。接着，又将另两个团击溃。此战，共击溃国民党军3个骑兵团，俘其约700人，缴获战马1000匹，迫使国民党“进剿”部队停止了追击。

吴起镇战斗，是彭德怀指挥红军在长征刚结束时打的一仗。战斗结束后，毛泽东题诗一首赞扬彭德怀及参战红军：“山高路远坑深，大军纵横驰奔，谁敢横刀立马，唯我彭大将军。”彭德怀把最后一句诗改为“唯我英勇红军”，将原诗稿奉还毛泽东。

至此，红一方面军主力在中国共产党的坚强领导和人民群众的大力支援下，胜利地完成了战略转移的历史任务。在一年的时间内，纵横福建、江西、湖南、广东、广西、贵州、云南、四川、西康、甘肃、陕西11个省，行程二万五千里，克服了恶劣自然环境带来的困难，战胜了张国焘的右倾分裂主义，粉碎了国民党

---

①《红军长征·文献》（中国人民解放军历史资料丛书），解放军出版社1995年版，第718页。

②《红军长征·文献》（中国人民解放军历史资料丛书），解放军出版社1995年版，第719页。

几十万大军的围追堵截，在人类的历史上建立了不朽的丰碑。彭雪枫参加了长征的全过程，一路上，率部攻城略地，抢险飞渡，爬雪山，过草地，克服了数不尽的艰难险阻，胜利完成了上级交给的各项艰难险重任务，为中国革命的胜利做出了重要贡献。

10 月 22 日，中共中央政治局在吴起镇召开扩大会议，毛泽东作了关于目前行动方针的报告。会议指出，党中央和陕甘支队已经完成长途行军，开始了新的有后方的运动战。会议决定：党和红军今后的战略任务是，建立西北的苏区，领导全国大革命。陕西、甘肃、山西三省是红军发展的主要区域。从此，中共中央领导红军开始了实现新的战略任务的伟大斗争。

六、参加直罗镇和东征战役

长征结束后，陕甘支队在吴起镇进行了短期休整，10 月底经保安东进，于 11 月初到达甘泉地区同红十五军团会师。11 月 3 日，中华苏维埃共和国中央政府决定成立中国工农红军西北革命军事委员会①，毛泽东任主席，周恩来、彭德怀为副主席。同日，西北革命军事委员会发布命令：宣布恢复红一方面军番号，下辖第一、第十五军团。任命彭德怀为第一方面军司令员，毛泽东为政治委员；林彪为第一军团长，聂荣臻为政治委员；徐海东为第十五军团长，程子华为政治委员。方面军共五个师又四个团，一万多人。红军改编后，彭雪枫由陕甘支队第二纵队司令员改任红一军团第四师政治委员，陈光任师长，陈士榘任参谋长，舒同任政治部主任，下辖第十、第十一、第十二团，部队整装待发，士气旺盛。

红一方面军主力虽然到了陕北，有了根据地，但物资供给仍然十分困难。时令已到冬季，部队不少指战员还缺衣少穿。彭雪枫当时的全部家当，只不过一床薄薄的粗布被子，一条用旧布补了又补的灰色毛毯，一套灰色单军衣和一件衬衫。为了准备打仗，减轻陕北人民的负担，彭雪枫率先“月下打草鞋”，带头克服困难，以致成为红四师干部战士津津乐道的佳话。

一天晚上，天空降起了雪。次日清晨，部队照常出操。彭雪枫穿着自己前两天在月光下打成的一双带缨的新草鞋，提前来到操场上。不少战士一眼看到政委脚上穿的那双新草鞋，不禁好奇地投去一缕羡慕的目光。收操时，部队听彭政委讲话。彭雪枫满怀激情地对指战员们说：我们这支共产党直接领导的队伍，敢于和敌人斗，敢于和雪山草地斗，什么困难都不怕，我们都胜利地走过来了！难道今天这点雪就能吓倒我们吗？难道今天暂时的物质困难就不能克服吗？他铿锵有力的话语，打动了指战员们的心弦。在他的模范行动影响下，全师立即掀起了一个打草鞋的热潮。不到一个星期，部队没有鞋穿的困难便迎刃而解了。彭雪枫不仅带领部队节衣缩食，过着十分简朴的生活，而且还经常和驻地人民群众打成一片，帮助群众

---

① 西北革命军事委员会，当时在中共中央的直接领导下，行使中革军委职权，是实际上的中革军委。

1935年10月，红一方面军长征胜利到达陕甘苏区后，彭雪枫和彭德怀（左二）、徐海东（左一）、郭述申（左四）在一起

干农活，发展生产，战胜经济困难。他的模范事迹常为当地群众传诵。

中共中央到达陕北，两支红军胜利会师，对国民党是一个巨大威胁，陕甘苏区成了革命的中心，也成了国民党军“围剿”的重点。国民党“西北剿总”决定重新调整部署，以五个师首先构成沿葫芦河的东西封锁线，并打通洛川、鄜县（今富县）与延安之间的联系，构成沿洛水的南北封锁线，尔后采取南进北堵，逐步向北压缩的方针，将红军消灭于洛水以西、葫芦河以北地区。10月28日，西线之国民党军第五十七军四个师由庆阳、合水经太白镇沿葫芦河东进，于11月1日占领太白镇，南线之第六十七军第一一七师由洛川北进鄜县。

据此，红一方面军首长决定，首先集中兵力歼灭沿葫芦河东进的国民党军一至两个师，再视情况转移兵力，各个歼灭，以打破国民党军的“围剿”，并向南部和东部发展。11月4日，彭雪枫、陈光奉命率第四师到达下寺湾、王家坪地区。6日和7日，红一军团由甘泉以西定边集、下寺湾，先后进抵鄜县西北的秋林子和甘泉西南的老人仓地区；红十五军团攻占了直罗镇以东的张村驿、东村等据点，并以一部兵力加紧围攻甘泉，以调动国民党军东进。

11月19日，在毛泽东、彭德怀、周恩来的率领下，彭雪枫、陈光和其他部队团以上干部齐集张村驿，再策马赶往直罗镇。采取这种将各级参战指挥员集中在一起，先看地形再确定具体战斗部署的方式，在红军战史上是罕见的。彭雪枫随毛泽东等人下马后，首先登上直罗镇西南的一座高山。居高临下俯瞰，直罗镇尽收眼底。这是一个不过百十来户的山村小镇，位于葫芦河南岸，南北群山连绵，中间是一条狭长的谷地。镇的东头，有座古老的小寨，里面房屋虽已坍塌，但石砌的寨墙却大部保存完好。经过认真细致地勘察，大家认为，这是有利于红军作战，不便于国民党军展开的良好战场，确定了求歼国民党军于直罗镇的具体方案。

11月20日下午，国民党军第一〇九师在红军警戒部队的节节抗击下被诱入直罗镇。国民党军占领此镇后，一面向上级报捷，邀功请赏，一面杀鸡宰羊，大吃大喝。红军乘其立足未稳，于当日晚将其包围。

21日拂晓，红一军团由北向南，红十五军团由南向北，对被围的第一〇九师展开猛攻。彭雪枫、陈光奉命指挥红四师两个团和红一师一个团攻击国民党军第六二六团，以另一个团直插黑水寺，堵截国民党军退路，并阻击援军。国民党军从睡梦中惊醒，十分慌乱，左冲右突，均不得脱。激战至10时许，红四师主力和红一师一部已将守军第六二六团大部歼灭，并击溃第六二五团两个营。战至下午二时，红军将第一〇九师大部歼灭。此时，东西两路国民党援军迫近。红军遂以少数兵力继续围歼第一〇九师残部，并阻击由鄜县西援之第一一七师，集中主力向西迎击由黑水寺向直罗镇增援之第五十七军的主力两个师。第五十七军见势不妙，惧怕被歼，于23日下午沿葫芦河西撤，红军跟踪追击，歼其一个团，其余仓皇退回太白镇。第一一七师见友军主力后撤，亦急忙逃回鄜县。第一〇九师见待援无望，收拾残部500余人，于23日晚向东突围被全歼。此役，红军共歼国民党军一个师又一个团，缴枪3500支。

直罗镇战役的胜利，打破了国民党对陕甘苏区的第三次“围剿”，巩固了陕甘根据地，有力地配合了全国红军的行动，为中共中央把全国革命的大本营放在西北，举行了奠基礼。

直罗镇战役后，全国形势正在发生急剧变化。日本帝国主义为独占中国，日益扩大对中国的侵略。国民党政府继续推行卖国内战政策，先后同日本帝国主义签订了丧权辱国的“秦土协定”[①]、“何梅协定”[②]，把河北、察哈尔两省的大部分主权拱手送给日本帝国主义。日本帝国主义在国民党政府的妥协退让面前，更加咄咄逼人，得寸进尺。他们大肆收买汉奸，发动“华北五省自治运动”，企图使河北、山东、山西、察哈尔、绥远五省脱离中国管辖，而实行由它控制的所谓“独立”。国民党政府屈从日本帝国主义的压力，答应成立“冀察政务委员会”，实际上承认了河北、察哈尔两省变相的“自治”。

在这种情况下，中国共产党及其领导人，继《八一宣言》之后，又发表了《为日本帝国并吞华北及蒋介石出卖中国宣言》和《抗日救国宣言》，号召全国人民，在亡国灭种的面前动员起来，反对日本帝国主义侵略和蒋介石的卖国政策。重申苏维埃共和国中央政府和中国工农红军愿与一切抗日反蒋的政治派别、武装队伍、社会团体订立抗日作战协定，组织抗日联军和国防政府，实行抗日救国十大纲领。中国共产党的这些正确主张和中央红军长征的胜利，进一步推动了全国

---

① 1935年6月27日，国民党政府委派察哈尔民政厅长秦德纯与日方代表土肥原签订的协定。规定撤退察哈尔省境内的国民党党部和国民党军队，解散抗日团体，撤销省主席宋哲元的职务，成立察东非武装区等。

② 1935年6月初，国民党政府北平分会代理委员长何应钦与日本华北驻屯军司令官梅津美治郎开始进行秘密谈判。7月6日，何应钦致函梅津，接受日方提出的无理要求，答应取消河北省和北平、天津的国民党党部，撤退驻河北的国民党中央军、东北军和宪兵第三团，撤换国民党河北省主席和平、津两市市长，禁止抗日运动等。

抗日反蒋运动的发展。1935 年 12 月 9 日，在中国共产党的领导下，北平学生冲破了国民党反动军警的阻挠，举行大规模的抗日游行示威，要求“停止内战，一致对外”。“一·二九”运动迅速波及全国许多大中城市，得到了广大人民的同情和支持，全国抗日救亡运动出现了新的高潮。

为适应新的形势需要，中共中央于 12 月 17 日，在陕北瓦窑堡召开政治局扩大会议。会议着重批评了那种认为中国民族资产阶级不能同中国工人、农民、城市小资产阶级联合抗日的关门主义和对于革命的急性病。会议于 25 日通过了《关于目前政治形势与党的任务决议》，确立了建立抗日民族统一战线的总政策，并相应地调整了各项具体政策，以便团结一切可以团结的人参加或支持反日斗争。这是中国共产党政治路线的一个重大转变。

关于在新形势下的军事战略问题，会议接受了毛泽东关于红军应当利用当前蓬勃发展的抗日形势，积极向山西发展的正确主张，以及后来概括为“以发展求巩固”的战略方针，通过了《中央关于军事战略问题的决议》。决议明确指出：在以坚决的民族战争反对日本帝国主义进攻的总任务之下，必须把国内战争同民族战争结合起来，准备直接对日作战力量，猛烈扩大红军。红一方面军行动部署，应放在打通抗日路线和巩固扩大苏区两个任务之上，并以前者为中心任务。红军行动和苏区发展以山西和绥远为主要方向，等等。

1936 年 2 月 20 日，红一方面军主力（以中国人民红军抗日先锋军名义）1.3 万人，在司令员彭德怀、政治委员毛泽东率领下，开始东渡黄河作战。当日晚，红四师在陈光和彭雪枫的率领下，随红二师先头部队之后从沟口渡河。23 日，红军渡河战斗胜利结束。阎锡山苦心经营多年的千里河防被红军一举突破。

红军渡过黄河后，阎锡山惊恐万状，急调重兵防堵和反击。为粉碎晋军反攻，红一军团于中阳关上村歼其一个团后，即与红十五军团会师孝义兑九峪以西大麦郊地区，准备予晋绥军重创。3 月 10 日，战斗未能得手，红军撤出战斗。12 日，东征红军总部决定分兵发动群众，扩军筹款。16 日，红一军团奉命为右路军，在左路军红十五军团挥师北上直逼太原的同时，即长驱南下，相机夺取洪洞、临汾，并向曲沃、闻喜前进。17 日，彭雪枫、陈光率红四师随红一军团主力突破晋绥军汾河碉堡防线，由霍县向南急进，并占领洪洞等广大地区，深入发动群众，猛烈扩大红军，广泛筹集资财。

3 月下旬，红四师第十一团奉命攻打浮山县城。浮山县是一座孤城，四周已被红军包围，但城高墙厚，易守难攻。团长罗开桂和政委李志民抵近城墙观察地形，选突破口时，彭雪枫也赶到前沿。他传达彭德怀司令员的指示说：近日获悉蒋介石调集的 20 万兵力已陆续进入山西，妄图配合阎锡山将红军消灭在黄河以东、同蒲铁路以西地区，我们随时都可能转移。彭雪枫说：“现在看来浮山城墙坚固，我们攻城的火力不足，时间又紧迫，所以，我认为：不能强攻，只能智取。”“我（李志民）一向钦佩彭雪枫政委的足智多谋。他提出的智取方针与我的想法完全一致。我赞同地说：‘政委，智取的办法好。这样既可以避免攻坚的伤亡，保存战斗骨干，又能达到宣传群众、筹布筹款的目的。你看智取的方案怎么实现呢？’”[①]彭雪枫胸有成竹地说：“我们先从思想上、物质上做好武力攻城的准备，同时，大造舆论，主攻其心，使其惊慌，取而胜之。”“遵照彭政委的指示，我与团长作了分工，罗团长带领部队赶挖地道，准备爆破城墙，并扎制几丈长的云梯，准备攀登城墙，同时，加紧进行攻城、爆破的演习，制造攻城的战斗气氛。彭雪枫政委则亲自拟写布告和标语，由我和宣传队抄写，分赴城外四周村寨张贴，散发，并组织群众会、演讲会”[②]，教唱抗日歌曲，向广大城郊群众宣传中国共产党的抗日主张和政策，还在夜深人静时对城内国民党军人员喊话，用弓箭发射致国民党县长的公开信，发出攻城的“最后通牒”。一时间，浮山城外，人潮如流，歌声四起，加上红军指战员紧握钢枪，严阵以待的情景，俨然构成了一幅临战前军政夹击的壮丽图画。

在红军兵临城下和强大政治压力下，被困在浮山城内的官僚豪绅个个惊恐不安，感到朝不保夕。于是浮山县长拖着颤抖的双腿爬到城墙上，有气无力地再三乞求红军不要攻城，表示愿为红军效犬马之力。彭雪枫和李志民见浮山县长如此表示，就向其提出限期为红军筹款5000元、筹布300匹，并强调款、布，不得平均摊派到老百姓和小商人身上。这位县长硬着头皮接受了红军所提出的条件。不到三天，就把所筹款、布如数从城头上吊下来，送给了红军。红军不费一枪一弹满载而归，撤浮山之围。广大群众为此欢欣鼓舞，拍手称快，依依不舍，热情送别。

正当红军准备东出河北与日本侵略军直接作战之时，国民党蒋介石竟抽调十个多师进入山西，协同山西守军阻止红军东进。为保存国防力量，履行共产党的抗日主张，促进蒋介石及其部下爱国军人的觉悟，毛泽东和彭德怀遂命令抗日先锋军回师西渡，撤回陕北。

由于预有准备，红军控制了各路渡口，只用三日夜，便于5月5日全部西渡黄河，结束了东征之役。

此役，历时一个半月，扩大红军8000余人，筹款30万元。在山西20余县的广大农村组织和发动了群众，推动了华北和全国抗日救亡运动。

5月13日，红一方面军在延川大相寺召开团以上干部大会，总结东征战役，部署西征。会上批评了“红一军团中存在的本位主义和解决原红一、三军团师团干部间的团结问题。主要表现为，各师团干部为保存实力，避免打伤亡较大的战斗，不愿调人去加强红十五军团和陕北红军的力量，还有些过去遗留下来的矛盾等。我师政委彭雪枫也受到了批评。”[③]彭雪枫参加了这次会议，聆听了毛泽东所作的关于目前政治形势及任务的报告。另外，会议还传达了中共中央关于成立红军大学的决定，并决定抽调一大批红军干部到学校学习。18日，西北军委决定

---

①《李志民回忆录》，解放军出版社1993年版，第275—276页。

②《李志民回忆录》，解放军出版社1993年版，第275—276页。

③《张震回忆录》（上），解放军出版社2003年版，第110页。

以红一方面军第一、第十五军团和第八十一师、骑兵团组成西方野战军，进行西征战役。红四师政治委员由黄克诚接任，彭雪枫进红大学习。于是，彭雪枫离开红四师，进入一个崭新的军校学习生活。

七、入抗日红军大学学习

红一方面军东征回师陕北后，中国人民抗日红军大学即按照中共中央“重新训练干部”是“中心一环”的指示积极地进行筹备。5月20日，中共中央政治局召开常委会议，会议着重讨论了建立红军大学的问题。毛泽东在报告中提出关于红大的五个问题：“（一）学习时间为六个月，部分的九个月到一年。前方干部现可自给，目的是为顾及时局开展，准备大批高级干部。（二）教育方针：高级及上级科，前三个月偏重政治，占三分之二，后三个月政治、军事并重，军事上战役战术与战略各占一半，主要是战略高深原则的学习，联系到常识，部分的联系文化学习；普通科前三个月文化、政治、军事各三分之一，后三个月文化、政治与军事各半，着重于军事，军事着重于战术问题，战略战役授以基本概念，从具体的学习到原则的了解。（三）教育内容：高级及上级科，政治——世界、中国革命基本问题，时事问题，材料——列宁主义概论及各种重要书籍；军事——中国革命战争中基本问题，时事问题；其他重要书籍。（四）教育方法：高级及上级科，指导自动研究为主，讲授为辅。普通科，政治，教授与讨论结合；军事，讲授与演习结合。（五）组织：校长林彪，教育长罗瑞卿……教育委员会，由林彪、罗瑞卿、毛泽东、周恩来、杨尚昆、周昆组成。”[①] 会议一致同意毛泽东的报告。

5月下旬，彭雪枫与陈光、王平、张爱萍、耿飚、谭政、杨成武等一起到达瓦窑堡报到。6月1日，红大在瓦窑堡米粮山举行开学典礼。会上，彭雪枫和其他学员一起听了毛泽东的报告，心情格外激动。因为求知欲望极强的他除了1934年春至是年秋曾在江西红大学习和工作一段时间外，已很长时间没有进过学校的门了。所以，他十分珍惜这次学习的机会，并决心响应毛泽东继承黄埔军校精神的号召，为争取中华民族的独立解放而奋发学习。

红大当时分一、二、三科。一科为军团级和师级红军干部，共38人，科长陈光，政治委员罗荣桓。彭雪枫被分配到一科，并任学习小组的组长。一科的学习课程比较多，任务比较重，主要有：马列主义、哲学、政治经济学、联共（布）党史、中国革命问题及战略学、战役学、战术学等。彭雪枫学习一向努力刻苦，如饥似渴，能举一反三，笔记中记有许多心得体会。张爱萍回忆说：“尽管当时的物质条件差，我们在课余之隙，还在一起打网球，学习生活过得既紧张又愉快。”[②]

1936年6月，东北军在蒋介石的严令下由洛川向北推进。所以，7月3日红

---

①《毛泽东年谱》上卷，中央文献出版社、人民出版社1993年版，第542、543页。

② 张爱萍：《雪枫同志永存》，《拂晓报》1945年2月5日。

大便由瓦窑堡迁至保安。16日，美国记者埃德加·斯诺[①]在保安采访毛泽东后，第二天即到红大。在他的《西行漫记》中曾经比较详细地描述过当时红大的情景。他写道："红军大学自称有一个班的学员全是老战士，平均年龄是27岁，平均每人有八年作战经验，受过三次伤。有什么别的学校由于'纸荒'而不得不把敌人的传单翻过来当作课堂笔记本使用？或者每个学员的教育费用，包括伙食、衣着、一切在校开支，每月不到15元银洋？或者把那些鼎鼎大名的学员的首级赏格加起来总共超过200万元？"

埃德加·斯诺为彭雪枫（左三）和张爱萍（左二）等人拍摄的照片

斯诺所说的这个班，就是彭雪枫所在的红大一科。学员们当时"以窑洞为教室，石头砖块为桌椅，石灰泥土糊的墙为黑板"，在"校舍完全不怕轰炸的这种'高等学府'"[②]里，接受着高级军政训练。一天早晨，斯诺再次来到红大。这时正是红大早上的文体活动时间。彭雪枫、张爱萍等人正在保安城外一条小河边的草地上用缴获国民党的球拍子打网球。斯诺走到他们面前，热情地向他们打了招呼，说要给他们拍张照片。彭雪枫对外国人并不感觉陌生。早年在天津的租界里，在上海的十里洋场，他看到的都是洋人蔑视中国人的令人望而生厌的丑恶嘴脸，因此他曾仇视过洋人。但国际友人埃德加·斯诺的亲切热情、平易近人，却使他另眼相看，兴高采烈。当他和他的战友们领悟了斯诺的要求时，他们便立刻停下来，手拿网球和球拍，排成一字队形，神采奕奕地站在当作球场的草地上让其拍照。以后，这张照片便被斯诺特意收进《西行漫记》一书中。这是彭雪枫在陕北红大留下的唯一一张生活画面，保留至今，弥足珍贵。它向人们展示的红大当时朝气蓬勃的生活景象，更是令人情驰神往。

同天上午，彭雪枫等一科学员还听了斯诺作的《英美对华政策》报告。报告后，斯诺同意解答问题。学员们提出："英国政府对成立亲日的冀察委员会的态度如何，对日军进驻华北的态度如何？""国际联盟为什么失败？""在英国和美国，共产党都是合法存在的，为什么这两个国家都没有工人政府？""请谈一谈，既然美国和英国是中国人民的朋友，为什么它们在中国驻有军舰和军队？"等等。解

---

①［美］埃德加·斯诺（1905—1972），美国进步新闻记者。1928年来中国。1936年到陕北苏区访问。后根据此次采访所得写成《西行漫记》一书，扩大了中国共产党和红军的影响。

②［美］埃德加·斯诺：《西行漫记》，生活·读书·新知三联书店1979年版，第88、89页。

答从上午10时开始，持续到下午很晚的时间，都使斯诺得不出什么结论，只好暂告结束。所以斯诺事后说："我不久就发现，这是个大错误，请我吃的面条根本抵偿不了我遇到的难堪。"向我提出的问题，即使由美国著名小说家威尔斯先生来回答，"也要自叹智穷才竭"[①]。这足以说明，包括彭雪枫在内的红大一科学员的学习精神是非常认真的，态度是一丝不苟的，钻研问题是极其深入的。一开始他们就贯彻与实行了日后毛泽东为抗大制定的"坚定正确的政治方向，艰苦朴素的工作作风，灵活机动的战略战术"的教育方针和"团结、紧张、严肃、活泼"的校风。

8月5日，彭雪枫接到了毛泽东同杨尚昆为出版《长征记》而给参加过长征的同志的一封信。信中说："现因进行国际宣传，及在国内国外进行大规模的募捐运动，需要出版《长征记》，所以特发起集体创作，各人就自己所经历的战斗、行军、地方及部队工作，择其精彩有趣的写上若干片断。文字只求清通达意，不求钻研深奥，写上一段即是为红军作了募捐宣传，为红军扩大了国际影响。"同时，又向各部队发出电报："望各首长并动员与组织师团干部，就自己在长征中所经历的战斗、民情风俗、奇闻轶事，写成许多片断，于九月五日以前汇交总政治部。事关重要，切勿忽视。"[②]

彭雪枫一向视党的任务为自己的天职，并喜欢写作。接信后，他即就自己在长征中所亲历的著名娄山关战斗写了《娄山关前后》一文。此文共分："二郎滩的背水战""乘胜直追，目标向着遵义城""娄山关""长追""会战十字坡""遵义终于拿下了"六部分，计一万多字，以写实的手法，绘声绘色地记述了中央红军长征中毛泽东等亲自指挥的四渡赤水之战中的娄山关战斗，满腔热情地讴歌了红军指战员英勇善战的英雄业绩。此文，最早发表在由红一方面军政治部1936年编辑出版的《二万五千里》一书中，从而不仅为古今中外前所未有的红军长征留下了一篇极为珍贵的历史资料，而且也使未曾目睹娄山关险峰的人，面对"周围山峰，峰峰如剑，万丈矗立，插入云霄"的描绘，犹似身临其境，如履险关，赞叹不已了！

然而，就在彭雪枫孜孜不倦进行学习的时候，国内的政治风云发生了新的可喜的变化。中国共产党在新形势下同国民党的统战工作任务已大量摆在面前，需要像彭雪枫这样的人去担当。

从1934年9月到1936年8月，在将近两年的时间里，彭雪枫自始至终参加了中央红军进行的举世闻名的二万五千里长征，参加了巩固与扩大陕甘苏区的斗争，并入抗日红军大学深造。在艰苦卓绝的斗争与孜孜不倦的学习中，他率部战胜了优势国民党军的围追堵截，经受了雪山草地等极端恶劣的自然环境的考验及缺衣少食饥寒交迫的煎熬，锻造了更加坚定的革命信念，铸就了坚韧不拔的毅力，培养了艰苦奋斗的作风，同时丰富了革命理论。这为尔后他成长为无产阶级革命家、军事家进一步奠定了坚实的基础。

---

①［美］埃德加·斯诺：《西行漫记》，生活·读书·新知三联书店1979年版，第91页。

②《毛泽东年谱》上卷，中央文献出版社、人民出版社1993年版，第565页。

第六章　致力于西北、华北统战工作

1936年秋，日本帝国主义按照其《国策大纲》的方针，正竭力扩军备战，增兵华北，积极准备发动全面侵华战争。以蒋介石为代表的国民党政府不顾民族危机，仍旧坚持反共内战，一方面力求与日本妥协，一方面继续消灭共产党、进攻工农红军。

中国共产党不计前嫌，于8月25日致书国民党，呼吁停止内战，一致抗日，实现国共两党重新合作，并愿为此速与国民党结成抗日民族统一战线。9月1日，中共中央书记处向全党发出《中央关于逼蒋抗日问题的指示》，主动调整统一战线政策，改变过去“抗日反蒋”口号，确定实行“逼蒋抗日”。同时，进一步做好张学良东北军、杨虎城西北军和阎锡山晋绥军的统战工作。中国共产党为实现抗日民族统一战线、促成全国共同抗战的努力，得到了全国人民和各阶层爱国人士的拥护与支持，民族资产阶级和开明士绅也转向抗日战线，从而进一步推动了全国抗日救亡运动，为实现第二次国共合作奠定了初步基础。在这种新的形势下，彭雪枫积极响应中共中央和毛泽东主席的召唤，开始走上西北、华北抗日民族统一战线工作第一线。

一、密赴西安

1936年9月上旬，彭雪枫为响应毛泽东关于出版《长征记》一书的号召而力撰的《娄山关前后》一文业已完稿，并遵嘱于9月5日以前送到了红军总政治部。这时，他如释重负，轻松愉快，因为《长征记》一旦出版，就等于“为红军作了募捐宣传，为红军扩大了国际影响”①。

陕北的9月，秋高气爽，气候宜人。正欲乘兴全心投入红大下一阶段紧张学习生活的彭雪枫，却突然接到中共中央东北军工作委员会的通知，要他和叶剑英、潘汉年一起前往西安，择日而行，专做东北军爱国将领张学良等人的上层统战工作。

接到中共中央“东工委”的这一通知，彭雪枫并未感到丝毫的意外。因为

① 毛泽东：《为出版〈长征记〉征稿》，《毛泽东新闻工作文选》，新华出版社1983年版，第38页。

自1月25日他和毛泽东、周恩来、彭德怀、林彪、叶剑英、杨尚昆、聂荣臻等20位红军高级将领联名发表《为红军愿意同东北军联合抗日致东北军全体将士书》以来，中共中央同张学良、王以哲等人的信使往来和多次谈判，他在红大是时有耳闻的。同时他也明白，做好东北军上层的统战工作，不仅对摆脱陕北红军眼下的困难十分重要，而且对早日实行对日作战的意义更加深远。因此，他虽为中断红大学业稍感遗憾，但却毅然告别校友，愉快地走上了这一全新的战斗岗位。

彭雪枫早在北京求学时就因族叔彭禹廷的关系，而曾一度受过直鲁联军进攻国民军冯玉祥的军阀混战的牵连和苦痛，并因而颠沛流离，浪迹绥远。所以，他对北洋军阀各派间的明争暗斗及其兴衰成败的历史较为熟悉，这就为他即将从事的对东北军上层的统战工作提供了某种有益的历史机缘。这一方面反映了中共中央毛泽东、周恩来等人的知人善任，另一方面也为施展他的外交才能提供了一个极好的机会。在接到通知到准备出发赴任的一段时间内，他对原东北军首领张作霖在途经京奉路（今京沈路）皇姑屯车站被日本关东军炸死的惨局，以及在1931年“九一八”事变中东北军少帅张学良，因执行蒋介石的“不抵抗主义”而被国人称为“不抵抗将军”等事，都一幕一幕的在脑海里又浮现出来。尤其是1935年11月陕北直罗镇战役红军和东北军的直接对垒，东北军第一〇九师的彻底覆灭，以及在同年12月中共中央政治局瓦窑堡会议所确定的抗日民族统一战线政策的感召下，已使刚刚就任国民党西北“剿共”副总司令的张学良及其所统帅的东北军，已从蒋介石“先安内而后攘外”的错误决策中猛然醒悟过来，从而开始走上了“联共”、“联红”的道路。同时，通过1936年1至5月间，李克农（时任中共中央联络局局长）和周恩来先后同张学良进行过多次谈判，以及同年5月中共中央“东工委”的成立，都使中国共产党对东北军的统战工作更加深入发展。所有这一切，都使当时身在红大但一向关注时事的彭雪枫更为坚信，在华北危机日益深重的形势下，集家仇、国仇和毁誉于一身的张学良必将适应时代潮流，做出重大抉择，因而也就能够使他的此次西安之行不辱使命，获得成功。

彭雪枫是较时任“东工委”副书记叶剑英晚些时候被中共中央决定派往西安的。叶剑英被“拟派”西安，是1936年7月2日中共中央在致电共产国际之前的一次会议决定的，并由毛泽东、周恩来、张闻天、博古8月9日联名致信张学良时正式通知了他。当时，两广事变已发生两个月。这个由两广当局打着“北上抗日”的旗号，实在企图夺取南京国民党中央政权的事变，在当时中国的政治条件下，即使没有蒋介石对其部将的收买最终也是要失败的，但其失败的消息当时并未传到陕北保安。在这种情况下，正在周密研究部署西北大联合的中共中央便借此天赐良机在6月12日的政治局会议上决定提前发动，并于6月16日把以兰州为中心，以接近苏联与解决西北蒋介石力量为原则的提前发动的计划上报共产国际批准。同时，刚由南京返回西安的张学良，由于对两广事变形势看好，异常兴奋，并认为“中华民族的生死关头已经到了”，决定“把队伍拉出去”，“和红军一起干！”可是事与愿违，不久两广事变失败的消息便很快传来。这样，中共中央决定为张学良策划西北大联合，而派往西安的叶剑英和时任“东工委”委员兼秘书长的朱理治便未能成行。

同年8月15日，共产国际发来了对中共中央的“政治指示”。在这个指示还未正式收到的前几天，适逢一年前去苏联的潘汉年已先期来到陕北，并向中共中央转达了共产国际“政治指示”的要点。他一方面转达了共产国际关于应把南京政府作为主要统战对象的指示，另一面又说明共产国际支持红军在西北地区发展的战略意图，并准备通过外蒙古和新疆为红军提供必要的军事物资援助。8月12日，中共中央根据潘汉年转达的上述指示要点，一方面重新研究确定了“乘蒋注意西南时”我们以突然的姿态占领兰州，打通苏联，巩固内部，出兵绥远的“今后战略方针”；另一方面又鉴于蒋介石对日妥协投降的政策已有切实的转变，遂适时地放弃了“抗日反蒋”的口号，实施了“联蒋抗日”和“请蒋抗日”的方针。因此，在国民党南京政府通过各种渠道与中共联系并秘密接触后，国共两党的正式谈判已经提到中共中央的议事日程上来。在这种情况下，由潘汉年带着上述中央关于“今后战略方针”的文件于8月21日在西安再次与张学良谈判时，便受到了他的冷遇。张学良当时虽对中共的上述战略方针原则上表示“完全同意”，但对两军公开“联合”，并由他公开“联红”，却颇为犹豫和矛盾，担心把柄落在蒋的手中对己不利。经过潘汉年连续几夜的反复说明和解释，才使张学良终于理解了必要的准备和暂时保持与南京的统一之间并无根本矛盾的道理。于是，西安与陕北通报的电台随之建立，具体准备西北发动的行动亦已决定陆续开始。这样，除张学良将军外，单独建立驻防兰州并任甘肃省府主席兼东北军第五十一军军长于学忠的统战关系，就显得非常重要，势在必行。9月8日，毛泽东在转致国民党政府驻甘绥靖公署主任朱绍良一信后又于22日特意亲笔致信于学忠，说明已派彭雪枫（化名彭雨峰）前往晋谒。这样，经西安抵兰州，专做于学忠的统战工作，由于毛泽东主席的临阵点将，便历史地落在彭雪枫的身上。

当时，由陕北保安到西安或经西安到其他地方去工作的人员是很多的。9月8日，潘汉年由西安动身途经洛川返回保安，现在又要经西安到上海，担当中共中央与南京的谈判代表；汪锋、刘克东等在向中央汇报工作后也要急回西安，继续西北军杨虎城将军的统战工作；在张学良处担任联络工作的刘鼎（又名阚尊民）在潘汉年离开西安不久，即已匆匆返回保安，向中共中央报告张学良在收到《中国共产党致中国国民党书》后愿为蒋使，冒险进京（南京）说和之请，现在肩负着中共中央新的使命也要匆忙再返西安。朱理治等人早在8月下旬就通过延安交通站到了西安；而叶剑英则因故未能与之同行，现在按照中央同张学良之约和张的一再催促，正要整装待发，履约赴陕。可是事有不巧，在潘汉年离陕之前为张学良所一再叮嘱而要防止发生的事情，即驻防延安至洛川一线的东北军第一〇七师将要调防的事情果然发生了。由于原来交通线已经撤离，新的交通线一时又难以建立，叶剑英、汪锋、彭雪枫等人便不得不暂滞保安，精心筹划。为了保证过境安全，中共中央决定叶剑英、汪锋、彭雪枫、潘汉年、刘鼎、边章五、刘克东、吴自立等八人，临时组成党支部，由叶剑英任书记，汪锋为委员，密往西安，然后“各行其事”[①]，“分途执行自己的任务”[②]。

9 月 24 日，彭雪枫和叶剑英、汪锋、潘汉年等人，肩负着中共中央和毛泽东主席的重托，从保安出发，密赴西安。为了路上的顺利和安全，他们以国民党中央政府军事委员会谈判代表团路过西安返回南京复命的名义，分别化装成国民党的高级军官和士兵。边章五化装成团长，身着高级军装，胸前佩戴国民政府军事委员会字样的圆形蓝色徽章，又佩勋带；潘汉年化装成秘书，穿一身黑色西装，头戴礼帽，手拄拐杖，夹着黑皮包；彭雪枫化装成副官，少校军衔，脚蹬黑皮鞋，身穿军官服，并扎武装带；叶剑英身穿士兵服装，化装成马夫。其他人员则扮成一般军官、士兵，刘克东年龄最小，扮成随从。化装完了，你看看我，我看看你，大家都不禁哈哈大笑起来。

就在这天早上，他们迎着灿烂的晨曦，开始起程。一路上，他们风尘仆仆，先到鄜县（今富县）张村驿。这是陕北边区和东北军防区的交界线，设有红军的联络站。第二天，他们骑马驰往东北军第一一二师防地，换乘汽车，不料途中遇雨，车开得很慢，时至 10 月 4 日，他们一行才到西安。

叶剑英、彭雪枫出使西安，张学良将军待如上宾，极为重视。为了确保他们的人身安全，叶剑英化名杨先生，彭雪枫化名彭雨峰，同被安排在金家巷张学良卫队营营长孙铭九的家里，并与先期到达的中共中央驻东北军特派员朱理治同住一起。彭雪枫密赴西安的主要任务，是经西安赴兰州，亲转毛泽东致于学忠的信，晋见于学忠。所以，到西安没几天，彭雪枫便不辞辛劳，匆忙西行。

于学忠，字孝侯，山东蓬莱人。原任河北省政府主席。1935 年秋，率国民党东北军第五十一军奉调甘肃，任甘肃省政府主席，驻节兰州。毛泽东在给他的亲笔信中说：“两军相处密迩，未能通候，甚以为歉。夙稔先生热诚爱国，对日抗战早具同心，而西北停战议和，首先贵我两军停止自相残杀，实为刻不容缓。兹派彭雨峰君晋谒崇阶，申述敝方联合救国之旨，敬祈不佞赐教，指示一切。抗日合作成功之日，两军之利，抑亦民族国家之福也。”[③]

10 月上旬，手持毛泽东给于学忠亲笔信前往兰州的彭雪枫，心里十分清楚，此时红二、红四方面军几万人马已到达西（安）兰（州）大道，要与红一方面军主力会师甘北，并且他们又都有配合东北军控制兰州，打通苏联，进而夺取宁夏，接通外蒙古的战略任务。因此，红军和驻甘于部首先“停止自相残杀”，实施“西北停战议和”，就非常重要，迫在眉睫。由于红军素稔于学忠将军“热诚

① 刘克东：《跟随叶剑英同志赴西安》，载《萦思录》，人民出版社 1987 年版，第 123 页。

②《叶剑英光辉的一生》，解放军出版社 1987 年版，第 119 页。

③《毛泽东书信选集》，人民出版社 1983 年版，第 76 页。

爱国”，他对日抗战亦与红军“早具同心”，并且又有毛泽东致函朱绍良予以警告于前，减轻了他的政治思想压力，所以以中共中央代表身份前往与之接洽的彭雪枫，便受到了于学忠将军的盛情款待。见面后，彭雪枫首先面交了毛泽东的亲笔信，其次则向于将军具体申述了中共中央关于两军停战议和、联合救国的精神，诚恳地表达了红军要求两军立刻停止自相残杀的殷切期望。同时，他还诚挚和虚心地征求与听取了于学忠对两军联合救国、合作抗日的意见。彭雪枫与于学忠的首次成功晤谈，标志着中国共产党与于学忠统战关系的正式建立。由于于学忠为中共抗日诚意所感，终在河（黄河）西红军前往新疆“办货”（指苏联由新疆援助红军的军事物资）方面派部西援，给予了有力的协助，并在日后发生的震惊中外的“西安事变”中采取了与中共中央主张和平解决的一致立场。

彭雪枫在与于学忠会晤后，仅在兰州逗留了几天便匆匆返回西安，然后继续同叶剑英一起做着张学良等东北军将领的统战工作。这时，杜甫“烽火连三月，家书抵万金”的著名诗句便勾起了彭雪枫对父母双亲的无限思念。离家八年，由于万水千山的阻隔和国民党警特时不时地对其家庭的光顾，以及那突然铺天盖地而来的“铲除共匪”的刺人眼目的所谓标语，已使他们骨肉天各一方，音信杳无。现在，客居西安的他，已经允许和可以给家人写信了。当他的父亲彭延泰，接到他的“望来一见，以释悬念”①的短短家书时喜出望外，热泪盈眶，不久即遣三子彭修学赶赴西安。

彭修学，乳名玉兴，高等小学毕业后即在家里帮助父亲料理家务。10月下旬，他绕道郑州，饱尝一路兵荒马乱之苦，终于安抵西安，在通济南坊与雪枫见面。一见之下，兄弟二人恍如隔世，千言万语，却又不知从何说起！晚上，在西安世界大旅社的一间客房里，兄弟二人倾诉衷肠，竟夜未眠。彭雪枫询问了爷爷的健康，父亲的近况。当问及母亲时，彭修学却沉吟不语，暗自落泪。不料最宠爱他的母亲却早于1930年5月便与世长辞了！而那时，他则正由上海溯江而上，前往游击于湘鄂边的红五军！最后，他们又谈到族叔彭禹廷先生的死。对此，彭雪枫在中央苏区虽早有所闻，但仍叹息不已，表现了深深的痛惜！并说道：五叔那次如不被宵小之徒所害，能到陕北，当会参加革命，为国效力。

10月22日，由于两广事变的解决，蒋介石一行踌躇满志，莅临西安，宣示“剿共”计划，威逼张、杨向陕北红军发动进攻，同时下令亲调重兵10个师30个团归胡宗南指挥，加入西北“剿共”大军行列，妄图一举消灭红军，荡平苏区。时局发展已到最后紧急关头，历史已不允许彭雪枫长时间沉浸在童牧时代的幸福回忆之中。就在这时，他便接到周恩来10月19日自陕北保安发来的指示信：“雪枫不须向蒋活动，暂在西安待命。”②因此，他必须马上送弟返乡，去迎接党的新的战斗任务。

① 作者访问彭修学记录，1984年8月21日。

②《周恩来书信选集》，中央文献出版社1988年版，第122页。

二、出使太原

彭雪枫在接到周恩来“暂在西安待命”的指示后，精神为之一振，像在战场上指挥打仗一样，全部精力已集中到时刻准备接受中共中央即将下达的新的战斗号令上来。这时，他立即遣送三弟修学回乡，并对他说：我的工作将有重大变动，现在你必须马上回家。因为蒋介石已到西安，今后形势发展吉凶难卜，弄不好还会打仗。

没隔几天，彭雪枫接到毛泽东10月22日亲自写给他的指示信。这天，毛泽东一方面指示北方局书记刘少奇应把“晋绥”放在北方军队统战工作的“第一位”，充分地了解“北方统一战线非常要紧”[①]；另一方面则又明确指示彭雪枫：急须将与绥晋关系弄好，得信后即赴津迅速转至绥远办理此事。我有付南汉宸一信，要求他介绍你见傅作义。“交涉要诚恳，要机警，要有耐性。专作上层交际，不与党的组织相关涉，不要引人见疑。”“如傅同意，待绥远办好后，请傅介绍见阎，不同意则罢，你的工作以傅为主。”“用费从带去之四百元中开支，十分节省用，不要爱奢华，不要失掉我们的立场，不要接受人家的馈赠，只有在万不得已时，才许可从人家借一点钱，日后如数归还，用数要报账。有闲功夫注意看书报，加紧学习。”[②]

这封给彭雪枫的指示信发出后，毛泽东好像言犹未尽。鉴于当时阎锡山赴陕谒蒋的消息已在报界广为传开，第二天，即10月23日，毛泽东又致电时在西安的叶剑英和刘鼎，特别指示他们尽速设法使彭雪枫见阎锡山，其办法可由张学良在阎锡山到西安时介绍，或由其他适当人介绍。但不论在西安见阎锡山与否，都要叶剑英亲自带彭雪枫赴太原与其谈判，并向阎表示下列各点：“一、完全同情晋绥当局及其军队对日抗战捍卫疆土的决心与行动，他们的这种决心与行动将获得全国人民的拥护，苏维埃与红军将竭以全力以为之助。二、我们十分盼望与晋绥当局成立谅解以至订立抗日协定。三、只要晋绥当局真正抗日，而不与日本妥协，红军在未得晋绥当局同意之前，决不贸然向晋绥开进。四、在双方谅解之后，红军依约进入划定之地区与防线，担任一定战斗任务，并服从统一之指挥，红军不干涉晋绥当局之行政事宜。五、某方[③]援助我们可担任介绍。”[④]这样，彭雪枫出使太原并以阎为主的工作方针，最后就被毛泽东的这一电示明确而具体地确定下来。在待命晤阎并与其谈判的任务明确后，彭雪枫一时颇为紧张和忐忑的心情便很快平静下来。几天来，他和叶剑英一直都在寻找关系，以便能够尽快达到在西安与阎晤谈的目的。在他和叶剑英、朱理治商量后，决定由长期在东北军中做统战工作的苗勃然在西安“活动阎、傅”，但由于“阎、傅到西安后均即离

---

①《毛泽东年谱》上卷，中央文献出版社、人民出版社1993年版，第600页。

②《毛泽东年谱》上卷，中央文献出版社、人民出版社1993年版，第600页。

③ 某方，指苏联。

④《毛泽东年谱》上卷，中央文献出版社、人民出版社1993年版，第601页。

开，未及谈”[①]。因而，择日尽快赴晋晤阎，以便完成毛泽东交给他的这一艰巨而光荣的任务，就是彭雪枫的当务之急了。

毛泽东要彭雪枫甚或要叶剑英亲带彭雪枫到太原与阎锡山晤谈的指示，意味着几个月来红军一直与张、杨两部谋求实现的“西北大联合”的战略方针将有大的改变。这种改变，是由同年春红军东征使阎锡山对红军的态度已有变化和蒋介石到达西安后而出现的西北紧张局势所决定的。

当年2月中旬红军渡河东征至山西，本是为了“实现抗日”。不料，红军这一正义之举，却遭到晋军的无理阻挠。红军为了达到东出冀察抗日的目的，在同蒲铁路沿线等地歼灭晋军1.7万余人，并俘虏其官兵数千人。这样就使阎锡山不仅在政治上陷入空前的孤立，而且在军事上亦受到重大损伤。同时，使阎锡山意想不到的是，蒋介石竟以“援助阎锡山抵抗红军”为名，乘机设立以陈诚为总指挥的晋陕绥宁四省“剿匪”总指挥部，调集大批中央军由洛阳等地蜂拥入晋，并指令其晋南所部收买晋军高级将领，暗中策划“河东道独立”，这就直接威胁和动摇了阎锡山在山西的“一统天下”。鉴于这种情况，红军在毛泽东率领下，以不忍坐视双方国防实力“长此相残，徒快敌意”的严正立场，遂于5月5日“半途回师，呼吁停战”[②]，并通电要求“在全国范围，首先在陕、甘、晋停止内战，双方互派代表磋商抗日救亡具体办法”[③]。5月25日，毛泽东又托东征战役中被俘的原晋军第六十六师第三九二团团长郭登瀛带信给阎锡山说：“救国大计，非一手一足之烈所能集事。敝军抗日被阻，然此志如昨，千回百折，非达目的不止，亦料先生等终有觉悟的一日。侧闻蒋氏迫先生日甚，强制晋军二度入陕，而以其中央军监视其后，是蒋氏迄无悔祸之心，汉奸卖国贼无与为匹，三晋军民必有同慨。先生如能与敝方联合一致，抗日反蒋，则敝方同志甚愿与晋军立于共同战线，除此中国人民之公敌。”“国难日亟，谅三晋贤者决难坐视也。”[④]阎锡山接到毛泽东的信后虽未直接明确表态，但按捺不住他对毛泽东的知遇之情，遂派其姨侄外甥梁化之到天津邀请与中共有密切关系的“中华民族革命大同盟”华北办事处主任朱蕴山到太原磋商，提出了可与中共进行谈判的意向。8月下旬，阎锡山派人并电邀时在北平的著名山西籍共产党人薄一波回晋工作。9月，中共中央北方局对阎锡山邀请薄一波回晋工作作出了积极的回应，批准并正式派遣薄一波、杨献珍、董天知、韩钧等人，以个人身份于10月下旬到太原协助阎锡山开展抗日救亡工作。但由于薄一波等还不是中共中央的代表，紧接着，阎锡山又“秘密

---

①《朱理治给周恩来并转张闻天、毛泽东的报告》1936年11月4日，载《纪念朱理治文集》，河南人民出版社1993年版，第25页。

②《周恩来书信选集》，中央文献出版社1988年版，第117页。

③《停战议和一致抗日通电》，转引自《毛泽东年谱》上卷，中央文献出版社、人民出版社1993年版，第540页。

④《毛泽东书信选集》，人民出版社1983年版，第34—35页。

派人同中共中央联系，要求派遣全权代表长驻太原”。[①]10月下旬，由于日军借助伪蒙军正从察哈尔向绥远扩张，阎锡山有望联苏抗日，亦愿考虑晋军、东北军和红军联合抗日，但他担心苏联能否接济红军、东北军和晋军？红军在联合作战中能否听指挥？10月23日，毛泽东关于彭雪枫与阎锡山谈判时应向其首先表示的五点指示，实际上就是中共中央对阎锡山所提上述疑问的原则答复，从而为其实行“联红抗日”铺平了道路。可是在西安，由于蒋介石到后大谈“赤匪为近敌，日本为远敌，目前唯一任务为剿匪”以及“匪不剿完，决不抗日”的滥调，甚至把张、杨停止“剿共”内战的建议斥之为“反动”，并且声称谁拿这件事“劝他”，就不准谁“剿匪”，致使蒋张有关“停止内战”、“一致抗日”的谈判以及与此有关的进谏之路均予杜绝。在这种情况下，彭雪枫奉命与叶剑英一起，于11月上旬由西安赶回保安。彭回到保安后，毛泽东向他了解了西安目前的情势，并与彭雪枫进行了长谈，说：我有一信写给绥远傅作义将军，要他介绍你到太原见阎锡山。要记住，“对人诚恳是不会失败的！”[②]毛泽东原来打算让叶剑英带彭雪枫一起到太原，由于叶剑英还需继续西安的工作，决定改由彭雪枫一人单独前往。由此可见，毛泽东对彭雪枫此次单独外出不仅特别关心，而且尤为信赖。

毛泽东的亲切关怀，使彭雪枫备受鼓舞。在与毛泽东告别后，他便带着毛泽东10月25日致傅作义的信，肩负着联阎抗日的重大使命，秘密整装出发了。一路上，他反复琢磨着毛泽东的临别叮嘱，心情不能平静。这是他第二次亲自接受毛泽东主席的重托出外搞统战工作，对手非同一般，而是既工权术又老于世道的阎锡山。毛泽东曾在给叶剑英、刘鼎并转告他的一封信中尖锐地指出：“苦久了的人难免见风华而把握不住，故应作为一个问题，对同志做教育与警戒的工作。”[③]彭雪枫想，毛主席的信和他的临别叮嘱太重要了。它应该是我这次外出交接甚或今后所有工作的座右铭，务必身体力行，须臾不可忘却！

彭雪枫对绥远并不陌生。这是他旧地重游，然而却今非昔比。1926年秋，他作为育德中学学生代表，见的是新任绥远都统商震，谈的是让他派车运送部分育德学生由绥回京，事成事败，无关大局。今天，他是中共中央的全权代表，见的是涿州守城名将傅作义，谈的是国家民族大事，必须成功。同年夏，日军西侵，傅将军亲率劲旅，“小试锋芒”，迫使敌人“退避三舍”。对他的这一抗战爱国义举，毛泽东在给他的信中特予表示“可贺可敬”，并说“四万万人闻之，神为之王，气为之壮”！至于“红军远涉万里，急驱而前，所求者救中国，所事者抗日寇”，孰料“今春渡河东进，原以冀察为目的地，以日寇为正面敌，不幸不见谅于阎蒋两先生，是以引军西还，从事各方抗日统一战线之促进”。现在，“日寇侵绥如箭在弦上，华北长江同时告急”，“红军虽志切抗战，但在未得友军谅解，

① 《周恩来传》，人民出版社、中央文献出版社1989年版，第374页。
② 林颖：《彭雪枫家书》，文物出版社1985年版，第6页。
③ 《毛泽东书信选集》，人民出版社1983年版，第80页。

尤其在未得抗战地区之友军及地方行政长官之谅解以前，决不贸然向抗战阵地开进”。所以“兹派彭雨峰同志来绥，与先生接洽一切，乞以先生之意见见教，并希建立直接通讯关系”。至于“百川先生处”，还“祈先生再行转致鄙意。如有可能介绍彭同志赴晋一晤，实为公便”[④]。彭雪枫一进绥远，驾轻就熟，并利用由苗勃然介绍的关系，很快便顺利地见到了傅作义。他首先向傅将军面呈了毛泽东的亲笔信，重申了贵我两军叨在比邻，愿意同仇共赴的切望，同时并与傅将军“多次晤谈协同抗日事宜”[⑤]。之后，彭雪枫便由傅作义介绍，前往太原。

在彭雪枫前往太原晤阎前后，为了便于工作，中共中央同时又任命他为中共中央北方局华北联络局书记。11 月 10 日，彭雪枫刚抵天津，即与北方局接谈。12 日，彭雪枫抵达太原，并在先期受派太原的南汉宸陪同下首次晤阎，同时遵照毛泽东 10 月 23 日关于与阎谈判五项要点的指示精神，向阎表达了红军愿与晋军联合抗日的真诚愿望。在阎锡山的同意下，彭雪枫即与阎方全权代表太原绥靖公署政训处主任梁化之具体磋商有关事宜。双方商定：（1）在太原建立中共和红军驻晋秘密联络机构；（2）建立彭雪枫与中共中央的通讯联络渠道，由阎方签发护照，保证中共地面交通安全；（3）彭雪枫与中共中央的电讯联络，在建立自己电台之前，先用阎方电台。

彭雪枫在太原建立的秘密联络处——新南门大街基督青年会旧址

为了防备蒋介石和日本人的耳目，阎锡山对彭雪枫的驻晋采取了极端保密的措施，并指令梁化之与彭雪枫直接单线联络。在与梁化之商妥后，由于中共山西工委通过太原基层组织已为他的住处作了周密安排，彭雪枫便被安置在首义门（今新南门）“基督教青年会”后院 6 号住下。这是一个被人称作“半租界”的地方，住有各种各样的人，太原官方和军警从不到此检查户口。“基青”后院 6 号，既是彭雪枫的宿舍，又是红军临时联络站，环境颇为“顺适”。由于这一联络站刚刚建立，人员极少，事情不多，彭雪枫便读读书，看看报，有时也顺便逛逛公园，走走大街，对古朴的太原遂之产生了极大的兴趣。后来，他曾说过，1936 年 11 月至 1937 年与阎锡山进行统战工作旅居太原时，是他

④《毛泽东书信选集》，人民出版社 1983 年版，第 82—83 页。

⑤《傅作义生平》，文史资料出版社 1985 年版，第 449 页。

自入党以来之“最清闲阶段”。在这个较为清闲阶段的初期，他曾浮想联翩，甚或想到了他初恋时的李桂敏。于是长于写作的彭雪枫，便以“望敏”的笔名写了一篇题为《说太原》的散文，开门见山地要人们给“太原”一个“注意”。他指出：“这注意”，也许不及对于“西安”来得“更集中目光些”，然而因为“太原现在是‘剿匪’的枢纽了”的缘故，它“其中含蓄的意义，是比对‘西安’注意更为重大的”。[①]这就明确而深刻地揭示了当时太原在华北所处的不同寻常的地位。

彭雪枫当时为什么这样写并要人们这样来看待太原呢？

原来，在百灵庙战役之前，蒋介石已于11月17日由洛阳飞抵太原，名为“策划抗敌军事”，实则实施其一石多鸟的伎俩，以致“蒋军要进驻太原”的传闻一时谣传纷纷，整个太原顿时为之“空气紧张，人心不安”[②]。阎锡山本来是有意进行绥东抗战的，但蒋介石不速飞往太原，从而惹动日军直接参战，就势必重又引起阎锡山的疑虑和猜忌。不亡于日，就亡于蒋，已明显地摆在他的面前。这种鲜活的现实，同他“守土抗战”以图自保的既定方针显然已经发生了尖锐的矛盾。在这一点上，蒋介石的用心，同他在西安威逼张、杨进攻红军，从而达到削弱甚至消灭东北军、西北军和红军这一箭双雕的做法，同出一辙，毫无二致。彭雪枫抓住蒋阎之间的这一矛盾，卓有成效地对阎进行了争取工作，即使他晓于民族大义，在绥东抗战中采取了积极的态度，并开放了民众爱国运动，使轰动一时的百灵庙战役最终取得了胜利；同时又使他在即将发生的震惊中外的西安事变中，采取了“共维大局”的明智立场和与中共合作的态度。

蒋阎矛盾固然存在，但以割据自保为目的的阎锡山，在反蒋、拥蒋问题上却始终采取了以形势和条件对己是否有利的游移立场。早在西安事变发生前，张、杨二将军曾与阎锡山在联共抗日问题上多次交换意见，并达成相当一致的共识，而且阎锡山也曾当面向张学良表示，如蒋不干，他愿考虑晋军、东北军和红军联合抗日，并把绥远五县让给红军。但是，在其收到孔祥熙要他致电张学良“促其反省”并把蒋介石“暂移晋省”[③]的电报后就一反常态，不顾初衷，自食其言，而于12月14日对张发出了“五乎”电报，予以责难，从而使张学良对他十分不满。阎锡山过高地估计了自己的力量。他满以为自己可以承担“挟蒋”居间调停的重任而达到取悦于蒋的目的。可是既然自己已经背弃许诺，开罪了张学良，那“挟蒋”的美梦就难以实现。对此阎锡山曾一时颇为踌躇，甚或感到惋惜和无路可走。正当此时，继12月16日毛泽东给他去信指出“时局应和平解决，万不宜再起内战，自速覆亡”，并请其“周旋宁、陕之间，先停军事行动，再议时局善后”[④]之后，12月20日，毛泽东特又函示彭雪枫：“致百川先生信阅后即送交”，“对

---

① 彭雪枫（望敏）:《说太原》,《世界日报》1937年2月9日，第11版。
② 智良俊:《回忆彭雪枫同志在太原》，载《山西文史资料》第14辑，第28页。
③《西安事变资料》第1辑，人民出版社1980年版，第151页。
④《毛泽东年谱》上卷，中央文献出版社、人民出版社1993年版，第623页。

陕变方针，已详十九日通电，望本此作去。”① 毛泽东在致阎锡山的信（22 日）中指出：“陕变突起，事出非常。从电讯中知我公反对内战，有‘共维大局’之语，至理名言，曷胜钦佩。敝方主张详删皓两电，抄陈台鉴。敝方为大局计，不主决裂，亦丝毫不求报复南京，愿与我公及全国各方调停于宁陕之间，诚以非如此则损失尽属国家，而所得则尽在日本。目前宁军攻陕甚急，愿我公出以有力之调停手段。至于红军，只要南京停止‘剿共’政策，赞同统一战线，一致抗日，并划定适宜之防地，决不向南京管辖境内进攻。对我公领导之晋绥方面，前遣彭雨峰晋谒，已将鄙意奉陈……唯现宁陕相持甚急，如宁方坚持进攻而无丝毫转圜之余地，则红军势难坐视。战争范围扩大，所需于我公协助之处甚多。如何使晋绥陕甘四省亲密团结，联成一气，俾对国事发言更为有力之处，敬祈锡示南针。”② 毛泽东的这些话，正中阎锡山的下怀，使他感到事到如今，只有联共抗日才是他的唯一出路，同时也才能继续保持他在中国政治舞台上举足轻重的地位。此时，阎锡山虽然还在为他未能实现在西安事变中“挟蒋”居间的目的而感到惋惜，对张学良将军亦有芥蒂，但毕竟有感于中国共产党的无私和正确方针，以及彭雪枫对他的有力争取，终于又回到了原来他所表示的“共维大局”的正确立场上来，并同意实际由中共领导的牺牲救国同盟会所发表的《营蒋抗敌宣言》和在山西发动百万民众开展的《营蒋抗敌》签名运动。同时，对红军准备迎战亲日派讨伐军的攻陕而在三原一带集结兵力亦未表异议，在同南京以及各地方实力派的密电往来中也未透露红军的调动情况。彭雪枫只身入晋，同素以“山西王”而著称的老牌军阀阎锡山折冲樽俎，纵论天下大事，并取得如此的成功，不仅为西安事变的和平解决提供了客观有利的条件，亦为日后改称八路军的红军借道山西，挺进华北敌后，开辟了道路。

三、筹建红军联络站——“彭公馆”

西安事变和平解决后，国共两党进行了公开而艰巨的合作抗日谈判。这种形势的出现，对地方实力派阎锡山虽说不上是什么“喜讯”，但在“联共”、“联红”问题上至少可以减轻他在政治上的一点压力。因为“联共”、“联红”已经不再是什么不可“告人”的秘密了。可是，在国共两党合作抗日谈判尚未正式成功之前，彭雪枫同阎锡山的各种谈判仍在秘密进行，举步维艰。

为了推动阎锡山在同红军联合抗日的道路上继续前进，从而沟通红军和晋绥军的密切联络，按照 11 月 12 日彭雪枫和梁化之已经达成的有关设立红军秘密联络站与中共中央通讯联络渠道的原则协议，红军联络站及其电台的早日设立和启用，就越来越显得十分重要和迫在眉睫。为此，毛泽东 12 月 22 日在致阎锡山的

---

①《毛泽东书信选集》，人民出版社 1983 年版，第 93 页。

②《毛泽东书信选集》，人民出版社 1983 年版，第 95—96 页。

信中就曾指出："尊处与敝处电台连络亟宜从速建立，再从吉县延长建立徒步交通站。如荷同意，电台即从一月十五号起开始发报。徒步通信站在吉县者尊处任之，在延长者敝处任之，在平渡关两岸各备渡船一只，约定专任通信，双方武装互不过河。晋陕经济通商亦恳早日实行，恢复寻常关系。"[①]在此之前，即12月20日，毛泽东在给彭雪枫的信中亦这样交代说："致百川先生信阅后即送交，并求回信。建立电台交通、吉县延长徒步交通及晋陕通商关系，务须即办，不可延缓。以后往华北交通多须通过晋境，请与阎先生妥商，得其同意。兹派宋绍林同志送信与阎并给你此信，即将回信交彼带回，以快为好。"与"晋方交涉经过写一报告来。"[②]此后，毛泽东曾经多次致函阎锡山促其践约，同时并曾按照彭雪枫带去的呼号电码，向阎方电台试呼多次，但都屡叫不通。彭雪枫也曾多次向梁化之"恳托"办理此事，但都因为阎锡山对此尚存顾虑，恐怕红军再次渡河，给其政治上以极大困难，而不仅迟迟未能得到及时解决，而且就连中共交通员宋绍林也被长时间滞留天津，不能入晋。

正在彭雪枫为设立电台诸事而苦心积虑的时候，12月间，他却在基督教青年会偶然碰到二弟修教（之久）。这是自1929年9月他们兄弟二人在天津伯父家哭别后的不期而遇。那时，彭雪枫出于无奈，只是要他"半工半读，自求生计"，"学些有利于人民的工作"。不料一别七年，他竟参加晋军，现在又在太原晋军卫生人员训练所学起医来。彭雪枫闻听之下，异常兴奋，并勉励他说："这是最具体的工作，学了（将来）为红军服务。"[③]次年8月，当红军改编为八路军并在太原设立驻晋办事处后，他即介绍彭之久参加八路军，走上了革命道路。

1937年元旦刚过，旧历新年倏又到来。2月11日（正月初一），彭雪枫"晨起"，只见"白雪一片"。他睹此北国风光，顿时为之"神爽"。14日，趁着新年的喜庆气氛，彭雪枫特意"给梁（化之）一信"，除表示恭贺新年之意外，又问"前恳托之事如何？"[④]16日，"十一时梁来"告彭，前"托之事已办妥"。梁走后，彭雪枫当即给在天津的联络员秀生"快信一封，告知友人等速来"[⑤]。17日晚，交通员宋绍林由津顺抵太原，并带来毛泽东12月20日给彭雪枫和12月22日给阎锡山的亲笔信件。18日上午，宋绍林到"基青"后院6号红军临时联络站见彭，并转交了毛泽东的上述信件。"不久，梁亦来"[⑥]，彭雪枫将毛泽东致阎之信"交梁转阎"，并"将设立电台及开店诸事与梁面谈"[⑦]。阎锡山看到毛泽东给他的亲笔信后，采取了顺势应变的积极态度。第二天，即2月19日上午，梁化之前来见彭，

①《毛泽东书信选集》，人民出版社1983年版，第96页。
②《毛泽东书信选集》，人民出版社1983年版，第93页。
③ 彭之久：《悼胞兄雪枫同志》，载《忆彭雪枫同志》，河南人民出版社1979年版，第52页。
④《彭雪枫书信日记选》，河南人民出版社1980年版，第62—64页。
⑤《彭雪枫书信日记选》，河南人民出版社1980年版，第67页。
⑥《彭雪枫书信日记选》，河南人民出版社1980年版，第68页。
⑦《彭雪枫军事文选》，解放军出版社1997年版，第36页。

并对彭雪枫说："阎对所说诸事均已应允，并望能迅速办理云"[①]。于是，彭雪枫与梁化之便当即具体商议数点。2 月 23 日，彭雪枫向毛泽东作了如下汇报：

"（1）电台及工作员和我即找一独门独院的秘密房子。他和公安局说明找房子不成问题，并云双方既以开诚相见，何必另外派人同住，今后只有彭梁二人发生直接关系。（2）关于开店事，以布庄为宜，门面以在背街为好，一切营业诸手续，待人到时办理。（3）今后购买货物粮食，由贾秘书长[②]发给护照，可按货物之出产地相机分往采办。以上均以人员可靠、保守秘密为绝对的原则。"[③]

至此，拖了为时两个月之久的设立电台及开店通商诸事才算与阎方商妥，陕北红军与阎锡山间的政治和经济关系，终于向前迈进了关键性的一步。

根据与阎方交涉的成功和将来形势的更加发展，抗战的重新发动，彭雪枫认为太原的地位及与红军的关系就更加重要，可以说，"在在都使太原成为与我们联系的中心"。同时，"观乎阎近来的言论，对于'守太抗战'、'打倒汉奸'、'训练民众'等都在努力做着。对于'防共'、'反共'的宣传，似乎较昔敛迹一些"。譬如，"今年山西的'新年对联'在'防共'方面就绝对的少了"。如"今后双方在联络中，谈判中，渐渐深刻了解，我方则以绝对的诚意对他，前途是大可开展的"[④]。有鉴于此，2 月 23 日，彭雪枫在给毛泽东的报告中又特向中共中央建议二事：

"（一）党即定出'晋绥工作纲领'给以训令，以便在与党失却通信联系时亦有所遵循；（二）除设立秘密电台外，对于开铺子亦须大干，不仅可以担任联络来往落脚，印刷书籍，购存军需货品，而且弄得好了，还可以赚钱供给生活费及工作费，故对于人选方面须慎重考虑，不但政治上要绝对坚定，最好在办货、联络、招待诸方面都差不多才行。在必要时，比如买粮食，他还要亲到外县去视察指示采办员的工作进行。所以应当是个政治坚定的'生意人'。"[⑤]

另外提出：关于今后我方来并（太原）人员的组织关系、用费、纪律诸事，因为人多较杂，事先均须明白规定；关于电台联络时间则以上午 8 时至 9 时，下午 3 时至 4 时为最宜；关于报务员对于修理机器要熟练，译电员会加减乘除的算术才能翻报；关于吉县、平渡关各开铺子一个，该铺即与太原要买货的商家发生关系，以后用货直由此地商家包运，以及关于自己在理论书的学习上每天也能硬着头皮看两点钟，在用费上也自知节省，在行动上也知谨慎等等，彭雪枫都一一作了详细认真的汇报。

自同梁化之就有关建立电台和开店诸事谈妥后，彭雪枫的心情就一直十分兴奋，并打算和准备在宋绍林返延时能给毛泽东带回点可吃的东西和可用的书籍。2 月 19 日，是阎锡山对上述诸事答应"完全允办"的日子。就在当天午后，彭

---

①《彭雪枫军事文选》，解放军出版社 1997 年版，第 36 页。

② 贾秘书长，即山西省政府秘书长贾景德。

③《彭雪枫军事文选》，解放军出版社 1997 年版，第 36 页。

④《彭雪枫军事文选》，解放军出版社 1997 年版，第 36—37 页。

⑤《彭雪枫军事文选》，解放军出版社 1997 年版，第 37—38 页。

雪枫就到太原党民报社购买《中国新论》3卷2期一本,《中国人》1卷4号两本,《论语》、《西风》各一本,《科学的军备与现代战争》一本,2月16日《大公报》一份。2月23日傍晚,也就是彭雪枫写完给毛泽东的报告之后,他又到太原柳巷买牛肉鱼肉罐头及其他食品计洋11元5毛,又到晋裕公司买汾酒6瓶计洋3元2角5分,并在当天的日记中满腔激情地写道:这些东西,"均交宋带回家去。延安是我们的家了!"①

2月24日上午9时许,宋绍林携带着彭雪枫的工作报告和他给中共中央领导同志购买的书籍、食品以及那享誉国中的汾阳杏花村酒——汾酒,离开太原,3月初返抵延安。毛泽东看了报告,对彭雪枫在太原的统战工作表示十分满意。其中尤对彭雪枫在报告中关于晋绥工作的建议特别重视,在中央机要科选派赴晋电台工作人员时也采取了极为慎重的态度。最后,中共中央、中央军委决定派遣曾任中央军委通信团无线电营营长岳夏(又名罗若遐)带电台到太原工作。在离开延安之前,毛泽东亲自召见岳夏和他的爱人李建华,并对他们在秘密工作中应当遵守的保密纪律和党开展抗日民族统一战线工作时应注意的事项,如坚持无产阶级立场,保持我党我军艰苦朴素的光荣传统,不准接受党外任何人的馈赠等等,都一一作了重要指示。同时又派中央交通机构负责人张明远亲自陪伴他们经宜川到达黄河西岸,充分体现了中共中央对太原统战工作的高度重视和对联阎抗日的成功寄托了殷切而真诚的期望。

3月19日,电台台长岳夏、报务员李建华、译电员钟金辉、勤务员雷智修(现名雷义志)、警卫员程朝先等一行九人,化装成普通老百姓,在秘密交通员宋绍林护送下,从延安出发,途经宜川、吉县、侯马等地,水旱两路兼程,顺利到达太原。

3月20日晨,宋绍林到"基青"后院六号见彭雪枫,并带送"家书"(指毛泽东给彭雪枫的信)一封,彭雪枫"捧读"之下,"不禁为之怡然!"②

3月22日晚,彭雪枫和岳夏、李建华、钟金辉、雷智修、程朝先等以家庭形式分别由"基青"后院6号、并州饭店迁住城西新满城30号。这是一座事先已经准备好的较为僻静的独门四合院。为了隐蔽和保密,彭雪枫买来家具,把它布置得活像一个达官贵人的公馆,户主彭雨峰,对外称"彭公馆",是上海一家公司的"副经理"。岳夏化名岳公远(亦称岳企远),与其爱人和不满五个月的孩子会宁装成彭雪枫的"表弟"一家,译电员、警卫员、勤务员亦都有化名,装成彭雪枫的"亲戚"或公馆的"职员"。同时,彭雪枫还请来原在西北军工作的老党员王梓木的哥哥"老王"充当"公馆"的厨师。"公馆"人员济济,气派大方,特别是彭雪枫,身着长袍,脚蹬皮鞋,常常坐在"公馆"大厅的太师椅上,很难为人见疑。同时又有梁化之对太原公安局的交代,从不到此检查户口,并进行暗

① 《彭雪枫书信日记选》,河南人民出版社1980年版,第72页。
② 《彭雪枫书信日记选》,河南人民出版社1980年版,第84页。

中保护。所以他们“移来新居”以后，很快就把一部五瓦的秘密电台安装起来，并按照在延安约定的波长、呼号于3月24日正式开始工作，从而直接和顺利地沟通了新的和正式的红军秘密联络站——“彭公馆”同延安电台的空中通报联络。

在宋绍林第二次到太原直至电台正式通报前后的十几天里，彭雪枫为红军秘密联络站新址的开设“购置家具，各种布置，忙个不了”，以致使他“生活无秩序”，“读书更少”，还“不能按日记”，甚或使他“总觉有什么不适似的”。但他却没有想到休息。他在当天（4月4日）的日记中写道：“春来了，日暖风和，在各方面便都振作起来吧！”①4月6日晚，当他和岳夏谈及“补习英文事”时，得知岳夏在参加革命前曾在英、美教会中学学过英语，他的精神就为之“一时勃然”②，忘掉了一切。

4月6日7时半，梁化之到新满城谒彭，继之“绍林亦来”，他们共话至12时半方“均别去”③。就在此时前后，宋绍林也被中共中央军委三局任命为晋陕徒步交通站站长，携带着由太原绥靖公署签发的特别通行护照往来于延安和太原之间，与晋陕空中通信密切配合，互为补充。至于开设商店和双方贸易，根据与梁化之的原有协议，彭雪枫亦在太原西萧墙北二府巷3号建立了“春和申”商店，经理钱致平，并团结“福顺兴”商店掌柜李洪兴等人，与吉县、平渡关商号发生关系，形成购销网络，包运陕北红军用货。晋陕商路打通后，陕甘宁苏区即派审计局审计员郭金林、雷近等人，以陕西肤施（即延安）县赈灾委员会名义入晋购粮，并持彭雪枫为其办好的山西省政府护照，到吉县、大宁、蒲县等地开设粮行。陕北的食盐、石油运往山西，山西的布匹、面粉和小米运往陕北，形成了陕北与山西的双方贸易关系，从而大大缓解了陕北红军物资供给短缺的紧张状况。

总之，一时号称“彭公馆”的红军秘密联络站在太原的建立及其领导和关照的晋陕双方贸易的进行，为在以西安事变和平解决为契机而实现的第二次国共合作后红军东出华北前线抗日打开了通道，准备了条件。

四、巡视平津济

红军联络站正式建立后，彭雪枫的心情显得格外兴奋和愉快。清明节那天，即4月5日，天气晴和，他偕李建华、钟金辉、程朝先及房东小姑娘世荣到大华电影院去看应节影片《清明时节》。9日上午，又偕岳公远、李建华夫妇漫步于西门外，并到桃园观赏桃花。11日晨，独自起床，在细雨濛濛中，经东街崇化寺回舍，一路呼吸新鲜空气。同日11时，又与宋绍林“同出新南门外游逛”，那里“柳绿花红，游人如云”。当他看到路边菜园里有位老汉，年近七旬，而“健

---

①《彭雪枫书信日记选》，河南人民出版社1980年版，第85页。
②《彭雪枫书信日记选》，河南人民出版社1980年版，第85页。
③《彭雪枫书信日记选》，河南人民出版社1980年版，第85页。

壮工作如壮年，令人羡慕不止”，遂之立下“加紧锻炼体魄，成为铁人”[①]的誓愿。

就在彭雪枫全心而愉快地投身到联络站下一步工作的时候，中共中央和毛泽东通过联络站的电台又向他下达了新的工作指示。5月下旬的一天，电台台长岳夏把译电员钟金辉刚刚译好的一份中共中央电报放在了彭雪枫的办公桌上：兹“派彭雪枫去北平、天津、济南、聊城等地，向这些地方的地下党组织传达中共中央关于建立抗日民族统一战线和开展敌后抗日游击战争的战略方针等指示，并调查华北地区日军、伪军和国民党驻军的政治军事动态”[②]。

本来，彭雪枫是打算在把联络站的工作弄出一个头绪和打下基础以后要回延安一趟的。1937年2月23日，他在给毛泽东的工作报告中说：“我因为出来好几个月了，对于家中（指延安）最近情况和一切策略路线都不大清楚，所以想回去看看。此次来示准我回去，即以告梁，梁以走后关于赁房子买家具即留宋因言语等方面诸多不便，故说以不走为好。加以华北来人接头，与津函商生意人员，接受汇款等都须在此办理。所以仍由宋回。我想下次将此间都弄得有顺序基础时再回去，不知可否？”[③]

从正常情况看，彭雪枫在红军联络站工作已上轨道后是可以和应该由太原返回延安的。但在中共中央和毛泽东1937年2月21日作出“山西彭雪枫回”的决定并把这个决定电告周恩来以及彭德怀等人时却又指出：“直、鲁暂时无办法，过一时再说”[④]。现在，时间已经过去三个多月了，无论国际或国内，政治军事形势都已发生了重大变化。一方面，日本帝国主义在继续推行华北“特殊化”的同时，即已加紧全面侵华战争的准备，特别从5月开始，其在华北驻屯军的数量已大量增加，同时在古北口建筑炮台，在北宁路（今京包路）屯驻重兵，关东军也已侵入通县和天津一带，并经常进行所谓“军事演习”。整个华北形势日趋紧张，处处都显示出日本侵略中国的全面战争已经不可避免。另一方面，西安事变的和平解决，虽然已使“剿共”内战基本停止，国内和平已经实现，国共两党高层次的谈判也时断时续，但是由于国民党蒋介石尚未彻底改弦更张，党禁尚未开放，人民还没有民主自由，以致全面对日抗战的目标难以实现。为此，中共中央4月15日发出了《告全党同志书》，5月2日至14日又在延安召开了党的苏区、白区和红军代表参加的全国代表会议（时称苏区代表会议），毛泽东在会上作了《中国共产党在抗日时期的任务》的报告和《为争取千百万群众进入抗日民族统一战线而斗争》的结论，明确提出了“巩固和平”、“争取民主”、“实现抗战”是目前全党新的中心任务。这样，彭雪枫就不但没有像原来所打算的那样得以回到延安，相反，调查华北日军、伪军和国民党驻军的政治军事动态，向北平、天津、济南等地党的地下组织传达党的最新任务，以及中共中央关于建立抗日民族统一

---

①《彭雪枫书信日记选》，河南人民出版社1980年版，第86页。

②《毛泽东年谱》上卷，中央文献出版社、人民出版社1993年版，第677页。

③《彭雪枫军事文选》，解放军出版社1997年版，第38页。

④《毛泽东年谱》上卷，中央文献出版社、人民出版社1993年版，第654页。

战线和在敌后开展抗日游击战争的战略方针等项重要指示，从而迅速打开直、鲁两省工作局面，直接实现对日抗战这一重要任务，便又历史地落在时兼中共中央北方局华北联络局书记彭雪枫的身上。

同时，也正是由于彭雪枫当时兼着华北联络局书记这一工作的关系，所以他与华北地下党早就有了密切联络。特别在西安事变和平解决后，他利用国内出现的团结抗战的有利形势，已与失散多年的北京育德同学路庭训、赵伊坪等人取得了通信联系，并得知赵蓬如、郭武林、牛连文、李子英、李恒春等一大批育德同学分别在北平、天津和济南等地工作，尤其是王志远（又名王振升）已由德国留学回国，并利用其兄王向荣时任山东省府财政厅厅长职务之便，业已担任韩复榘第三路军总指挥部的高级参议。同时，1937 年 3 月，时在河南杞县大同中学任教的同学赵伊坪，已根据他“放下教鞭，设法到山东或华北找西北军开展兵运工作，唤醒士兵参加抗战”[①]的书信建议，经时任山东六区（聊城）行政督察专员范筑先秘书的张维翰同学的介绍，亦已到达聊城，担任了该署的办事员。所有这一切，都为彭雪枫巡视华北，做好工作，提供了极为有利的条件。

同年 4 月 1 日，毛泽东就国共两党谈判中的原则问题向彭雪枫作了通报，指出：“与南京谈判，在红军、苏区方面以保证我们的绝对领导为原则，在两党关系方面以保证我党独立性为原则，这些方面绝对不能让步，对方已大致承认。”[②]同月下旬，阎锡山曾约毛泽东的秘书周小舟到五台县河边村谈话。毛泽东得悉报告后，即于 4 月 22 日电示周小舟：“谈话（应）着重指出，政治制度之民主改革及人民自由权利之重要性与迫切性，为巩固国内和平、增强国内团结、实现对日抗战，没有民主自由是不行的。”另外，还要周小舟向时在太原的《大公报》总编辑兼副总经理张季鸾“征求能否来延安一行，如同意，我表示欢迎”。次日，再电周小舟，要他向阎锡山提出和平团结一致对外、容许共产党公开参加救国运动、赞助全国民主改革运动等要求[③]。毛泽东的这些指示，亦为彭雪枫巡视华北指明了方向，从而保证了此次平、津、济之行的胜利。

彭雪枫为巡视华北作了充分的准备。他除通过友人弄到了一枚《大公报》的徽章以便掩护外，还对自己所经手的一切经费和款项都认真地进行了清理，并记有如下类似清单的日记：

4 月 27 日，“沪汇来 5000 元，除留 100 元外，余存：中国银行 4900 元（法币，利息 2 厘）”。

5 月 14 日，“李洪兴留洋法、省币各 5000 元，存入：山西省银行 5000 元（省币，利息 7 厘，定期 3 月），交通银行 5000 元（法币，利息 4 厘，活期）”。

5 月 20 日，“将前存中国银行之款提出 4800 元转存交通银行 4800 元（法币，

---

①《赵伊坪》，《河南党史人物传》第 4 卷，河南人民出版社 1989 年版，第 257 页。

②《毛泽东年谱》上卷，中央文献出版社、人民出版社 1993 年版，第 667—668 页。

③《毛泽东年谱》上卷，中央文献出版社、人民出版社 1993 年版，第 670—671 页。

利息4厘)"。

5月26日,"由交通银行取出400元(赴平购物)"。[①]

另据联络站初期收发员智良俊回忆,彭雪枫在赴华北前曾对他说:"智,我要回'老家'去看看,如有寄给我的信件等,请替我收一下;如有寄给涂秀根的钱,也替我收一下。"[②]可见当时彭雪枫是另又化名涂秀根经常接收天津和上海等地党组织的汇款的。4月28日,彭雪枫就曾专电毛泽东,报告"沪款30000元均收到",除时任苏区贸易综合总局西北办事处对外局局长钱之光"带走24000元"外,所余"6000元尚存此间银行"。[③]由此可知,彭雪枫当时可谓手过千金,持币累万,但他却一分不沾,公私分明,款款分明,因而曾经受到中共中央的表扬。这就说明,彭雪枫在由贫瘠的陕北走向灯红酒绿、纸醉金迷的大千世界以后并未一见风华而腐化起来,相反,他却始终保持着中国共产党人的革命本色,发扬了党的艰苦奋斗的光荣传统,没有辜负党中央和毛泽东对他的嘱托。此次巡视华北,他亦当不辱使命。

在一切都准备妥当之后,5月26日晚,彭雪枫便由太原乘车赴北平。28日晨,经石家庄到达北平后住前门利通饭店。在北平,他会见了"当时处于地下状态的中共北方局的负责同志",传达了"党中央的指示"[④],同时通过地下北平市委查到并约见了时在北平做地下工作的育德同学方中铎,同他在中山公园作了阔别7年之后的一次"热烈的长谈"。据方中铎后来回忆说:当我如约"飞快赶到中山公园门口时,他已经等在那里了,只见他胸前挂着《大公报》的徽章,红光满面,眉宇间露出英气,坚强有力"。那天,"我们在中山公园松林中一个僻静的地方坐下来,面对紫禁城的角楼开始了热烈的长谈","从上午9时,直谈到黄昏"。原来,"他这次来是奉中央派遣,去济南做统战工作路过北京(平)的"[⑤]。

在和方中铎长谈后,彭雪枫又与育德同学赵蓬如取得联系,并由利通饭店迁住北平东城慧照寺西山别墅(公寓)。赵蓬如追随冯玉祥将军多年,时因患病曾在西山疗养,出院后即住西山别墅。一天,育德同学李恒春前来探望赵蓬如,不期"忽与彭(雪枫)相会"[⑥]于此。他乡遇故知,自然无话不谈。当彭雪枫得知育德同学张维翰在山东聊城工作时,即约他到北平会面。张维翰得信后即应约抵平,并向彭雪枫介绍了"济南以共产党员朱晦生与育德同学王志远、陈占云等为核心,争取团结韩复榘第三路军中下级军官"和"党在聊城为争夺聊城师范的领导权,而组织一部分进步力量和国民党山东省教育厅CC派进行斗争"等有关情

---

①《彭雪枫书信日记选》,河南人民出版社1980年版,第86—87页。

② 智良俊:《回忆彭雪枫同志在太原》,载《山西文史资料》第14辑,山西人民出版社1980年版,第29页。

③《彭雪枫致毛泽东电》1937年4月28日。

④ 岳夏:《八路军驻晋办事处的始末》,载《革命回忆录》(1),人民出版社1980年版,第193页。

⑤ 方中铎:《忆学生时代的彭雪枫同志》,载《忆彭雪枫同志》续集,河南人民出版社1981年版,第110—111页。

⑥《李恒春函件》1990年5月20日。

彭雪枫巡视北平时在中南海的留影

况，使彭雪枫“非常高兴”，并决定随他“到山东一行”[①]。

行前，即在等待张维翰回信时，彭雪枫还曾亲到北平协和医院检查过一次身体。协和医院是一所英、美教会医院，始建于1921年，在国内外享誉盛名。后来他曾在新四军第四师兼淮北军区第三届医工大会上的报告中忆及此事时这样说过：“从前我在北平到协和医院去看过一次病，后来‘七七’事变那一年，经过北平，我又到协和医院去检查身体，医生只用一两分钟的时间，（便）取出了从先的病案记录。我过去生过什么病？吃了什么药？怎样治好的？隔了十多年还记得很清楚，十多年前的病案记录，他们还保存到现在，这样科学认真的精神，当时我很受感动！”[②]这是后话，但从中可以看出彭雪枫的思想是多么的敏锐，多么的深沉，又多么善于从自己亲身的经历中去体验和把握事物的本质。正是他具有这种实事求是、崇尚科学的精神，才使他始终站在时代的前列，永葆革命的青春。

6月5日，彭雪枫和张维翰由平赴津，住在育德同学李国梁家，同他共话旧谊。7日，乘车抵济，晚寓山东省财政厅王志远家，并与王志远竟夜长谈，详细了解了朱晦生和他共同组建的抗日救亡团体“知行学会”在韩复榘第三路军中做兵运工作的情况。

朱晦生（1903—1948）原名锡祥，字善初，陕西朝邑县（后并入大荔县）人。1927年6月参加中国共产党，后因渭华起义失败，失掉组织联系，遂东出潼关，易名晦生，在国民党第三路军第二十师充当司书。1936年6月，升任该师高炮团书记官，并由该部进步军官、原育德学生陈占云介绍，结识了王志远。此后，朱晦生即通过王志远联络原由彭雪枫组建的“育德同学会”会员并以他们为骨干秘密建立了以“非抗日无以图存，非联共无以抗日”[③]为宗旨的抗日救亡团体，取名“志宏坚拔”（意即抗日之志宏大而坚不可拔），矢志抗日。经过王志远、陈占云、路庭训等人的积极联络，“志宏坚拔”迅速壮大。为了适应将来斗争的需要，朱晦生诱导大家把抗日救国的认识和行动结合起来，说得出，做得到，遂又建议

① 张维翰：《我所知道的彭雪枫同志》，载《忆彭雪枫同志》，河南人民出版社1979年版，第106页。
②《彭雪枫军事文选》，解放军出版社1997年版，第569页。
③《朱晦生》，载《河南党史人物传》第3卷，河南人民出版社1988年版，第261页。

彭雪枫（左二）和路庭训（左一）、张维翰（左三）等在济南历下亭的合影

"志宏坚拔"易名"知行学会"。"志宏坚拔"易名后，会员的斗争方向更为明确，抗日热情更加高涨，并已有六七十名中下级军官团结在他们的周围。

听了王志远的介绍，彭雪枫神情为之一振，认为中日战争一旦爆发，"知行学会"定可发挥重大作用。于是以育德同学的身份作掩护，邀集朱晦生、王志远、陈占云、路庭训、冯惊涛、高宜之等十余人在王志远家开了座谈会。座谈会上，彭雪枫首先充分肯定了"知行学会"的活动，继而深刻分析了当时国内外的政治形势，认真传达了中共中央关于建立抗日民族统一战线的指示精神，要求以"知行学会"的形式继续"团结、争取第三路军中的进步分子，发展壮大抗日力量"[①]，并以此为骨干，大力发展党的组织。同时，还要派一部分人去聊城，协助范筑先专员建立鲁西北抗日根据地。会后，"知行学会"根据彭雪枫的讲话精神，把学会宗旨中的"非联共无以抗日"改为"非拥共无以抗日"[②]。从此，该会走上拥共抗日的道路，在韩复榘第三路军中日益起着重要作用。

彭雪枫在济南共住五天。他时而身着灰色长衫，出入于省府财政厅，迎来送往；时而身穿白色便服，漫游在大明湖畔、历下亭前，和朱晦生、王志远等人共同筹划了以"知行学会"为基础在第三路军中秘密发展党组织的计划，并嘱托王志远安心工作，利用这里的有利条件，同朱晦生一道共同搞好"知行学会"，以收将来"里应外合"[③]之效。

---

① 王志远：《雪枫同志与知行学会》，《党史资料选辑》南京军区党史资料征集办公室编印，1983 年，第 3 页。

②《朱晦生》，载《河南党史人物传》第 3 卷，河南人民出版社 1988 年版，第 262 页。

③ 王志远：《雪枫同志与知行学会》，载《党史资料选辑》，南京军区党史资料征集办公室，1983 年，第 3 页。

6月11日晨，彭雪枫乘坐汽车驰赴聊城。当天，他以育德同学身份和张维翰同住在聊城公署内。在这里，他同早已在此工作的育德同学赵伊坪、牛连文见了面，并帮助赵伊坪接上了党的关系，介绍张维翰参加中国共产党，使聊城公署党的组织从此建立起来。

彭雪枫在聊城共住两天。在这短短的两天里，他对鲁西北地区的历史、现状以及地形和山川河流，乃至风土人情，都作了深入细致的调查了解，同时还对聊城党正在和国民党CC派分子朱香亭进行争夺聊城师范领导权的斗争作了重要指示，要求他们根据当前党的主要任务，暂时停止这一斗争，以便结成更加广泛的抗日民族统一战线，集中力量对付日本帝国主义。至于鲁西北，彭雪枫则认为，该区地处冀鲁豫三省交界，战略地位极为重要，广大人民又富有历史革命光荣传统，倘若中日战争爆发，在这里发动群众，进行平原抗日游击战争，是个很好的条件。因此，党在鲁西北地区除直接准备自己所领导的抗日武装外，就是要做好专员范筑先的争取和团结工作，使他接受党的抗日民族统一战线的主张，和我党合作抗战，并准备将来在这里建立抗日根据地。

6月13日晨，彭雪枫由聊城经禹城乘火车北上，晚8时抵达天津。时因育德同学李子英来接，即住北辰饭店，与李子英“作彻夜谈”[①]。李子英（1911—1989），河南沈丘县人，天津南开大学经济系毕业，时任天津《大公报》经济版编辑兼做中学外语教学工作。他们因是同学又兼老乡，一见之下，自然分外亲切。作为学长，彭雪枫对李子英的前途更加关心。当时，他虽对李子英的家庭困境十分同情，但还是向他“摆形势，讲未来”，启发子英能够“早日走向革命”[②]。他们长谈后，李子英虽未断然立下决心参加革命，但他日后所开办的“李木书屋”却曾是党的地下工作者的据点之一，为抗日和革命作出了有益的贡献。

6月14日晨，彭雪枫告别李子英，乘特别快车离津返平。在北平住了三天后，于6月16日晚，搭车回太原，育德同学赵蓬如、郭武林、李恒春、景岫岚、李连瑞等五人，前往车站送行。

6月17日晚，彭雪枫返抵太原。6月30日，撰《平津济之行》一文，对此次巡视华北作了总结，并向中共中央作了报告。彭雪枫此次华北巡视，前后共计23天。他通过原北京育德同学会的特殊渠道，终于打破华北统战工作的僵局，向北平、天津、济南、聊城等地党的组织传达了中共中央和毛泽东的声音，建立和发展了党的基层组织，并且掌握了当时华北日伪军的动态和兵力部署，以及国民党各地方实力派对抗日的态度。这不仅为中共中央在抗日战争全面爆发后对整个华北地区的战略部署提供了客观依据，而且亦为华北敌后抗日游击战争的蓬勃发展积聚了力量。

---

①《彭雪枫书信日记选》，河南人民出版社1980年版，第88页。

②《李子英夫人崔书贞函》2001年9月16日。

五、主持八路军驻晋办事处

7月初，彭雪枫奉命由太原返回延安，向中共中央、毛泽东详细汇报华北秘密联络情况和统战工作，并请示今后工作方针。他刚到延安，征尘未洗，卢沟桥“七七”事变的炮声就已打响。从此，中国全国性抗日战争爆发。

在延安，彭雪枫除向中共中央和毛泽东汇报了太原统战和巡视华北的情况外，还认真学习了中央和红军为日军进攻卢沟桥而发表的通电精神，领受了中央7月8日关于速与山西等华北行政当局协商执行“保卫平津”、“保卫华北”的具体办法，以便对付“当前的重大事变”[①]的重要指示。从当时红军所处地理位置看，在中华民族生死存亡的关头，这已成为党和红军实现“抵抗日寇的侵略”，“为国效命，与敌周旋，以达保土卫国之目的”[②]的唯一可供选择的办法和途径。

为了加速红军的改编，促使抗日民族统一战线的形成，直接实现红军的对日作战，7月14日，毛泽东、朱德发布了红军在十天内“改组为国民革命军编制”并“听候出动”[③]的命令。同日，毛泽东又与朱德、彭德怀等致电叶剑英在西安代表中共中央向南京政府表示了同一愿望，并同意担任平绥线国防。7月17日，在派出秘书周小舟赴晋与阎锡山谈判“红军开赴前线协同作战问题”[④]。仅仅相隔一天，毛泽东又令彭雪枫“速返太原”，并就“红军协同作战”问题再次晤阎，听取意见。为使阎锡山能够同意红军二度入晋协同抗战，毛泽东在给他的亲笔信中这样写道：“关于红军协同作战，昨派周小舟趋谒，现令彭雨峰速返太原，再求指示。日寇大举，全华北危险万状，动员全力抗战到底，发动民众与扶助义军工作，实属刻不容缓。兹有敝方指导华北工作者数人拟在太原驻止，祈先生予以方便。”[⑤]

为了完成毛泽东赋予的这一新的任务，彭雪枫即向中共中央组织部要求正在抗大二期学习的张震同他一道到太原工作。张震当时已经是个杰出的红军青年干部，此前他曾长期在彭雪枫手下工作，与彭结下患难之交。中组部很快同意了彭雪枫的要求，并通知张震速到中组部报到。7月17日，彭雪枫专程到中组部看望张震，并向他交代了同到太原做党的秘密联络工作的任务。18日，彭雪枫带着毛泽东致阎锡山的信，同张震和警卫员程朝先乘坐朱德总司令的汽车一起离开延安，动身返晋。朱总司令是到云阳镇红军前敌总指挥部研究部署部队整编问题的。张震则因要到西安红军秘密联络站领取服装费，购买便衣，彭雪枫在前指与朱德、张震道别后，就先期直返太原。

7月20日，毛泽东电告阎锡山：“周小舟、彭雨峰到，祈赐接见。”[⑥]彭雪枫

---

①《中共中央文件选集》第11册，中共中央党校出版社1991年版，第276页。

②《中共中央文件选集》第11册，中共中央党校出版社1991年版，第275—278页。

③《中共中央文件选集》第11册，中共中央党校出版社1991年版，第287页。

④《毛泽东年谱》中卷，中央文献出版社、人民出版社1993年版，第4页。

⑤《毛泽东年谱》中卷，中央文献出版社、人民出版社1993年版，第4—5页。

⑥《毛泽东军事文集》第2卷，军事科学出版社、中央文献出版社1993年版，第7页。

到晋后，即谒阎锡山，递交了毛泽东给他的信，并借机询探了阎锡山对红军再度入晋抗日的态度。7 月 18 日，红军联络站就有一份晋军拟先开一个师驻石家庄及全部轻重工业、军械弹药和银钱纸币均撤五台山的情报报往中央。彭雪枫据此估计阎锡山已对山西抗战做了准备，态度亦较积极。诚如毛泽东所说，阎锡山"老成谋国"，并已称"非抗战无以图存"[①]。这样，当时彭雪枫与周小舟便同晋绥当局"定了一个统一战线的办法"，使阎锡山在合作抗日问题上表示同意中共"抗日主张"，并愿在"国事危急"关头与红军"同赴国难"[②]。彭雪枫、周小舟与阎锡山多次晤谈的结果及阎锡山上述态度表明，红军再次入晋抗日的障碍已经大体扫除，道路业已打开。

按照彭雪枫和阎锡山的谈判进程，红军本来是可以尽快出动并开赴抗日前线的。但是由于国民党南京政府在红军改编和发表"宣言"（即《中共中央为公布国共合作宣言》）等问题上诸多留难，致使国共两党高层谈判进展颇为迟缓。这样，中央军委虽已决定"红军不待改编即拟出动"[③]，但因此却未能及早开拔，八路军驻晋办事处自然也就因此没能建立。正因为如此，彭雪枫同晋绥当局关于红军出动路线、粮草供给、弹药补充的谈判，都还是以红军联络站的名义并在秘密状态下交叉着进行的。然而，7 月底北平、天津的失陷，华北危机的日深，已使红军由"准备调动"进到了"实行开动"[④]的阶段。因此，有关红军出动时的粮弹补给和路线问题，便被首先提到身负党和红军对外联络之责的彭雪枫面前。

兵马未动，粮草先行。彭雪枫在和晋绥当局政要联络时首先谈到的就是红军出动时的粮草供给和弹药补充。8 月 7 日，彭雪枫把从梁化之和晋军将领孙楚、杨爱源处了解到的"晋方可为我筹办"工作器具和手榴弹、射击装甲车之破甲弹"此间即可购办"、"我军经过晋省地区，粮食当不困难，但绥察边境则较缺乏"等有关情况，立即电告了毛泽东，并建议红军在绥察边之三岔镇、大同、丰镇等处"设立兵站，预先办粮"，"天气渐寒，预先派人到绥远购办皮衣"，又称察绥等处多半山地，亦间绕平原，"我军对平原战斗及筑城作工事"应即行"教育"，并"加紧训练"[⑤]。同日，毛泽东即电彭德怀、任弼时等着派左权代表红军总部到太原与彭雪枫合作"对阎锡山交涉一切"，派叶季壮即赴太原"设立供给机关"[⑥]。

除此以外，红军出动路线问题则是中央军委早所考虑的重要问题之一。8 月 5 日，毛泽东认为"红军出动抗日，主力仍以在韩城、宜川渡河为有利"。[⑦]9 日，

---

①《毛泽东军事文集》第 2 卷，军事科学出版社、中央文献出版社 1993 年版，第 7 页。

②《阎锡山评传》，中共中央党校出版社 1991 年版，第 292 页。

③《毛泽东致彭雪枫电》，《毛泽东军事文集》第 2 卷，军事科学出版社、中央文献出版社 1993 年版，第 28 页。

④《毛泽东年谱》中卷，中央文献出版社、人民出版社 1993 年版，第 12 页。

⑤《彭雪枫致毛泽东并转彭德怀、任弼时电》1937 年 8 月 7 日。

⑥《毛泽东致彭德怀、任弼时、贺龙、关向应、刘伯承等电》1937 年 8 月 7 日。

⑦《毛泽东年谱》中卷，中央文献出版社、人民出版社 1993 年版，第 10 页。

毛泽东在致红军前指的电报中又强调了“红军开动必须走韩城”[①]的意见。这其中的原因是：一方面要警惕国民党“分割出动”的阴谋，另一方面则“因洛川至府谷千余里无粮”。因此，毛泽东8月10日致电彭雪枫，要他把红军出动路线“只能走韩城渡河经蒲县、孝义、汾阳到大同集中”这一点“与阎交涉一定要办到”[②]。彭雪枫接电后即刻晤阎，并于8月12日报告毛泽东说：“十日电示中关于出动路线问题已转阎主任。阎意为免使红军长途辛劳起见，拟于同蒲铁路运送红军，可由韩城渡河在侯马经临汾可车运大同”[③]。这就是说，红军出动路线问题经过彭雪枫与阎锡山的努力交涉，已经实现了毛泽东关于红军决由韩城渡河的决策。毛泽东接电后十分高兴，当日他即把阎锡山同意红军由韩城渡河并经同蒲路输送的情况电告了朱德和周恩来。同时，彭雪枫还就集中训练水手、安排好乘船人数、组织好乘坐火车、加紧布置政治工作和注意途中隐蔽保密等问题向中共中央提出了建议。8月14日，毛泽东电复彭雪枫说：“红军确定由韩城入晋似以步行不坐火车为有利。如届时不坐火车，则由蒲县北进，以隐蔽为由。但此时不应向晋方明说拒绝火车。”另外又嘱“多方调查”晋军位置，并希“见告”[④]。鉴于红军北上抗日即将遇到因天候变换而发生的寒流袭击和察绥边境“大军云集，无货可买”而造成的军需供给困难，8月15日，彭雪枫再次致电毛泽东、周恩来、林伯渠，建议从速“派人到兰州、凉州等处大量收买”皮衣、皮帽、毡鞋等物，“免致部队北上时发生困难”[⑤]。“为安全计，为荫蔽计，为满足晋绥渴望计”，8月17日，毛泽东最后决定红军“决走韩城渡河，在侯马上车，到大同集中，再转至怀来、尉县，决不走平汉路”，并“在独立自主的指挥与游击战山地战原则下受阎百川节制”。这个决定，当日毛泽东已电告彭德怀、任弼时等，并要朱德、周恩来、叶剑英“速通知阎”[⑥]。鉴此，8月19日，彭雪枫便把要求南京补充之军需品，“首为炮、枪、刺刀、水壶、弹药之类，余如工作器具、军毯、炸药、子弹袋、手枪弹药袋等”，电告毛泽东依阎锡山前次提及之意，“如南京一时赶造不及，可电请南京转饬晋绥当局代为定制”[⑦]。这样，关于红军出动抗日的准备工作，由于中共中央军委的正确决策与彭雪枫的穿梭交涉，便已基本就绪。

在彭雪枫同阎锡山的谈判顺利进展的同时，周恩来、朱德同国民党南京政府的谈判亦获重大突破。就在彭雪枫致电毛泽东这一天，即8月19日，蒋介石已同意红军改编为三个师，主力迅速出动。8月22日，国民政府军事委员会正式发布中国工农红军改编为国民革命军第八路军的命令，同时任命朱德为总指挥，

---

①《毛泽东年谱》中卷，中央文献出版社、人民出版社1993年版，第12页。
②《毛泽东军事文集》第2卷，军事科学出版社、中央文献出版社1993年版，第29页。
③《彭雪枫军事文选》，解放军出版社1997年版，第40页。
④《毛泽东致彭雪枫电》1937年8月14日。
⑤《彭雪枫致毛泽东、周恩来、林伯渠电》1937年8月15日。
⑥《毛泽东年谱》中卷，中央文献出版社、人民出版社1993年版，第13页。
⑦《彭雪枫致毛泽东电》1937年8月19日。

彭德怀为副总指挥。在国共两党谈判达成上述协议时，双方亦达成在国民党统治区若干城市设立八路军办事处的协议。这样，红军太原联络站改称八路军驻晋办事处也就在早已准备的基础上瓜熟蒂落，水到渠成。

建立红军（后为八路军）驻晋办事处，中共中央早已有所充分的准备。7 月 30 日，刘少奇刚由延安到太原，就致电张闻天、毛泽东并叶剑英，建议中央在太原“建立如西安之办事处机关，代表红军进行统一工作”，同时提名“此间由雪枫设法立即分别派人到华北各地联络及侦察各方情况”[①]。8 月 1 日，张闻天、毛泽东复电刘少奇、彭雪枫，指示彭雪枫准备在太原设办事处，其工作“以组织民众、推动抗战为总目标，地方口号由各地自定之”。[②]8 月 10 日，毛泽东又致电彭雪枫，进一步明确指出：“太原公开办事处立即开设，你为主任。”[③]8 月 25 日，中共中央革命军事委员会发出关于红军改编为国民革命军第八路军（9 月 11 日，按全国统一的战斗序列，改称第十八集团军）的命令。红军前敌总指挥部改为第八路军总指挥部，朱德任总指挥，彭德怀任副总指挥（9 月 11 日，改称正、副总司令），叶剑英任参谋长，任弼时任政治部主任，左权任副参谋长，邓小平任副主任。下辖三个师：第一一五师，林彪任师长，聂荣臻任副师长；第一二〇师，贺龙任师长，萧克任副师长；第一二九师，刘伯承任师长，徐向前任副师长。同时，太原红军联络站根据八路军总部命令亦改称国民革命军第八路军驻晋办事处，彭雪枫被任命为总部参谋处少将参谋处长兼国民革命军第八路军驻晋办事处主任。

由于为了适应八路军即将开赴山西前线抗日的需要，红军太原联络站工作人员不断增加，中共中央北方局和八路军总部来晋公干干部亦与日俱增，原有联络站驻址已感十分拥挤。7 月底，由西安到达太原的张震就因此住在小二府巷由联络站自己开办的“春和申”商店里。这时张震已被彭雪枫借用《诗经·小雅·鹤鸣》中“鹤鸣于九皋，声闻于天”的典故化名张中天，并以红军（后为八路军）总部少校参谋身份兼任联络站总务科长。8 月下旬，彭雪枫根据北方局组织部长彭真的提议即派张震随彭真去看了原成成中学的房子。成成中学是太原有名的一所进步学校，为了避战已迁清源，原址前后两院，校舍宽敞，做办事处非常合适。房子看好后，连同该校右边市民的一所宅院也一并租了下来，并开始搬迁。前院由办事处办公，后院住北方局、山西工委和做招待所。叶季壮则被安排在学校右边那所市民的院子里，成为八路军总部的供给机关。

8 月 30 日，国民革命军第八路军驻晋办事处正式在太原东关坝陵南街 8 号成成中学原址挂牌，公开地址，开始办公。主任彭雪枫。下设总务科，张震兼科长；供给科，资凤任科长。另外，岳夏任办事处秘书兼电台台长，宋绍林任交通站站长。全体工作人员已脱掉便服，换上军装，佩戴“八路”臂章。至此，党和

---

①《刘少奇年谱》上卷，中央文献出版社 1996 年版，第 186 页。

②《刘少奇年谱》上卷，中央文献出版社 1996 年版，第 186 页。

③《毛泽东军事文集》第 2 卷，军事科学出版社、中央文献出版社 1993 年版，第 29 页。

红军与阎锡山的统战关系便随着红军的正式改编由秘密阶段发展到公开阶段。就在这种形势下，此前，即8月22日，彭雪枫致电张闻天，报告他由梁化之介绍已与王若飞见面两次，阎锡山“大（致）可同意王若飞回陕北去”，并请示王回陕北“走西安或渡黄河”[①]。这就表明，阎锡山随着国共两党合作抗日关系的确立，不仅军事上愿与红军合作抗战，政治上也因7月31日“七君子”的释放而开始解禁。不久，彭雪枫便根据中央指示，派专人护送王若飞经西安回到延安。这就扫除了八路军与晋绥军合作抗日的政治障碍，推动了八路军出陕入晋的进程。

8月19日，彭雪枫向毛泽东提出了红军“仍以迅即开动为好”[②]的建议。22日，八路军第一一五师即由陕西三原地区出发，31日，经韩城芝川镇东渡黄河，9月中旬进至晋东北地区；9月3日，八路军第一二〇师亦由陕西富平庄里镇出发，紧随第一一五师之后东渡黄河，19日，进抵榆次地区。至此，八路军主力除第一二九师留驻待机外已全部进入山西抗日前线。在八路军经过太原时，驻晋办事处组织太原各群众团体到火车站迎送慰劳，场面动人，气氛热烈，遂使太原成为全国爱国青年注视和向往的目标。他们从全国各地纷至沓来，豪情满怀，主动入伍，增加了抗日的新生力量。

八路军主力既然业已依次开往山西抗日前线，那么，八路军到达山西后的活动区域、作战原则、指挥关系等有关事宜，就成为党和八路军与阎锡山协商解决的首要问题。为此，8月31日，毛泽东决定周恩来即赴太原、大同会晤阎锡山，“商量好八路军入山西后各事”[③]。同日，中共中央把周恩来将赴太原与阎晤谈应注意的事项电告了彭雪枫。彭雪枫根据中央指示，即赴代县雁门关太和岭口行营晤阎，除对未来山西及华北抗战有关问题进行了广泛交谈外，并就周恩来副主席抵晋所乘车辆、安全、食宿等问题与阎锡山进行了周密磋商，从而为双方高级晤谈作了妥善安排。

9月5日，周恩来以中共中央代表身份和彭德怀、徐向前等经风陵渡乘车抵达太原，先住东辑虎营傅公祠高级招待所，第二天便移住八路军办事处。当时阎锡山因南口战役失败和张家口的失陷而正在太和岭口行营实施他所拟定的“大同会战计划”，不在太原。因而周恩来在彭雪枫陪同下，首先会见了山西省府主席赵戴文和省府秘书长贾景德后即赴太和岭口，并就八路军入晋后的有关重大事宜当面与阎锡山进行交涉。从此，八路军与第二战区司令长官阎锡山的直接高层统战谈判便已开始。

9月7日夜，在彭雪枫陪同下，周恩来、彭德怀、徐向前等连夜赶赴太和岭口会晤阎锡山，随后又到大同会见了二战区北路前敌总指挥傅作义。在晤谈中，周恩来根据毛泽东9月4日关于“整个华北战线酝酿着极大危机，利用红军新到

---

①《彭雪枫致张闻天电》1937年8月22日。

②《彭雪枫致毛泽东电》1937年8月19日。

③《毛泽东年谱》中卷，中央文献出版社、人民出版社1993年版，第17页。

壮其气而相当改变其做法”① 等一系列重要指示，同阎锡山就八军路入晋后的活动区域、作战原则、指挥关系以及平型关、雁门关的防御等问题进行了广泛而深入的交谈，并取得了一致，从而避开了阎锡山想要八路军开赴阳原、大同攻打正面之敌的意见。同时，根据周恩来的建议，阎锡山亦同意在第二战区行营直接指挥下成立有共产党、八路军代表参加的民族革命战争战地总动员委员会（简称动委会），以发动群众，支持抗战。经过反复商谈，双方最后商定动委会由中共、牺牲救国同盟会和其他群众团体共同组成，国民党爱国将领续范亭任主任委员，工作纲领由中共主持提出，经阎锡山同意后发布实施。9 月 9 日，周恩来一行回到太原。受周恩来的委托，彭雪枫参与动委会工作纲领的文字敲定工作。工作纲领拟好后，彭雪枫持件找梁化之等人进行商讨，并取得一致意见。最后，周恩来委托南汉宸、续范亭到太和岭口，请阎阅示批准实施。之后，彭雪枫又同梁化之就动委会工作计划进行商议。9 月 20 日，动委会在太原侯家巷山西大学正式成立，邓小平、彭雪枫、程子华等人参加领导工作，任动委会委员。动委会的成立，标志着山西抗日民族统一战线组织的建立，行使着战时政权的职能，在抗战前期发挥了重要作用。

9 月中旬，山西战局发生了重大变化。此时日军已分两路进攻广灵、灵丘，晋军已于 13 日放弃大同，绥远全境实际已失，以五台山为中心之晋东北日军将以重兵进据。在这种情况下，过去决定八路军全部在晋东北恒山山脉创建根据地的计划就必须改变，否则必将使自己处于日军的大迂回中，完全陷于被动地位。为此，9 月 16 日，彭雪枫特赴太和岭口与阎锡山商定今后阎总部指挥八路军的两个原则：一为事先相互商议，二为临时将计划部署通知八路军，由八路军自行酌量行动。这就为日后八路军战略部署的改变和战略展开在指挥关系方面摆脱了阎锡山的掣肘，争得了极大的主动。

在这次晤谈中，阎锡山因为担心将来国军在津浦、平汉两线败退后“八路军是否南下或采取适当战略”曾密告彭雪枫说：“我不赞成南渡黄河之议，特请转述毛朱彭三先生，万一上述不利形势到来时，以八路军会合晋绥一个集团军在五台山脉周围建立根据地。五台山纵横二百里，周围六百里，共二十六个口子，民众二十余万，配合晋绥及八路（军）其他部分定可与敌周旋……如毛、朱先生同意，希及早告我，以便预先存买粮食、衣服、弹药之种种准备。”9 月 18 日，彭雪枫把阎锡山的这个密意报告了毛泽东，并说：阎锡山“言下态度颇为郑重诚恳。我意我军主力应依阎意活动于五台山及其以南地域，另以一部配合王兆相部② 进击绥远”③。19 日，毛泽东致电彭德怀，指出：“贺龙部应位于晋西北，处于大同、太原之外翼，向绥远与大同游击”④。21 日，八路军总部正式命令第一一五

---

①《毛泽东年谱》中卷，中央文献出版社、人民出版社 1993 年版，第 18 页。

② 王兆相部，即以王兆相为营长的八路军第一二〇师工兵营，驻防神池地区。

③《彭雪枫军事文选》，解放军出版社 1997 年版，第 43 页。

④《毛泽东年谱》中卷，中央文献出版社、人民出版社 1993 年版，第 22 页。

师在晋东北地区活动，第一二〇师挺进晋西北抗日前线，第一二九师准备开赴晋东南地区。

9月21日晨，八路军总部朱德、任弼时、左权、邓小平等经侯马抵达太原。当日夜，彭雪枫陪同周恩来、朱德等驱车太和岭口，再次晤阎，拟将八路军实施战略展开的决定予以通报。第二天上午，彭雪枫和周恩来、朱德等顺利到达，晤谈随即开始。经过周恩来对八路军作战原则的剀切陈述，以及国民党中央通讯社已在当天发表了《中共中央为公布国共合作宣言》，阎锡山也就表示同意八路军进行独立自主的山地游击战，同时并就八路军的游击区域、兵力使用和在有利条件下配合友军进行运动战等问题取得一致，达成了协议。与此同时，阎锡山还面许八路军“驻区群众工作”，“组织之游击队允予发枪”，并“可实行减租减息”[①]。由于当时日军板垣师团一部正沿灵丘至大营公路向西进犯，双方还议定八路军第一一五师插入敌后，侧击平型关日军；晋军第七十一师由团城口正面出击，共同歼敌于平型关前。9月23日，八路军第一一五师奉命以其一部（独立团和骑兵营）向敌侧后东河南、蔡家峪发起攻击，牵制和打击敌之增援部队。次日夜，主力4个团乘夜冒雨设伏于平型关东北公路两侧山地。25日晨，日军板垣师团一部进入预伏地区，第一一五师主力突然发起猛攻，将敌第二十一旅团一部一千余人予以全歼，取得了全国抗战以来第一个歼灭战的胜利。八路军开赴抗日前线首战告捷，证明了彭雪枫陪同周恩来、朱德、彭德怀等同阎锡山谈判的成功，是毛泽东军事思想和抗日民族统一战线在山西的胜利。

9月下旬，阎锡山在晋北固守的方针遭到失败，他所经营的内长城防线也已土崩瓦解。在这种严峻形势下，他再次向中共中央提出晋绥军与八路军用游击战坚决抵抗日军进攻的方针。借此机会，彭雪枫向他转述了毛泽东9月23日关于对他16日所提问题的答复。毛泽东指出：“游击战争主要应处于敌之翼侧及后方，在山西应分为晋西北、晋东北、晋东南、晋西南四区，向着进入中心城市及要道之敌人，取四面包围袭击之姿势，不宜集中于五台山脉一区，集中一区是难以立足的。”毛泽东还进一步指出：五台山脉应使之成为重要的游击区域之一，现在就应加紧准备，不宜迟缓。同时应该充分注意晋西北管涔山脉地区的部署与准备。太行、太岳山脉之晋东南与吕梁山脉之晋西南，亦不可不于此时作适当之部署。“游击战争除军事部署以外，最主要的是紧密依靠乡村广大人民群众，只有如此，才能取得最后胜利。”[②]

就在彭雪枫向阎锡山转达毛泽东在山西进行游击战的意见的同时，毛泽东同张闻天又电告周恩来，同阎锡山谈话时要着重说明国共两党合作后应完全实现蒋氏谈话所发出的“与全国人民彻底更始”的诺言，“彻底实现三民主义及与三民

---

①《朱德、彭德怀致毛泽东、林彪、聂荣臻、罗荣桓、贺龙、萧克、关向应、徐向前等电》1937年9月25日。

②《毛泽东年谱》中卷，中央文献出版社、人民出版社1993年版，第23页。

主义相符合的中共提出的十大纲领”[①]。与此同时，中共中央已经确定了“整个华北工作，应以游击战争为唯一方向”[②]的方针，并且亦对山西地方党的目前工作作出了“应以全力布置恒山、五台、管涔三大山脉之游击战争，而重点在五台山脉”[③]的部署，责成设置一个类似军政委员会的领导机关，立即开始普遍地组织地方支队和群众，以半月为限，全部布置完毕。9月30日，鉴于国共两党间的政治问题已经基本解决和国民党军已在平汉、津浦两线溃退，保定、沧州已失，原以留驻待机的八路军第一二九师便遵令由陕西富平出发东渡黄河，并在太原补充后迅速开至正太路南北地区。这样，八路军各部在山西抗日前线所实施的战略展开，因有阎锡山的合作，便有力地促进了被毛泽东称作“华北的特殊局面”[④]的山西广大游击战争的发展，加速了华北正规战争结束后以八路军为主体的抗日游击战争新阶段的到来。

这就足以证明，彭雪枫为军前驱，不辱使命，在其主持八路军驻晋办事处时忠实地履行了他的职能，出色地发挥了“先行官”和“好参谋”的重要作用，证明周恩来、朱德和他同阎锡山的成功谈判在促成以八路军为主体的华北抗日游击战的进程中建树了卓越的历史功勋。

六、宣传抗日与作《游击队政治工作》报告

八路军驻晋办事处正式建立和公开办公后，彭雪枫在太原的活动由秘密转向公开，因而他的工作也因此更加繁重。这时，他已停止使用化名，起用真名，除继续同晋绥当局联络接洽外，根据张闻天、毛泽东关于办事处应“以组织民众、推动抗战为总目标”[⑤]的指示，已把主要精力由晋我两军内部的抗日谈判协商逐渐转移到公开宣传抗日和动员扩大抗日力量上来。

山西是华北的战略要地。9月13日，在日军叩开晋北门户大同后，略取太原已成为平绥、平汉两路日军的既定目标。在日军虎视眈眈、步步进逼局势下，阎锡山心之忧危，如蹈虎尾。为了自保，他不仅向中共代表周恩来和八路军总副司令朱德、彭德怀面许“驻区群众工作”，“组织之游击队允予发枪”，而且为其切身利益计，亦“着手组织新军”，并“要雪枫去讲游击战术”[⑥]。这就是说，阎锡山为使山西免受涂炭，不步东北三省的后尘，在抗战初期，他对共产党和八路军积极宣传抗日及其某些抗日主张，是默许和不加干涉的。因此，某些抗日群众团

---

①《毛泽东年谱》中卷，中央文献出版社、人民出版社1993年版，第25页。

②《毛泽东年谱》中卷，中央文献出版社、人民出版社1993年版，第24页。

③《毛泽东年谱》中卷，中央文献出版社、人民出版社1993年版，第23页。

④《毛泽东年谱》中卷，中央文献出版社、人民出版社1993年版，第26页。

⑤《刘少奇年谱》上卷，中央文献出版社1996年版，第186页。

⑥《朱德、彭德怀致毛泽东、林彪、聂荣臻、罗荣桓、贺龙、萧光、关向应、徐向前、张浩电》1937年9月25日。

体、干部训练班和抗日群众集会便能经常在太原举行。这就给彭雪枫宣传中共抗日主张和八路军用以抗敌的游击战术，提供了极大的便利。

9月中旬，晋北前线抗日正酣，八路军第一一五师、第一二〇师业已开赴前线，中共中央代表周恩来和八路军总部及其各师主要将领彭德怀、林彪、徐向前、萧克及程子华等亦都云集太原。一时间，太原城内，春潮涌动，热气沸腾，到处都在传颂着八路军和周恩来、彭雪枫等人的“历史佳话”。

9月中旬的一天，太原文化界、教育界和新闻界在海子边（今儿童公园）教育会馆举行欢迎周恩来、彭德怀、徐向前等人的盛大集会。彭雪枫陪同参加。会上，周恩来就目前抗日形势、持久抗战等问题作了两个小时的演讲，宣传了“抗日民族统一战线政策”[①]。同时，在位于太原小北门的原国民师范礼堂里，周恩来又向各抗日救亡团体成员和群众，分析了抗战形势，号召热血青年到“敌后去”，“学会打游击战”[②]。当时，牺牲救国同盟会在该校办有军政干部训练班和派往各县的特派员训练班。由薄一波于8月1日组建的山西青年抗敌决死队军官训练团，也在这里训练。动委会武装部长程子华就在该校办公。

继周恩来报告之后不久，彭雪枫亦应邀到校给决死队军官训练团作了《抗日游击战争的战术问题》的讲演。这一天，礼堂内坐满了“决死队”的学生军。他们对共产党、八路军的代表向往已久，对彭雪枫的到来表示了热烈的欢迎。彭雪枫站在讲台上，以其丰富的红军游击战术经验，“将十六字诀的战术原则（敌进我退、敌退我追、敌疲我打、敌驻我扰），用‘牵牛术’、‘回马枪’等做比喻，讲得生动活泼，深入浅出；他讲游击战术的机动灵活性，如化整为零、集零为整、声东击西等，也都讲得具体形象。他不是念讲演稿子，而是撇开稿子，侃侃而谈，增加了讲话的风采，吸引着热情的听众。特别是来自中州的青年战士，听着那熟悉的乡音，备感亲切。”[③]

经过训练，决死队第一总队由薄一波率领要到晋北前线游击抗日。行前，一部分学员又到办事处找到彭雪枫，请他给作些指示。彭雪枫简要地给他们介绍了山西战场的紧张形势，然后亲切地勉励大家说：“你们要去打游击，很好嘛，现在就是要离开城市到农村去，发动广大农民参加抗日”。这就要克服“学生的弱点，要学会打游击，要能吃苦耐劳，要坚强勇敢”。临别时，队员们又递过笔记本，请他给写临别赠言。彭雪枫接过笔记本，稍加思考，挥笔便写了“青年要为中华民族解放而斗争”、“到前线去，做抗日的先锋战士”[④]几句话，给他们指明了前进斗争方向。

9月27日，山西牺盟会第一次全省代表大会也在国民师范礼堂隆重召开。应薄一波的邀请，周恩来和彭雪枫代表中国共产党和八路军出席大会。在周恩来

---

①《周恩来年谱（1898—1949）》，中央文献出版社、人民出版社1989年版，第382页。

②《周恩来年谱（1898—1949）》，中央文献出版社、人民出版社1989年版，第382页。

③ 吴之凡：《彭雪枫与决死队青年战士》，载政协山西省委员会文史资料研究委员会编：《山西文史资料》第39辑，第27—28页。

④ 政协山西省委员会文史资料研究委员会编：《山西文史资料》第39辑，第27—28页。

发表了鼓励牺盟会担当起领导与组织山西民众抗日责任的重要讲话后，彭雪枫接着致辞，并宣读了朱德、彭德怀向大会的贺电，热情洋溢，言辞亲切，给与会代表以极大的鼓舞。

10月中旬，中共中央北方局提出了“保卫太原”的口号，并在太原举办“游击队干部训练班”。因此，在太原便开始“公开讲演游击战术和进行动员工作”[①]。在这种情况下，彭雪枫的对外宣传工作就显得特别繁忙。当时，远在清源县城的成成中学师生亟待了解抗战形势，彭雪枫不顾疲劳，亲到清源给他们作了五个小时的形势报告。由清源回到太原后，10月16日，又应第二战区动委会主任续范亭之约，到太原侯家巷山西大学作了题为《游击队政治工作》的长篇报告。这篇报告的讲稿，日后曾在山西各地不胫而走，广为传播。在这次公开演讲中，彭雪枫共讲了“政治工作的基本任务”“政治工作的一般任务”“对本部队的政治工作”“对民众的政治工作”“对敌军的政治工作”“政治工作的一般原则”“游击队政治机关的组织及政治工作人员的条件”等七个问题，全面、具体而生动地阐明了“政治工作是军队中的生命线”的重要原则。他所阐发的具体内容，提出的许多重要原则，具有强烈的时代精神，适应了当时抗日形势的需要，因而受到了社会各界，特别是刚刚组建起来的众多的游击队及其领导者的称道和赞颂，收到了鼓舞教育群众和坚信抗战必胜的良好社会效果。

报告一开头，彭雪枫就开门见山地着重指出：在“目前我们的抗战局面下，发展游击战争，配合主力军在游击运动战的战略战术方针下，对抗敌人，消灭敌人，已经是一件万分迫切的事了！因为游击队更便于到处发动、组织并且武装民众，更便于深入敌人后方破坏敌人政权，成立自己的抗日政权，实现统一战线的共同纲领”。然而所有“这些伟大而又迫切的战斗任务，完全在于政治工作，尤其在于游击队的政治工作”。所以，“应该使全体政工人员和军事指挥人员懂得政治工作是部队的生命线，要巩固部队，提高部队战斗能力，争取战争胜利，就必须切实加强政治工作”。

在讲到政治工作的一般任务时，他从“游击队是人民自己组成的军队”的特点及其担负着“在敌人火力之下去组织新的军队，去繁殖新的游击部队”的艰巨任务出发，不但进一步强调了“政治工作是军队中的生命线”的重要原则，而且要求政治工作人员要不断地和各种不正确的倾向作斗争。

彭雪枫在报告中列举了六个必须反对的“主义”，即“土匪主义”、“军阀主义”、“官僚主义”、“宗派主义”、“逃跑主义”、“盲动主义”。彭雪枫在着重阐述了反对“土匪主义”中的“不守纪律侵犯群众利益”、“军阀主义”中的“对部下打骂，对群众摊派”、“官僚主义”中的“迟缓、腐败，不迅速，不敏捷”和既反对“宗派主义”就要提倡“人才集中主义”后，还形象和生动地解释了“游”与“击”的辩证关系，强调了反对“逃跑主义”和“盲动主义”的必要性。他指出：“游

---

①《刘少奇年谱》上卷，中央文献出版社1996年版，第192页。

是走路，击是打仗，游而且击，击而且游，才是游击队的正当动作。如果无条件的游而不击，便是逃跑主义，应当反对的”；如果“不管当前的形势和条件”，“过低估计敌人，过高估计自己”，只是“盲目的拼和胡撞”，其“结果，不是打硬仗，便是攻坚，犯了游击战术的忌讳，一定要吃亏的”。因此，游击队的政治工作，必须保证游击队“在战略上的适当配合，在战术上的灵活运用”和实施“防御中的进攻”、“弱者中的强者”、“被动中的主动”的原则。在这里，他批评了抗战以来国民党军在正面战场“只取守势”而没有“采取进攻战术”的弊端，强调了精神上的“以一当十”，战术上的“以十当一”，号召“广大的游击队绕到敌人后方或者翼侧，集中力量打击敌之一点”；或在敌人后方“破坏他的交通，截击他的运输，使他疲于应付”。

彭雪枫曾经是红军的优秀政治委员，具有丰富的政治工作经验。他在谈到“对本部队的政治工作”时，将其分为“平时”的与“战时”的。平时的又分为“驻军时与行军时”，战时的又分为“战前、战时、战后三个时期”，真是条分缕析，简明可行。特别在战时，他强调政治工作人员“要站在最危急的地方”，对“意外事变”要“从容应付”，“表示镇静，用从容不迫的态度来影响战士”。

在谈到“对民众的政治工作”的内容和重要性时，彭雪枫严肃指出：“过去大部分的军队，政治工作做错了方向，也可说是根本没有做，因之民族意识不能很好的发扬起来。民众虽然仇恨日本，但同时又仇恨自己的军队，因为民众对于本身的痛苦是看得很清楚的。现在应该重新做去，游击队的政治工作人员，应该担负起这个责任来。”因此，在他列举民众政治工作任务时就特别强调了“和群众打成一片”。他警告说：“游击队不只不扰民，并且要和群众保持正确的关系，得到群众的爱护，最要紧的是本身的纪律严明，然后才能军民一致，互相合作；否则，群众的锄头、镰刀会不砍敌人先砍自家人的。”鉴此，他特意向听众介绍了红军的“八项注意”和八路军政治部新近所制定的新的“八项注意”。言之恳恳，情真意切，使人耳目一新。

对敌军的政治工作，是游击队政治工作的重要方面。彭雪枫侃侃而谈，如数家珍，顺口就说出五项，一为“散布宣传品”，二为“火线上喊话”，三为“优待俘虏”，四为“组织民众对敌人的工作网”，五为“组织反侦探”。他介绍说：“从前红军在江西作战时，每一战士的身上都背了又短又薄的竹片标语，行军时一边走一边插在路旁；若在打仗对阵时，缠上石子向敌人阵地投过去，有时把宣传品装在竹筒内，外面写上‘某某师弟兄请看’，投过去，假若可能里边再放上根把香烟，那就更会引起他们读阅我们宣传品的兴趣了。”他还说：火线上喊话，“红军在过去，这种经验很多，双方弄熟了，对方士兵往往避过长官和我们欢聚，游击队打日本也可以使用此法。”“平型关战斗，敌人是死不缴枪的，主要是受了日本军阀的武断宣传，而又受我国军在某些战斗中残杀俘虏的影响。后来要大家赶快学简单的几句日本话，因此在晋东广阳战役中就喊过来了两个日本兵。”他十分强调优待俘虏的重要性，指出：“我们不应当再给日本军阀的武断宣传以更多的材料，来逼迫他的士兵更坚决的对付我们。”关于组织反侦探，他不仅强调“必须注意人选问题”，而且指出，“我们既派一个人去，就应有一个人的代价，倘若仅是简单的拖几条枪出来，那是毫无意义的，我们要宣传敌兵反正，鼓动敌兵暴动”。

最后，报告强调政治工作“要适合当前的情况”，“一切工作都要服从战争”，充分发挥核心的组织——党的支部、小组的模范作用。要求游击队政治工作人员要“通晓军事”，“从战争学习战争”，“从工作学习工作”，“在实际经验实际行动以及战斗环境中来锻炼自己，使自己成为一个优秀的游击运动领导者”，同时也“在实际行动中来教育千百万人民都变为坚强的武装部队”，借以“配合主力与敌进行持久战”[①]。

彭雪枫的报告，轰动了太原全城，特别在忻口会战正酣之际，人们对它自然会给予更多的关注，倾注极大的热情。尤其在人们看到太原官方报纸不时登载“八路军代表彭雪枫”的活动消息时，“大家一谈话”，就问道：“你见过八路军代表彭雪枫吗？人家就是讲得好，真好！”还有人在街头巷尾议论说：“有个八路军代表叫彭雪枫……这几天在许多地方作讲演，听众很多，真会讲，共产党的人才，不简单！”[②]

彭雪枫作为八路军驻晋的代表，他的名字不时出现在抗日前线的太原官方报端，很快便引起全国各大报刊记者的注意。《大公报》记者渔叔，曾这样报道和描述过他这次报告的动人情景。他报道说：“宏敞的讲堂，集聚了许多人，在屏声息气地向台上听着。彭先生是一个短小精悍的躯干，配合着俊秀的仪容，娴雅的风度，使人骤然看去，疑心他不是钢铁般的斗士，而是一个舞文弄墨的儒生。虽然他穿着黄呢制服，还紧紧地绑上两条裹腿——九年来的苦斗，充实了他的游击战术的内容。同时也染红了他左襟上钉得很熨贴的符号边。”

他继续写道：“他不客气地指出军队的一般政治工作没有面向群众的错误，所以军队到处得不到民众的助力。他说：民众固然仇恨外族的侵略，同样的也仇恨一切剥削力量。为要挽救当前的危机，就只有改善政治工作的方针，去和群众打成一片，使他们全体动员武装起来，认清楚亲人是谁，敌人是谁。大家站在民众抗战的前线上，利用广大的游击战争，流出我们最宝贵的热血。他继续指示许多政治工作的原则，以及过去红军用得娴熟的一些经验和方法，一串串漂亮的辞句，丰富而微带着滑稽的意义，和着微笑泛于唇边，一些女同志发出轻倩的笑声，听众感到满足，潮水般散了。”

正在这时，晋军失职将领李服膺被处决刚过几天，揭示在城厢内外的罪状和其他一些枪决逃兵的布告，“联在一起，花判鲜红”。霎时间，太原全城，一提起执法总监张佩梅——张老汉，似乎有使“小儿不敢夜哭”的效验。这种“乱世用重典”、“拿死人来吓人”的事，使记者十分感慨地指出：“消极的法纪制裁，固

---

①《彭雪枫军事文选》，解放军出版社1997年版，第46—61页。

② 智良俊：《回忆彭雪枫同志在太原》，载政协山西省委员会文史资料研究委员会编：《山西文史资料》第14辑，第31页。

然也可收效一时，但还不是根本上的挽救。”在“全面战争展开了的今日，政府应该要从新用最大的努力，唤回颓丧得快要消逝的‘民族之魂’”！而彭雪枫此时所讲的“游击队政治工作”，就正是在做唤起“民族之魂”的工作。彭雪枫当时还亲对他说：八路军将领中“除开几个首脑人物，每月有二十元生活费，其余都一律拿五大元。”八路军将领这种刻苦耐劳、忠诚为国的精神，在当时国防前线的山西，也已“深深地沁入社会的里层，抓住一部分青年群众”。①

接待来访各报记者和社会名流，是彭雪枫对外宣传的主要对象之一。当时，由于八路军的力主抗战，太原各报记者云集。彭雪枫对他们的到来，都热情给予接待，或主动安排食宿，接受采访，或主动求见，介绍情况，表现了共产党、八路军对文化界抗日救亡工作的深切关怀。

8 月 28 日，原《新生》周刊总编辑杜重远经太原到大同，住在山西饭店。彭雪枫闻讯，即持“共产党红军代表彭雪枫”的名片前往求见。杜重远遂“延彭君入”，“谈了少顷”，因有客人来，“旋即归去”。9 月初，杜由大同回太原，因闻办事处已公开，决定一访，并在太原招待所巧遇周恩来、彭德怀、徐向前、萧克等人。“周君一一介绍”。杜重远说：“在我未见他们之前，以为众家英雄们必是方面大耳，竖眼立眉，牛头的鼻子，火盆的大嘴，或像旧剧里花脸张飞似的，不料相见之下，一个个都是彬彬有礼，状似一群教书的先生。”②特别是周恩来、徐向前关于抗日必须“组织民众”的谈话，遂使这位曾因《新生》周刊发表《闲话皇帝》一文而罹狱的东北著名爱国人士重新走上了抗日道路。

8 月 31 日，彭雪枫会见了刚被国民党政府释放即来山西从事救亡活动的“七君子”之一李公朴和汉口《全民》周刊主编柳湜。会见时，彭雪枫向他们详谈了“此间近况”，并倾听了他们在太原演讲会、座谈会上所着重提到的“动员中应实行改善人民生活，保障人民权利”③诸问题的意见。之后不久，柳湜、李公朴不仅相约撰文，主张“全民抗战”，而且于同年 10 月在彭雪枫协调下，同由天津来晋的“中外新闻社”成员创办了以李公朴为社长的“全民通讯社”。太原失守后，该社总社改设汉口，80% 的通讯员则已深入敌后。

九、十月间，由于平型关、阳明堡等地连战皆捷，极大地振奋了人心，不仅太原城内一片欢腾，而且各省祝捷电亦雪片飞来办事处，遂使八路军声威大震，令人瞩目。9 月初，刚由华北抗日前线抵达太原的《大公报》通讯课主任范长江，在接受彭雪枫接待时即提出拟派记者赴晋北前线采访，宣传八路军英勇抗日战绩的要求。彭雪枫深知舆论的效应，立即把范长江的要求报告给毛泽东。毛泽东 9 月 8 日复电彭雪枫说：“欢迎《大公报》派随军记者，尤欢迎范长江先生。”④此后不久，范长江即介绍新由日本归国的“左联”东京分盟成员张香山到八路军中工

① 渔叔：《太原在动荡中》，载《国闻周报》第 14 卷第 44 期，1937 年 11 月 15 日出版，第 23—25 页。

② 杜重远：《由大同回太原》，载《抵抗》三日刊第 14 号，1937 年 10 月 3 日出版，第 7—8 页。

③《彭雪枫致毛泽东电》1937 年 8 月 31 日。

④《范长江传》，中国新闻出版社 1989 年版，第 189 页。

彭雪枫（左四）和办事处人员张震（左五）、赵品三（左一）、边章五（左二）与穿着日军服装的记者合影

作，派邱岗担任《大公报》驻八路军总部记者，著名记者孟秋江，亦受命由正面战地回到太原会晤彭雪枫。在彭雪枫的关照下，孟秋江在太原勾留数日，即赴晋西北前线八路军驻地采访，日后由他撰写的战地通讯《大战平型关》以活生生的第一手材料反映了八路军抗日将士同敌浴血奋战的感人情景，极大地激励了广大读者。上海新华影业公司摄影师薛伯青到太原后亦受到彭雪枫和周恩来的接见，他以其职业的敏感拍下了许多具有重要意义战地照片，现在都已成为十分珍贵的历史文物。所有这些同志到晋后，彭雪枫都给予了妥善的照料，不仅使他们能够得以卓有成效的工作，而且又同他们建立了深厚的革命友谊。

10 月 5 日，彭雪枫为把八路军运用游击战术配合友军作战的胜利消息和光辉战绩传播出去，扩大八路军的影响，他借范长江函贺八路军前线大捷之机，复函范长江，简明扼要地向他介绍了八路军的战略战术原则。彭雪枫字迹潇洒，言简意赅。他在信中指出："我军处此敌人倾力压境的关头下，唯一战略方针及战术原则，应以我军主力进行大规模的运动战，以支队（如八路军）领导广泛的游击战争配合主力动作，必可消灭敌之大量有生力量。证之平汉、平绥我以大军正面挡住，结果只有后退，'死守'者'守死'耳！这种挨打的架子，只有挨打而已！又证之最近数次小的胜利，都是以精干之小部队深入敌之后方，为所欲为。据前方电，敌后方联络线长，故极空虚，我游击支队如入无人之境，且受群众之热烈欢迎。胜利虽小，但积之成多即为大胜利。而破坏敌之交通，断绝敌之联络，扰乱敌之军心，兴奋我民情绪，无形之中，影响已经不小了"。"最近，敌攻崞县原平，逼近太原，但八路军之游击支队，四出袭扰敌之后方，截断广灵、灵丘敌之联络线，收复朔县之后，继复井坪，昨夜又复平鲁。这并不足证明八路军之如何了不起，适足以证明敌军后方之如何不得了也。"[①]

①《彭雪枫军事文选》，解放军出版社 1997 年版，第 44—45 页。

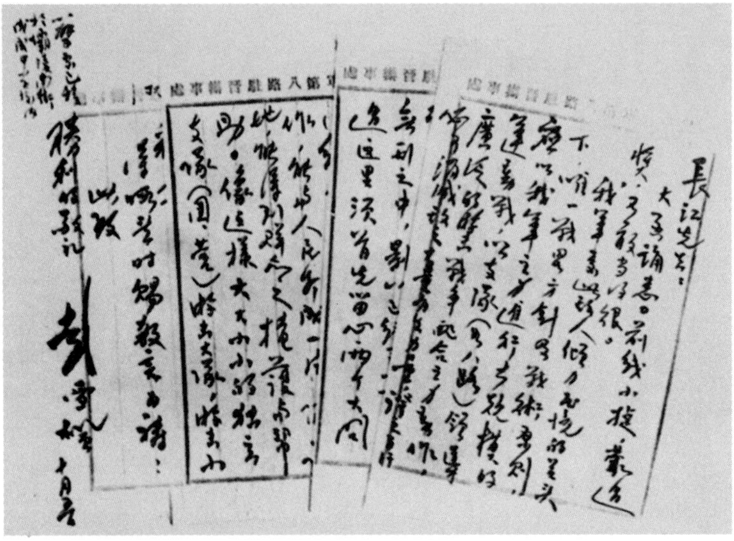

彭雪枫致范长江函手迹

就在彭雪枫函复范长江的时候，忻口敌我两军激战正酣，互有胜负。这一会战，是“山西军已处最后关头，将不得不打”的一仗。这一仗的关键和重点，是正太路的为我掌握和“娘子关、龙泉关之坚守”。[①]不料，10月中旬，在忻口前敌总司令卫立煌再次“决定出战”并“望八路军协助”[②]，而八路军各部即“坚持既定方针，用游击战配合友军作战”[③]，并在10月19日袭击阳明堡敌机机场，取得了击毁击伤敌机24架的重大胜利时，10月26日，东路日军却攻占晋东要隘娘子关，30日又占阳泉。11月1日，在晋东日军步步进逼，直接威胁着忻口侧后情况下，阎锡山即令卫立煌率部由忻口向太原以北转移，协助傅作义固守太原。11月2日晚，卫立煌所属各部放弃忻口，分向指定地域转进。日本参谋本部发动晋北忻口作战的既定目标实为占领山西省会太原。现在，娘子关既失，忻口又弃，太原已无屏障，自然完全暴露，岌岌可危，朝不保夕。实际上，山西的存亡绝续这时已到最后一刻。

就在这样紧急情况下，彭雪枫除协助周恩来与阎锡山、卫立煌、傅作义、黄绍竑等友军将领商谈制定忻口和正太路作战计划，甚或提出建议，亲到忻口视察，借以协助友军尽量扭转战局，坚持华北持久抗战外，同平时一样，他依然以八路军驻晋办事处主任名义照常接见来访客人和报社记者。10月下旬，他在接见了全国妇女团体慰劳代表和上海《良友》战时画报华北部特约记者沈逸千后，又于10月30日和周恩来一起会见了由前线归来的《大公报》战地记者孟秋江和陆诒等人，并嘱他们返回前线和部队一起活动，做好战地报道工作。不久，孟秋江即以深沉的笔触撰写了通讯《离开太原的前后》一文，详细记述了11月初彭

①《毛泽东年谱》中卷，中央文献出版社、人民出版社1993年版，第28页。

②《彭德怀年谱》，人民出版社1998年版，第185页。

③《毛泽东年谱》中卷，中央文献出版社、人民出版社1993年版，第31页。

雪枫、张震等人护卫着周恩来最后撤离太原的悲壮情景。

七、撤离太原和创办临汾学兵队

记者孟秋江，是11月3日晨由太原借着八路军办事处提供的汽车到晋北前线云中河畔凭吊忻口战场的。他当时还想着，忻口这块用血灌溉过的土地虽已沦亡，但在石岭关前、青龙镇上的中国军队还会与日军厮杀。孰料，忻口守军一经撤退，敌即跟踪而至，4日晚上，不待撤下来的部队进入阵地，石岭关就陷入敌手。尽管11月2日，即忻口撤军那天，阎锡山还在太原召开高级将领会议，一面电令卫立煌指挥所部利用太原附近既设阵地实施依城野战，对日军实行夹击，一面决定由傅作义担任守卫太原的防务，并声言要与太原城共存亡，可他却在石岭关失守之夜携眷离开了他苦心经营二十多年的太原城。

太原的失守，本在中共中央和毛泽东等人的预料之中。因此早在10月16日周恩来就对中共中央北方局和八路军驻晋办事处以及自己的行动问题作了安排，北方局的工作人员和办事处的笨重器材亦已开始向晋南临汾转运。10月20日，毛泽东也对准备在敌占太原后八路军的作战部署问题向周恩来、朱德、彭德怀、任弼时作了重要指示，并要求八路军总部准备转至孝义和灵石地区。10月26日，周恩来又与阎锡山、傅作义、黄绍竑共同商讨了太原作战部署和太原城中居民的撤退计划。此后不久，阎锡山在太原城内的各个机关就开始向晋南搬迁，八路军驻晋办事处亦已接到命令，撤至晋南临汾。11月3日，太原居民已开始向汾阳逃亡。太原绥靖公署也给八路军驻晋办事处派来汽车，汽车司机每天又都在催问什么时候能够起程。可是当时周恩来根据中共中央的指示正在部署着华北敌后游击战争，经常彻夜不眠。而彭雪枫、张震等人，则遵照周恩来“要抓紧时机开展工作，力争坚持到最后”[①]的指示，镇定自若，协助周恩来处理善后。

这时的太原已是一座危城。记者孟秋江在吊罢忻口战场归来后，“为珍贵（太原）最后的消息”，11月4日，特意又由汾河西岸搬进城内，打算亦“到最后一分钟前再退出太原城”。他对此时太原城内的一切都知之甚详，他这样写道：

“我要周览太原城内的景况，因为敌机的不时袭击，时间上办不到。八路办事处长彭雪枫先生，他要助成我的愿望，把小汽车借我随意使用，这是值得感谢和愉快的事。同行的有上海新华影片公司来此间工作的吴薛两位摄影师。他们无意中遇到最后机会来拍摄这座危城，不是无意义的。”

孟秋江这里所说上海新华影业公司的两位吴薛摄影师，就是吴永刚和薛伯青。吴永刚曾是这家私营影业公司的编导，轰动一时的抗日电影《凌云壮志》，就是他编导的一部优秀国防影片。薛伯青由上海来此不久，他所拍下的许多敌机轰炸太原的照片，现在都已成为日本帝国主义侵略中国的罪证。记者继续写道：

---

① 张震：《从临汾到竹沟》，载《燎原》第1辑，河南人民出版社1980年版，第172页。

“十一月五日天明后，在太原城里的人物，可以数得清：卫立煌、孙连仲、傅宜生（即傅作义）、周恩来、彭雪枫五位先生以外，还有一个不负军政责任的新闻记者。

“因有孙连仲先生来太原，知道东线北线的消息已淆混，榆次说太原已失陷，太原说榆次已兵临城下。仅六十里的距离，情况失去准确联络，岂不笑话？这次晋北战事的进展与后退，完全受晋东影响。李默庵一军及其他部队在忻口大白水牺牲的代价，给娘子关失守掩没了。孙连仲部的苦支精神，也在这个失败中消沉了！

“山西危险局面中，八路军游击胜利消息，还是不断传来，成了我们苦闷中唯一的兴奋剂。

“敌方知道我们空防撤退，飞机飞行极低，轰炸时间比那一天都长。

“一辆坦克车，不上千的敌人冲破青龙镇，逼近皇后园，明晨就可到太原城近效作战。今夜我们必须退出，其他的人都要退出，只有傅宜生先生不能退出，要与太原城共存亡……

“晚上九点钟的时候，一切收拾好了，准备与太原城告别。北面的黑天空，有一团熊熊的火光，城外是起火了。为扫清射界，有计划的烧的。敌方隆隆的炮声，隐约听得清晰。是我们可以走的时候了。”[①]

就在这时，彭雪枫、张震陪同周恩来，乘着汽车，沉着地离开了办事处。而在此前不久，八路军总政副主任邓小平为部署晋西南工作曾率总政宣传部、民运部部分干部途经太原，来到办事处，并和周恩来、彭雪枫等合影留念。他们严肃地站一起，个个双目凝视着眼前即将沦陷的土地，没有一丝笑容，表现了他们在撤离太原前夕的沉重心情。

据记者孟秋江说，当时“向晋南退的路有两条：一条经榆次坐同蒲路火车走，一条由太原南下汾阳。榆次已成问题，当然不能走，只好渡汾河去汾阳了。汾河上的桥坏了，过的人很多，汽车不易走过，我们决定出西门由铁桥通过。到西门，已闭阖，壅塞沙袋，城外的路也已切断”[②]。这时，据“城门口的卫兵称，没有城防司令命令一律不准出去”[③]。于是，周恩来下了汽车，即令彭雪枫、张震两人前往城防司令部进行交涉。为了安全，彭雪枫请周恩来在小车附近等候，然后即带张震去见城防司令傅作义。他们走进傅作义的会客室，见他一个人正在那里倒背双手踱来踱去，彭雪枫便向他说明办事处是奉绥靖公署指示转移到临汾去的，傅便坐下来写了一道准予出城的手谕。他们辞别傅作义将军后，又回到周恩来身边，并向守城部队指挥官交验了傅作义的手谕。可是此时要扒开城门已是不可能的事，所以守城卫兵只准“允开城架木板”[④]以便汽车的通行。这样，他们坐上汽车，又到汾河东桥头去找上午张震根据彭雪枫的部署把办事处的车队送往

① 秋江：《离开太原的前后》，载《国闻周报》第14卷第47期，第24—26页。
② 秋江：《离开太原的前后》，载《国闻周报》第14卷第47期，第26页。
③ 张震：《太原前后》（未刊稿）。
④ 秋江：《离开太原的前后》，载《国闻周报》第14卷第47期，第26页。

1937年11月，八路军驻晋办事处由太原撤至临汾。撤离太原时，彭雪枫（右五）和周恩来（右二）、邓小平（右一）等人合影

汾西待命时而预留在那里的一辆卡车。但是，他们回来后，“城外路上已埋下地雷，不能通行”，于是便“又折回南门走汾河桥”[①]。可是事不凑巧，当他们乘车来到汾河桥头时，只见汾河桥上“人马车辆拥挤到两里路长……河边上有几辆装甲汽车，挤在人堆里等个空间逃过汾河，人山人海，水泄不通……大人呼唤，小孩子的啼哭，惨不忍闻……汽车绝难通过”。此时已是子夜时分。周恩来“见势不妙”，当机立断，下令弃车，“主张单身挤过桥去，一切东西都丢了。仅带无线电机件”[②]。这时，张震便催促彭雪枫“随周副主席先过去”，由他和通信员赵大万“在后面抬着发电机步行过桥”。天将拂晓，等他俩过了桥，彭雪枫则“已率办事处车队先走了”。他和赵大万紧紧在后面追赶。幸好，“沿途遇到阎锡山的汽车团”，经过交涉他俩“搭车赶了一程”。几天后，经交城，“一直赶到汾阳街上，看到一幢房子上写有粉笔字：八路军驻晋办事处在此”[③]，他们才算赶上了大队，与周恩来和彭雪枫会合。

① 秋江：《离开太原的前后》，载《国闻周报》第14卷第47期，第26页。
② 秋江：《离开太原的前后》，载《国闻周报》第14卷第47期，第26页。
③ 张震：《太原前后》（未刊稿）。

彭雪枫、张震护卫着周恩来撤离太原的第三天，即 11 月 8 日，太原就被日军占领，傅作义所部均冲出重围，转移晋南。就在这一天，毛泽东就高瞻远瞩地发出了太原失守后华北八路军军事部署的指示，并要求八路军各部在今后华北“游击战争将以八路军为主体”的总的形势下，依照“统一战线之原则”，“放手发动群众，扩大自己，征集给养，收编散兵，应照每师扩大三个团”[①]。在毛泽东的指示发出后，“山西全省发展游击战争空气很高”，已经“形成广泛的运动”[②]。而这个运动的兴起，则是中共华北党和八路军始终坚持独立自主的山地游击战这一基本原则的结果。在这一基本原则的指导下，在太原失守以前，山西、河北等地就已“建立了十几支在共产党领导下的较大的游击队，人数有数千人”[③]。尤其是在 10 月 6 日周恩来作出“太原党应全力组织并武装人民学生，紧急时出城游击，以配合守城”[④]的决策后，共产党所领导的游击队更在太原地区普遍发展起来。对此，彭雪枫则作出了不懈努力和重大贡献。

同年暑期，太原成成中学由太原迁到清源县城后，校长刘墉如、教务主任杜心源在组织全校师生学习和贯彻中共中央提出的“抗日救国十大纲领”过程中，广大爱国师生强烈要求自己组建抗日武装，上前线打日本。刘墉如为广大师生爱国激情所感，遂向八路军驻晋办事处和中共山西省委反映了他们的强烈愿望。后经周恩来批准，当年 10 月，正式成立了“太原成成中学抗日游击队”。成成中学抗日游击队成立后，彭雪枫不仅到校给师生讲授游击战术，而且还派红军干部冯福厚担任这支游击队的副队长兼军事教官，并拨给部分武器以供训练。此后不久，太原失守，日军继续南侵，这支本已享誉遐迩的“师生游击队”，便投入了同日伪军的殊死战斗，屡建战功，誉满三晋。

10 月中旬，正值晋北绥远抗战正酣之际，彭雪枫巧遇时已被裁的原太原绥署交际员纪明德。据他向彭雪枫所说，同他“关系密切之内蒙骑兵约五六百人，现在绥宁边境，他可以去与之联络并抓之使不得投奔日本”[⑤]。鉴此，彭雪枫敏锐地感到，这对“欲保陕甘宁边区及争取西北少数民族”[⑥]而必须及早部署和发动的绥远游击战争具有重大意义。于是，彭雪枫便把纪明德介绍给八路军总部，并请朱德、彭德怀、任弼时、邓小平诸首长“与之详谈，并尽可能给以帮助与便利，俾其抱负有所发展”，即使“万一不成，亦可任我军与蒙人之联络员”[⑦]。虽然由于史料欠缺，直到目前我们还不能对纪明德活动的成败得失等有关情况作出明确判断，但彭雪枫对内蒙古骑兵兵运的重视及其对此所寄予的期望，在日军已占包

①《毛泽东军事文集》第 2 卷，军事科学出版社、中央文献出版社 1993 年版，第 111 页。
②《刘少奇年谱》上卷，中央文献出版社 1996 年版，第 196—197 页。
③《刘少奇年谱》上卷，中央文献出版社 1996 年版，第 196—197 页。
④《周恩来致毛泽东、张闻天电》1937 年 10 月 6 日。
⑤《彭雪枫给朱德、彭德怀、任弼时、邓小平的信》1937 年 10 月 22 日。
⑥《周恩来年谱（1898—1949）》，中央文献出版社、人民出版社 1993 年版，第 388 页。
⑦《彭雪枫给朱德、彭德怀、任弼时、邓小平的信》1937 年 10 月 22 日。

头，“转瞬将达五原，西北门户洞开”[①]的局势下，足见其独具慧眼，远见卓识。

11 月 11 日，彭雪枫、张震护卫着周恩来，饱尝一路辛苦，顺利抵达晋南重镇临汾。这里因为第二战区和山西省军政党的机关林立，已成为山西战时的政治中心。13 日，为争取和训练抗日青年，先期到达临汾的中共中央北方局决定除八路军随营学校扩大招生外，另由办事处彭雪枫负责举办八路军学兵大队。而这时周恩来也已决定由彭雪枫统一指挥八路军在晋南的所有机关，并这样电告毛泽东、朱德、彭德怀、林伯渠和八路军各师师长说：“汾办事处、供给处、兵站及昨赶（赴）大（宁）之炮兵团，均由雪枫统一指挥”；“由办事处开办一个短期训练的学兵大队，本日到七八十，拟招收五百人。由胡（刘少奇）、杨（尚昆）、彭（雪枫）、赵（尔陆）等计划”；“各师在地方上扩大之新兵，均集中办事处训练，有便利（即）分送各该师编队。”[②]这样，彭雪枫在山西战局急剧转变形势下，由于周恩来的信赖，除办事处、联络局原有工作外，又统管学兵队、供给处、兵站和炮兵团等项工作，可谓一身数任，十分繁忙。14 日，学兵队随办事处由临汾迁驻汾西刘村镇，设在一个祠堂里，从此便开始了紧张而活泼的学习与训练生活。

由临汾搬到刘村后，彭雪枫和机要室同住在一家地主的四合院里。为了办好学兵队，办事处扩大了编制，健全和加强了政治领导。此时，办事处对外已称八路军驻临汾办事处。较比原来，办事处除增设了政治处，并由汤平任主任，黎同新任副主任兼组织股长，李伯钊任宣传股长，黄国山任保卫股长外，又新成立了学兵大队，大队长何以祥，副大队长谢忠良。学兵队一半以上都是大学以上文化程度，因是一个短期训练抗日青年军事干部的学校，他们结业后大多数要去当游击队的领导人，所以一律军事编制，身着军装。当时学兵队的编制是大队和区队。起初，学兵大队共编了两个男生（区）队，一个女生（区）队。后来，随着要求入学的人数不断增加，除向八路军随营学校和阎锡山所办的民族革命大学介绍一些外，又增编为三个男生（区）队，一个女生（区）队，学员计达六百余人。分任区队长的有：方中铎、贺炎（焰）藩、金石刚、谢忠良（兼）、李伯钊（女生队）。同时，学兵大队还成立了中共党的总支委员会，区队建立了党支部。政治干事陈克寒任总支书记，何以祥等为委员。

学兵大队及其各级组织建立后，学兵队便投入了紧张的军政训练。何以祥讲“瞄准射击”和“攻防（单兵和班）战术”，谢忠良讲“队列教练”，陈克寒讲“马列主义基础”，李伯钊讲“群众工作”，王众音讲“近代中国革命问题”，赵守攻讲“抗日民族统一战线”。另外，刘少奇、杨尚昆都曾为学兵队作过报告，张震专门讲过“军事地形学”，李公朴先生也曾应邀到学兵队作过演讲。彭雪枫当时除主持学兵队的日常训练和教学事务外，还为学兵队主讲“游击战术”。学兵队的课程，60% 是军事课，而游击战术是军事课中特别强调的。12 月 9 日，为使

---

①《周恩来年谱（1898—1949）》，中央文献出版社、人民出版社 1993 年版，第 388 页。

②《周恩来致毛泽东、朱德、彭德怀、林伯渠等电》1937 年 11 月 13 日。

学员很好地掌握游击队的政治工作原则，彭雪枫把同年10月他在山西大学公开演讲的《游击队政治工作》的稿子定名为《游击队政治工作教程》，交付解放社正式印行，以供学兵队学员学习与参考。从此以后，《游击队政治工作教程》一书，便通过学兵队学员在八路军、新四军中广泛传播。

学兵队是一所"抗大"式的学校。除了紧张的政治、军事学习课目外，文化娱乐生活亦多种多样，丰富多彩。各区队的墙报，学员们自编自演的剧目，歌咏队的歌声，都在激励着学员们更加强烈的救亡意识，鼓舞着他们奋勇无前地踏上抗日战场。特别在当年年底前后，同接连失利的东线战场成为鲜明对照的是，八路军游击战在华北敌后的胜利展开，八路军总部由敌后的胜利归来，把一批文化人再一次地吸引到西线战场。11月底，著名音乐家贺绿汀带着他的演剧队由上海经西安来到办事处，受到了彭雪枫特别热情的欢迎。彭雪枫既具有军人的敏捷和干练，又具有知识分子的气质和风范。多年血与火的洗炼，使他深深懂得这批文化人的价值。他除向贺绿汀"介绍情况，回答问题"外，还给他送去了"一批有关开展游击战的文件资料"[①]。贺绿汀参加过广州暴动，对战场并不陌生，但八路军游击战士所创造的奇迹却使他闻所未闻。看过彭雪枫送给他的材料后，他又到彭雪枫、张震在周恩来领导下亲手于撤离太原途中所组建的八路军炮兵团进行访问。当他得知八路军先前并无炮兵，这些炮都是俘获日军的和在太原撤退途中收集南逃晋军所丢弃的时候，他脑子里一闪，一串音乐旋律——"没有枪，没有炮，敌人给我们造"，便电光石火般地浮现出来。之后，八路军游击战材料中的一些零碎的片断，甚至游击战士在防空洞里射击敌机的哒哒机枪声，也都在他的脑海里形成"我们都是神枪手，每一颗子弹消灭一个仇敌"的旋律。这时，一队队穿着单衣、草鞋的八路军健儿，踏着北国严冬的冰雪，好像从他的眼前闪过。十年前广州起义部队撤出广州朝着海陆丰进军的图景也一齐涌现在他的脑际——"我们都是飞行军，哪怕那山高水又深"。就这样，在八路军学兵队所住的炕头上，一首被八路军全体将士广为传唱的自己的歌——《游击队歌》，便产生了，并在刘村镇八路军高级干部会议上由欧阳山尊吹着口哨作伴奏而举行了成功的首演。

12月中旬的一天傍晚，彭雪枫在他的办公室里以校长名义接见了美国海军陆战队情报视察员埃文斯·福代斯·卡尔逊。卡尔逊是由武汉经西安来到办事处的。他的目的是要到八路军总部和敌后去。在询问了卡尔逊的有关情况后，彭雪枫向他介绍说，这些青年男女正被训练去当游击队的领导人，而游击队则是紧急时期参加军事行动的自愿者。他们被组织成连和营，大部分在他们的家乡地形十分熟悉的地区活动。这个学校现由四个学生连（区队）组成，三个男生连（区队）和一个女生连（区队）。课程用九周时间。60%的课程是军事战术，特别强调游击战术。其余的课程是政治课，教给学生组织群众团体的方法和个人及小组的行

① 史中兴：《贺绿汀传》，上海文艺出版社1989年版，第98页。

动准则。

第二天，彭雪枫陪同卡尔逊参观了学兵队的教室和生活区。卡尔逊在其所著《中国的双星》一书中这样写道："学生们坐在随身携带的凳子上，课本是油印的小册子。教学以美国大学里用的启发式进行，学生记大量的笔记……学生的生活区十分整洁。十一二个学生一班分住一个房间……这些房子里……被子整齐地叠在每个学生的铺位前头。野战的装备整齐地挂在临墙的钉子上，连牙刷和毛巾都有固定的位置。在外观上任何西方军队的生活区也不比这里更军事化。"[①]

参观结束后，彭雪枫向卡尔逊通报了南京陷落的消息，并通知他说："如果你愿意的话，今天就可以到八路军总部去。"[②]中午，卡尔逊一行，便到洪洞县高功村八路军总部去了。

送走了卡尔逊，便又迎来了新由上海来到办事处的著名作家刘白羽。刘白羽自称是上海文化人中的一员。然而当他们这批文化人和彭雪枫这位正在为抗战绞着脑汁而又露出一种朴实和文雅的人一见之下，就有种"好像是熟人"一样的"大大的亲切"之感。刘白羽称道彭雪枫"在工作方面，他算是颇负艰巨的一个人"，亦可谓"从前'恐怖者似的'的人物"之一。但在初次的会面、接触和谈话中，彭雪枫却总是不时很关切地打听着来过西战线的文化工作的朋友们，并且很高兴地说："我们八路军，好像与上海一班文化同志，是有精神上的一段因缘。虽然工作方式不同，而奋斗的目的是一样的。"彭雪枫这几句深湛的话，一下子把他们之间的感情拉近了，并且使他们第"一次的会面，连一丝使人感到严重的空气也没有"。

在几天零碎的谈话中，彭雪枫已经机警地知道他们想要了解些什么了。1938年1月4日晨，他接受他们的提议，在学兵队救亡室里，并从口袋里掏出几张卡片来，条理清楚地同他们一连谈了"半年抗战中得到（些）什么""目前抗战的危机和困难"和"决定持久抗战的三因素"三个问题。在谈话中，彭雪枫首先向他们说明了半年抗战提高了全国上下抗战的信心这一重大收获。他说：半年时间的抗战，"打破了恐日病。同时，证明日本也不过如此——南京失陷的快，是因为我们没有组织好，失掉了指挥中心的缘故。然而，这中间表现了：'我们是可以抵抗的！'平型关山地的一个星期，敌人终被我们消灭一部"。"广阳之战，我们用日语向他们宣传，结果感动了他们，有的缴了枪"。"像阳明堡那次"，因为"敌人侦察、警戒，是疏忽的——苏联是四面警戒，日本只是一面"，游击队便"绕进去，烧了敌人很多飞机"。"这些小的胜利，积成，便是一个大的胜利——尤其提高了抗日战士的信心。嗳！我们可以拿小的牺牲，来换得更大的胜利。现在，正证明了这一点。这中间，不但锻炼了军队，而且锻炼了我们的群众。"

然而，"我们究竟为什么失利的呢？"他强调和明确指出了军事上的弱点。

①《中国的双星》，新华出版社1987年版，第56页。
②《中国的双星》，新华出版社1997年版，第57页。

他说："战略、战术，皆为防御，这是错误的。在大的方面，战略——是可以取防御；而战术——小的局部，仍是可以进攻的。就拿山西的局势来说，敌人准备三路前进：中由同蒲路；右由孝义、汾阳；左由韩信岭。如果我们能向敌人后方挺进，才可阻止敌人行进呢！"

在谈到决定持久战三要素时，他强调了国内的"统一团结"，指出了日本内部"经济、政治方面走上崩溃的道路"，阐述了国际形势"有利于我们战胜日寇"的总的趋势。他指出："我们有许多困难，是可以克服的。日本则是不可能克服的——现在我们是'进步'发展，而他们呢？是'困难'发展。"那么，"我们怎样争取抗战的胜利呢？"当然，"这不外抗日的统一阵线……这里有一个中心的基本问题：就是国共合作。为了打日本，为了复兴民族，我们要……在持久的抗战中间争取到最后的胜利！"①

在热情的微笑中，彭雪枫结束了他的谈话。当他正在谈话时，一位小同志就进来告诉他说，贺龙、萧克同志从晋北前线回来了。下午6时，学兵队、西北战地服务团在办事处的院子里为他们举行了热烈的欢迎晚会，彭雪枫在会上作了热情洋溢的讲话。第二天，他和贺龙、萧克骑着马到八路军总部参加北方局和总部召开的高级干部会议，聆听了彭德怀传达的12月中共中央政治局会议精神。这次中央政治局会议根据抗战形势的发展对今后抗战作出了新的战略部署。而这个新的战略部署，则影响了和决定着彭雪枫今后的工作安排。

按照11月13日周恩来向中共中央和八路军总部报告的意见，本来是要彭雪枫主持晋南军区并"兼负责军政党委，以集中和统一党政军的行动"②的。可是，没过多久，随着华北、华东战局的逆转，特别在南京和济南失陷后，日军为打通津浦路而逐渐对徐州形成南北夹击之势，就有使中原门户洞开，开封、郑州先后告失，兰州、广州、武汉同时告危之虞。为此，12月30日，毛泽东和中共中央书记处曾提出在日军打通平汉、切断陇海路后八路军的部署和长江南北作战的战略计划。这个战略计划，在八路军的部署方面，曾提出"待敌攻郑州、潼关"时"以一师开豫西"③；在长江南北作战部署方面，为使日军进攻武汉时处于我之战略包围中，除建立苏浙皖赣、鄂豫皖、浙南、鄂赣甚至苏鲁军区外，曾提出建立"汉水军区"和"豫西军区"④，以便准备攻击占领平汉路南段和中段之敌。这个根据对当时敌情的判断而制定的战略作战计划，在中央书记处电告时在武汉的中共中央代表团后，1938年1月初，中共中央长江局王明、周恩来、博古、董必武、叶剑英则致电中共中央毛泽东、张闻天，要求派遣"能做游击队工作"的干部来汉，以便"迅速发展我们的军事工作"，并且说明"长江流域各种条件均

① 刘白羽：《彭雪枫》，原载上海杂志公司1938年10月出版的《八路军七将领》一书，转引自《李先念将军》，长江文艺出版社1991年版，第244—250页。

②《周恩来选集》上卷，人民出版社1980年版，第80页。

③《毛泽东军事文集》第2卷，军事科学出版社、中央文献出版社1993年版，第134页。

④《毛泽东军事文集》第2卷，军事科学出版社、中央文献出版社1993年版，第136页。

彭雪枫和朱德（左三）、彭德怀（左二）、邓小平（左六）、左权（左一）、萧克（左五）等合影

逊华北”，若没有“一批军事干部，工作发展将陷入极大困难”[①]。不久，毛泽东便电示彭雪枫，“要他立即前往河南，重点利用其与西北军的关系，到豫西开展工作。”[②] 当时，中共河南省委已划归长江局领导。彭雪枫接电后，即于1月下旬动身赴汉，向长江局报到。这样，八路军驻临汾办事处就因总部几经转移已到洪洞而临近结束，学兵队也就因而即将结业，彭雪枫则因此走上运筹中原抗战的伟大历史征程。

①《周恩来年谱（1898—1949）》，中央文献出版社、人民出版社1993年版，第397页。
② 张震：《太原前后》（未刊稿）。

第七章　运筹中原抗战

1937 年冬，在日本侵略军大举进攻下，由于国民党实行片面抗战，太原、上海、南京、杭州、济南等大城市和广大地区相继失陷。日军一方面以部分兵力巩固占领区，一方面以主力沿津浦路南北对进，夹击徐州，企图打通华北与华中的联系，觊觎武汉、广州，同时积极推行伪化政策。

毛泽东在 11 月 12 日《上海太原失陷以后抗日战争的形势和任务》中说，我们早就指出："不要人民群众参加的单纯政府的片面抗战，是一定要失败的。因为它不是完全的民族革命战争，因为它不是群众战争。""在华北，以国民党为主体的正规战争已经结束，以共产党为主体的游击战争进入主要地位。在江浙，国民党的战线已被击破，日寇正向南京和长江流域进攻。"① 并尖锐地提出：在党内，反对阶级对阶级的投降主义；在全国，反对民族对民族的投降主义。13 日，毛泽东在给中共中央北方局和八路军总部负责人的电报中明确指出，八路军的当前任务是："发挥进一步的独立自主原则，坚持华北游击战争，同日寇力争山西全省的大多数乡村，使之化为游击根据地，发动民众，收编溃军，扩大自己，自给自足，不靠别人，多打小胜仗，兴奋士气，用以影响全国"②，促进全面抗战的实现。据此，北方局和八路军总部遂决定第一一五师除以一部创建晋察冀边区抗日根据地外，师部率第三四三旅创建以吕梁山脉为依托的晋西南抗日根据地；第一二〇师继续创建以管涔山脉为依托的晋西北抗日根据地；第一二九师主力及第一一五师第三四四旅由正太路南下，依托太行、太岳山脉，创建晋冀豫边抗日根据地。至 1938 年春，八路军主力在敌后接连取得一系列战斗的胜利，收复许多失地，使根据地不断扩大与巩固。新四军亦完成了集中与整编。这为抗日游击战争的开展和坚持创造了极为有利的条件。

1938 年 1 月 25 日，在日军进窥中原的形势下，中共河南省委员会发表《中共河南省委保卫河南宣言》，指出："河南是武汉的屏障，西北的门户，华北抗战的后方，南北战场的枢纽"；"为着要争取全国抗战胜利和保卫河南三千万同胞的

---

①《毛泽东选集》第 2 卷，人民出版社 1991 年版，第 387—388 页。

②《毛泽东军事文集》第 2 卷，军事科学出版社、中央文献出版社 1993 年版，第 116 页。

生命财产，避免敌人的奸淫屠杀，我们要誓死保卫家乡，保卫河南”①。在山河破碎，中原危机的情况下，彭雪枫走上了运筹中原抗战的第一线。

一、新的使命

1938年1月下旬，春节将至，彭雪枫满怀激情，肩负着毛泽东关于“日寇打通京（平）汉路后，开展豫西敌后游击战”②的新的使命，告别朱德、刘少奇、杨尚昆、张震等人，并交待了八路军临汾兵站等项工作，便同随从副官程朝先一起，途经侯马、风陵渡、郑州、信阳等地，水陆兼程，风尘仆仆，于25日到达武汉，接受中共中央长江局对他的工作安排。

武汉是当时全国的政治中心，曾一度被称作战时首都。这是因为国民党主要军政机关早于去年11月即迁驻此地，中共中央为同国民党谈判国共合作事宜而派出的中共中央代表团亦因此于去年年底与新成立的中共中央长江局合并办公，同驻在汉口府西一路（现民意一路）安仁里一号八路军驻武汉办事处。

彭雪枫一到武汉，就前往“八办”，受到了长江局周恩来、叶剑英等人的热情欢迎，并相互进行了深切的交谈。这时，已任《新华日报》编委兼采访部主任的原《大公报》战地记者陆诒，得悉彭雪枫由晋“因公来汉”，十分高兴，便在当日晚，“满怀着亟须了解晋省民众游击战发展近况的期望”，前往彭雪枫的住处，再次采访了他。因为已是熟人和同志，彭雪枫对他的这种“期望”，给了“一个很大的满足”。彭雪枫先从八路军开进冀察晋边区时民众的动态说起，他介绍说：

“当八路军初去时，民众就表示欢迎。这时民众的情绪，还只是贴贴标语，或站在路旁嚷着欢迎而已，甚或至于带着几分‘好奇’的眼光来看我们，而大部分富农、地主，竟有远而避之。我们当即发动‘争取老百姓回家运动’，以种种铁一般的事实，使老百姓由怀疑、害怕，而到亲爱、合作的阶段，常常开军民联欢大会，使老百姓与我们的关系，一天一天亲近起来，而达到‘打成一片’！这时候富农、地主，也逐渐回家了，而我们的政治工作，便很紧张活跃地展开起来。我们就依了山西战地动员委员会的纲领来活动，以战地动员委员会的县、区、村的组织，来做基干，开始组织农民自卫军。”

那么，怎样把他们组织成自卫军并协助军队抗战呢？彭雪枫继续介绍说：

“山西农民，大都是没有听过枪响的”。“我们采取的是渐进的办法，这办法在过去我们称做‘带徒弟’。就是在民众自发的抗敌情绪极高涨的时候，把他们组织起农民自卫军。这些队伍，最初我们在附近袭击敌人时，只让他们跟在正式军队的后边，放在能够听到枪响而不是敌人有效射程所能到达的地区。第一步使他们习惯听枪响，对战争的恐怖心念一点一点淡薄起来……最要紧的是，不要轻

① 转引自《中国现代史大事记》，黑龙江人民出版社1984年版，第169页。

② 张震：《从临汾到竹沟》，载《燎原》第1辑，河南人民出版社1980年版，第174页。

易叫他们打仗，尤其不能使他们吃到败仗而沮丧，见了打仗便害怕！这样实习打仗，打了七八次以后，叫他们多做破坏敌人交通的工作，因为这种工作，也是重要的战斗任务之一。经过了八九次的战斗，然后叫他们去直接担任较为轻易的战斗，而且在战斗之前，还要替他们把敌情侦察清楚，估量他们可以担负的任务，而且把自己军队的战斗员掺杂在内，以壮他们的胆量。同时加派副队长或教练员到农民自卫军中去，使他们对游击战的战术，逐渐的进步起来。这种渐进的方式，曾使冀察晋边区的农民自卫军，不但在量的方面有增加，而且在素质方面，也有长足的进展。譬如在最近，农民自卫军，竟有以三四十人为单位，自动的埋伏在公路或铁路沿线，以袭击敌人。平时听了打仗便战栗的农民，今天也能独立自主的进行广泛的游击战了！”

农民自卫军现在的情况怎样呢？彭雪枫着重介绍说：

“敌人在过去两月间，曾经组织了‘督剿队’，分了几路来消灭我们的游击队伍。大概每一路敌军多者三千人，少者六百人，每队配以飞机一架，大炮数门。敌军各路的距离，总是四五十里。当攻击开始时，他们总是先要展开阵地，把炮排好，把飞机叫来，所以与我们遭遇之时，总得要花一两小时的时间，然后（才）可以把行军的队伍，展开阵地。我们便在敌军较多的路上（譬如这一路的敌人是三千或二千余），布置了许多疑阵，作佯击的形式，以诱惑多数敌人，而在敌人最少的路上（如这一路的敌人是六百），便以全力来迎击，以迅雷不及掩耳的攻击，歼灭阵地尚未展开的敌军。等到其他各路敌军发觉，要赶来应援，那时这些少数的敌军，已被我们打得落花流水了！”

最后，彭雪枫就游击战的意义和作用概括地介绍说：

“目前游击战的任务，第一是消耗了敌人，疲扰了敌人；第二，是借了游击战的机会，了解各地的山川险隘，熟悉了地理形势；第三，是使游击战的展开，而组织了民众，武装了民众。但是大规模地歼灭敌人，须得要以大规模的运动战，游击战只是一种辅助，也可说是大规模运动战的前奏曲而已！”①

彭雪枫在此津津乐道地上述华北民众游击战的发展过程及其某些做法，实际上就是他即将面临的新的历史使命。在他发表这次谈话后，由于彭雪枫曾经担任过中共华北联络局书记，对华北各省联络局的工作多有了解，同时也由于长江局已有意让他担任长江局联络局的工作，所以他就参加了由叶剑英主持召开的中共豫鲁联络局②工作会议。这次会议确定了豫鲁联络局的工作方针和任务。恰在此时，彭雪枫原育德同学王志远、路庭训也在武汉，所以会后他便根据会议确定的工作方针任务分别会晤了他们。

---

①《华北民众游击战的发展》,《新华日报》1938 年 1 月 26 日，第 2 版。

② 豫鲁联络局，是河南省联络局（书记梁寒冰）和山东省联络局（书记张友渔）奉长江局副书记周恩来的指示刚刚合并而成的豫鲁两省党的情报和统战工作机关，书记张友渔，副书记刘贯一（原任察哈尔省联络局书记）。

彭雪枫（后排左一）和叶剑英（后排左二）、罗炳辉（后排左三）、廖承志（后排左四）等在武汉八路军办事处合影

一天，彭雪枫和路庭训“开怀畅谈，直至夜阑人静”[①]，希望他能回乡参加豫东抗战，并利用其社会关系做好上层抗战工作，以展他的报国素志。之后，他又在原日租界新小路王志远家里见到了王志远。王志远是因被人密告为共产党，为不影响朱晦生在韩复榘部的秘密工作而于 1937 年 10 月主动离开济南来到武汉的。王志远向彭雪枫介绍了济南别后韩部的工作情况，并告诉他韩复榘伏法后孙桐萱已接任了第三集团军总司令的职务。彭雪枫得知此情后，坚持要他“仍回第三集团军去，和晦生同志一起，在原有的基础上继续发展‘知行学会’组织，开展兵运工作”。根据彭雪枫的意见，同年 7 月，王志远就“又回到第三集团军，接受了孙桐萱委任的总部高级参谋的职务”[②]，同已任孙桐萱秘书的朱晦生一起，驻防郑州，艰苦地做着对孙部的统战工作，为以后彭雪枫所领导的豫皖边区中共“特别支部”的建立及其工作的开展，提供了极为有利的条件。

在汉口半个多月的日子里，彭雪枫除同周昆、边章五、张经武分别代表八路军总部、第一一五师、第一二〇师、第一二九师参加了全国师以上参谋长会议以外，又与新老战友一起晚聚晨会，畅叙以往，计划未来，心情十分愉快。2 月中旬，日军以突破黄河、夺取武汉为战略中心的第二期作战计划业已开始。津浦、陇海、平汉、同蒲各线中日两军均在激战。华中、华北数路日军迂回徐州，进而夺取武汉的企图已甚明显。鉴于上述形势，中共中央长江局书记王明、副书记周

① 路庭训：《彭雪枫在扶沟》（未刊稿）。

② 王志远：《雪枫同志与知行学会》，第 5 页。

1938年2月，彭雪枫在武汉和八路军驻武汉办事处的同志合影。前排左起：童小鹏、朱瑞、杨尚昆、叶剑英、彭雪枫、张纯清、李涛

恩来、组织部长博古、参谋长叶剑英，于2月13日，联名致电八路军总部朱德、彭德怀、任弼时并毛泽东和中央书记处：为确实地建立长江、黄河间我们自己的力量，必须急切地发动鲁、豫、苏、皖群众参加战争。首要选派党的与军事工作得力的军政干部，去组织和领导鲁、豫、苏、皖四省的军事工作。因此，我们拟派彭雪枫到河南去担任这一工作。因临汾办事处已与总部靠近，可结束。鲁豫战况紧急，雪枫拟明日动身赴豫。

2月15日，周恩来主持召开的长江中央局会议在讨论通过了叶剑英关于军事问题的报告后决定在长江、黄河间设立一个军区，下设苏鲁边、皖北、豫东、豫西四个军分区，“彭雪枫加入中共河南省委及第四支队军政委员会，负责领导全军区军事工作”[①]。这样，彭雪枫所负新的使命就被中共中央长江局具体而明确地确定下来。

2月16日，彭雪枫在听了长江局对他的工作决定的传达后，欣然受命，并立即致电北方局书记刘少奇、副书记杨尚昆，告知他“即到河南进行苏豫统战及群众武装工作，调岳夏、张震及译电员、报务员、资凤、罗杰、王子光、曾仁山与

①《抗战时期中共中央长江局》，湖北人民出版社1991年版，第893—894页。

电台和其他工作人员若干，于十七日动身到信阳周骏鸣处等他，办事处即结束”[①]。然后，他即率领赵启民、成钧、徐祥亨、李木生、朱绍卿、朱国华、祝世凤、胡定千等十余名红军干部先期由武汉到达竹沟，并以八路军总部少将参谋处长名义，同中共河南省委组织部长林凯一起，代表河南省委，全面主持竹沟工作。

竹沟又称沟竹，因以“篔竹茂盛”而得名。它位于河南确山县西部，坐落在伏牛山、桐柏山余脉交错处，三面环山，山上草木如盖；一面靠水，大沙河（竹沟河）由北而南穿镇而过，岸边竹林青翠欲滴。古往今来，它是中原西达宛襄的要冲，向为兵家必争之地，因而又被称为竹沟镇。在近代，这里早在大革命时期就有共产党的活动，1927年10月8日，中共驻马店特支决定以马尚德（杨靖宇）等人为指挥领导了著名的确山刘店农民暴动，从此播下了革命火种。之后，由于中共河南省委、中共鄂豫边区临时省委（前为中共鄂豫边区特委）相继遭到破坏，特别在红军主力长征后，他们又都与中共中央失去联系，遂由原中共河南省委委员王国华和已改称中共鄂豫边区工委书记的张星江取得联络，并在1935年8月决定建立新的中共鄂豫边区省委，从而领导了艰苦卓绝的三年游击战争，建立了以竹沟为中心的鄂豫边游击根据地。这样，竹沟就成为中国共产党领导的南方八省15个游击根据地之一，成为中原抗战的战略支点。1937年12月，中共鄂豫边区省委根据新的河南省委的决定改称中共豫南特委。次年1月初，他们领导的红军游击队（时已改称豫南人民抗日军独立团）奉命改编为新四军第四支队第八团队。1月14日，中共中央长江局决议河南省委应以鄂豫边“为中心发展工作”[②]。因此，彭雪枫一到竹沟，就受到聚集在这里的中共豫南特委和四支队八团队领导人王国华、周骏鸣等人的热情欢迎。同时，并通过他们对鄂豫边的历史和现状进行了深入的考察，又以革命军事家的战略眼光，对山西战局和陕北三边（定边、安边、靖边）形势进行了缜密的思考，遂向中共中央提出了新建八路军战略后方的建议和主张。3月1日，他在致毛泽东、王明和周恩来的电报中报告说：

“（一）关于豫西工作局面的发展，前次已于给陈（绍禹）周（恩来）书面报告中略为述及。豫西、鄂北、陕南，这一纵横千里的广大区域内，约有群众千余万，有桐柏、嵩山、伏牛、秦岭诸大山脉，散布其间，有地形、群众及原鄂豫皖、湘鄂西苏区的基础为条件，工作前途是大有希望的。目前豫西各县民众每天总有三五十人，由远方来，连人带枪参加我军，尽量收容。经费无着，弃之不忍，且太可惜。世界上带着枪自动来当兵的事是很少的。”

“（二）以目前山西战局及陕北三边形势看，我军有以陕南、豫西及通南巴[③]这一地域作大后方的绝对必要。”

“（三）党从现在起，即应重新估计这一地域，目前应：（1）迅速发展并健

①《刘少奇、杨尚昆致朱德、彭德怀电》1938年2月16日。

②《中共中央长江局关于鄂豫边工作的决议》，载《抗战初期中共中央长江局》，湖北人民出版社1991年版，第136页。

③ 通南巴，指四川省通江、南江、巴中地区。

全党的组织；（2）轮番训练大批当地的党军群众工作干部；（3）相机扩大而重心在于提高高（敬亭）周（骏鸣）两部军事政治水平。”①

彭雪枫向毛泽东和长江局提出的上述建议和主张，不仅表现了他是一个胸怀全局的无产阶级军事家，而且体现了毛泽东关于“在敌深入进攻条件下”②，即“设想在西安武汉长沙南昌四点被敌进攻及万一不守时”，必须力争建立“山西区、鄂豫皖区、苏浙皖赣边区、陕甘区、鄂豫陕边区、湘鄂赣边区”等六个重要抗战“战略支点”，并将八路军三个师“预拟一个位于鄂豫皖区，一个位于鄂豫陕区，一个位于陕甘区”③，而重点是在外线的鄂豫皖的战略构想。当时山西的战局是敌已进入汾河下游，风陵渡、潼关危急，同时在军渡、碛口猛攻河西，准备渡河，使绥德、延安顿时告危。而在陕北三边地区，则为股匪张廷芝、范玉山长期盘踞，大有久攻不下之虞。纵观日军总的企图，则“在驱逐晋境我军，占领临汾、风陵渡，最后夺取潼关，保障进攻武胜关之右翼”④。因此，早为毛泽东所提出的八路军主力在“全国抗战形势的发展”需要转移时而必须“适当的转移”⑤的主张，便被提到必要的议事日程上来。这样，彭雪枫关于经略陕南、豫西和川北通南巴的建议和主张，就与毛泽东的上述战略构想恰相吻合，基本一致。所以，毛泽东对彭雪枫的这一建议和主张便非常重视，不仅复电肯定他“观察甚当”，而且明确指出：“目前根据地仍应坚持陕甘边，但准备转移时最好是在鄂豫皖边，望以大力发展该区工作。”⑥这是因为，在毛泽东看来，“平汉以西的内线地区虽广大”，但却是“敌所必争的”⑦。基于这一点，毛泽东在复电中又告彭雪枫：“河南局面不久将变化”，“陕豫路即将隔断”，并询问：“你们中心根据地在何县何区，派人来走何路到何地与何人接触，即告。”⑧

彭雪枫在向毛泽东、周恩来提出上述建议和主张前后，还在修订着他的《游击队政治工作教程》一书，并将其易名为《游击队政治工作概论》，拟交武汉读书生活出版社出版发行。此书的这次修订，彭雪枫是以延安解放出版社、扬子江出版社印行的本子作底本进行的。“为着使该书切合于实用起见”，他又“加以整理和补充”，使之成为本书“今日之订正版”⑨。《游击队政治工作教程》一书修订工作完成后，他就带着副官程朝先乘车前往开封，正式与中共河南省委负责人晤

---

①《彭雪枫军事文选》，解放军出版社 1997 年版，第 62 页。

②《毛泽东军事文集》第 2 卷，军事科学出版社、中央文献出版社 1993 年版，第 164 页。

③《毛泽东军事文集》第 2 卷，军事科学出版社、中央文献出版社 1993 年版，第 160 页。

④《毛泽东军事文集》第 2 卷，军事科学出版社、中央文献出版社 1993 年版，第 162 页。

⑤《毛泽东年谱》中卷，中央文献出版社、人民出版社 1993 年版，第 39 页。

⑥《毛泽东复彭雪枫电》1938 年 3 月 6 日，载《彭雪枫将军在竹沟》，河南人民出版社 1987 年版，第 5 页。

⑦《毛泽东军事文集》第 2 卷，军事科学出版社、中央文献出版社 1993 年版，第 160 页。

⑧《毛泽东复彭雪枫电》1938 年 3 月 6 日，载《彭雪枫将军在竹沟》，河南人民出版社 1987 年版，第 5 页。

⑨《新华日报》1938 年 3 月 5 日，第 1 版。

面，并到徐州巡视和布置有关工作。

中共河南省委1937年9月在开封成立。省委书记朱理治曾是彭雪枫在西安从事张学良、杨虎城统战工作时的领导之一，彼此都很熟悉。而朱理治对他的到来，亦十分高兴，并认为省委急待建立的军委组织，彭雪枫则是最好的人选。可是，彭雪枫到后却申明，他“现在尚有长江局的联络局及指挥江苏、山东、陕西、鄂北等处工作，事务很忙，不便兼省军委”。朱理治急不可待，在送其赴徐州后即于3月11日报告长江局，强调河南省军委“非常需要”彭雪枫，希望“长江局联络局工作可解放他，使他专心一意的来担负省军委工作”[①]。

彭雪枫由开封到达徐州，住在大金台旅馆。因在旅馆未曾登记，即行外出，中共苏鲁豫皖边区特委书记郭子化曾冒雨去找四次未遇，彭雪枫因而在徐一天，即速西返，回到竹沟。

3月中旬，长江局接受朱理治报告的意见，进一步明确了彭雪枫担任中共河南省委军事部部长职务，并遵照河南省委指示，仍驻竹沟。而在此前，张震亦遵照北方局的指示，将临汾办事处人员一分为二，一部由北方局分配工作，一部由他率领，其中有秘书岳夏、王子光，经理主任资凤，会计郭金林，副官罗杰，电台队长熊梦飞，报务员胡灿传，学兵队区队长方中铎与一个警卫班（由办事处手枪班和冲锋枪排人员编成）计31人，还有从学兵队里挑选的10多名河南籍、山东籍毕业学员，“佩带八路军的符号，持着八路军总部的护照”[②]，南渡黄河，途经信阳尖山，已到竹沟。于是，彭雪枫则在捧读毛泽东3月6日给他的复电后，即向张震等人传达了中共河南省委的指示，并与省委驻豫南代表林凯联名复电毛

1938年2月，彭雪枫作为中共河南省委军事部长，负责开辟河南抗日工作。图为彭雪枫在竹沟镇办公旧址

① 朱理治：《关于河南军事工作情形给长江局的报告》1938年3月11日，载《抗战时期的河南省委》（二），河南人民出版社1988年版，第49页。

② 张震：《从临汾到竹沟》，载《燎原》第1辑，河南人民出版社1980年版，第175页。

泽东和长江局。在复电中，彭雪枫除重申了3月1日的建议和主张外，又告目前“我们自东而西发展已有许多基础和线索”，故请中央将抗大、陕公毕业生迅速派来，“即陇海路不通时可走陕南、豫西之内乡、镇平、南阳、唐河、泌阳到达确山之竹沟镇”，以便“有计划的训练党政军各级干部”[①]。这就是说，自此以后，彭雪枫便在竹沟设立中共河南省委军事部，并在军事部参谋长张震的得力协助下，正式以中共河南省委军事部长的身份，肩负起中共中央长江局所赋予他的新的光荣使命，并以“军民联合建设新竹沟”相号召，揭开了中原抗战的壮丽篇章。

二、整编第八团与改造安段团

协助中共豫南特委集中整编新四军第四支队第八团，并遵照新近成立的新四军军部的指示，尽快开赴前线，东进抗日，是彭雪枫到竹沟后一项首要而迫切的任务。因为这时周骏鸣、王国华所领导的鄂豫边红军游击队，虽已粉碎了西安事变后国民党军在“北和南剿”方针下所发动的多次军事“清剿”，并按照中共中央新的策略路线胜利地实施了战略任务的转变，同时已将改称豫南人民抗日独立团的红军游击武装正式改编为新四军第四支队第八团，但八团的团、营主要干部的配备及领导机构的设置都还极不健全，而且由于该团长期游击于桐柏山区，对马克思列宁主义的基本理论和中共中央许多新的方针政策的了解和认识，都远远落后于客观形势的发展和需要。因此，它的军事政治素质水平就急需提高。彭雪枫在其受命回豫并同中共中央长江局、中共河南省委接谈后，对八团的建立及其所创立的竹沟根据地在中原地区战略支点的特殊历史作用，已有了更加深入的了解和认识。因此，他对八团的集中整训及其后方基地的建设，便倾注着自己的满腔热忱和全部心血。

1938年1月，中共中央长江局副书记周恩来和董必武、叶剑英受中共中央委托，向新四军第四支队司令员高敬亭传达了中央关于开展敌后游击战争，发展抗日武装力量的指示，并“要第四支队从湖北黄安（今红安）七里坪、河南确山竹沟向东挺进抗日，建立敌后抗日根据地，坚持游击战争”[②]。1月中旬，中共河南省委组织部长林凯在奉派豫南并参加特委领导后亦到汉口汇报鄂豫边工作。1月14日，中共中央代表团和中央长江局听取了林凯的工作汇报，并就此进行了讨论，作出了《中共中央长江局关于鄂豫边工作的决议》。《决议》除对八团“在未行动前归特委领导”作出决定外，又决定由林凯“代表河南省委指导该地工作”。关于八团的行动问题，《决议》决定“由长江局参谋处指挥，开去作战时归高敬亭同志指挥”[③]。2月20日，中共中央代表团和中央长江局在周恩来主持下举

①《彭雪枫、林凯致毛泽东并长江局》1938年3月13日，载《彭雪枫将军在竹沟》，河南人民出版社1987年版，第6页。

②《周恩来年谱（1898—1949）》，中央文献出版社、人民出版社1993年版，第402页。

③《中共中央长江局关于对鄂豫边工作的决议》，载《抗战初期中共中央长江局》，第136页。

行联席会议，对新四军第四支队第八团的行动问题再次进行了认真讨论。会议鉴于河南不久将成为中日战争的重要地区，指出党在目前原则上应“以巩固部队争取出发到前线为中心，以‘保卫河南’作为动员群众的口号”①。

中共中央长江局和周恩来对第八团的一系列指示，为第八团的集中整训指明了方向。彭雪枫坚决执行长江局对八团的整训指示，并同林凯、王国华、周骏鸣商定，首先健全团部组织，设立参谋处、政治处、副官处、军需处、卫生队和电台，指派负责人选，充实加强团的领导，然后即调八团主力由团长周骏鸣率领，由竹沟及其以西山地移防信阳邢集，依山靠水，设营扎寨，集中整训。除团长周骏鸣、政治委员林凯业经长江局和中共河南省委商定并报中共中央批准外，他们还商定并报军部批准和任命了团、营级领导干部，并把彭雪枫等先后由汉口带来的十多名红军干部补充到第八团，这对于提高该团政治素质起到了应有的作用。

第八团经过初步整编，实际上只有一营多一点的兵力，并不够一个团。为了充实八团，使其具有一个团的完整建制，彭雪枫、张震、林凯、王国华、周骏鸣研究决定，将已收编并已属于该团的四、五两大队，即原绿林武装安、段两团，进行集中整编，使之真正成为人民的军队，抗日的武装。

安、段两团，原是活动于豫西南鄂豫边的两股“大杆”著名绿林武装。这两股杆子武装的首领，一个叫安可祥，一个叫段永祥。安可祥，桐柏县安棚人，出身贫寒，生性豪爽。他仇恨地主豪绅，并多次率众攻打土豪围寨，一身江湖义气，常爱打抱不平。因此，人们送号“土光棍”，在当地群众中颇有影响。段永祥，唐河县毕店小马岗人，是个小知识分子，因不满社会现实，走投无路，被迫走上拉杆为“匪”的道路。安、段两团，虽为两股人马，但因安棚、毕店位于桐柏、唐河两县边界，相距不远，两人很早就相约举事，过从甚密，私交亦深。他们常以“打富济贫”相号召，吃大户，拉“肉票”，结伙聚众，招兵买马，并且常常和国民党地方武装发生冲突。由于安、段两团对国民党地方政权和地方武装采取对立的立场，中共鄂豫边区省委所领导的红军游击队亦曾与其稍有联络，王国华“王老汉”的声誉及其所实行的某些政策，如“打坏货”等，也在安、段两团士兵中产生过一定影响。因此，有时“拉票”牵涉到红军游击队，经过联络，他们就会马上放人。

1937 年 10 月，中共鄂豫边区省委将鄂豫边红军游击队改编为豫南人民抗日独立团后，政治委员王国华率部在确（山）泌（阳）边继续剿匪和打击土顽势力时，恰在泌阳高邑巧遇安可祥、段永祥和另股“杆子”朱六排长。当时他们在同国民党地方武装交火后已受重创，王国华主动与其联络，以友相待，并请他们喝酒吃饭，相机宣传党的抗日救国主张，进行抗日合作谈判。段永祥从中受到很大教育，激起爱国热情，遂以 130 多支枪、13 匹马赠给独立团，并发誓说：“我要搞到三个团的力量，到那时再来归顺‘王老汉’。”说罢，安、段二人和朱六排长，

①《周恩来年谱（1898—1949）》，中央文献出版社、人民出版社 1993 年版，第 405 页。

就带着他们的一路人马到湖北随县一带活动。到1938年2月初，他们果然在随县一带搞到三个团的兵力。不料，在从湖北返豫途中又与国民党部队不期遭遇，朱六排长的一个团遂被打垮，只有安、段两团安全撤避唐河一带。彭雪枫、王国华得此消息后，认为这是收编他们的良好时机，并立即指示中共唐（河）东区委书记刘中兴进行工作，争取安、段两团参加新四军。刘中兴接到指示后，亲到段永祥家陈述日军侵华暴行，中原紧急形势，希望他以国家民族利益为重，能同新四军共同抗日。段永祥当即表示，愿与新四军共赴国难，团结抗战。后经中共唐东区委多次派员深入该部宣传抗日，讲解党的抗日政策，并与之结成“金兰之交”，深得他的信任，终使段永祥不但认识到共产党抗日救国代表了人民的利益，是国家民族的希望，而且还亲自说服安可祥接受党的抗日主张，跟着共产党走抗日救国的道路。最后，彭雪枫、王国华根据安、段两人均已表示愿意接受党的领导，加入新四军，并愿开赴前线，对日作战，于是及时决定该部由唐河一带开至泌阳邓庄铺受编，安可祥、段永祥同到竹沟领命。

2月的一天，安、段两团在中共唐东区委派入该部工作的中共党员张国廷、权景山协同带领下开至邓庄铺。彭雪枫、王国华即派八团周国林和邓庄铺联保主任（地下党员）李耀堂等人同安、段进行谈判，并提出收编条件为：（1）愿意抗日的留下，接受新四军的编制；（2）不愿留下的回家，枪支、马匹全部交出，路远的发给路费。经过周国林、李耀堂进一步的开导，安、段两人深明大义，对八团所提条件一一接受。于是，安、段两团即奉令开至竹（沟）西酒店、冷水铺一带驻防，安、段二人亦奉令到竹沟受命，并受到王国华的赞许和欢迎。随后，新四军第四支队第八团，即将安、段两团分别编为四、五两个大队，隶属于第八团，并受其节制和指挥。同时，彭雪枫又从竹沟派去原临汾学兵队毕业学员周启邦对该部进行军政教育。为“避免他们的‘顾虑’计”，周启邦曾“以‘俱乐部主任’的名义”前往工作，“周旋应付，煞费苦心，终于收到了应有的效果”[①]。

然而，安、段两团毕竟是旧式的绿林武装。他们虽已编归新四军，并有参加抗战的要求和愿望，但其中不少人却恶习不改，不听指挥，不守纪律，甚至借口八团粮饷供给困难而到处抢劫财物，打骂群众，倒卖枪支，在周围人民群众中造成了极坏影响。鉴于当时确（山）信（阳）一带股匪冒充八团自卫队“收款派粮”和“冒名诬陷”等事不断发生，地方土豪又以“绑票勒赎”，“每日来往于竹沟说票赎票的就‘络绎不绝’”[②]为口实，乘机告状，扩大事态，混淆视听，对豫南党和新四军进行恶意诽谤和造谣中伤，为了维护中国共产党及其领导的新四军的声誉，挽回安、段四、五大队在群众中所造成的不良影响，把他们改造成为人民的军队，彭雪枫、张震、王国华审时度势，反复研究，并报经中共中央长江局和中共河南省委批准，决定对安、段四、五大队实行集中缴械整编。为使整编顺利进

① 彭雪枫：《悼启邦同志》，《拂晓报》1942年5月30日，第3版。
②《彭雪枫军事文选》，解放军出版社1997年版，第181页。

行，彭雪枫、张震、王国华又认真磋商，周密计划，决定同一天将安可祥四大队调至信阳邢集集中，段永祥五大队调至竹沟集中。在邢集，他们考虑到因有老八团的一营力量，又有周骏鸣的坚强领导，整编安团绰绰有余，而在竹沟，因仅有留守的一个手枪班和冲锋枪排，要胜利整编拥有几百人的段团，就确非易事。为此，在竹沟，彭雪枫、张震、王国华就不得不决以"不战而屈人"之计，在"不出樽俎之间"，对其进行整编。

3 月的一天，安、段四、五大队同时接到分别到邢集、竹沟集中待命的命令。在邢集，一切都按彭雪枫与周骏鸣商定的计划顺利进行着。而在竹沟，先是张震亲自领着段团派来的设营组为其开来竹沟的人员划分了宿营地，并请全体士兵到竹沟学校参加"欢迎会"，然后集体会餐。"欢迎会"一结束，彭雪枫则以中共河南省委军事部长的名义请段团及其连以上干部到竹沟关帝庙赴宴。此时，段永祥像往常到绿林弟兄部队赴宴一样，腰里别着两支 20 响驳壳枪，身后跟着一帮佩带一色短枪的马弁保镖。彭雪枫穿着一身退了色的灰军装，打着绑腿，干净利落，不卑不亢，神态自若地把段永祥引进里屋入席。列位依次入座，宴会开始。彭雪枫首先起立举杯，寒暄敬酒。段永祥亦应声起立，端起酒杯，正要寒暄，站在彭雪枫身旁的警卫员程朝先便机警而勇敢地猛扑上去，一把抱住段永祥，就下了他的双枪。外屋的手枪班也以迅雷不及掩耳之势，解除了几个连长和保镖的全副武装。彭雪枫见段永祥及其随从武装已被解除，便示意程朝先等人退下，随即从口袋里掏出了群众的揭发信，郑重而严肃地对段永祥及其随从说：今天解除你们的武装，别无他意，完全是从爱护你们出发的。你们已经接受了共产党的领导，但不懂得共产党的军队的规矩。共产党的军队，执行的是三大纪律八项注意，而你们却做了对不起人民的事情。人民告发了你们，我们就得替人民做主。念你们初来乍到，我们今天从宽处理。从今天起，你们就"坐下来学习共产党的政策，学习人民军队为人民的道理。如果哪位吃不了共产党的苦，今日敬酒一杯，发给路费，欢送回乡"①！彭雪枫的一席话，真诚坦白，掷地有声，遂使段永祥及其随从心里的一块石头扑通一下落地，一个个被感动得痛哭流涕，后悔莫及。

与此同时，被张震请到竹沟学校会餐的段团全体士兵，因枪支都架在操场上，全是徒手进屋入席，酒过三巡，张震即令留守竹沟的冲锋枪排战士不声不响地将几百名段团士兵的枪械悉数收缴。然后，张震又派战士骑着段团带来的二十多匹马，奔向段团宿营地，设营人员的武装亦被解除。彭雪枫听到禀报，飞马赶到学校，对段团全体官兵集体讲话，说明缴枪原因，宣布共产党的政策。当时，对安、段团的政策是："对其中的头头经教育后给路费送回原籍，对一般出身好，愿意抗日的人员留下，其余一律遣散。"② 这项政策实行的结果，个别好的军官留下，大部士兵受编。之后，彭雪枫即组织段团受编官兵集体学习，并和王国华亲

---

①《小延安——竹沟》，河南人民出版社 1988 年版，第 65 页。

② 张震：《从临汾到竹沟》，载《燎原》第 1 辑，河南人民出版社 1980 年版，第 176 页。

自给他们上课，讲一个贫苦农民被迫上山为匪的社会根源，讲农民青年当抗日军是保土卫国的光荣义务，讲日寇惨杀掠夺中华民族的暴行，讲只有全民族团结抗战，才是中国的唯一出路等等，使受编官兵听后深受教育，个个热血沸腾，义愤填膺，决心跟着共产党抗日救国，保卫家乡。

经过学习，安、段两团受编官兵，总计七八百人。彭雪枫、张震、王国华、周骏鸣根据他们要求参加抗战的愿望，爱国的热情，将其整编为二、三两营，充实到第八团，营、连、排亦都配备了由延安派来的红军干部和八路军临汾学兵队毕业生。同时，又以安、段两团原有的枪支、马匹为基础，组建了八团骑兵连、手枪连。这样，第八团就迅速壮大，军威大震，总计兵力已达1300余人。随后，第八团全部集中邢集，进行军政训练。3月15日，周恩来派罗炳辉从武汉到邢集传达中央军委关于第四支队集结皖东，开展敌后游击战争的命令。第八团全体指战员个个意气风发，加紧训练，积极准备出征。此时，周骏鸣由邢集回到竹沟，向省委要求增派干部。彭雪枫、王国华即从业已开办的教导大队中抽调副大队长赵启民任第八团参谋长，并对团、营主要领导干部再次作了相应调整。同时，又从教导大队女生中队中抽调樊西曼、唐觉民、王典训、杨寒等人随同前往第八团工作，后因他们在东进途中充分发挥了女性在筹集供给、宣传群众方面的优势作用，曾被誉为“老八团”的“四大金刚”。

3月29日，整编后的第八团在邢集誓师东征，随之会合主力，开赴皖东抗日前线，成为新四军第四支队中的坚强战斗集体，不久又扩编为新四军第五支队。后编为新四军第二师第五旅。当第八团出征之际，经八路军、新四军武汉办事处呈请国民政府军事委员会政治部、军政部批准，在竹沟设立了第八团留守处。彭雪枫以此为掩护，全面主持竹沟工作，遂使竹沟到处激荡着抗日歌声，出现了一派抗日救亡的大好形势。

三、开办竹沟军政教导大队

筹建和开办竹沟军政教导大队，是彭雪枫在武汉“八办”领受的又一迫切和重要的任务。从当时竹沟干部缺乏的实际情况看，中共中央赋予他这一重要任务，对即将开展的豫皖苏鲁边敌后抗日游击战争具有决定的意义。

1938年1月，中共中央长江局为河南省委确定了“准备与发动河南游击战争”的总的工作方针。根据这一方针，“建立基干队伍及准备干部”[①]，就已成为当时最迫切的需要。为此，1月14日，《中共中央长江局关于鄂豫边工作的决议》就明确指出：为了“增强部队的战斗力量，设教导队吸收青年学生，除训练参加部队工作的以外，主要的还是要创造党的干部”[②]。为了贯彻和落实这个决议，彭

①《纪念朱理治文集》，河南人民出版社1993年版，第95、100页。

② 中共湖北省委党史资料征集编研委员会、中共武汉市委党史资料征集编研委员会编：《抗战初期中共中央长江局》，湖北人民出版社1991年版，第137页。

竹沟教导队队部旧址

雪枫3月1日在给毛泽东和陈绍禹（即王明）、周恩来的那个著名的报告中，一方面建议中共中央向豫西和陕南“多派河南及陕南籍的军事、政治、党务干部”，另一方面则同时告知：“临汾学兵队成绩尚好，此间之教导队即照学兵队的作风规定干。”[①]这就表明，2月底，竹沟军政教导大队即已筹建并已开办起来。

竹沟军政教导大队的筹建和开办，是在新四军第四支队第八团竹沟留守处准备建立和建立以后而以留守处的名义开始的。当时，竹沟留守处可以用来开办教导队的干部是很少的，彭雪枫就以新由武汉和临汾来豫的几名干部为骨干，任命方中铎为大队长，周季方为政治干事（相当于教导员），赵启民为副大队长，在张震领导下，负责具体筹备事宜。

方中铎，曾任八路军临汾学兵队区队长，对学兵队的“作风规定”较为熟悉。因此，在周季方由武汉奉派来豫并受领任务时，彭雪枫便对他们说：“现在各项工作困难很多，最大的困难是缺乏干部。全指望延安给我们输送是不可能的。尽管（现在）部队很少，只要有了干部，就不愁没有部队。”现在，你们就是要“大量招收青年学生，在学员中大量发展党员”，“按照抗日军政大学的办法”，“克服一切困难”，“争取时间迅速开学”[②]。

方中铎、周季方根据彭雪枫的指示，对教导大队的开办作了认真的准备。他们把大队部设在竹沟河东三间茅屋里。办公室的设备非常简陋。当时只有一部油印机，一份《新华日报》，几本政治书籍，以及向群众借来的一张方桌，几条板凳。干部除大队长、政治干事外，仅有一名副大队长和两名辅导员。然后，他们就通过中共中央长江局和中共河南省委所辖有关各省、市、县党的青年组织，选送青年，广泛招生。不久，河南、山东、湖北等省以及开封、武汉等市的抗日爱国青年，特别是豫西、豫南各县和确山县各地的爱国学生，共计四百余人，经各地党组织介绍，先后纷至沓来，踊跃报名入校。那时，“每天，在留守处门前，总是簇拥着一大批青年。他们有的是从四面八方的大城市慕名来的，有的是竹沟地区土生土长的。他们虽然出身不同，衣着不同，然而都有着要求抗日的共同愿

①《彭雪枫军事文选》，解放军出版社1997年版，第62—63页。

② 周季方：《以身作则的模范共产党员》，载《忆彭雪枫同志》续集，河南人民出版社1981年版，第182页。

望。单是瓦岗寨一个地方，有一次就有三十多个十六七岁的青年，由他们的父母送来，硬交给留守处主任王国华”[①]。而在确山孤山冲，至今都还流传着这样一首脍炙人口的歌谣，真实地反映了当时爱国农民青年坚决报名参加新四军和竹沟教导队的动人情景。这首歌谣是：

孤山冲，
山重重，
冲里来了彭雪枫。
穷人穷，
骨头硬，
要跟雪枫闹革命。

竹沟原是一个不满千人的山村小镇，仅仅十来天工夫，一下子就从大江南北各地来了几百名青年学生，突然热闹非凡，处处歌声不断。彭雪枫、张震、王国华亦都个个兴奋异常，立即指示教导大队把经过简单口试而录取的四百多名男、女学员编成三个男生中队，一个女生中队，并任命唐克、郎庆（清）荣、郭纶分任三个男生中队长，高维进任女生中队长。同时，每个中队还配备了一名指导员（解放后曾在云南大学工作过的袁光，就是当时女生中队的指导员）。中队下设分队，分队长有的是从临汾学兵队来的，有的是从学员中选拔的。几百名青年学员，尽管原来职业不同，文化程度也参差不齐，有大学的，中学的，也有粗通文墨的，但他们却都怀有一腔爱国热忱，并决心在这所革命的熔炉里磨炼自己，学到本领，以便早日奔向抗日战场，报效祖国。

彭雪枫看着这群莘莘学子，喜在眉梢，爱在心头。可是，随着学员的不断增加，竹沟现有的房舍，紧张的经费，却使他为他们的饥饱和冷暖而十分犯愁。一天，彭雪枫来到队上，学员们正在开饭。他顺手拿起一个糠窝窝头边吃边风趣地说：“糠窝窝蘸辣椒，越吃越上膘。”逗得大家都哈哈大笑起来。接着，他便给学员们讲了一段红军长征时吃草根和皮带的故事，藉以激发大家的革命乐观主义精神。尽管如此，彭雪枫却深深明白，学员们生活上的实际问题还是必须认真解决的。于是，他在一次由他召开的一个干部会上，便响亮地提出了“军民联合建设新竹沟”的号召，要求尽快把竹沟建设好，管理好。教导大队热烈响应彭雪枫的号召，决定把学员们学前教育的第一课确定为自己动手，建设校舍。教导大队经过勘察，决定把学员宿舍选址在竹沟河东的东岗上。这里原来住着十几户农民，人称竹沟东街。1937 年 11 月底，土匪王占魁进占竹沟后，这里的农舍虽被烧光，但有一些房屋的山墙还在。校舍地址选好后，彭雪枫、张震和方中铎等便

① 张旺午、周庆鸣：《红色基地——竹沟》，载《抗战时期的竹沟》，河南人民出版社 1985 年版，第 192 页。

身先士卒，带领全体男、女学员，手拿镰刀、斧头，肩扛扁担、绳子，到几里以外的北山上割草、伐树，不几天，修盖房舍的木料、山草就一应俱全。然后，他们又把学员们分成几个小组，在竹沟群众的指导下，和泥，打坯，砌墙，搭房架，上梁檩，不到半个月，“在‘不甘落后’的突击中”，终于用他们劳动的代价“完成了造屋计划”，几十座崭新的山草房便在原来被土匪王占魁烧毁的残垣断壁上补盖起来，恢复了昔日竹沟东街的繁华。同时，又动员学员们把附近山坡上的荒地开垦出来，种上了庄稼和蔬菜。这样，不仅解决了学员们的住宿，改善了伙食，而且大队部还在各中队成立了俱乐部（又称救亡室），组织歌咏队，出版墙报，活跃了学员的文化生活。另外，在参谋长张震的统筹和领导下，竹沟军民一齐动手，清扫垃圾，整理街道，刷写标语，很快就把简陋而泥泞的竹沟小巷变成了一条平整而崭新的东西大街，使昔日河西一片荒芜的大沙滩变成了宽荡荡的训练场，就连已经崩溃的竹沟寨墙也已重新“换上了新的服装，壮（庄）严矗立起来了”[①]。竹沟旧貌变新颜，使其呈现出一派勃勃生机和欣欣向荣的景象。于是，“教导大队‘小抗大’，竹沟就是‘小延安’，救亡工作领导好，挺进敌后把敌歼”的歌声，便响彻竹沟的山山水水，村村寨寨，激励着这群抗日青年以神圣的历史使命感，奋勇地投身到紧张而刻苦的学习中去。

3月初，按军事编制而成的第一期教导大队，正式开学。开学典礼在竹沟寨外河西的一片树林里举行。会场上歌声迭起，此起彼伏。彭雪枫从席地而坐的学员中站起来，走到一张小条桌旁边，在热烈的掌声中，作了动员报告。他深刻分析了全国的抗战形势，提出了目前河南全党巩固和扩大抗日民族统一战线的重要任务，着重阐明了竹沟的战略地位和作用，以及创办军政教导大队的重要意义。最后，他号召全体学员为实现党的抗日救国十大纲领，夺取抗日战争的最后胜利而斗争，决心学好本领，早上前线，为拯救民族危亡，中原危机，刻苦学习，忘我战斗！

在彭雪枫动员报告后，教导大队学员们就都全身心地投入到有计划的军政训练和学习中去。一方面，这是由于彭雪枫领导的统一战线工作的开展已使竹沟的周边政治环境有明显改善；另一方面，则是由于教导大队的经费亦因采取膳费自备（每人每月6—10元）的办法而得到了一定的缓解。同时，教导大队的教员和军事教官，也由于彭雪枫、张震、王国华、岳夏、王子光和程致远等人的兼职而业已配齐。所以，教导大队的学员们才能以河西沙滩作训练场，树荫下当课堂，大沙河和大沙河两岸作为洗脸、刷牙和沐浴的场所以及课外谈心、散步的好地方而开始了紧张的军事训练和学习生活。

教导大队的课程设置和训练课目，除个别根据当时实际情况有所改变外，基本上是和延安抗大和临汾学兵队一样的。当时他们设置的课程有《联共（布）党史》《抗日民族统一战线》《群众工作》和《游击战术》等。彭雪枫给学员们亲自讲授了《游击队政治工作概论》和《游击战术的几个基本作战原则》。《游击队政

① 张震：《周年回忆》，《拂晓报》1939年10月5日，第9版。

治工作概论》，是《游击队政治工作教程》一书在竹沟的订正版，它在内容上对保证部队正确贯彻执行党的政治路线具有决定的意义。同时，为了同一目的，教导大队还建立了一整套政治工作制度，特别是经常性的生活检讨会制度的建立，以及“救亡室”（俱乐部）、歌咏队、宣传队等各种文化娱乐活动的广泛开展，更加有效地继承和发扬了延安“抗大”团结、紧张、严肃、活泼的校风，显著地提高了学员们的军政素质。

《游击战术的几个基本作战原则》，是彭雪枫最近几年学习、研究和讲授游击战的心得的总汇，并在抗战新的形势下提出了应对“平原游击战”问题特别“加以研究”的历史任务，而且断然地作出了“平原游击战是可以打的”重要论断。早在红军时期，彭雪枫就以“红军将里有二彭（按指彭德怀和彭雪枫）”而誉满全军。在豫皖苏敌后抗日游击战争业已提到日程上来，并将由他率部亲自前往实施时，他则从地形、群众条件、敌人进攻的部署、游击队的编制装备等方面对当时军中这一极其关注的问题作出如此明确而科学的回答，并精辟地提出平原游击战应该常常采用“夜间动作”“打埋伏”“小组织的扰害敌人”[①]等战术原则的基本要求，这就充分表明他在军事思想上具备着不断前进的战斗风格。因此，他的这篇军事著作在教导大队讲授后，不仅以寓意深刻、比喻生动，使人想听、爱听而备受广大学员和时人关注。例如，他把游击战术的基本作战原则形象地概括为：“暴风迅雷的突然袭击”“集中主力打敌一点”“东边打雷西边下雨”“牵牛政策（打圈子）”“打埋伏”“超越近敌袭击远敌”等六个方面，而且强调依此原则作战，并要取得胜利，那就全靠“运用之妙，存乎一心”[②]了。这样，他就给该区未来的军政干部，特别是未来的军事干部——教导大队的学员们，指明了即将开展的华中敌后抗日游击战争的主要形式，从而极大地激发了他们对于平原游击战术的创造性，为日后新四军游击支队的东进抗日做了充分的思想准备。

彭雪枫在给教导队员讲过《游击战术的几个基本作战原则》以后，于7月7日又把这篇讲授提纲加以整理，予以付印，广为散发。这时，教导大队第一期早已结业，第二期也已开学。第二期开学时，因周季方已经调离，于是政治干事就由彭雪枫从武汉动员来豫的原红军师政治委员谭友林接任。在第一、二期学员学过游击战术的理论后，发扬“抗大”理论联系实际的优良学风，都严格地进行了军事训练。在训练中，学员们从立正、稍息、瞄准，到射击、刺杀、投弹，一律从难从严；从班排进攻、班排防御到侦察敌情、攻坚爆破，均都一丝不苟。在其掌握基本军事动作后，教导大队还经常有计划地组织学员到竹沟附近的尖山、瓦岗等地进行实地演习，以便在模拟实战的训练中，牢固而灵活地掌握已经学到的军事技能。此外，为了推动军事训练，教导大队还定期向竹沟干部和群众举行精彩的军事表演，学员们在攻防中的一招一式，都非常逼真，令人叫好。当年

①《彭雪枫军事文选》，解放军出版社1997年版，第90—96页。
②《彭雪枫军事文选》，解放军出版社1997年版，第81—90页。

“五一”节，彭雪枫就观看过第一期学员们的军事表演，并热情鼓励他们说：“要认真地学习杀敌本领，将来部队发展时，你们……有人就要去担任中、高级指挥员。你们任重而道远，是党和人民的希望所在。”[①] 正如 4 月 25 日彭雪枫在给中共中央北方局书记刘少奇的报告中所说的，我们“办了一个四百余人的教导队，五月底可毕业，成绩不亚于临汾学兵队，此为开展豫皖鄂边工作的核心力量”[②]。

竹沟军政教导大队，经彭雪枫一手开办的总计共有两期，约计培训军政干部近千人。他们毕业后分赴华中及河南各地，无疑大大缓解了当时“各方都缺军事干部”[③] 的紧张状况。5 月底，第一期学员如期毕业，大部被派到部队中作军事工作，只有少数回到地方从事组织抗日武装。7 到 9 月，从第二期开学到毕业这段时间内，正是中原抗战的重要发展时期。那时，新四军游击支队已经奉命组建，毕业学员基本编入游支随军东征。这种情况表明，竹沟作为中原抗战的战略支撑点正在发挥着它的重大历史作用。可是，当年 5 月，就在彭雪枫遵照刘少奇的指示，以“大批训练干部”为中心，“继续办理”[④] 教导大队时，却在竹沟发生了一场异乎寻常的风波。在这场突如其来的风波中，彭雪枫大智大勇，足智多谋，临危不惧，处变不惊，从而“空城智退”了国民党军进驻竹沟和驱逐新四军的阴谋，谱写了一曲抗日民族统一战线的壮丽凯歌，使中国共产党的抗日民族统一战线政策更加深入人心，保证了竹沟的存在和安全。

四、竹沟统战与智退夏团

抗日民族统一战线是竹沟存在和发展的重要条件之一。不可设想，处在国民党统治区近后方的竹沟留守处，它的存在和发展，能为国民党顽固派所熟视无睹。这一点，是富有上层统战工作经验的彭雪枫十分清楚的。因此，彭雪枫一到竹沟，根据周恩来关于“要重视根据地建设和后方工作，广泛联系一切赞成国共合作共同抗日的人士”[⑤] 的指示，便对竹沟统战工作十分关注，并为此而作了一系列卓有成效的工作。

应该说，竹沟的统战工作，在彭雪枫未到竹沟以前，由于中共豫南特委的领导，已有相当开展，并已取得很大成绩。但是，毕竟由于“豫南在过去党的基础很薄弱，又因与中央隔离太久”，因此它“对统一战线的了解和运用”[⑥]，特别在

---

①《小延安——竹沟》，河南人民出版社 1988 年版，第 77 页。

②《彭雪枫军事文选》，解放军出版社 1997 年版，第 64 页。

③ 刘少奇：《对豫南工作的意见和华北情况的通报》，载《彭雪枫将军在竹沟》，河南人民出版社 1987 年版，第 8 页。

④ 刘少奇：《对豫南工作的意见和华北情况的通报》，载《彭雪枫将军在竹沟》，河南人民出版社 1987 年版，第 8 页。

⑤《周恩来年谱（1898—1949）》，中央文献出版社、人民出版社 1993 年版，第 408 页。

⑥《彭雪枫军事文选》，解放军出版社 1997 年版，第 64 页。

"地方党与统战工作"上，就显得"尚很不够"①。有时因为仍然继续采取过去"打土豪解决吃饭问题"的老办法，因而常使"自己处于孤立状态"②。所以，直到彭雪枫到竹沟时，八团"与当地政府"就"时作武装冲突"③。甚至当时有人曾经这样认为，同国民党头面人物打交道是"右"，他们找我们是对革命的"投机"。就连要在竹沟召开一次纪念孙中山先生逝世十三周年大会也被说成是"投降主义"。彭雪枫在了解到这种情况后，不仅以"他们投革命、投抗日之机有何不好"④的质问严肃批评了这种"左"的"关门主义"倾向，而且"抓紧进行上层统战工作，并对党员深入传达党的新策略路线"⑤，同时，又"派代表与外界上下层联络"⑥，并在竹沟隆重召开了孙中山逝世十三周年纪念大会，彭雪枫还在大会上阐明了孙中山对建立国共两党统一战线所作的历史贡献，并号召竹沟各界爱国人士"团结抗日"，"有钱出钱"，"有力出力"⑦。这样，就使中共豫南特委所辖各县统战形势全然改观，"上、中层统战工作大有开展"，在竹沟留守处武装驻防的六七乡范围内，留守处"对当地政府态度完全站在协助地位，颇获谅解"⑧。另外，由于竹沟留守处已与周围二十余县"均有关系"⑨，就使豫南"各县党的工作亦已打下基础"⑩。

4月下旬，已归彭雪枫指导的豫鲁联络局副书记（书记张友渔已到石友三部做统战工作）刘贯一由开封调到竹沟，专门从事竹沟的上层统战工作。不久，全国"联络局"系统奉令撤销，豫鲁联络局又根据周恩来的指示，并入河南省委，于是经中共河南省委与竹沟留守处研究决定，一个较"统战部"更为广泛的中共河南省委统战委员会便在竹沟成立，彭雪枫兼主任，刘贯一任副主任。中共河南省委统战委员会成立后，彭雪枫便以他与河南人民精神上的固有联系，借助他曾先后在西北军官子弟学校、开封训政学院求学读书的历史机缘，以及利用他的族叔彭禹廷曾在家乡倡导"地方自治"及其先前曾在西北军供职，甚至官至西北边防督办公署秘书长等高级幕僚地位的影响，同刘贯一、王恩久、夏农苔等一批长期从事党对西北军上层统战工作的能手一起，先后广泛而深入地对竹沟周围国民党驻军将领张轸、刘汝明，地方实力派别廷芳以及南阳专员朱久莹、汝南专员张振江、淮阳专员刘莪青等人，进行了卓有成效的联络和统战工作。尤其对毗邻竹

①《李逊关于武装斗争、地方党及统战工作给长江局的报告》（1938年4月26日），载《抗战时期的河南省委》（二），河南人民出版社1988年版，第62页。

② 彭雪枫：《豫皖苏边工作报告大纲》，载《淮北抗日根据地史料选辑》第1辑第1册，第85页。

③《彭雪枫军事文选》，解放军出版社1997年版，第64页。

④《抗战时期的竹沟》，河南人民出版社1985年版，第256—257页。

⑤《彭雪枫军事文选》，解放军出版社1997年版，第64页。

⑥《彭雪枫、林凯给毛泽东和长江局的报告》1938年3月13日，载《彭雪枫将军在竹沟》，河南人民出版社1987年版，第6页。

⑦《抗战时期的竹沟》，河南人民出版社1985年版，第257页。

⑧《彭雪枫军事文选》，解放军出版社1997年版，第64页。

⑨《李逊关于武装斗争、地方党及统战工作给长江局的报告》1938年4月26日，载《抗战时期的河南省委》（二），河南人民出版社1988年版，第63页。

⑩《彭雪枫军事文选》，解放军出版社1997年版，第64页。

沟的泌阳巨绅王友梅，彭雪枫则亲自出马，借用著名典故“唇亡齿寒”的深刻内涵，痛切陈言竹沟的存在对保卫泌阳一方安全及其拥有的土地、财产乃至他的身家性命的深切意义，终使号称一方名士的王友梅在中华民族危机的重要关头，表示愿意践行“天下兴亡，匹夫有责”的古训，和共产党、新四军团结抗日，为国纾难。于是，不仅使他归还了1938年年初于邓庄铺抢走的由河南民军司令张钫赠给独立团的1000套军装，而且还慷慨支援了竹沟留守处一部分粮食和枪支。嗣后，他又要求留守处干部帮他办起“泌阳青年抗日训练班”，刘贯一、方中铎就曾受彭雪枫的指派，在泌阳“青训班”讲过“统一战线”和“游击战术”。彭雪枫以其雄辩的口才，舌战王友梅，最终使其欣然走上团结御侮、抗日救国的道路，这就不仅使国民党CC派“利用政权、驻军多方压迫”[①]竹沟的恶劣政治环境得以大为改观，竹沟后方建设得以顺利进行，而且使“半合法”的竹沟留守处能够继续存在，从而争取了“豫南抗日局势的进步”[②]。这样，不久由开封迁驻竹沟的中共河南省委和以后在竹沟建立的中共中央中原局，就能继续“以竹沟为中心，积极发动群众，组织武装力量”，使其在准备发动华中敌后抗日游击战争方面，真正“成为我党在中原地区发展的一个重要阵地和战略支撑点”。[③]

竹沟抗日民族统一战线工作的胜利展开，豫南党的巩固和发展，引起了当地国民党顽固派的极端仇视。从竹沟留守处成立的那天起，他们一直就把它当作造谣中伤、寻衅滋事的对象而加以嫉恨和破坏。一说留守处“赤化”竹沟，二说新四军在竹沟“绑票勒赎”。他们除造谣中伤之外，还伪装八团自卫队到竹沟附近抢劫，以便嫁祸于人，以达其取缔或消灭竹沟留守处的目的。特别是竹沟、石磙河一带的几个土豪劣绅于造谣生事之外，又四出“告状”，并且一告就告到“蒋委员长面前”。于是，蒋介石便于1938年5月上旬“电令”信阳警备司令、第三十二师师长王修身对竹沟进行“彻查”。王修身接到蒋介石的电令，“当派一八八团”由团长夏华国率领“轻装开赴竹沟”，前来武装解决。因为夏团长听多了“先入耳之言”，对竹沟遂以“疑虑的态度”处之；又因当时竹沟留守处只有保护伤病员的一排人，众寡悬殊，“情形自然有点严重”，于是一场似乎难免的“误会”眼看就要发生。就在这时，时任国民政府军事委员会政治部副部长的周恩来，在获悉蒋介石的指令后，立即着令武汉“八办”通知了彭雪枫。彭雪枫一接到通知，马上就召开豫南特委和竹沟留守处领导干部紧急会议研究对策。会上，大家众说纷纭，莫衷一是。有的主张，兵来将挡，自卫反击；有的主张，退而避之，走为上策。而彭雪枫则认为，“我们光明正大，问心无愧”，应该“沉着的坚持抗日民族统一战线”，并首先派人“向夏团长解释不白之冤”[④]，争取他的转变。因此，我们“不打也不跑”。经过会议认真分析研究，彭雪枫的意见得到

①《彭雪枫军事文选》，解放军出版社1997年版，第64页。

② 危拱之：《关于豫南武装工作补充报告》1940年6月17日，载《抗战时期的河南省委》，第95页。

③ 李先念：《抗战时期的竹沟》，载《抗战时期的竹沟》，河南人民出版社1985年版，第152页。

④《彭雪枫军事文选》，解放军出版社1997年版，第181页。

大家的一致赞同，于是一致确定了“搞好统战，争取夏团，保住竹沟”①的正确方针。同时，决定在夏团未到前，为提高警惕，必须把特委机关和留守处一部武装转移到邓庄铺，隐蔽待命；另外，为缩小目标，避免军事冲突，必须遵照武汉“八办”叶剑英参谋长的指示，将竹沟部分武装和教导大队部分学员组成新兵补充大队，由留守处参谋陈康率领，立即开赴皖东敌后，会合八团主力。然后，彭雪枫即以八路军总部少将参谋处长合法身份，与夏团直接交涉与周旋。

夏华国，行伍出身。其部隶属刘汝明第六十八军第三十二师。该师师长王修身，原为吉鸿昌将军的旧部。因此他和王修身，均为原西北冯玉祥将军的部下。由于这一历史的原因，就给彭雪枫最终争取夏团提供了极为有利的条件。

当夏团一路人马从桐柏出发，途经毛集向竹沟疾进时，彭雪枫即派留守处民运股长兼竹沟中心区委书记娄光琦带领一个警卫班，代表他前往毛集迎接，一观动向，二做工作。娄光琦在毛集见到夏团长，说明来意，并告既“要检查竹沟，我们欢迎”②，彭雪枫处长正在竹沟热情等待。夏团长听后很客气地说：“彭禹廷是我的老上司，彭雪枫是他老人家的贤侄，我一定要去拜望他！”③于是，娄光琦便辞别夏团长，日夜兼程，返回竹沟，并向彭雪枫作了详细汇报。

听了娄光琦的汇报，得知夏团长“带的足有一个连，一色汉阳兵工厂新造的武器”④，彭雪枫便与王国华、张震立即组织机关、部队撤离竹沟，同时又把已经组建起来的新兵补充大队送上前线。在新兵补充大队出发时，彭雪枫特向全体指战员动情地说：同志们！我们开办教导大队是为了抗日，但现在却为顽固派所不谅，抗日变成了“有罪”。目前，“日本鬼子侵占了我们半个中国，中原健儿聚集在这个小乡镇，大家一起学习、歌唱、操练和工作，生活是艰苦的，精神是愉快的。短短三个月，我们结成的友谊是终生难忘的。今天，我们送你们上前线，走向民族解放的战场，为惨遭杀害的同胞报仇！再过些天，就是别人送我们上前线了。青年同志们，再见吧！再见在前线！”⑤

就在送走新兵补充大队的当天，夏团就已到达离竹沟只有9里之遥的大罗庄。彭雪枫一面交待娄光琦再次前往迎接，一面布置教导大队和竹沟各界一本“以诚相待，以理服之，以情动之”⑥的精神，把竹沟留守处的房子统统腾出来，并打扫得干干净净，以备夏团长及其官兵到后住宿。

第二天上午，夏团官兵，在娄光琦陪同下，从东寨门列队进入竹沟。东寨门门楼上悬挂着“欢迎友军”的巨幅横标，东西延安大街两旁贴满了“欢迎友

① 《小延安——竹沟》，河南人民出版社1988年版，第81页。

② 娄光琦：《忆彭雪枫收编安段团和争取夏团的情况》，载《抗战时期的竹沟》，河南人民出版社1985年版，第299页。

③ 《小延安——竹沟》，河南人民出版社1988年版，第81页。

④ 娄光琦：《忆彭雪枫收编安段团和争取夏团的情况》，载《抗战时期的竹沟》，河南人民出版社1985年版，第299页。

⑤ 《小延安——竹沟》，河南人民出版社1988年版，第82页。

⑥ 《彭雪枫将军在竹沟》，河南人民出版社1987年版，第159页。

军，团结抗战”的红绿标语。王国华带领留守处工作人员和竹沟各界群众，敲锣打鼓，夹道欢呼。教导大队长方中铎身佩值星官红绶带，张震、岳夏等佩带八路军臂章，站在欢迎人群的前头，含笑鼓掌，热情相迎。夏团官兵穿行在欢呼雀跃的人群中，看到的是一张张友好善意的面孔，听到的是一声声扣人心弦的抗日口号。几年以来，夏团官兵很少见到如此热烈的场面，受到如此隆重的礼遇。这天上午，彭雪枫并没有出面直接接待夏团长。而到晚上，夏团长为竹沟盛情所感，则首先拜望了彭雪枫。彭雪枫彬彬有礼，以诚相待，在融洽的气氛中，他们共叙了西北军的往事，引发了诸多感慨，遂之产生思想感情上的共鸣。

夏团进驻竹沟的第二天，彭雪枫要王国华由娄光琦陪同正式和夏团长见面，申述留守处的不白之冤，争取夏团对竹沟新四军留守处的真正谅解。彭雪枫交待说：“师直为壮，曲为老”，正义在我们这一边。你是留守处主任，同他见面时只要理直气壮，据理力争，我们是会胜利的。但是，又要表现出我们的悲愤和沉痛，必要时可以学一学刘备借荆州。就是说，要以理争取夏团，保证竹沟万无一失！

王国华，曾任豫南新四军老八团的政治委员，是鄂豫边红军游击队的创始人之一。他同社会上各种人物都打过交道，具有丰富的统战工作经验。在他同娄光琦和夏团长见面后，义正词严地对竹沟留守处的成立经过作了详细陈述，随之严厉质问当局为何背弃蒋委员长的旨意，听信谣言，出尔反尔，为土豪劣绅、贪官污吏张目，而对抗日的竹沟留守处却查而禁之，甚至驱而逐之！继而指出，贵我两军，都是国军，如若相向对抗，自残手足，无论谁胜谁负，竹沟不就完了！竹沟完了与否，姑且不论，然对贵军何益，对抗战何益？这真使吾等堂堂中华男子、爱国军人心寒啊！说到这里，王国华一时语塞，不禁失声。他的痛切陈词，像触及了夏团长的隐痛，唤起了他的良知，于是他连忙起而劝说道：老汉所言极是，可是我是不能不来的。来了反倒很好，真情可以上达嘛！作为一个军人，我只知效命疆场，进行抗日；而要抗日就得团结，要团结就不能磨擦。新四军第四支队第八团竹沟留守处对我既然如此热情，磨擦缘何之有？！就这样，由于王国华向夏团长解释了不白之冤，遂使夏团“由戒备一变而为友谊”[①]，初次面谈，获得成功。

次日，彭雪枫回访了夏团长，并请夏团连以上军官会餐。宴会开始，彭雪枫首先自我介绍，并送夏团长一张名片，然后又把自己的随员一一作了介绍。当夏团长看到“国民革命军第十八集团军总司令部少将参谋处长彭雪枫”的名片，听到王恩久曾任冯玉祥的机要秘书、甘肃省政府总务科长、甘肃省西路军总司令部少将粮秣总监，方中铎曾是西北军官子弟学校学生并与他的师长王修身同为吉鸿昌将军的旧部时，不禁大为吃惊，连连“哎呀”几声，并说：“还不知道诸位都是冯老先生的旧部呵！”这时，彭雪枫机敏地接着夏团长的话茬儿连声说道：“我们是按照国共两党合作协定，奉八路军总部命令，来协助整编新四军第四支队第八团队开赴前线抗日的。八团留守处除留守人员外，多为伤病员及本军官兵家属，希望夏团长对

①《彭雪枫军事文选》，解放军出版社 1997 年版，第 181 页。

留守处安全予以保护，发扬西北军反帝爱国精神，在此国难当头，中华民族危亡之际，团结一致，共同抗日。”① 说罢，彭雪枫首先起立，与夏团长碰杯寒暄，夏团官佐见此亦频频点头称是。席间气氛和谐热烈，个个喜形于色。当晚，夏团长又主动回访了彭雪枫，表示在民族凌受外侮的情况下，决不同室操戈，免为国人耻笑！

第二天，留守处在竹沟东门外广场召开了一次热烈欢迎第一八八团团结抗日群众大会，并检阅了双方部队。整个会场庄严热烈，群情振奋。会上，彭雪枫在追忆了西北军的反帝爱国传统后，提议贵我两军，同为炎黄子孙，应在抗日民族统一战线旗帜下戮力同心，团结抗日，并且赞扬夏团长在国难当头顾全大局的爱国之举，还说夏团官兵是他今天所看到的最整齐、最严肃的部队。会后，教导大队俱乐部又给夏团官兵演出了哑剧《团结抗战》等抗日救亡节目。《团结抗战》这出哑剧，反映了一个国军、新四军和农民抗日武装联合战胜日本侵略军的故事。在演员演到国军与之搏斗，败阵下来；新四军与之搏斗，亦未取胜；农民自卫军与之搏斗则险些丧命时，全体官兵都为之悔恨不已，焦急万分，而在三军联合与之搏斗而取得胜利时，特别在幕后随之响起那首“共产党，国民党，我们站在一条战线上”的主题歌时，全场顿时掌声雷动，群情激昂。这出哑剧，深深打动了夏团官兵，激起了他们团结抗日的爱国情怀。

此外，在夏团进驻竹沟期间，他们还利用各种形式进行明察暗访。在把不足千人的竹沟里里外外察看了一遍又一遍之后，他们耳闻目睹的是教导大队学员们紧张而有序的上课和出操，以及那东门外树荫下朗朗的读书声和农民们的早出晚归，生活的安定。有时他们甚至还会碰到他们不慎丢失的东西，特别是子弹一类的东西，已被竹沟的抗日群众送回他们的部队。他们还发现，他们的住处，竹沟的乡亲们常常给他们打扫得干干净净，甚至有时还有群众团体前来进行慰问的。这些事实，不能不使夏团长在其对竹沟进行明察暗访之后“进一步的对我们有了正确的了解”，从而“把顽固分子、反动派、贪污土劣们的造谣阴谋”全部揭穿，使“双方感情”更加“融洽”②。

夏华国率第一八八团在竹沟共住了十天。不久，即以“真相得以上达”，“任务完竣”而“遄返原防”。事后，蒋介石在致第一战区司令长官部暨河南省政府的电文中“对于竹沟留守处曾说：‘与民间相安无事，所传各节均属子虚’”。于是，“顽固分子反动派费尽九牛二虎之力造成的阴谋，终被事实所粉碎，气焰因而稍杀。”③ 这样，这场沸沸扬扬的竹沟风波，也就在彭雪枫的精心运筹下，以新四军的胜利和顽固分子的失败而告终。彭雪枫智退夏团，作为共产党、新四军在竹沟坚决执行抗日民族统一战线的一个成功的范例，其影响所及，不仅使竹沟周围由贪污土劣所鼓噪的“顽气”大为敛迹，而且使竹沟 5 至 7 月的政治环境全然

①《小延安——竹沟》，河南人民出版社 1988 年版，第 83—84 页。
②《彭雪枫军事文选》，解放军出版社 1997 年版，第 181 页。
③《彭雪枫军事文选》，解放军出版社 1997 年版，第 181 页。

改观。这就为新四军游击支队的组建奠定了基础，创造了条件。

五、组建新四军游击支队

夏团离开竹沟之日，正是徐州战局急转直下之时。5 月 19 日，历时五个来月的徐州会战，终因中国守军为力避全军覆没的危险，决定弃城突围而告结束。

被称为豫、皖、苏、鲁四省要冲的徐州一失，毛泽东就及时断言，河南将因此“很快落入敌手，武汉危急”[①]。事实正是如此。就在第五战区主力遵令向徐州西南方向突围他去并将进入大别山腹地时，继 5 月 29 日豫东重镇商丘的失陷，日军第十六师团第三旅团即于 6 月 1 日由宁陵、睢县进攻杞县，企图由杞县迂回开封，然后沿陇海线直逼郑州；日军第十师团第十三旅团亦由涡阳经亳县向鹿邑攻击前进，企图直下太康、扶沟、淮阳、许昌等县，切断平汉线，尔后会同郑州南下日军，占领武汉。6 月 2 日，集结在兰封地域拟与日军作中原会战的第一战区主力，为了避免同西犯日军进行决战，下令全军向平汉线以西撤退，守备豫西。6 月 3 日，杞县、通许、陈留被日军第十六师团攻占，兰封守军王劲哉师即被迫弃城西撤。6 月 4 日，日军第十四师团占领兰封，并和第十六师团会攻开封。6 月 6 日晨，开封守军林肯堂部违令擅自撤退，开封失守。次日，日军一千余人附坦克十余辆直犯中牟。9 日晨，中牟守军一营顽强抵御日军，伤亡殆尽，中牟遂陷。在沿陇海线之敌步步进逼郑州的同时，日军第十六师团亦在 6 月 4 日攻占尉氏、扶沟后直向郑州和平汉线疾速前进。在此紧急情况下，中国最高军事当局决定“以水代兵”，“阻敌西进”，遂于 6 月 9 日掘开花园口黄河大堤，致使滔滔黄水沿贾鲁河滚滚南下，夺淮入海。黄河花园口决堤，虽在军事上给西犯日军造成了一定困难，并迫使其改变由郑州西略西安、南下武汉的战略计划，但却给豫、皖、苏三省四十四县人民造成长期黄泛之灾，并因此使其直接遭受着日军的践踏与蹂躏。这样，准备深入豫、皖、苏、鲁四省日军后方活动，并借以拯救处在水深火热之中的广大人民群众，便成为中国共产党及其领导下的八路军和新四军的一项神圣使命。

5 月 22 日，中共中央书记处根据毛泽东对徐州失守后华中形势的指示致电中央长江局，发出了中共中央《关于徐州失守后对华中工作的指示》。在接到中央这个指示后，长江局即电彭雪枫、朱理治到武汉听取该指示的传达。当时，中共河南省委已由开封撤至许昌。接电后，彭雪枫、朱理治即分别由竹沟、许昌到达武汉领受中央指示。中央指示指出：河南省委应立即“动员平汉、陇海两铁路线上所有中心城市的大批学生、工人、革命分子到乡村中去，组织与领导群众，准备与发动游击战争，组织游击队，建立游击区”。同时，省委亦应即将河南省划为豫东、皖西北和豫西两个主要区域，“省委负责人首先应分一部分到豫皖边工作，并建立豫皖边工作委员会，以统一领导，准备将来成立省委。省委另一部

①《毛泽东年谱》中卷，中央文献出版社、人民出版社 1993 年版，第 71 页。

分准备即向豫西移动，加强豫西工作，将来与鄂豫边特委在一起，即以鄂豫边为根据地，领导豫皖边工委、鄂豫边特委及整个河南省的工作。”[①]

5 月底，彭雪枫和朱理治一起回到竹沟，即与豫南特委学习贯彻中央指示。他们当时确定“加紧准备与继续发动开展河南的游击战争”是河南“党的中心任务”，并决定以豫南的舞阳、方城、叶县地区，以南阳为中心的南召、淅川、邓县地区，以平汉铁路以东的汝南、正阳地区，以竹沟为中心的鄂豫地区等四个地区加以布置。同时认为，“为着要开展整个河南游击战争”，“建立基干队伍及准备干部”是“目前迫切的需要”。因此，他们又决定除派吴芝圃、刘子久分别速赴豫东、豫西部署和发动外，另在竹沟“立即准备再创立一千五百至二千人的新四军，成立干部教导队五百人”，并以此“作为领导全军区的游击队的骨干”，借以形成以“豫西山地游击战”支持“豫东平地游击战”[②]的总的河南游击战争的格局。

就在彭雪枫、朱理治和豫南特委对全省特别是豫南游击战争进行部署时，彭雪枫便已草就了一篇题为《目前在河南应该做些什么》的军事文章。在这篇文章中，他以军事家的战略眼光，站在国共合作抗战的高度，对徐州会战后的豫东战局进行缜密的审视，并对河南政治、军事、民众三个方面的工作所应率先进行的种种改革和举措，提出了中肯的批评和切实的主张，体现了中共中央关于徐州失守后华中工作的基本要求和主要精神。因此，他的这篇署名文章便在 6 月 14 日《新华日报》上予以公开发表。

这篇文章开门见山，一开头就把徐州会战后敌我中原大会战的严重局面摆在人们的面前。在这种局面下，彭雪枫根据他对日军企图以迂回进攻武汉作为他的总的战略方针和日军已把开封、郑州甚至洛阳、潼关当作与我必争的战略基点的估计，郑重地向中原军事当局提出了除以“足够独立作战的野战兵团”利用中原会给我们造成的在“大踏步向前大踏步后退的运动战中以大量消灭敌人有生力量的绝好机会”外，还应更多地派出“机动的挺进兵团到黄河以北去，配合原留于华北的正规军及游击部队，以游击运动战方式活动于平汉、津浦、胶济及其中间地带，钳制敌之增援，截断敌之后路，必要时在敌之迂回线外，配合迂回线内的我军夹击敌人”的作战方针。这个作战方针所要达到的目的，就是彭雪枫所概括的“发动敌人后方的游击运动，建立敌人后方的我国政权”。毫无疑问，这个作战方针的基本点，是与中共中央关于徐州失守后华中工作的指示精神完全一致的。因此，他便大声疾呼：“形势这样危急，时机十分迫切，光是提笔，单靠开口，已经不够了，到我们动手的时候了！”因为他坚信，如在政治上能把“无秩序的逃亡，变为有计划的清野”，在军事上“不但要在战区进行武装斗争，而且要在敌人后方进行武装斗争”，在民众工作上“能做到一声呼喊，万山响应”，那么，“在中州原野的广大地域，江河淮汉间的众多人民，用他们的强悍而又质朴、勇敢而又坚定的战斗作风，充实而

①《新四军·文献》(1)，解放军出版社 1988 年版，第 113 页。
②《抗战时期的河南省委》(二)，河南人民出版社 1980 年版，第 72—76 页。

又丰富的斗争经验，加上抗日民族统一战线的总政治路线”，“我们的敌人必然要遭遇到一八一二年拿破仑六十万大军在莫斯科一样的命运！”[①]

在这篇军事文章送交武汉《新华日报》以后不久，中共河南省委即经许昌移驻竹沟。这就标志着竹沟已经成为河南抗战的领导中心，成为组织和领导河南游击战争的司令部。因此，6月29日，彭雪枫和朱理治便向毛泽东、张闻天、刘少奇报告了省委“移来竹沟”后已把全省游击战争分为豫东区、苏鲁边区、豫西南区、豫东南区、豫西区加以布置的计划，和省委准备派留守处一连武装用新四军四支队游击队名义，在豫东配合当地游击队在敌区行动；同时，在西华组织几个支队，分遣到豫东各县游击，并“在上层，推动与帮助二区行政专员宋克宾及七区专员刘莪青，发动全豫东游击”的决定，以及省委基于豫西南“原为我们游击区域”，除谋将该区“实权收回”外，决定“向南发展，以便恢复过去襄（樊）、枣（阳）、宜（城）游击区”的设想。同时，报告还称，“为加强对全省游击队的领导与创立在我党领导下的游击基干部队起见”，省委“决定在竹沟于七月半前，创立五百人的部队”，但“目前最大困难是缺少有游击战争实际经验的干部数百人，深望中央先派一批”[②]。7月3日，毛泽东、张闻天、刘少奇复电彭雪枫、朱理治，同意省委对河南游击战争的布置，指示“游击战争的发动一般不应过早，需在敌人后方比较空虚的地区发动，对伏牛山脉须即去建立党与群众的工作基础”。[③]根据毛泽东和中央的指示，彭雪枫和朱理治对全省游击战争的准备和发动更加充满信心。7月9日，河南省委设立常委，彭雪枫参加常委，并同朱理治、陈少敏常驻竹沟。这时，彭雪枫则把自己的思想和精力全部倾注到学习中央指示和部署全省游击战争上来，因而当时河南全省游击战争的部署和发动，自上而下，自东而西，便呈现出一派生机勃发的气势。

恰在这时，即7月2日，彭雪枫则又完成了他给延安《解放》周刊撰写的一篇专论，题为《论在敌人后方工作》。这篇军事专论，不仅给“一切已经或者将要在敌人后方工作的民族英雄们”提出了“发动群众斗争”、“消灭敌人武装”和“建立抗日政权”这三位一体的“明确而又光荣的任务”，深刻阐明了在敌人后方工作策略上的唯一原则是“使敌人的敌人越多越好，使我们的朋友越多越好”，基本战略方针是“把敌人的后方变为游击区”，“把游击区变为抗日根据地”，而且还明确提出了深入敌后的主要工作方式是“派出相当兵力的挺进兵团，深入敌之后方，发动游击战争”[④]。实际上，这就为萧望东大队先遣豫东提供了理论依据，同时也给日后新四军游击支队东征敌后抗日准备了腹案。毫无疑义，彭雪枫这篇军事著作，不仅与毛泽东的上述指示完全一致，而且说明，彭雪枫和中共河南省委在部

---

①《彭雪枫军事文选》，解放军出版社1997年版，第65—73页。

②《彭雪枫朱理治给毛泽东、张闻天、刘少奇的报告》1938年6月29日，载《纪念朱理治文集》，河南人民出版社1993年版，第113—115页。

③《毛泽东年谱》中卷，中央文献出版社、人民出版社1993年版，第80页。

④《彭雪枫军事文选》，解放军出版社1997年版，第74—77页。

署河南游击战争时，虽然强调了豫西南和鄂豫边在整个河南游击战争中的地位和作用，甚至认为该区将来有可能成为华中的总根据地，但其着眼点却已较早地放在了豫皖苏鲁边的敌人后方。在以后的工作部署上，虽然总体上还有一个工作重心的转移问题，但就其实际的工作部署上，他们的注意力却已早就注重敌后了。应该说明的是，他们对豫西南游击战争的部署以及日后中共豫鄂陕工委的建立和彭雪枫关于中共中央需要另安后方建议的提出，只是他们在估计日军尚能西进形势下的一种万无一失的准备和设想而已。而这种准备和设想，从战略上看，不管日军当时能否西进和何时西进，都并不是毫无意义的。正因为如此，彭雪枫同朱理治在6月29日给毛泽东等人的报告中才能提出拟派竹沟武装先遣豫东的主张，并于7月10日在给八路军总部的报告中又明确规定了该部到豫东后“配合西华游击队行动，发动广泛游击战争，扩大自己，搜集此次大军遗弃枪支，扩大政治影响”[①]的任务。这就说明，他们在出兵敌后时机的把握上，也是适宜的。

不久，由于西华特委统战工作的胜利开展，西华一区区长魏凤楼（中共特别党员）已被淮阳专员刘莪青委为扶沟县长，因而引起了中共长江局的关注，并令魏部中共党组负责人李钧到武汉汇报工作。李钧在武汉汇报工作后，长江局向他指示了“西华工作方针”，并强调省委关于“豫东游击战争”的部署应尽快付诸实施。于是，李钧遂由武汉专到竹沟，向省委作了转达。7月9日，彭雪枫、朱理治、陈少敏三人署名特向长江局作了关于游击战争问题的报告。这个报告，虽然在总体上仍然强调了豫南和豫鄂边游击战争的准备在全省游击战争布置中的重要性，以及豫西南的南召“可做全省（游击战争）的总根据地”，但却坚决表示“完全同意”长江局关于“豫东游击战争”的指示。当时，河南省委关于“派赴豫东游击的武装”，不仅已经“准备就绪”，而且决定“两三日内即将出发”。同时，省委已“同豫东党在政治上准备动员民众来欢迎、拥护它，并设法扩大之，使之成为我们在豫东开展游击战争的公开旗帜及基干力量”。不仅如此，而且省委亦已“督促西华迅速派一些武装支队到敌人后方各地打游击”，并认为那里的统战工作，“不应只限于西华县内，而应特别注意两个专员”，“一为刘莪青，一为宋克宾”，“如能注意他们的推动工作，则豫东游击战争将有更大前途”[②]。

7月15日，以“推动与领导豫东游击战争”为目的而组建的新四军第四支队游击大队由萧望东（简称萧大队）率领从竹沟开赴西华一带。正当省委决定以此为契机，并在西华、扶沟、杞县组织九个游击大队，分别挺进豫东、皖西北敌后，同时推动豫东专员刘莪青、宋克宾亦向豫东游击，拟“作聊城范筑先第二”[③]时，8月，中共中央再次指示“河南省委划为两个省委，一个到豫东、皖北、苏北，一个留在竹沟”[④]。根据中共中央这一最新指示，河南省委决定由彭雪枫率部

①《彭雪枫军事文选》，解放军出版社1997年版，第99页。
②《抗战时期的河南省委》（二），河南人民出版社1988年版，第89—90页。
③《纪念朱理治文集》，河南人民出版社1993年版，第116页。
④《纪念朱理治文集》，河南人民出版社1993年版，第576页。

到西华和吴芝圃领导的武装会合，而后组建新的省委。这样，“在竹沟成立五百人的基干部队”，“完成教导队的计划”，并“尽可能再派支队去铁路以东”，便已列入省委“七月半到八月底的工作计划”[①]。从此，日后被命名为新四军游击支队的组建和东进准备便已开始。

豫东，是苏鲁豫皖四省的结合部，开辟豫东、皖北，对华北、华中两大战略区的彼此联络与相互支援，具有十分重要的意义。为了布置豫东（西华）特委工作，做好支队东进准备，彭雪枫决定由秘书黄林、警卫员刘吉庭等人陪同，亲往豫东视察，并相机会晤淮阳专员刘莪青，借以推动豫东抗战更大发展。

8 月初，彭雪枫以八路军总部少将参谋处长的公开身份首先到达西华。7 日前后，他以公开拜访西华县长楚博、扶沟县长魏凤楼的方式，部署了西华、扶沟两县以及豫东特委的工作。在西华县城，他受到楚博带领县府职员和抗训班师生的热烈欢迎，并同楚博“多次交谈，了解西华人民抗日自卫军东征的情况和全县的抗日工作，作了重要指示”，同时又应楚博之邀，“到抗训班讲了几课”[②]。在扶沟县城，魏凤楼在西关召开了六千人参加的群众大会，隆重地欢迎了彭雪枫。会上，彭雪枫发表了热情洋溢的讲话，希望扶沟组织武装“深入敌后，抗击日军”。会后，他又应邀到扶沟抗日军政干校讲授了游击战术。同时，并同魏凤楼多次进行恳谈，“交待了具体任务”[③]。然后，专程前往周口，拜望了淮阳督察专员刘莪青。刘莪青，河南省唐河县人，老同盟会会员。在彭雪枫与其谈及拟另新派一部武装到豫东游击时，刘莪青极表欢迎，并因他在该区供职，多受当地共产党的帮助，对新派武装早到，期望尤切。

8 月中旬，彭雪枫离开周口，返回竹沟。他不顾一路鞍马劳顿，即就西华特委书记沈东平 7 月 28 日牺牲于睢县马路口东征途中，紧急与省委书记朱理诒研究善后办法，决定改调周季方任特委书记，并赶赴西华就职。之后，他便于 8 月 19 日就其视察豫东的情况和开展豫东工作的建议向毛泽东、周恩来和叶剑英作了报告。这份报告，详细向中共中央反映了西华、扶沟、杞县武装领导人的政治面貌、人枪数目及其在豫东游击的战绩，并在指出这些武装的优点和弱点后，满腔热忱和充满信心地说：“如能派出大批军事干部，在最短期间，充分可能变成我党领导下如八路军一样的正规部队。”因此，他又特向中央建议“除此次派来抗大学员五十名外，请加派有作战经验之军事连营级干部及政工人员”，认为“这是开展豫东工作的万分必要的先决问题”[④]。

9 月初，日本华中派遣军第十三师团的前锋已与中国守军宋希濂部第八十八师在大别山北麓潢川、商城一线的富金山地区遭遇。如要塞富金山一旦失守，则武汉以北的重要屏障信阳就顿时岌岌可危。鉴于日军沿陇海线西进的战略进攻业

---

①《抗战时期的河南省委》(二)，河南人民出版社 1988 年版，第 105 页。

②《楚博》，载《河南党史人物传》第 10 卷，河南人民出版社 1990 年版，第 216 页。

③《魏凤楼》，载《河南党史人物传》第 7 卷，河南人民出版社 1990 年版，第 162 页。

④《彭雪枫军事文选》，解放军出版社 1997 年版，第 102 页。

已停止，河南将很快被日军占领的那种形势已有明显改变，甚至已经出现了豫东沦陷、豫西偏安的状况，所以在富金山战斗已经打响之际，9月2日，叶剑英即以他和周恩来的名义致电彭雪枫，指示把“工作重心移向豫东，创造苏鲁皖边新局面，与八路军冀鲁豫活动部队（徐向前、陈再道）联系起来，对整个战局有重大意义”。同时表示，同意彭雪枫“率必要武装到豫东部署工作”。至于“部队用何名义，竹沟应留多少部队武装”，则“另有电告”[①]。

彭雪枫在接到周恩来、叶剑英指示的第二天，即9月3日午夜，他即欣然受命，并向毛泽东、周恩来、叶剑英报告了豫东二、七两区“政治形势更加好转”，二区专员宋克宾已“将全区军权交魏凤楼主持”，七区专员刘莪青因“得我方帮助”，对我“期望尤殷”；萧大队上月配合杞县、西华武装在杞南消灭汉奸武装百余名，缴获重机枪一挺，“群众欢跃，纷纷慰劳我军”，现在“该部由七十余人枪发展到人三百名，枪二百三十支，给养不成问题”；“豫东武装完全在党领导之下”，各部“人枪齐全，颇有战斗能力”，“对我党公开领导之部队八路军、新四军期望迫切”等主客观有利形势，并认为“豫东、鄂（苏）北、鲁南、皖西北交界地区，不仅国民党力量薄弱，即日寇仅盘踞津浦、陇海两线各要点而已。倘我军进入柘城、鹿邑、亳县、夏邑、永城、涡阳、蒙城，配合上述武装，南与第八团队相（呼）应，北与徐、陈及山东党武装取联系，面向蚌埠、徐州段以西小山地，背靠西华、扶沟及刘、宋两区，在不断袭扰津浦、陇海之敌及消灭土匪汉奸武装中，能于最短期间发展与壮大自己，担当起牵制敌沿大别山脉西进的战略作用，扩大党的影响，发动民众运动，在武汉失守、平汉危急条件下，有可能造成冀察晋前途。”为此，“必须要一强有力的相当大的基干部队，配属相当数量的军政干部，前往加强统一战线及游击战争领导。现竹沟战斗部队四百五十人，长短枪二百十六支，轻机枪八挺，行动时留守处在豫南三四十人足以自卫。到豫东后，会合萧大队，西华、杞县可各拨一中队，九月份之前可扩大到千二百人至千五百人，给养亦可相当解决。”至于部队“名义问题，以有号召力量，不使国民党忌刻为原则，且豫、鲁、鄂（苏）、皖边游击支队名义众多，我军用八路军游击支队或相当于上述名义前往，谅无大碍”[②]。

9月5日，周恩来、叶剑英接到彭雪枫报告后复电朱理治和彭雪枫，指出：

1.“同意三日午电。领导机关重心移豫东，开展敌后方工作，加强豫东部队领导。”

2.“应留战斗部队和武器三分之一及一部分干部，保持豫西南工作，其余出动。”

3.“出动部分用四支队名义，到豫东后用何名义俟后商定。”

4.“豫东军事用何人出名统一指挥，请你（们）提出意见，以便交涉和

①《新四军·文献》(1)，解放军出版社1988年版，第462页。

②《彭雪枫军事文选》，解放军出版社1997年版，第103—104页。

委任。”

5.“出动及留守工作，应迅速布置，并电告我们。”[①]

彭雪枫、朱理治接到周恩来、叶剑英复电后，立即召开省委常委会议。会议决定：

1.“军事工作重心移豫东。省委机关暂留竹沟，待延安会议（指中共中央六届六中全会）后再决定。”

2.“战斗员此间只需留一百二十人，武器需留八十支，以便应付目前竹沟周围环境。”

3.“地方干部如王国华等，仍留豫南。”[②]

中共河南省委常委的上述决定，显然已经指明由彭雪枫到豫东统一指挥豫东军事。所以，9月5日，常委会一结束，彭雪枫就赴洛阳会晤第一战区司令长官程潜。当时，程潜已与中共河南省委建立统战关系，主持河南省政亦较开明。在彭雪枫向其提出竹沟拟组部队到豫东游击，并请长官对竹沟留守处予以保护时，程潜鉴于“敌后豫东、皖北混乱不堪，已成了敌伪匪统治蹂躏横行的局面，民间疾苦万分”，对竹沟部队出兵豫东极表赞成，并云“贵军游击战术素来有名，应赶快前去收拾一下，规复失地，维系民心”[③]。同时，“并蒙嘱留守处人员安心工作”[④]。

在会晤程潜后，彭雪枫向经洛阳去延安参加中央六届六中全会的省委书记朱理治汇报了他同程潜“谈话的情形”，并同豫西特委一起研究了继续对“程潜的统战工作”[⑤]。之后，他即返回竹沟。9月17日，彭雪枫把竹沟部队准备出动的时间及其有利形势报告了毛泽东、周恩来和叶剑英。报告说：

“甲，第二期教导队拟于二十二日毕业，赴豫东之期在教导队毕业后即行出动。

“乙，根据目前战况……根据西华、扶沟并我萧大队之扩大武装经验，断定如到豫东，一声号召，当可于短时间扩大不成问题。

“丙，目前在河南应该是首先扩大武装，创立基干部队，指导党所领导的各县民众武装，影响并联络统一战线的武装，建立声威以后开展新局面，建立根据地，豫东形势大可开展。

“丁，到豫东后的名义以不使人轻视为原则，此次赴洛见程，我已向之表示，我拟去豫东游击。程对豫东游击队武装、土匪武装、豪绅武装表示束手无策，我们去后以号召影响为好，据该处来人谈，豫东各股十（之）九有轻重机枪及钢炮，

---

①《新四军·文献》(1)，解放军出版社1988年版，第465页。

②《纪念朱理治文集》，河南人民出版社1993年版，第133页。

③ 彭雪枫：《纵谈皖南事变》，《拂晓报》1941年1月31日，第1版。

④《彭雪枫军事文选》，解放军出版社1997年版，第180页。

⑤ 郭晓棠：《我在豫西工作活动的情况》，载《燎原》第1辑，河南人民出版社1980年版，第297页。

实力颇为强大，并谓，如有号召能力的部队去，当可使之易于就范。”[①]

9月中旬，毛泽东向河南省委通报“开封失守、豫东沦陷”后的情况，同时令彭雪枫“先行开展豫东敌后抗日游击战争”。[②]遵照毛泽东的指示，彭雪枫决心率部东征。9月23日，他便在教导队第二期毕业典礼大会上进行动员，指出：不久我们将出兵豫东，任务是开展豫东敌后平原抗日游击战争。

9月27日，中共中央长江局基于竹沟部队将在陇海路南地域游击作战，指示彭雪枫“以新四军游击支队名义出动”[③]抗日。同日，新四军游击支队在竹沟成立，彭雪枫任司令员兼政治委员，张震任参谋长。与此同时，彭雪枫与省委常委陈少敏联名向毛泽东、张闻天、周恩来、叶剑英报告说：“竹沟部队机关已动员完毕”，决定“开往豫东部队于二十八日举行誓师典礼后出发”。因“信阳吃紧，竹沟部队动作亦不在远”。“留竹沟一个中队，枪八十支”，加之竹沟周围“可全部听我调动”的“有组织之民众武装”，在信阳失守后，“可组成七个至八个中队”。“开往豫东部队，两个中队，带军事、政治、地方党的干部一批，以便加强豫东工作”。到豫东后，我们提议“组织豫东军政委员会，以便指导豫东工作”。豫东军政委员会，由彭雪枫、吴芝圃、萧望东、谭友林、方中铎、周季方、岳夏、张震、王其梅、刘作孚组成，“以彭为主席”。同时，“彭、吴、萧组织三人团，以便应付紧急情况。”[④]

接着，竹沟开往豫东部队在彭雪枫、张震领导下开始组编。当时，他们“把手枪班和冲锋枪排扩编为一个警卫连与两个步兵连，组成游击支队二大队，由滕海清同志任大队长。将七月份先期出发的萧大队改为游击支队第一大队”[⑤]。二大队，加上第二期教导队学员以及由延安派来的军事、政治、地方干部和电台共373人，长短枪153支。同时，并任命谭友林为政治部副主任兼组织科长，王子光为宣传科长，资凤为供给科长。这样，新四军第四师的前身——新四军游击支队，又称雪枫支队，便在竹沟诞生，整装待发，听命出动。

六、创办《拂晓报》

按照原定的计划，新四军游击支队是9月28日誓师出发东征的。但一向重视部队思想政治工作的彭雪枫要在支队出发东征前出版一份反映和展现他们英雄史诗的战地报纸《拂晓报》，因而部队誓师东征便被推迟两天。9月29日，彭雪枫接到周恩来由延安发来的武汉“情况紧急”，“速去豫东发展游击”[⑥]的电示。同日，《拂

---

①《彭雪枫军事文选》，解放军出版社1997年版，第105—106页。

② 张震：《从临汾到竹沟》，载《燎原》第1辑，河南人民出版社1980年版，第179页。

③《新四军的组建与发展》，军事科学出版社2001年版，第120页。

④《抗战时期的河南省委》（二），河南人民出版社1988年版，第123页。

⑤ 张震：《从临汾到竹沟》，载《燎原》第1辑，河南人民出版社1980年版，第179页。

⑥《周恩来年谱（1898—1949）》，中央文献出版社、人民出版社1993年版，第420页。

晓报》紧急创刊，仓促出版。第二天，彭雪枫便毅然举行誓师，率部东征。

彭雪枫向以儒将而著称。在其短暂而光辉的一生中，他和报纸早已结下了不解之缘。1928 年初天津《大公报》招收校对的报考，1931 年红二师油印《猛攻报》的创办，以及长篇游记《塞上琐记》、剧评《这样的宣传是要不得的》、散文《说太原》等文先后在《国闻周报》、《红星》报和《世界日报》上的发表，就是他同报界早有深切交往的有力佐证。他曾说过："我很爱写，尤其是青年时候在上海（北京）。那时候也闲，鲁迅的书差不多我都读了。《语丝》从创刊号到终刊号，期期都看，篇篇都读。我差不多接连看了五年时间的《时报》。"①正因为如此，他对办报便有一种"特殊的感情"，并曾对人颇有风趣地说："将来革命胜利了，我要当个新闻记者。"②所以，在新四军游击支队正式出发之前，创办一份同"拂晓剧团"一样命名为"拂晓"的支队机关报的腹案，便在他的运筹下日渐成熟起来。

9 月下旬的一天晚上，彭雪枫在他住室的小院里召开支队东征干部动员大会时就宣布了支队随军报社成立的消息，并调阿乐、易河和单斐三人到报社工作，阿乐任总编辑。第二天上午，第一次社务会议正式召开，彭雪枫以党报委员会主任身份主持了会议，并宣布党报委员会另由张震、萧望东、岳夏、谭友林、王子光组成，王子光任社长。会议在讨论报纸的名称时，有人提议叫"战斗"，有人主张叫"曙光"。彭雪枫说，5 月间我们办了个"拂晓剧团"，"拂晓"代表了光明就要来临的意思，就叫"拂晓"吧！于是，报纸的名称就被定为《拂晓报》了。之后，彭雪枫便欣然挥毫亲为《拂晓报》题写了潇洒自然的报头，并撰写了题为《拂晓报——我们的良友》的创刊词。

《拂晓报》是新四军游击支队的机关报，由支队政治部编印，撰写创刊词的任务自然就落在彭雪枫的身上。创刊词简短明快，热情洋溢。在说明报纸为什么定名为"拂晓"时，他满怀激情地写道：

"'拂晓'代表着朝气、希望、革命、勇敢、进取、迈进、有为，胜利就来的意思。军人们在拂晓要出发，要进攻敌人了。志士们在拂晓要奋起，要闻鸡起舞了。拂晓催我们斗争，拂晓引来了光明。

"我们的报纸，定名为'拂晓'，是包含着这些个严重而又伟大的意义的。"

那么，《拂晓报》的使命是什么呢？他继续写道：

"《拂晓报》出版了，她担负着：

"第一，要和我们的指挥员战斗员发生着血肉的关系，她指示我们方针，引导我们前进，她报告我们捷音，兴奋我们战斗，同时她又能够发表我们对敌人的怒吼，反映我们的日常生活。我们要做到——而且一定能够做到：'拂晓离不开我们，我们离不开拂晓'。

---

① 李波人：《我的新闻记者生活》，载河南省地方史志编纂委员会编：《河南史志资料》第 8 辑，第 38 页。

② 单斐：《〈拂晓报〉成长的战斗道路》，载《豫皖苏抗日根据地》（二），河南人民出版社 1990 年版，第 279 页。

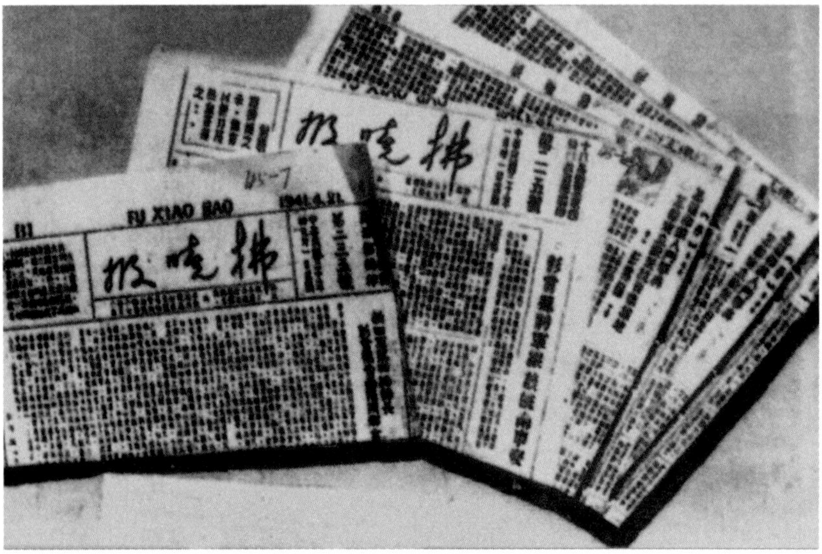

彭雪枫为《拂晓报》撰写的部分文章（影印）

“第二，要和一切不正确的思想、意识、行为做无情的斗争，她指点我们，她批评我们，她纠正我们，她说服我们，她是我们的密友，她是我们的良师。我们要做到——而且一定能够做到：‘拂晓离不开我们，我们离不开拂晓’。

“第三，要和广大群众各个友军，密切的团结起来，亲爱的结合起来，坚决执行统一战线，目标一致向着日寇、汉奸、托匪。她——‘拂晓’，会指教我们如何与敌人进行军事的斗争，领导我们如何与敌人进行政治斗争，指示我们如何与敌人进行思想的斗争。同志们，‘拂晓’使我们坚决、勇敢、坚苦果断的和敌人作军事的、政治的、思想的铁面无私的斗争！我们要做到——而且一定能够做到：‘拂晓离不开我们，我们离不开拂晓’。”

最后，他号召说：

“同志们，《拂晓报》的读者们！我们要为着拂晓的，也就是我们的这些伟大任务而斗争！”①

《拂晓报》9月29日正式创刊，第二天它即随军出征。30日清晨，当一份草纸三版油渍斑斑的《拂晓报》创刊号出现在整装待发的游支健儿的面前时，它却给予他们以无限的慰藉、鼓舞和巨大力量。此后，《拂晓报》就沿着支队东去的征途，横越平汉，东渡黄水，随军征战在“涡河岸上”和“淮水两旁”。由于支队党的“扶植”、“栽培”、“武装”和彭雪枫的“擘画扶掖”，以及几个年轻新闻战士的日夜“简练揣摩”，“呕尽了心血”，才使这份本不显眼但却具有无限生命力的战地油印小报，以其“不胫而走，不胫而鸣”的本领，“眼若火炬，声如洪钟”的姿态，在短短的几个月的时间里，竟然成为豫皖苏边这片荒芜的“沙漠中的甘泉，饿乡里的食粮，指引方向的罗盘，照耀通衢的灯塔”，从而“决定着和

① 《拂晓报》创刊号现已遗失，1939年10月5日《拂晓报》第17版予以重载。上述引文，均据此。

指挥着战斗的策略路线”，“鼓舞着和团结着英勇的战士”，“激励着和吸收着成千成万的广大群众”，而且在对“日寇招降诱降的阴谋，汉奸屈服投降的谬论，托匪以及落后分子散布在抗战程途上的层层烟幕”的猛烈冲锋中，以其“‘突将无前’的奋勇精神”，建树了“廓清涤荡”、“口诛笔伐”的劳绩。在对胜利所起的“风箱的鼓簧作用”上，“海燕比不上她的迅速，鹰隼比不上她的锋锐。真理在她的头上放光，日寇、汉奸、汪派、托匪在她面前发抖。她的威力赛得过千军万马”。在全支队中，它已成为另一支坚强有力的“铁军”[①]，实现了彭雪枫“不管多么困难，《拂晓报》是非健全不可的”[②]许诺和誓言。

新四军游击支队的胜利进军，开拓了《拂晓报》的发展道路。在彭雪枫“精神食粮比吃菜还要紧”[③]的指示下，“拂晓”报人在一切都断绝了的敌人后方，克服种种想象不到的困难，终于度过了“黑油墨，麻油调，粗麻纸的拂晓报”的艰苦阶段，并以其高妙有力的新闻手法，进步超前的新闻理念，激浊扬清的新闻报道，旗帜鲜明的专论社论，忠诚地记录了豫皖苏边这一中国抗战史上惊天地泣鬼神的英雄史诗。还在 1939 年 1 月 1 日游击支队刚由睢杞太胜利返抵鹿邑白马驿不久，《拂晓报》便首次出版了 8 张 16 版的新年特大号。这期新年特大号，已由麻纸、毛边纸改用油光纸印刷，内容充实，面貌一新，而且在印刷数量上亦开了新纪元。当天，彭雪枫在与指战员欢度新年时特向《拂晓报》工作人员指出：“一支笔胜过三千支毛瑟枪！希望同志们埋头苦干，作新闻职业家。”[④]之后，经过书案店时期的“正规化”、“机械化”和印刷技术改新，已使《拂晓报》走向社会，不仅广大群众竞相传阅，而且还在许多新的读者中引起了究竟它是铅印还是油印的争论来。就在同年夏天，支队政治部锄奸科长许昌返回延安，彭雪枫让他给毛泽东主席带上一信，并在信中说：“我们办了一个《拂晓报》，从三十期以后各捡一份送上，请审查，如有重要错误，或给我们以重要指示，则请先电示。”[⑤]实际上，这时的彭雪枫就已在酝酿和准备着支队周年纪念和《拂晓报》百期纪念了。

1939 年 9 月，支队由淮上胜利回师涡北，进驻新兴集。这时，《拂晓报》已早从宣传科分出来，单独成立了报社，并由王少庸担任社长。尔后，又从延安来了画家李克弱。他很快便掌握了钢板画的技术，为《拂晓报》画了许多格调新颖的特写和漫画，一改过去《拂晓报》单纯文字的版面，图文并茂，焕然一新。很快，支队出征一周年纪念日就已到来。《拂晓报》出版了四开五张 20 版支队出征一周年纪念特大号。因为支队和《拂晓报》同岁，支队周年纪念也就是《拂晓报》周年纪念。所以，彭雪枫在写了《斗争一年》的文章以纪念支队一周年的同时，又写了《〈拂晓报〉的产生和壮大及其今后的方针》一文，特别用来纪念《拂晓报》一周年。

① 吴芝圃：《一支铁军——〈拂晓报〉周年纪念祝词》，《拂晓报》1939 年 10 月 5 日，第 18 版。

②《支队一年，拂晓一年》，《拂晓报》1939 年 10 月 5 日，第 20 版。

③《支队一年，拂晓一年》，《拂晓报》1939 年 10 月 5 日，第 20 版。

④ 沈怡：《我热爱着她》，《拂晓报》1946 年 1 月 10 日，一千号。

⑤《彭雪枫军事文选》，解放军出版社 1997 年版，第 145 页。

彭雪枫（前左三）和《拂晓报》社工作人员合影

这是彭雪枫纪念《拂晓报》的首篇文章。这篇文章，以其流畅的笔调，饱满的热情，充分肯定了支队党的机关报——《拂晓报》“一年来在人力财力物力各方面波兴浪滚似的聚积着一大堆困难”之中所取得的“不胫而走甚而至于不翼而飞”、“一传十十传百终日等待着到处传观着”的伟绩，赞扬了“拂晓”报人“黑更半夜”正是他们工作“兴味正浓”，“油墨染面，汗流浃背”的劳苦工作精神。然而，更多的则是指出《拂晓报》的“弱点和缺点”及其今后的“迈进方针”和“工作任务”。他指出：列宁关于“报纸不仅是集体的宣传者和集体的鼓动者，而且还是集体的组织者”的这一伟大指示，“应该成为《拂晓报》——以及所有抗战派的报人们的最宝贵的指针。”

他还指出：“报纸的每一条新闻（至于论文更不用说了），都应起其宣传的作用”，而这种宣传的结果，“必如列宁所说，报纸将成为一个风箱，把一种风潮的火星扇成大火。”就是说，“报纸的最终目的应该是：变理论的宣传鼓动为实际的具体行动。”因此，“我们极端主张每一个宣传的事实应提出原则去作结论，以原则去分析某一种事件（新闻）。那种不作结论式的新闻，是过去的，是商业的，是无教育内容的新闻。”所以，必须提倡报纸新闻报道的充分“斗争精神”，使人“‘坐而言’一变而为‘起而行’”。

根据这个原则，他对《拂晓报》今后在新闻的组织、编辑方面提出了“大文章要少，小文章要多”，以及“一个党的宣传家”必须“富于警觉性”，必须“是最坚决的党的利益的卫护者”的热切期望，并号召《拂晓报》和支队指战员，“共同拿着笔杆与枪杆，去为正义真理而‘鞠躬尽瘁’！而真理正义永远在我们的怀抱中，胜利必定永远随着我们——我们的全体将士以及我们的《拂晓报》！”[①]

《拂晓报》周年纪念后，“拂晓”报人，在已形成的“深院静，小庭空，断续寒砧断续风。无奈夜深人不寐，铁笔刻画到天明”[②]的工作精神激励下，更加努力工作，终使《拂晓报》冲出边区，发行到延安、重庆、西安、阜阳以及华中、华北等地，赢得了国内各界的交口称赞。那时，拂晓报社就设在新兴集临街面南一家歇了业的粮行里，靠东边的山墙上，列宁祝《火星报》的名言——“行看星星之火，燃成熊熊之焰”的一条横幅标语，正好反映了当时《拂晓报》的兴旺景象。然而，这些却为安徽省府当局所不容。11 月下旬，他们竟以《拂晓报》“内容荒谬，破坏抗战，态度明显”为由，密令各县对《拂晓报》加以“严密检查扣留”。当得到《拂晓报》被“禁”消息的当天晚上，彭雪枫来到报社，翻着以前出的《拂晓报》，微笑着说：“我们是躬自厚而薄责于人。报纸果真被查禁了，那就首先应该自己检讨，分门别类，按期审阅……我们登的是中央社、新华社的消息，以及自己的友军的捷报，蒋委员长的言论，中央的指示，政府的文告，与抗战有利的广为宣传，与抗战有害的痛加斥责……我们的报纸广大群众欢迎，而敌人确实是害怕的……我们要继续出下去，要做抗战的模范，团结的模范，进步的模范，更有力的向投降妥协倒退势力斗争。”[③]

第二天，即 11 月 28 日，《拂晓报》根据彭雪枫的上述指示，以社论形式发表了《关于本报被禁的声明》。声明痛斥了所谓《拂晓报》“内容荒谬”、“破坏抗战”的谰言，指出：《拂晓报》“凡与抗战建国有利无不广为宣传，凡与抗战建国有害无不痛为诛伐”。“这样的报纸的‘内容’毫无‘荒谬’之处，亦更无‘破坏抗战’之丝毫嫌疑！至于‘态度明显’那是我们的政治面目，那是我们的抗战到底反对投降的政治态度！‘明显’，必须‘普天光照’的明显，难道不应该吗？”

声明又指出：“本报的命运绝不会被一纸‘密令’所能禁止，充其量‘扣留’之后，‘焚’而‘坑’之而已。本报的命运是寄托于一贯的光明正大的政治态度与政治路线之上的，是寄托于广大抗日将士与抗日民众的同情与援助之上的！我们是要抗战下去，团结下去，进步下去，出版下去的！”“有群众在，即有本报在！”[④]

这场反“查禁”的斗争，得到了边区内外广大读者的热烈支持，他们写信给拂晓报社，揭露顽固派媚敌反共的阴谋，声援《拂晓报》的正义斗争。并指出“黑暗不可能掩盖光明”，“《拂晓报》……像星月般照耀着黑暗的天空……是‘查禁’不了的。希望你们继续出版，永远出版！”[⑤]就在反“查禁”斗争的高潮中，《拂晓报》迎来了它的百期纪念。在此之前，毛泽东、刘少奇、张闻天、王稼祥

---

①《彭雪枫军事文选》，解放军出版社 1997 年版，第 161—167 页。

②《支队一年，拂晓一年》，《拂晓报》1939 年 10 月 5 日，第 20 版。

③ 沈怡：《被“禁”》，《拂晓报》1942 年 4 月 5 日，第 9 版。

④《拂晓报》1939 年 11 月 28 日，第 1 版。

⑤《〈拂晓报〉史话》，新华出版社 1987 年版，第 37—38 页。

等中央领导人以及谭政、滕代远、徐海东等人的题词都已先后转来。毛泽东的题词是：坚持游击战争。刘少奇的题词是：为抗战的正确路线而斗争。彭雪枫、张震、萧望东、吴芝圃等人在支队司令部里展示着毛泽东和刘少奇等人的题词，激动不已，决定出版《拂晓报》百期纪念专号，以便检讨既往，启迪未来，更加有力地回击反共顽固派。为此，彭雪枫还特地为《拂晓报》百期纪念撰写了《立志做办报专家》的专论，既道出了他对《拂晓报》的无限关爱，也回敬了反共顽固派对豫皖苏边所实施的"文化围剿"。

毛泽东的题词，指出了支队工作的前进方向。当时，它红色通栏套印在 12 月 5 日《拂晓报》百期纪念专号的第一版正中间，给"拂晓"报人和支队全体指战员以莫大振奋和鼓舞。正是在毛泽东的这个指示的指引下，新四军游击支队在战斗中迅速发展壮大，它的番号也随之几经变更，而《拂晓报》亦以新四军第六支队机关报、八路军第四纵队机关报、新四军第四师机关报的前所未有的姿态，开创了"传播最远，读者最众的黄金时代"[①]，并形成了豫皖苏边以《拂晓报》为主体的新文化运动。

起初，《拂晓报》只是以新四军游击支队为主要读者对象的报纸。然而随着部队的壮大，根据地的发展，社会索阅者的日众，《拂晓报》虽印量剧增，但仍应付不暇。于是，自 1939 年 10 月 19 日起，便有《拂晓增刊》的附报发行，以及以后《拂晓汇刊》《拂晓画报》《拂晓电讯》《拂晓丛刊》《拂晓专刊》《拂晓文化》《拂晓木刻》等以"拂晓"命名的刊物的不断问世。与此同时，随着报人训练班的开办和《拂晓报》模范作用的影响，又使《永光报》《夏声报》《宿风报》《光明报》《实报》《抗大生活》报、联中《学习》报、《群众导报》《淮上导报》以及《军事杂志》《文化战线》《读与写》《诗歌突击》等报刊在部队和根据地雨后春笋般地发展起来。以《拂晓报》为主体的新文化运动和"文化垦荒"高潮在豫皖苏边的兴起，引起了范长江领导的"中国青年记者学会"和"国际新闻社"的重视，于是"国新社"著名记者李洪、任重便于 1939 年冬和 1940 年春先后前来豫皖苏边采访，后即通过"国新社"和宋庆龄主持的"保卫中国同盟"把《拂晓报》寄往东南亚的新加坡、印尼、越南和缅甸，以及印度的新德里，法国的巴黎，英国的伦敦。同时，《拂晓报》还通过苏联领事馆驻上海的办事机构，发行到苏联的莫斯科、列宁格勒、基辅、海参崴和蒙古的库伦（即今乌兰巴托），以及美国的华盛顿、纽约、旧金山和加拿大等国，并曾有参加过在法国巴黎举行的"万国新闻报刊博览会"的美谈，享誉世界。

1940 年底，国内形势逆转，邮路不通，《拂晓报》因而停止对外发行。次年 5 月，新四军第四师亦因豫皖苏边形势恶化，忍痛实施战略转移，胜利抵达皖东北。这时，由于《拂晓副刊》（1941 年 9 月 2 日由《拂晓报》第四版"我们的生活"改称）、《拂晓文娱》《拂晓画刊》《拂晓杂志》和《拂晓报》部队版的出版，

---

① 彭雪枫：《贺〈拂晓报〉五百号——五年来〈拂晓报〉的检讨》，《拂晓报》1943 年 12 月 2 日，第 3 版。

以《拂晓报》为主体的淮北“拂晓”文化事业，仍在继续发展。然而，1942 年冬，却因敌人长期残酷“扫荡”而被迫中途停版。其间，虽以不定期的《反扫荡快报》代之，或以“小型两日刊”勉强继续着，但毕竟很难令人满意。1943 年 1 月，《拂晓报》改为中共淮北区党委机关报。同年 5 月，它重整旗鼓，由油印改为铅印，11 月 1 日又改为老五号字两日刊，因而梦寐以求，日益完美，并已迎来它的五百号纪念。

《拂晓报》经过淮北两年多的磨炼和发展，已“从形式内容的统一的改进中”完成着“其组织华中抗日军民的斗争任务”①。1943 年 12 月 2 日，《拂晓报》出版五百号。当天，中共淮北区党委、新四军第四师各首长及淮北苏皖边区文化工作者三十余人在师政治部举行《拂晓报》五百号诞辰座谈会。彭雪枫参加座谈会，并在会上作了《贺〈拂晓报〉五百号——五年来〈拂晓报〉的检讨》的报告。在这个报告中，彭雪枫以其“万感交集，欣慰莫名”的激动心情，回顾了《拂晓报》自随军进入敌后，“经过无数的艰难困苦，终于坚持了五年零两个月的长期过程而不懈”所取得的这一“‘在希望之中而又很出意料之外’的奇迹”，发出了其中“包含着无限心血”的感慨！据四师老报人回忆，在彭雪枫所珍藏的那套《拂晓报》合订本的封面上，曾有彭雪枫亲题的“心血的结晶”五个大字。这是彭雪枫对包括自己在内的所有“拂晓”报人所作贡献的精确概括。

在这篇报告中，彭雪枫还不厌其烦地追述了《拂晓报》发展过程中的四个阶段。他指出：“纵观《拂晓报》发展形式的全过程”，除“其中包含着无限心血”外，“又可看到事物是逐渐发展前进的，人对事物的认识也是逐渐发展前进的。一种事业的创造发展壮大，虽具备了客观的具体条件，但必须加上主观上的努力，这种努力就是埋头苦干，实事求是，终有最后成功的一天。《拂晓报》的历史，就是我们的榜样。”虽然现在“它已经像一颗明星，高高的挂在天空，做了千百万群众的指路灯”，但今后应“向着‘全党办报’，‘全军办报’，‘全根据地人民办报’的路走去！向着以工农兵的语言，以工农兵为主要读者对象的路走去”，从而开创它的“新的阶段，新的时代”②。

黑夜孕育了拂晓，而拂晓终将战胜黑夜！

---

①《陈毅为〈拂晓报〉创刊三周年题词》，《拂晓报》1941 年 10 月 13 日，第 1 版。

②《贺〈拂晓报〉五百号——五年来〈拂晓报〉的检讨》，《拂晓报》1943 年 12 月 2 日，第 2、3 版。

第八章　挺进豫东敌后

1938 年仲秋，日军正集中兵力包围和进攻武汉，武汉三镇岌岌可危，豫东重镇周口和豫南重镇信阳，在日军攻击下频频告急。由于日寇的蹂躏和黄河的水患，当时的豫东地区已是赤地千里，哀鸿遍野，民不聊生。为了拯救饱受苦难的豫东同胞，牵制日军沿大别山脉西进，进而开创豫皖苏鲁边的抗日新局面，9 月底，彭雪枫奉周恩来速去豫东发展游击战争的电示，决然率领刚刚组建起来的新四军游击支队，从速誓师东征，挺进豫东前线，杀敌报国。

一、誓师东征

1938 年 9 月 30 日，新四军游击支队东征誓师大会在竹沟东门外广场隆重举行。这支部队，是由彭雪枫在红色基地竹沟亲手从速组建起来的一支正式抗日武装。它根据中共河南省委的决定，“坚持深入敌人后方”[①]，将与萧望东率领的“先遣大队”和吴芝圃率领的“豫东抗日游击第三支队”两部合编成为新四军游击支队。萧望东“先遣大队”，亦是“坚持深入敌人后方”的一批共产党人所领导的抗日队伍，而吴芝圃“三支队”，则是“坚持留在敌人后方”的一批共产党人以其“鲜血热泪”与敌周旋的地方抗日武装。因此，即将正式组成的新四军游击支队，便是一支“由三个组成部分，二个不同的建制”[②]而编成的新的抗日武装。

新四军游击支队主力的誓师东征，是当时中原抗战形势发展的客观需要，反映了豫东敌后人民的迫切愿望。还在徐州、开封等陇海沿线大中城市及豫东、皖北各县先后失守后，坚持留在敌人后方的一批埋头苦干的共产党人和脱离军职但却具有民族大义的许多在乡军人，就“自动组织武装打游击”，并纷纷前来竹沟联络，要求新四军“派人前往指导，以图揭竿而起，待机而动”[③]，而“萧大队”的组建和派遣，就正是适应了这种客观形势的发展。9 月，豫东、豫南形势急剧逆转，更加混乱不堪。此时，豫东重镇周口，正受到驻淮（阳）日军的威胁。就

---

①《彭雪枫军事文选》，解放军出版社 1997 年版，第 153 页。

② 张震：《敌后五周年》，《拂晓报》1943 年 10 月 13 日，第 5 版。

③《彭雪枫军事文选》，解放军出版社 1997 年版，第 98 页。

在游支主力誓师东征前后，周口守军国民党（原西北军）骑兵第十四旅，在旅长张占魁率领下，正与日军激战，一时黄河两岸枪炮轰鸣，敌军纷纷落水。而在豫南，中国守军第十七军团胡宗南部虽在信（阳）东与敌第十师团激战，但不久信（阳）北柳林车站便告失守。9 月 28 日前后，日机七十余架，连续轰炸信阳，致使信阳全城硝烟弥漫，火光冲天。为了牵制日军对武汉的进攻，协助友军，保卫周口、信阳，业已组建的新四军游击支队除令已经进至河西扶沟、西华一带进行休整的萧大队、三支队“准备抗御日本鬼子西进的阴谋计划”[①]外，游支主力的誓师东征，挺进敌后，从而拉开豫东、皖北抗日游击战争的序幕。

就在这时，彭雪枫的父亲彭延泰，却从镇平老家赶来竹沟探望。彭延泰时年 57 岁，多年以来，他饱经忧患，已是白发苍苍。1928 年夏，他与爱子家乡一别，已倏忽十年。前年，他自西安接到爱子雪枫发回的一封家书，知儿犹在，喜不自胜。当时，他虽思儿心切，急于一见，但因时局不定，只遣三子修学前去探望，留下了无限遗憾。当年初夏，彭雪枫派统战委员会副主任刘贯一到内乡与宛西实力派别廷芳联络抗日，并嘱其顺便到镇平代为看望一下家父。一天，刘贯一“顺道到了镇平”，看望了“雪枫同志的父亲及其家属，给雪枫同志代致看望和问候之情”[②]，因而彭延泰才又欣获彭雪枫在竹沟的消息。这时因河南省委与别廷芳的统战关系业已建立，宛西的政治环境已有改善，彭延泰才不辞辛苦来到竹沟，实现了他与长子阔别多年的幸福相见。彭延泰到达竹沟后，河南省委本来要“给老人家安排一个较安静的地方住”，但彭雪枫没有同意，说：“咱们很困难，就让他老人家住在群众家里吧！”住下后，尽管当时彭雪枫很忙，也还是尽量抽空前去省问，或到晚上同父亲叙叙别情，铺床叠被，尽尽孝道。往往就在这时，他则给父亲讲起“革命是最大的孝道”的道理来。他的父亲深知雪枫从小就怀有远大的革命抱负，更知道他十年前当着他的面所立下的那句非“天地翻身，河水倒流”决不回家的誓言的意义。

他的父亲在竹沟没住几天，就匆匆返回家乡。临走时，“河南省委负责同志曾送给他父亲路费二十元，雪枫同志想到当时部队经费困难，拒不同意。后经其他同志再三说服，始受了十元。”这不仅说明彭雪枫具有“节俭坚毅的精神”[③]，而且说明“旁人的馈赠，苟非当受，他是一分不取的”[④]。

送走他的父亲没有几天，彭雪枫的几个叔伯弟弟就来找他，并“要求给个小‘官’当，或者背‘盒子枪’当警卫员。”他一时不知其故，颇为茫然。原来，他的父亲一到家，雪枫在“豫南当‘官’了”，就在家乡传开。彭雪枫知道这种情

---

① 萧望东：《给西华县党史办负责同志的信》（1988 年 7 月 26 日），载《红星照耀着豫东》，河南人民出版社 1992 年版，第 141 页。

② 刘贯一：《雪枫同志的光辉形象总留在人们的记忆里》，载《忆彭雪枫同志》续集，河南人民出版社 1981 年版，第 49 页。

③ 张震：《含泪痛忆彭故师长》，载《忆彭雪枫同志》续集，河南人民出版社 1981 年版，第 5 页。

④ 吴芝圃：《向雪枫同志学习》，载《忆彭雪枫同志》，河南人民出版社 1979 年版，第 38 页。

况后，斩钉截铁地说："要当兵就下连队去背大枪，有文化的进学兵队（教导队），不然回家去生产。"这样，跑来找雪枫同志的几个叔伯弟弟，只有他的族弟彭修强一人进了学兵队，"其余的人都没精打采地回家了"[①]。

人非草木，孰能无情！彭雪枫并不是不热爱他的家乡，也并非不敬重他的父亲，亲近他的同族兄弟。相反，他却是个感情极为丰富的人。1941 年 4 月，他在一篇著名的《告南阳同乡书》的文告中对此就曾说得掷地有声，清清楚楚。他说道："雪枫自幼随先叔禹廷公北游故都，受教南苑，戎马行伍，在外二十年，先茔久未祭扫，亲长久缺定省，邻里戚友久疏问候，实属人生恨事。前岁留守竹沟，家乡近在咫尺，方拟摒挡就道，重游儿时钓牧处所，藉话阔别衷曲。奈宿愿未遂，仓卒奉命，东征敌后，忽忽又已三载矣！"[②]

彭雪枫在竹沟共计七个多月，因为大敌当前，他没能回家。在送别父亲时，他和当年离家时一样，当着父亲的面再次发誓："不把日本打出中国去，坚决不回家！"[③]彭雪枫天生硬骨，艰难奋志，始终不渝，一如往昔。现在，他又将离开豫南故土，踏上新的征途，而留下的只是些堪为怀念的永久的记忆。

送走了年迈的父亲，打发了来队的族弟，彭雪枫便全心投身到东征前夕除《拂晓报》之外的一些必要的准备工作中去。他着人编印了《指战员手册》，并为《指战员手册》题写了"个个都是战斗员，人人都是宣传家"[④]的题词。《指战员手册》是印有毛泽东主席像和"三大纪律八项注意"、"东征誓词"的一本小册子。彭雪枫设想，这本小册子，是要出征指战员人手一册的。另外，他除审定东征誓词外，又要着人谱写东征战歌。所有这一切，都使东征准备工作更加紧张和繁忙起来，尤其是《拂晓报》的编排印刷，东征战歌的教唱，就使新四军游击支队东征敌后的消息很快传开，震动竹沟，家喻户晓。

"新四军要出征了！"

"雪枫将军要到敌后打鬼子了！"

竹沟延安街头，人头攒动，到处传诵着、议论着新四军游击支队就要出征杀敌的喜讯。大家欢欣鼓舞，心情振奋，每天都在期待着新四军游击支队司令部彭雪枫司令员的命令。就连竹沟镇上的"几个小孩子，也成天的哭着闹着，找人'疏通'，要求允许他们到敌人后方去"。"我们说女同志们的身体受不了在敌后的折磨，不准去，然而她们提出了'妇女问题'来抗议，以一个才出学堂的女学生，也背着大包袱一天走上七八十里，来表示她们的行军能力和抗战热情。"[⑤]

9 月 30 日，这是新四军游击支队司令部择定的东征誓师日。这天清晨，竹沟全镇披上了节日的盛装，东门外广场上旭日当空，彩旗招展。

---

① 张震：《我的良师益友彭雪枫同志》，载《忆彭雪枫同志》，河南人民出版社 1979 年版，第 81—82 页。

②《彭雪枫军事文选》，解放军出版社 1979 年版，第 347 页。

③《彭雪枫烈士传略》，镇平县档案馆 1958 年 12 月 20 日编印，第 11 页。

④ 王挺：《忆竹沟出发》，《拂晓报》1941 年 10 月 23 日，第 8 版。

⑤《彭雪枫军事文选》，解放军出版社 1979 年版，第 153—154 页。

东征战士个个身着戎装，精神焕发，排着整齐的队伍，迈着有力的步伐，向着镇外操场走来。

竹沟自卫队员扛着步枪、红缨枪，雄赳赳，气昂昂，向着镇外操场走来。

竹沟农救会、妇救会、儿童团以及新四军竹沟留守处工作人员，手执三角彩旗，喜笑颜开，也向着镇外操场走来。

游击支队青年男女宣传队员，在已进场的出征队伍前边跑来跑去，忙个不停，兴高采烈地散发着刚刚出版的《拂晓报》和已印好的《指战员手册》。

广场主席台前，“新四军游击支队东征誓师大会”的巨幅横标，空中高悬，格外醒目。人们心潮涌动，个个摩拳擦掌。它昭示着豫东、皖北抗战史上一个庄严的时刻已经到来，中原抗战史的又一新篇章就要揭开。

彭雪枫、陈少敏、张震、王国华等登上了主席台。几十把军号，吹奏起雄壮的进行曲。中共河南省委常委陈少敏主持大会，并宣布了新四军游击支队东征誓师大会正式开始。

彭雪枫戎装整齐，英姿勃发，坚毅挺拔地站在主席台上，代表东征部队讲话。他首先针对目前抗战形势讲道：前方“大炮响了……谁跑，谁不打日本人，谁就不是中国人；谁贪生怕死，谁就不是抗日的战士”①。其次，他宣布了支队东征任务；“开展豫东游击斗争，收复失地，恢复抗日政权。”②然后，他在指出部队行军中的注意事项后说：“现在，我们的部队还很小，但涓涓细流会汇成江河，它必将发展壮大，以汹涌澎湃之势，注入民族解放的海洋。从今天起，我们就要在祖国血染的土地上，为民族的生存而斗争。同志们，挺起胸腔，勇往直前，胜利在等待着我们！”③

主席台下，顿时响起高呼的口号声：“为完成首长给我们的任务而奋斗到底！”④

接着，陈少敏代表中共河南省委，刘贯一代表留守处和竹沟军民发表了热情的欢送词。彭雪枫抑制不住激动的心情，又上前作了简短的致答词。他说：

“同志们，父老兄弟姐妹们！我们是人民的子弟兵，为了保卫家乡，保卫国家，党和人民派我们到敌人后方去，我们一定要勇敢杀敌，多打胜仗，并以此来报答党和竹沟人民对我们的期望”⑤。

彭雪枫话音一落，他即带领游支主力军全体指战员庄严宣誓。这是新四军游击支队全体指战员的共同心声，钢铁的意志。在伏牛山下，在沙河岸边，在偌大的广场上，三百多名指战员举起了钢铁般的拳头，只听这声声的呐喊，声声的怒吼，雄浑有力，气壮山河：

---

① 王子光：《从誓师到现在》，《拂晓报》1939 年 10 月 5 日，第 13 版。
② 张震：《周年回忆》，《拂晓报》1939 年 10 月 5 日，第 9 版。
③ 杨居人：《风雨中原》，解放军出版社 1985 年版，第 63 页。
④ 张震：《周年回忆》，《拂晓报》1939 年 10 月 5 日，第 9 版。
⑤《小延安——竹沟》，河南人民出版社 1988 年版，第 108 页。

“日寇犯境，大敌当前，我新四军游击支队全体指战员，誓在中国共产党领导下，开赴前线，英勇杀敌，开展游击战争。遵守三大纪律八项注意，团结友军，唤起民众，不复失地，誓不生还。”①

指战员们狮吼般的宣誓声刚落，竹沟妇女救国会的代表，一位年近半百的老太太的声音又从远处传来：

“弟兄们，我们不能同你们上前方，只有在后方帮助你们的家属。我们没有东西送你们，送几双鞋子给弟兄们穿上打胜仗！”②

主席台下，掌声如雷，又是一片狮吼般的声音：“打大胜仗回答妇女救国会的慰劳！”“用胜利来回答她们！”③

紧接着，广场上鞭炮齐鸣，锣鼓喧天。欢送的呼声，道别的呼声，感天动地，响彻云霄。“别了，竹沟！”“再见了，竹沟！”留恋，离情，一起涌向东征战士的心头。这时，彭雪枫背起背包，快步走到省委和留守处同志们面前，一一同他们握手告别。然后，他挥了挥手，东征战士，便挎上步枪，背起背包，高唱着雄壮的《东征战歌》，踏上了东去的征程。

就在这“秋高气爽，人壮马肥”的季节，也就是后来被新四军游击支队战士称作“伟大的十月”的时候，“一支民族解放的铁流”，便“涌现自伏牛山头，向

彭雪枫率游击支队挺进豫东

① 王挺：《民族精英，党人楷模》，载《忆彭雪枫同志》续集，河南人民出版社1981年版，第197页。
② 张震：《周年回忆》，《拂晓报》1939年10月5日，第9版。
③ 张震：《周年回忆》，《拂晓报》1939年10月5日，第9版。

着古老的中州原野，向着敌人的心脏奔流”[1]，一支嘹亮的《东征战歌》，伴随着这支铁流的前进步伐，由近及远，在东去的万里晴空中回荡着：

日本强盗蛮横不讲理，
杀我同胞强占我土地。
全国同胞们，大家武装起，
要把鬼子赶出中国去！
英勇健壮我们新四军，
开赴前线杀敌人。
开展游击战，保卫大河南，
不复失地誓不生还！[2]

二、杜岗会师

东征誓师大会后，新四军游击支队主力部队，在彭雪枫率领下，抱着到豫东去，到敌后去的满腔热情，迎着火红的太阳，列队由竹沟出发，在沿途贴满欢送的标语，路旁站满欢送的群众的热烈气氛中，精神抖擞，意气风发，向着东北方向挺进。

这是新四军游击支队的第一次长途行军。许多新战士的脚都打了大泡，况且“秋老虎”又在肆虐，天气很热，人人汗流满颊，简直使人喘不过气来。但是，在抗敌的热潮中，他们还是扛着枪支，背着弹药，在战士们“加油，跟上去”，“你辛苦了，我代你挑”的相互帮助和鼓励声中，在“同志们，辛苦了，喝茶”，“没有啥，应该的”[3]慰问声和答谢声中，忘记了行军的疲劳和脚泡的疼痛，一程一程地胜利前进着。

新四军游击支队主力这次强行军的直接目的，是要到豫东西华与萧大队、吴芝圃“三支队”胜利会师，进行整编，完成支队的全部建制。这是当时摆在游支面前的一项紧迫任务，中共河南省委在游支出发前就已作了统筹安排，并且已令沿途各地党组织做好欢迎支队主力的充分准备。所以，当游支主力途经确山的蚁蜂店，驻马店的刘阁，并在遂平的界牌集越过平汉路后，又经上蔡的黄馆镇、西洪桥而到西华四区区署砖桥（现属商水县）时，就受到了区长侯香山代表四区抗日军民在军民联欢大会上“伟哉彭公，率师东征……旗开奏捷，胜利无疆”[4]的热烈欢迎。

砖桥位于沙河南岸。1938 年春，中共党员侯香山在县长楚博支持下任该区区长。中共豫东特委利用这一有利条件，同年 5 月，在砖桥建立中共沙南区委，

① 理毅：《四师出征纪念歌》，《拂晓报》1941 年 10 月 13 日附页。
② 王挺：《民族精英，党人楷模》，载《忆彭雪枫同志》续集，河南人民出版社 1981 年版，第 197 页。
③ 张震：《周年回忆》，《拂晓报》1939 年 10 月 5 日，第 9 版。
④ 张震：《周年回忆》，《拂晓报》1939 年 10 月 5 日，第 9 版。

9月改称沙南工委。彭雪枫到后，除听取了工委书记王世杰的工作汇报，又在军民联欢大会上发表了“我们的任务与军民团结”的致答词，同时还在全区武装人员会议上作了“抗日救国的重要讲话”。临别时，侯香山又送彭雪枫“战马一匹”，支援游击支队“军衣三百件，鞋、袜各三百双，钢洋五百元”[①]。

新四军游击支队主力，10月3日到达砖桥，休息两天，5日北渡沙河，到达西华西夏亭。当时，周口保卫战正在原西北军张占魁旅长率领下激烈进行，游击支队主力便在西夏亭停驻下来，借以应援周口前线友军抗日。10月6日前后，周口保卫战胜利结束，日军西进企图被粉碎。10月8日，正值中秋佳节，游击支队主力便在彭雪枫率领下，离开西夏亭，途经西华县城，进驻城北杜岗。与此同时，业已集结在扶沟、西华一带并准备抵御日军西进的萧大队和吴芝圃“三支队”，按照河南省委的原定部署，亦先后分别由驻地开始南移，进驻杜岗附近村庄。

彭雪枫和中共河南省委，把新四军游击支队各部的会师地点确定在西华杜岗，是当时最佳的选择。当时，西华已被人们称做“白色包围中的小苏区”。自1935年前后中共中央北方局派沈东平等人到西华并于次年建立中共豫东特委以后，这里的抗日救亡活动就以西华三岗（陵头岗、都城岗、苗陵岗）为中心日益开展起来。特别在1937年秋中共特别党员楚博就任该县县长后，中共豫东特委、西华县委便以中共中央河南省委关于豫东沦陷后建立和发展抗日游击武装的指示为指针，于1938年4月接管和改造了全县区乡政权，5月组建了西华人民抗日自卫团（同年7月改称西华人民抗日自卫军）。同年7月，西华全县已“有枪弹齐全并配有机枪、迫击炮，在党领导下的武装三千人。全县民众均已分别组织少先队、儿童团、老少指导团、妇女姊妹团等。坚壁清野很好，各种工作亦略具边区规模”[②]。而这支抗日武装，又“大部如八路军规模，抗大干部亦多，近东游北上活动于杞、太地域，配合我方行动，并可公开在我们指挥之下”[③]。这就给新四军游击支队在杜岗的会师与整编，提供了一个绝好的社会环境。同时，杜岗又坐落在新黄河西岸，与对岸日军仅有一水之隔，新四军游击支队各部在此集结、休整后，它就必将成为游支渡河东进敌后最为便捷和最为理想的前沿阵地。

10月上旬，吴芝圃“三支队”已较萧大队先期抵达杜岗。这样中共河南省委原已决定召开的豫东特委扩大会议的时机就已成熟。由于历史的原因，亦即1938年6月黄河的改道，使抗战初期的河南同时存在着两个中共豫东特委，一个在西华，一个在睢杞太。尽管这两个特委领导的抗日武装，在敌后抗日问题上时有配合，相互支援，但在组织上却一直没有统一。新四军游击支队的东征抗日，使豫东特委组织上的统一成为当时客观形势发展的需要，而且游支各部在杜岗的会师和整编，也为其组织上的统一提供了一个极好的历史机遇。所以，彭雪

①《侯香山》，载《河南党史人物传》第7卷，河南人民出版社1990年版，第147—148页。
②《彭雪枫军事文选》，解放军出版社1997年版，第98页。
③《彭雪枫军事文选》，解放军出版社1997年版，第116页。

枫一见到吴芝圃，便根据省委原来的部署同他一道商量和准备了豫东特委扩大会议的召开，同时又对这位早被睢（县）、杞（县）、太（康）、陈（留）、通（许）一带的人们奉之为“先生”，敬之为“师长”的“吴先生”，倍加赞赏。一年以后，他在忆及此事时曾经说道，“吴先生”在“敌寇到处”，“振臂一呼，千百万群众便揭竿而起，风起云涌，于是产生了睢、杞一带著名的三支队”，“‘秀才造反’，居然成功”，并且创造了“使敌人望风远遁”，“时常兵临睢州城下”①的战绩。

10月10日，以检讨“过去工作”和定出“今后工作方针”为目的而举行的中共豫东特委扩大会议，在彭雪枫主持下于西华县城召开。吴芝圃、周季方、王其梅、刘作孚、郑平、刘道安、王学武、路岩岭、胡晓初、屈申亭等17人参加会议。根据中共河南省委的决定，会议首先宣布了豫东军政委员会由彭雪枫、吴芝圃、萧望东、谭友林、张震等十人组成，以彭雪枫为主席的名单。同时决定以彭雪枫、吴芝圃、萧望东组成三人团，指导整个豫东工作，应付紧急情况。

接着，会议听取了四个报告：（1）《特委工作报告》；（2）《西华方面工作报告》；（3）《睢杞军队工作报告》；（4）《豫东统战工作报告》。彭雪枫认为，“一般看来，自开封失陷后，豫东党为中央及省委工作方针及工作指示而艰苦斗争，创造了相当强大的武装（西华为党所把握之武装约人枪一千五百，睢杞有把握的人枪一千二百，工作较差的人枪一千七百，魏凤楼处一千二百），发动并组织了两个半县的民众，开展了二、七两区的统战工作”，但同时也“存在着许多严重弱点”。如关于党的工作，“党的基础薄弱，组织生活极不健全，上层领袖很少开会、发展组织，很少注意到工农及士兵成份，组织异常松懈，党的秘密甚不注意，思想斗争亦未开展”。关于军队工作，“政治工作极端薄弱，有军阀主义、土匪主义倾向，部分部队仍表现着军政工作人员对立，政工人员威信未能在工作上及发展上建立起来”，“游击战术素养极差，仍保存着正规军作战的传统，小集团部落观念浓厚”。但是，“这一些弱点已在逐渐克服中，在党把握之下进步颇速”。会上，彭雪枫代表省委和豫东军政委员会对此所作的“结论”，亦“经一致通过之”②。

会议根据彭雪枫的结论，确定了关于党的工作、关于地方部队整理等项重要工作方针。同时，会议鉴于豫东特委今后繁重的工作任务和原“特委干部不团结，常闹无谓纠纷”的情况，决定组建新的豫东特委，吴芝圃任书记，吴芝圃随军作战时，由王其梅代理书记。对在平原敌后打游击，建立根据地缺乏信心和闹无原则纠纷者，彭雪枫还“分别与之谈话批评”③，沟通了思想，加强了团结，坚定了信心。

10月11日，萧望东率先遣大队由扶沟吕潭抗日前线凯旋，并向彭雪枫反映了豫东敌后情况。彭雪枫在得此情况后，除向长江局和河南省委报告了“豫东特

①《彭雪枫军事文选》，解放军出版社1997年版，第154页。

②《彭雪枫军事文选》，解放军出版社1997年版，第107—108页。

③《彭雪枫关于豫东特委扩大会议情况和今后工作方针致长江局电》1938年10月11日，载《抗战时期的河南省委》（二），河南人民出版社1980年版，第125页。

委扩大会议情况”外，随即又向周恩来、叶剑英报告了游支据此而提出的继续东进敌后的发展方针。报告说：

“甲，今日十时与萧望东部会合。据萧及纯甫（芝圃）同志谈，敌占区域土匪武装大小各股异常复杂，群众痛苦不堪言状，遇见我军拦路大哭，渴望纪律良好军队在敌后方获得群众信仰。新四军则更受众人欢迎，每到一处纷纷慰劳，捐款送物比比皆是，给养问题容易解决。

“乙，土匪及汉奸武装战斗力薄弱，若用军事、政治手段，必可得到扩大且受群众拥护。睢杞太边成敌我不管区域，民众要求我军委派区长、县长。

“丙，若有较大部队及富有号召力量之八路军或新四军部队，极易完成上述各点。我们已用游击支队名义号召各处，取得人民信仰。拟于日内即派人向着杞县地域行动，附带整理各该地党的工作。”①

10 月 12 日，西华西夏亭、龙池头、杜岗、聂堆等地，已布满新四军健儿的足迹。新四军游击支队主力与萧大队、吴芝圃“三支队”的重逢和会师，给西华城乡带来了喜庆的气氛。同日，三军庆祝杜岗会师大会在杜岗东南角的一个打麦场上胜利召开。会场布置得简朴、庄严，全体战士军容整齐，精神振奋。会场上各部队相互的拉歌声，此起彼伏，气氛热烈。在“兄弟团结万岁”，“国共合作万岁”的口号声中，彭雪枫、吴芝圃、萧望东、张震等健步步入会场，出现在主席台上。台下一片欢腾，特别是“三支队”的游击战士，个个翘首相望，期待一瞻彭雪枫、张震等支队首长的风采。大会在萧望东报告了豫东数月战绩后，彭雪枫接着讲话。他“勉励过去”，“指示将来”，阐明“只有用我们的胜利才能争取领土完整，才能将日本强盗赶出中国去”②。然后，他亲切地对“三支队”指战员们说：

“三支队的同志们，你们在豫东打击了日寇，扩大了武装，有功于祖国，无愧于人民！你们是中华民族的优秀儿女，坚持抗战的游击英雄！同志们，我们的抗战是持久的战争，只要我们抗战到底，胜利一定是我们的。大家有没有信心哪？”

“有！”支队战士齐声回答。

这时，会场上又响起了一阵口号声。之后，彭雪枫接着说：

“要坚持抗战到底，就要舍得离开家乡，在哪里打鬼子得手，我们就到哪里去打。抗日战士要四海为家，不能只在门口转，是不是？同志们，要打倒日本，还需要抗日的部队加强团结。一根筷子，一撅就断，一把筷子集中起来，力量就大了，就不那么容易撅断了。新四军、三支队联合起来，全国抗战武装都联合起来，在华北、华中、华南，到处打击日寇，叫鬼子顾此失彼，中华民族才能得到解放。你们说对不对呀？”

---

①《彭雪枫军事文选》，解放军出版社 1997 年版，第 109 页。

② 张震：《周年回忆》，《拂晓报》1939 年 10 月 5 日，第 9 版。

“对！”[①] 全体战士异口同声地回答。

彭雪枫的讲话，比喻生动，寓意深刻，扣人心弦。它“像一盏明灯”，一下照亮了三支队“指战员的心”，又“像一盆烈火”，使他们“顿时热血沸腾”[②]。

这时，一首由新四军文艺战士新编新谱的三军《大团圆》歌，在会场上高唱起来，表现了他们将要团结战斗的美好意愿。他们唱道：

> 全国总动员，
> 一齐来抗战。
> 新四军、三支队开上前线，
> 今朝来到西华县，
> 兄弟们大团圆，大团圆！[③]

歌声未落，吴芝圃起而讲话，号召三支队顾全抗战大局，热烈响应与新四军主力合编。随后，大会宣布各部奉命合编为新四军游击支队，彭雪枫任司令员兼政治委员，吴芝圃任副司令员，张震任参谋长，萧望东任政治部主任，谭友林任副主任。会后，部队进行统一整编，组成三个大队，一大队由先遣大队为基础组成，二大队由竹沟部队为基础组成，三大队由豫东游击三支队组成。三支队编余部队，分别补充到一、二大队和游支直属队。至此，新四军游击支队下辖三个大队和一个警卫连，共 1020 人，步枪 497 支，马枪 90 支，短枪 73 支，手提冲锋

1938 年 10 月 12 日，彭雪枫部与吴芝圃部、萧望东部在西华县杜岗会师，正式合编为新四军游击支队。图为司令员兼政委彭雪枫（右）和参谋长张震（中）、政治部主任萧望东合影

① 杨居人：《风雨中原》，河南人民出版社 1985 年版，第 68—69 页。

② 王广文：《忆俊才》，载《忆彭雪枫同志》续集，河南人民出版社 1981 年版，第 72 页。

③ 易河：《十月的故事》，《拂晓报》1939 年 10 月 5 日，第 16 版；杨居人：《风雨中原》，河南人民出版社 1985 年版，第 68 页。

枪9支，轻机枪12挺，手榴弹639枚，马32匹。这就是最初正式组成的新四军游击支队。

同日，中共中央亦批准成立新四军游击支队党政军委员会，以彭雪枫、吴芝圃、张震、萧望东、岳夏为委员，彭雪枫为主席。党政军委员会确定游击支队当时的方针与任务是：继续东进，打击日伪，消灭土匪武装，发展与扩大力量，建立敌后抗日根据地。

部队统一整编后，游击支队各部“稍事予以整训，参观团呀，干部会呀”，相互“交换了宝贵的经验教训”，大家“一谈到打鬼子就特别起劲”①。这时，彭雪枫不仅深入连队亲临指导部队训练，而且连续召开各种会议对部队东进作了周密部署，详细安排。10月24日，新四军游击支队阵容严整，兵马益壮，满载着西华人民的深情厚谊，在《拂晓报》第八期发表《楚博县长访问记》和《鸣谢启事》的答谢声中，扬帆东去，离开了西华。从此，新四军游击支队便正式踏上东进敌后的伟大征程。

三、窦楼首战告捷

东进敌后抗日，是新四军游击支队肩负的重大历史使命。为了完成这一历史使命，刚刚组建起来的这支新的铁军，必须渡过他们面前的那条人为天堑——新黄河，向着自己既定的目标——睢杞地域前进。

10月24日晨，在司令员彭雪枫的号令下，新四军游击支队各部已从西夏亭、龙池头、杜岗等地分头到达紧靠黄河岸边的聂堆渡口。这是游击支队经过考察而确定的渡河地点。由西华地方党所筹集的几十只大木船已经整齐地靠在黄河岸边。在张震参谋长的指挥下，游支各部齐聚岸头，有条不紊，依次登船。数十只大木船战舰般地在水面上摆开，开始扬帆起航。一时间，“一望无际的黄波起伏眼前，隐约中还有半被淹没的茅屋”，以及那“迎风摇摆的杨柳，配合着东升的旭日”，使渡河时黄河岸边的景观显得格外壮丽。于是，“在歌声水声的交错下”②，经过四小时的航行，新四军游支各部便胜利地到达彼岸，西华的东夏亭和淮阳的袁楼一线。在这里，许多游支指战员“开始看到了敌人的‘告示’，维持会的传单，还有那敌后同胞们忧愁的脸色”③，因而发出了“沦陷的国土”、“苦难的民族”等几多感慨！

彭雪枫十分理解指战员的这种心情，决定在此稍作休整。部队刚一驻定，彭雪枫便在袁楼听取了前来迎接游支的淮阳游击队司令薛朴若和参谋长韩纪文的敌情汇报，并指示他们“立即开展武装斗争”，“要敢游敢击”，并“严格执行三大

---

① 张震：《周年回忆》，《拂晓报》1939年10月5日，第9版。
② 张震：《东征以后》，载《八路军军政杂志》第1卷第9期，第112页。
③《彭雪枫军事文选》，解放军出版社1997年版，第154页。

纪律和八项注意，处处为人民着想”，“使游击队真正成为群众热爱的子弟兵”[①]。与此同时，根据淮阳、太康之敌经常出没淮太公路和10月中旬的大雨，黄河二次决口等情，彭雪枫毅然决定放弃北出太康的原定计划，乘夜越过淮太公路鞍子岭（现安子岭），向鹿邑进发。

鹿邑，是除西华以外彭雪枫早在豫东为新四军游击支队东进敌后而铺设的一条通道。十分明显，在敌伪纵横的豫东平原上，如果没有这条通道，新四军游击支队在从西华跃出敌后以后，就难以很快实施初步的战略展开。而同年8月下旬，这个历史机遇就恰已到来。当时，由于魏凤楼在西华、扶沟大力推行抗日，并同共产党人频繁接触，因而引起国民党河南省府当局对他的极大不满，并有意加害于他。鉴此，中共豫东特委通过河南省第二行政区督察专员兼保安司令宋克宾（同为原西北军将领）保荐魏凤楼出任鹿邑县长兼第二行政区保安第四总队司令获得成功。不久，国民党河南省政府便正式下令魏凤楼率领扶沟全县武装开赴鹿邑，改任鹿邑县长。尽管国民党河南省府的这一任命居心叵测，另怀他意，但却给中共河南省委实施中共中央关于发展豫东敌后抗日游击战争的战略部署提供了一个千载难逢之机。可是中共扶沟县委不知其中底细，却以开展扶沟工作为由要求缓调。此事在报告给彭雪枫后，他星夜派人紧急指示扶沟县委：“不仅不能请求缓调，而且应立即全部开到敌后之鹿邑县接任县长职务，（并）由县长带少数人先行赶到鹿邑”。同时，扶沟县委亦应“全部随军东进改为鹿邑县委”，另由特委“组织扶沟县委，重新建立地方武装”。指示要求“火速执行”，以防国民党“改变命令”[②]。中共扶沟县委接到这一紧急指示后，即同魏凤楼于8月22日亲率2000武装由扶沟乘船南下，绕道西华、周口，日夜兼程，赶赴鹿邑，“开始实践一个神圣的伟大的任务”[③]。可是，就在魏凤楼部尚未全部到达鹿邑时，国民党河南省府果然急令淮阳专员缓期执行，企图收回成命。但为时已晚。9月初魏凤楼即率师进驻县城，毅然上任就职，他大刀阔斧，整顿吏治，不及一月，就把鹿邑建成新四军游击支队东进豫皖敌后的一座桥头堡。

10月25日夜，经过短暂休整的游击指战员，开始了东进后的第一次夜行军。“跟上来，不要讲话”，大家一个接一个地互相交传着。全体指战员在星光闪烁的深夜里，静悄悄地一直向前迈进。次日上午10时，游击支队各部神不知鬼不觉地顺利通过淮太公路鞍子岭，胜利到达淮阳棠棣集和窦楼一线宿营。几月来未见过“国军”的敌后群众，“均抚额称庆，莫不兴高采烈！”[④]

窦楼，是淮阳东北的一个普通村庄。它距淮阳25公里，西侧紧靠淮柘（城）

① 薛朴若：《淮太西抗日游击队的建立与发展》，载《豫皖苏抗日根据地》（二），河南人民出版社1990年版，第65页。

② 周季方：《以身作则的模范共产党员》，载《忆彭雪枫同志》续集，河南人民出版社1981年版，第187—188页。

③ 老百姓：《扶沟县武装民众出发东征》，《新华日报》1938年9月7日，第4版。

④ 张震：《东征以后》，载《八路军军政杂志》第1卷第9期，第112页。

公路，位于淮阳、太康和鹿邑三县结合部。自淮阳沦陷后，这里日军横行，奸匪猖獗，行政系统全被破坏，已成混乱状况。这时，游击支队已经侦悉，其北“太康有敌骑三百余名，其西南二十五里之洪山庙、四柱（柳）树，亦有敌骑百余，经常游击；淮阳城内有日伪军二百余名，汽车七辆，淮太公路时有敌人汽车及骑兵往返；淮柘公路上则常有敌人骑兵及机械化部队出没。”[①] 这种迹象表明，此非游击支队久留之地。彭雪枫依照支队党政军委员会的既定方针，决心立即东进鹿邑。

10 月 27 日晨，彭雪枫向周恩来和叶剑英报告了上述情况和日后行动计划。报告说：

“我们全部于二十四日安全渡过黄河，在西华东夏亭休息两天。原拟北出太康，活动于睢杞太地区，但因黄河二次决口，沿岸不能通过，故决定向鹿邑行动。已于二十五日夜通过太淮公路，本日渡过涡河到鹿邑境之护厢集，拟明日向鹿邑城前进。”“尔后即在鹿邑、淮阳之豫皖边开展游击区，首先在鹿邑补充……”[②]

早饭后，部队开始集合，整装待发。这时，沿街的土墙上已由宣传队写上了“到敌人后方打游击去”的标语。一位长着白花胡子的老头儿也走过来说：“我长了这么大，还没有见过这样文明的军队”，表达了敌后人民群众对新四军的留恋不舍和拥戴之情。

就在这时，彭雪枫已从连队讲解“打骑兵队形”回到窦楼街上。他指着土墙上那条标语对宣传队员发问说：“你们看，这标语有没有写错？”宣传队员们把这条标语重新审视了一遍，“艺术字，又整齐，又美观”，没写错。于是就问：“司令员，你说错在哪里了？”彭雪枫没有回答大家，接着又问：“我们现在这里，这是什么地方？”大家回答说：“窦楼。”“这是我们的后方还是敌人的后方呢？”经彭雪枫这样一问，大家才恍然大悟。彭雪枫接着说：“我们已经到敌人后方了，你们怎么还写‘到敌人后方去’，还唱‘到敌人后方去’呢？宣传工作是要看时间、地点、对象的不同而随时变换其内容的。你们在后方的时候，一路宣传的是敌人如何残暴，敌后老百姓如何受苦，所以我们新四军要到敌人的后方去打游击，收复国土，把鬼子赶出去，解救老百姓的痛苦。但是现在已经到达敌后了，老百姓懂得，而且经受过敌人的残暴，那自然用不着你们再讲这些了；现在应该宣传如何把他们组织起来，配合部队，共同打敌人，解救自己，保卫家乡才对。”[③]

彭雪枫的话音刚落，一个哨兵就跑来报告说：发现敌人骑兵向我冲来。话音刚落，子弹就射在临街的土墙上。原来，这是窦楼附近双庙刘村地主张老免向戴集日军告密，并引着敌骑前来袭击。当时，这支敌骑由驻淮阳东北戴集（距窦楼九公里）第十四师团骑兵巡逻队林津少尉率领，并将马匹隐蔽在窦楼南边于庄村

---

①《窦楼战斗详报》，载《新四军·文献》(1)，解放军出版社 1988 年版，第 468 页。

②《彭雪枫致周恩来、叶剑英电》1938 年 10 月 27 日，参见陆军第二十一集军编印：《新四军第四师大事记》，1989 年，第 30 页。

③ 高维进：《彭雪枫同志和我们宣传队》，载《忆彭雪枫同志》，河南人民出版社 1979 年版，第 206 页。

内，徒步占领窦楼东南约五百米处的无名高地，架起机枪，向游击支队射击。彭雪枫得报后十分镇静。他认真分析了敌情，毫不犹豫地定下歼敌决心。他在与张震参谋长紧急磋商后，决定采取迂回包围、侧后突击战术，亦即“将直属部队控制于窦楼，另以第一大队之一部占领马菜园以北起伏地钳制敌人，而以主力对敌侧击及包围”[①]，予以痛击，扫除东进障碍。命令下达后，“战士们高度的沉着，无限的英勇，火网之下，突入敌阵”[②]。为避免部队“初出受挫”，以壮军威，彭雪枫“亲率通讯员四名与参谋长张震”一起首先跑到前面，并“占领重要高地，掩护部队出击”[③]。在战斗实施中，彭雪枫又及时调整兵力部署，除直属队仍在窦楼南侧正面凭围御敌外，二大队一部则占领马菜园以北起伏地迎击日军，三大队七、八两连（中队），则由西而东包围歼灭马菜园日军。

部队展开后，彭雪枫疾速来到三大队，并动员说：“敌人此次来袭，我军已有准备，它不可能得逞。”[④]说罢，就随七中队从左翼冲去。

当时，日军骑兵机枪火力十分猛烈。八中队长吴守训，率队插到张庄南日军右边约六百米处，看到日军指挥官正在一堆坟头边指挥日军向我射击。吴守训扣动扳机，“向他射击，一枪正好打中”，林津小队长当即倒下。两个日军正要去扶，吴守训又击伤了一个。这时，“敌人已乱，忙把队长弄在马背上。重机枪也装在马上”，准备逃跑。吴守训见日军要逃，即率队乘胜追击。追击途中，吴守训发现前面几个坟头后面有人埋伏，便命令战士向他们射击。但那几个人就是不露头，吴守训心急如火，便喝令战士掩护，冲上去捉活的。结果，冲过去一看，原来是几个农民。正在吴守训要发火训斥他们的时候，彭雪枫已赶到现场。他首先安抚了这几个农民，然后语重心长地对吴守训说：“你是一个好的战斗员，但还不是一个好的指挥员！”然后，他莞尔一笑，接着又说：“哪能让战士掩护指挥官亲自冲上去抓俘虏呢？你还要不要你这一连人马呀！再说，幸好是几个农民在这儿躲着，假定真的是几个鬼子，那恐怕难免要吃亏的。”[⑤]正在彭雪枫这样现场教育后来被他称为“神枪手”的吴守训的时候，一大队已从日军右翼一跃而出，并已进至小柏树林一带，二大队和直属队亦在马菜园以北利用起伏地与日军激烈鏖战。后经约两小时激战，日军“因受我三面突击不能支持，终于被我击溃”，退回戴集。至此，窦楼战斗，终因指挥员决心迅速，战士冲击精神旺盛，全体指战员均抱有歼敌决心，迅速接敌，争取了先机，争取了主动，而又迅速展开，进入战斗，因而取得了“毙敌数十，寇首林津少尉授首”，并“缴获指挥刀一把，

①《窦楼战斗详报》，载《新四军·文献》(1)，解放军出版社1988年版，第469页。

②《彭雪枫军事文选》，解放军出版社1997年版，第154页。

③ 张辑五：《回忆彭故师长》，载《忆彭雪枫同志》，河南人民出版社1979年版，第165页。

④ 王广文：《记俊才》，载《忆彭雪枫同志》续集，河南人民出版社1981年版，第76页。

⑤ 吴守训：《转战豫东九个月》及《雪枫同志永远是我学习的榜样》两文，载《中共商丘党史资料选》(回忆录)，河南人民出版社1999年版，第315—316页及《忆彭雪枫同志》续集，河南人民出版社1981年版，第239—240页。

机枪弹数百发”[①]而首战告捷。

窦楼战斗，是新四军游击支队东渡黄河开赴豫东之处女战。这次战斗的胜利证明，“战术上的迂回与包围，是消灭敌人最好的办法”，而且“敌之骑兵并不可怕，下马时比步兵更打不得（容易打）”。如同后来彭雪枫所说，在对敌实行反袭击时，“指挥员及战士必须大胆果敢。如窦楼战斗，我在正面作战，另以一部迂回其后，我未到，敌即迅速撤走，倘敌不早发觉，彼时即可全部被我歼灭。”[②]正因为如此，才使当时敌后“群众盛传‘国军’（实为新四军）已经到来，有如重见天日”，并有不少群众前来慰问，箪食壶浆，结队欢迎，“迫切的期望我军继续打击敌人，消灭匪伪”，从而极大地“提高了部队的战斗力和胜利信心”[③]。另外，不容忽视的是，窦楼首战告捷之日，正是武汉三镇失守之时。这一历史事实的鲜明对照，也促使中原父老把民族解放的希望寄托在新四军身上，把游击支队的英雄事迹传遍敌后。

窦楼首战胜利结束后，彭雪枫命令部队迅速打扫战场。然后，即率游击支队向东南转移。转移途中，游击支队曾经涉过约三里的黄水、七里多的淤泥。是时，日军“果来报复”，不仅敌机一架由西飞来，盘旋侦察，而且敌之增援机械化部队亦已到达，但是游击支队却“已走远了”[④]，并且突破伪胡继勋部在胡庄的拦截，胜抵鹿邑试量集。在试量集，游支召开祝捷大会，表彰了窦楼战斗英雄。10 月 30 日，游击支队由试量集出发，在彭雪枫的率领下穿过鹿邑县城，受到鹿邑人民的热烈欢迎。然后，经过太清宫，转驻县南刘大庄，在县长魏凤楼“解衣衣我，推食食我”的盛情援助下，进行部队的补充和休整。

四、回师睢杞太

新四军游击支队进至鹿（邑）南以后，驻扎在刘大庄、刘小庄、张楼、母阁、薛牌坊等十几个村庄，支队司令部驻在刘大庄开明士绅刘乾德家。在此期间，彭雪枫除要求各部在各中队（连）迅速建立党小组、党支部，发展整顿党的组织，补充和筹集粮饷外，还进行了部分整训和统一战线工作。11 月 2 日，彭雪枫把支队进抵鹿邑及与豫东、皖北友军将领宋克宾、魏凤楼、吴青旺（原西北军师长）、宋铁林（原西北军师长）等的统战工作情形和游支今后工作计划，向周恩来、叶剑英并毛泽东和王稼祥作了报告。报告说：

“我们于三十日到达鹿邑”。三日来，与宋克宾、魏凤楼等“活动周旋之结果”，“宋、魏等及此间一般干部对我军信仰颇好，因之颇为兴奋”。“宋、魏坦白表示，要求我军整理并教育此间武装（约五六千人），组织并发动第二行政区

① 《窦楼战斗详报》，载《新四军·文献》（1），解放军出版社 1988 年版，第 469—470 页。
② 《彭雪枫军事文选》，解放军出版社 1997 年版，第 273、135、270 页。
③ 《窦楼战斗详报》，载《新四军·文献》（1），解放军出版社 1988 年版，第 469 页。
④ 《彭雪枫军事文选》，解放军出版社 1997 年版，第 265 页。

（民众），配合他们军事行动。”魏凤楼“补充我军棉军衣六百套及棉大衣若干件，挽留我军在鹿邑多驻几天”。“宋、魏即调军政干部开办训练班”，并“已派武装三千包围永城，拟占取之”。同时，“拟派队夺取柘城，此后即前出宁、睢、杞等县，形成对归德大包围。虞城有宋组织之联庄自卫会，已与我们沛、萧、砀区域取得联络。”我们计划，“先在鹿邑补充整顿半月，然后北出亳州，穿过河商公路，西转宁、睢、杞、太地域，整理原在该地之游击部队，消灭该区域之汉奸土匪武装，与宋、魏相配合互应”，并“相机与丰、沛、萧、砀北山间我军取得联络”。另外，“拟电华中（西华）部队东出太、淮活动，打击并相机占领太康，以便与鹿、柘、杞、睢打（连）成一片”。“由于以上形势观察，如我有大批坚强军政干部及强大武装力量、党的基础，并进一步发展统战工作，即在豫皖苏鲁边游击区域可进一步形成抗日根据地。”①

尔后，驻亳州的皖北人民抗日自卫军第五路军总指挥余亚农，驻太和淝河口的余部第二支队司令王丹岑，以及宋克宾的第三总队司令蔡洪范等，又纷纷派代表或亲自前来与彭雪枫联络，“要求指导”，或要求新四军“前来驻扎”，以至“受宋、魏之托，已在地方上尽量发动并且组织民众”。“由于军民关系甚好，群众动员迅速”，在在都使“各方民众及抗日武装部队极大的兴奋”。特别是11月7日在刘大庄举行的庆祝十月革命节纪念大会，“共到红黄白枪会及当地民众将近万人，会场异常热烈，远近传闻，对友军亦大兴奋（他们近与红会冲突，伤多人，烧数村庄，我们在调停中）”。同时，各地现正“发动慰劳新四军”，“部队军装整齐，生活活泼”，已“为豫东之主力”。另外，为开展游击区，建立豫皖苏边区根据地，开展统战和壮大本身，彭雪枫和支队党政军委员会还注重地方党的建立，并“将决定组织豫皖边工作委员会”，由张爱萍“负书记之责”。所有这一切，都使目前“局势日益开展”，“部队日在扩大中”②。这就说明，新四军游击支队实施回师睢杞太的军事行动的条件，已经成熟。

就在这时，中共中央六届六中全会闭幕，确定了“巩固华北，发展华中”的战略方针。同时，会议还决定撤销长江局，成立南方局和中原局。11月9日，中共中央政治局发出关于中原局的组成和管辖区域的通知，刘少奇任书记，彭雪枫和米瑞、朱理治、郑位三等为委员，规定长江以北之河南、湖北、安徽和江苏地区党的工作，概归中原局指导。与此同时，张爱萍遵照周恩来的电令，已由豫南经周口调来鹿邑，并于11月20日成立了以他为书记的中共豫皖边工作委员会，同时又以魏凤楼部参谋长的身份参与对魏部的领导。这就在实际上已把鹿邑建成为游击支队西征东进的可靠后方。为了确保目前游支西征睢杞和日后东进亳永的顺利实施，彭雪枫决定在刘大庄建立新四军游击支队留守处，并委许遇之为主任，程朝先为副主任，以便借此合法名义广泛进行统战，深入宣传抗日，从而

---

①《彭雪枫军事文选》，解放军出版社1997年版，第111—112页。

②《彭雪枫军事文选》，解放军出版社1997年版，第114—115页。

扩军筹款，支援前线。就在彭雪枫精心部署西征前的各项事务时，由于三支队主力与游支的合编，离开了他们的家乡，睢杞太边的敌我斗争形势亦已恶化，并在原三支队指战员中引起了巨大影响。其中特别是10月8日（农历八月十五）坚持在睢杞太斗争的李寿山二团队，由于四大队副大队长马培善的携部叛变投敌和向敌人的告密，致使该团在睢县胡吉屯战斗中一大队长王鸿翔等二十余人壮烈牺牲，十多人受伤，一挺重机枪亦被日军夺走。这一不幸消息的广为传播，更加激起了他们的无比愤慨，因而回师睢杞太的呼声也就在他们中间与日俱增。这样，彭雪枫和游击支队回师睢杞太的决策，除了形势与任务的需要外，还反映了睢杞太敌后人民群众和原三支队所有指战员的强烈愿望，同时也使彭雪枫11月7日在刘大庄庆祝十月革命节大会上所发出的“打出去，向敌人要枪、要炮，来壮大自己，感谢鹿邑人民给吃给穿”[①]的号召，很快变成了广大指战员的实际行动。

11月20日，彭雪枫、吴芝圃、张震、萧望东等游支领导人，为使三支队发源地迅速改观，根据敌情、任务和睢杞群众的要求，毅然决定回师。当天，游支各部由鹿邑驻地出发，进至鹿邑西北玄武十里宿营，准备夜渡涡河渡口，并穿过柘（城）太（康）公路敌人封锁线。傍晚，部队运动至玄武附近马厂，以便夜间动作，但因支队一部未能按时赶到，使当夜行动的计划未能实现。玄武附近因有汉奸组织和两面派武装与敌勾结，游支渡河企图显已暴露。于是，彭雪枫及时改变原定计划，并令各部南撤鹿邑试量集，并声言要去打淮阳。21日晨，在游击支队遵令离开玄武两小时后，柘城日军的汽车和骑兵果然开到。汉奸报告说新四军已经远去攻击淮阳，因而日军遂于当日下午回城。借此玄武已无日军之际，黄昏以后，游击支队又突然北上，安全通过玄武，从而创造了游击支队成立以来第一个“声南走北”[②]的光辉战例。

通过玄武大桥后，21日晚，游击支队开始第二次夜行军，并以强行军的速度夜行70公里，顺利通过柘（城）淮（阳）和柘太（康）公路，于次日晨宿营太北砖角楼（现为转楼）。在行军途中，彭雪枫和战士一样，“从不骑马，一夜间走路一百四十里，很多同志都感到疲倦想休息，可是他还精神灼烁，轻步疾走，以自己的模范行动鼓舞大家继续前进了一日的路程，因而避免了强大敌人的追击”[③]。砖角楼，距太康25公里，睢县30公里，柘城40公里，而且又在公路的交叉点上，一两小时之内，敌人的汽车队就可能出现在游击战士的面前。然而由于彭雪枫对敌人兵力配备及其对我之侦察时间、兵力集中时间的正确估计，使游击支队“能够安然的在那里停留一天一夜，而且开了群众大会，做了各种宣传鼓动的工作”[④]。

① 朱继庚、史效珍：《浅谈新四军游击支队鹿邑留守处的历史作用》，载《中原抗战论丛》，河南人民出版社1992年版，第210页。

②《彭雪枫军事文选》，解放军出版社1997年版，第265页。

③ 张辑五：《回忆彭故师长》，载《忆彭雪枫同志》，河南人民出版社1979年版，第165—166页。

④《彭雪枫军事文选》，解放军出版社1997年版，第139页。

22 日，彭雪枫精神振奋，遂向刘少奇并毛泽东、朱德、滕代远报告了游支远征睢杞的情况。报告说：我们于本月“二十日由鹿邑出动，星夜行军，于二十二日晨全部安全通过柘淮、柘太两公路线，现已到达睢柘地域。准备大量消灭汉奸武装，并摧毁伪组织，扶植各方抗日武装，壮大本身”[①]。

23 日，游击支队西北行 15 多公里，到达杞南板木宿营。次日，日军果然集中了商丘、太康、睢县、宁陵数处兵力，乘汽车 89 辆，坦克 7 辆，附一部骑兵及数百汉奸武装，“势如暴风骤雨，企图截击我军于砖角楼。然而我们已经离开那里一天有半了，但也还只是相距着二十里，不过不能不严阵以待了。可是日军终于认为这是‘第二个情况’，不得不扫兴而返。结果我们一无所失，而敌人所得的是懊丧和气愤，以及四百余箱汽油的消耗，一辆坦克的自行焚毁，最倒霉的则是带路汉奸们的饱受一顿侮辱！”由于彭雪枫通晓“转移位置”这一游击战术的“奥妙的学问”，并适时运用了“经常转移位置”这一“最重要的技巧”，因而达到了欺骗和“迷惑敌人”，“分散敌人，疲劳敌人”，进而“操纵敌人”和“消灭敌人”[②]的目的。

在胜利到达睢杞太游击区的中心板木、傅集、赵村、沙沃一带后，游击支队即与在当地坚持斗争的李寿山部和杞县抗日武装会合。为了狠狠打击日伪军的嚣张气焰，迅速扭转该地的困难局面，彭雪枫以“分散以到处袭扰，集中以各个击破”的战术，立即展开战斗，打击和消灭汉奸土匪武装。诸如 11 月 25 日睢县西陵寺之役，击溃汉奸马培善；11 月 27 日晚和 29 日晚杞县祁楼、大魏店之役，先后两度进攻汉奸胡祥生，以及杞县陈寨之战，击溃著匪彭玉赞，杞县宋庄之战，生擒汉奸队长刘子坚，并将其全部消灭。与此同时，游击支队对杞县陶屯李玉林，大朱庄朱子固等著名土顽武装，亦给予沉重打击。

游击支队在狠狠打击伪匪反动武装的同时，还特别注意党的抗日民族统一战线政策的宣传，努力做着争取和团结地方进步势力的工作。他们对睢杞地区的贤德耆宿、爱国士绅和民间领袖，部队所至，不是亲自登门造访，就是请人代为致意。睢县开明士绅杜如珩，虽是晚清秀才，红枪会首领，但为人正直，热心公益，注重教育，具有反帝爱国思想。早在大革命时期，他就与共产党赤诚合作，调集农军占领睢县县城，并被睢县第一个人民政权——睢县治安委员会推举为睢县县长。“四一二”反革命政变后，反动势力卷土重来，他虽息影乡里，但却依然从事平民教育，称誉桑梓，为人景仰。当他接到彭雪枫、吴芝圃妥为转致的信件和新四军的布告后，深为共产党团结抗战热诚所感，除表示愿以余力为民族解放事业尽力外，则对彭、吴信函视为珍品，巾笥而藏。

与此同时，彭雪枫还以新四军游击支队的名义和利用吴芝圃在豫东的声望，

---

①《彭雪枫关于游击支队回征睢杞太地区报刘少奇、毛泽东、朱德、滕代远电》，载《中共商丘党史资料选》第 1 卷文献（上），河南人民出版社 1989 年版，第 176 页。

②《彭雪枫军事文选》，解放军出版社 1997 年版，第 136—140 页。

先后在板木、沙沃召开绿林武装首领大会。在板木有六十多个绿林首领参加的大会上，吴芝圃向各路武装首领介绍了彭雪枫。彭雪枫以其睿智的目光扫视了一下会场，然后带着和悦的笑意向大家说明了目前中华民族的苦难，讲解了持久抗战的三个阶段，以及中国共产党的统一战线政策和军民合作的意义。彭雪枫娓娓道来，剀切详明。最后，他则意味深长地说："手中有枪，抗日救国方称好男子；勇武豪侠，洒血战场才算真英雄！望各位思量。"[①]同时恳切表示，新四军游击支队将士愿意以此与各位共勉。那些与会的并常以武界俊杰、绿林好汉自居的"司令"们，听到彭雪枫的中肯告诫，多所幡然悔悟，纷纷拱手表示愿与新四军合作，安定地方，积极抗日。

新四军游击支队连战皆捷和统一战线的成功，使睢杞太地区民众特别是广大爱国青年原被压抑的抗战热忱再次迸发出来，于是纷纷要求参加新四军，仅杞县一地志愿报名参加抗战的青年学生就多达百人。彭雪枫看到这种情况，既高兴，又同情。他深知沦陷区里没有跟着学校迁走的男女学生中不乏报国无门的青年学子，他们彷徨苦闷，很想通过读书找到出路。为了满足这些青年学子的愿望，他决定仿照临汾"学兵队"和竹沟"教导队"的办法，举办"随营学校"，招收青年学生，并同吴芝圃亲任校长和副校长。11月下旬，国民革命军新编第四军随营学校便在杞南傅集宣告成立，钟致远任中队长，段佩明任政治指导员。就在这时，原留在睢杞太坚持抗战的睢县统战武装"二团队"李寿山部"人枪六百（内轻机枪三挺，迫击炮一门）"，坚决要求新四军收编。彭雪枫、吴芝圃鉴于该部"战士成分颇好"，"给养、服装、所处环境极端困难"，"允其所请"，遂于11月29日在杞县沙沃召开整编大会，郑重宣布"二团队"正式编为游支"一个大队"[②]。12月初，杞县李广居（又名李子安）部七百余人，在共产党抗日民族统一战线政策的感召下，亦愿接受改编，彭雪枫随其所愿，又将该部编入游击支队。

自新四军游击支队进入睢杞太地域后，根据敌情，忽东忽西，忽南忽北，"往来二十余日"，"未遭一次袭击，反天天打胜仗"[③]。12月中旬，彭雪枫鉴于回师主要目的已达，日军又在准备"扫荡"，便在留下马庆华等数十人和"一个游击队，人枪百余，活动于睢、杞、陈留"[④]后，即经邢口挥师西去北上，直达通许邸阁、王堌。然后，又由邸阁、王堌东行南下，经太（康）北砖角楼，并直捣淮阳，进袭黄集，"摧毁伪良民区部"；实施戴集夜袭，"击溃伪队长"[⑤]常某，再次获得重大胜利。戴集战斗后，遵照支队党政军委员会关于建立豫皖苏边区根据地的既定计划，支队主力在彭雪枫率领下，雪地行军，到达鹿邑双楼（今属郸城）。不久，

---

① 杨居人：《风雨中原》，河南人民出版社1985年版，第78页。

②《彭雪枫关于收编李寿山部报刘少奇、周恩来、叶剑英并中央书记处电》1938年12月3日，载《中共商丘党史资料选》第1卷文献（上），河南人民出版社1989年版，第181页。

③《彭雪枫军事文选》，解放军出版社1997年版，第265页。

④《彭雪枫军事文选》，解放军出版社1997年版，第124页。

⑤ 张震：《东征以后》，载《八路军军政杂志》第1卷第9期，第113页。

又由双楼进驻鹿南白马驿（现属郸城），其他各部则驻太康、淮阳、柘城间，进行短期整训。

新四军游击支队回师睢杞太，是人们常常津津乐道的。后来彭雪枫在庆祝支队出征一周年时曾于《斗争一年》一文中这样高兴地写道：游击支队“从鹿邑北出柘太睢杞侧敌行军，穿插封锁，几乎无日不在战斗中与行军中”。我们“围绕着柘太商睢的敌人，来往于汉奸土匪多如牛毛的地面”，“唯一的决心是‘打’”，致使“敌装甲坦克，经常迷失方向，骑兵汽车，往往落伍掉队。战士们不愧为‘地上的空军’，神出鬼没，给敌人以无限的苦恼，铁流终于泰然自若的满载胜利而归了！”[①]

五、重建拂晓剧团

拂晓剧团是新四军游击支队由睢杞太返回鹿邑途经太康砖角楼时重建的。它作为彭雪枫的“三宝”之一，在其成长过程中，曾经经历过初建、重建和发展壮大几个重要时期，亦即经历了由基本业余建团到基本专业重建这样两个重要阶段。而这几个重要时期和这两个重要阶段的产生，又都是与彭雪枫的治军和领导特色紧紧联系在一起的。

彭雪枫的治军和领导特色是文武兼备。纵观他的历史，他的这一治军和领导特色，正贯彻在他的“全部光荣战斗历史的每一页上”[②]。早在红军时期即是如此，随着抗日文化运动的蓬勃兴起，彭雪枫对部队文娱生活的关注和对部队剧团宣传工作的重视，就更是如此。他在豫皖苏和淮北敌后的这种“领导者的特色”，表现他“作为一个军事家而又那样善于宣传鼓励，那样关心文化教育，那样善于组织与领导文化教育战绩上的斗争”，表现在“他是一手拿着枪杆一手拿着笔杆向敌人冲锋陷阵战斗了一生的布尔什维克战士，是枪杆与笔杆结合着的军事家兼宣传教育家的典型”[③]，而拂晓剧团的建立、重建和成长壮大，就是他这种治军和领导特色的光辉范例之一。

彭雪枫在其领导的敌后抗日部队中建立剧团的思想，自他受命到敌后工作之初就已产生。1938 年初，当他由山西临汾到河南竹沟时，他就对爱好文艺、喜欢戏剧的学兵队队员路丁说“跟我到敌后去，建立一个剧团，你担任导演”[④]。事后不久，彭雪枫和路丁先后到达竹沟，拂晓剧团也就在同年的红五月里建立起来。

1938 年 4 月底，竹沟教导大队第一期将要结业，而“五一”节也就快要到

①《彭雪枫军事文选》，解放军出版社 1997 年版，第 155 页。

② 潘琪：《作为军事家和宣传教育家的彭故师长》，载《忆彭雪枫同志》，河南人民出版社 1979 年版，第 147 页。

③ 潘琪：《作为军事家和宣传教育家的彭故师长》，载《忆彭雪枫同志》，河南人民出版社 1979 年版，第 147 页。

④ 路丁：《深切怀念彭雪枫同志》，载《忆彭雪枫同志》，河南人民出版社 1979 年版，第 191 页。

来。为了在“五一”节纪念大会上能给竹沟群众和教导大队演出几个节目，增加节日气氛，彭雪枫便责成由延安来此工作的著名木刻家刘岘和教导大队俱乐部主任路丁，从教导大队第一期学员中挑选几个擅长文艺的学员，组织一个剧团，演出几个节目。刘岘和路丁受命后，就从教导队中选拔了黄明善、王石青、李文阁等15人，经过几昼夜的排练，终于在“五一”节纪念大会上演出了《烽火》《黄浦月》《九一八以来》几个节目。尽管当时的道具是临时凑合的，幕布是他们15个人的被单缝染的，表演技巧也并不那么高，然而却博得了许多观众的好评。尤其是彭雪枫，他“坐在战士群中”，从头到尾看了演出，“还到后台来，说了许多鼓励的话”[①]。事隔两天，经彭雪枫批准，并由他命名，“拂晓剧团”就在“‘五四’那天诞生了”[②]。首任团长刘岘，导演路丁。

拂晓剧团正式成立后，他们15个人以火一般的热情，进行了演出活动，除“早起出操跑步，持枪操作”外，每天都“风雨无阻的到特务队去教唱歌，每星期日的晚会，总要演两三个节目”。后来，彭雪枫要刘岘到汉口买回了阴丹士林布，5位女团员以一夜没睡觉的工夫缝了一个新布幕，并工工整整地绣上了“拂晓剧团”4个大字和“为了抗战慷慨流我们的血，为了工作慷慨流我们的汗”[③]22个小字，表现了拂晓剧团初生期的勃勃生机，同时也在竹沟、邓庄铺一带留下了他们的足迹。

尽管如此，当时拂晓剧团还只不过是新四军八团留守处的一个组织，除少数几个兼职编导、演员外，排戏演出需要演员时多是从当时的教导队、党训班等单位临时借调而来的，演出一结束，他们也就各自回到原单位去了。所以，拂晓剧团当时给人的印象和感觉是“像有名气”，并“无实体”。因此，同年7月，当单斐、易河、詹如瀚三个热血青年由驻汉口“重庆青年战地服务团”来到竹沟，并由彭雪枫分配到俱乐部做戏剧工作时，俱乐部和拂晓剧团空无一物的设施，就和他们想象中的文艺活动中心相差天壤。为了表示做好工作的热情，同时也渴望改善一下文艺工作的物质条件，他们便把他们在汉口写的一篇关于做好战地戏剧工作和论述“戏剧救亡”重要性的文章，并附了一封信送给了彭雪枫。不到两天，彭雪枫就给他们写了回信，既肯定了他们的革命热情，说明了“戏剧救亡”的意义，又满怀激情地简述了精神和物质的相互促进作用。他鼓励他们以共产党人“革命创业论”的思想和《游击队歌》所反映的革命战士“消灭敌人、武装自己的雄心壮志”去“创造现在和美好的未来”，从而把自己“逐步变为‘富有者’”。正是在彭雪枫的激励下，单斐、易河、詹如瀚不仅和路丁、高维进在俱乐部里挑灯夜战，为迎接“八一”建军节赶排活报剧，而且根据彭雪枫的指示又和路丁合作，历时七天，赶写了以反战为主题的三幕剧本《樱花时节在日本》，经过三天三夜的赶排，如期在“八一”演出，得到了彭雪枫的肯定。彭雪枫认为，这是一

① 路丁:《深切怀念彭雪枫同志》，载《忆彭雪枫同志》，河南人民出版社1979年版，第192页。
② 路丁:《拂晓剧团三周年》,《拂晓报》1941年10月13日，第10版。
③ 路丁:《拂晓剧团三周年》,《拂晓报》1941年10月13日，第10版。

《拂晓》剧团排练时的情景

次“文化练兵”，而这种“文化练兵”是拂晓剧团必不可少的“基本功”，是它走好的“第一步”[①]。

“八一”过后，由于教导队第二期的开学，急需干部，同时也由于单斐、易河等人的调离，拂晓剧团的骨干已寥寥无几。为了“工作的需要”，拂晓剧团这时“就分散工作了”[②]。9 月底，新四军游击支队正式组建，马上就要东征敌后。此时，彭雪枫虽想重整旗鼓，充实拂晓剧团，使其随军东征，但鉴于团内只剩下七八个人，苦无人才，就决定从第二期教导队中新调一批队员和他们组成宣传队，取名青年先锋队，简称青先队，总计二三十人，隶属于支队政治部宣传科，胡介民任队长，负责部队行军中的“文娱活动和向群众作宣传工作”。部队出发时，“有人打前站，途中刷大标语、教唱歌，到驻地开群众大会宣传抗日救亡的道理”[③]。在游支途经西华砖桥时，他们就曾“化装表演”，使与会军民“兴尽而散”[④]，新四军游击支队名声远播。

当时的青先队，实际上就是游击支队的宣传队。同年 10 月上旬，新四军游击支队到达西华杜岗，睢杞太游击三支队奉命与游击支队合编，三支队宣传队就同时与支队青先队合并，使青先队随之得到充实。12 月中旬，支队由睢杞胜利东返鹿邑，到达太康砖楼，支队民运科长王静敏在杞县招收的一批青年学生赶来参加新四军，又被编入青先队。这批青年学生，大都是杞县大同中学十一二岁到十五六岁的男孩子，个个朝气蓬勃，抗日热情很高，又能说会唱。当彭雪枫看到他们那生龙活虎、天真烂漫、活泼可爱的样子，顿时喜出望外，计上心头，便和

① 单斐:《彭雪枫和拂晓剧团、拂晓报的诞生》，载《彭雪枫将军在竹沟》，河南人民出版社 1988 年版，第 128—130 页。

② 路丁:《拂晓剧团三周年》,《拂晓报》1941 年 10 月 13 日，第 10 版。

③ 高维进:《难忘的一段经历——在竹沟的前前后后》，载《抗战时期的竹沟》，河南人民出版社 1985 年版，第 307 页。

④ 张震:《周年回忆》,《拂晓报》1939 年 10 月 5 日，第 9 版。

萧望东主任研究决定以青先队中年龄最小的队员为骨干重建拂晓剧团，并调左奇任剧团主任，从而实现了他早在竹沟东征时就拟重建拂晓剧团的愿望和计划。

拂晓剧团重建后，彭雪枫就及时指示他们："要编一些配合当前抗日斗争的小话剧和活报剧，向群众宣传抗日必胜的道理，同时揭露汉奸和伪军的罪行，打击日寇的气焰。这样，既活跃了部队的文化生活，也教育了广大群众。"[①]根据彭雪枫的指示，拂晓剧团随军到达鹿邑双楼，就由宣传科长王子光亲自编导，第一次演出了活报剧《打鬼子》。活报剧《打鬼子》，演出的是两个狂妄的日本军人，残酷枪杀某村镇居民，群众恨之入骨，报信给我游击队，结果被我军抓获，从而消灭了一个日军小队的故事。演出后，彭雪枫对扮演日军小队长的王挺说："演得不错嘛！就是你们唱的那支日文歌，我和战士们都听不懂。"当他听说那支日文歌是王子光科长亲自教唱的以后又说："扮演日本军人，唱日文歌也是可以的。不过观众是中国人，要让中国的观众听得懂才好……以后你们演戏一定要让群众看得懂，要适合群众的要求。"然后，他又问："你们剧团有什么困难吗？"经他这么一问，剧团其他团员便七嘴八舌地随便说起来。什么化妆品缺乏，只能"用锅烟子画眉毛，用红药水抹脸蛋"呀，什么"服装向侦察班借几件也能凑合，就是没有一块幕布"呀，提了一大堆！另外，一个团员又插上去说："还有件大困难，就是没有女演员（原青先队中只有高维进、马凌松、袁光和巴方四个女演员，在支队到达西华后，袁光、巴方奉命留在西华工作，女演员就只剩高、马二人），老让张国安扮小媳妇，李允瑞扮小姑娘，赵克让演老太婆。古代的花木兰是女扮男装，咱们是男扮女装，怪别扭的。"听到这里，彭雪枫微微一笑，然后说："那有什么关系？唱京戏最有名的梅兰芳等四大名旦，还不都是男扮女装？京戏能做到，我们也可以，这也是革命的需要嘛！不过以后会给你们解决女演员的。"[②]以后不久，游击支队转战豫皖，进军淮上，驻防书案店和新兴集，支队司令部果然给拂晓剧团调来了王雨琴、马秉书、李运芳、张鄂媛四个女演员，幕布也由在淮上缴获敌人的两匹绿绸子得以解决。这时，他们便把豫东知名画家、原支队政治部宣传干事郭景尧取金鸡报晓之意早已画好的一只引颈报晓的"雄鸡报晓图"由女团员用黄布剪了图案，缝在前幕的左下角，前幕正中间则缝上"拂晓剧团"四个大字。在新兴集"精忠堂"第一次演出时，缝制在这幅绿绸幕布上的那只"站在高岗上，面对鱼肚白的晨光引颈长鸣"的"雄鸡报晓图"[③]，便作为拂晓剧团的团徽和标志正式与观众见面，不仅台下观众看了一片欢腾，兴高采烈，拂晓剧团全体演职员亦都乐得合不上嘴。

拂晓剧团在"精忠堂"的亮牌，虽然标志着拂晓剧团已经走上专业化的轨道，但在此前后的一段时间内剧团的职业演员毕竟还嫌甚少。为了能在各大节日和重

---

① 白艾:《拂晓之花开放在淮北敌后》，载《抗战在淮北》第1辑，长征出版社1995年版，第440页。

② 白艾:《拂晓之花开放在淮北敌后》，载《抗战在淮北》第1辑，长征出版社1995年版，第440—441页。

③《郭景尧》，载《河南党史人物传》第2卷，河南人民出版社1987年版，第314页。

要会议召开期间进行必要的演出，拂晓剧团就在支队机关中吸收了一批爱好文艺而又具有一定表演能力的“业余演员”，如拂晓报社的单斐、陈阵和宣传部的画家李克弱等人就都曾经常参加拂晓剧团的演出活动。特别是1939年底戏剧家苏理由山东八路军第一一五师返回延安途经新兴集时，由于彭雪枫的挽留而留在支队工作并任拂晓剧团导演后，根据彭雪枫“京剧是我们民族文化的精粹”，又“为人民群众所喜爱”的指示，不仅执导了《农村曲》《凤阳花鼓》等许多歌舞和活报剧，而且还执导了《打渔杀家》《空城计》《法门寺》等传统京剧和《傻小子打游击》《小放牛》等现代京剧，这样就使部队各机关具有演出能力的人才脱颖而出，拂晓剧团的演出阵容出日益壮大。1939年11月初，徐海东随刘少奇由竹沟到华中路过新兴集，彭雪枫指示拂晓剧团组织一个晚会，以示热烈欢迎。拂晓剧团接受任务后，大家争分夺秒，只用了一天时间，就集体创作排练出《徐海东粉碎日寇扫荡》的京剧，第二天就在欢迎晚会上演出。帷幕拉开，扮演徐海东的演员在一阵“急急风”的锣鼓声中上场，只见他战袍一撩，战刀一舞，遂而亮相自报家门道：“我乃徐海东是也，湖北人士，窑工出身……”此时，正坐在台下观众席上陪同徐海东看戏的彭雪枫不禁仰头哈哈大笑起来，并附耳对徐海东说：“昨天我才交代他们搞一个晚会欢迎你，不想今天他们就现编现演了这出京戏，而且是就地取材，连你是湖北人，窑工出身，都调查得一清二楚，写进了戏。”徐海东连连点头称赞，同时又十分惊奇地问：“在敌后的艰苦环境里，你们是从哪里弄来这套京剧行头的？”坐在旁边的萧望东介绍说：“拂晓剧团是我们游击支队东征敌后时扩建起来的，因为他们善于演现代内容的京剧，深受这一带老乡们的欢迎，群众叫他们是‘彭家班’……这些行头嘛，也是就地取材，你看那些战衣，都是画在布上，糊上硬纸壳子缝制成的，汽灯光下真是金光闪闪哩！”徐海东听后不禁哈哈大笑，连声叫好，说道：“好好好，雪枫同志这‘彭家班’真是名不虚传哩！”①

豫皖苏边人民群众把拂晓剧团称为“彭家班”，反映了彭雪枫对拂晓剧团的关怀和至爱。原四师宣传部部长潘琪曾经这样说过：“一个油印报纸《拂晓报》，一个剧团‘拂晓剧团’，完全是在他无微不至的直接领导下精心培育起来的”，而拂晓剧团的“一次演出、一个节目，从内容到灯光化装，他也无不亲切关注，不时地给以慰勉指示”。所以，“报纸和剧团得以成长和进步，离开了他，几乎是不能想象的。”②事实正是如此，彭雪枫一开始就把和《拂晓报》称作“孪生姐妹”的拂晓剧团小同志当作党的宝贵财富和未来干部而在政治上、学习上和生活上给予关怀和爱护。无论多忙，每到新驻地，他总要利用早晨出操或晚饭后散步的时间，专门到剧团驻地走一走，看看他们睡的铺草厚不厚，环境卫生怎么样，伙食好不好。1939年10月初，拂晓剧团女团员王雨琴由于带病排练《出发之前》一剧，致

---

① 白艾：《拂晓之花开放在淮北敌后》，载《抗战在淮北》第1辑，长征出版社1995年版，第443页。

② 潘琪：《作为军事家和宣传教育家的彭故师长》，载《忆彭雪枫同志》，河南人民出版社1979年版，第147页。

使病情突然恶化，不治而亡。彭雪枫闻讯十分痛心，并在她的追悼会上沉痛地说："小小孩子，离开了父母和温暖的家庭参加革命，来到部队这个大家庭，领导同志就该像父母一样关心照顾他们，小团员王雨琴得了病竟然不能治好，这说明我们没有照顾好这孩子，没有尽到责任。"[①] 为了表示他对王雨琴过于早逝的痛惜，他又特意为她送上了一副挽联，挽联云："童年多敏感，几经谆诱，居然顿悟，不愧我党优秀分子；壮志犹未酬，'出发之前'，竟成永诀，又弱吾军健儿一员。"[②]

1940年3月，中共河南省委领导的开封孩子剧团的部分团员，冲破国民党顽固派的阻挠，由河南叶县胜利转移到豫皖苏根据地。在他们到达游支司令部驻地新兴集时，彭雪枫不仅亲切地接见了他们，而且还在4月4日儿童节庆祝大会上抱起小团员王幼萍对大家说：你们看开封孩子剧团的小女孩王幼萍，"她只十一岁，会唱歌，会演戏，会宣传，每天要走几十里路，有没有用啊？！"[③] 借以批评某些大人先生们认为小孩子没有用的错误思想。4月10日，在支队司令部、政治部于"精忠堂"举行的欢迎外来干部的晚会上，彭雪枫又特地介绍了开封孩子剧团如何拒绝国民党顽固派的利诱，跑到豫皖苏边，并热情称赞了他们"不要钱，不要阶级（军衔），只要革命"[④] 的精神。以后不久，彭雪枫不仅把开封孩子剧团合并到拂晓剧团，而且把王幼萍当作小朋友，时刻都在关心着她的健康成长。后来，当他听说王幼萍由于首长对她的宠爱而有点骄傲的时候，他又把王幼萍叫到身边进行劝导，并给她亲笔题词，以"小小女孩子，欣欣向荣心"，"少小不努力，长大不成器"[⑤] 来激励她奋发向上，不断进步。

除政治上、生活上的关怀外，彭雪枫对拂晓剧团业务上的提高亦特别关注。1939年7月，他曾在拂晓剧团主办的名为《萌芽》的墙报上投稿，同时又在王雨琴、王挺等团员的日记本上写了这样四句赠言："人民是你们的父母，部队是你们的家，革命是你们的教课书，拂晓剧团是培育你们的理想摇篮。"[⑥] 为此，他不仅广罗人才，使许多著名的文化艺术工作者如刘岘、李克弱、贺绿汀、莫朴、路丁、苏理、苏堃等人到边区工作，担任拂晓剧团团长、编导等职务，而且还通过与各旅和地方剧团合作、合并等方式，如战旗（十旅）剧团、创造（十一旅）剧团、海燕（十二旅）剧团、生活（抗大四分校）剧团、奋斗（九旅）剧团以及永光（永城）剧团、人民（淮北）剧团，为拂晓剧团充实和增添了不少艺术人才，提高了它的演出水平。特别对拂晓剧团排演节目的内容，彭雪枫则尤为关切。在部队整风运动前后，拂晓剧团曾经自编了一个名叫《杨大疤》的剧本，旨在表现一个落后战士的转变。但是他们却过于夸大了杨大疤的落后面，在台词中写了一

---

① 白艾：《拂晓之花开放在淮北敌后》，载《抗战在淮北》第1辑，长征出版社1995年版，第445页。
②《拂晓报》1939年10月16日，第4版。
③《拂晓报》1940年4月8日，第4版。
④《彭雪枫军事文选》，解放军出版社1997年版，第206页。
⑤ 王效平：《彭师长关怀我成长》，载《忆彭雪枫同志》续集，河南人民出版社1981年版，第303页。
⑥ 杨居人：《风雨中原》，河南人民出版社1985年版，第175—176页。

些像“吃饭打冲锋，出操装肚疼”，“学习、学习、再学习，学习好了当书记，再不当丘八王八蛋了”[①]那样的落后话。彭雪枫看后，对这个剧本提出了严肃批评，指出：“这是对革命战士的感情和态度的问题，不做根本的修改，不能上演。”[②]经过整风学习，特别是学习了毛泽东《在延安文艺座谈会上的讲话》，全体拂晓剧团团员在为什么人的问题上提高了认识，对彭雪枫对《杨大疤》剧本的批评也已心悦诚服。自此以后，他们就摒弃了许多所谓大戏、洋戏的演出，并挖掘了流行于民间的传统艺术形式，把群众所喜闻乐见的花挑子、打花棍、跑旱船都搬到了舞台。当女演员韩兰芝、李铮、李欣挑起花挑子，唱着以发展生产为内容的淮北小调时，歌声悠扬，行走如飞，观众赞不绝口，因而赢得了“盖淮北”的美名。

这样，彭雪枫对拂晓剧团就更加钟爱，不仅每逢重大节日和召开重要会议时指令其配合演出，而且还经常带着它深入连队进行视察。1943 年 12 月中旬，他还亲带拂晓剧团到过淮南新四军军部。后来，彭雪枫曾在一次师直干部座谈会上说道：“如果让我凭兴趣挑选工作的话，我愿意作拂晓剧团团长，骑兵团团长，拂晓报社的编辑和记者。”[③]这就可以看出，拂晓剧团作为开放在豫皖苏和淮北敌后的一朵文艺鲜花——拂晓之花，在军事家彭雪枫心目中的位置，以及他对拂晓剧团所倾注的心血。

---

① 朱子铮、黄石文、王效平：《往事知多少》，载河南省革命文化史料征编室：《豫皖苏边区文艺史料选编》，第 219 页。

② 朱子铮、黄石文、王效平：《往事知多少》，载河南省革命文化史料征编室：《豫皖苏边区文艺史料选编》，第 219 页。

③ 白艾：《拂晓之花开放在淮北敌后》，载新四军第四师老战士回忆录编委会编：《抗战在淮北》第 1 辑，长征出版社 1995 年版，第 449 页。

第九章　开辟豫皖苏抗日根据地

1938年10月，日军侵占广州、武汉后，由于其战线延长，兵力分散，战争力量消耗巨大，国内人民反战情绪增长，统治阶级内部的分歧和矛盾加剧，中国人民的坚决抗战，特别是八路军、新四军在广阔战场上消耗与牵制了其大量兵力，对其构成严重威胁，迫使日军改变侵华方针和策略。在政治上，日本侵略者对国民政府采取以政治诱降为主、军事打击为辅的策略，企图引诱国民党降日反共，实现其"以华制华"的目的。在军事上，日本侵略军停止对正面战场国民党军的进攻，改为以保守占领区为主的方针，逐渐转移主要兵力打击共产党和八路军、新四军，并将重点置于华北。在经济上，日本在占领区建立所谓"长期自给体制"，大肆掠夺煤、铁、盐、粮、油、棉等物资，企图以此克服财经困难，实现其以战养战目的。在外交上，日本加紧与德、意法西斯勾结，对英、美施加压力，迫使国民党政府妥协投降，尽快完成对中国大陆的全面占领。

在日本帝国主义疯狂侵华的同时，法西斯德国在欧洲也加紧侵略扩张，继吞并奥地利之后，又于1939年3月吞并了捷克。在此种形势下，苏联向英、法等国倡议建立反法西斯联盟，阻止德、意法西斯侵略，但遭到了对方的冷遇和拒绝。在英、美、法绥靖政策的怂恿下，德国法西斯于9月1日入侵波兰。英、法于3日对德宣战，第二次世界大战在欧洲展开。欧战爆发后，英、美、法等国为了与德、意法西斯对抗，极力避免与日本直接冲突，策划"东方慕尼黑"[①]阴谋，企图牺牲中国利益，换取对日妥协，以维护在远东和太平洋区域的利益。

日本侵华方针政策的改变，英、美等国的"东方慕尼黑"阴谋活动，对中国抗战产生了严重影响，开始出现妥协投降和分裂、倒退的危险。国民党中以副总裁汪精卫为首的亲日派进一步与日本勾结，汪精卫由重庆跑到越南河内，公开叛变投降日本。以蒋介石为代表的亲英美派，由于受其主子对日政策的影响和失败主义情绪的增长，以及仇视与惧怕共产党和八路军、新四军的发展，而逐渐转为消极抗日、积极反共。1939年1月，国民党在五届五中全会上确定了"溶共"、

---

① 东方慕尼黑，又叫"远东慕尼黑"。1937年中国全面抗战开始至1941年太平洋战争爆发前，英美和日本多次密谈，阴谋以牺牲中国换取相互妥协。1938年10月武汉失守后，日本加紧对蒋介石诱降，英国驻华大使曾积极进行牵线活动。由于中国共产党和中国人民的揭露和反对，其阴谋未能得逞。这种出卖中国的阴谋，同1938年英法通过慕尼黑会议出卖捷克斯洛伐克的勾当如出一辙，故称"东方慕尼黑"。

“防共”和“限共”的方针，设立了所谓“防共委员会”，通过了《限制异党活动办法》，等等。接着，国民党不断制造反共惨案，并以部分主力及大量的游杂武装返回敌后，进攻八路军、新四军，制造反共军事磨擦。还集中几十万人的兵力，包围封锁陕甘宁边区。11 月，又召开五届六中全会，进而确定了以军事反共为主、政治反共为辅的方针，随即发动了第一次反共高潮。

由于日军占领广州、武汉后，被迫停止对正面战场的战略进攻，转为以保守占领区为主，因此中国抗日战争开始由战略防御阶段转入战略相持阶段。在战争形势发生重大变化的情况下，中共中央于 1938 年 9 月 16 日至 11 月 6 日在延安召开了扩大的六届六中全会。毛泽东代表政治局作了《论新阶段》的政治报告和会议总结。会议根据毛泽东的报告，确定了坚持抗战，坚持持久战，巩固与扩大抗日民族统一战线，以使克服困难，停止敌之进攻，准备力量，实行我之反攻，达到最后驱逐日本侵略者出中国的全国抗战的总任务。要求全党全军站在抗日战争最前列，成为团结全民族共同抗战的坚强核心，发挥先锋与模范作用，为实现新阶段抗战总任务而斗争。并指出：为了实现这一总任务，必须不断巩固与扩大国共合作为基础的抗日民族统一战线，用长期合作支持长期战争，防止与纠正只讲联合、不讲斗争或只讲斗争、不讲联合的错误倾向，正确坚持独立自主的原则。还指出，党的主要工作方面应放在战区和敌后，必须独立自主地放手组织人民的抗日武装斗争，进一步贯彻执行“基本的是游击战，但不放松有利条件下的运动战”的战略方针，进一步开展敌后游击战争。会议最后确定了巩固华北，发展华中和华南的战略任务。为适应发展华中和华南战略任务的需要，全会决定撤销长江局，设立中原局和南方局。会后，中共中央决定刘少奇任中原局书记，周恩来任南方局书记。

六中全会闭幕后，为贯彻“巩固华北”的方针，并针对日军先取平原，后取山区的企图，中共中央和中央军委决定以八路军三个师的主力，分别进入冀中、冀南、冀鲁豫边平原地区和山东地区，协同各地方共产党领导的抗日武装，广泛开展游击战争，在斗争中壮大自己，巩固和扩大抗日根据地。同时，要求新四军大力发展华中，首先开辟豫皖边、豫皖苏边和皖东等地区。

一、白马驿整训

1938 年 12 月下旬，彭雪枫等率新四军游击支队由睢杞太地区返回鹿（邑）南，发动群众，开展统战工作。此时，支队已由从竹沟出发时，枪仅 190 支，人只有 373 员，发展成为拥有 1700 余人的抗日武装。

支队的迅速壮大，使部队的成分发生很大变化。除原有干部和战士外，大部分为投笔从戎的学生，刚放下锄头的农民，激于义愤的爱国人士，甚至被称为“绿林弟兄”的游杂武装。此时部队军政素质较低，缺乏必要的军政训练，政治思想觉悟不高，组织纪律观念不强。这与当时环境及部队担负的使命很不适应。

加上部队两个月间长途跋涉深入敌后，几乎无日不在战斗和行军中，供应困难，人困马乏，极需休整和巩固。12 月中旬起，游击支队各部在鹿邑白马驿（今属郸城）一带进行休整。

白马驿在鹿邑县城南 30 公里，地处豫皖两省三县交界，周围砖砌墙垣严实坚固，俨若一座小城寨。这一带尚未遭受日军侵犯，环境相对安定。特别是由于新四军游击支队坚决执行共产党的抗日民族统一战线政策，同国民党鹿邑县长魏凤楼，以及亳县（今亳州市）一带国民党余亚农部保持着良好的统战关系，他们热诚欢迎新四军游击支队进入豫东敌后抗战，并支援不少粮食和军装等物资，为游击支队在白马驿驻扎整训提供了条件。

针对当时部队组建时间短，成分复杂，缺乏必要的军政训练等特点，这次整训主要是进行政治教育、军事训练和学习抗日民族统一战线政策等内容。

整训中，游击支队组织广大指战员学习毛泽东《论持久战》，进行形势教育，宣传抗日救国的道理，学习与发扬共产党和人民军队的光荣传统、优良作风，树立抗战必胜的信心。宣传贯彻三大纪律、八项注意，加强群众纪律教育，强调军队内部及军民间的团结。支队还在随营学校专门设置了有关群众工作的课程。当时条件差，支队油印的《拂晓报》和东征出发时下发的《指战员手册》，成了部队进行政治学习和传统教育的主要教材。支队还组织战士学习文化，教唱革命歌曲，提高文化水平，活跃部队生活。

整训期间，支队加紧基层党组织建设。不久前部队在刘大庄驻扎时，就注意在干部战士中发展党员，在连队健全党的生活。这时，连队普遍健全党组织，吸收了一批优秀指战员入党。这对于游击支队的巩固和发展起了关键作用。

鉴于当时的形势，提高部队的军事素质是一项刻不容缓的任务，军事训练成为整训中的重要内容。军事训练，主要是基础军事技术和战术训练，诸如队列教练、射击、投弹、刺杀、土工作业，利用地形地物，以及行军、侦察、通信联络等军事常识。部队每天都坚持出操、训练，有时还由支队首长进行集中讲课。彭雪枫和张震、萧望东等每天都同部队一起出操，摸、爬、滚、打，示范作业，亲自检查，纠正动作，严肃认真，一丝不苟。经过严格的训练，部队的正规化水平和军事素养明显提高，面貌焕然一新。

游击支队从组建起，就坚决贯彻执行中国共产党的抗日民族统一战线的方针政策，注意团结各阶层各方面的爱国人士共同抗日。整训期间，支队将统一战线教育列为整个部队的教育内容和随营学校的重要课程。部队一方面采用各种形式，大力宣传和发动群众，广大指挥员边帮助人民群众干农活和挑水、扫地，边进行抗日宣传鼓动，扩大抗日力量。每遇逢集赶会，都要上街宣传抗日救国，动员“有力出力，有钱出钱”，有时还化装演出文艺节目。因为宣传教育搞得好，形式多样，入情入理，吸引了许多青壮年参加游击支队。另一面积极争取和团结友党友军参加抗战。对于愿意抗日的地方实力派，彭雪枫等支队首长则往返奔波，不辞辛劳，以真诚的态度，令人心悦诚服的言辞，宣传共产党和八路军、新四军的抗日民族统一战线政策及抗日主张，晓之以理，动之以情，希望他们在国难当头时，以民族大义为重，同新四军通力合作，共同抗日。在进驻白马驿之前，彭雪枫请示并经中共中央批准，派张爱萍到鹿邑魏凤楼部任职，主持统战工作，同魏凤楼、余亚农等部建立了良好的统战关系。整训期间，魏、余两部不仅支援了游击支队不少军用物资和地图等，还欢迎新四军派人帮助他们整训部队，传授游击战争的战略战术和经验，为迅速打开豫皖边区抗日局面创造了有利条件。

1939 年新年期间，白马驿整训进入高潮，元旦前夕，支队司令部号召部队"用整训队伍的胜利迎接一九三九年"，部队面貌大为改观，士气空前高涨，气氛十分活跃。白马驿街上新贴了许多抗日标语，用柏树枝搭起的彩门两侧，贴着一副醒目的对联，指战员穿上新发的灰色棉军装，个个生龙活虎，意气风发。各个连队都办起了俱乐部。元旦那天，《拂晓报》还特地出版了 16 个版面的新年特大号，官兵团拜，互致问候，共贺新年。魏凤楼亲率卫队赶到白马驿，带着粮食、肉类和其他物品，慰劳新四军，同彭雪枫等共商抗日大计，并在欢迎会上作了热情洋溢的讲话。游击支队还在镇南空地上举行了庆祝大会，演出文艺节目，官兵同乐，军民同庆，生气勃勃，一片欢腾。同时，召开统战工作会议，接见赴安徽太和县淝河口王丹岑部回来的中共党员干部。

经过战斗考验和严格训练，游击支队声威大震，有志青年踊跃参军，一些地方武装闻风归附，部队迅速发展壮大。12 月底，支队进行整编，支队领导人不变，以第一、第二两大队为基础组建第一、第二团。张太生、滕海清分别任团长，李耀、谭友林分别任政治委员。原第三大队整编为独立营。另辖卫生队、特务连、侦察连、随营学校。第一期随营学校，由彭雪枫任校长，吴芝圃任副校长。这时，游击支队已有人员 3412 人（不含随队活动游击队 500 余人），步马枪 2321 支，轻机枪 30 挺，重机枪 1 挺，手提花机关枪 9 支，马 154 匹①。2 月间，吴芝圃率独立营征战睢杞太，打击敌人壮大自己，不久组建了游击支队第三团，周时源任团长，孔石泉任政治委员。这时的新四军游击支队已是豫皖边区一支规模可观、力量强大的举足轻重的抗日武装了。

白马驿整训，加强了党对游击支队的绝对领导，提高了广大指战员的军政素质，增强了组织纪律观念和团结，使组建不久的部队得以巩固，为以后发展与胜利打下了基础，成为新四军游击支队及后来新四军第四师发展史上的重要环节。

在白马驿整训期间，彭雪枫等反复考虑了部队的下步行动计划，根据上级批准的在豫皖边建立根据地战略构想，结合东进敌后以来的实际情况，研究的主要问题是：把根据地的中心区域选择在何处？哪里可以作为根据地的根本区域？由于豫皖苏边区形势非常复杂，亳州、永城、夏邑、涡阳、蒙城一带的情况如何？张震后来回忆说："我们心里没有底，故决定继续东进，到徐州附近地区实施战略侦察，由二大队（第二团）滕海清部先行，直趋亳州，雪枫同我率主力随后跟

①《彭雪枫军事文选》，解放军出版社 1997 年版，第 127 页。

进。”[①]12 月 24 日，彭雪枫致电毛泽东、王稼祥、滕代远与朱德、彭德怀，报告游击支队“现活动于太康、淮阳、柘城间，主力在鹿邑，拟稍予整理，度过新年即东进皖北”[②]。30 日，毛泽东、王稼祥致电彭雪枫，肯定他“在豫皖苏地区发展游击战争，创立根据地的计划是很对的，并已开始获得成绩，望放手做去，必获大效”。[③]

二、开辟亳永地区

1939 年 1 月 1 日，商丘日军进占鹿邑县城，并有进占亳州迹象。因此，元旦刚过，彭雪枫遂按照原定计划命令游击支队分路向东挺进。1 月 3 日，令滕海清、谭友林率第二团进驻皖西北重镇亳县；同时组建新四军游击支队驻亳县联络站（对外称办事处），任泊生任站长，开展对驻亳县安徽抗日人民自卫军第五路指挥官余亚农等的统战工作。5 日，参谋长张震率第一团，向永城东北方向开进。8 日，彭雪枫率领后续部队离开白马驿，向永城地区前进。这时，盘踞商丘的日伪军除以 2000 余人占领鹿邑县城外；另以一部沿商（丘）亳（县）公路南犯，并分路合击亳县，伪豫东“剿共军”第一路曹大中部，以伪支队长崔华山部 500 余人为前驱已占领亳县城东北 25 里之芦家庙，另一个大队袁天柱部集结于宋集，预定 10 日会攻亳县城，并以“打到亳州过旧历年”相号召，气势汹汹，亳州城危在旦夕。

1 月 8 日，彭雪枫下达作战命令，指出：为了答复“以华制华”、利用中国人打中国人的毒计，为了打击日寇和丧心病狂为敌鹰犬的汉奸武装，提高民众反汉奸斗争的情绪，更为了开创豫东游击战争的局面，坚决打击和削弱敌人，以进袭南犯崔逆部队，争取战斗胜利，来达到保卫亳州的目的，以游击支队第二团滕海清部，乘伪豫东“剿共军”第一路第一支队崔华山部进犯亳北芦家庙立足未稳之机，夜袭芦家庙。

8 日夜，滕海清等奉命率第二团第二营从王牌坊直插芦家庙，23 时 30 分，部队接近芦家庙东侧，按原定计划肃清外围后，全营发起猛烈攻击。各连迅速突入芦家庙集内，打其措手不及。尔后实行穿插迂回、分割包围战术，勇猛冲杀，将伪军分割包围。伪军固守房屋，拼命反抗。二营各连组织战斗小组，越墙爬屋，以手榴弹从扒开之房顶上连续投入伪军房内，一时火光与杀声四起，枪声与手榴弹爆炸声响成一片。经两小时激战，伪军大部被歼，计毙其 200 余人，俘支队参谋长崔学善以下 300 余人，缴获轻机枪 11 挺、步马枪 400 余支，其他军用物资一部。此战，是新四军游击支队进入皖西北的第一仗，不仅打击了日伪的嚣张气焰，粉碎其进犯亳州的企图，而且支援了友军，扩大了新四军的影响，使新

① 《张震回忆录》上卷，解放军出版社 2003 年版，第 147 页。
② 《彭雪枫军事文选》，解放军出版社 1997 年版，第 123 页。
③ 《毛泽东年谱》中卷，中央文献出版社、人民出版社 1993 年版，第 101 页。

四军游击支队的声威传遍皖北大地。同时，也锻炼了部队，取得了在新区远程奔袭战的经验。这次战斗的胜利，是由于彭雪枫与该团指挥员正确判断情况，适时抓住战机，出其不意，攻其不备，部队发扬了英勇顽强的战斗精神的结果。

与此同时，游击支队副司令员吴芝圃率第三大队（独立营）回师睢杞太地区，扩大武装，筹集经费，迎接中央派来的干部，取得很大胜利。

1月19日，彭雪枫率支队司、政机关，经十字河进驻亳（州）东南观音堂。同时，为了协助国民党永城县政府扫除县城周围的日伪“良民区”，彭雪枫命令游击支队主力向永城县进发。永城是豫东一偏僻县，位于豫皖苏边境地区。这里民风强悍，土杂武装众多，该区沦陷后，除了日伪军烧杀掳掠外，土匪、杂八队像瘟疫一样滋生蔓延起来。什么“黄秋叶子”、“岳苦水子”、“张方子”、“王胡子”之类的乱世“英雄”，东一群，西一伙，十里一“司令”，五里一“队长”，多如牛毛，不胜枚举。他们有的勾结日寇，投降卖国，有的独树一帜，称霸一方。他们狼狈为奸，横行乡里，鱼肉百姓，无恶不作。所到之处不光“号房”、“号树”，还“号人”，残害民众的手段五花八门，无奇不有。永城一带暗无天日，人民群众置身于水深火热之中，悲惨至极，亟待新四军解其倒悬之苦。

游击支队在永城共产党组织和人民群众的支援下，同永城国民党驻军并肩战斗，取得了扫除“良民区”行动和一系列战斗的胜利。1月23日，游击支队迅速摧毁了永城东北大茴村“良民”区署，建立了由国民党永城县长委任的抗日区署。25日，游击支队在永城县城东南高庄集和姜庄消灭了汉奸土匪两部；并在城东北战斗中，俘获伪军旅长李颜良等以下官兵多名。在城东南古城寺战斗中，游击支队击毙土匪军营长、连长各一名，救出被绑票人质数人。

2月6日，游击支队在永城南的双桥战斗中，激战三小时，消灭永城伪军团长王福来大部，王逆仅以身免，俘其营长以下一百余名，缴获日式重机枪一挺、长枪数十支。继而又在永城东陈集、张庄战斗中，消灭土匪陈传思大部，并重创由马桥向书案店进犯的日军骑兵和伪军。游击支队连战皆捷，使日伪军和土匪武装闻之丧胆，处在重压下的人民得以重见天日。因此，游击支队所到之处，人民群众箪食壶浆，载歌载舞相迎，并纷纷赠旗树碑，以记其勋。此时，除永城县城为日伪控制外，县城附近周围伪组织迅速土崩瓦解，抗日力量蓬勃发展，加之游击支队将缴获伪军土匪的枪械发给可靠的民众，因此民间抗战和自卫力量逐渐得到加强。上述行动，为进一步开辟豫皖苏抗战局面奠定了基础。2月9日，彭雪枫率支队司令机关和直属队，在阵阵激越昂扬的抗战歌声和口号声中，进驻豫皖交界的书案店。

此前，彭雪枫曾于1月19日致电毛泽东、王稼祥、彭德怀与刘少奇，报告豫东宋克宾、魏凤楼部有被国民党孙桐萱、何应钦、程潜、庞炳勋[④]等人收编的

---

④ 孙桐萱，时任国民党军第一战区第三集团军总司令；何应钦，时任国民政府军事委员会参谋总长；程潜，任国民党军第一战区司令长官；庞炳勋，时任国民党军第一战区第四十军军长。

危险，宋、魏已提出辞职。中共中央书记处于 1 月 23 日发出《中央关于我党对国民党防共限共对策的指示》，指出：对国民党的摩擦逆流应以冷静而严正之态度对待之。在国民党五中全会结束以前，八路军暂不作大的移动，以观统战形势之发展。"雪枫支队可暂缓去皖北"等。中原局书记刘少奇一行由渑池经洛阳、南阳、泌阳等地于 1 月 28 日抵达确山的竹沟，正式组建中共中央中原局，全面主持中原敌后抗战工作。彭雪枫于 2 月 1 日致电毛泽东、王稼祥、朱德、彭德怀与刘少奇并朱理治，报告宋克宾、魏凤楼均以倘经收编则不能自由为辞，坚决要求编入新四军或自立名目而与新四军配合打游击。电文中称：我两次抵鹿（邑），周旋于宋、魏之间，说服不能编入新四军之理由。我们与宋、魏等必须分开，以避免顽固分子借口。现宋、魏已接受我之建立军政委员会并健全各级政治部及参谋处的建议。军政委员会宋、魏分任正副主席，宋铁林、尹景湖[①]、张爱萍、方中铎为委员（张、方是由宋、魏坚决要求而加入的）。张爱萍兼任宋、魏两处参谋长。这些方针原则的确立和统战工作的开展，均为豫皖苏边抗日根据地的开辟创造了条件。

三、书案店卖马度春荒

书案店，又名乐安店，当时是一个具有 300 多户人家，1000 多口人，双日逢集的小集镇。市场萧条，铺面陈旧，道路坎坷不平，垃圾遍地。部队进驻书案店后，根据彭雪枫的指示，立即着手整治环境，平整道路，修建厕所，清扫垃圾。拂晓剧团的团员走上街头，用石灰水书写白字红边的抗日标语口号，画上宣传漫画，顿时书案店的面貌为之一新，昔日古老沉寂凄凉的小镇焕发了勃勃生机。

在这片沦陷的国土上，由于日寇铁蹄的无情践踏和伪军、土匪残酷的敲诈勒索，早已田园荒芜，疮痍满目，经济凋敝，民不聊生，苦不堪言，人民的负担达到了无以复加的地步。

为了解决经费困难，彭雪枫于 2 月上旬派政治部副科长刘玉柱赴竹沟，向中原局书记刘少奇汇报工作，并赴洛阳"八路军办事处"求助经费。刘少奇指示，成立省委，加强地方政权建设，发动群众，减租减息，不再扛枪讨饭吃。

这时，新四军游击支队一无饷源，二无后方供应，一切开支主要靠从竹沟出发时所带的一点经费。部队一日三餐吃的多是红薯或红薯干面做的馍，间或吃点高粱面掺糠的窝窝头，喝的是可照人影的稀粥或清水汤。当地倒是个产菜的地方，有歌谣道："苗桥的白菜，观音堂的蒜，书案店的菠菜不拌面。归德府的芹菜，瓦子口的葱，磨山的萝卜出家东。"可是每天每人连五分钱的菜金都没有保证，哪还敢上街买菜呢？

---

① 宋铁林，原西北军冯玉祥部师长；尹景湖，又名尹进，1911 年生，河北人，北平大学法商学院经济系毕业，1949 年任新政协筹备会秘书处科长，1953 年后任湖南大学、武汉大学教授。

一次，彭雪枫在小天主教堂，召开连以上干部会议。他在谈到不怕艰苦，克服困难，坚持豫皖苏边敌后抗战时说："我们是共产党人，具有坚强的革命意志。这种意志，是任何钢铁、金石都不可比拟的。艰苦，对我们是个锻炼。一个人，不经过艰苦的陶冶，是不能成为大器的。我们应该以'威武不能屈，贫贱不能移'的气概，始终不渝接受历史的考验。"[①] 接着他又说道：大家都看到了，这里的人民是勤劳、淳朴的人民，然而又是多灾多难的人民。这一地区地势低洼，土地贫瘠，本是个苦地方。抗战开始后，老百姓早已家徒四壁，被抢劫一空。现在又遇到春荒，我们怎能忍心再加重他们的负担呢？彭雪枫的话铿锵有力，掷地有声，朴实无华，警策动人，给指战员们以极大的鼓舞和战胜困难的勇气。

彭雪枫在生活上，艰苦朴素，从不搞特殊。他负过伤，患有严重的胃病。因吃红薯而产生过多的胃酸，使他的胃病时常发作，饭量减少。眼看着身体日渐消瘦，他却以一个共产党员的标准严格要求自己，时时以普通一兵的面貌出现在部队和人民群众面前。每天当他的勤务员刘吉庭给他送饭时，人们看到同大家一样也是几块红薯、黑窝窝头和一碗清水汤，无不感到心痛。

一次，他胃病犯了，炊事员给他做了碗面条送去，他立刻把雷鸣副官叫去，严厉地批评说：同志！这是叫领导脱离群众。当领导的要是不能与群众同甘共苦，把自己放在特殊地位，共产党员的模范作用岂不成了一句空话！如果那样做，战士们就会对领导失去信任，就会涣散革命的意志，就不会使全军团结一致去战胜困难。我们的队伍就会失去坚强的战斗力。

彭雪枫的严格、严厉，是指战员所熟知的。忠厚、朴实的雷鸣，听了彭司令员一番感人肺腑的话语，只好含着眼泪默默地把那碗面条端了回去。

在严重的困难面前，彭雪枫率先垂范，不搞特殊，同广大指战员同甘共苦，给了部队以巨大的精神力量。他不但坚强，而且乐观，把细长并带有霉斑的红薯叫"香肠"，把高粱窝窝头叫"猪肝"，把稀汤叫"抗战牌牛奶"。他的乐观和风趣，同样感染和教育了广大指战员，形成了战胜困难的凝聚力。高粱馍和红薯锻炼了指战员们的胃口，艰难困苦的斗争生活磨炼了革命战士的坚强意志，培育了无产阶级的高尚品德，建立了军民之间的鱼水情谊。

新四军游击支队迎来了挺进敌后的第一个春节。新春佳节到了，书案店群众心里想着人民子弟兵，大家相互串联，大年初一千方百计要让彭雪枫和广大干部战士吃上一顿馍和一顿饺子。群众公议由保长梁纯修、甲长董学田、老中医王钦镒等出面，挨家挨户收了几筐黑馍、白馍、黄馍、花卷和红薯。他们代表书案店民众，敲锣打鼓于大年三十送到彭雪枫司令员住处。

彭雪枫闻讯快步走出门外，热情地接待了他们，并以诚恳的态度说：你们受书案店民众的委托，给我们送来了这么多过年的食品，我代表新四军游击支队全体官兵，向你们，并通过你们向书案店父老兄弟姊妹们表示衷心的感谢！但是，

---

① 杨居人：《风雨中原》，河南人民出版社 1985 年版，第 103 页。

这些慰问品我们不能收。现在春荒严重，乡亲们的生活够苦了。我们是共产党领导的人民军队，是为了打日本鬼子，为了解救人民出水火而来到这里的，我们应该与广大人民群众同甘苦，共患难，绝不能再加重民众的负担。

乡亲们听到彭雪枫的讲话声，场地上人越聚越多，突然人声嘈杂，一个年轻人从人群中跑到彭雪枫跟前，扑通跪倒在地，边哭边说道：

“彭司令员，这些东西你要不收下，我就不起来！”

这个年轻人，大约十八九岁，浓眉大眼，穿一身黑棉布裤褂，是甲长董学田的儿子董春才。新四军到达这里不几天，他同镇上几个年轻人就同新四军战士混得很熟，并要求参加新四军，因此在收馍时，他抬着筐跟着父亲挨门挨户地跑，表现特别积极。

彭雪枫急忙躬身将他扶起来，并称赞他是一个爱国的好青年。经过一番周折，彭雪枫仅把红薯留下，把馍退还各户。

春节那天，指战员们虽然连顿白面饺子都没有吃上，但大家以苦为乐，仍然沉浸在节日的欢乐之中。战士们把房东的院子打扫得干干净净。街道上新修的马路，平平坦坦。沿街墙上的标语和宣传画，在阳光照射下格外醒目。北门、东门新修的广场上，人群熙熙攘攘，有的在北门广场上观看剧团演出文艺节目，有的在东门广场上听宣传队讲述八路军、新四军的抗战事迹。指战员吃罢早饭，三五成群到房东、邻居家拜年，访贫问苦，发动群众，宣传抗日。军民联欢同庆新春佳节，书案店到处是一派祥和安乐、喜气洋洋的气氛。

阳春三月的书案店，阳光明媚，微风和煦，绿柳如烟。春天是美好的，但严重的春荒在继续加剧。群众中已出现了一些缺粮，甚至断炊户。时令已到了春播季节，但一部分群众却为没有钱买种子播种而发愁。

一天，供给处长资凤向彭司令汇报部队的经济情况时说：伤病员的药品已经用完，部队每天每人五分钱的菜金已发不出，现在财务只剩下三四块钱了。部队光靠挖野菜充饥，是难以度过春荒的。战士们的体力明显下降，还有不少人因吃野菜而泻肚子。

这位井冈山时期的红军干部，平时克勤克俭，一贯淳朴，忠诚，老实，是革命队伍中的一位好管家。可是巧妇难为无米之炊，在经济如此拮据的情况下，供养千军万马，这日子叫他如何操持呢！

彭雪枫听了他的汇报，双眉紧锁，沉默良久。他站起身来在屋子里来回踱步，思索度过春荒的办法，但百思不得其解，突然走出屋外高喊：

“赵运成！牵马！”

他和警卫员赵运成骑马到了书案店镇外，将马交给警卫员牵着，信步走向田野。不料突然几只狗从麦田窜出，两匹马双耳直竖，鬃毛一抖，长叫一声，狂暴地跳了起来。赵运成虽奋力拉紧缰绳，但彭雪枫那匹高大的枣红马，却挣脱缰绳，径直向镇内奔去。

“司令员！马跑了，快回去吧！”警卫员着急地喊叫着。

彭雪枫的这匹全身赤红，没有一根杂毛，同熟透了的枣儿一样的枣红马，谁见了都说是匹宝马良驹，这匹马性如烈火，生人一靠近它，就抖起鬃毛咴咴直叫，如果人再靠近，便非踢即咬。彭雪枫从来爱马成癖，对这匹枣红马更是关爱备至。彭雪枫看到刚才眼前的一切，喜不自胜地说：

“好，有办法了！有办法了！小赵，我们快回去！”

“马都跑了，你还说好！好！”赵运成不解地说。

回到司令部，彭雪枫立即把供给处长资凤、副官雷鸣叫到办公室，严肃而郑重地交待说：现在部队经费困难，一时又难以解决，明天你们把直属队的这些马，包括我骑的那匹枣红马牵到集上卖了，以解我们的燃眉之急。

一听说彭司令员要卖马，资凤和雷鸣两人均不赞成，但首长决心已定，只得坚决执行。

当日晚，资凤找到经纪人苏学科和葛廷恩，说明部队卖马的原因，并希望得到他们的帮助，能卖个好价钱。

次日，资凤带着几个饲养员把十多匹战马牵到集上卖了。这些战马是部队战斗力的组成部分，是指战员们的亲密战友，有的曾随军转战，荣立了许多战功。饲养员与它们朝夕相处，亲密无间，怎舍得卖掉它们呢！但是为了抗战，为了渡过暂时的难关，也只好忍痛割爱执行命令。卖马的消息迅速在军营传开，引起了不小的震动，不少人对此一时想不通。

彭雪枫在直属队全体指战员大会上说：目前春荒严重，部队经费困难，群众生活艰苦，我们怎能忍心雪上加霜，增加民众的痛苦呢！共产党人应学习范仲淹“先天下之忧而忧，后天下之乐而乐”的精神，同人民群众同甘共苦，咬紧牙关熬过春荒。古时秦琼受困于山西潞城，不是卖掉了他心爱的黄骠马嘛！今天，为了打鬼子，为了民族的解放，我们暂时卖掉这红骠马、黑骠马、白骠马，也没有什么了不起！马一天不骑不要紧，饭一天不吃可不行呵！人是世间最宝贵的财富，我们必须爱护革命队伍中的每一个同志。常言道“塞翁失马，安知非福”！今天失马，明天、后天我们或许就可以从敌人手里夺取更好的战马。彭雪枫的一席话，解开了广大指战员心中的疙瘩。

卖马的钱虽不多，彭雪枫和战友们却十分珍惜它，把它叫做“救命钱”。因为它不仅暂时解决了部队的吃饭问题，而且还救济了无粮断炊的贫困户。在春播前，彭雪枫还指示抽出一部分钱，解决了一些群众无力买种子的困难，使军民并肩携手渡过了春荒难关。

书案店的父老乡亲对新四军卖马度春荒之举和彭雪枫救民水火爱民济贫的高尚品德交口称赞，颂扬不已。“以致博得会门武装对抗日军有‘天下文明第一军’的美称！”[①] 为纪念此事，他们公议：由苏廷章、王怀英两位绅士出面集资，由当地文化人士苏有为先生撰文，在镇西门为彭雪枫建立了一座纪念碑，两侧刻着一

①《彭雪枫军事文选》，解放军出版社 1997 年版，第 143 页。

副对联："救民涂炭恩泽同山河并寿"，"益国磐石功勋共日月齐光"，碑上横批是"民族长城"四个大字。同时，群众还按照当地传统方式，向彭雪枫赠送了"千人旗"和"万民伞"。

彭雪枫对于群众为他立碑等举动，深感不安和表示不赞同。认为对个人歌功颂德是一种陈腐的旧观念和庸俗意识。立碑虽反映了部分群众对新四军的感激之情，但也有乡绅乘机向人民勒索之嫌。所以在他获悉要为他立碑时，即派副官前往劝阻，未果。在立碑的当天，他借故去三团离开书案店。当大批群众把碑抬到书案店时，不得已才把他找回来。他在群众大会上动情地说："人民的赞誉，是对我们的鼓励和鞭策。我们要对人民献出全部的力量，英勇奋斗，不怕牺牲，去争取中华民族的解放。我们共产党人一向认为，人民不是老冤，是历史的创造者。没有无产阶级，就没有共产党；没有受苦的人民，就不能产生人民的军队；没有千千万万的群众参加，中国的民族革命战争就不可能胜利。我们共产党人为人民谋利益，绝不是挂在嘴上的一句空话，而是衡量革命与反革命的标准。一个政党，一支军队，要是脱离了人民，必然会堕落变质，失败毁灭。""群众立碑对我的赞誉，我不敢接受。要是没有党中央的正确领导，人民的支持，全军的努力，任何一个人，即使能力再强，也会一事无成的。因此，我要把它全部归还给我军全体指战员和人民！"[①]听了彭雪枫这番感人肺腑的话，在场的人无不为之由衷地赞叹和钦佩。

在书案店度春荒期间，彭雪枫于2月11日致电毛泽东、王稼祥、滕代远与朱德、彭德怀、左权，报告部队现状及今后发展的建议。游击支队1月份除现有"人员三千四百一十二人外，有随我行动之游击队五百余人"。目前，支队活动地区"经费万分困难"，"粮食困难"，"干部非常困难"，"弹药困难"。"数月来，大家围绕着党的路线，执行着党的意图，都抱着穷干、苦干、硬干的精神，本着布尔什维克的刻苦耐劳性，克服一切困难，从去年春天到现在，部队中各干部除技术人员外，都没有发过津贴费。江南新四军军部以为我们是属于八路军的，故对我们就从来没有过问过，我们亦从来未有与之发生过人事上关系及电台上之联络。总部延安，则以为我们是属于新四军者，故对物资补充亦从来没有。原周、叶[②]管辖我们，因为部队小，要我们自筹，现在部队大，而周叶又远在南方局，亦无暇过问了。我们现在除了党及政治领导由中原局管辖外，如给养、弹药、经费之补充，军事系统之指挥，则形成各处的又管又不管的松懈状态。"[③]因此，迫切建议军委明确规定我们军事管辖系统，以便弹药、给养、装备具有来源补充，每月发给固定的经费；建立与西安、洛阳后方联络路线及内站关系，并再派来一批营连干部和电台、卫生、保卫人才。

同日，毛泽东、王稼祥、滕代远复电彭雪枫，同意部队直接归前总指挥，每

---

① 杨居人：《随军日记》（未刊印）。

② 周、叶，指周恩来、叶剑英。

③《彭雪枫军事文选》，解放军出版社1997年版，第127—130页。

月经费及弹药补充由前总解决，干部问题待从抗大五期毕业生中选派。

2 月 23 日，游击支队召开了团以上干部会议，总结支队进入敌后以来的工作。会上，彭雪枫根据中共中央和毛泽东的指示，明确提出建立以永（城）南、涡（阳）北为中心的豫皖苏边抗日根据地的战略任务。他在这次和在此前后召开的会议上反复强调在豫皖苏边建立抗日根据地的重要意义，他说：这里北靠陇海，东傍津浦，西临新黄河，南到淮水，处在华北、华中之间，位于中原腹地，自古为兵家必争之地，战略地位十分重要。我们要在这里尽快发动群众，组织、武装群众，开创出一个巩固的立足点。有了这个点，就可以展开、扩大。

是年春，彭雪枫带领游击支队广大指战员，在各地党组织的密切配合下，以开辟根据地、克服财政困难为中心，本着“自力更生、发展巩固自己”的精神，开展了一系列艰苦卓绝的斗争。

春节刚过，彭雪枫即从部队抽调一批干部，加强地方党政领导工作。并从各单位调集干部，分别组成工作组，以书案店为中心，分赴马村桥、裴桥、夏桥、观音堂等地，深入宣传发动群众，组建各种群众救亡团体，并与乡村的反动势力开展斗争。

与此同时，新四军游击支队还派出部队向商丘、睢县、杞县和萧县、怀远挺进，扫除日伪“良民”区署，建立抗日政权，打击日伪军，并配合国民党军作战，初步打开了这些地方的抗日局面。

在部队与地方加强拥军爱民的宣传教育和活动，组织检查群众纪律执行情况，部队和群众甘苦与共，并利用战斗间歇之际，帮助群众生产自救，加强军民团结，密切军民关系。彭雪枫和广大指战员的拥政爱民行动，更赢得边区广大群众的拥护和支援。永城县裴桥乡有位老大娘，把长时间一毛两毛积攒下的 15 块钱，用包袱裹起来送给了子弟兵。子弟兵不忍接受，她则执意把钱留下，说：“我穷不要紧，你们受苦就不行！”还有一位老人，居然卖掉 5 亩地，把 600 多块钱，全部献给游击支队。“这些有逾骨肉的精神上和物资上的爱护，使全军上下，虽在无限的困苦之中，然而精神上则异乎寻常的感奋！”[①]

彭雪枫曾总结说：“书案店的艰苦生活——卖马、吃烂红薯，无伙食钱发，但工作是异常地活泼地发展着。”[②]6 月 14 日，彭雪枫在向中央军委、前总和中原局报告游击支队进军敌后九个月战绩时称：在党的正确领导下，九个月来大小战斗 30 次，毙敌 600 余名，俘敌 1065 名，缴获各种枪共 1223 支（挺），迫击炮 2 门。我军发展了 8 倍[③]。

以永（城）南、涡（阳）北为中心的豫皖苏边抗日根据地的开辟和战略展开，为尔后地方工作建设奠定了有利的基础。

---

① 彭雪枫：《在淮北苏皖边区第二届参议会上的军事工作报告》，载《豫皖苏抗日根据地》（一），河南人民出版社 1985 年版，第 229 页。

② 彭雪枫：《豫皖苏边工作的报告大纲》1940 年 11 月，载《中共商丘党史资料选》第 1 卷（上），河南人民出版社 1990 年版，第 433 页。

③《新四军·文献》（1），解放军出版社 1988 年版，第 480 页。

四、进军淮上[①]

自1939年2月具有重要历史意义的书案店干部会议作出开辟豫皖苏边抗日根据地的战略决策后，如何实施这一战略任务，部队如何展开，各项工作如何协调配合，便摆在了彭雪枫的面前。他苦心孤诣地日夜思考和谋划着这一问题。

4月21日，中共中央发出了《关于发展华中武装力量的指示》，指出："我在华中之游击战争及武装力量有很大发展前途，过去由竹沟出发之少数部队，如八团队、彭雪枫部现已发展合计万余人，在鄂境我新成立之游击队亦有数千人，便是证明。""华中是我党发展武装力量的主要地域，并在战略上华中亦为联系华北、华南之枢纽，关系整个抗战前途甚大。"[②]中共中央在指示中重申"巩固华北，发展华中"的战略方针，要求华中各部队积极开展活动，迅速发展抗日武装。5月，中共中央中原局书记刘少奇也明确指出："发展华中是党早已确定的方针，应加强豫皖苏省委，领导与建立地方党和地方武装；要派部东进泗县、灵璧、五河地区开展工作[③]。"

这时，日军已占领亳县和鹿邑两县城。抗战形势迫使游击支队迅速作战略展开。新四军游击支队经过几个月的艰苦斗争，在永（城）涡（阳）萧（县）夏（邑）地区已建立了抗日根据地的初步基础。军事上节节胜利，部队得到很大发展；中共豫皖苏省委于2月间建立后，党和地方工作进一步加强；广泛的抗日民族统一战线工作和深入的群众工作，使共产党和新四军的政治影响在社会各界不断扩大。这些，均为游击支队的立足生根和迅速发展创造了必要条件。

度过春荒后，彭雪枫根据中共中央指示，经过与党政军委员会其他领导人的酝酿、讨论，关于新四军游击支队战略展开的计划已初步形成。这就是：

拟由支队参谋长张震率主力第一团留在永（城）涡（阳）萧（县）夏（邑）中心区，协同地方武装，坚持斗争，在发展中求巩固，巩固中求发展。省委副书记吴芝圃加强中心区地方工作，集中一批干部，深入中心地区各地，发动群众，建立基层抗日政权，配合武装斗争。

由省委书记张爱萍带领少数干部东进，同八路军苏鲁豫支队[④]、南进支队[⑤]及党领导的其他地方武装取得联系，共同开辟皖东北地区，并搞好同安徽省六区专

---

① 淮上，指淮河以北，浍河以南，津浦铁路以西，宿县至蒙城公路以东地区。

②《中共中央文件选集》第11集，中共中央党校出版社1986年版，第44页。

③《新四军第四师大事记》，第51、53页。

④ 苏鲁豫支队，1939年1月由八路军第一一五师第三四三旅第六八五团主力和山东纵队挺进支队在微山湖西地区成立，彭明治任支队长，朱涤新任政治委员。至4月，部队发展到8000余人，创建了以江苏省丰县、沛县为中心的湖西抗日根据地。5月，主力越陇海铁路，抵达萧县、永城、夏邑地区。9月，部队发展到1.2万人。1940年4月扩编为第一一五师东进支队。

⑤ 南进支队，即八路军陇海南进支队，1938年12月，以青年义勇军在江苏省邳县编成，隶属山东纵队。钟辉任支队长，梁海波（后韦国清）任政治委员。1939年底，部队发展到2000余人。1940年8月，编入八路军第五纵队第三支队。

员盛子瑾的统战关系，统一领导该区工作。

由司令员兼政治委员彭雪枫，政治部主任萧望东率支队领导机关和主力第二、第三团进军淮上，开辟淮河以北、浍河以南、津浦路以西之怀远、凤台、宿（县）南、蒙城之广大地区。

从5月中旬起，游击支队留第一团，并将随该团行动的太康独立第一大队一个连正式编入该团，在原地坚持游击战争，积极打击日伪；彭雪枫率第二、第三团和直属队离开书案店，向淮上进军。5月20日，进抵涡阳县北曹市集一带地区。

6月3日，第二团进至宿县以南湖沟集一带。宿县日伪军400余人，在坦克、汽车和炮火配合下，向第二团进击。彭雪枫命令第二团："歼灭敌寇，继续前进！"第二团在团长滕海清、政治委员谭友林的指挥下，奋起迎击，经两小时激战，毙日伪军20余人，击毁汽车3辆，其余日伪军慌忙逃窜。同时，第二团一部在群众配合下，进剿宿县西南的张家围子土匪张龙部，生擒张匪，并缴获步枪7支，子弹100余发。

彭雪枫率游击支队主力，一边战斗，一边宣传与发动群众。许多爱国青年纷纷报名参军，加入了游击支队的行列。宣传队协同当地群众，沿途设立了"茶水站"、"鼓动站"、"娱乐站"，战士们欢歌笑语，斗志昂扬。经过二十余天的长途行军，途经青町、曹市集、钮家湾、龙亢等地，直抵淮河北岸。6月中旬，支队指挥机关进驻怀远县耿村集地区。

游击支队主力到达怀远后，以积极的战斗姿态和旺盛的斗志，主动出击，英勇作战，连获胜利。6月20日，第二团冒雨夜袭怀远县城，向城内日伪军发动攻击，一度占领城西龟山头，攻入老西门，击溃守军一个中队，毙伤日伪军六七十名，怀远日伪军惊恐不安。25日，第三团一部再袭怀远城，歼日伪巡逻队50余人；同时第二团一部袭击城西南安乡伪军孙立春部，俘其分队长、司务长以下多人，攻克安乡据点。26日，第三团团长周时源、政治委员方中铎指挥部队，袭击由蚌埠开往田家庵的日军汽艇4艘，毙其数十人，跳河逃跑者亦大部葬身鱼腹。

游击支队两袭怀远县城，截击日军汽艇，打得英勇果敢，神奇莫测，胜利消息不胫而走。附近日伪军闻风丧胆，如坐针毡。当地群众兴高采烈，欢呼雀跃，到处传说，新四军来了，"这回，鬼子可吓拉稀啦！"

接着，游击支队又第三次、第四次袭击怀远县城；奔袭县城西上桥日伪据点，赴魏桥、张庄伏击出扰支子湖日伪军等。这些，均给日伪军以沉重打击，大长了中国人民的志气，狠杀了日本侵略军的威风。

对于游击支队在淮上取得的胜利，新四军军长叶挺、参谋长张云逸于8月20日致信嘉勉，他们在信中说："捷报频来，不胜欣慰！你们艰苦奋斗，为国家民族效命疆场，不特增加了本军的战绩与荣誉，更大大提高了我党的威信。尚望继续努力，积极动作，争取不断胜利，扩大我军政治影响，是所至盼。"①

---

①《拂晓报》1939年8月20日。

游击支队进至淮上后，接连战斗，屡获胜利，深受广大群众的拥护和社会各界人士的赞扬。同时，游击支队与怀远县地方武装领导人韩金山、王峙宇先后建立了统战关系。7月上旬，经与国民党涡阳县政府交涉，游击支队在涡阳县城设立了联络站，任泊生任站长。这为游击支队与洛阳、延安的交通，开展皖北统战工作，创造了有利条件。

在淮上，彭雪枫与当地各界社会名流广泛接触，洽商抗战，抗日民族统一战线日渐发展。彭雪枫同纽玉书、李耀庭、李广悦等地方绅士交往频繁，关系密切。他在给李耀庭之侄结婚的贺联中鼓励他与家人“并肩抗战”，“齐心建国”，喜联全文为：“耀庭先生”，“贤阮树建结婚志禧”，“并肩抗战伉俪情笃”，“齐心建国子孙进步”。“彭雪枫敬贺”。李耀庭收到彭雪枫的贺联后，喜不自胜，感佩至极。事后，他亦书联一帧，亲自交给彭雪枫“雅正”，以表敬意。联曰：“雪酿寒石苍皆白”，“枫竞霜后叶先红”。“李耀庭敬上”[①]。

7月30日，彭雪枫应邀在耿村集基督教会发表了题为《基督教友和共产党人联合起来》的著名演说。彭雪枫早年在北京育德中学、汇文中学读书时，就曾接触过基督教的圣典，熟读过《圣经》，并且还能背诵《赞美诗》。因此，他虽不信教，但对基督教义是十分熟悉的。在演说中，他运用无产阶级的世界观，对基督教义中“拯救世人”、“服务社会”、“表里一致”、“牺牲个人”的精神，作了正确的阐述，强调了“基督精神和共产党人的精神”的某些一致性，反驳了一些人对共产党、新四军的造谣中伤。他指出：“不错，新四军的确是在地方上筹措了一部分给养，因为广大的群众不愿新四军挨饿。为了抗战，为了打胜仗，新四军是仗也要打，饭也要吃的。”他倡导，“基督教友和共产党人联合起来，广大群众与抗日军人联合起来，共同一致争取我们抗日战争的最后胜利！”[②]

统一战线工作的成功，保证了淮上新区迅速胜利地开辟。

8月5日，彭雪枫致电郑位三、张云逸并刘少奇，报告游击支队在淮上活动情况及今后活动地域的建议：支队自在怀远活动以来，已给敌人以大的威胁，并吸引蚌埠之敌西援。昨天日军一部配合伪军数百人出上桥坝，情况颇为恐慌。“数月以来敌后活动经验证明，政权不在我手，建立游击地区十分困难，因之经费问题、给养问题极不容易解决，就地筹粮成为顽固分子攻击、地方政府限我出境之最大口实。”因此，除支队名义问题，经费问题须亟待解决外，我们建议：南渡淮河，东出嘉山、来安、盱眙三县边为中心，分向各该县及苏皖边活动，因该地区在敌情、地形、民情、友军方面均具有建立根据地之有利条件，南与四支队，北与苏鲁豫支队取联络，对尔后豫皖苏根据地之建立当有决定之作用。[③]

在进军淮上的过程中，彭雪枫以惊人的毅力，对进入敌后以来的实际作战

---

① 涡阳县烈士陵园展出史料。

②《拂晓报》1939年8月10日。

③《彭雪枫军事文选》，解放军出版社1997年版，第147—148页。

经验进行总结和理论概括，探讨了开展平原游击战争的理论和战术问题。5 月 31 日，他在驻地乌衣集撰写了《平原游击战的实际经验》一文，明确地回答了在敌后“谁能战胜谁”和在“平原能否打游击”的问题，详尽地分析关于日军后方的军事设施和其“剜肉补疮”战术，描绘了“我们不断胜利，逐渐发展，从敌之远方扩展到敌之直前，从乡村打入到城市，把敌人所占的‘面’缩小成为‘点’，孤独的城镇是敌人，广大的乡村是我们”的游击战争的景况。着重论述了人民军队怎样操纵敌人以及平原游击战的几个基本原则。关于怎样操纵敌人？他指出：

“（一）敌以强大兵力向我进攻时，根据兵力火器的对比，我们应即灵活执行游击战术原则——‘硬的不打软的打’、‘敌打我偏不打’，迅速而隐蔽地撤走。后撤切忌顺着敌人前进方向而退，应该抓住敌人有‘后顾之忧’及其不能持久的弱点，把主力移于侧方，待机而侧击敌人。如无机可乘时，即派一部深入敌之来路以迷惑敌人。条件可能时甚至全部兵力利用平行道路，深入敌人后方，实行与敌人‘换防’。转移时通常应在夜间。在敌人‘扫荡’期间，战斗生活特别紧张，应集中精力，寻求有利条件下的歼灭战斗。”

“（二）夜间动作是平原游击战的基本作战原则之一。为了隐蔽我之行动以欺骗和迷惑敌人，为了避免敌人之机械化兵种，在必要的时候，必须夜间行军。夜行军可以使敌人的汽车、飞机失去作用，使敌人迷失了寻找我们的方向，我们就可以从容不迫，即便是大的游击兵团，也可以在敌人之公路网内穿过来而又插过去。较大的兵团于夜间在两方敌人相距只有一二十里的间隙通过，并不是想象中那样‘危险’的事。问题在于如何求得夜行军组织的周密和纪律的严格，以及如何保守军事秘密而已。”并对夜间行军的组织与纪律提出了详细的要求。“夜间战斗是平原地带游击部队主要的斗争手段。平原游击不可能像正规军夜战的‘按部就班’。他经常是远道而来，给敌人以突然的袭击，接着是突然的远逸。”

“（三）经常转移位置，是游击领导者最重要的技巧之一。”其“中心的目的则是寻找有利时机，创造有利条件以打击敌人。转移位置包含着奥妙的学问——既不能早又不能迟，转移里程既不能多又不能少，须根据着敌情、地形、民情、时间、气候之不同而决定。”“游击运动领导者们应当记着，所谓‘转移地区’，所谓‘游来游去’，决不是逃跑主义，决不是‘游而不击’。只要有一定的方针与计划，则在‘游’的范围中包含了消灭敌人的积极意义。我们曾说过：‘游击队为要保存自己的有生力量，而又要消灭敌人的有生力量，万不能够驻扎在一地，和敌硬拼。他必须要‘游’，而后才能找得‘击’的时机。’”白健生[①]将军也说过：“我们要明白，‘游’是我们的手段，‘击’是我们的目的，我们绝不是‘游来游去’，我们正是‘击来击去！’”

“（四）平原游击的兵力大小，一般说来，以一个营——五百人左右为适宜，倘若领导正确，部队坚强，并获得人民之拥护，则一千人到一千五百人为活动单

① 白健生，即白崇禧，字健生。

位也未尝不可。”“平原游击战的主要战术着眼点和战术教育，应该养成指挥员、战斗员的‘独立自主作战’的精神和作风。单独一个队或一个人，都能够大胆无畏，勇敢坚决，而且按照战术原则去独立的进行作战机动。”

“（五）关于平原地的警戒（驻军的）”。平地警戒不同山地，一般不要前哨、连哨、小哨、军士哨等的派出。警戒应是周围的，必要时应封锁消息，要派瞭望哨、游动哨和潜伏哨等。不要在交通要道及大村寨宿营，应拣僻静的小村庄宿营，要防止敌人偷袭，要控制退路等。

关于平原游击战的基本原则，他提出：

（一）军队中对本军、对敌人、对群众的政治工作，在平原地带作战，越发显出它的重要性。“对本军没有政治工作，将使部队指战员感到没有胜利前途，失掉胜利信心”。“对群众没有政治工作，将使军队孤军苦斗，无人援助，使军队与民众对立，关系恶化起来。”

“（二）争取会门武装，首先使他们不被敌人诱惑，其次使他们走向抗战道路。这必须要求游击部队有高度的政治积极性和模范的纪律，获得他们的好感。一般说来，他们由于过去的印象过于深刻，对于军队是恐怖甚至是仇视的。我们对于这个问题曾加以严重的注意，进行了比较艰苦的政治工作，以致博得会门武装对抗日军有‘天下文明第一军’的美称。”

“豫东、皖北、苏北是历史上著名秘密结社及会门武装的发源地，倘不小心，一生冲突，他们三声号炮，村村集合，人人出动，流血惨剧就要发生。”

“（三）抗日根据地的建立，是平原游击战的迫切问题，也是一般游击战的基本问题。”敌后抗日根据地建立的斗争方式，“应该是从秘密的和平组织走到公开的武装的斗争，从小块到大块——小到一个村，大到一个县和几个县，从一块到多块，块与块再联系起来，抗日根据地就算初具规模了。”①

在文尾他充满胜利信心地指出：“长久期间在敌人后方活动的结果，在平原游击战的经验中，证明：平原能不能打游击呢？能够的。谁能战胜谁呢？我们能够战胜敌人的。”

“一切与敌人斗争着的民族英雄们，在浴血苦斗的经验教训中，鞭策着我们，朝着抗战必胜、建国必成的前途迈进！”

《平原游击战争的实际经验》一文刚完稿，彭雪枫即于6月1日致信毛泽东和王稼祥，向他们汇报一年来的感受和收获。首先他感到“一年以来，在敌后不断的战争生活中，又要打仗，又要统一战线，觉得较之昔年真是复杂得多了。自己检讨一下，不能说没有进步，可是缺点仍然不少，不过因为单独行动，孤当一面，使自己在待人接物上，在工作方式上，更加小心谨慎了。”“此间干部在政治上、在生活上，是团结的，大家虽然苦，可是能围绕在党的路线的周围去努力工

①《彭雪枫军事文选》，解放军出版社1997年版，第136—144页。

作。"[①]同时，寄上《平原游击战的实际经验》一份和《拂晓报》30期，恳请审查，推荐发表。

彭雪枫在6月12日还为《游击战术的实际运用》一书写了前言——《写在前面》，说明该书是顺从了朋友们的提议，把他在竹沟时期所讲授的但未公开发表的《游击战术的几个基本作战原则》与近期所写的《平原游击战的实际经验》合并起来而成的。前者"是抗日军兴以来对一般渴望着实行打游击的朋友们讨论研究讲演的稿子"，后者则是"深入敌后以来实践经验教训的整理"。

他在"前言"中指出："战术原则是多次流血斗争中经验教训的结晶。然而战术原则不是死的教条。"

"民族革命战争中的指挥员，应是以往战略战术的研究者，同时又是将来新的战略战术的创造者。即便是小的战役，也因敌情、天候、地形、道路、民情、火器之不同，而灵活运用战术原则。古今中外，战术原则大致不会差别哪里去，不过完全在于指挥者们'运用之妙，存乎一心'而已"。

"因此，要求小册子的读者们不要把书的内容当做'一成不变'的条文，它只能供你在游击战中的参考，而且还希望同志们依靠自己的斗争经验，来给这小册子的内容以充实的补充和指正。"[②]彭雪枫这种不好为人师，虚心好学，在实践中检验与发展真理的科学态度是难能可贵的。

8月10日，怀远城日伪军百余人，向游击支队封锁县城的第二团魏庄阵地发动攻击。第二团奋起迎战，毙伤日伪军数十人，将其击溃。余敌逃回怀远城。这次战斗后，彭雪枫以"宁可消灭敌人一个连，不愿击溃敌人一个团"为题，及时总结了该战的经验教训。他指出："'恒山一'[③]这一胜利，首先是由于他们遵守了平原游击战的战术原则——经常转移位置。""于敌人来之三小时前离开了敌所攻袭的目标——原驻地，致使敌盲目的向空村庄机枪炮弹乱发，达到消耗敌人的目的而又保持了我有生力量不陷于被动和无谓遭受损害。""第二，当他们侦知敌人来攻原驻地后，他们能在脱离上级指挥的情况下，独断专行、机动果敢进入有利阵地，以'埋伏性'的攻击方式向敌射击，使敌猝不及防，为我所败。""这一些优点，是值得我们向'恒山一'全体指战员同志夸奖的。"同时，彭雪枫在文章中也指出此战存在"敌情侦察十分不够"，"通讯联络同样不够"，"最基本还是一鼓而聚歼（不是击溃）敌人的精神不够。'恒山一'不能采取各式各样的手段吸引敌人，钳制敌人，迟滞敌人，争取时间，使我主力（突击队）能隐蔽的包围敌之侧后以突击敌人，或迂回敌之退路以截击敌人，'恒山一'（钳制队）正面协同以猛烈的冲锋。"

最后他深刻地指出："给敌人以大的杀伤而压迫其狼狈溃退，自然是胜利，然

---

①《彭雪枫军事文选》，解放军出版社1997年版，第145页。

② 见河南省永城县珍藏的《游击战术的实际运用》一书的抄件。

③ 恒山一，原文如此，为新四军游击支队第二团一营一连的代号。

而我们并不满足这一胜利，我们要的胜利是‘一鼓而彻底聚歼’的胜利，干脆消灭敌人的胜利。我们的口号是：宁可消灭敌人一个连，不愿击溃敌人一个团！”[④]他的这一观点，同毛泽东于1936年11月25日提出的“与其击溃敌许多团，不如干净消灭一个团”[⑤]的主张是完全一致的，并以新的战例予以阐释和补充。

从彭雪枫的上述论著中，人们可以清楚地看出，他作为一位集军政要职于一身高级指挥员，不愧是“以往战略战术的研究者”，“将来的战略战术的创造者”。他的战争经验在战争实践中，不断地丰富、发展，并上升为军事理论，也为他后来成为军事家进一步奠定了基础。

彭雪枫率领游击支队主力在淮上的胜利，以及在怀（远）西交通码头龙亢、河溜集一带的征税缉私，使部队和根据地的经济困难基本得以解决，同时扩军1800余人，部队得到飞速发展。与此同时，北线的永（城）涡（阳）萧（县）夏（邑）地区，东线的皖东北地区，西线的睢（县）杞（县）太（康）地区，都积极打击日伪军，光复国土，也都取得了很大胜利。尤其是经过张震的卓有成效的工作，鲁雨亭[⑥]领导永城抗日游击支队近千人被编为新四军游击支队第一总队，鲁雨亭任总队长，孔石泉任政治委员，这更加壮大了革命队伍。8月底，彭雪枫率领支队领导机关由淮上北返涡阳。

9月1日，中共新四军游击支队第一次党代表大会在涡阳县曹市集潘家祠堂召开。会议传达了中共六届六中全会决议，讨论了豫皖苏边区的形势和任务，选举出席了“七大”代表，作出了建党、建军、建政及建立抗日群众团体，培养地方干部，发展地方武装，征收公粮赋税，大刀阔斧开辟与建设豫皖苏边区抗日根据地等重要决议。会议选举彭雪枫、吴芝圃、萧望东、张震、滕海清、谭友林、李耀、方中铎、岳夏、张先舟等十人为主席团成员。在开幕式上，彭雪枫代表中共中央中原局在会上作了重要讲话。他在指出这次党代会的重要意义后，强调指出：“经验是黄金难买的！”“党告诉我们：‘理论与实践打成一片’。”[⑦]这次会议，是新四军游击支队发展史上一次重要会议，实现了游击支队由开辟根据地向建设根据地的重要转折，标志着游击支队及豫皖苏边区抗日根据地进入了蓬勃发展和全面建设的新时期。

党代会结束后，彭雪枫率支队司令部和边区领导机关9月6日移驻涡（阳）北新兴集。9月1日和10日，彭雪枫先后向中共中央和中原局报告了进军淮上和党代表大会的情况。他说：由于我军袭击怀远，封锁淮河及不断的战斗，党的影响日益扩大，并零星吸收新战士1800人，扩大了5个连、3个独立营、1个总

---

④《彭雪枫军事文选》，解放军出版社1997年版，第149—150页。

⑤《毛泽东军事文集》第1卷，军事科学出版社、中央文献出版社1993年版，第679页。

⑥ 鲁雨亭，原名鲁鸿逵，又名鲁鹏。河南永城县山城集人。1938年组建永城县抗日游击队。1939年8月率部900余人参加新四军，任新四军游击支队第一总队总队长。1940年4月，在李黑楼反“扫荡”战斗中牺牲。

⑦《拂晓报》1939年9月6日。

1939 年 9 月 1 日，豫皖苏边区党委和新四军游击队召开第一次党代表会。图为这次党代表会主席团成员合影。前排左三为彭雪枫

1939 年 9 月，彭雪枫与吴芝圃、张震、萧望东同支队团干合影。前排左起：李耀、谭友林、王静敏、萧望东、方中铎、林士笑、王子光、周时源；中排左起：雷明、资凤、滕海清、彭雪枫、任泊生、吴芝圃、张先舟；后排左起：张震、王少庸、岳夏

队（自成1个团）。最近发展尤快，地方武装领袖前来接头者颇多，现支队人数已将近8000人。地方党组织亦有很大发展，皖北特委（辖7个县委）于最近成立，皖东北成立了党的工委。代表大会决定，一月内发展新党员5000人。最后，他报告说：根据主客观情况，目前以永（城）涡（阳）为中心，豫皖苏边六县已略具根据地的规模[①]。

五、新兴集的金秋

游击支队主力离开淮上北返豫皖苏边区根据地中心区后，在日伪顽的夹击下，部队展开于永城、涡阳、萧县三角地带，进一步开展发动群众，扩大武装，建立健全地方党组织与抗日民主政权以及统一战线工作，使根据地得以迅速巩固与发展。

10月是金秋季节，位于河南省永城县与安徽省涡阳县两县边界的新兴集，艳阳高照，金风送爽。在这里新四军游击支队迎来了东征胜利一周年纪念日。自从游击支队和边区领导机关进驻新兴集后，这个偏僻古老而又破烂不堪的集镇，顿时旧貌变新颜。原来坑洼不平的街道，修成了鱼脊形马路。北门外的几个打谷场，改成了平坦的大操场。镇上那座炮楼式的院子，建成了“豫皖苏大戏院”。新设的随营学校和各种训练班，以及军政各机关驻地布置的救亡室、俱乐部，带来了抗日民族的新文化。救亡的歌声如潮，此起彼伏，抗战的戏剧演出，同标语、漫画，交相辉映，给新兴集民众带来了火热的斗争生活，古老的小集镇到处焕发青春的活力。从此，新兴集名副其实的“新兴”发达起来了，一道道作战命令、工作指示从这里发出；一次次重要会议在这里召开，形成决议；一批批指战员磨刀擦枪，整装出发奔赴前线，又带着满身征尘，高唱凯歌回到这里。国民党军政联络官员，地方抗日武装首领，爱国人士，进步耆宿，不断穿梭往来，拜会彭雪枫司令员等。新兴集一时名噪遐迩，成了豫皖苏边区抗战的中心，团结抗日的堡垒。

10月1日，是新四军游击支队司令部确定的支队誓师东征纪念日。这天，游击支队在新兴集北操场隆重集会，热烈庆祝挺进敌后一周年。《拂晓报》出版了四开五张20版的特大号，刊载了彭雪枫撰写的《斗争一年》长篇纪念文章，回顾了一年来波澜壮阔的斗争历程，总结了一年来敌后斗争的宝贵经验，表彰了烈士和英模英勇顽强，坚忍不拔，不怕流血牺牲的革命精神。他在回顾了过去一年来所取得的辉煌胜利后指出：

“一年了，这是紧张激烈艰苦斗争的一年。在敌寇不断的实行着‘扫荡’、围攻、封锁中，我们报之以反围攻、反‘扫荡’、反封锁。”“然而我们的生活，可并不如战斗胜利那样顺利。我们经常在饥荒困苦中过日子，寒冬雪天，部分同志着单衣，炎夏热天，还贴着掏出棉花的烂衣衫，书案店五个月的‘高粱馍’锻炼

①《新四军·文献》（1），解放军出版社1988年版，第490、491页。

了同志们的胃口。大家没有薪俸，不要薪俸，就是一个月照例一块钱的零用钱，一年来仅发了四次，一个人三个月支配着这唯一的一块大洋。然而凭着民族战士们的觉悟程度，布尔什维克党员们的坚定性，从来没有听见过一个同志叫过苦的。相反的，大家表示着愉快，鼓舞，像疯狂了一样，自早到晚跳跃着，五更半夜工作着，到处飘荡着歌声，到处充满着欢笑。他们不希望物质上的享受，他们要求着更高一级的政治生活、文化生活、战斗生活。这里政治上绝对自由，经济上一律平等，战斗文化生活把大家裹在一起，打成一片。人们忘记了忧愁，不在乎困难，而且决心克服困难。”

彭雪枫说：“虽然大家没有薪俸，然而并不是没有‘报酬’的。”

“我们的报酬是我党领袖毛泽东同志在扩大的六中全会报告中对全体党员的嘱托，他说：‘共产党员无论何时何地都不应以个人利益放在第一位，而应以个人利益服从于民族的和人民群众的利益。因此，自私自利，消极怠工，贪污腐化，风头主义等等，是最可鄙的；而大公无私，积极努力，克己奉公，埋头苦干的精神，才是可尊敬的。共产党员应和党外一切先进分子协同一致，为着团结全国人民克服各种不良现象而努力。’我们实现了或是正在实现着‘克己奉公、埋头苦干’的伟大精神而引以自慰！”

“我们的报酬是广大群众对我们出于至诚的爱护，他们用送万民伞、万民旗以及立碑等古老的方式表示他们对抗日军的拥护和‘歌功颂德’。”

“我们的报酬是我们用自己鲜血换来的胜利。‘将能用命，士有斗志’，是我们的光荣传统。提起打仗，谁不是摩拳擦掌。”“每一捷报传来，往往口啃高粱馍而狂舞，身穿烂军装而高呼，居陋巷而不改其乐，吃粗饭而不知其苦，快活经常振动着每一个人的心！”①

这是多么崇高的人生境界，多么巨大的精神力量啊！从这里，人们看到的不仅是敌后抗战的艰难困苦，而是彭雪枫领导下广大指战员们崇高的世界观、人生观和价值观。他们正是依靠这坚定的信念，顽强的意志，在抗日战争进入相持阶段后，战胜了种种难以想象的困难，取得了巨大而辉煌的胜利。

同时，彭雪枫还同吴芝圃、张震、萧望东等支队领导人致函竹沟父老乡亲，报告游击支队出征一年战绩，代表支队全体指战员感谢竹沟人民给予子弟兵的支持、关怀和爱护。指出：“在离别了你们一年后的今天，回想起在竹沟时的晚聚晨会，你们给予我们的关怀和爱护以及别后你们不断的通讯慰劳和鼓励，我们是不胜之感激的。”“八团和我们的胜利与壮大，都证明了你们所种植灌溉的花朵已经成长和茂盛起来，你们未白花心血。因此，我们的胜利也就是你们的光荣，你们应引以自慰和自豪的。”他们还发表了《向军首长的献词》，指出：十月，创造了我们新四军。十月，是胜利的旗帜。而今，新四军已驰骋江淮，纵横河汉，它“辉煌的战绩，把我们‘铁的’番号，染上了新的光芒”，“一支抗日的熊熊烈火，

①《彭雪枫军事文选》，解放军出版社 1997 年版，第 156—158 页。

燃烧在古代的中州。”[①]

10月25日，游击支队召开活动分子会议，彭雪枫作了题为“抗战进入相持阶段的基本任务和具体工作方针”的报告。报告共分五个部分：战略相持阶段基本上已经到来了；相持局面的形势；目前仍然存在着严重危机；我们的基本任务；目前的基本工作方针。在报告中，彭雪枫全面深刻地论述了战略相持阶段的形势、特点，提出了“正面相持可能增加了，敌后相持的可能减少了”，“在相持阶段中，应该更加大规模的发动游击战，特别是在敌人后方”等重要观点；针对国民党当局在全国掀起的第一次反共高潮，批驳了国民党蒋介石的所谓“限制异党活动办法”，实际上“是针对着共产党的‘活动’而说的。‘异党’是谁？‘异党’是汉奸汪精卫、托匪、投降主和派、顽固分子，然而，不去防止，而偏要‘限制’共产党。我们共产党光明正大，磊落无私，我们‘活动’了什么呢？我们‘活动’了抗战，‘活动’了反汉奸、反投降，这种‘活动’还不对吗？然而他们要“防”，死也要‘防’，这不是明明是防止抗战，防止团结，防止进步吗？”

他在“我们的基本任务”中提出：

（一）“我们要拥护并且坚决执行我党‘七七’宣言上的三大政治口号：坚持抗战——反对投降；坚持团结——反对分裂；坚持进步——反对倒退！”

“（二）准备反攻力量，争取反攻阶段的迅速到来，早日实行反攻，全部收复失地。因之，我们就必须完成如下的两大基本任务：

“在正面支持军事防御，打破敌人在任何一个战役的进攻。

“在敌后战胜敌人的‘扫荡’，给敌人以反‘扫荡’，破坏缩小敌之占领地。实行激进的政治改革和经济措施，否则就不足以粉碎敌之‘扫荡’。”

“（三）实行政治上的进步与改革，迅速召集真正代表人民的国民代表大会，实行宪政，各党各派各真正人民的代表参加政权。”

“（四）巩固党与党所领导的武装，思想上的自卫、政治上的教育与组织上的巩固。”

就在这时，游击支队内部传播着一个令人振奋的消息，刘少奇快要来了。新兴集顿时沉浸在一片欢乐之中。10月下旬，中共中央中原局书记刘少奇（化名胡服）偕徐海东、刘瑞龙、曹荻秋等率干部大队、竹沟教导队学员共三百余人，由河南省确山县竹沟镇出发，途经汝南、项城、沈丘和安徽的界首、太和等地，于11月6日到达新兴集。彭雪枫、吴芝圃、张震、萧望东等人骑马到涡（阳）北，专程迎接。部队、机关、随营学校等千余人列队街头，热烈欢迎。

刘少奇是在不久前由延安回到竹沟的。刘少奇首次来到河南竹沟，正式组建了中原局。他在竹沟工作一段时间后，奉命一度回到延安，1939年9月又回到竹沟。为了对付国民党顽固派的反共活动，刘少奇根据中共中央指示，决定中原局撤离竹沟，迁移华中敌后。中原局组建时，彭雪枫虽被中共中央确定为中原

①《拂晓报》1939年10月5日。

局委员，但当时他已率部挺进敌后。他与刘少奇自山西临汾分别后，一直未能见面。彭雪枫对刘少奇的到来，渴望已久，由衷的高兴。

11 月 2 日，新四军军部指示游击支队改名为新四军暂编第六支队。根据中共中央和中原局的指示精神，彭雪枫、张震等建议删去“暂编”二字，正式命名为新四军第六支队（对外公开使用为翌年 2 月 1 日）。7 日，新四军第六支队在新兴集召开盛大的纪念苏联十月革命节大会，并举行阅兵式，隆重欢迎刘少奇到豫皖苏边视察工作。彭雪枫主持大会，陪同刘少奇检阅了第六支队部分主力部队。刘少奇在大会上发表了重要讲话。他阐述了苏联十月革命的伟大意义和中国抗日战争的形势后，着重指出：游击支队的发展和豫皖苏抗日根据地的创建，证明了中共中央、毛泽东主席进军敌后的方针是完全正确的，在平原地区开展游击战争和建立根据地是完全可能的。他说：中央关于华中敌后建立根据地的各项方针与政策，首先在游击支队及豫皖苏边区得到贯彻与执行，并认为：游击支队是我党抗日战争时期在敌后创建的部队中最好的一支。他鼓励支队指战员和与会群众坚持抗日斗争，搞好根据地的各项建设，同全国人民一道，驱逐日本帝国主义出中国。

会后，刘少奇向新四军第六支队党政军委员会和中共豫皖苏边区委员会负责人传达了中共中央和毛泽东关于巩固华北、发展华中的方针，发展华中武装力量的指示，对待局部武装冲突原则的指示。根据中共中央这些决定、指示精神，他指出：我们应在敌后的广大区域发展武装，开展游击战争。已经发展的区域应大力地进行巩固工作，使之成为巩固的根据地；正在发展的区域，应迅速地扩大与发展，使之成为根据地。这是我们在华中创建根据地的首要方针。他说，我军在江南因受国民党的限制，发展迟缓，将来发展困难也很多；在华北过去已大发展，现在中心任务是巩固工作。因此，华中是我党发展武装力量的主要地域。希望有关各方面的领导予以重视，利用当前有利时机，大力发展抗日武装力量。关于如何对待局部武装冲突，他重申了中共中央关于解决河北反磨擦斗争的方针，指出：我党、我军对待局部武装冲突的立场，应是明确的自卫的原则，人不犯我，我不犯人，人若犯我，我必犯人。这样才可以一方面不给分裂者以借口影响统一战线，另一方面，在自卫的立场上给武装的磨擦者向我进攻的行动，以应有的坚决的打击与教训。

同时，彭雪枫与吴芝圃向刘少奇详细汇报了豫皖苏边区根据地的情况，徐州、开封失守后的特殊形势，党的工作，统一战线工作，部队的作战和发展情况，以及地方政权建设、群众团体建设等情况。

刘少奇在听取汇报、阅读文件和调查了解有关情况后，于 11 月 11 日向中共中央连发两份电报，报告“所得情况印象”及工作布置意见。报告高度评价了豫皖苏边区各方面的工作，指出：雪枫部的“基干部队已开始走向正规化，部队的各种制度和组织均已建立，服装整齐，情绪很好，团结、紧张，活泼、严肃及艰苦奋斗的作风，已具有老部队各种优点，而弱点则更少些。”雪枫及此间同志，对部队进行了极艰苦的教育、改造与组织工作，他们有很好的改造地方土杂武装的经验。“部队纪律好，统一战线工作好，与民众关系好，且常能作战，已获得许多胜利，但相当大规模的战斗尚未经验过，部队还是新素质，连以下干部缺少战斗经验。”[①]

关于今后工作的部署，刘少奇在报告中指出：淮河以北、陇海路以南，党所领导的一切武装部队统归彭雪枫指挥。集中力量创造永、夏、萧、宿4县根据地，同时在杞、太、淮及鹿、亳、商等地建立小块根据地，以便将来连成大块。在一两个月后，主力部队及省委干部抽一部分到津浦路东去创造苏北根据地。加强地方工作，健全省委，发展地方党等[②]。

在新兴集期间，刘少奇与彭雪枫促膝交谈，并多次召开座谈会，出席报告会，向干部和共产党员讲述《论共产党员修养》。11月下旬，刘少奇、徐海东等离开新兴集，彭雪枫派作战科长程致远、特务营营长罗杰率两个连和一个骑兵排沿途护送，途经正阳关、寿县、田家庵等地，前往新四军江北指挥部驻地安徽定远县藕塘镇。

时值隆冬，天寒地冻，新兴集及豫皖苏边却呈现着一派热气腾腾，蓬勃向上的革命景象。练兵场上，龙腾虎跃，杀声动地，你争我赶；前线部队，连获胜利，捷报频传，共报佳音。彭雪枫遵照刘少奇的指示，边区各项工作全面展开。中共豫皖苏边区委员会已充实健全，以彭雪枫等7人为委员，吴芝圃为书记，下设组织、宣传、社会、民运各部，进一步加强了党的领导。豫皖苏边区各界人士代表大会胜利召开，成立了边区政权的最高领导机关——豫皖苏边区联防委员会，吴芝圃为主任。同时，边区参议会，边区的工人、农民、青年、妇女等群众团体亦相继建立。全边区的减租减息、发展生产、改善人民生活、稳定社会秩序等各项措施得到广泛宣传与初步贯彻落实，人民群众进一步组织与发动起来。豫皖苏边区抗日民主根据地，像一轮光华四射的红日，升腾在中原大地。

六、抗议“竹沟事变”

1939年11月中旬，彭雪枫和刘少奇正在新兴集精心策划边区今后建设和抗战大计之际，突然接到竹沟留守处在“竹沟事变”（亦称确山惨案）中突围人员的报告：

“确山县长于11月11日，派兵约两千人，突然进袭竹沟镇我八团留守处，向我包围猛烈射击，当杀伤我伤病残废人员及官兵家属与当地民众共200余人，惨不忍睹。该留守处主任王国华，率领余部逃出该镇。该县长现仍令该部向我继续搜杀中，详情尚待续报。”[③]

看过报告后，彭雪枫怒不可遏，拍案而起。不久前，在游击支队东征一周年纪念时，他和张震、萧望东三人还曾联名代表支队指战员向竹沟父老兄弟姊妹们

①《刘少奇年谱》上卷，中央文献出版社1996年版，第265页。

②《新四军·文献》(1)，解放军出版社1988年版，第497页。《中共商丘党资料》第1卷（上），河南人民出版社1990年版，第257页。

③《拂晓报》1939年12月11日。

写一封感谢信。现在，原来呻吟在日伪铁蹄下的豫皖苏边区的同胞们在支队一年的英勇抗战中得救了，而“种植灌溉”游击支队这枝“花朵”的竹沟父老乡亲却倒在了国民党反共顽固派的屠刀之下，这怎不使彭雪枫痛心疾首，无比悲愤呢？

正当彭雪枫与刘少奇计议如何处置“竹沟事变”的时候，新四军江北指挥部主办的《抗敌报》（江北版）驻河南记者，在该报 17 日第三版上发表了“本报豫东某地 13 日专电”。“专电”称：

“本军第四支队八团队在确山县沟竹镇[①]设立后方留守处，迄今已近两年。该留守处除担任各种后方勤务工作（如前方战士与家属通信处，设置医院收容伤病员等）外，与地方绅商民众相处，素甚融洽。不意突于 11 月 11 日拂晓，被确山县县长集合泌阳、信阳等三县常备队以及匪徒共 1800 余人将留守处及后方医院包围，我军在该处休养之轻重伤病员百余人，均惨遭杀害，并将周团长骏鸣家产抄没，现仍在继续屠杀中云。查确山县长此次竟集合三县常备队及匪徒围击我八团留守处，并杀害我抗敌负伤将士，显系反共投降分子所策动之大阴谋，其目的必在制造国共裂痕，以便其破坏抗战，走入不得不对日妥协之途。我周团长闻讯后，愤恨异常，为了团结抗战，免堕敌伪奸计，当即电军部转请中央政府依法严惩凶犯，制止同类事情发生。”

事实真相已经大白于天下，确凿不移。面对这种流血惨案，刘少奇和彭雪枫认为，必须予以坚决反击，充分揭露国民党反共投降派的卑鄙无耻阴谋。现在，周骏鸣团长既已痛切陈词，向国民党有关当局乃至蒋介石提出了严正抗议，我江北指挥部亦应直接出面，向国民党第一战区及河南省当局提出交涉。同时，亦应立即把事变情况报告中共中央，请示方针。11 月 18 日，刘少奇与彭雪枫联名致电中共中央书记处，报告了“竹沟惨案”情况。同日午夜，又以新四军参谋长兼江北指挥部指挥张云逸名义致电第一战区司令长官兼河南省政府主席卫立煌，提出严正抗议。该电指出：“查我八团队，系由确山、泌阳、桐柏、信阳等县之游击队，于（民国）二十七年春所改编而成立者。自该团于当年三月奉命开往皖东前线抗战后，所有该团伤病残废人员及官兵家属，经军委会政治部周副部长恩来同志面请委座允准，设立留守处于竹沟镇，以便医疗收容该项人员，迄今将近两年。前方抗战伤病残废官兵陆续运回该处医疗休养者亦将近二百人。该处与当地政府、驻军及民众相处融洽，毫无越轨行动。前虽有一二好事者流造谣中伤，但经委座于二十七年五月电饬信阳驻军三十二师兼信阳警备司令王师长修身彻查呈报，复经委座于同年六月电谕一战区程潜司令长官及河南省政府谓，对该留守处谣传各节全属子虚等情在案。今该县长于我军在前线与敌血战之际，竟在后方倒行逆施，肆意屠杀我抗战有功之伤病官兵，殊属罪大恶极！我前线官兵闻讯之余，群情愤激，寝食难安。现职除竭力抑制群情，并报告本军叶军长、项副军长外，特此呈报，恳请钧座急电制止该县长屠杀我军人员行为，并派大员前往彻查

① 沟竹，竹沟的旧名。

该案，严惩凶犯，抚恤被难人员及其家属，并保障今后我抗战军人及其家属之安全。临电悲愤，不胜迫切待命之至。”[①]

11月27日，《抗敌》报发表了题为《抗议确山惨案》的社论，向世人揭露了“竹沟事变”的真相。社论指出：“这种违反抗战国策破坏统一团结的无耻罪行，是继平江惨案[②]而后又一次的以反共来准备投降的大阴谋，是暗藏在抗日阵线里面的反动派投降派接受了日本帝国主义同汉奸汪精卫的命令来指使这样干的。”

本军八团队“深入敌后，转战经年，有功无过，抗敌负伤将士，流血疆场，休养后方，更何负于国家？”“我们对于这种无法无纪逞凶恃惨忍心害理的暴行，要提出严重的抗议，并希望全体爱国军民一致声援，对于此次事件的主谋者和凶犯以及所有的反共磨擦的投降反动分子，予以彻底的打击和镇压。”最后我们要求最高当局，“顾念团结抗战之重要，严肃法纪，伸张正义，深究此次惨案之主使凶犯，严加制裁惩办，对被难同志，优予抚恤，并通令保护我军之后方留守机关，保证以后不再发生同样事件，立即明令取消所谓‘防止异党办法’，巩固团结，准备反攻，争取抗战最后胜利。”

11月下旬，刘少奇离开新兴集前往淮南新四军江北指挥部。彭雪枫根据刘少奇行前的指示，在11月30日，立即召开了游击支队连以上干部会议，作了《关于竹沟事变》[③]的长篇报告。报告共分“竹沟事变的经过”、“竹沟留守处设立的根据”、“竹沟留守处一贯为被顽固分子、反动派、地痞流氓视为眼中钉”、“抗战官兵不死于前线敌人之手，反而死于大后方自家人的刀下”、“揭破投降派反动派反共、反八路军、反新四军的阴谋”、“以礼待人，人不犯我，我不犯人，人若犯我，我必犯人”、“随时准备着应付突然的事变”等部分，义正词严，入情入理，言之凿凿，一针见血，充分揭露了国民党反共顽固派“勇于私斗而怯于公战”、“怯于对敌而勇于对友”的反动虚弱的本质。

“竹沟事变”是国民党第一次反共高潮的前奏。彭雪枫怀着极其悲愤沉痛的心情，首先向人们介绍了“竹沟事变”的经过，尔后他在介绍“竹沟留守处设立的根据”时详尽地指出：新四军第四支队八团“去年（1938）3月29日在信阳集中之后东征，越平汉路，穿大别山，到达皖东之无为、来安、滁县、全椒等地作战，至今已近两年了。他们在皖东与敌人作过大小无数次的战斗，打击了敌寇、汉奸，发动了游击战争，今年收复来安城的就是他们。即如我们本部队中，也有不少同志是竹沟附近的人。我们这些同志在十四个月中，大小七八十仗的艰苦奋斗，自问有功无过，无愧于心。所有八团队和我们这一支队年余以来在与敌

---

①《拂晓报》1939年12月11日。

② 平江惨案，1939年6月12日，国民党第二十七集团军派兵包围新四军设立在湖南平江县嘉义的通讯处，残杀新四军参议涂正坤、八路军少校副官罗梓铭等六人。这一惨案激起了广大人民的愤怒，延安各界人士曾举行集会并通电全国抗议。

③ 该文首次发表在1939年12月11日《拂晓报》，后又转载于1940年《解放》周刊第101期上。已收入《彭雪枫军事文选》。

人浴血大战中的伤病员，特别是残废人员，只有送到比较安全的后方——竹沟留守处，使他们得到适当休养才能继续杀敌，这是我们设立留守处的基本原因；第二，是我第八团队官兵家属的安置，我们官兵是既无恒产又无薪饷的，他们的家属，只好安置在一个地方，使全体官兵在前方安心作战，这是设立留守处的第二个原因；第三，作为一个和前方通讯联络及与地方当局办理杂务的机关，部队生根在竹沟，与竹沟社会风土人情的关系特别密切，部队出征之后，一切要解决还未解决的或要清理而未清理的土地财产的纠葛等，都必须设立一个留守处来代办这些善后的事宜。”更何况“当第八团出征之际，和八路军、新四军武汉办事处为竹沟设立留守处事曾呈请了军事委员会政治部陈部长①、军政部何部长②，并得到了批准。我周副主席③、叶参谋长④并曾向蒋委员长当面报告，也蒙面允。去夏本人于赴洛阳谒见程潜司令长官时，也谈及竹沟留守处的情形，并蒙嘱留守处人员安心工作。由此观之，在情理上说，在法律上说，我们都有根据有理由在竹沟设立留守处。”

接着，彭雪枫无比愤慨地说：竹沟留守处从设立的第一天起，就被顽固分子、反动派、地痞流氓们所嫉恨、所破坏，成为他们造谣中伤、寻衅滋事的对象。为什么呢?

1. 竹沟留守处，阻碍了当地土豪劣绅、贪官污吏在竹沟及其附近的横征暴敛，有我们在，使他们不敢大胆为非作歹。

2. 竹沟留守处，挡住了竹沟及其附近（那一带是泌、确、信、桐边最荒乱的地方）的土匪、地痞、流氓勾结在一起，打家劫舍，胡作妄为。因此，土豪绅劣、贪官污吏、地痞流氓和土匪们，便结成一条统一战线来反对我们。一开头总是造谣中伤，说我们绑票勒赎，说每日来往于竹沟说票赎票的就“络绎不绝”。又说我们“赤化”竹沟，打土豪分田地，建立了“苏维埃”。你们看，他们多么缺乏常识。

他们于造谣中伤之外，就配合着武装进攻。在竹沟以西的邓庄铺就曾抢走了我们一千套军装，杀害我们的干部和战士。他们还伪装土匪，伪装新四军到竹沟附近一二公里处抢劫，以便嫁祸于人。土豪劣绅于造谣生事之外又配合着“告状”，而且一直告到蒋委员长面前。蒋委员长电令当时的信阳警备司令王师长彻查。王师长当派一八八团夏团长轻装开赴竹沟，因为夏团长听多了先入耳之言，所以对于竹沟以疑虑的态度处之。其时我们在竹沟仅有保护伤病人员的一排人，情形自然有点严重，因为似乎免不了要发生“误会”。但是我们光明正大，问心无愧，沉着的坚持抗日民族统一战线。首先向夏团长解释不白之冤，使夏团长由戒备转变而为友谊，我们举行了盛大的欢迎，热烈的联欢。夏团长在竹沟经过十

---

① 陈部长，即陈诚。

② 何部长，即何应钦。

③ 周副主席，即周恩来。

④ 叶参谋长，即叶剑英。

天明察暗访，进一步地对我们有了正确的了解，把顽固分子、反动派、贪污土劣们造谣阴谋揭穿了。于是，真相得以上达，不久夏团长以任务完竣，返回原防。事后蒋委员长在致第一战区司令长官部暨河南省政府的电文中对于竹沟留守处曾说：“与民间相安无事，所传各节均属子虚”等语。因此，顽固分子反动派费尽九牛二虎之力造成的阴谋，终被事实所粉碎，气焰固而稍杀。但是他们还是继续活动的，其阴谋还是层出不穷的，这就是竹沟留守处成立之后所继续遭受的不断的不幸事件。

彭雪枫在报告中痛切指出：年余以来，我们天天和敌寇汉奸血拼着。我们有功没有赏，反而受罚了，我们受到活埋、枪毙和1800人的总围攻及大屠杀。诽谤、造谣、污辱，以至于没收我们的家产，四面八方纷至沓来，这实在让壮士心寒，英雄气短！古今奸臣卖国受上赏，忠臣爱国处死刑，是最令人拍案顿足的痛心之事！岳武穆精忠报国，然而他的报应是父子们枉死于风波亭上，这能不使人心痛吗？！

彭雪枫在报告中还告诫人们：“目前反共、反八路军、反新四军的逆流在高涨着，摩擦一天比一天凶了。”“抗战愈进入艰苦阶段，我们的处境也将愈困难！我们要在前有大敌、后有妖魔小丑的夹击中奋斗”。“像竹沟这一类的不幸事变，将来还可能会更多或更大”，对此，应该提高“警觉”，“不致临时张惶失措，不致使抗战遭受重大损失”。最后，彭雪枫希冀全体指战员与全国抗日人士及广大人民团结起来，在“人不犯我，我不犯人，人若犯我，我必犯人”的自卫原则下，“克服投降派、反动派以反共准备投降的危险阴谋与罪恶活动，坚持抗战、团结、进步到底！”①

彭雪枫在抗议“竹沟事变”中，大义凛然，立场坚定，旗帜鲜明，坚持有理、有利、有节和抗战、团结、进步的原则，反对国民党反共顽固派倒行逆施、妥协投降，破坏抗战和团结的无耻行径，以确凿的证据，犀利的笔锋，无情地揭露了肇事者的阴谋，痛斥了其滔天罪行，伸张了正义，团结教育了革命部队和人民。

“竹沟事件”不久，在西华，国民党方面勒令共产党领导的西华人民抗日自卫军开赴豫南“整训”，企图予以收编。面对严峻形势，向明、郑平和胡晓初、侯香山等率部经周口东进永城地区，并于12月中旬改编为游击支队第二总队，总队长胡晓初，政治委员向明，副总队长侯香山，政治部主任方中铎。

七、不朽的丰碑

在艰苦卓绝、紧张激烈的抗日斗争中，豫皖苏边区军民又迎来了1940年元旦。军民同庆新年，新兴集到处是一派欢乐喜庆景象。

这天，永城县抗日民主政府县长徐风笑，永城第三区署的同志，回龙乡、裴

---

①《拂晓报》1939年12月11日。

桥乡民众，携带慰问信和慰问品，纷纷到新兴集，“以申谢忱，而报万一”。实际上，元旦前夕，即 12 月 29 日，新兴乡民众敲锣打鼓，把一块“彭公雪枫德政碑”送到支队司令部，并在新兴集北门内举行立碑典礼时，已把节日活动推入了高潮。

新兴集的民众为彭雪枫树碑的缘由主要是六支队为老百姓兴修水利，挖了“新新沟”。新兴集旧名“奶奶庙”。四周地势低洼，每到夏秋遇大雨，一片汪洋，名曰李家湖。该“湖”东西长 30 余里，南北宽 20 余里。这一带的民众历史上吃够了水涝的苦。虽修了一所“奶奶庙”，只是劳民伤财，也未能“赐福避祸”。1939 年夏秋，阴雨连绵，新兴集周围尽是一片泽国，百姓苦不堪言。彭雪枫率支队进驻新兴集后，见此情景，十分不安，于是一个兴修水利、为民除害的念头便油然而生。

在战争频繁、工作紧张的情况下，彭雪枫总是挤出时间，四处奔走，勘察地形，并派曾在大学学过土木工程的政工干部洪波与几位乡民一起到实地测量、计算，认定只要在李家湖南岸的岭子沟破岭开沟，导水入淝河，即可根治水患。一天，彭雪枫召集新兴集乡的农抗主任赵清山等干部开会，提出挖沟排水的设想。可是赵清山摇头说：好是好，恐怕不行啊！于是他心情沉重地讲述了一段心酸的往事。

在历史上，长岭以北的群众要在长岭挖沟放水，岭南的人害怕受灾，坚决反对。为此事，岭南、岭北打了多年官司，甚至发生械斗，打得头破血流。早在光绪三十年（1904 年），岭北的民众公推刘成斌出面，跟岭南富绅张立朝打官司，打了几年，张立朝买通官府，结果只许挖一条沟底比地面还高的沟，下大雨时，不仅水排不出去，反而把岭上的水倒灌入李家湖。此后，官司连年不断，岭南岭北结下了世仇。民国初年，大伙自动募款，又连着诉讼公堂，结果国民党的官和清朝的官毫无二致，把钱往腰包一装，将人命关天的事撂在了一边。

关于此事彭雪枫已经有所耳闻，并反复琢磨过。他认为，挖沟排水对岭北人民有利，对岭南人民并非有害，更何况四乡一体，唇齿相依呢！此事关系民生、社会道德等抗战救国宗旨，沟不但应该挖，而且还应早日动工，早日完成。现在，正值团结抗战时期，国难当头，大局为重，相信岭南人民群众是通情达理的。于是决定，先从动员岭南基本群众着手，做疏通思想工作，讲清利害，消除隔阂。

尔后，彭雪枫与吴芝圃商量，即派屈帆、刘海芳、赵清山等，到岭南做解释疏通工作。经过耐心细致的思想工作，说明原委，消除疑虑，果然岭南大多数基本群众想通了。几十年的纠纷冰消雪解。动工那天，四方群众大清早就来到新兴集，同部队指战员一起，齐集在北操场上。犹如组织一次大的战役，彭雪枫作了开工动员，要求部队指战员像打仗一样，不怕苦，不怕累，同人民群众一起苦干，全力以赴为兴修水利，消灭水灾做出色的贡献。当新兴集军民开到工地的时候，岭南的一些群众也抬筐执锹赶来，参加施工。在工程进行过程中，彭雪枫于百忙之中抽时间来到工地，同指战员和民工一块抬土挖泥。工地上你追我赶，热火朝天。经过一个星期的艰苦劳动，一条几十里长的排水沟终于竣工了。

工程结束后，新兴集群众“公请司令题名”，彭雪枫见“众议无不殷诚，俯允众意”，遂借“新兴集、新四军之意”，将其“命名为‘新新沟’”[1]。这条“新新沟”，成了军民团结无间、不可分离的象征。

新兴集的人民世世代代，烧香拜佛，求神许愿，对簿公堂，都未能实现的愿望和梦想，彭雪枫率领支队官兵到此不几个月就变成了现实，新兴集的人民怎么能不感谢共产党，感谢新四军，感谢彭雪枫呢？！于是，新兴集人民群众在欢欣鼓舞、兴高采烈之余，便选择了他们认为最崇高、最隆重的形式，自动发起，自愿捐款，刻了一块石碑，来表达他们的感激之情。这块碑宽数尺，高丈余，碑心镌刻：

> “陆军第十八集团军总司令部参谋处长兼陆军新编第四军游击支队司令彭公雪枫德政碑”37个大字。碑文如下：
>
> 我新兴集，地本下湿，田似平湖，每遇淫霖，禾黍淹没，居民苦之。今夏暮月，阴雨连绵，积潦四溢，弥望滂沱，耕锄俱废，秋收锐减，灾黎疾首，哭声载地，为状尤惨。被灾之氓，群相告语：非疏瀹宣泄，无以御水患而裕民生。惟事无首倡，工不克举。幸我新四军司令彭公，率吊罚之师，驻节于兹。见田园尽成泥淖，街市形同泽国，叹水利之不兴，恨灾祲之未已，遂动恻隐之心，欲勤决排之手。乃商同县长廖公[2]在新兴集东，开挖新新沟。上自李家湖，下通淝河，军民合作，不日告成。时秋季九月也。沟渠既辟，隐忧尽去，乡里欢腾，万众悦服。愧无以报至德于万一，遂众议勒碑记铭，嘱予为文。予不辞聋聩，谨书俚词，聊表德政云。
>
> 前清五品衔尽先前即选知县联辉刘奎壁撰
>
> 涡阳县第三区新兴乡
>
> 中华民国二十九年元旦 敬立

立碑典礼那天，操场上“军民欢腾鼓舞”，“仪式至为热烈隆重”，到处洋溢着军民“亲密团结之气氛”。目睹这一切，彭雪枫遂向新兴集群众致了答谢词，并以“军民结成血肉关系，坚决抗战到底相勉”。[3]

1940年的春节刚过，彭雪枫与张震、萧望东等又带领永城县军民在李寨修了一条长达十多里的排水沟，使永南积水从李寨流出，经房关庄、纪庄、老杨庄、西母猪沟等地，汇入“新新沟”，流入淝河。李寨民众感谢新四军为民兴利除害，给这条沟冠名“新四沟”，并在沟头立碑纪念。此碑横额为“新四沟碑记”，两侧镌有对联：“前引前导与五亿袍泽谋乐利，耐苦耐劳为三区广众造腴田”。碑心不幸于1941年春被国民党破坏，荡然无存。然而新四军与永城人民共同兴修“新四沟”的壮举，特别是彭雪枫“前引前导”、“耐苦耐劳”的感

① 涡阳《雪枫乡志》（未刊本）。
② 廖公，指廖梓英。
③《拂晓报》1940年1月9日。

人事迹，则在永城民众中有口皆碑。后来，永城、涡阳人民群众把“新新沟”和“新四沟”合称为“雪枫沟”，借以表示对彭雪枫的永恒纪念。

新兴集群众为彭雪枫树立的德政碑

尽管“新四沟碑”被国民党破坏无存，新兴集“彭公雪枫德政碑”碑身断裂，弹痕斑斑，但树在人民心中的历史丰碑，却是永远坚不可摧的。据《涡阳革命斗争史》记载：国民党将这块碑破坏后不久，“人民群众即将这断裂的碑块视为家珍，分别藏匿起来，直至解放。”1955 年 7 月，新兴集人民政府，根据人民的意愿，决定重修“彭公雪枫德政碑”，并新建牌楼一座，将碑重新立在新兴集大街东头路旁，上刻“永垂不朽”四字，至今犹新。时过六十多年，直到今天，永城、涡阳一带的老百姓还传唱着这样一首歌：“彭师长领导咱们挖沟打塘，水涝虫灾一扫光。‘雪枫沟’流过长清水，千年洼地变粮仓。”

从 1938 年 11 月下旬到 1940 年初的一年多的时间里，彭雪枫等率新四军游击支队在创建豫皖苏边抗日根据地的过程中，坚决执行中共中央“巩固华北、发展华中”的战略方针，在日伪顽的夹击下，经历了白马驿整训、开辟亳（县）永（城）地区、书案店卖马度春荒、进军淮上、抗议“竹沟事变”、开挖“新新沟”及“新四沟”等重要艰苦、繁重、激烈和复杂斗争的锻炼及考验，取得了伟大的胜利和辉煌成就。部队迅速发展壮大，广大指战员的军政素质显著提高。豫皖苏边抗日根据地初具规模，人民群众的觉悟和组织力明显增强，抗日民族统一战线广泛开展。军政、军民关系亲密无间。彭雪枫在斗争中不断锻炼成为文武兼备、军政全才的抗日游击战争的优秀指挥员，其大量的军事著作，特别是关于敌后游击战争和抗日民族统一战线的理论已日臻成熟，成为无产阶级军事理论宝库中的重要内容。

第十章　在“坚持与扩大”中发展

1940年春，敌后根据地军民面临的形势是：日本帝国主义为达到“以华制华”的目的，确定了建立汉奸汪精卫伪中央政府，并加强对国民党蒋介石集团的诱降、逼降活动，使其与日本携手反共；同时，确定对华“加紧进行经济掠夺”，及“讨伐重点在于剿灭共军”①。据此，侵华日军在华北开始执行其“肃正建设计划”，对华北和华中敌后各抗日根据地进行重点“扫荡”。国民党反动派则把政治限共的政策发展为军事限共，重点是加强对新四军的限制和打击。在江南以十余个师威胁与限制新四军的抗日活动；在江北，国民党政府军事委员会下令卫立煌、于学忠、韩德勤协剿皖东北地区之八路军、新四军部队，李品仙部千余人进入皖东北泗县地区，企图消灭和驱逐在该地区活动的彭雪枫部第一团；国民党安徽省政府主席廖磊则派第十四游击纵队司令马馨亭代替盛子瑾进至泗县，企图打通与苏北韩德勤部的联系；对豫皖苏边区，国民党反动派令其驻太和、界首一带的骑兵第二军何柱国部及骑兵第八师马彪部，向涡河沿岸推进，以限制、封锁彭雪枫支队，并施加军事压力；其驻豫东之第八十一师和当地反动武装竟然袭击西华三岗地区，解散共产党领导的抗日群众团体，杀害抗日干部和群众数百人。

在上述情况下，中共中央于1月28日给华北局、中原局和东南局的指示中指出：时局的发展充分证明，只有大力发展抗日武装力量以与全国工作相配合，才能制止投降与反共，才能巩固抗日统一战线，才能争取时局好转。2月1日向全党指出：“要抵抗一切反共势力的进攻，对任何投降派、反共派、顽固派的进攻，均应在自卫原则下，在‘人不犯我，我不犯人，人若犯我，我必犯人’的原则下，坚决反击之；否则，任其猖獗，统一战线就会破裂，抗日战争就要失败。”2月10日，中共中央、中央军委又致电朱德与各战略区领导人彭雪枫等明确指出：“八路军、新四军的当前战略任务是在粉碎敌人‘扫荡’，坚持游击战争的总任务下，扫除一切投降派顽固派的进攻，将整个华北直至皖南、江南打成一片，化为民主的抗日根据地，置于共产党进步势力管理之下。”并指示，“彭雪枫部确实掌握新黄河以北（即淮河以北），陇海路以南，西起开封、东至海边，将

---

① 日本防卫厅战史室：《华北治安战》（上），天津市政协编译组译，天津人民出版社1982年版，第216页。

此整块地区化为巩固根据地，坚决建立政权，坚决不让任何反动派插入，扩大军队至四万。”

彭雪枫坚决贯彻中共中央、中央军委的指示，率领新四军第六支队，在初步开辟了豫皖苏边区抗日根据地的基础上，继续坚持斗争，进行根据地建设，扩大部队，发展抗日力量。

一、“我们的斗争方针”

在1940年来临之时，彭雪枫以支队司令员兼政治委员的名义，于1月1日在《拂晓报》上发表《告全体指战员书》，祝贺1939年所取得的胜利，并祝全体指战员身体健康！同时强调指出：我们必须在1940年“粉碎敌人今后可能的无数的‘扫荡’，坚持并扩大我们既得阵地，把敌人占领地缩小到线与点，继续切断他们，更加孤立他们，以至彻底赶走他们，扫除他们，歼灭他们！”

彭雪枫还提出我们的斗争方针是：第一，打更大更多的胜仗，争取更多更大的胜利。“我们今后以游击战走向运动战，以小胜利走向大胜利。”第二，用我们模范的自觉的群众的军事纪律来开展抗日民族统一战线，坚持抗战，坚持团结，坚持进步的政治路线。第三，加紧学习，力求进步，提高支队的理论水平。提出“党对干部同志的要求是要能指挥战斗，同时又要会作政治工作”，我们干部政策的“目标是培养我们的军事政治家和政治军事家！”第四，是提高支队的文化水平。彭雪枫在新年伊始所提出的号召，使支队全体指战员对新的斗争任务和方针心明眼亮，信心和勇气倍增。

彭雪枫为贯彻中央、军委的战略方针和赋予的任务，并遵照新四军军部关于整编的命令，与豫皖苏边区党委、支队领导人研究决定抓紧进行以下工作：

1. 强化边区县政权建设。1月31日，边区党委发出《关于强化边区各县政权问题的指示》，指出：在各县办事处正式改为县政府或新县政权正式成立和新县县长到职视事时，应用县长名义出一布告，或以其他方式宣布施政方针。其施政方针应包括下列基本内容：（1）开放政权，实行“三三制”；（2）任用贤能；（3）帮助抗战；（4）安定与疏通地方金融；（5）肃清土匪；（6）兴办学校；（7）奖励生产，保护商旅；（8）整理税收。这标志着豫皖苏边区抗日民主政权的建设又向前迈进了一步。

2. 支队进行组织上的整编和建设。2月1日，将新四军暂编第六支队正式改番号为新四军第六支队，彭雪枫仍任支队司令员兼政治委员，其余领导人也未变，辖主力第二、第三团，特务团，第一、第二、第三、第四总队（第一团配属四总队），及3个独立团，共15个团，17800人；活动地区时为：东抵运河线，西依黄泛区，北靠陇海路，南跨涡河，“包括19个沦陷的县份，人口约300万”①。

---

① 彭雪枫关于豫皖苏边所辖区域向中共中央的报告，1940年2月26日。

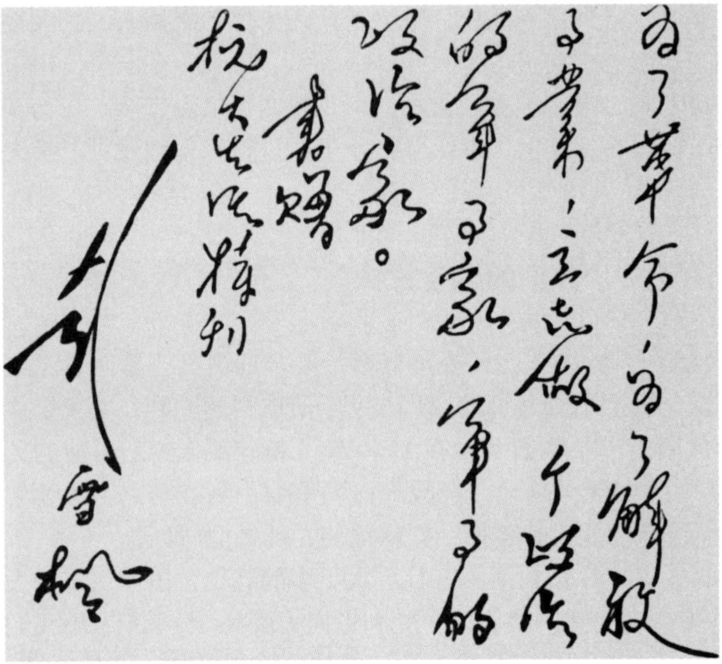

1940 年 9 月，彭雪枫为抗大四分校校刊《抗大生活》出版第 1 期毕业纪念特刊的题词

同时，中央军委亦从延安派 130 余名军政干部到第六支队工作。为加强支队后勤的建设，成立了支队供给部，谢胜坤为部长，邱会作为政治委员，并建立了财政经济委员会及各旅、团供给处。

3. 抓对干部的培养工作。2 月 10 日，创办了新四军第六支队政治部政治工作训练班，彭雪枫兼任政治委员。当日，彭雪枫与训练班主任萧望东联名发布“招生广告”，确定训练班的宗旨为：“培养各级政工干部，加强部队中的政治工作与地方群众工作。”学期为三个月，招生名额为 300 人。3 月 18 日，根据中共中央 2 月 10 日关于“办一个抗大分校”的指示，在支队原随营学校的基础上，于永城县麻埉集成立了中国人民抗日军政大学第四分校，彭雪枫兼任校长，吴芝圃、张震兼任副校长，以加强对抗战建国各级军政干部的培养。彭雪枫在开学典礼上发表讲话，勉励学员立志做个“政治的军事家，军事的政治家”。同时，边区党委决定成立豫皖苏边区联合中学。

4. 大力抓支队的参谋工作和政治工作建设。2 月 21 日，彭雪枫在支队召开的参谋工作会议上作《加强参谋工作建设》的重要讲话。在讲话中提出了“司令部参谋处的全盘工作”、“关于作战工作”、“关于侦察工作”、“关于通讯工作”、“教育工作”、“参谋内勤业务”、“战术研究”、“参谋工作与其他机关的关系”等方面的意见。这篇讲话，言简意赅，论断精辟，见识独到。他提出：“参谋处是指挥机关”，“是整个部队的灵魂”①，“军事、政治机关的关系要如胶如漆”。彭雪枫的这篇讲话，1945 年 3 月被新四军司令部收入《参谋业务参考材料》第二集中。

---

① 1940 年 10 月 21 日，彭雪枫在为纵队参谋工作会议题词时，又称为：“参谋工作是司令部工作的灵魂”。

上图为抗大第四分校旧址；下图为第六支队召开政治工作会议场景

为加强政治工作建设，支队第一次政治工作会议于3月19日开幕。经过一周的讨论，会议认为：支队工作的第一步“应该把工作的重心放在建立和健全连队的政工制度上”，提出“面向连队，面向群众”的口号，开辟了支队政治工作的新面貌。

5. 成立苏皖边区军政委员会。为统一和领导苏皖边区地方和军队的工作，根据中共中央中原局的决定，在彭雪枫派人护送刘瑞龙到皖东北后，苏皖边区军政委员会于3月18日成立，刘瑞龙任书记，张爱萍、江华为副书记。从而，解决与加强了支队对路东地区斗争和工作的领导。

上述组织改编和建立、参谋工作与政治工作的加强，对豫皖苏边区工作的全面深入开展打下了有利的基础。

二、边战斗，边建设

战斗、建设、发展，是第六支队在进入1940年后的重要任务，也是贯彻与实现中共中央、中央军委关于“在华中应以发展为主，在发展中求巩固”[①]方针的重要环节。

在豫皖苏边区，日军仍以固守沿陇海路郑徐段及津浦路徐蚌段两侧地带，除对国民党军时有逼降性的进攻外，主要是加强对新四军的“扫荡”，及对根据地的掠夺。彭雪枫与吴芝圃、张震、萧望东率领第六支队则以反“扫荡”掩护根据地各方面的建设工作。据彭雪枫向毛泽东、王稼祥报告称：3月17日，我第三总队第八团之一部为掩护友军（第五十一军第九十九团及苏鲁游击区补充第二团）退却，确保友军南渡浍河，迎击跟踪追击之日军汽车19辆于宿西王浅子，激战终日，将敌全部击溃，毙日军86名，我副团长陈文甫等同志英勇殉国。同日晚，我袭击长寿楼毙日军20余人。18日，日军汽车50余辆、坦克4辆，骑兵数百、步兵2000余人，大炮数十门，6路合击我山城集（永城东北）阵地。我军事先转移，敌扑一空，气愤之余，大肆劫掠烧杀，以泄愤。19日夜，我第一总队一部袭击夏邑东关、砀城高窑，均有缴获。29日上午，我第一总队一部于阎井附近火神庙（永砀间），伏击日军慰问团汽车7辆，击毁2辆，毙日军佐野联队长、北山大尉以下60余名，我无伤亡[②]。

此后，至6月间，彭雪枫率部又进行了两次大的反“扫荡”，即“四一”战斗和“六一”战斗。

（一）“四一”战斗

侵占永城、砀山、萧县及其附近据点的日军1000人，伪军2000人，附汽车30余辆，于4月1日分路合击活动于永城东北山城集地区的新四军第六支队第一总队、第三总队及萧县抗敌总队。彭雪枫闻讯后，命令第一总队总队长鲁雨亭、政治委员孔石泉率部：相机处置，或转移。自晨8时起，鲁雨亭与孔石泉率部在保安山、芒砀山，第三总队与萧总在僖山、磨山等地抗击日伪军，击退敌军多次进攻，并予以重大杀伤。鲁雨亭为避敌锋芒，率第一总队直属分队欲转入外线打击敌人，但行至李黑楼被日军重兵包围，遂转入坚守。此时，第一团团长刘子仁则率部突围而去。鲁雨亭在面部负伤的情况下，与孔石泉面对数倍疯狂的敌人，临危不惧，调整部署，进行顽强的抵抗。他声音嘶哑地高喊：“同志们！我们一定要坚守阵地，决不能让敌人再前进一步！当年我抛家弃官，同志们离家别亲，不就是为了抗日打鬼子吗？现在能真正打鬼子了，我们一定要狠狠地打，人在阵地在！”在他的鼓励下，指战员们群情激昂地应道：“我们愿和总队长生死

① 中共中央、中央军委关于战略方针致各战略区的指示，1940年2月10日。

② 彭雪枫致毛泽东、王稼祥的报告，1940年6月25日。

与共，打退敌人，保卫阵地！”[①]鲁雨亭遂组织指战员们发起反冲击，并夺回了小石桥阵地。激战至黄昏，打退了敌人七八次攻击，予敌重大杀伤。鲁雨亭与孔石泉鉴于已弹尽兵微，反攻无力，乃率部向东突围。刚突出东门外，鲁雨亭不幸中弹，壮烈殉国！最后，孔石泉率领余部撤出战斗。此战，共毙伤日伪军300余人，第一总队伤亡100余人。

鲁雨亭的牺牲，是第六支队也是新四军的一大损失。彭雪枫惊闻噩耗，悲痛至极，称“在公则损一良将，在私则失一良友”。遂与豫皖苏边区党政军委员会作出纪念鲁雨亭壮烈殉国的七项决定。14日，在追悼大会上，彭雪枫高度评价鲁雨亭是“执行党的政策的模范，是个人服从党的利益的模范，是拥护党的决议、服从党的纪律的模范，是效力以为党、精忠以报国的模范”。“他是一个只知有党不知有己、只知有国不知有家的真正的出色的民族的布尔什维克英雄。”彭雪枫还致函鲁雨亭远在四川的父亲鲁紫铭先生，告知鲁雨亭壮烈殉国之噩耗，并深情地写道：雨亭同志“自去秋参加敝军，即率部作战敌后，屡袭陇海沿线之敌，曾前后毙敌横山少佐、佐野联队长及北山大尉，功勋独建，捷报频传，敝党期望正深，国家倚畀方殷，将星突陨，百战身死，噩耗惊传，全军将士悲痛欲绝，豫皖苏民众锥心泣血，誓拚全军之力，与敌搏战，再接再厉，继承死者遗志，完成抗战建国伟业，以慰先烈英灵于万一！”继告之，“顷者雨亭兄遗体已经成殓，身后大事亦均料理就绪。除在各地表扬功绩，激励忠勇，通令全军举行壮烈追悼外，复建筑雨亭图书馆，树雨亭纪念碑，以期垂之永久。尚希高年珍摄，勉抑哀思。”对逝者，对生者如此深厚的情谊，反映了彭雪枫博大的胸怀和高尚的品德。

（二）“六一”战斗

在后来的多次作战中，发生了一场意外而惊险、但却为人们极为感慨、教训深刻的“六一战斗”。

豫皖苏边区党委和支队领导人为纪念“五卅”运动15周年，并检阅部队及军政教育进步程度，决定于6月1日在新兴集隆重举行纪念大会，《拂晓报》于5月19日发表了大会的筹备消息，号召支队各单位积极参加竞赛。6月1日8时，在支队各部队、第四分校、边区党政军各机关及地方群众团体进入会场后，大会正式开始。彭雪枫正在讲话时，突然在南面庄上留守的炊事员跑来急报：“鬼子乘汽车向会场方向开来！”当时，由宿县、临涣集、濉溪口、永城、亳县出动的日伪军有1000余人，汽车20辆，分四路隐蔽快速地逼近新兴集，企图一举歼灭第六支队与边区首脑机关和集结于会场的主力部队。对于这一突然降临的敌情，会场上有些骚动。

彭雪枫此时却异常镇静，在炮声中巍然不动，立即做出部署，指挥部队进行反击。他号召部队：“同志们！今天是战斗的日子，敌人从哪里来，我们就要

① 中共商丘市委党史研究室：《中共商丘党史》第1卷，河南人民出版社1998年版，第162页。

把他们打回到哪里去！”在迅速判断了敌人的合击企图后，果断地指挥部队迅速展开，利用新兴集周围的“抗日沟”和地形、地物，采取正面阻击与穿插敌后侧击等战术，迎击和歼灭敌人；同时，将各机关、群众团体等疏散和转移。彭雪枫随即指挥部队与敌人激战于新兴集南。当时，他只距敌人 80 余米，炮弹不时在他四周爆炸，而他毫无畏惧地率领指战员们向敌人侧后迂回、攻击。由于支队各部队英勇顽强地阻击和勇猛地出击与侧击，经竟日激战，予敌以重大杀伤后撤出新兴集。敌进占新兴集后，搜杀群众 20 余人，抢劫群众物资，纵火烧毁集北的“精忠堂”和部分民房。为了替死难的指战员和群众报仇，黄昏时，彭雪枫率部向敌进行反击，日伪军惧怕被歼，丢下一些尸体，仓皇向西北方向逃去，新兴集失而复得。

当日夜，永涡边谣言四起：“新四军已被打垮，彭雪枫带了百余人突围，往西南逃走，生死不明。”彭雪枫听到这一无稽的流言后，立即打电话给新四军驻涡（阳）联络站说：“我正在新兴集以西一里住下，指挥作战，附带说一句：我康健如恒，并且战斗胜利了！”

4 日，彭雪枫和政治部主任萧望东联名发布《新四军第六支队司令部、政治部布告》，指出：“六一”战斗，“惟以战况激烈，炮火猛炽，往复冲锋，争夺退守之间，新兴集一度被敌突破。但在我跟踪猛击，不到 20 分钟即告克复。不幸，我新兴集于敌狼狈溃奔之际，竟被敌纵火焚烧，化为一片焦土。虽云战争转移，一村一地之遭受破坏，为不可苟免，但目睹我新兴集父老兄弟诸姑姊妹毁家荡产，餐风饮露之惨情，未尝不凄恻由衷，深致最大不安。而清理善后，抚恤流亡，尤为目前之要图，除多方设法筹款，并广为呼吁募款募粮，从事急赈外，顷已函永城、涡阳县政府，请求大量赈济，一方复深入动员，募集草木料材，以期于最短期间修复房舍，重建新兴集，在我全体军民齐心协力之下，定能成功。深望我新兴集父老兄弟即日返回，或转住亲友之家，安心生理，并希即日开市，照常营业。赈济以及重新建设之计划，新兴集与新四军血肉相关，尽心竭虑，纠合群力，重新创造一新兴集而后可。”同时，彭雪枫与区党委和支队领导人决定成立赈济委员会，开展募捐运动，安定民心和赈济受灾群众，重建新兴集。

“六一”战斗，歼灭日伪军 300 余人，击毁汽车数辆，缴获部分军用物资。支队伤亡指战员 300 人，失散数百人。但由于彭雪枫与各级指挥员沉着与机动灵活的指挥，部队英勇迎击敌人，使这次战斗由被动变为主动，终于成为获胜的关键。

“六一”战斗，体现了彭雪枫临危不惧、机动灵活、身先士卒、镇定指挥的战斗作风和丰富的作战经验，作为高级指挥员所应具备的胆识和指挥艺术表现得淋漓尽致。因此，他在第六支队全体指战员中赢得了崇高的威望，在豫皖苏边区根据地人民中获得了广泛的赞誉。

但是，这次战斗也有其沉痛的教训：一是指挥机关思想上轻敌麻痹。会前对敌情疏于侦察和派出警戒部队，致造成敌人得以长驱直入新兴集，陷支队于仓促应战的严重局面。二是暴露了部队中存在着一些形式主义。阅兵前个别部队间

新四军第六支队首长步入大会会场

为追求装备统一与美观，换枪不换子弹，以致战斗突然开始，枪弹口径不一，而影响战斗。三是驻涡阳龙山的国民党军部队勾结日伪军，包藏祸心，让其通过防区，且不准群众向第六支队报警，致使日军阴谋得逞。而“尤其特别重要的是豫皖苏边的团结抗战的问题，需要进一步的进行”。[①]

“六一”战斗后，支队所属部队进行了整编：第一、第二、第三总队各缩编为一个团，第三总队之第八团编入支队特务团，宿西独立团编入第二团；同时，为加强地方武装建设和统一指挥，组建了豫皖苏边区保安司令部，张震兼司令员，吴芝圃兼政治委员。下辖萧县抗敌总队，永城、萧县、睢杞太三个独立团及亳北独立大队。各县也先后成立了“抗日自卫团司令部”，以加强对本县地方武装的建设。这次整编是及时的、必要的，对加强第六支队的建设起了重要作用。

在对日伪军进行反“扫荡”的同时，彭雪枫还对国民党军进一步开展了统战工作。

还在3月下旬，国民党政府军令部下达了进攻新四军的“指导方案”，其中提出：第九十二军（附何柱国骑兵第一师及该地区内之地方团队）进出于涡阳、永城、夏邑、宿县、萧县附近，驱逐该地区之新四军彭雪枫部后，推进至洪泽湖以北地区，与第八十九军之一部协力肃清该地区内非法活动之异党。其安徽省政府主席李品仙则下令第七区专员李盛宗、骑兵第三师及第五十七军之一部，分两路进攻新四军第六支队驻地新兴集。面对这一形势，第六支队根据中共中央《关于对待中间派方针的指示》，以及中原局关于“对何柱国加紧统战工作，避免和他作战，求得中立他”的指示，一面积极准备反击顽军进攻，一面大力开展统战

①《胜利中的教训》，《拂晓报》1940年6月6日社论。

工作。其方法诸如：通过“定期实行统战攻势，普遍的进行对友军友党上下层的联络或举行参观联欢”[1]活动，以减少其对立情绪。用写信的方法向国民党军晓以大义，劝其停止进攻。在李品仙派其龙炎武旅与李盛宗、徐梁（骑兵第三师师长）等于蒙城集中二十多个团，企图分三路向第六支队进攻时，彭雪枫向龙炎武写信晓以利害，表明态度，劝其停止进攻。“信发不久，龙旅南退，余部四走，严重形势为之松懈。此次和解原因主要在我之宣传以及何柱国不赞成武装冲突”[2]。用发表通电方式表明反对投降、坚持抗战到底的决心。在汪精卫于南京成立伪政府后，彭雪枫等率所属官兵于4月24日发表通电，抗议汪逆精卫伪造“中央”，表达了坚持抗战到底，“驱逐日寇，剿灭汪逆，还我大好河山”的决心。此电发表后，在国民党军队一些爱国将领中引起了反响。25日，国民党军骑兵第二师师长王照堃发表代电致彭雪枫等表示响应。电称：敬电奉悉，“承示以实现精诚团结贯彻抗战国策为要图”，“曷胜敬佩”。表示今后愿意：“和衷共济，切实联系，凡事协调，以争取最后胜利。”

彭雪枫并于当月争取骑兵第二军军长何柱国派其参议邴谆到新兴集负责两部之间的联络工作；后经中共中央批准，第六支队与该军达成秘密协议，并进行电台通报联系。从而，对缓解顽军的进攻起到了一定的作用。

自从刘瑞龙调到津浦路东之苏皖边区后，彭雪枫的工作更忙了，他要考虑和领导支队的军事、政治、供给、学校等方面的建设；关注顽军在准备的大举进攻和打破日伪军的“扫荡”进袭，等等，可谓“忙得不可开交”。就在“六一”战斗的当天晚上，他挤时间接见《国际新闻社》记者的采访，畅谈豫皖苏边区抗日游击战争的现状和发展。

彭雪枫十分关注并善于通过各种纪念日召开大会、亲自作报告等方式，对部队和群众进行革命传统和形势教育。还在5月1日，他在豫皖苏边区军民纪念“五一”国际劳动节大会上，作《以无产阶级战士的英雄气概为革命而斗争到底》的演说。在万言的演说中阐述了“五一”劳动节的意义，无产阶级的精神，以及中国劳动阶级及其政党当前的任务等问题。他强调地指出：“中国无产者自从踏上政治舞台以来，就表现出特别英勇，特别坚决的英雄气概，表现出继承中华民族光荣的优秀的传统。”在目前，“我们要团结，团结得像一个大铁球，日本帝国主义打不破，顽固分子也碰不碎。反而倒把他们碰碎了，这个力量这个铁球，一定要把帝国主义撞出去，一定要把封建势力撞坍台，这个铁球到处滚，一定要把新民主主义滚出来，一定要把三民主义的新中国滚出来，而且还一定要向前推，推到最自由最幸福最美满的社会主义，一直到共产主义社会。”

这一天，彭雪枫还为纪念“五四”运动21周年，赶写《五四运动的继承者新民主主义的实行家》一文。文中指出：五四运动在近百年反帝反封建的民主革

①《彭雪枫军事文选》，解放军出版社1997年版，第309页。
②《彭雪枫军事文选》，解放军出版社1997年版，第308页。

命过程中，“是最辉煌最精彩的一页”。“二十多年的狂风暴雨”，把当时“五四”运动的领导者分了家，一部分“背转身和当时的敌人拉手了”，一部分“则作了中流砥柱”，继承着“五四运动的历史传统而发扬之光大之”。“这一部分领导者就是当时的马克思主义者，如今的中共领袖——我们的毛泽东同志、周恩来同志等。”而“在前辈们的领导开拓下，在十年内战三年抗战的浪潮中创造了千百万个‘五四’运动的光荣继承者、新民主主义的实行家。希望这一些‘继承者’和‘实行家’都能变为第二、第三、第四个毛泽东、周恩来式的人物，成为年轻的‘后生的’布尔什维克！成为‘新民主主义革命’阶段的完成者和社会主义社会的创造者”。这篇文章于5月4日发表在《拂晓报》上。

5月4日上午7时，彭雪枫出席支队直属队召开的“五四”纪念大会，并发表了题为《发扬‘五四’精神，坚持团结进步》的讲演。他指出：“‘五四’运动是一个反帝的、特别是反对日本帝国主义的大运动。从‘五四’那天起，一直到现在，从群众的、政治上的、经济上的反日斗争，发展成为今天的武装的、战争的反日斗争，发展成为伟大的民族革命战争的现阶段。这一伟大抗战，是‘五四’运动开的端，也就是说，‘五四’运动启发了今天抗日战争。”并指出：“‘五四’运动又是反封建的，是反倒退、反保守、反顽固、反旧礼教、反压迫青年、反束缚青年思想、反不进步的革命的运动。因此，‘五四’运动又是提倡新文化，提倡进步，提倡保护青年，提倡不顽固，不倒退，向前进这样群众性的革命的新启蒙运动。这个斗争从‘五四’一直轰轰烈烈到今天，现在我们反对更顽固、更倒退的反动派、封建残余，而且反对得他更头疼，更回光返照，更穷途末路。”接着，彭雪枫说：今天的曹（汝霖）、章（宗祥）、陆（宗舆）——汪精卫、顽固派，是否“也要为我们所打倒”？群众高呼：“打倒妥协投降的反动派！”“打倒汉奸头子汪精卫！”彭雪枫的讲演深深地教育和鼓舞了广大指战员。

6月9日，彭雪枫在支队党的活动分子会上作长篇报告，在报告的第一部分《欧战进入新阶段后的国际形势》中，他精辟地分析了“德国对战争的总方针”、英法集团的“总的企图”、苏联国际地位的提高及其影响，美日矛盾的向前推进与焦点，并满怀信心地指出：“在第二次世界大战中，由于斗争，以求得民族解放和人民解放的革命胜利，当是意料中事。”

不仅如此，彭雪枫还十分关心着豫皖苏边区方方面面的建设。

自区党委发出《关于强化边区各县政权问题的指示》后，边区的建设取得了一些进展。在政权方面，永城县按“三三制”的原则建立了六个乡政权，边区派了十多名干部充实到区、乡政权中。在减租减息方面，进行土地调查、减租减息宣传教育较早，在有的区也开始了减租减息。在财经方面，在“已建立政权的永城、萧县、宿县、夏邑四县，财政收入正蒸蒸日上”①，财经政策受到群众的拥护。在文教方面，受《拂晓报》、拂晓剧团和抗大第四分校的影响与推动，边区的文

① 彭雪枫就豫皖苏边区财经情况向中共中央的报告，1940年2月26日。

娱、卫生和教育工作，也有了进一步的繁荣和发展。但由于处在敌伪频繁的“扫荡”和与国民党保持统战的情况下，也存在一些错误倾向和不足。比如：在政权建设上，争取党外积极分子和中间分子参加不够，形成共产党员包办政权的现象；一些区、乡基层政权的领导权落在地主豪绅和地痞流氓手里；减租减息还没有全面深入的进行，群众深入发动还不够。

为解决上述问题，还在5月15日，彭雪枫在豫皖苏边区党校开学典礼上作了《亟待解决的大问题》的重要演说。彭雪枫首先肯定了两年来开辟与创建豫皖苏边区敌后根据地所取得的成绩。他说：“党的工作开展，表现在党的武装发展上，表现在党的武装壮大和巩固上，表现在我们已获得了许多的光荣的战绩，打下了地方工作的基础”，“建立了敌后的适合老百姓要求的抗日民主的政权”。从而，使“我们这一地区战略上具有重要意义”。“这是同志们足以自豪的，也是中央夸奖我们的地方”。同时，他也指出：我们的工作还有弱点，“主要是我们主观上的进步还赶不上客观形势的发展”。因此，“还有许多问题没有解决，或者解决的不甚彻底”。

接着，彭雪枫提出了目前“需要我们大刀阔斧去干的”四个重大的问题：

第一，是改善民生问题。“党很早就指出，要站在全民众利益上来改善人民生活”。对此，我们虽然做了一些，但进一步“使民众得到物质上的享受，以及精神上的愉快”，做的还差得多。“要彻底做到减租减息减税收，实行合理负担，这一点做的还不够。”

第二，是民主的争取问题。彭雪枫尖锐地指出：抗日政府和抗日民众的关系还没有比过去的政府进一步大大地改善。诸如：个别地方行政人员仍然承袭了官僚作风，民众们还不敢放心大胆地说话，“甚至区一级的干部各自为政，不经上级批准而杀人。”民意机关，比如参议会到现在还没有好好地健全起来，老百姓对政府有意见有批评，他有权力提出批评甚至提出意见和弹劾，对此我们应当奖励他们。可是我们个别的区长、联保主任听到人家说他不好，就胆敢把人家捆起来，请问这样的行为叫民主吗？有的破路的确成绩很好，可是他们怎样“动员”群众的呢？“他们是采用手执马鞭往下打的所谓‘进步恐怖政策’”。他大声疾呼：“同志们！民主问题全部的普遍的深入的得到解决，还须我们继续和百倍努力啊！”

第三，是要解决在党政军下层机关内隐藏的一些阶级异己分子的问题。隐藏的阶级异己分子，“他们的所作所为，所言所语，不是为无产阶级利益，不是为抗日民主的利益。”在我们下层，尚暗藏有阶级异己分子。他们趁我们发展党员、组织抗日武装，采用各种方式装扮成所谓“活动分子”混进来。有的组成了游击小组，集合了几支枪，于是给他发了委任状，于是他就拿着这个护身符，胡干起来，像夏邑县三区七队，就叛变过三次，毫无疑问的是阶级异己分子做的。“这些分子在革命力量大的时候，他会喊出很好听的口号，跟着你走，没有问题。但等形势变坏的时候，敌人‘扫荡’、顽固分子收买时，他就要跑人，或会来一个回马枪。我们不避讳这些事，明白指出：政府机关，党的机关，民众团体之内有这样的分子。”并指出：“这是我们今后清查党政武装内阶级异己分子应特别注意的。然而又要特别防止宗派主义。”

第四，是要继续努力改善工作方式方法的问题。他要求要克服官僚主义、强迫命令等不良作风和工作方法，“要耐心的不怕麻烦的进行深入的群众工作，将群众脚踏实地地组织起来”，而不是形式主义。“必须像种子生根开花结果那样，才能巩固”。

彭雪枫还强调“地方干部与外来干部必须共同注意培养地方干部，教育和提拔地方干部”。希望在党校学习的同志们，“艰苦努力的学习理论，学习战斗，学习领导群众的艺术，不久的将来一定能完成党所要求的，我们所想象的那样的干部，也像老百姓所希望所要求的那样的干部。”

彭雪枫的这一讲话，一针见血地提出了豫皖苏边区党政军亟须解决的几项重大问题，讲得明确、深刻，要求恳切，具有重要的指导意义。

随后，中共豫皖苏边区委员会为加强对政权工作的领导，提出了：坚持“三三制”，既反对共产党员包办，又严厉纠正无原则地拉拢地主豪绅、地痞流氓参加政权；迅速实行减租减息；开展宪政运动等六项措施。

根据彭雪枫的演说和区党委提出的措施，边区领导加强了对政权的改造。淮上办事处举办了两期干部培训班，共培训干部百余名，分配到县、区、乡工作。对于彭雪枫所热情欢迎[①]来自国民党第五战区《大别山日报》社长张百川、教育家任崇高和淮北爱国老人田丰等，则热诚地团结他们，发挥他们的作用。5月26日，豫皖苏边区宪政委员会成立，彭雪枫被推举为名誉理事长，张百川为副理事长，后又任行署教育处长；任崇高被任命为淮北联合中学校长。是年秋，改组了边区参议会，大量吸收了各抗日党派和无党派爱国民主人士参加。但是，由于日伪不断“扫荡”、国民党顽固派正加紧准备发动第二次反共高潮，彭雪枫提出“亟待解决的大问题”和区党委提出的六项措施，除有的在少数县、区执行外，没能在全区全面地贯彻执行。

三、向中共中央提出加强淮北的建议

在侵华日军加强对敌后抗日根据地的围困和“扫荡”的情况下，国民党顽固派在华北掀起第一次反共高潮后，将其反共的重心转移向华中，企图逼迫新四军撤至黄河以北，尔后借黄河天险堵截归路，置新四军于死地。从3月开始，国民党顽固派接连在皖东、皖东北和苏北地区制造了磨擦事件。在豫皖苏边区，国民

① 1940年4月10日晚上，第六支队司令部、政治部在新兴集“精忠堂”举行欢迎民主人士张百川、叶辅勋（叶果）、廖玉才（廖原）等人及自延安新来的干部饶子健、周纯麟等人大会上，彭雪枫作《一切抗日的进步的先进人士团结起来》的欢迎词。

党军骑二军、骑八师向涡河沿岸推进，对新四军第六支队进行限制与封锁。李品仙令其所部密谋进攻新兴集，并电商山东于学忠派部队南下，进逼津浦路西夹击第六支队，制造新的大规模磨擦事件。

在此形势下，毛泽东主席于3月16日致电彭德怀指出：目前斗争重心移至淮河流域，因李品仙现正派队向雪枫、胡服两区压迫，蒋介石已经注意该地，企图切断我军与新四军联系。“我军将来出路实在中原，此时不争，将来更困难了。故提议调三四四旅至陇海、淮河之间，协助彭雪枫创立根据地，并策应胡服，将来再调一部深入苏北，使八路军、新四军打成一片。”3月21日，中共中央军委亦发出八路军应迅速增援新四军的指示。4月1日，中央军委在关于目前华中、华北军事方针的指示中，指出：某方现在鄂中、皖东、淮北三区准备大举进攻新四军，我新四军应坚决而有计划地进行自卫战争，其皖东、淮北两地应坚持三个月，以待援军到达，然后大举反攻。并指示八路军黄克诚纵队第三四四旅须于两个月内到达淮河附近。14日，中原局向中央军委和集总建议：从八路军拨一个主力团归雪枫，编制补充至三个团作为雪枫主力，以后可再扩充至四至六个团，如此，雪枫即可长期单独担负一方面的战斗任务。29日，彭雪枫根据顽军何柱国部掩护两个县长潜入永城、夏邑境内的事实，判断此间武装磨擦不可避免。故向党中央建议：（1）第三四四旅兼程赶来，并准备一部驻永城附近，向永商发展；（2）同意胡服建议的由八路军抽拨一个主力团给我们作基干，既可加强战斗力，又能交换新老部队作战经验与学习八路军的优良传统；（3）请从后方留守兵团中多抽调一些军政干部，特别是团、旅级老干部给我们。这样，在中共中央已定新四军向北发展、争取苏北的方针后，对淮北的战略地位与兵力使用的问题，彭雪枫与中央军委、集总与中原局之间都在考虑，并进行着反复的磋商。

5月5日，毛泽东、王稼祥致电彭德怀、黄克诚、陈光、罗荣桓、彭雪枫、刘少奇指出：华北敌占区日益扩大，我之斗争日益艰苦，不入华中不能生存。在可能的全国性突变时，我军决不能限死黄河以北不入中原，故华中为我最重要的生命线。并指出：黄克诚率三四四旅应遵朱（德）彭（德怀）令开入淮河北岸，听少奇意见部署兵力，布置工作；彭（明治）吴（法宪）支队遵少奇、克诚意见向苏北出动，先占盐城、宝应以北各县。

5月6日，彭雪枫又向集总、中原局、中共中央报告：豫东、皖北顽固派之夏邑、永城、商丘、亳县县长、自卫团长及皖北专署第一、第三支队，在骑兵第二军支持与指挥下，旬日来有计划地向我军挑衅与进攻，施行屠杀、活埋我军民的恐怖政策，我之副营长、区长等被害。此为顽方从上而下的所谓肃清中共势力之军事计划的实施，而骑二军是一贯的采用上层对我派人联络说好话，同时又指使与纵容下层向我做得寸进尺的侵犯。在这种情况下，请总部速令第三四四旅迅速向永、夏、商边开动。

20日，集总根据中共中央和毛泽东的电令，命令八路军第二纵队第三四四旅之第六八七、第六八八两团，由刘震、康志强率领即日南进永城、涡阳、亳县地域，与彭雪枫部配合，受刘少奇、彭雪枫指挥，并令彭明治、吴法宪支队主力，立即进至泗县、淮阴地区，受刘少奇、陈毅、张云逸指挥。5月下旬，黄克诚遵集总命令，由刘震、康志强率领以第六八七、第六八九团及新二旅第六团组成的南下第一梯队，经山东省曹县、江苏省砀山等地越过陇海路，向永城、萧县地区开进集结。黄克诚则率由纵队部、教导营、第六八八团，新二旅第五团组成的第二梯队，于6月初出发南下。

6月6日，刘少奇根据各方情况，向毛泽东、王稼祥并朱德、彭德怀、张云逸、彭雪枫提出对第三四四旅使用意见，并提出“目前我应首先向东发展，向西防御，集中主力打击韩德勤，大体上解决苏北之任务，以后集中主力向西解决皖东、皖东北问题”。其主要部署为：（1）第三四四旅以一个团归彭雪枫指挥，并由雪枫补充扩大作为主力，西向鹿邑、柘城、太康、淮阳日军侵占区发展，驱逐国民党专员王瘦周及各县政府，与睢杞太独立团联系，确实占领新黄河以东之豫皖苏，建立根据地，截断石友三之后方联络，暂时不向南发展。如李品仙向皖北进攻时，兵力不够应付，则由陇海路北八路军援助。（2）第三四四旅之另两个团及朱（涤新）彭（明治）支队两个团，均进至津浦路东皖东北地区，配合钟辉、韦国清支队向苏北发展，首先占领盐城、宝应以南地区，并在必要时配合叶飞支队及第四、第五支队向盐城、宝应以南发展，解决苏北之任务。（3）请中央及朱、彭令黄克诚同志速来苏皖地区统一指挥，任军区司令，如能多带兵来为更好，否则不能完成任务。此电对中央军委及集总的既定部署，无疑是一个重大改变。

此后，中共中央与中央军委主席毛泽东鉴于国民党军桂系五个师、李仙洲三个师、周碞三个师已集中皖西一带；桂军一个师已越过淮南路东，汤恩伯九个师连日由鄂开豫，估计各军全部开到新黄河淮南路一带进攻出发地，约于下月中旬左右开始向彭雪枫、张云逸部攻击。为此，于13日致电彭德怀指示：第三四四旅相机消灭石友三后，令其进到淮河以北，配合雪枫迎击孙桐萱的进攻，该军正受命部署进攻中。22日，又指示新四军军部并告中原局：在顽军进攻时，我除令彭雪枫、张云逸部以游击战争暂时支持皖东与淮北两地外，我苏北主力即须动手解决韩德勤。

在中共中央发出此电的头一天，即21日，彭雪枫就豫皖苏边情况紧张与应付的建议致电刘少奇并报中共中央及彭德怀，略谓：1. 豫皖苏边自3月以来敌人不断施行“扫荡”烧杀抢掠之下，我部队及群众均遭受损失，因之土匪、伪军乘机于事，顽固武装亦帮伪实行暗杀抢劫，各该恶势力采取游击战术对我，致我主力疲于奔命而未能取得大的收效，加以地方力量弱，武装斗争经验缺乏，使我活动范围逐渐缩小，商亳永夏边行政区域比前缩小到三分之一，甚至四分之一，最为苦恼是一些部队大批逃亡现象，一总队及二总队中逃亡比例为二分之一，因此，不得不缩编。2. 为了支持豫皖苏局面，以便彻底与路北、路东及保持淮太区域联系，则这一地区之巩固与发展当有战略意义。因此建议：（1）黄克诚及新二旅留豫皖苏边开展局面，皖东北及苏北并皖东在敌我力量对比下，我增加第三四四旅之八千人，彭朱支队之五千人北上部队，当可应付。（2）我个人能力精力均不够用，而这一区域任务繁重，我个人则顾此失彼，军事、政治、财政、民运、地方党及各学校，虽自尽量推给同志做，但又不能不督促与检查，致心烦意乱，做不出什么头绪来，倘克诚同志留此（他的身体也不好）加强地方党及政治工作之领导，我可专注力于军事作战及地方武装之建立与培养，则武装之发展前途更大。3. 这是我早已提议而终未得允准的问题，请中原局亦复。

与此同时，黄克诚[①]鉴于集总与中原局对于他与第三四四旅的行动意见尚不一致，于22日致电中央、集总与中原局，请军委速定，“以便执行”。同时他谈了为长期坚持华中斗争，今后华中主要应向西发展打通联络，使华中平原部队能依据大别山脉作长久坚持，但与卫（立煌）李（品仙）磨擦必增大。而皖东北与盐城宝应两地区或地域很小，据点颇多，或敌伪顽相互勾结，大兵团开展活动，能否立足建立根据地，值得考虑。

关于向东发展还是向西防御的问题，中原局、集总之间并经过中央、军委，进行了认真反复磋商。6月27日，中央军委致电彭雪枫、刘少奇等，正式发布了关于彭雪枫、黄克诚两部合编及任务的决定。其主要内容为：（1）同意彭、黄两部合编为纵队，以彭雪枫为司令，黄克诚为政治委员，活动于津浦路西、陇海路南，以对日寇作战、巩固豫皖苏根据地，扩大与整训部队为中心任务。（2）雪枫部对外仍保留新四军第六支队名义，克诚部不必改为新四军。（3）朱涤新、彭明治支队活动于津浦路东地区，彭、黄应设法抽一部兵力过路东，帮助苏北发展，俟朱彭支队到达苏北后，苏北部队再行合编成一个八路军纵队。（4）现在华中部队统归胡服指挥，苏北、淮北纵队可归彭黄指挥。（5）我们增兵华中，定会引起某方疑惧，因此，我应坚守自卫原则，华中磨擦如暂不扩大，对我们在政治上是有利的。

29日，彭雪枫、黄克诚根据军委决定和刘少奇当日关于“你们应即进行合编”的指示，第六支队与八路军南下部队合编为八路军第四纵队，以原第六支队机关为纵队机关，并根据军委电令，彭雪枫任司令员，黄克诚任政治委员，张震任参谋长，萧望东任政治部主任。7月2日，第十八集团军总部电令：第四纵队下辖第二旅（原新二旅）、第四旅（原三四四旅）、第五旅（原第六支队第一、第二团）、第六旅（原第六支队第三团，第一、第三总队各缩编的一个团），另设豫皖苏边区保安司令部，领导和指挥地方武装。

与此同时，刘少奇在6月29日和7月2日致电彭、黄提出：两部合编后，准备三个团待命向路东出动增援，待任务完成后，仍归还你们建制。7月15、17、18日，刘少奇又三次电催黄克诚率原八路军第二纵队机关及新二旅、第三四四旅之第六八七团急进皖东北。彭雪枫与黄克诚考虑到第四纵队虽隶属八路

① 黄克诚于6月20日与第一梯队到达安徽省涡阳县北新兴集附近；第二梯队亦于27日到达与第六支队胜利会师。

军总部建制，归中央军委、总部指挥，但中央军委和彭副总司令也曾电示彭、黄要受中原局和少奇同志指挥。故为便于行动，黄克诚向毛泽东致电请示，在得到批准后，他于27日率第六八七团与新二旅开赴皖东北地区，与原第六支队之张爱萍第四总队等部合编为八路军第五纵队，执行“向东发展”的任务。

8月中旬，根据刘少奇电令，第四纵队余部进行重新整编，执行“向西防御”任务。第四纵队整编后，第四旅旅长刘震、政治委员康志强，辖第十一、第十二团；第五旅旅长滕海清、政治委员孔石泉，辖第十三、第十四团；第六旅旅长谭友林、政治委员赖毅，辖第十六、第十七、第十八团；保安司令部司令由耿蕴斋接任，政治委员吴芝圃兼，辖永城独立团、萧县独立团、宿西独立团、睢杞太独立团和亳北独立大队等。整编后，第四纵队主力连同地方部队，纵队特务团、直属队、抗大四分校等，共1.7万余人，纵队领导人不变，黄克诚仍兼任第四纵队政治委员。

从3月至7月，中共中央军委、八路军总部与中原局及彭雪枫之间，对战略形势的变化特别是华中情况的可能发展，经过反复磋商，取得了一致的认识，增加了华中的兵力，彭雪枫与黄克诚在这一战略调整和部队整编的过程中，既坦诚提出个人的意见，又坚决执行中央、总部和中原局的决定，在大敌当前的严重情况下，他们克服困难，领导部队连续进行了两次整编，以积极的态度为迎击日伪顽军的进攻做好了准备，并付诸行动。

7月间，第四纵队主力第二次进军淮上，打击日伪，建立政权，加强税收，解决纵队经济困难。9月初，彭雪枫率纵队司令部及特务团进驻怀远龙亢西朱沟沿、钮家湾。

与此同时，根据中共豫皖苏边区委员会的决定，建立了中共淮上地委和淮上办事处，李丰平任书记和主任，辖怀远、凤台、蒙城、宿南、宿东五县。中共豫皖苏边区委员会还决定撤销萧县中心县委，建立中共陇海路南地委，李忠道任书记，辖永城、宿西、萧县等县委。

在第四纵队进军淮上后，蒋桂当局密令桂系国民党军第一〇五、第一三五师及其他地方武装沿涡河以南加修工事；第七军军长张淦率第一七二师进至正阳关地区，顽骑兵第八师马彪部进至涡阳以南，三面包围第四纵队主力，以限制发展；骑二军何柱国部限于私利，对第四纵队态度亦趋恶化。对此，彭雪枫与纵队领导人决定：一面依据国民党军第一、第五战区之间的矛盾，采取区别对待的斗争策略，一面加强统战工作，并在某些方面做些让步；同时部署兵力，做好自卫还击准备，但“不再西进”；而对怀、凤特别是涡河下游“阵地绝不能让步”①。由于纵队各部坚决执行了上述方针与各项指示，终于使一度十分紧张的淮上局势暂时缓和，控制了涡河下游，打通了与第四支队联系，保障了津浦路东与淮南地区的发展。

① 彭雪枫致刘少奇并报项英、毛泽东、朱德、王稼祥、彭德怀及黄克诚电，1940年8月1日。

1940 年夏，根据地开展减租减息运动，农民欢庆减租减息的胜利

至本年秋，豫皖苏边区在各级党组织和抗日政府领导下，根据地人民进一步发动，各级民主政权得到健全与加强，对边区的建设和巩固发挥了积极的作用。

四、为建设铁的党军而斗争

彭雪枫有一个鲜明的特点，就是非常关注与勤奋于总结经验和研究新的问题，常能提出一些重要的富有创建性的问题与观点，用于指导部队的建设。

1940 年 2 月 5 日，彭雪枫为了给干部上战术研究课，着手撰写《豫皖苏边两年来平原游击战总结——游击战术指导法则》，他根据过去十年游击战争的经验，特别是三年来抗日游击战争的经验，尤其是支队本身两年来敌后游击战争的经验，并从作为尔后指挥作战指针的角度，就敌人的动作、我支队作战方针与游击战争的指挥三个问题作了系统地总结。他开宗明义地指出："须知战术的发展是没有止境的，单纯战场上的英勇而没有机智的指导方针是不够的。"

彭雪枫在分析对比了敌我双方之长与短、敌人的作战方针和动作的规律性后，着重总结了两个问题：

第一，六支队的作战方针——游击战术基本原则。其要旨是：1. 以小的牺牲，换取大的胜利，消灭敌人，保存自己，基本上是游击战，逐渐向运动战发展。2. 出其不意，攻其不备——原则上应是袭击的、进攻的，居于主动地位。3. 外线的（内线中的外线）速决的突然的战役作战。方法是袭击、远袭、深入敌后，攻其侧背。4. 争取主动，脱离被动。实战的经验是：（1）老驻一处，必遭袭击；（2）老走一路，必遭伏击；（3）前进不走曲线，必遭阻击；（4）后退不走曲线，必遭追击；（5）久驻一处，不转移地区，必遭合击。5. 集中主力，打击敌人一点——以奔袭远袭之方式进行之。6. 打埋伏。

第二，游击战争的指挥。其要旨是：1. 战略指挥是集中的，战役战斗指挥是分散的。2. 指挥方式则给予下级以充分的机动——是训令的而非命令的。3. 游击战争的指挥员，敌后游击运动的指挥员，敌后游击运动领导者的各级干部，对今后战术动作要注意：（1）对游击动作的研究整理以及对下级的教育训练，应成为经常工作，要发展和创造新的游击战术原则；（2）锻炼行军力，以应付艰苦的局面；（3）夜间动作，要沉着肃静，并须经常锻炼此习惯；（4）加强射击（包括投掷手榴弹）教育，要打得准、投得远；（5）节省弹药，要运用短兵火力，提高杀伤效率；（6）通讯联络，除电台外，要利用各种方法；（7）侦察警戒，要运用各种手段；（8）特别注意战术上的迂回与包围消灭敌人；（9）注意防毒；（10）指挥的机动性，战斗的顽强性，为今后军事教育的主要目标；（11）军事指挥员应具备之特质：冒险精神，深谋，灵活机动；（12）指挥员要提高文化水平和战术素养，做到工农分子知识化，革命军人不但要懂得军事，而且要懂得政治。

彭雪枫的总结将历史经验与现实结合，以理论的概括与战例相印证，有启示，有目标要求，既好理解，又便于贯彻落实，具有重大的理论价值和指导意义。故以毛泽东、王稼祥等为编委的《八路军军政杂志》，于 1940 年 8 月第 2 卷第 8 期上全文发表，向全军作了推荐。

此后，彭雪枫还就豫皖苏边区三年来统战工作的经验教训做出了总结。善于向战争学习，善于总结，从而也不断有所发现，是彭雪枫的一个优良作风。

在第四纵队进行整编之后，为了加强军事——主要是主力兵团的建设，纵队召开了参谋会议，10 月 21 日，彭雪枫到会作了《为建设铁的党军而斗争》的报告。报告分为：纵队今后作战与工作的基本方针、关于战术指挥及战斗动作、关于军事教育、关于整军建军、关于司令部工作、纠正部队中的几种不正确倾向、关于战斗动员和结论八个部分，可谓洋洋大观了。

彭雪枫在讲到纵队今后作战与工作的基本方针问题时，提出了：巩固与扩大敌后抗日民主根据地与抗日游击队，巩固与扩大铁的党军，要争取辉煌荣誉的战斗胜利三项，以及十条具体工作方针。其中极具现实意义并大声疾呼的是两点：

一是“加强培养与民众血肉相关的地方干部、地方武装，这是不得了的大事”。针对个别同志当时存在着不相信本地干部和参加我民主政府的民主人士等“左”的倾向，彭雪枫强调指出：“要想创造根据地，没有地方干部、地方武装，仅凭着‘蛮子’（指外来干部）来栽葱是不行的。”他曾说过：外来干部（所谓“蛮子”）总是少数，只是起“种子作用”，没有地方干部是困难的。对如何培养地方干部和地方武装？他提出：（1）吸收地方上的知识分子、半知识分子，让他们进抗大，进联中，以及到各旅、团所办的短期训练班和教导队学习。（2）吸收地方上有正义感有威望的士绅、公正人士。他要果真不错，哪怕他有30、50、60岁，也不妨碍参加队伍，或者不参加队伍而参加协助部队做抗日工作。“我们可以委任他当顾问、当参议、当情报员”。（3）组织和加强地方武装。关于这一点，他要求主力部队的同志不要有本位主义，要眼光远大。要让部队中当班长的，可到地方上当排长、当副连长，不要认为太可惜，要不然的话，队伍就不能扩大。“加强地方武装可以扩大主力，可以巩固根据地。谁的眼光远、胆量大、不小气，谁的部队就壮大得快，这是真理，是十多年来经验的结晶。”

二是“必须准备在最恶劣的情况和条件下工作与战斗”。处在与敌伪顽相临环境下，他强调要有忧患意识，要求“预先在主观上加以严密的准备，则恶劣情况一来，我们还是能坚持着、工作着与战斗着”。他指出今后可能遇到的最恶劣的情况和条件也许是：

日、伪、顽协同向我进攻，也许是敌人进攻时，顽固派协同动作，也许是顽固派进攻时，敌人趁火打劫。

根据地被分割、被隔断，使我们不能互相联系。

部队疲劳，给养困难，个别的干部动摇，战士逃亡，使我们失去后方。

敌人大烧、大杀、大抢，部分群众动摇，脱离我们。

地方武装部分溃散，失去作用。

中间分子观望或者倾向顽方，对我则敬而远之。

部分工作人员悲观失望，失去战斗勇气及工作信心。

他强调：我们说出这些来，是为“使我们在主观上不放松，客观上有准备，把恶劣的情况和条件改变过来”。“主要的是寻找解决的办法，事前周密的准备与计划和不顾一切的工作。”

彭雪枫在讲到关于战斗指挥及战斗动作问题时，讲了对敌人的战术指挥、对伪军的战术指挥和对于战斗指挥三个问题。

关于对敌人的战术指挥，他说：必须知道敌人终究还是帝国主义，我们终究还是半殖民地，他是强国，我是弱国，敌人装备技术无论如何都比我们要强。因此，在对付敌人战术上基本上是游击战争多于运动战。一般原则应该是：（1）袭击；（2）袭击甲敌，伏击乙敌；（3）袭击变为袭扰，袭扰变为袭击；（4）诱伏、迎伏、待伏；（5）随合、随打、随分；（6）里应外合；（7）扰乱敌人，杀伤敌人，疲劳敌人，迷惑敌人；（8）伪装袭敌，伪装惑敌；（9）孤军深入；（10）实行破击，爆破敌人交通，打击敌人有生力量；（11）实行谣言攻势；（12）突围战斗。

关于对伪军的战术指挥，应该是运动战多于游击战。不打则已，打则一举而歼灭之，但必须注意其与敌人之间的“协同性”。

关于战场指挥，扼要地说，是根据当前的敌我情况和主客观条件，并指出了九个要点问题。

彭雪枫强调提出：要发扬我们作战的优良传统，在精神上发扬独当一面的作战能力，不依赖上级，不依赖友邻。我们一个班一个排可以单独作战，失去联络的会自动集合举出指挥者重新加入作战。在动作上发扬密切联络互相援助的精神，都有同生死、共患难的精神，并要经常报告上级。

彭雪枫在讲到关于整军建军的问题时，要求按军委指示的和过去提出的，“一定要把它变成一个群众的运动”。他特别强调的是要纠正部队中的军阀主义、本位主义、极端民主化和封建迷信问题，指出：“这种倾向是最危险的，最妨碍部队进步的，最障碍整军建军运动之实现的。”

关于军阀主义：他指出其实质是部队私有观念，把人员、武器、马匹都当成他自己的家产，上级要调动，他可以不听命令。个人感情拉拢，用他搞来的钱收买干部。个人主义的领导，什么事情先把自己放在前面，把党放在后面，唯我独尊。打骂制度。雇佣性的革命观点，为报酬而来革命，不是为民族解放亦即是个人的解放事业而来革命的。不做群众工作，破坏群众纪律。轻视政治机关，忽视政治工作，看不起政治工作人员，唯我枪杆子独尊。这些不管是个别部队所有，个别干部所有，但都是标本的军阀主义习气。

对于军阀主义产生的根源，彭雪枫剖析道：我们的部队是在半封建的社会基础上产生的，军阀是封建社会的产物，受了影响，使传统的军阀意识侵袭着我们的队伍；部队中有部分干部过去从军阀部队中出来的，把军阀部队中的坏习气反映到革命部队中来；旧社会里的复杂成分，地痞、流氓、兵油子，这些人的意识形态，是军阀部队的特点；党的组织基础不健全，党员的领导力量不强，没有能够压倒军阀主义的滋生蔓延；部队中反军阀主义的斗争开展得不够，没有使它成为一个反军阀主义的运动。

对于如何克服军阀主义，彭雪枫提出：要提高党的威信，加强党的领导，使党在部队中起着决定的领导作用。支部应讨论部队中各种工作，但是要防止党的包办；加强政治委员和政治工作，来保障上级命令的执行和党的政策路线的顺利实现。要发扬革命友爱，以政治的团结来代替私人感情的拉拢，只有政治上的团结，才是真正的团结。要用集体领导代替个人主义的领导；对上级的信仰不是盲目的，应该有新的观念，只有忠于党，忠于革命，忠实于职守，忠实于解放事业的干部，才值得我们信仰。要站在革命的立场上去爱护干部，而不是私人感情拉拢干部。要彻底废除打骂制度，要彻底洗刷部队中的兵痞、流氓、堕落破坏分子。要开展反军阀主义的群众运动，解释军阀主义的恶果及军阀主义的危险性。

关于本位主义：彭雪枫简要而深刻地指出：“在部队中调一个人调不动，调东西呢？他给你一个破破烂烂的送来，打埋伏存款子数千元不往上报，拿着公款超出上级规定范围之外去浪费胡用，这虽不是私人贪污，也叫做‘集体贪污’。”东西调不动、款子打埋伏的“他”是谁？彭雪枫没有明指，或许是泛指。但后来第六旅第十八团政治委员方中铎却讲了一个人：纵队调他的炮，他不给，纵队派作战科长来调，他不见；他私藏很多的钱，纵队派人来查账，他“根本拒绝”，而是“派他的亲戚把一驮子钱拉到什么地方藏起来了”。这个人，就是第十八团团长吴信容。这说明了本位主义的严重性。彭雪枫指出：本位主义的主要原因是军阀主义的反映和农民的无组织性和保守的狭隘的意识。

要克服本位主义，就要说明本位主义的严重性，要干部多注意研究国际国内的政治问题，把眼光放大一些，克服农民的保守性和狭隘性，严格执行命令；要举出标本的例子，开展斗争。

关于极端民主化和迷信封建的问题，彭雪枫一一指出了它们的表现和危害；强调要加强民主集中制的教育和生活，军事行政上要赏罚严明；加强科学知识教育，实行新民主主义文化，揭破敌人和内奸的阴谋诡计、欺骗宣传。

这些，充分体现了彭雪枫对政治建军的关注和努力。

彭雪枫在讲到司令部工作和参谋工作的特点的问题时，精辟地阐述了：在现代军队的编成中参谋工作的重要性，在共产党绝对领导下的人民军队带有进步性和复杂性，及其对司令部工作的要求，强调发扬我军参谋工作的创造性、积极性、勇敢性和艰苦耐劳性的优良传统，作“中国历史上著名参谋长——诸葛亮”[①]第二。

彭雪枫在讲话中，还讲明了“司令部和政治部的关系”问题。他说：“这里我们要批评会议中有些发言同志说到司令机关和政治机关的关系时，多少有些意气对立的口气。”接着，明确地指出：“政治机关是军队中党的机关，司令机关是指挥机关”。“军事、政治到底谁服从谁呢”？“在部队行动作战，政治得服从于军事；在执行党的策略路线时，军事就得服从政治。总之，指挥员在政治上接受政治机关的领导，政治工作人员在军事上要听从指挥机关的命令，军事工作人员尽可能参加政治工作，政工人员尽可能参加军事工作，但是双方都是不妨害本身工作的条件下行之”。这是非常重要的论断，极有利于加强军事、政治机关之间工作上的密切配合与协调，有利于提高领率机关的效率与威信。

在这个问题的讲话中，彭雪枫还十分强调了参谋长的地位作用和职权：一是他重申参谋长“是首长的第一代理人”。这对于尊重与发挥参谋长的作用有重要的现实意义。二是强调“参谋长应当在必要的命令上署名，在过去红军时代我们没有这样做”。在战斗命令上“署了名表示参谋长负责。以后凡是战斗命令和军事教育，即凡与参谋处有直接联系的文件，都应有参谋长的副署”。“参谋长在战斗命令上副署，参谋长可以指挥队伍，可以用首长名义发出号令”。但同时亦指出：我们“部队中是实行首长制而不是多头制，所以事权必须划一，否则就要发生分歧了”。

彭雪枫的这一报告，内容全面丰富重要，用理论联系实际的方法阐明与解决了许多重要问题，为把第四纵队建成铁的党军做出了重要贡献。

五、“山雨欲来”时

1940 年 10 月 1 日，是彭雪枫率领游击支队从竹沟出发进军豫皖苏边区抗战的两周年。为了纪念进军的胜利，纵队各部分别举行纪念会，用举行军政各项竞

① 诸葛亮是刘备的军师，相当于参谋长的人物。

赛的方式来庆贺。彭雪枫与参谋长张震、政治部主任萧望东联名发布了《告全体指战员书》，纵队司令部发表了两年来之光荣战绩，《拂晓报》出了纪念特刊。这时的豫皖苏边区已进入了全盛时期。

在整个敌后战场，八路军、新四军也节节取得了重大的胜利，特别是八路军百团大战的胜利，予侵华日军以沉重地打击，震惊了中外，增强了中国人民战胜日本侵略者的信心，策应了国民党军正面战场的作战。

与此同时，日本帝国主义为积极实行把中国变为它南进的补给基地，一方面加紧对国民党当局的诱降、逼降活动，使其与日本携手反共；另一方面，则增调兵力对共产党领导的抗日根据地进行更加频繁、残酷的“扫荡”。

国民党反动派则加紧准备发动第二次反共高潮。10月19日，国民党当局以其正副参谋总长何应钦、白崇禧的名义，致电（即“皓电”）八路军正副总司令朱德、彭德怀和新四军军长叶挺，限令一个月内将黄河以南的八路军、新四军全部开赴黄河以北。同时，密令江北汤恩伯、李仙洲、韩德勤等部30万大军及江南顾祝同所部，准备大举进攻抗日根据地军民，并将包围陕甘宁边区的兵力增至近50万人。第四纵队也正面临着日伪新的“扫荡”与顽军的进攻，恰如“山雨欲来”之势。

彭雪枫于10月20日就皖北反磨擦之战略方针致电集总、中原局并中共中央提出建议。略谓：为配合苏北、皖北行动计划，我应集中力量扫荡淮河以北、新黄河以东之顽固势力（何柱国、马彪除外），占领蒙城、涡阳、太和，控制界首、正阳关诸渡口，可待顽军向我皖东进攻之后行动之；目前除巩固现有阵地之怀远、宿县、凤西、蒙北、涡北外，还应逐渐向蒙南、寿县开展工作。11月1日，彭雪枫等根据中共中央为打破国民党反动派投降阴谋，积极进行自卫反击准备的指示，领导与部署豫皖苏边区各界集会，实行紧急动员，反对投降，反对国民党顽固派的军事进攻。

11月16日，在国民党反动派策划向豫皖苏边区等中原抗日根据地进攻的同时，侵华日军驻徐州的第十二独立混成旅团以及驻蚌埠、宿县之日伪军共5000余人，附汽车70辆，坦克20余辆，在空军掩护下，分路西犯蒙城、涡阳等地；而驻地之国民党军骑兵第二军、骑兵第八师与两个地方师及保安部队，闻风丧胆，纷纷向阜阳、太和方向溃退。在此情况下，彭雪枫判断：沿宿（县）蒙（城）公路西犯之敌，必攻板桥集，为了打击敌人，支援友军，遂令第五旅和特务团，准备向西犯之敌反击。第五旅当即将板桥集寨墙加宽1.5丈，并在顶端修筑了碉堡与交通沟。

果不出所料，11月17日8时许，日军500余人、伪军1000余人以合击态势对板桥集发起猛烈攻击。第五旅一部依托板桥集的寨墙工事，在敌人进入火力圈时，即以猛烈火力数次击退敌人的攻击。日伪军恼羞成怒，又集中兵力向东门第十二连阵地攻击。第十二连待敌人进到寨墙根下时，除以火力还击外，“并将炸药包和由700多个分散捆绑的集束手榴弹，如疾风骤雨般投入敌群，炸得敌人

1940年11月18日，新四军第四纵队第五旅等部，取得板桥集战斗的重大胜利。图为彭雪枫（右）与张震在被击落的日机残骸边留影

鬼哭狼嚎，尸横遍地。”[①]第五旅在击退敌人由飞机、坦克掩护下的数次攻击后，于18日凌晨主动撤出。当日，第五旅与特务团在板桥集西北和王集等地又与西犯的日伪军主力展开遭遇战，经过顽强勇猛的奋战，将敌击溃。此战，第四纵队所部仅以伤亡300人的代价，歼灭日伪军1200余人，击毁敌汽车、坦克10余辆，击落敌轻型轰炸机1架，沉重地打击了出犯之敌，并相继收复了王集、罗集、双堆集和龙山等地，蒙城、涡阳亦告光复。

彭雪枫与参谋长张震对此战的胜利极感欣慰，予参战部队以很大的鼓励，并在敌机残骸前合影留念。此战影响甚大，国民党军第一战区司令长官卫立煌也表示钦佩和予以表彰。

此时，彭雪枫除密切注视敌军的西进动向外，并对国民党反动派的进攻企图预筹决策。彭雪枫认为：“豫皖苏边区是我党发展华中保障华北之枢纽”。必须确实控制。为此，他于17日向中共中央、集总、中原局建议：随黄克诚到苏北之第四旅原第六八七团立即归还建制，并要求黄河支队调归我们指挥；同时，建议由华北调来5万至10万人到华中，以便彻底控制大别山与伏牛山。21日，又报告了本纵队的部署：（1）第四旅主力向蒙（城）凤（台）阜（阳）边之阚疃集一线推进，一部活动于凤、蒙边；（2）第五旅一个团活动于涡河北岸之蒙涡边，主力移涡河南岸，接替第四旅防务；（3）第六旅一个团配合永城、夏邑、萧县、宿县地方武装坚持原阵地，主力必要时进至亳县、涡阳、阜阳边。要求各旅、团立即准备应付这一新局面，“要有独当一面自力更生之教育与积极之精神，并在党内干部中说明解释，打破干部中可能因敌突破涡南而引起之不安情绪”。

刘少奇在考虑打破蒋介石决心驱我军于黄河以北，然后沿河封锁，置我于日蒋夹击中而消灭之毒计时，于11月19日向毛泽东提出了华中部队的作战计划。其中提出：基本上同意主力出大别山，但应在打破汤（恩伯）、李（品仙）进攻后，再以主力进至大别山活动。并具体提出：雪枫部以皖东北为后方，部队全部

① 滕海清：《鏖战板桥集》，载《铁流万里》第2辑，新世纪出版社1998年版，第142页。

留路西阻击顽军，至适当时机，主力（约一万人）即转至皖东北，待顽军进攻我淮南路东决战时，即转至凤阳，配合第四支队打击顽军后方，待我主力决战胜利后，“即一同西进直捣大别山”。

正在彭雪枫忙于与中共中央、中原局磋商反顽作战计划与部署各旅进行反顽作战，第四纵队主力大部集结淮上之际，豫皖苏边区北部却发生了“耿吴刘叛变”的严重事件。

11月底，彭雪枫与边区党政军委员会接到豫皖苏边区保安司令部政治部主任刘作孚的报告称：边区保安司令耿蕴斋擅自带警卫连离开司令部驻地涡北新兴集，到第六旅第十八团团长吴信容部活动。立即派区党委组织部长周季方前往调查，耿蕴斋拒不见周，并派兵进行监视。彭雪枫与党政军委员会在发现耿与吴行动不轨后，即决定：首先劝耿回边区保安司令部，如果耿不回去，耿与吴信容勾连在一起，即以第十七团团长刘子仁将耿、吴一起用武力扣押。同时派保安司令部参谋长黄思沛将此处理方案向中共陇海路南地委书记李忠道作了传达，并向在永（城）夏（邑）一带的第十七团团长刘子仁传达。据时任第十八团译电员的王锦春回忆：耿蕴斋不是去“配合吴信容打仗”的。“耿要是去配合吴打仗，也就是说打日本鬼子，那彭师长怎么会怀疑他不轨呢？”[①] 由于不见耿蕴斋返回，彭雪枫与党政军委员会又派区党委书记兼边区保安司令部政治委员吴芝圃率边区粮食局长张辑五等人，于12月7日晨由淮上去萧县处理，原则仍然是劝耿返回，如耿吴有“暗算”即利用刘子仁将耿吴“扣留之”[②]。出乎彭雪枫、吴芝圃意料的是，已怀叛心的刘子仁，于12月4日后由永夏边的薛湖将该团（欠第一营）东移芒砀山附近的姜楼、王楼一带，与耿、吴部靠拢，表面上表示坚决执行党政军委员会的决定，暗中却向耿吴告密，并于12月9日与耿、吴在磨山王楼自己家里密谋了一天一夜。

12月10日傍晚，吴芝圃等到达刘子仁团部驻地附近的东曹庄，并召集有区党委、地委、萧、永两县军政干部及刘子仁参加的会议，商谈处理耿吴问题的办法。吴芝圃提出：和平解决，由李忠道和萧县县长纵汉民再去劝耿回边区司令部，并做吴信容的工作；如耿、吴不听劝，即通知耿、吴到刘子仁团部开会，将他们扣押。刘子仁很奸诈，先是不同意和平解决，后又要吴芝圃起草邀请信（实则是留作把柄），如耿、吴不来，吴芝圃和刘子仁带一些警卫人员去耿吴处开会，等到吃饭时以武力将耿吴扣押。刘子仁在会议中表示坚决以武力解决之，而会后却将整个计划提前密告耿吴，说“千万不要来，这是鸿门宴”。因此，耿、吴更加对立。在刘子仁暗地策划下，11日、12日，刘子仁、吴信容不仅将去耿吴处谈判的吴芝圃、李忠道扣押（后乘机脱身），并将派往他们团中的干部关押、捆

① 访问王锦春同志记录，2002年6月15日。
② 彭雪枫致胡服并报毛（泽东）朱（德）王（稼祥）彭（德怀）电，1940年12月13日亥时。

绑起来[①]，史称此事件为“十二月十二日事变”。13日，刘子仁与耿蕴斋、吴信容在“人不离枪、枪不离乡”“打蛮子”“叛军不叛党”的欺骗口号下，拉着近2000人的队伍，公开叛变。

在此期间，彭雪枫鉴于国内时局险恶，豫皖苏边区顽军反共形势日益紧张，于12日发表了《为紧急动员告淮上绅士书》，号召从各方面做好迎击反共军进击的准备。正在此时，耿吴刘居然叛变，使彭雪枫心急如焚。13日亥时，就耿吴刘叛变的善后处理工作致电刘少奇并报毛朱王彭，提出：利用关系设法营救被扣的吴芝圃和被扣干部；通过各方面设法分化耿、吴、刘；令第十六团主力和第十四团立即开往萧永边，对刘子仁部进行歼击，争取耿蕴斋、吴信容部为外围武装，并已派周季方去萧县、刘作孚去夏邑整理地方党政工作。彭雪枫对未能圆满处理耿吴刘叛变事件，表示“首应自歉，并求党处分”。同时，派第十八团副团长兼第二营营长张登先去劝吴信容把部队带回来。张见吴说明来意后，吴说“我不回去”[②]。14日午，彭雪枫致电刘少奇、陈毅并报中共中央称：吴芝圃及其率领之干部均已安全脱险归来，此次事变策动者系刘子仁。

刘子仁策动耿、吴叛变后，对豫皖苏边区造成了严重的损失，特别是对打破国民党反动派的进攻产生了严重影响。12月14日，刘子仁还派其亲信在拉走第三营第七连时，悍然打伤团参谋长冯胜，打死三营营长陈迎荣和七连连长、指导员三人[③]，随后投靠国民党反动派。吴信容则于1941年1月1日率叛军第一营，将萧县第五区区队和区公所100支左右的长短枪全部缴去，并将人员俘去（后释放），致使“五区政权落在顽军和日伪军手中”[④]。后来，又配合刘瑞岐打我独立旅，“我方伤亡几十人，四区区长张长文同志牺牲。”[⑤]这样，耿吴刘的叛变，使第四纵队损失了近2000人，永萧边抗日政权大部变色，从而失去了反顽作战的后方依托。正如纵队参谋长张震所指出的：“耿吴刘投顽带来了严重后果，根据地的形势更加紧张，对抗敌和反顽斗争产生了非常不利的影响。”[⑥]

耿吴刘叛变这一重大事件的发生，既有其深刻、复杂的背景，也有工作上的失误，对此，彭雪枫与师的领导人曾先后作过分析、检查和总结。

叛变发生的外部原因，是国民党顽固派正加紧发动第二次反共高潮的影响，以及国民党反动派某些人利用当地社会关系对耿吴刘的策动。彭雪枫在耿吴刘叛变后即指出：“此次事变是顽方有计划收买。”国民党特务李皖白说：“他们对耿

---

① 被刘子仁关押的第十七团六七十个干部在团政治委员蔡永、副团长周大灿等的组织指挥下，除牺牲4人外，绝大部分突围出来。被吴信容扣押的第十八团干部近20人，在吴芝圃等人的争取下获释。

② 访问张登先同志记录，2002年6月20日。

③ 叶英：《芒砀碧血》载于新四军第四师老战士回忆录编委会编：《抗战在淮北》第1辑，长征出版社1995年版，第534页。

④ 萧县新四军历史研究会编：《耿吴刘事变》，2000年版，第129、169页。

⑤ 萧县新四军历史研究会编：《耿吴刘事变》，2000年版，第169页。

⑥ 张震：《新四军第四师的战斗历程和淮北抗日根据地的创建与发展》，载新四军第四师老战士回忆录编委会编：《抗战在淮北》第1辑，长征出版社1995年版，第69页。

吴刘有策动，但耿吴刘叛变不是他搞的”，“他们有个策反委员会”[①]。在耿吴刘叛变后，夏邑县北镇乡一地主对叛徒王光朴（原夏邑民主政府区长）说：刘子仁已在叛变前与侯镜如、王仲廉[②]联系上了。后来国民党当局供认：耿蕴斋、刘子仁、吴信容即是“被我方策动后，现已反正”，“现耿蕴斋已被委为豫鄂皖边区独立游击纵队司令[③]，由汤恩伯指挥。”[④]

耿吴刘叛变第二个原因，是他们缺乏自我改造与个人野心恶性发展的结果。彭雪枫指出：耿蕴斋曾任国民党萧县区长八年，多年前混入党内，后在其家乡拉起地方抗日武装，但在八路军苏鲁豫支队收编时“耿带其亲信一个连开小差回萧”。“刘子仁则为老西北军（军）官，曾任旅长多年，和善，其貌阴险，其心辣。”而耿吴刘“依靠地方性和封建基础”拉部队，并“倚恃地方性与封建性与党的政策及政治工作作尖锐对立”，他们对党“有利用之心，以求假借和党之势力去壮大，（与）党及政治工作不一致，假如此种企图矛盾到不可调和时，即发生叛变”。事实上，耿、吴、刘自以为曾有兵有权，并把部队和党所予以的职位看作是私有财产；一旦因部队的升编或职务的升、降，便认为是“有职无权”，心怀不满；甚至“不同意部队升编，向组织闹独立性”；不懂得“共产党员要争党的兵权，而不能争个人的兵权”的道理；由于山大王那种自由和随意的生活过惯了，对于军中的优良制度，而不遵守，认为是受约束，受不了。正如方中铎所说：吴信容“不服从命令，调不出萧县，调武器不给，排斥外来干部，生活腐化，因此，他走上叛变之路是必然的”。[⑤]由此说明，耿、吴、刘虽参加了新四军，身居要职，且为共产党员，但不进行思想改造，终于走上了叛军、叛党的道路。

从处理耿、吴问题的工作上讲，对刘子仁的错信、错用实属严重的失误。彭雪枫与党政军委员会在得知耿蕴斋擅自带武装一个连到萧永边找吴信容后，派人“劝耿返回”的方针是对的，耿如不谋叛是应当返回的。至于“如果耿不回去，耿与吴勾连在一起”“图谋不轨”或“暗算”即以刘子仁部“武力扣押耿吴”，彭雪枫在当时紧急的情况下，采取这样的处置也是无可非议的。但彭雪枫对采取第二个措施之前，未能识破刘子仁的真实面目，而欲依靠其解决耿吴，这不能不是一个沉痛的教训。

教训之二是对于像耿吴刘这样“地方性和封建基础及影响极大”的部队及其领导人，缺乏有力地进行“政治教育与争取”工作。对耿、吴、刘所部虽然派去了许多军政干部，但由于经验与能力弱，特别是工作技术方法及社会经验不够，

---

① 萧县新四军历史研究会编：《耿吴刘事变》，2000 年版，第 41 页。

② 侯镜如时任国民党军第九十二军第二十一师师长，王仲廉时任国民党军第三十一集团副总司令。

③ 耿、刘、吴叛变后，国民党第三十一集团军总司令汤恩伯即委任耿蕴斋为苏鲁豫皖边区挺进游击第一纵队司令，刘子仁为副司令兼第二支队长，吴信容为第三支队长。

④ 摘自国民党立法院、军事委员会战地党政军委员会机要组，于 1940 年 6 月 14 日编印的《奸伪情报》第 7 期周报。

⑤ 萧县新四军历史研究会编：《耿吴刘事变》，2002 年版，第 196 页。

做事不会转弯，致被耿、吴、刘“完全不看在眼中”，认为是“蛮子专制，形成对立”，而未能及早解决这一矛盾。对于耿、吴、刘这些人虽感到有问题，但教育不够，亦未“主动断然调其受训”，怕影响一般中间分子，“说我们太毒辣”，仅以提升代替教育，致“对耿吴等敷衍至今”[①]而酿成大祸。华中局代表邓子恢在谈到耿、吴、刘叛变事件的教训时，指出，关于地方武装的政策存在：“对武装的阶级性、党性认识不明确”，“需要在我们武装中建立党的绝对领导，而不能在我们武装中实行三三制，这一点在当时提得不明确，在执行中也有缺点。”“另一方面对地方党所创造的武装，事前不能很好去做准备工作，而争取改编却太快，争取这些武装正规化的过程也太急，要求过高，管理教育方式不好，洗刷坏分子亦操之过激（急）。对地方干部在巩固地方武装的作用不重视，对那些基本上忠实于党，而能力不够或有某些缺点的地方干部，不能耐心加以帮助，使之进步，而过早调动，致干部不满，影响到部队之巩固。”[②]彭雪枫与第四师的干部对此是赞同的，认为是客观的、实事求是的。

彭雪枫在处理这一事件的过程中及时向中共中央、华中局报告情况，提出处理方针、措施，并以对党高度负责的态度进行检讨，表示自责，主动请求处分，体现了严以律己的精神，为大家所理解。

一年来，彭雪枫与中共豫皖苏边区委员会、纵队领导人，坚决贯彻执行了中共中央、华中局、军部的各项指示，在巩固与扩大边区与部队等方面取得了新的成绩，积累了新的经验。但由于所处日伪顽交错包围及频繁“扫荡”与磨擦之下，特别是耿吴刘的叛变，增加了第四纵队应付日伪顽更大规模进攻的困难，使随之而来的反顽斗争处于更加不利的形势之下。

---

① 彭雪枫《关于耿、吴、刘叛事件之经验及对付方针》致毛泽东、朱德、王稼祥、彭德怀、胡服、陈毅电，1940年12月27日。

② 邓子恢1941年7月在新四军第四师团以上干部会议上所作《关于四师三年来在豫皖苏边区斗争总结》。

第十一章　三个月反顽斗争

1940年秋冬，德意日法西斯正加紧推进其侵略计划，自9月下旬，其三国轴心军事同盟正式形成后，在欧洲，德国制定了侵略苏联的“奥托”计划[①]，意大利军队入侵希腊；在亚洲，日本侵略者与伪满洲国、汪伪政权签订《日满华共同宣言》，企图永远霸占中国，并为发动太平洋战争提供巩固的战略后方；同时，加紧对国民党的诱降、逼降活动，特别是更加频繁、残酷地对中国共产党领导的抗日根据地进行“扫荡”、“清乡”。

在此形势下，蒋介石于1941年1月初制造了震惊中外的“皖南事变”，并即将以14万重兵对豫皖苏边区大举进攻。

彭雪枫率领的八路军第四纵队面临着严峻的局面。

一、“首当其冲”

1940年10月19日，何应钦、白崇禧秉承蒋介石的旨意，命令“第十八集团军及新四军之各部队，限于电到一个月内全部开到中央提示案第三问题所规定之作战地境内”[②]，否则即不“成为国民革命军之革命部队”。随后，蒋介石准备进攻豫皖苏边区和苏北、苏中新四军的兵力计有29个师，其中已在和准备调到豫东、皖西的兵力为22个师，其企图是：“廓清豫皖边区”的八路军、新四军，尔后，以李仙洲部、汤恩伯部向山东八路军进攻。12月9日，蒋介石致电朱德、彭德怀、叶挺、项英，再次无理限令“凡长江以南之新四军全部，限本年十二月三十一日开到长江以北地区，明年一月三十日以前，开到黄河以北地区作战；现在黄河以南之第十八集团军所有部队，限本年十二月三十一日止开到黄河以北地区”。翌日，蒋介石急电顾祝同：如江北新四军“至限期（本年十二月三十一日止）该军仍不遵令北渡，应立即将其解决，勿再宽容”。这充分暴露了蒋介石在

---

①“奥托”计划，是1940年10月29日德军制定的对苏作战计划，规定德军以105个步兵师和32个装甲摩托化师，编成北方、中央和南方3个集团军群，在第聂伯河与西德维纳河以西实施快速突破，向莫斯科方向实施主要突击，向列宁格勒和基辅方向实施辅助突击，最终目标是进至伏尔加河、阿尔汉格尔斯克一线。此计划以“奥托”为代号。

② 指冀察两省及鲁北、晋北。

制造新的反共高潮，以及借日军之手消灭八路军和新四军的反动图谋。

鉴于上述情况，中共中央于12月20日指示彭雪枫：要集中全力整训部队，准备好一切独立打击进攻者的条件，而整训部队是第一个条件。30日，中共中央中原局书记刘少奇致电彭雪枫指出：反共军必然要向你们进攻，你们在军事上政治上组织上，必须速作准备与计划。你们必须知道在敌顽夹击之下，以大部队打游击是很困难的或不可能。因此我们意见，你们还是尽可能坚持现地区，开始做正面的防御，并向顽军作政治宣传统战工作，并求得在运动中消灭顽军一部，至不可能坚持时则退至皖东北，以皖东北为根据地，在路西以必要的部队分散坚持游击战争。

彭雪枫根据中共中央和刘少奇的指示，为适应斗争的需要，进行了以下四项工作：（1）调整了纵队部分组织机构：调睢杞太独立团东进，改编为第五旅第十五团；以永城独立团和原十八团第三营与第二营一部，合编为第六旅新的第十八团。（2）划分了第四纵队各旅的活动范围：第一军分区为凤台东北、龙亢以南、怀远以西与以北，并为第四旅活动区；第二军分区为涡北、宿西南、蒙北、怀远北，并为第五旅活动区；第三军分区为永城、夏邑、商丘、萧县、涡阳、亳县各一部，并为第六旅活动区；同时，将豫东睢杞太划为游击区。（3）撤销了保安司令部；整顿了各县地方武装，成立了萧县独立旅和亳北抗日自卫团。（4）第四纵队与豫皖苏边区党、政、军、民从各方面进行积极的动员和准备，以迎击反共军的进攻。

对在反击顽军进攻中豫皖苏边区的重要地位与基本方针，彭雪枫在1941年1月2日致刘少奇、陈毅与黄克诚[①]，并报毛泽东、朱德、王稼祥、彭德怀、左权的电报中说："豫皖苏边布置对反共派之进攻则首当其冲，为反共派截断我华北华中联系、逐渐压迫苏北我军之必然要地，因其为我山东、苏北阵地之外围战略支点。如放弃现阵地，则必然影响到苏北、山东阵地之巩固，增加我坚持华北之困难。"彭雪枫从战略的高度看到了坚持豫皖苏边区的极端重要性，因而提出了"我们意见应坚持现阵地，只有到万分不得已时才能过路东"的方针，并表示"我们集中力量于主力兵员之补充，地方武装补充与扩大，干部思想、政治之教育与团结"。最后，彭雪枫在请示"对华中之最后方针"的同时，请求：（1）徐、赵谭部[②]提早南来；（2）请集总补充我们步枪弹20万发，八二迫击炮弹500—1000发。

1月6日，彭雪枫又就对反共军进攻手段与应付其进攻的对策，致电彭德怀与贺龙、刘伯承等称："估计反共军在向我进攻时，先以和平手段向我逐步逼进，求得占领并巩固各要点后，在政治上取得借口（如先对我限期北移，否则加以抗命之罪而实行进攻）作为进攻我军之政治资本。"为应付其进攻，彭雪枫称：本

① 黄克诚，时任八路军第五纵队司令员兼政治委员，仍兼任第四纵队政治委员。

② 徐、赵谭部，即由徐深吉任旅长的八路军第一二九师新编第四旅，由赵承金、谭冠三分任支队司令员、政治委员的八路军第二纵队南下支队。

着有理有利有节的原则，准备应之以“先礼后兵”。即：以各种方式晓之以民族大义，并不放松对反共军之应酬联络工作；不论其武装的或和平的进占我之某点时，可先行退让（开头在力量之对比上亦不得不让），并扩大宣传，请其停止进攻，以瓦解反共军之官兵，同时争取民众之同情；在上述游击性的退让中，制造对方弱点而袭击之；如有缴获即送军令部，并大肆宣传，使其军心涣散。在电报中，彭雪枫还谈了在局势较严重时甚为顾虑的问题。如部队巩固及兵员补充，给养困难及财政经济供应，中间分子的态度等问题，我们正在大力筹划中。同时，预料在严重的局面下，“我以营为单位分散活动”，还是可以的。最后，彭雪枫建议：刘子久同志到后，“即任此间区党委书记，吴芝圃专任行政工作”。

对于彭雪枫的部署与措施，毛泽东与朱德等于 7 日致电刘少奇、陈毅指出：彭雪枫在游击战争总方针下，涡河两岸地区不应放弃。

正在此时，新四军皖南部队九千余人，在军长叶挺、副军长项英率领下于 4 日晚由云岭出发，准备绕道茂林向江北转移。7 日，却遭到国民党军七个师的围攻。新四军一面进行顽强抗击，一面致电中共中央，要求向蒋介石提出严重抗议，要蒋下令国民党部队撤围、让路。但蒋介石却督令顾祝同加紧围攻，务期“一网打尽，生擒叶项”。新四军终因寡不敌众，弹尽粮绝，战至 14 日，除两千余人突出重围外，大部壮烈牺牲，一部被俘。军长叶挺在与顽军作最后谈判时被扣，政治部主任袁国平突围时牺牲，项英与副参谋长周子昆情况不明[①]。蒋介石在蓄意制造了这一亲痛仇快、震惊中外的皖南事变后，还于 1 月 17 日悍然宣布撤销新四军番号，将军长叶挺革职，“交军法审判，依法惩办”。

对于皖南事变的发生，中共中央发言人于 1 月 18 日深刻地指出：此次惨变，并非偶然，实系亲日派阴谋家及反共顽固派有计划之作品，是亲日派阴谋家和反共顽固派以内战代抗战、以分裂代团结全部阴谋公开实行之开端。同时提出：严惩阴谋消灭新四军皖南部队之罪魁祸首，释放所有被俘之新四军将士，保障叶挺军长等军政干部之生命安全，反对一切破坏抗战、破坏团结之阴谋计划。

为了反击蒋介石制造的皖南事变，坚持大江南北敌后的抗日阵地，坚持抗战，中共中央革命军事委员会于 1 月 20 日发布重建新四军的命令，任命陈毅为代理军长，张云逸为副军长，刘少奇为政治委员，赖传珠为参谋长，邓子恢为政治部主任。当日，中共中央决定：中原局改为华中局。1 月 25 日，中共中央确定对蒋斗争的策略是：“政治上取全面攻势，军事上取守势。”尔后，中共中央命令将中国共产党领导的陇海路以南的部队统一编为新四军的七个师和一个独立旅。

彭雪枫对蒋介石制造皖南事变无比愤慨。1 月 27 日，他在纵队直属队干部会议上，揭露了蒋介石下令要江南和华中新四军、八路军全部开赴华北的险恶目的，抨击了其所谓“统一军令政令”的反动实质。他说：皖南事变证明了国民党亲日派统治阶层的阴险、毒辣、卑鄙无耻的面貌，证明了“原来他们的军令政令的统

---

① 项英、周子昆在突围后，隐藏于赤坑山蜜蜂洞，于 3 月中旬被叛徒杀害。

一是排斥异己，所谓军令政令的统一是消灭忠实于国家忠实于抗日的部队！所谓军令政令的统一原来不是统一于抗战、团结、进步上面，而是统一于投降、分裂、倒退、无礼、无义、无廉、无耻的罪恶行为上面。这就是他们所高叫的'统一'的实质！"针对反共军汤恩伯集团的进攻企图，彭雪枫号召豫皖苏边区军民：要勇敢应付复杂、紧张的局面，完成党的任务，打破反共军的进攻，粉碎亲日派的反共的一连串的阴谋计划，一直到争取时局好转，为皖南殉难烈士复仇！

在此期间，日军集中五个师团的兵力发起"豫南战役"，汤恩伯等部纷纷撤逃。因而，彭雪枫和第四纵队当面的战局发生了新的变化。当时的情况是：

侵占华中地区的日军，为对国民党军进行逼降，同时以一部兵力对豫皖苏边区进行"扫荡"，于1月25日分三路发起"豫南战役"。一路由信阳沿平汉路北上，向南阳、漯河、项城等地进犯；一路由商丘南下，向亳县、周口进犯；一路由宿县西进，向涡阳、蒙城、太和、界首等地进犯，企图围歼汤恩伯、何柱国、李仙洲、李品仙[①]等国民党军15万人于平汉路以东地区。在日军的进攻下，汤恩伯等部望风披靡，纷纷由涡阳、蒙城、太和、界首一线撤退，上述地区及豫东、皖北大片土地沦入敌手。

1月28日，中共中央中原局和新四军军部确定：新四军的任务为坚持华中敌后抗战，阻止反共军进攻，迅速加强根据地各项建设，积聚力量，准备与日伪反共军进行长期斗争，一俟条件成熟，即向西、向南发展。第二师与第四师的具体任务是：分别在淮河南北，巩固津浦路东，坚持津浦路西，加强对西防御，随时准备迎击反共军的进攻。遵照上述指示，为打破日军的"扫荡"，并从大局出发支援友军作战，彭雪枫指挥所部迎击日伪军的"扫荡"。从1月28日至30日，先后于淮上龙亢集地区毙伤日伪军一部；于蒙城东北地区迫使日军退至板桥集；于凤台东潘家集全歼"凤台清乡剿匪支队"；于永城西北两界口歼灭进犯的顽军与叛军刘子仁部一百余人。第四纵队主力遂分路向涡阳、蒙城、阜阳及太和敌后挺进，以扩大抗日阵地。

2月1日，中共中央军委致电华中局亦提出了向西发展的意图。电报中指出："目前华中指导中心应着重三个基本战略地区"，即鄂豫陕边、江南根据地和苏鲁战区。其中首先指出建立鄂豫陕边战略地区，"其办法由彭雪枫、张云逸、李先念三地逐步向西推进，以在一年内达到鄂西、豫西及陕南建立游击根据地为目的"。利用日蒋矛盾及目前日寇向豫北豫西进攻机会，你们"应令彭雪枫准备几个精干支队，待汤、李、何大部向西应战淮西空虚时，渡过淮河，向淮河、平汉间发展。如此着成功，则是战略上绝大胜利，替我华北部队开辟了一条南进出路"。届时，黄克诚部应准备向河南发展，并指示将彭雪枫、黄克诚两部各编为

---

① 汤恩伯时任第三十一集团军总司令，何柱国时任骑兵第二军军长，并指挥第八十一师、游击第十纵队；李仙洲时任第九十二军军长，并指挥骑兵第八师、暂编第二十六师、游击第十四纵队；李品仙时任第二十一集团军总司令。

新四军的一个师。

当日，彭雪枫与区党委书记刘子久根据中央和华中局批示精神，并鉴于日军大举推进、汤恩伯部不战而退的情况，向中央军委及军部提出我军挺进豫西、陕南，建立战略支点的建议。电报称：由于反共军对敌毫无准备，以致河南伏牛山、嵩山以南之广大地区不数日而全部陷于敌手。我主力兵团之一部应以迅雷不及掩耳之姿态，挺入豫西之山岳地带，准备建立抗日防顽之战略基点，实属万分必要。因此，我们建议华北应派部队迅速开入豫北之温县、孟县、济源等地，陕南部队（程国华部）应相机挺入陕南，以防日寇向川陇进展，并使反共军再不能安心对我陕北根据地实行封锁与包围。

2 日，彭雪枫又将纵队军政委员会关于目前行动方针电报刘少奇、陈毅，并报中央军委，其要点是：利用当前日军“扫荡”、顽军撤退的时机，在涡阳、蒙城、亳州、宿县成立抗日县政府；第四旅活动区域伸入颍上、阜阳边境，控制阚疃集、板桥集等要点；第五旅伸展政权于涡蒙间，切实控制龙亢、河溜、双涧我之基本根据地；第六旅除巩固现有地区外，以一部深入涡西、亳南建立游击根据地；在党内、军内防止对日军、对顽军的松懈倾向与切实警惕及戒备，以应付艰苦之局面。

3 日，彭雪枫与刘子久接到毛泽东、朱德、王稼祥的复电，其中指出：发展河南是决定了的，我军当前的行动方针是敌至何处，我新四军即应至何处。目前敌快要占领漯河，李仙洲有西撤讯，你们应即向平汉路逐步推进（不要去得太猛，太吓人），在未全面破裂前是去抗敌不是去打顽。当日，彭雪枫接到刘少奇、陈毅、赖传珠急电称：雪枫部应即以两个旅向西活动，以新四军名义相机消灭反共军，发展自己，建立政权，并准备一个旅配合多数地方干部，于适当时机渡过新黄河，到达项城、沈丘、新蔡、汝南、息县地区活动，建立根据地，与罗山、信阳之李先念部联络。

5 日，彭雪枫率纵队司令部进抵凤台以北的顺和集，与参谋长张震分析了敌情：鉴于日军已占领了太和、南阳，估计其有压迫汤恩伯部于伏牛山而消灭之，以求取得洛阳的企图，遂遵照中央军委和华中局的指示，命令第四旅第八团攻占阚疃集后继续西进，第九团侦察新黄河以西敌顽情况，并确实控制新黄河渡口船只。第五旅星夜渡涡河南下。第六旅务于最短期间内完成肃清涡北反共势力的任务，以坚持后方，保卫基本区域。

6 日，彭雪枫连接毛泽东、刘少奇等关于西进问题的电示。毛泽东、朱德、王稼祥在电报中指出：2 日部署是对的，唯须注意：（1）不可进得太急，妨碍敌顽决战。（2）我只在敌顽作战地区以外之间隙部乘机发展。（3）不可攻击马彪，设法把他引开，但其来攻则消灭之。6 日，刘少奇、陈毅在电报中指示彭雪枫、刘子久：“你们应不顾一切西进到阜阳、太和、颍上地区，并准备以第三四四旅配多数地方干部过新黄河以西活动。”此外，你们应组织一个精干的支队，“相机挺进到嵩山地区游击”。

彭雪枫奉命指挥部队向西挺进，打击日伪军，收复失地

第四纵队遵照中央军委和华中局电示迅速展开。至8日，第四旅一部已进抵涡河、西淝河间阚疃集地区，其前锋已抵江口集、王市集、张村铺；第五旅旅部及一个团渡过涡河，进至阁家集、董家桥一线，拟配合第四旅控制新黄河以东及以南地区以求挺进阜阳、太和，待命渡河西进。唯第六旅之萧永方向，叛军耿吴刘部纠合萧县顽军常备队及耿聋子部三千余人，合流破坏边区抗日政权，侵占萧县西北、砀山西南、永城东北、夏邑东南地区，并捕杀抗日政府行政干部、群众、烧房子，已成心腹之患。彭雪枫向中央军委和华中局建议由豫北派八路军一部南来协同彻底解决刘子仁等部。

9日，彭雪枫接到新四军军部电示：彭雪枫部改为新四军番号，主力即进至涡河以南活动，肃清地方反共势力，控制新黄河以西、以北地区建立根据地，并以第四旅在适当时机渡过新黄河，进至新黄河以西平汉路以东地区活动。

然而，这时战场形势却出现了突变：日军于9日停止了进攻，并与伪军撤返原防地。国民党军汤恩伯部立即卷土重来，于10日晨向第四纵队前锋部队发起突然攻击。一场严重而复杂的斗争骤然来临。

二、奋战在日伪顽重兵夹击中

汤恩伯的进攻是按既定计划，以第九十二军并指挥骑兵第八师、暂编第二十六师、游击第十四纵队，由太和、阜阳、颍上向凤台、怀远、蒙城、涡阳、宿县、萧县地区进攻；以骑兵第二军由沈丘、界首向永城、铜山方向进攻；另以杂牌军和地主武装在各地进行配合。由于顽军汤恩伯部的突然进攻，加之豫皖苏边各地反动势力日趋猖獗，致使第四纵队面临严峻的局面。当时，第四纵队因尾日军西进，部队已分散，通信联络手段又差，一时难以收拢与集中兵力，在战局突变下，仓促应战，致反顽斗争一开始即处于不利形势。

2月11日，彭雪枫向华中局并中共中央、集总报告称：昨晨渡过沙河之反共军，已占我江口集，估计该顽第一步突破西淝河，第二步将攻我蒙城（10日日伪军向宿县撤逃，为我收复）。我主力西进后，夏、永、萧等地反动势力大肆活动，向我中心区腹地进犯，并配合骑兵第三师用恐怖手段对付我地方武装，逮捕我基本群众，拷打抗属，逼其子返乡；怀远、凤台及龙亢之暗藏反动分子与反动红枪会亦极猖狂，明目张胆地反对我军及政府。我之方针是以第四旅在第五旅的配合下，“巩固涡北，坚持涡河以南”；如第六旅、独立支队一旦不能坚持夏、永、涡、萧阵地，则第六旅本身必会更削弱，原有工作基础将会丧失，应付将来顽军严重进攻，周旋地区则更小。因此，彭雪枫建议：徐深吉和赵、谭等部在援助华中新四军口号下火速南下，路东各部更应就近先来。

对于彭雪枫面临突然变化的战局，中央军委、华中局与军部亦是在观察判断并予以关注。12日，中央军委电示彭雪枫：目前的形势在变化中，估计李仙洲向你们的进攻尚无大的企图。“你们目前任务是求得巩固现地区，自力作战，不望增援，我们将分令路东、路北各部队向西向南推进与你们连成一片，巩固华中阵地。”接着，彭雪枫又收到刘少奇、陈毅12日电示：彭雪枫部立即准备顽军之进攻，进行自卫斗争，利用最近获得的阵地，乘顽军无准备的急速前进等条件，集中力量，求得在运动中消灭进攻我之顽军；对各方加紧统战工作及政治宣传。

（一）抗击顽军的全面进攻

彭雪枫与参谋长张震、政治部主任萧望东根据当面顽军情况和军委及华中局的指示，对反共军展开了“军事、政治、游击、宣传战”，进行还击。

在开展政治、宣传战方面：彭雪枫针对与骑兵第二军军长何柱国因曾达成过《互不侵犯协议》、阜阳警备司令廖运泽曾参加过八一南昌起义的情况，并为劝说第九十二军、骑兵第八师官兵坚持团结抗战、中国人不打中国人，先后采取发通电和公函等方式进行忠告。

2月10日，即在反共军汤恩伯部向第四纵队发起进攻的当天，彭雪枫以十八集团军第四纵队、新四军第六支队的名义，发表《告华中被迫剿共的忠勇抗日官兵书》，其中指出：“现在敌人还在伺隙而乘”，你们“应当掉转枪口”，“要求开回抗日战场”，“我们联合起来打日本，中国人不打中国人”。第二天，彭雪枫致函李仙洲，申明抗战大义，敦劝其以团结为重，“悬崖勒马，出主正义”，在“我辈军人推心置腹，合力抗战之际，岂容一误再误，致内战复起，叛乱相仍，予敌寇以再犯之机，置民族国家人民社稷于万劫不复之地！”2月18日，彭雪枫又致函廖运泽指出：豫南战后，“寇焰未除，而剿共之声复起”，吾兄“必亦不忍坐视三军之热血，洒于不光荣之内战中”，望“共筹团结御侮，挽救大局之义举”。3月3日，彭雪枫再次向第九十二军与骑兵第二军全体将士发出通电，敦促其为维护抗战大业、挽救战区广大被难同胞，应停止内战，枪口一致对外。

彭雪枫义正词严的公开信和通电，在反共军官兵中产生了很大的影响，一些下层军官与广大士兵不愿内战，情绪低落，甚至有的离队而去。《拂晓报》据许多俘虏的反映，在一篇社论中写道：反共军中营以下官兵大都不愿内战，并有“抗日打死值得，打中国人死了极怨枉”的公论；团以上的军官也多数是动摇的。甚至某部步兵三团二连连长张某曾集合全连讲话说：“现在流血打自家人死了不值，你们愿意回家的可以自由。”次日，该连长即率两个班逃离了该团。第四二六团有三个班长要投新四军苦无线索，有的士兵因不愿打内战而苦闷，常背着官长流泪，情绪低落[①]。第十二旅旅长饶子健在回忆万楼战斗时说：这次战斗有何柱国的一个骑兵团和一个步兵团，还有叛徒刘子仁的一个团，当刘子仁部队袭击我们时，“何柱国的部队列阵未动，否则我们的损失将更严重。何部未动，这有我们的统战工作的基础”[②]。

彭雪枫在亲自向反共军官兵作争取工作的同时，还领导边区军民运用各种方式开展宣传战，动员广大人民群众反对反共军的进攻。《拂晓报》据所获讯息称：汤恩伯前抵阜阳时，召集皖北各县县长谈话，大骂：“你们是一县之主，连自己的百姓都管不好，反给共产党利用去了！”刻间皖北各县县长已有 7 个县长被撤职查办，一个县长撤职留任；另有数十个乡区长被处死刑云[③]。

政治攻势和宣传战，揭露了国民党顽固派的反共罪行，宣传了中国共产党坚

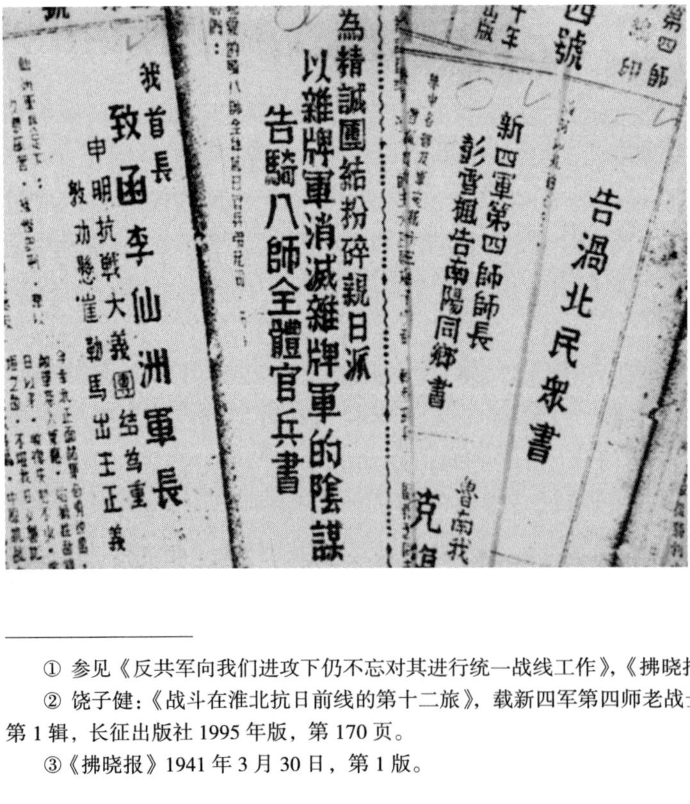
告渦北民衆書
新四軍第四師師長彭雪楓告南陽同鄉書
為精誠團結粉碎親日派以雜牌軍消滅雜牌軍的陰謀告騎八師全體官兵書
我首長致函李仙洲軍長

《拂晓报》关于彭雪枫为反对顽军进攻、主张联合抗日，致国民党军李仙洲等的公开信的报道

① 参见《反共军向我们进攻下仍不忘对其进行统一战线工作》，《拂晓报》1941 年 3 月 27 日社论。

② 饶子健：《战斗在淮北抗日前线的第十二旅》，载新四军第四师老战士回忆录编委会编：《抗战在淮北》第 1 辑，长征出版社 1995 年版，第 170 页。

③《拂晓报》1941 年 3 月 30 日，第 1 版。

持团结抗战、反对分裂倒退的主张，争取了反共军中的一部分官兵“不打内战”，涣散了其进攻士气，对迟滞反共军的进攻起到了一定的作用。但由于蒋介石和汤恩伯的高压，使原来统战关系较好的骑兵第二军、骑兵第八师的态度有所变化，特别是骑兵第八师进攻较为猖獗。

在“军事、游击战”方面：彭雪枫指挥以少于反共军七倍的劣势兵力，展开了英勇的抗击，并在日、伪、顽的夹击中进行了艰苦、复杂的斗争。

2月10日拂晓，顽军第九十二军第一四二师与骑兵第八师一部渡过沙河，围攻江口集。第四旅第九团第二营当即展开英勇抗击，激战七小时，于毙伤其五百余人后，主动向北转移。第八团于阚疃集亦遭顽军进攻，予顽军以杀伤后，留第三营坚持，与顽骑兵第八师隔河对峙；主力于11日东撤马店子附近。

彭雪枫鉴于顽军拒绝忠告，来势凶猛，且图向我蒙城推进，遂令：“第四旅依托西淝河与当面之敌周旋，敌兵力弱于一团之部队即集中消灭之，否则与之打游击”，并令第五旅第十三、第十四两团赶至蒙城以西之蒋町集、董家集之线，配合作战。

至15日，第四纵队第四、第五旅全部位于西淝河地区，拟歼灭北渡之顽军一部。第九团第三营两个连渡河袭歼骑兵第八师一个工兵连[①]。顽军第一四二师一部则渡过西淝河，进至王市集，第五旅第三营毙伤其二百余人。骑兵第三师进至张村铺，与第六旅第十六团接触。此时，彭雪枫与参谋长张震曾拟制两个作战方案：第一个方案是以第五旅一部接防阚疃集，集中第四旅全部相机歼骑兵第八师于渡西淝河立足未稳之际；第二个方案是以小部牵制骑兵第八师右翼，而以第四、第五两旅主力消灭王市集之第一四二师一个团及其后续部队。

17日，骑兵第八师一个团很快渡过西淝河。18日，第四旅第八团因受顽军侧击，担任突击任务的第九团扑空，致第一个作战方案未能实现。接着，又因阚疃集守军自行撤出，加之连日大雪，部队行动不便，一时难以集中，致使第二个作战计划亦未实现。当日，顽军两个团攻蒙城，纵队特务团与第四旅第八团一部主动撤出蒙城，该城遂为顽军占领。19日，顽军第二十一师进攻涡阳城，第十六团稍事抵抗后撤出。此时，反共军的战术是：每到一处，即构筑工事，发动红学（即反动地主操纵的封建迷信道会门——红枪会），拷打并屠杀同情或曾协助过新四军的人士和民众；其作战颇为谨慎，侦察严密，常以骑兵实行包围迂回与四处搜寻，或发现新四军部队后，则配合其步兵进行围歼。

此后，由于顽军主力集中，地形不利，第四纵队在涡河以南已不便于组织较大战役，而日伪军与顽军则时有呼应性的出犯。从19日至月底，纵队共击退宿南红枪会的袭击两次；击退骑兵第三师一部与土顽蒋心亮等部、亳县自卫军部的袭击三次。但同时，在阻击顽军第一四二、第二十一师等部进攻时，宿县日军乘汽车八十余辆、骑兵数百人出动“扫荡”，第十一旅第三十二团在反击时，团长

---

① 此战后，为争取骑八师，遂将人枪交还该师，并致函马彪解释误会，在其部队中起到了很大影响。

姚运良负伤；顽军第八十一师的两个团从扶沟河防与叛军耿吴刘部则向睢杞太地区进攻，睢杞太独立团被迫撤出，东进淮上，仅留下一个营及两个独立大队在原地坚持。在此期间，纵队各部虽抓住有利时机，对顽军、伪军及反动地主武装进行了袭击。但第四纵队陷于日、伪、顽军夹击之中，处境日益艰难。

2 月 28 日，彭雪枫致电刘少奇、陈毅和中央军委及集总，在报告了当面情况后，称：“我们目前方针是巩固涡北、坚持涡南，但兵力不够分配”，故“要求六八七团归还四旅建制（或梁旅西来）”，以便“先加强永涡地区，配合六旅解决该处顽军，作巩固涡北工作；尔后再集中使用，应付李仙洲之来犯”。

2 月下旬，第四纵队根据中央军委 2 月 18 日改编为新四军第四师的命令，将原辖之第四、第五、第六旅，分别改编为第十、第十一、第十二旅[①]，并根据军委 2 月 19 日电令，彭雪枫任师长兼政治委员，张震任参谋长，萧望东任政治部主任。

这支由彭雪枫亲自培训、组建起来的游击支队，仅仅经过两年又五个月的战斗磨砺和洗礼而发展起来的铁军，成为与由红军游击队组建的其他几个师并列的党军。这无疑是彭雪枫与纵队领导们的功劳，也是第四师全体指战员的光荣。

3 月 1 日，第四师司令部、政治部发布了“新字第一号”布告。布告彭雪枫等奉命正式于“淮上防次”宣誓就职。彭雪枫等在“布告”中，首先慨斥了蒋介石、何应钦发动皖南惨案，残害新四军官兵，诬蔑新四军为“叛军”，乃至取消新四军番号等倒行逆施。继即表示：“雪枫等分属军人，食国之禄，受民之托，蒿目时艰，督焉心忧，靖难戡乱，责无旁贷。用是临危受命，独立支撑”的决心。

接着，“郑重昭告天下，誓率三军，在中共中央、中共中央革命军事委员会领导及陈代军长、刘政治委员指挥之下，为坚持豫皖苏边敌后抗战，实现三民主义及总理遗嘱，贯彻三大政策，巩固扩大抗日民族统一战线，粉碎日寇及亲日派之进攻而奋斗到底！”

同时重申：“对抗日友军，则仍本向来主张，一视同仁，誓以至诚，与之合作。凡忠于抗战者，则引为友，不忠于抗战者，则引为敌。义之所在，并力以赴，危

陸軍新編第四軍第四師司令部政治部佈告

新字第一號

中華民國三十年三月　日

師長兼政治委員 彭雪楓

政治部主任 蕭望東

陆军新编第四军第四师司令部、政治部布告

① 中共中央军委发布了新四军第四师各旅领导人的任命，1941 年 3 月 24 日。

难非所顾，威力非所畏，务完成抗战建国伟业，俾国民皆蒙福利。”

“布告”发布后，彭雪枫与张震、萧望东率领第四师全体指战员，在中共中央、中央军委和华中局、军部的领导与指挥下，满怀激情和义愤地继续投入到反击顽军和日伪军夹击的战斗之中。

然而，这时却面临着十分严峻的形势。“三月间是我们最困难的时期，里里外外前前后后，都发生些不好的情况，终日在包围着我们”①。

3 月 3 日，顽军骑兵第八师步、骑各一个团及机炮三个连，于 7 时向蒙城以南半古店进犯，其先头部队被第十旅一个营击退。旋其主力将该营包围。该营指战员与之展开英勇抗击，多次打退顽军的集团冲击。经七小时激战，毙伤顽军五百余人，该营仅剩下八十余人夺马突围。4 日，顽骑兵第八师又东犯罗集，第十旅两个连与其激战竟日，至白刃拼搏，终因寡不敌众，大部壮烈牺牲，罗集失守。第十旅为保存有生力量，遂撤到涡河北岸。

当日，彭雪枫总结了半古店战斗“轻敌蛮干”的失利教训。指出：该营自到半古店后与反共军对峙十日之久，“既不主动避开或绕到反共军侧翼打击之”，反而在目标暴露后仍盲目冒险设伏，在遭敌重兵进攻时既不“立即远逸”，又在第一次突出包围后“居然停滞一个半钟头之久，而不迅速退走”，致遭敌重新围攻。彭雪枫以此告诫各部，引以为戒。

在这一天，彭雪枫收到刘少奇发来关于彭雪枫要求增兵问题的复电，称：目前我们的方针是利用日蒋矛盾，让日寇与顽军作战。因此，你处应即解除与顽军对峙的形势，坚持涡河以北敌后地区。现在不独你处困难，皖东北与淮海区及阜宁盐城之匪伪顽均猖獗已极，如不迅速镇压，我即不能立足。因此，第一，不是增加你处兵力即可击退顽军，反而因兵力增加更和顽军对峙；第二，如增加你处兵力即须减弱敌后地区的兵力，放弃若干地区，这是不利的。所以，暂不能向路西增兵。目前你们主要应镇压基本区域之匪伪土顽，进一步巩固之；对顽军大部队加强政治宣传，后方机关分散到敌后隐蔽，准备稳扎稳打，长期坚持。

自此，彭雪枫再也不提增兵问题，而是更加坚定了“自力更生”的决心和“自力作战”以支撑危局的信念。

至 3 月 8 日，顽骑兵第八师、第二十一、第二十三师等部相继进占河溜、龙亢、小涧集、双涧集、高炉等地。9 日，彭雪枫致电各部并报军委、集总称：现“涡阳至河溜沿涡河被反共军控制”，“我们自即日起转入于游击生活阶段”。

（二）转入涡北游击作战

3 月 13 日，彭雪枫与张震、萧望东收到刘少奇、陈毅、赖传珠的来电称：（1）由于以前我们对顽军的反攻估计不够，及在你们地区缺少大磨擦的经验，致我们略受损失，地区亦有若干缩小，由此在干部及战斗员与民众中可能引起恐慌与悲观的情绪，这须立即在部队及地方干部中加以解释，号召全体党员及指战员

① 彭雪枫、邓子恢：《新四军第四师一九四一年工作总结报告》1941 年 12 月 31 日。

坚持艰苦斗争、学习斗争的教训，巩固自己的阵线。（2）日寇与顽军还有极大的矛盾，在我军退却后，顽军与敌军更接近了，敌人还有“扫荡”豫东、皖北之可能，我们应利用这种矛盾来坚持豫皖苏地区的斗争，并取得胜利。（3）顽军在涡河北岸的行动已遇到困难，我军经过相当整理以后，应选择机会给顽军以打击，消灭其一部。（4）地方反动派如图谋暴动时，应不失时机加以镇压，但不要造成恐怖。（5）一切应从长期坚持斗争出发，一时的前进与后退，一次的胜利与失败均无关重要，在你们东面和北面还有广大的根据地与强有力的八路军新四军做你们的后盾，顽军是决然不能猖獗到底的。14 日，刘陈赖致电彭雪枫，第十旅即转移至津浦路东灵璧、泗县以南地区开展工作，建立根据地。

彭雪枫遵照上述指示，调整部署如下：（1）第十旅主力于 3 月 16 日晚前后过津浦路以东休整，开辟五河、蚌埠、灵璧边工作（21 日，旅直与第二十八团又返回涡北地区）。（2）师政治部随第十一旅位于宿南之大小营集、罗集与涡北之曹市、龙山集活动，对顽军进行警戒，并开辟宿南日伪区工作；第十二旅位于涡北打击北犯之顽军，并对义门集进行警戒；雨亭总队等继续在永亳商边肃清地方反共势力；萧县独立旅继续在萧县西南活动；师直前后梯队及特务团、第二十八团在怀远西北新集等地活动。目前的方针是坚持涡北游击，加强地方工作，并加紧动员补充兵员。（3）加强对顽军的政治宣传，纠正忽视统战工作的错误倾向，通过报纸、宣传号召第九十二军、骑兵第二军等官兵，停止内战，枪口对外。（4）派政治部敌工部长刘贯一赴宿南津浦路沿线，开展伪军与当地上层人士的争取统战工作，建立通往皖东北的秘密交通线。

至 3 月底，第四师的处境是：整个作战地境，“只有横宽（东西近二百里），没有纵深（南北仅三四十里）”，“敌人快速部队追着我们不能不分散，假如我们集中两个团的话，背后要顾虑到敌寇汽车的扫荡”（距敌据点仅二十里）；“面前又顾虑到顽骑的冲击，而且顽骑进可以攻，退则有涡河之险可以守，而我们是处于全面应战”[①]。

对于当时斗争的复杂性，彭雪枫于 4 月 3 日在第十旅政工会议上指出：“我们将处在极端复杂的斗争中，又是应付敌人的扫荡，又是应付反共军的进攻，又在敌人据点之间来往活动，又在反共军后方神出鬼没。一方面又坚持斗争原则，一方面又要坚持统一战线原则。在斗争的形式上说，又要运动战，又要游击战；在斗争内容上说，又要打，又要拉；在斗争的对象上说，又有日本，又有顽军，这是多么复杂！”

4 月 1 日，顽军第二十一、第二十三、第一四二师与骑兵第八师，全线发起进攻。还在 3 月 25 日，彭雪枫与张震得到情报：反共军有一个团与一个支队附骑兵若干，向永涡边前进，第二十一师一个团向涡北、永南前进。遂下达了以下的作战预备命令：（1）第十旅及第十一旅第三十二团与师特务团由本部直接指挥，

① 彭雪枫、邓子恢：《新四军第四师一九四一年工作总结报告》1941 年 12 月 31 日。

消灭向包家集及褚集方向进攻之顽；（2）第十一旅（缺第三十二团）、第十二旅全部，统归萧、滕、孔[①]指挥，坚决消灭向永南、涡北进犯之顽敌。“四月一日，顽敌果然来了，因当时十二旅、十一旅主力没有按照（预备命令）执行，结果由于部队未及集中，致没有实现这个战役”[②]。仅是第十一旅第三十二团二营于褚庄、赵庄等地伏歼第一四二师五个连大部，第三十三团与三十一团共五个连于龙山击溃第二十一师一个团。第十一旅和师特务团各一部击溃由湖沟进犯的日伪军步骑四百余，毙其一部，并击退由龙亢从后方进袭的反共军一部。

6日，顽军第八十一师一个团及骑兵一部，在土顽蒋心亮部的配合下，围攻驻永城西南万楼之第十二旅第三十四团第一营，该营顽强坚守，英勇奋战，与顽进行白刃拼杀，打退其多次攻击，并予以重大杀伤。终因众寡悬殊、弹尽粮绝，除少数人员突围外，自营长卢登禹以下大部壮烈牺牲，教导员董立军自尽殉职。该营指战员顽强战斗、英勇献身的英雄气概，表现了高度的政治素质和宁死不屈的战斗作风。

7日，彭雪枫就第十二旅近三日连续战斗中，虽将顽军击溃，但未能消灭敌人和有所缴获，而自己却遗失了弹药及地方武装之消耗等情况，致电萧望东、滕海清、孔石泉[③]深刻分析了此战未获胜的原因。同时，强调要注意和更好地贯彻以前指示的：“（一）不可轻敌；（二）首先侦察清楚；（三）遵守夜间战斗原则，避免白天作战；（四）拂晓前必须解决战斗，防敌顽增援；（五）大踏步向前三五十里（有时更远些），大踏步向后三五十里，为了胜利不惜疲倦；（六）实行突然的夜袭最为有效；（七）集中主力攻敌一点；（八）地方武装担任扰乱袭击敌人之任务最为有效；（九）必要时靠近敌伪据点，使顽军不敢接近，如接近立即利用敌顽矛盾”。最后，彭雪枫要求：“将此电及历次关于战术之指示综合的加以研究，并在主力及地方武装之连排以上干部中彻底传达，并深入讨论”，“立即执行”。10日，彭雪枫鉴于第十二旅原为地方武装，“无论在战斗经验上领导方式上都十分不行”，遂派参谋长张震去该旅“帮助指导一切，使该旅能更为分散活动”。

14日，彭雪枫电告中央军委：为了在政治上打击蒋介石反共活动，在军事上迟滞李仙洲部东进援助韩德勤部的西进，国民党第九十二军第一四二师第四二五团团长（又称第十二路第六纵队指挥官）陈锐霆（中共秘密党员），“要求率部起义”。不日，得到了中共中央的批准。18日，彭雪枫由师部赶赴第十一旅第三十二团驻地，亲自主持陈部起义事宜。19日，陈锐霆率部于怀远县褚集举行反内战起义，参加起义的有第四二五团团部及其第二营，及骑兵第八师一个连。当日，彭雪枫为接应与掩护陈团起义，指挥第十旅第二十八团与第十一旅特务营及第三十二团，乘顽军第十四游击纵队第一支队牛肃久部处于冒进孤立之

① 萧、滕、孔，即萧望东、滕海清（第十一旅旅长）、孔石泉（第十一旅政治委员）。

② 彭雪枫、邓子恢：《新四军第四师一九四一年工作总结报告》1941年12月31日。

③ 时第十二旅归萧望东、滕海清、孔石泉统一指挥。

机，将其歼灭于怀远县大小郭家，俘顽军团长以下 320 余人，击毙 50 余人，缴获轻机枪 11 挺，步枪 300 余支，仅牛肃久率 100 余人泅水逃脱。

陈团起义后，根据中共中央军委指示，仍取国民党军名义，定名为国民党第九十二军第一四二师独立旅，陈锐霆任旅长。20 日，彭雪枫在接见《拂晓报》记者时，发表《对‘四一九’皖北起义之观感》称：吾人对陈锐霆先生这一壮举，表示欣慰。唯此乃九十二军自己内部问题，外人毋庸过问。但是陈先生提出之自动停止内战，联合一切抗日友军，一致对外，则完全赞同，并愿与之诚意合作，携手抗战。陈团起义后，转移到津浦路东休整。但出乎意料的是，隐蔽在该团的国民党特务分子策动了哗变，陈锐霆被刺伤，陈团全部溃散。

陈团起义与牛肃久部之被歼，使顽军产生了极大的震动。李仙洲等为了进行报复，于 22 日派骑兵第八师全部附第一四二师一个团，对隐蔽于宿南小营集西北左围子一带的第十一旅第三十二团一部，进行宽正面的搜索进攻。第三十二团发现后，即向北撤退。顽骑兵第八师遂由左右两侧实行大迂回包围，该团在极不利的条件下，且战且退 15 公里，终被优势顽军冲散，伤亡、失踪 360 余人，被俘 200 余人，损失机枪 12 挺、长短枪 270 余支。当晚仅 40 余人归来。

对第四师的战况与华中顽军的动向，新四军军部领导人十分关注。25 日，刘少奇、陈毅指示彭雪枫并报中共中央称：李仙洲部已奉命东进入鲁，我四师在津浦路西地区甚小，难于周转。皖东北地区还极不巩固，仍有地方顽固派武装五六千人，尚未成为我之巩固根据地，估计李仙洲部有可能从宿县以南过津浦路到灵璧、泗县以北地区，再相机转入鲁。为了巩固皖东北地区，在皖东北组织阻击李仙洲的战斗，并坚持津浦路西游击，我四师主力应由彭雪枫率领到皖东北，统一指挥皖东北部队创造根据地。四师留下三个团及巩固的地方部队在津浦路西，由张震率领坚持游击，保持我路西原有阵地，切实破坏津浦路，以阻顽军之东进。地方工作人员亦抽调一大部分，由刘子久率领到皖东北工作。

三、奉命率主力转移皖东北

彭雪枫与张震、萧望东等对刘陈 25 日电进行了认真的讨论，并于 29 日致电陈刘并报中央军委称：（1）25 日电示是正确的和必要的，因为部队在如此斗争局面下削弱易补充难，且指战员情绪低，需要换一新地区；（2）我们决定留十一旅全部在永南、宿西、宿南一带坚持游击战，区党委留吴芝圃同志，师直属队及十二旅过路东，第十旅既已过去，暂即不必过来；（3）我们最中心的意见是此次过路东去，将后方勤务、教育机关安插妥当，待李仙洲部行动后再看路西情况，届时全力再行过来。总之，为了坚持华中、巩固我苏北基地，我军总以跳出顽军之包围圈深入顽后方作战方为上策。

4 月 30 日，经中央军委批准，第四师军政委员会由彭雪枫、张震、萧望东、岳夏、赖毅组成，彭雪枫为书记。

5 月 3 日，彭雪枫报告毛泽东、朱德、王稼祥、叶剑英并陈毅、刘少奇，略称：我们军政委员会讨论，认为目前四师活动区域极为狭小，连司令部、直属队也经常距日伪据点在六公里左右，故每天不得不在移动中；至于战斗部队，则时在日伪据点附近穿插往来。我们意见师直属队及十二旅（两个团）过路东去休整，十一旅三个团在原地坚持。“你们是否同意，请速示，我们拟于明晚出发。”同日，刘少奇、陈毅、赖传珠复电彭雪枫：同意四师之师直及十二旅两个团及抗大四分校向皖东北转移的原则。同时提出：在什么条件和时机转移为适当，最好你们看清楚情况后再决定。

4 日，彭雪枫就最近五天与顽军斗争情况及本身的困难，报告军部及中央军委。电称：3 日上午，抗大校部一营隐蔽于罗集以西距蒙宿公路敌伪据点 9 公里半之苗家，为顽发觉，第一连（为连营干部）为顽骑兵解决，伤亡被俘者约 50 人；3 日午后，顽骑继续北犯，抗大三营及三十二团五连隐蔽于罗集东北 6 公里的李庄、陶庄，也为顽骑兵侦察搜索发现，战斗 1 时许，第五连退出战斗，抗大三营 180 余被顽包围，伤亡十余人，被俘约 80 人，溃散六七十人（该营为部队班排干部及地方干部），现正收容中；同时，隐蔽于罗集以南的淮上行署警卫连 30 人，亦为顽军解决。3 日晨，永城敌伪向我浍河南岸之彭张庄宿西办事处及宿县四区区署、我十二旅骑兵连 1 个排袭击，我伤亡 20 余人，休养员亦被击伤，且均被敌投入房内纵火焚烧（内有宿四区长及骑兵排长各 1 名），状况凄惨；四区队 100 余人，仅 20 余人脱身。永、夏等地顽军与土顽，已进到书案店、新兴集等地附近。当前困难主要为：活动区域狭小，纵深仅 10 公里，以团为单位活动已不可能；距日军太近，集中作战易遭日顽夹击；对顽骑兵作战没有周旋余地，且弹药缺乏等。

同日，第十二旅直属队与由临涣集出动的日军遭遇，经激战后突出，但伤亡、失掉联系者 80 余人，失步机枪 60 余支（挺）。

上述种种情况所构成的严峻局面，在迫使彭雪枫需要断然定下过路东的决心！

彭雪枫焦灼的心情与鼎沸的思绪在思考：主力撤出豫皖苏边区意味着什么？过路东的时刻是否已经到来？

早在去年 12 月 30 日，刘少奇就指出：“你们必须知道在敌顽夹击之下，以大部队打游击是很困难的，或不可能”，你们要“准备在主力不能坚持时退过皖东北”。这就是说，主力撤出豫皖苏边区到皖东北是刘少奇早已料到的事，并不是意外的结局。

还在 1 月 2 日，彭雪枫也曾致电中原局并党中央与集总表示：“应坚持现阵地，只有到万分不得已时才能过路东”。现在这个时刻已经到来。

豫皖苏边区是他与边区的党政军民艰苦奋斗创建的，从这里一旦撤出终究是不忍与不甘心的。但既然危局已经到来，为了将来的恢复还是不能不忍痛撤离的。何况“迅速摆脱危局”历来是军事家的当务之急和重要抉择呢！

刘陈指示：到路东是为了“巩固皖东北地区”与“创造根据地”，是关系到坚持华中抗战的大局……

彭雪枫与张震、萧望东等经过审慎思考、权衡，决心以主力于4日晚过路东。彭雪枫并对参谋长张震说：“留下三个团已不可能，由芝圃、海清同志率十一旅在路西再坚持一段，你随我们先过路东吧。”①

经军部批准，5日午夜，第四师直属队越过津浦铁路，经濠城于7日抵达泗县管镇。8日，第十二旅亦由路西转移到路东，于10日进驻鲍集一带。30日，坚持路西斗争的第十一旅，由于形势继续恶化，部队损失严重，弹药奇缺，极需休息与补充，乃经师批准亦转移至路东。至此，路西仅留下萧县支队等部，由吴芝圃率领在萧、永一带坚持斗争。

彭雪枫在忍痛告别自己亲手创建的豫皖苏边区和路东转移时，对依依不舍、挥泪送别的群众，他悲愤交集，无限深情地说：“我们会回来的，一定会回来的！”

这是一次战略性的转移，也是一次顺利的转移，它是彭雪枫统战工作的胜利。还在3月间，彭雪枫为了加强宿（县）南统战工作的领导，就派师政治部敌工部长刘贯一去开展工作。刘贯一通过蕲县集爱国人士王峙宇，展开了争取当地伪军、伪组织的工作。在顽军深入边区腹地时，“我们部分的后方仓库、医院都靠近伪据点，由他们暗中对日军监视，对我加以掩护”。特别是在“4月底，四师主力和边区机关由路西经西寺坡村过路东时，王峙宇给予我军以很大的支持，做到了每日有情报，过路有向导，特别是这次过路，分三个梯队，人多、时间长，这样大的部队，能始终保持安全通过铁路封锁线，的确是不容易的，这是很大的胜利。”②

从2月中旬到5月上旬，在中央军委、华中局和军部的领导指挥下，彭雪枫指挥第四师抗击了七倍于己的顽军大举进攻及日伪军的夹击；且在无山地作依托、无青纱帐作掩护的情况下，坚持了豫皖苏边的斗争达三个月之久，虽然全师和地方党政机关与群众团体共伤亡、失踪、非战斗减员4800余人，主力不得不暂时放弃豫皖苏边区；但却阻止了顽军的北上与东进，掩护和支援了苏北和淮南根据地的巩固和发展，这对华中斗争的全局具有重要的意义。

与此同时，蒋介石指使顽军对日军的豫南攻势不作任何抵抗，纷纷后撤；而在日军回兵之机，却立即对豫皖苏边区的新四军第四师展开了全面猛攻。不仅如此，他们不但拒绝新四军第四师“停止内战，团结抗日”的忠告，反而与日军彼此“心照不宣”地配合对第四师进行夹击、围攻，摧毁抗日民主政权，搜杀抗日党政干部，焚烧抗日伤病人员，实为继“皖南事变”之后，所制造的新的江北奇冤！

新四军第四师为了顾全抗战大局，被迫撤离豫皖苏边区，是国民党反共派又

---

①《张震回忆录》（上），解放军出版社2003年版，第188页。

② 王子光：《战斗在敌人的心脏里》，载《抗战在淮北》第2辑，第494、495页。

一新的罪行。但对彭雪枫和新四军第四师这支英雄部队来说，只能是意味着一个斗争阶段的结束和一个新征程的开始。

四、仁和集会议与整训部队

第四师过路东后，师部先后进驻过泗县之管镇、淮宝之仁和集与泗县之半城等地，主要任务是进行整训——检查总结三个月反顽斗争的经验教训，整编部队，全面提高部队的素质。新四军军部为防止顽军东进与保障四师整训，相应调整了部署。

（一）检查总结三个月反顽斗争的经验教训

5月上旬，陈毅、刘少奇就第四师主力移驻皖东北后的部署作了指示，并提出了“整训”的问题。22日，彭雪枫就第四师目前状况报告陈毅、刘少奇等称：自2月起，与反共军作战三个月以来，在日顽夹击中出现的问题：部队伤亡、失散大，弹药毫无接济，对坚持平原作战信心不足，部队中干部未经过大风浪，遇到困难要求调动；个别干部缺乏民主作风，下级不敢说话，不安心工作，现正召开各种会议检讨与解决。25日，彭雪枫接到华中局的复电称：“四师在路西两三个月的艰苦战斗，阻止了反共军的东进，我军虽略受损失，但这是革命战争中常见的事，没有任何理由使我们悲观的。在不久的将来，四师各部将壮大起来，成为党的主力之一部。望保持各团营连建制，切实整训”。华中局此电传达后，广大干部顿受鼓舞，反映很好。

为检查总结三个月反顽斗争的经验教训，以改进部队训练教育和健全规章制度，自18日开始，师分别召开了参谋工作会议、政治工作会议和第二次医务工作会议。

在参谋工作会议上，初步检查总结了三个月反顽斗争在军事上的经验教训，研究了部队的整训工作和改进战术教育方法问题。师参谋长张震首先作了《三个月来反顽斗争在军事上的初步总结与今后任务》的报告，全面系统地从军事上总结了反顽斗争的经验与教训，并对今后在战术、司令部工作改进上，以及整军建军工作提出了具体要求。特别是阐明和回答了一个重要的现实与理论问题。他说：“坚持豫皖苏边现有阵地是我们的任务。但不应该机械地提出保卫某地来鼓动，因为游击战争不是在一条固定线上作战的，在平原地也只能建立季候根据地，因此有时根据地也会变为游击区”。“但是有些同志还不了解的，以为根据地变成游击区或者主力转移打圈子，就是退却逃跑，只看到一村一镇”。这对于正确认识第四师主力从豫皖苏边区的撤出是有意义的。它与毛泽东在总结红军十年内战经验的一些论断是相符合的。毛泽东曾说：“相对固定的作战线往往见之于一般战争。唯独敌我强弱悬殊像处在目前阶段的中国红军这样的军队，则是例外”。必须承认“战争和领土的流动性”这种特点，“不要幻想有进无退的战争，不要震惊于领土和军事后方的暂时的流动”。“只有在现在的流动生活中努力，才能争取将来的比较地不流动，才能争取最后的稳定”[①]。

5月20日，彭雪枫在会议上作了《三个月来军事斗争检讨与今后战术改进问题》的讲话。他首先说：这次参谋会议听到各报告人的意见，都是在血的经验教训中得到的。参谋长的报告和总结我完全同意，这一总结是各部的经验，是四师三个月来军事斗争的结晶。以这种经验教训来进行教育，才不是口头的教育、操场的教育，而是理论与实际的联系，是操场与战场的联系，有血有肉的教育。

接着，他指出：三个月的斗争，我们有胜利，同时也有失败。三个月的斗争使我们整个部队有了进步。这些进步的综合，使我们部队的战斗力提高了，战术素养提高了，我们战斗的顽强性、坚持性和战役组织的艺术性提高了，使我们更坚强起来了。

同时，就战略运用上、战术指挥上存在的问题也指出：有些运动战的战役计划由于通讯联络和指挥员的机动性差，或缺乏战略眼光，轻易放弃了有战略意义的据点，而失掉了机会没有打成。有的战斗决心是闹意气开玩笑，没有军事常识，而受到了挫折；有的战斗决心撤退，虽然受到损失，是因为我们体力弱，兵力少，速度慢，然而决心是对的。有的战斗未能不顾一切疲劳决心撤退，以至于吃了亏。他检讨说：“如果我们认真、坚决、果敢，那么不管大小战斗是能够胜利的，起码不会受挫折。”

根据三个月的战斗，彭雪枫提出了几个今后要研究的问题：（1）游击战与运动战配合的问题；（2）对敌顽夹击下的战斗问题；（3）转移、进攻及退却的组织问题；（4）对情况的分析和判断问题；（5）政治动员与军事宣传配合的问题，并作了扼要的讲解。

彭雪枫最后着重指出：三个月来，我们摸到了顽敌的规律性，然后得出这些经验教训。这些应该加以整理，作为今后教育的参考，才能使我们部队的素质、战斗力提高。同时强调：“回去须好好传达讨论，使各级指战员、政工人员都了解此点，以便应付更复杂的环境，更开展的局面！”

会后，彭雪枫将第四师参谋长会议和三个月反顽斗争的情况向军部作了报告。

6月1日，彭雪枫收到了华中局的来电。其中主要指出：1. 四师在豫皖苏边区的长期斗争中，执行了党的路线，创造部队、建立根据地都有了很大的成绩。这是不待说的。但在长期工作中，我们感到似乎有下列重大缺点：（1）对部队整训似偏重在正规化、偏重在形式，而培养各部队独立自主分散游击的能力不够，上级对下级的干涉过多，发挥各级干部自动性、创造性的注意太少。（2）根据地工作，特别是群众工作，除萧县的原有基础外，一般没有建立深入的基础，偏重号召与形式，而缺乏深入的组织工作与教育工作，没有使我党与群众建立密切联系。2. 我们提议：四师今后整训部队除在政策纪律制度上应着重正规

①《毛泽东选集》第1卷，人民出版社1992年版，第229页。

化与统一外，要特别着重游击战术的教育，要特别注意培养与锻炼各部队独立行动，独立坚持游击的能力。

这封电报，华中局还同时发给了在第三师第九旅帮助指导工作的军政治部主任邓子恢、中央军委及第九旅旅长张爱萍、政治委员韦国清。

一个星期后，新四军政治部主任邓子恢奉命率军部巡视团抵达第四师师部，视察和指导工作。

对于邓子恢到四师视察和指导工作，彭雪枫和师的几位领导非常高兴，因为这是军部的领导人第一次到部队来。所以，还在5月31日《拂晓报》就发表了《用整训的胜利欢迎邓主任》的社论。

6月9日晚，彭雪枫出席师直属队干部欢迎邓子恢会议。邓子恢在会上说："同志们！你们胜利了。你们坚持了豫皖苏边抗日民主根据地的反敌伪顽夹击斗争，在最险恶的境况中保存了实力。你们光荣，你们完成了党和上级给你们的战斗任务。"这是一个十分中肯和重要的评价。会场上响起了热烈的掌声。随后，第四师发布了整训部署的命令。

仁和集会议。7月19日，根据中共中央和华中局的指示，第四师军政委员会于本日起至月底，在淮宝县仁和集①召开扩大会议（会议是先有区党委和军政委员会领导人参加，后扩大到团以上干部，通称仁和集会议），邓子恢作为华中局代表参加了会议。

在会前，中央军委、总政治部于7月3日致电第四师，提出就四师过去军事工作的缺点，希望纠正。指示的要点为：1. 在师组织上机关庞大和不合理的现象。2. 在教育方面偏重形式。3. 在组织上工作制度上，我们要求正规化，但决不反对游击战术，此次反顽军进攻，在战术上就是没有充分运用游击战术，缺乏机动，主张硬拼。同时，还就政治工作方面指出：（1）存在追求表面与铺张的作风；（2）对根据地的各种政策掌握不紧，不能抓住时机切实组织群众与改善群众生活，使群众与我们共同坚持斗争，而是多少受社会上层分子的恭维歌颂所麻痹；（3）忽视了对下层政权的改造和对基本群众的发动；（4）对伪军、伪组织普遍采取打击的办法，不懂得利用矛盾和依据环境分别对象规定政策，望你们在整训中好好的研究与讨论；（5）应当在党内和干部中正确的发扬自我批评，不应文过饰非，一味责备下级；（6）在分散的游击战争环境要培养干部独立自主的能力，使干部敢于负责与能够负责，同时加强干部的党性。在电报的最后称："四师的创造与发展成绩是很大的，上述缺点的指出并没有减低成绩的估计，但掩盖这些弱点的确是有害的。希望你们将这个指示在中级干部中加以宣布，并加以讨论。若有不同意见，可以向我们提出。"

会议在邓子恢的主持下，对于过去的工作与三个月反顽的成功与损失、经验与教训，充分发扬了民主，采取批评和自我批评的方式进行总结。

① 仁和集会议地址，是在仁和集左家楼的福祥昌商店二楼。

彭雪枫经过深刻认真的思考和准备，在会议上代表师军政委员会就以下问题作了严肃的检讨：（1）关于部队建设；（2）关于政治工作；（3）关于党的工作；（4）关于地方武装；（5）关于伪军组织政策；（6）关于群众工作；（7）关于反顽斗争；（8）关于干部政策和领导方式。他的检讨有对缺点错误的表现及对产生原因的分析。从当年参加会议的师参谋长张震所保存的彭雪枫亲自起草的检讨报告提纲看，对八个问题，从不同的方面对缺点错误及其表现与产生的原因，条分缕析地作了诚恳的自我批评。同时，他接受7月3日中央军委、总政治部关于四师"缺点"的指示，并决心进行改正。

对于彭雪枫的报告，与会者多数人是同意的，认为很受启发和教育；但也有少数误解他的人对他提出了过于偏激的指责和批评意见。甚至从战略方针、根据地建设、部队主力培养、干部政策等问题，即对路西工作予以全面否定。个别人还使用兄弟部队的电台向军部发报提意见。彭雪枫虽然深感犹如激流之下的狂漩猛烈地撞击着他，"至为苦人"，但他仍诚挚地抱着："一不辩驳，二不还击，三不伤神的宗旨"①，耐心地听取了各种意见，表现了共产党人的纯洁无私的高度党性。

在彭雪枫作了总结与检讨报告之后，华中局代表邓子恢在会议上作了《关于四师三年来在豫皖苏边区斗争总结》的报告，对四师过去的工作作了全面评价，并对今后的工作作了指示。

邓子恢对于第四师三年来工作的基本估计是：（1）创造了党的武装力量——从无到有，从小到大，从游击队到正规军，且"已成为党军了，而且是党在华中主力之一"；（2）创造了豫皖苏抗日民主根据地，把党的影响散布到各方面，使党打下了将来向西发展开展河南的基础；（3）给了敌伪以不断打击，配合了全国抗战的胜利，从政治上争取了伪军，在敌军与反共军中进行了宣传，扩大了党的影响；（4）在广大的群众中，扩大了党的深刻的政治影响；（5）培养了许多各色各样的干部，吸收了大批知识分子；（6）三年来四师在路西坚持了英勇的斗争，获得了伟大的成绩。这给了华中的斗争以战略的配合及推动作用，没有路西的坚持，要苏北与淮南根据地的巩固与发展也是困难的。这是邓子恢对四师三年来取得的"伟大成绩"所作的重要评价。

对于第四师三个月反顽斗争中的损失，邓子恢指出："我们的确遭受了严重的挫折与损失"，"但不能说是失败"。"因为我们的主力还保存着，干部保存着。在根据地中，我们公开的政权与武装虽然退出来了，但还留存着我们深刻的政治影响；保存着我们的秘密的党，隐蔽的干部；保持着一部分统战关系与两面派关系，我们还保持着不少武装在各地活动，这不能称失败，只能算是挫折。"

对于造成损失的原因，邓子恢实事求是地分析了客观原因，也非常系统地指出了主观原因。在军事上：机关庞大，削弱了战斗部队；充实、帮助与培养主力的配备不够；教育上偏重形式，欠重实效；不能充分运用游击战术，军纪松懈。

① 林颖：《彭雪枫家书》，文物出版社1985年版，第57页。

在政治工作上：存在着铺张追求表面的作风；党内民主发扬不够，思想斗争不开展，党的威信未提到应有的高度；对老干部爱护和发挥其骨干领导作用不够，对知识分子在实际中磨炼不够；创造地方武装基本兵团努力不够，对地方杂色武装的改造不力；对争取伪军工作耐心不够，只有打，没有拉的政策是错误的；在政权建设上，“三三制”未建立，存在过左现象；群众组织的形式主义，缺乏中心；在反顽斗争上，对反共军估计不足，对自己估计过高；强调敌顽矛盾，忽视其反共的一致性，战术运用未能集中力量打敌一点，致陷于被动；在军事上与策略上不应打骑八师；部队奉命转移休整时，没有决心留部队在路西坚持是很大的错误。在领导方式上：集体领导制度没有建立，分工不明确，个人负责制建立不够；组织系统不健全，存在不尊重或超组织的现象；自我批评精神发扬不够，领导机关接近下层倾听与采纳下层意见不够。

最后，邓子恢满腔热情地提出：为了担负今后伟大的任务，“我们应加紧整训，完成党军建设的任务”，并就在军事、政治等方面的建设，有针对性地提出了重要的意见。

“邓子恢这个报告，公道中肯，对四师三年来的历史，对彭雪枫的领导，作了高度评价。彭雪枫是一位虚怀若谷、从善如流的高级领导，四师路西受挫后，一度受到一些人的误解，他并不计较，问题是今后怎样巩固和带领这支部队继续前进，这使他苦恼。邓子恢的总结报告，对他来说无异是空谷足音，感激和鼓舞交织在一起，使他重新焕发出了充沛的精神力量。”①

这次会议发扬了民主，进行了批评和自我批评，开得是成功的。邓子恢后来作出了“会议一致同意总政对四师三日电示”②的评价。

仁和集会议，是第四师的一次重要整军、建军会议，会议达到了统一思想、明确方向的目的。

仁和集会议开得成功，是由于会议准备得充分，充分发扬了民主，认真开展了批评与自我批评，华中局代表邓子恢的正确指导；也是由于彭雪枫的认真与正确的态度。

彭雪枫在会议中认真检查总结经验教训，会后努力改正，不断进取。后来他在一次家信中说：对于我的毛病，“会议以后，我在极力纠正着，据一般同志说，进步多多了”③。

彭雪枫在会议的全过程中，总是本着正确对待各种意见，有则改之，无则加勉的态度，在政治风度上，保持与体现“共产党人的伟大”。彭雪枫对于对他产生误解的人，采取的根本态度是“宏达”。一年之后，他在一封家书中说：“收到 ××× 一封信，字里行间，似有‘愧对老友’之慨，去年仁和集会议，少数

---

①《邓子恢传》，人民出版社出版 1996 年版，第 277 页。

② 邓子恢：《在四师检查工作的总结报告》，1941 年 8 月 30 日。

③ 林颖：《彭雪枫家书》，文物出版社 1985 年版，第 45 页。

同志之对我误解者，似乎都已逐渐冰消云散了，此所谓‘路遥知马力，日久见人心’。我一仍我以往之传统的‘宏达’态度，对任何人不抱成见，一本宽大仁爱友诚之心，知我罪我，在诸其本身了。”邓子恢在后来回忆彭雪枫自仁和集会议的变化时说：“彭雪枫同志之所以伟大，所以能够成就其布尔什维克的事业，正由于他敢于正视自己的缺点与错误，敢于纠正自己的缺点与错误。大家都公认到路东后三年来，雪枫同志在党的帮助之下，在总结过去经验之后，已大大不同于路西时期了。”[①] 仁和集会议，是第四师工作的一个新的起点，也是彭雪枫同志革命征途中的一个里程碑。

（二）全师进行整编与整训

自6月中旬开始，以彭雪枫为书记的军政委员会根据军部提出的：缩小机关、充实战斗连队，充实主力以及着重加强游击战术教育的指示，开始对部队进行整编与整训。到8月中下旬，整编与第一期整训先后结束。

第一，关于部队的整编。第四师转移路东后，华中局于6月18日和7月18日先后就四师的整补问题，致电中央和彭雪枫等，其基本意见是：（1）第十旅保持两团建制，并加以充实；（2）第十一、第十二旅旅部均取消，合编为三个团，由师部直接指挥；（3）目前没有部队归第四师作补充，部队应缩编；（4）编余干部送学校学习。7月24日，八路军副总指挥彭德怀和副参谋长左权就第四师的整编补充问题，向陈毅、刘少奇并华中局建议，同时报告毛泽东、朱德、王稼祥、叶剑英电称：（1）缩编第十一、第十二旅，充实第十旅；（2）抽调一部分兵力补充第四师；（3）将皖东北地区（包括淮泗）及淮宝区划归四师防区，以利进行党务、政权及民众工作；（4）自8月起每月经费及今年之冬衣费，请区党委拨交或定期收税解决。

彭雪枫与邓子恢、张震等，根据上述指示，经过研究，对第四师进行了以下的整编：

（1）第十旅保留原有的第二十八、第二十九团，将第十一旅之第三十三团编入第十旅，补充第二十八、第二十九团，全旅3200人。（2）将第十二旅之第三十五团编入第十一旅，补充其第三十一、第三十二团，全旅共2000人左右。（3）第十二旅旅直撤销，其第三十四团归师部直接指挥[②]。（4）将各旅骑兵连集中，组建师属骑兵团，辖3个连，共250人。（5）师部特务团缩编为特务营，辖3个步兵连，1个机枪连，1个炮兵连。（6）成立宿东游击支队，由师部特务营第一连、警卫连、第三十二团第四连与宿东独立团及地方武装组成，以坚持宿东游击战争。（7）地方武装有：淮宝独立团，400余人；淮泗独立大队，约200余人；睢杞太边独立大队，600余人。另有各区队。

为便于指挥及与驻地一致，军部9月9日电令：第四师第十旅转隶第三师建

① 邓子恢：《哭彭雪枫同志》，原载《拂晓报》1945年2月5日。
② 第三十四团于11月初分散编入淮泗、泗南、盱（眙）凤（台）嘉（山）县大队。

制，第三师的第九旅则转隶第四师建制。

8 月 7 日，中共中央华中局转发了中共中央 7 月 11 日的任命：邓子恢任第四师政治委员。

第二，关于全面开展整训工作。第四师转入路东后，结合路西三个月反顽斗争的经验教训，各部根据师的整军计划，一面战斗，一面展开了整训与教育。

除师召开军政委员会扩大会议进行检查总结外，师还着重抓了对干部的培养。主要是：成立上干队，加强对在职营、团级干部理论上的学习培养，有计划地调部队中的班、排、连干部到抗大受训，进行深造；开办营连干部短期训练队，传授近战教育，然后回部队任教员；各部门按不同性质开办各种训练班，培养各种专业干部。

各旅以营连为单位进行整训，主要是进行纪律、内务、队列等教育，建立各种制度；进行各种战斗训练，如掩护与伪装、班战术、河川战斗、村落战斗、对骑兵战术、游击战术等。

经过这次整编与整训，精简了机构，充实了部队，组建了一支机动力量——骑兵团，初步建立了各种正规制度，提高了干部与部队的素质。

五、创建骑兵团

在第四师过路东整训期间，于 8 月 1 日在淮宝县（今洪泽县）岔河镇组建了师的骑兵团，也是新四军唯一的骑兵团。该团的创建，是仁和集会议根据彭雪枫的建议和路西三个月反顽斗争的经验教训而作出的决定。

彭雪枫要建骑兵部队的想法由来已久。他于 1926 年在绥远特别区（今内蒙古自治区西部）大青山那“塞外草衰、牧马悲鸣”的旷野山峦，练过骑术，知马之驰骋捷速。而使他产生要建自己的骑兵分队的念头，则是 1940 年 6 月 1 日，当新四军第六支队（第四师的前身）在安徽省涡阳县新兴集检阅部队时，突然遭到亳（县）永（城）宿（县）各据点之日伪军乘汽车的奔袭。身为支队司令员兼政治委员的彭雪枫深感：在广阔的平原上必须有较为快速的骑兵作侦察、警戒和通讯联络之用。如是他与参谋长张震等商量后，决定成立骑兵连，各旅、团也相继成立了骑兵排、班。这是第四师骑兵团最早的基础。

在 1941 年路西三个月反顽斗争中，顽军以骑兵为先导，进行搜索、迂回、包抄和围攻，先后使第十一旅第三十二团一部、第十二旅第三十四团一营、抗大一、三连等部，均遭受了重大的损失。鉴于这些惨痛的教训，彭雪枫在“7 月的仁和集会议上说：在路西我们所以失利，一个重要的原因是没有有效地对付敌人的骑兵。论勇敢，顽不如我；论快速，我不如顽，所以陷入被动”。[①] 同时，他想

① 马子魁：《文武兼备的将军》，载安徽省宿州市新四军历史研究会编：《著名军事家彭雪枫将军》，1996 年，第 19 页。

到岳飞的“步利险阻，骑利平地”的名言，提出现在我们要组建骑兵团，就是要“以其人之道，还治其人之身”。如是，会议一致赞同组建师的骑兵团，以利对日伪顽进行新的斗争。

“建立骑兵团的第一步，是把师部骑兵连、特务团骑兵连和第十旅、第十一旅骑兵连、排集合起来，接着是抽调各部队中机灵、勇敢的战士、通讯员甚至班、排干部充实到骑兵团，并挤出经费买马，把架子先搭起来[①]。”当时，全团仅有指战员 250 余名，所辖也只有 3 个连[②]。

8 月 1 日，召开骑兵团成立大会时，彭雪枫因有事未能亲自参加，他委托参谋长张震代他宣布骑兵团正式成立的命令，并任命黎同新为团长兼政治委员。

骑兵团的成立，是继《拂晓报》、拂晓剧团之后，成为彭雪枫建军、治军的“第三件宝”。

骑兵团建成，彭雪枫高兴，第四师的广大指战员们高兴，因为他们有了一支机动性强的快速部队。彭雪枫指示新组建的骑兵团立即进行训练，学骑马、喂马和练习马上的技术。但初建的骑兵团，终因条件简陋，马匹素质相差很大，有的马匹根本不能驰战，装具也很差，马枪很少，马刀更无。彭雪枫与师的其他领导们，决心继续挤钱买马，并从营级干部配备的马匹中抽调出好的乘马，充实骑兵团。骑兵团也投入了紧张的军事训练，准备驰骋战场，杀敌立功。

8 月 25 日和 9 月 29 日，骑兵团于淮泗老陈圩子两次与土顽进行战斗，虽歼其一部，但亦暴露出训练不够，作战动作与协同不力，装具也不适应作战的需要；同时，群众纪律又差。对此，彭雪枫一则是喜，骑兵团终于作战了，并取得了小胜；二则是感到骑兵团还要下更大本钱来加快建设。于是，他与师的领导研究，决定：

首先，调熟悉骑兵的周纯麟任副团长。周纯麟曾于 1936 年在红军第四方面军西路军受损后到达新疆，在喀什当过骑兵连长，学会了骑兵的战术、技术及管理教育等。后黎同新调抗大学习，周纯麟升任团长，调康步云任政治委员，戴彪为参谋长，程坤源为政治处主任，以加强领导。其次，是拨淮北币三万元，解决马匹缺乏、马具不全、武器不足的问题。再次，是要周纯麟尽快拟制一个训练计划，搞骑兵团的各项基本建设。

周纯麟接受上述的任务后，既兴奋，又感到责任重大，但他表示一定不辜负师军政委员会和彭师长的期望。

彭雪枫还派师政治部主任萧望东率干部到骑兵团，去进行战场纪律与群众纪律的调查。然后，命令该团到今泗洪县界头集进行整训。

军事训练，由团长周纯麟亲自领导，亲自上课。他根据记忆中的《骑兵操典》和《骑兵教范》，首先进行骑兵制式教练、调养马匹训练。技术训练有：超

---

① 程坤源：《千里驰骋，威震敌胆》，《抗战在淮北》第 2 辑，华艺出版社 1997 年版，第 143 页。

② 陈毅、刘少奇、赖传珠关于第四师部队缩编情况向中共中央军委的报告，1941 年 9 月 5 日。

越障碍、劈刀、马上救护等。接着训练马术：如马上独立、镫里藏身、跳上跳下，马上拾物，马上投弹射击、倒骑马、偏骑马等；以后又发展到马上做各种惊险的特技动作：如马上独立射击、马上拿顶、马上跳平台、钻火圈及翻杆子等。经过训练，骑兵团指战员们的骑术与技术有了很大的提高。“骑兵团精湛的马术动作，不仅轰动了淮北地区，而且受到陈毅军长、张云逸副军长及罗炳辉、谭震林等同志的赞扬。新四军二师、三师和四师各旅的骑兵连，以后都到骑兵团接受过训练，连被迫降落在苏北的美军飞行员对骑兵团娴熟的技术也惊叹不已。”①

骑兵团的政治教育，首要的内容是增强群众观念，整顿群众纪律。骑兵团组建后，在作战中取得了一定的胜利，在军事训练上取得了显著的成绩。但也出现了少数人违犯纪律的现象，如个别人随便拿群众的东西吃，和马啃树皮等，以致驻地群众告状，兄弟部队反映强烈。彭雪枫对此极为重视，他于是年冬，亲自带领工作组，到骑兵团进行整顿和教育。

彭雪枫“在全团大会上严肃批评了这个团的‘功臣自居思想’‘骑兵特殊论’。他说：自以为‘骑兵特殊’是非常错误的”，绝“不能自认为‘特殊’，因而破坏群众纪律就可以原谅。他说，马应当听人指挥，人应当听党指挥，党决不允许任何人借口‘特殊’，让马匹践踏群众的庄稼，啃群众的树皮，吃群众的青苗。马是我们的‘无言战友’，它是无罪的，问题是指挥马的人，嘻嘻哈哈，满不在乎，不知道军民关系的重要，这是非常危险的。”②彭雪枫还“进行了‘为谁当兵’和共产党与国民党两种军队的对比教育，从根本上提高了部队的阶级观念，立下了‘在敌人面前要像猛虎，在老百姓面前要像绵羊’的誓言，定下了遵纪爱民公约（如每一匹马做个笼头罩子套住马咀等）”③。经过这次整顿，以及师政治委员邓子恢也曾到骑兵团作报告等教育，“这支英勇善战部队的遵纪爱民的传统又恢复起来了。驻地群众十分感动。当骑兵部队离开驻地时，群众敲锣打鼓挥泪欢送。”④

骑兵团经过整训，军政素质大大提高，以崭新的姿态投入了新的战斗。1942年5月下旬，骑兵团第一、第三大队在泗县和泗阳县以北，痛歼从屏山、黑塔等据点出来抢粮的日伪军三百余人，保卫了群众的夏收。此时，正在师部开政工会的彭雪枫闻讯极为兴奋，他下令骑兵团将俘虏押送到管镇师部，向政工会议献礼。参加政工会的全体干部看到骑兵团的胜利战果，一致表示热烈的祝贺。为加强骑兵团的实力，彭雪枫当即将自己心爱的坐骑——“火车头”送给了骑兵团，并号召各单位献马，支持骑兵团的建设。

此后，彭雪枫还经常到骑兵团视察、指导、讲话，或是把骑兵团调到师部驻

---

① 程坤源：《千里驰骋，威震敌胆》，载《抗战在淮北》第2辑，第144页。

② 林颖：《怀念彭雪枫同志的崇高品德和革命情操》1979年9月。

③ 单斐：《彭雪枫与拂晓报》，载新四军第四师老战士回忆录编委会编：《抗战在淮北》第1辑，长征出版社1995年版，第428—429页。

④ 单斐：《彭雪枫与拂晓报》，载新四军第四师老战士回忆录编委会编：《抗战在淮北》第1辑，长征出版社1995年版，第428—429页。

地去参加会操；并要骑兵团开办干部训练班，要团长周纯麟亲自上课。彭雪枫还教骑兵团总结作战经验，据该团第五大队政治教导员李宣化回忆：凡是骑兵团打了仗，彭师长都要我们总结经验，详细报告，只要能抽出时间，打过仗后都亲自来看我们。我记得很清楚，1943 年秋，得到泗县日军换防的情报，为了弄清真实情况，令我们五大队（我已由三大队调至五大队）去完成活捉日军的任务。在这次泗县枯河头的战斗中把日军追击包围，堵住其逃跑的退路，日军被迫依托有利地形，固守待援。由于泗县等据点日军迅速增援，只是击毙击伤了敌人，未能捉到活的日军，我们便撤出了战斗。第二天，彭师长带领周纯麟团长到我们大队驻地听取了大队长吴先党和我汇报战斗的经过。彭师长指出："你们打得很勇敢，有敢打硬拼的战斗作风，但是光有这点还不够，要讲战术，你们在追击敌人时不应把敌人包围住，要懂得'困兽犹斗'嘛！迫使敌人拼命抵抗；我们应放个口子，让敌人逃跑，在追击中起码可以捉几个负伤的日军。指挥战斗要动脑子……"接着，彭师长给骑兵团的干部专门讲了一次话，他首先表扬了"骑兵团打仗勇猛，有我们老红军那股猛打猛冲的作风"；同时，又提出"光猛打猛冲还不行，要有勇有谋，既要学马术，还要学战术，特别要学会指挥"。[①]彭雪枫为加强骑兵团的建设倾注了不少的心血，骑兵团在战斗中不断成长，到 1942 年夏，由原来的三个连发展为四个大队，约五六百人。同时，作战技能也有很大的进步。团政治委

彭雪枫（前排中）和骑兵团领导及战斗英雄的合影

① 访问李宣化记录，2002 年 6 月 7 日。

员姚运良曾指挥第三大队，在灵璧北面的尤集附近设伏，半天中打了三仗，全歼出犯的伪军，缴获马车、骡马及棉衣数百套，自己则无一伤亡。彭雪枫随即命参战部队在师部驻地作战斗模拟表演，号召多打胜仗，开辟新区。

由于骑兵团不断获得作战的胜利，威名在淮北军民的心目中不断提高。因此，人们把骑兵团与《拂晓报》和拂晓剧团一起称赞为彭师长的三件宝。他们唱道："彭师长有三件宝，拂晓剧团、骑兵团，还有一张拂晓报！"师政治部宣传部长陈其五更以诗颂之，其诗云：

逐鹿中原飞骏马，
鸡鸣拂晓响黄钟。
文工歌舞壮军旅，
皓月晨光照雪枫。

这是对彭雪枫独特的创造性建军业绩的深情而高度的赞扬。

第十二章　战斗在淮北苏皖边区（上）

彭雪枫率领第四师进入皖东北后，增强了该区的力量，对巩固与发展淮北苏皖边区、阻止顽军东进，并积蓄力量为打回津浦路西恢复豫皖苏边区创造了条件。

自6月以来，第四师周边的形势概况是：日伪军以部分兵力，分头对解放区进行“扫荡”、袭扰。顽军汤恩伯主力继续向豫皖苏边伸展，成立了第十五集团军（辖第九十二军、骑兵第二军），由李仙洲、何柱国分任正副司令，并成立了苏鲁豫皖总指挥部，以王仲廉任总指挥，统辖该区之游击纵队；国民党江苏省政府主席韩德勤则乘日军向苏北“扫荡”之际，派其保安第三纵队王光夏部两个团，侵占淮海区泗阳县西北之程道口，修筑工事，企图与其他顽军配合，控制运河两岸，东接漕河、车桥，西达津浦铁路，构成一条横贯淮北、淮海根据地的反共走廊，为东进之顽军准备通道。对此，中共中央华中局作了以下的部署：（1）由彭雪枫与邓子恢、罗炳辉（新四军第二师副师长）统一指挥第三师第九旅、第二师第五旅（缺一个团）及由罗率领进入淮北之第四旅（缺一个团），目前以消灭当地顽军残部及运河西岸土匪为中心任务，阻止李仙洲部东进，断绝韩德勤、霍守义部西窜之企图，同时应付日寇之大举“扫荡”。（2）第十旅东渡运河，担任消灭王光夏匪部之任务。

8月1日，彭雪枫率师直前梯队由管镇进驻半城。从此，半城遂成为淮北苏皖边区党政军领导中心的所在地。

8月23日，华中局决定：陇海路以南、运河以西、淮河以北、津浦路（铜山、蚌埠、凤阳段）以东为淮北苏皖边区，为第四师活动地区，以邓子恢、刘子久、刘瑞龙、刘玉柱、彭雪枫、吴芝圃、张爱萍为军政党委员会委员，邓子恢为书记，并成立淮北苏皖边区行政公署，以刘瑞龙为行署主任①；皖东北地区党委改为淮北苏皖边区党委，由刘子久、邓子恢、彭雪枫、吴芝圃、刘瑞龙、张爱萍、刘玉柱为委员，刘子久为书记。后于10月21日，成立了淮北保安司令部，11月7日改为淮北军区，赖毅任司令员，刘子久任政治委员。

这样，随着第四师进入淮北苏皖边区，及该区党政军领导机构的成立，便形成了一个由华中局、新四军军部直接领导的新的战略单位。

---

① 淮北苏皖边区行政公署于1941年9月15日在江苏半城正式成立，刘瑞龙任主任，刘玉柱任副主任。

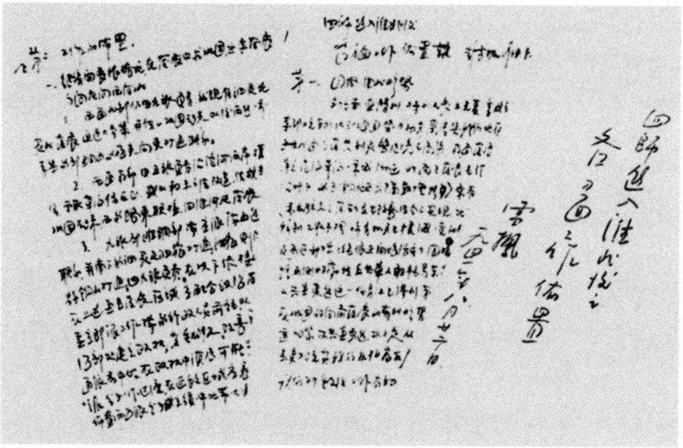
彭雪枫的手稿

彭雪枫除在整训期间，指挥部队对进犯的日、伪军和顽军进行了反击，并于8月22日就第四师进入淮北后之各方面工作布置向华中局作了报告。其中，关于目前淮北的形势，彭雪枫写道：由于剿匪的胜利，原有地区逐渐巩固；反共军不敢轻易东进，可以说我们在阻止反共军东进这一任务上已得到第一步胜利。苏皖边区目前正处在巩固地向前发展的有利形势，但日伪“扫荡”的威胁却日益加紧，反共军东进亦不是从此停止，需要我们更加努力来充实我们反“扫荡”、反磨擦的力量，准备反攻。关于各方面工作，彭雪枫提出：（1）继续开展根据地，在发展中求巩固，主要发展的方向是向西、向北。（2）更进一步巩固现有地区成为我之基本根据地。（3）加强争取伪军工作，建立地方敌工组织系统，争取两面派，使与我军之发展取得配合。（4）充实部队给养，统一财政收支，建立有能力的财政机关。（5）实行预决算制度，保证财政之有计划支付，消灭贪污浪费。（6）统一与加强行政机构，迅速成立淮北苏皖边联防委员会，和迅速建立军区。（7）扩军，除扩充淮宝独立团、皖东北独立团外，拟在淮东及泗宿、泗阳等地成立一个独立团，泗五灵凤①成立一个团；正规军9月开始扩军，10月来一个扩军运动。（8）要培养大批干部。

从8月下旬至9月底，彭雪枫与邓子恢等指挥第四师与第二师第五旅等部，打击苏皖边之盱眙、泗县、睢宁及邳南、淮阴等地日伪军与顽军，共作战十余次，歼其一部，并拔除部分据点，使淮北苏皖边区根据地得到进一步地巩固与扩大。

一、参与指挥程道口战役

自顽军王光夏部进占程道口后，顽军李仙洲部东进与韩德勤部西进相呼应，以控制皖东北地区。为避免华中出现这一危险局势，中共中央华中局和新四军军分会决定，以代军长陈毅为首组织一个前方指挥所（简称前指）解决这个问题。

9月28日下午3时，陈毅一行由洲门的侉周出发。途中陈毅对同行的第四师政治部主任萧望东说：“程道口是顽固派插在我们心中的一根钉子，不拔掉怎

① 泗五灵凤，即泗县、五河、灵璧、凤阳四县地区。

么行呢？”[①]29日陈毅等进到涟水、沭阳间，与淮海区独立旅、第十旅等部取得联系，并商讨攻打程道口、消灭王光夏的作战计划。

关于进行程道口战役的决心和方针，彭雪枫说军首长的意图是：拔除程道口据点，那么韩德勤为了援救王光夏，西窜可能加速，而路西反共军的东进，还需要几天的行程，所以其次是打韩德勤的援军，估计反共军的东进，是不会在消灭王光夏之前的。那么我们消灭了王光夏之后，移师西指，严阵以待，即使反共军过铁路，就让他过来，我们在他没有后方依托，敌人据点林立的地区消灭他。也就是说，攻克程道口后视情况先就近打来援的韩德勤，再移师消灭东进的反共军。[②]

对于打这一仗的理由和重要性，彭雪枫有一重要的说明。他指出：“在政治上说，我们是完全有道理的。在路西我们为了退让，奉令转移到路东，然而又遭到逼迫；而且将有更大的逼迫，韩德勤经过多少次的教训，仍然不能革面洗心；桂军进攻又开始了，我们是处在不得不起而应战，不得不开始自卫，以保持华中抗战力量的地位。”[③]就是说，衅由彼起。

在此之前的9月24日、26日，彭雪枫与邓子恢、张震等屡接军部电示予以配合。其要旨是：为阻止与消灭东进之顽军，确保华中阵地，第四师应：彻底破坏津浦路，对顽军最可能由宿南经灵璧北趋睢宁之东进路线进行侦察，并选择要点构筑工事与坚守，以配合主力机动歼敌；对我区内之顽残余武装应坚决肃清；在部队中进行对骑兵战斗、村落战斗、夜间战斗等的教育训练；对津浦路西顽军动态进行有力的侦察。

为做好阻止顽军东进的准备，彭雪枫于10月5日起草了《迎击反共军东进的训令》。7日，率有关人员策马赴泗北侦察地形。途经新行圩子、朱湖、川城，到达泗城北之马厂集，登上朱山、峰山、马鞍诸山，直达四山子，在此第十团的侦察排还和伪军打了一仗。彭雪枫从江西到陕北、到山西，登过千山渡过万水，但对于今日又登山，且闻枪声，仍不禁兴奋不已。后来，他在给爱妻林颖的信中写道：“自离开江西以后，已经六年没有登过那样高的山了，在‘向上爬’的途中，不禁思念着‘江西’。”“枪声传入我们的耳鼓，大家为之更加精神！军人们都是冒险家啊！”[④]

10日，彭雪枫特意去看他的“三宝之一”的骑兵团。在对部队讲话中，他表扬了骑兵团在大丘围子战斗中的胜利，并作了战斗动员。指出：目前的任务是击破反共军东进，要发扬骑兵的特种性能，冲至敌人后方消灭敌人，钳制敌人。最后号召：（1）锻炼身体，“成为黑壮而有力的标准美人”；（2）提高马术学习，高度发扬马刀的威力；（3）对个别违犯群众纪律的同志展开斗争；（4）添置装备，成为“金戈铁骑”，威风凛凛的样子。这充分表达了他对骑兵团的期望。随后，

① 萧望东系到新四军军部汇报工作归来。

②《彭雪枫军事文选》，解放军出版社1997年版，第378页。

③《彭雪枫军事文选》，解放军出版社1997年版，第378页。

④ 林颖：《彭雪枫家书》，文物出版社1985年版，第14—15页。

经归仁集、界头集于 12 日返回半城。

13 日，彭雪枫在《拂晓报》上发表文章，指出："在今天，反共军随时随刻有东进逼我的情势下，更需要我们吸取以往的经验教训，纠正过去，努力将来"，并相信"今天我们将会被洗炼得更出色些！"一种强烈的奋进意识跃然纸上。

14 日，彭雪枫接到陈毅来电：令"四师速派队控制运河西岸，阻王（光夏）西窜"，在南新集之第三十一团亦派队搜剿顽杨昉残部。16 日，又接到陈毅来电：令第四旅第十团星夜开张家庄、王毕庄（程道口南）一带，接替第七旅第十九团防务，以便抽第十九团作突击队参加攻击程道口作战；第十团在运西老陈圩一带的防务，立即派队（或骑兵团）接替。

当日下午，彭雪枫奉命偕随员罗会廉火速由半城赶赴程道口。经界头集于 17 日去老陈圩途中，碰上了顽军王光夏部第一支队支队长孙玉波和他的支队，由于情况突然，气氛有些紧张。彭雪枫考虑到孙曾是国民党军第八十九军的参谋主任，勇敢善战，并精于射击，但与王光夏有矛盾，"且事先曾经给我们写过信"，便送上名片与他约会。彭与孙相见"寒暄之后，晓以合作抗日大义，并慰劳他的部下一千元，孙大为感动，当下说里应外合，协助我们去消灭王光夏的第二支队陈儒及李守宽部"。对此，彭雪枫"答应了他"①，并当即对第二十六团作了部署。

18 日，彭雪枫等由老陈圩东渡运河，到达程道口前线。晚赴军前线指挥所小李庄，幸会陈代军长，两人分别八年重逢，兴奋不已，陈毅当即任命彭雪枫为战役之参谋长，参与指挥程道口战役。

程道口是六塘河与运河之间最接近的一个小镇，位于六塘河东岸，历来是一个重要的通道口。自王光夏部占据后，强拉民夫 1000 多人，经 50 天的修筑，在毕家滩以南修了 6 个土围寨，围寨是内外两层，外围墙高、宽各 2 米，东、西、北面宽约 3 米，10 米远设一炮楼；内围墙东、西、北三面高约 5 米，宽 6 米余，外壕深、宽各约 6 米，共设铁丝网 4 道。兵力为两个保安团及泗阳县常备队、骑兵连，共 1800 余人，粮弹充足，曾狂妄地鼓吹为："连鬼子都打不开的程道口！"王光夏的企图是以固守待援，聚歼新四军部队于运河两岸。

参加程道口战役的有：独立旅两个团、第四旅第十团、第七旅之第十九团、第四师骑兵团及泗阳独立团等部；直接包围攻击程道口的是独立旅和第十、第十九团。在完成对王光夏部的包围后，至 17 日夜已完成了攻击的土工作业。19 日晨，彭雪枫陪同陈毅察看战场地形，陈毅并指示对王光夏可能突围逃跑的两条隐蔽道路设下了伏兵。

当日，彭雪枫令第二十六团会同孙玉波部，在洋河镇以南沙圩子歼灭顽淮泗游击武装，俘其司令李守宽以下官兵 100 余人，并解往半城。但陈儒率第二支队脱身了，逃入洋河城日军据点。当晚，彭雪枫参加了陈毅召开的前指及第四师参谋人员会议，决定了战役的攻击部署。随后，彭雪枫作为陈毅的代表去第十九团

---

① 林颖：《彭雪枫家书》，文物出版社 1985 年版，第 20 页。

看望检查。该团是一个有着光荣历史的团队，是从南昌起义的军官教育团发展起来的。他们的战斗准备做得非常好，彭雪枫很满意。

20日，陈毅对彭雪枫说："这次作战，必须制定战场纪律。"随即口述了若干条款，由独立旅政治部主任刘兴元记录后，交彭雪枫整理。彭雪枫很快整理为《消灭王光夏战斗时奖惩军律》，共为三条十款。原文如下：

> 一、奋勇先登者奖。为：（一）奋勇砍铁丝网者；（二）迅速越外壕者；（三）不顾一切攀登围墙者；（四）巷战获胜者；（五）领导冲锋者；（六）白刃决战者。
>
> 二、活捉王光夏者重赏。
>
> 三、临阵退缩者罚。为：（一）观望不前者杀；（二）擅自后退者杀；（三）造谣惑众者杀；（四）夸大敌情者严办；（五）借故离开火线者严办。

陈毅看后说："好！立即颁布。"[①]

20日，攻击开始，突击队在炮火支援下，分为破坏组、填壕组、运梯组、手榴弹投掷组，进行了有效而猛烈的攻击。当晚，第十九团攻占西围子；而攻击东围子的部队因某团长犹豫不决未克。陈毅在看了敌西围子的防御情况后，深为第十九团勇士们的英勇善战所感动；而对督攻不力的某团长果断将其撤职。同时，下令加强准备，明晚再攻。21日17时30分，在炮火支援下，发起总攻，因将士效命，奋勇攻击，激战至20时，战斗胜利结束，共毙伤俘反共军1000余人，王光夏伪装士兵率200余人分散乘隙逃脱。

23日，陈毅将战斗初步总结报刘少奇等，指出："此次战役于我军军纪提高，战术改进均有极大的帮助。"

彭雪枫在返回师部后，于26日在直属队排以上干部会议上作了《程道口战斗经过及经验教训》的长篇报告。报告共分为八个部分，即：战前的形势、军首长对进攻程道口的决心及顽我两军的攻防部署、进入战斗、战术中的优缺点及经验教训、战场上的政治工作、经验教训中的几个问题、程道口洋河两战役胜利和伟大意义及我们今后的任务和工作。

在报告中，彭雪枫深刻剖析了程道口战役胜利的意义。他指出：击破了反共军依托淮泗、淮海、运河两岸作为进攻我抗日民主根据地的企图；打破了韩德勤的西进意图和延缓了路西反共军的东进；争取了伟大斗争的主动权，我各机动兵团的主动性也大了；解除了民众的痛苦，兴奋了广大群众；改正了一般同志在战术上不攻坚、不坚守的陈旧观念；加强了我们对游击性运动战的信念，使同志们相信，我们可以在据点之间打运动战。

同时，彭雪枫强调指出：为着保证战斗战术的提高，部队的加强，我们应

① 《陈毅传》，当代中国出版社1991年版，第276页。

该：加强近战的战术教育和战斗技术的教练；加强战场纪律教育，养成机动果敢，勇猛前进的精神；锻炼体格，善于肉搏，善于长途行军，学习与养成打得仗、跑得路、吃得苦、耐得劳的革命军人本色；加强党性锻炼，一切作到合乎党性原则，要在反对日伪顽的战斗中，创造更出色的光荣成绩。

程道口和洋河两岸作战，是彭雪枫过路东后参与指挥的一次重要作战，对巩固和发展淮海、皖东北抗日根据地，具有重要的意义。

二、战友情深

（一）喜结良缘

“今天是我们结婚的日子，三个整月了，日子过得真快，然而一起相处，还不到一个星期，这恐怕是古今中外所不多见的吧？”

这是1941年12月24日，在洪泽湖西半城的小庙里，彭雪枫在给洪泽湖东淮宝区他心爱的妻子林颖写信的开头语。多么深情的感慨啊！

人们常以结婚度“蜜月”视为当然，但他们既不是“蜜月”，也不是蜜旬，甚至连蜜周的一半都不到，仅仅三天就分手了！

他们渴望相处，因为那是爱的沐浴，但他们同时把分手当作爱的延续。因为他们不求朝朝暮暮的“花前月下卿卿我我”；而是更注重战斗、工作和学习上的追求。

那还是在三个月以前，经刘子久、刘瑞龙作“红娘”，将时任中共淮宝县委妇女部长的林颖介绍给彭雪枫，才使彭雪枫于9月4日向林颖发出了第一封“超过同志关系”的信。

彭雪枫在信中直率而坦诚地写道：“事情或者过于突然，但敌后两年我们是在互相了解着的，所以又不见得如何突然。”“既然是‘终身大事’，必然要格外慎重，正因为如此，我已经慎重了十年了。我心中的同志，她的党性，品格和才能，应当是纯洁，忠诚，坚定而又豪爽。”①

是的，彭雪枫在婚姻问题上是有着自己的信念和追求的。还在1924年，家庭为他包办了婚姻，他深感“把两个情志不投的人弄在一起，那正是制造痛苦”②，而逃婚了。他参加革命后，曾爱过一个叫李桂敏的天津姑娘，但相爱不久，彭雪枫因为参加党的兵运工作和参加红军，历经十载，音信断绝，李桂敏相思成疾，不幸早亡。自此，在解决婚姻问题上，彭雪枫总以“匈奴未灭，何以为家”③为由，婉言谢绝组织上的关怀。直到1940年5月，组织上有意为他解决婚姻问题时，他仍然给邓颖超同志写了一封信，表露他当时的心迹。他写道：“特向大姊郑重声明，

---

① 林颖：《彭雪枫家书》，文物出版社1985年版，第1页。

② 林颖：《彭雪枫家书》，文物出版社1985年版，第18页。

③ 原话为霍去病语：“匈奴未灭，无以家为。”

我个人的问题并未解决，也不打算解决。海阔天空，独来独往，岂不惬意？已经老了，已经老了！”①而此次，彭雪枫所以接受了刘子久、刘瑞龙的“美意”，既是因为二刘深知他的追求，也是因为两年来彭、林是在“互相了解着的”。

1941年9月24日，彭雪枫在半城与林颖结婚。图为他与林颖的合影

林颖，原名裕群，又名楠，姓周。林颖是自己起的名字。1920年3月生于湖北樊城，1938年10月参加中国共产党，次年11月到达豫皖苏边区做地方工作。在新兴集林颖和她的战友们一起，受到了彭雪枫等人的接见，彭雪枫并兴致勃勃地和她（他）们握手，询问每个人的姓名。林颖为终于见到了久闻的有“超人的勇敢，过人的才华，口若悬河的演说”才能的人——彭师长而受宠若惊，而感到温暖！不知怎的就被彭雪枫所倾倒了。此后，她更是爱听彭雪枫的讲演和报告，爱看他的文章，总感到富有真挚的感情，扣动着心弦，她感到与彭雪枫的距离越来越近了，心灵中似是绽开着一朵不能言传之花。所以，当刘瑞龙把彭雪枫介绍给她时，内心里既惊喜，又兴奋；当接到彭雪枫的第一封信时，她已为彭雪枫的才华所倾倒，写得那么动人，字又那么漂亮！于是，经过20天的鸿雁传佳音，一对有情人终成眷属，于9月24日在半城军中结婚。婚后只三天，这一对严于律己、一心为着工作的革命伴侣便分手洪泽湖之东西了。

对此，林颖有她自己的想法。她回忆说：“当时自己还年轻，很热爱着工作；同时，也有一种‘个人英雄主义’的念头，就是我要靠自己的工作和能力生活，而不愿做不干事的清闲的‘首长夫人’，不是妇女要‘解放’吗？”②当然，也还有客观的原因。客观的原因之一，就是战争的环境。

战争，给人世间制造了无数的悲、欢、离、合。一对结婚仅三天的情侣，她就毅然地离别，走向湖东的工作、战斗的岗位。这是为了战争，这也是战争环境造成的。而“离别才仅三天，好像已经三月了，这一形容并不过火，理智排除情感，总是一件需要斗争的事，何况是在24日之后，又何况是在长夜倾谈而话才吐出千分之一的以后呢！？我不愿写出这种情绪，生怕引动你的更加浓厚的惦念

①《彭雪枫家信日记选》，河南人民出版社1980年版，第1、2页。
② 访问林颖同志的记录，2002年3月19日。

之情，然而事实如此，叫我有什么法子呢？”[①] 这是出自一位八路军总部的少将处长、新四军骁勇善战的师长——彭雪枫的笔下！这新婚之后的信，表达的情意有多深、情操有多高啊！

他们很相爱，但他们却用宋朝秦观的词句“两情若是久长时，又岂在朝朝暮暮”，而共慰之。

他们志向很相投，但他们更以“我们忠诚坦白之于爱，一如我们忠诚坦白之对于党”[②]，林与枫“应保持着它的正风和浩然之气”[③]，要在政治家的风度上“表示共产党人之伟大”[④]，而共勉之。

他们都很好学，但他们更注重于“把功夫用在相互帮助，相互教育，相互鼓励上”，具体到帮助改正信中的错别字，提出加强修养、改进工作方法、作风的意见，推荐必读的好书[⑤]，而共督之。

他们都互相寄予厚望。林颖要求彭雪枫多在各方面帮助她，并把自己写的《妇女干部修养问题》寄给彭征求意见，也督促彭多“写军事论文”。[⑥] 彭雪枫也写信要求林颖（也包括他自己）“将来”会“更老练些，更有学识些，更善于应付环境些，更能担当繁重的任务，所以必须离得远些，才不妨碍彼此的工作和学习，所以必须更下层些，才能锻炼出一个更有力更坚强更布尔什维克化的女干部来！我所要求的是这样的有信心有眼光有志气的终身良伴，而决不是依恋于‘温情’的梦中而‘无所事事’的小姐或者‘太太’！”[⑦] 而互相“鞭策着”。[⑧]

在一封家信中，彭雪枫写道：有一个朋友郑重其事地鼓励我，他说：“人们在双方相爱以至于结婚之后，精力气魄是充足饱满的，倘是诗人必得佳作；倘是音乐家必得妙曲；倘是理论家必得美论，像列宁在结婚之后所著的《历史的唯物论与经验批判论》，即是结婚之后献给他的夫人的。”像我——一个军人，除去指挥战斗获得胜利以外，必须写一篇或者写一本关于军事论文而又要浓厚的辩证法式的去写，这是一个极有意义和极有价值的纪念！即以此来献给你。这话使我兴奋而又惭愧！我对他说，我是心有余而力不足，可是我万分赞同他的提议。自己常常打算写一点如意的东西出来，可是不是无时间便是无心情！我想我应该努力了，请你给我勇气！[⑨] 这信写于 1941 年 9 月 29 日夜 1 时 23 分。此后，彭雪枫确

---

① 林颖：《彭雪枫家书》，文物出版社 1985 年版，第 8 页。

② 林颖：《彭雪枫家书》，文物出版社 1985 年版，第 35 页。

③ 林颖：《彭雪枫家书》，文物出版社 1985 年版，第 56 页。

④ 林颖：《彭雪枫家书》，文物出版社 1985 年版，第 57 页。

⑤ 在彭雪枫与林颖相识、相婚的三个多月中，仅从彭的信中他们学习或推荐的书就有《列宁传》、《什么是列宁主义》、刘少奇的《论共产党员修养》、列宁的《历史的唯物论与经验批判论》、中共中央《关于调查研究的指示》等。

⑥ 林颖：《彭雪枫家书》，文物出版社 1985 年版，第 31、15、31 页。

⑦ 林颖：《彭雪枫家书》，文物出版社 1985 年版，第 15 页。

⑧ 林颖：《彭雪枫家书》，文物出版社 1985 年版，第 31 页。

⑨ 林颖：《彭雪枫家书》，文物出版社 1985 年版，第 8—9 页。

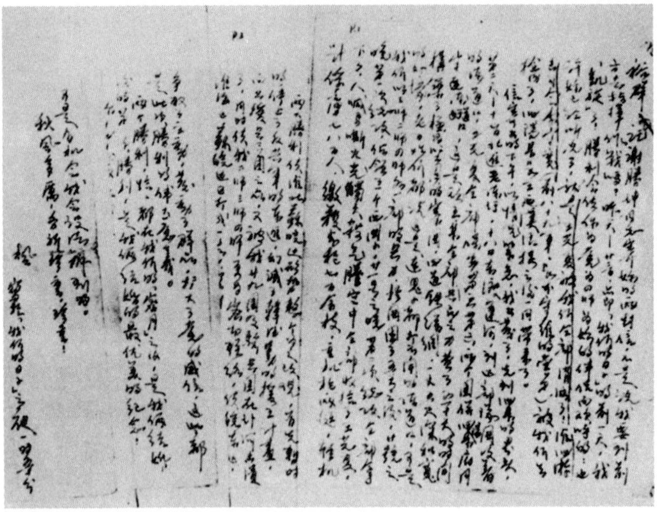

彭雪枫给裕群（林颖）的亲笔信

是在“努力”于他的“军事论文”的研究与写作了。但他还是以战斗胜利的喜悦先送给了他心爱的夫人林颖。

10月24日之夜1时50分，彭雪枫乘洋河、程道口两次作战的胜利喜悦心情，写信给裕群（林颖）称：“两个胜利，恰恰都在我们的‘蜜月’之内，是我俩结婚后的第一次胜利，是我俩结婚的最优美的纪念！”

以革命战争的胜利为“最优美”，表达了彭雪枫为中华民族的解放，为中国人民的胜利而战的战争观。

（二）“雪枫同志是我的老战友”

程道口战役胜利结束后，陈代军长于10月30日下午由洋河镇以南的莫圩抵半城，到第四师视察工作。当即受到了彭雪枫、邓子恢、张震、吴芝圃等四师指战员们的热烈欢迎。

这支由1938年秋成立的新四军游击支队发展壮大起来的——新四军主力之一的第四师，在日伪顽夹击中奋斗了三年的广大指战员，第一次见到军部首长，喜悦与兴奋之情溢于言表。从华中局代表邓子恢、新四军副军长张云逸的先后到四师视察起，欢迎就是人头攒动，战旗飞舞！而陈代军长的到来，使彭雪枫更是兴奋不已——因为这是他们老战友之间八年后的第二次相会。

彭雪枫对陈毅说：程道口战役前我去峰山、马鞍诸山察看地形时，不禁思念“江西”！陈毅会意地“哦”了一声：“那时是山多，敌情紧迫，又遇‘左’倾领导者的瞎指挥哟！”当时，陈是江西军区总指挥，在前线指挥作战，彭是军区政治委员，在后方主持工作。他们都不同意当时战争指导者制定的作战方针，并著文主张以我之长，击敌之短，不但未被采纳，反而被指责为“游击主义”。

彭雪枫还就第四师的过去和三个月反顽斗争中的经验教训向陈代军长作了检讨，陈既表示了战争中一时的得失是“常事”，又带勉励地说：“严责已者必得益嘛！”当时，陈代军长还送给彭雪枫一本克劳塞维茨著的《战争论》，并亲笔题写：“雪枫同志存阅”他们之间虽为领导与部属的关系，但仍表达了老战友之间深厚的知遇情谊。后来，参谋长张震回忆说：“我听雪枫说，军长同他讲：敌人反复‘扫荡’盐城，苏北根据地形势吃紧，请雪枫去当他的参谋长。雪枫说他当即表示：自己在哪里跌倒了，就在哪里爬起来，磕掉了牙齿，和血吞下去。不然，请组织批准去延安学习。军长安慰说，这只是他个人的想法，不算数的，要雪枫同志安心工作。”[1]

下午，彭雪枫与邓子恢陪同陈代军长出席师政治部召开的欢迎大会，并致欢迎词。陈毅在讲话中恳切地说：“没有党的领导，没有群众的拥护，个人的力量是不能发挥的。一个共产党员无论在什么环境中，他都应有推翻全（旧）世界的勇气！”

12日，在第四师召开的团以上干部会议上，陈毅作重要报告。报告内容为：（1）目前政治形势与党的任务；（2）华中地区的战略战术指导基本原则；（3）统一战线问题与交朋友工作；（4）增强党性问题；（5）对四师与淮北苏皖边区的工作意见。最后，陈代军长向四师指战员表示亲切的慰问！他强调指出：“四师在津浦路西英勇奋斗，坚持斗争，在艰难情况下，抗击了七倍于我之国民党正规军的大举进攻，完成了阻止顽军东进北上的战略任务，保障了苏北的发展与巩固；同时，保存了主力，将近万人的部队带到路东，这是很大的胜利。”会场一片活跃，并热烈鼓掌。

接着，陈代军长还深情地向到会的同志说：我这次到四师来看望大家，特别是要看望彭雪枫同志。他说：“雪枫同志是我的老战友，是我军的优秀指挥员，在红军时期屡立战功。雪枫同志对自己要求很严，有着许多好的作风，今后四师的工作还是要他来主持的。”会场上，又响起一阵掌声。

陈代军长的讲话，使四师全体指战员受到了极大的鼓舞和教育。彭雪枫更感到是莫大的激励和鞭策，情重如山。

陈代军长为加强四师的建设操劳不停，他接见《拂晓报》社全体人员，并作重要指示，寄予厚望。给全师参谋人员训练班作了《关于参谋工作的职责与认识》的重要报告。

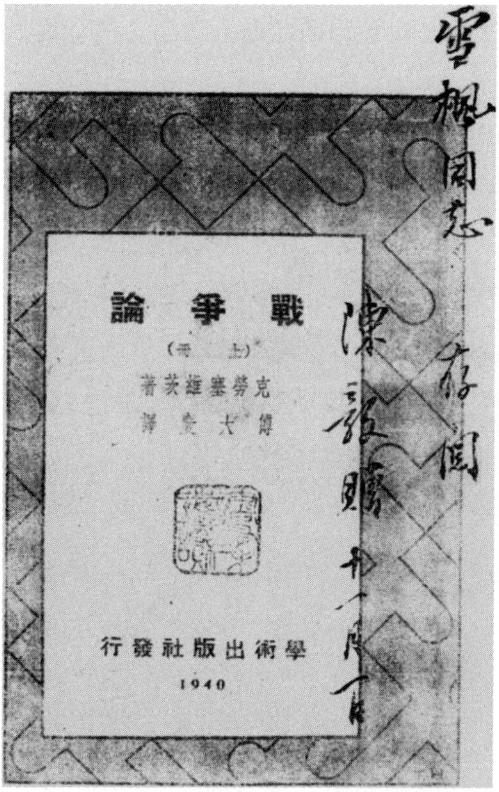

陈毅赠送彭雪枫《战争论》一书的封面及题字

彭雪枫对陈代军长关于四师工作的讲话、指示、报告，特别是陈代军

[1]《张震回忆录》（上），解放军出版社2003年版，第195页。

长关于报纸刊物上“文艺多于政治、政治多于军事”的批评极为重视，他与政治委员邓子恢、参谋长张震等认真研究贯彻落实，并通过《拂晓报》部队版发表题为《提高学习军事热潮》的社论，指出：“提高学习军事热潮，纠正不愿学习军事的有害观点，让学习军事成为目前党与政治工作的现实任务，应使军事水平和马列主义水平能够成正比例的提高。”

对旅以上干部的伙食上级早有规定，可以好一些。但彭雪枫等与机关人员一样每天吃“大灶”。陈代军长觉得这没有必要，非要彭雪枫等按吃“小灶”的规定办，即旅以上干部每人每天的伙食费为六毛。这样，主食除大米、白面馍，有时吃顿饺子，每餐两菜一汤。从此，彭雪枫与邓子恢、张震、吴芝圃勉强执行了。后来，彭雪枫在一封信中说：“可谓阔气也哉！”

彭雪枫有一匹心爱的坐骑，因为它跑得快，便获得了“火车头”的雅号。他想军长更需要一匹好马，便将“火车头”送给陈毅乘骑。由于该马不驯，过了三天，陈毅笑哈哈地说：“还是留着你老弟骑吧！”彭雪枫虽送马未成，但他关心军长的心意却是赤诚的。

11 月 18 日，彭雪枫陪同陈代军长与张云逸副军长，到新行圩子第九旅视察工作，在该旅的欢迎大会上，陈代军长宣布调第九旅旅长张爱萍任第三师副师

1941 年 11 月 18 日，彭雪枫陪同陈毅、张云逸接见九旅干部时合影。左三起：张震球、彭雪枫、张震寰、韦国清、陈毅；左九起：张云逸、张爱萍、杨志雅

长，旅长由韦国清改任，旅政治委员由康志强接任。随后，陈毅等由四师到二师视察工作。

在此期间，陈代军长的夫人张茜也来到四师，彭雪枫常与她交谈，有时陪她到操场看踢足球。张茜问彭林颖有信来没有？彭雪枫说："大概快了吧？"张说没有看到林颖的信是"没有运气"。彭马上说："待信来了之后再送上吧！"12月6日，陈毅由第二师返回第四师师部。16日，张茜要走了，彭雪枫感到相聚月余，"今忽远别，使人依依！"陈毅提笔写下了李商隐的名句："相见时难别亦难！"彭亦深有此同感。

陈代军长直到1942年1月3日，始起程返回军部。彭雪枫趁机写信给刘少奇，其中在谈到自己的缺点时写道："对干部要求过高过多过急，进而又没有能够如意，于是不耐烦起来了，求全责备起来了，甚至更进一步的'苛求'起来了。"

本来，彭雪枫自到路东后，曾多次想到军部去谈谈，但总无机会。这次给刘少奇亲笔写信，表现了他的严于律己的坦荡胸怀。

三、粉碎日顽的"扫荡"与进攻

1941年12月8日，太平洋战争爆发后，彭雪枫十分关注第二次世界大战和中国的抗日战争，特别是华中敌后战场出现的新局面。

当时，日本中国派遣军总司令部根据其大本营的战略企图，力图利用其太平洋战争初期的有利形势，促使国民党投降；对中国共产党领导的抗日根据地，则以主要力量继续推行"总力战"，进行"扫荡""清乡""蚕食"与"治安强化运动"，企图摧毁抗日民主根据地，巩固扩大其占领区。而国民党虽然以中国政府的名义正式对日宣战，但仍坚持其消极抗日、积极反共的方针；且有的部队投降日军（如第三十九集团军副总司令孙良诚等高级军官率部降日），配合日军进攻八路军、新四军。

针对上述形势，中共中央于12月9日郑重宣布：中国共产党领导的八路军、新四军决心"继续忍受艰难困苦，坚持华北、华中敌后抗战，粉碎敌人的'扫荡'，大量牵制敌人"，以"实行配合作战"。28日，中共中央和中央军委指示：1942年敌后战场的"中心任务在于积蓄力量，恢复元气，巩固内部，巩固党政军民"。同日，华中局发出指示，号召华中军民咬紧牙关，渡过困难，准备反攻力量，争取抗战最后胜利。

彭雪枫根据中共中央和华中局的指示，分析了太平洋战争爆发后的国内外形势，认为"这一新的局面，无疑给我国的抗战带来了许多新的困难"。[①]同时向全师指出：华北日军正先后在大青山、晋西北、晋东南地区进行着大规模的"扫荡"，苏中地区日军亦到处蠢动，我苏皖边区的日军正在对我"扫荡"。

---

① 彭雪枫为《拂晓报》写的专论《迎接敌人春季扫荡》，发表在该报1942年3月8日第1版上。

当时，苏皖边区周围（徐州、蚌埠不计在内）的日伪实力是：日军据点35个，日军共1650人（淮宝不在内），伪军据点87个，伪军1.1万余人，伪匪不分之据点7个，共2720人；加上日军第十七师团散布于陇海铁路沿线，徐州、宿县、蚌埠、连云港日军水陆集中的战略基地，则朝发兵而夕可至。顽军据点7个，守备兵力2123人。

南京汪伪政府于1月24日公布，成立了伪“苏淮特区行政公署”，其行政长官为郝鹏，隶辖自徐州市东至东海，南至灌云、阜宁、淮安，西至泗县、宿县、亳县、砀山、丰县等，其中属苏北的计17个县，属皖北的计4个县，共21个县、1个市，恰恰包括着华中抗日民主根据地的盐阜区、淮海区，淮北苏皖边区，以及以前的豫皖苏边区的一部分。设置这个特区的主要目的，就是企图“隔断我华中与华北的联系”，“增强对这一地区广大抗日民众的统治”①。郝鹏在他的“施政”方针中公然提出“驱逐‘共匪’”，与“强化治安”的反动条款。

为应付日伪新的企图，彭雪枫在《迎击敌人春季“扫荡”》一文中提出：我边区军民和我师指战员，要彻底肃清由于过去将近一年中并未遭受日军的残酷“扫荡”，是处在比较安定和比较胜利的环境中，而产生的“普遍存在着一种浓厚的太平观念”，并防止滋生“坐待胜利”的空洞的乐观思想。“否则，我们必然会遭受不可预测的危害”。

为做好反“扫荡”的准备工作，彭雪枫提出要“坚决执行中央精兵简政方针”，并从各方面加强“战斗化”。首先，就要着手紧缩机关，裁减冗员，充实战斗部队；在地方应加强下层、扩展新区工作，尤应充实地方武装和加强人民自卫组织的领导；其次，工作力求正规，制度力求严格，把一切精力集中到反“扫荡”的动员工作和准备工作上去，紧紧抓住整个工作的中心一环；再次，是减轻笨重的行李辎重，安置与分散掩藏资材，使得机关部队均能轻便灵活，运用自如，发挥最大的机动效能；而后方供给、卫生工作，又不因环境紧张、战斗频繁而停滞其工作。同时，还应注意努力进行生产节约运动。总之，要力争“多减少几分困难，多增加几分力量”。

彭雪枫还强调指出：“反‘扫荡’胜利之又一主要基础，则是广大群众的全部动员，群众力量的充分发挥。”各级政府机关既要组织领导“武装保护春耕”、“武装保卫家乡”，又要动员和组织广大群众进行坚壁清野、破路、站岗放哨，向军队通风报信，不给敌人带路、保守我军的军事秘密。“只要我们党政军民能够全体总动员，只要军队与人民能够密切配合，人人有奋战之心，人人有杀敌的情绪，相信敌人的‘扫荡’也将如过去一样，像华北其他地区一样会在我英勇军民的铁拳之下完全被粉碎的。”

根据中共中央、华中局的指示和彭雪枫提出的要求，第四师和地方部队在1942年春季，打退日、伪、顽的进犯和出扰以及主动举行小规模的出击作战共43

---

① 彭雪枫为《拂晓报》撰写的社论《认清敌人与准备自己》，发表在该报1942年4月26日第1版上。

次。其中，对日伪军的作战30次，主要是打击日伪军的小规模“扫荡”、出扰，打破其破坏根据地民主政权，捕捉乡、村干部，抓丁和抢劫物资的企图，每次作战歼日伪军一般是数十人，本季度共拔除日、伪据点2个，日军增设据点1个。

对顽军的作战13次，主要是根据军部指示，歼灭土顽马馨亭等部①，以打破反共军东进的立脚地。该顽于1942年1月6日越过津浦路东，在古城一带活动，依靠顽化之伪军掩护，对根据地军民进行袭扰。第九旅主力以急行军60公里的奔袭手段，于3月6日至7日，将其歼灭于古城以北之小圩子，共毙俘500余人，缴获机枪5挺，长短枪390余支，并击退由游集袭击第九旅的日伪军。

这一胜利，得到了代军长陈毅、政治委员刘少奇的专电庆贺。彭雪枫等接到军部3月10日的贺电称：“韦旅六日小圩子战斗歼灭许马赵等顽军，对阻止顽军东进及巩固皖东北与整个华中阵地均有极大意义，殊堪嘉慰！希乘此胜利不失时机扩大战果，彻底肃清残余顽匪，以达彻底巩固我皖东北阵地。”

4月23日，宿东游击支队政治委员兼支队长周启邦，在宿东灵北大山附近的倪圩子，指挥部队对日军作战中不幸英勇牺牲。宿东游击支队自1941年8月8日成立以来，便担负着坚持宿东游击战争，屏障淮北苏皖边根据地，并相机向津浦西推进的任务，周启邦率领支队英勇作战起到了保卫苏皖边大门的作用。此次，为打通灵璧至固镇公路敌区交通线而牺牲，彭雪枫闻讯非常悲痛，乃命笔写了《悼启邦同志》一文。指出：启邦同志是个“青年的布尔什维克，大有发展前途的干部”。我辈纪念启邦战友，应以德国民谚“重大之打击，决不能击倒坚强之人，反能增强其勇气”自励,“庶可慰忠魂于九泉，安遗志于来日”。②周启邦的牺牲，对于第四师来说是自创建以来牺牲的重要领导人之一，是彭雪枫亲手培育起来的青年优秀干部，所以他非常悲痛和思念。他写的悼文长达4000多字，但由于“情之所激未觉其长”③。后来，在一次报告中又深情地回忆说：周政委是抗战后参加部队的高中学生，很聪明，很虚心，耐劳苦干，1938年在临汾八路军办事处的学兵队毕业到竹沟，跟部队出发到路东，曾任过团政委，是一位很好的新干部。

在春、夏季对日伪和反顽作战中，由于第四师主力部队与地方部队准备充分，抓住战机主动进行灵活的作战，有力地打击了日伪军的“扫荡”、袭击和“伪化”活动，打击了土顽向路东扩展的企图，巩固了淮北苏皖边根据地，捍卫了华中的门户。

就在彭雪枫指挥第四师反击日伪军“扫荡”与阻击顽军东进期间，华中局于1942年1月至3月5日召开了第一次会议，会议主要是总结华中工作的经验教训、讨论确定今后的工作方针任务。这次会议之后，华中局作出了对四师及豫皖苏边区工作错误的决定，其中提出彭雪枫在“向敌后发展方向”等问题上犯了错

---

① 马馨亭等部，系以顽安徽第四行政区专员马馨亭与土顽第十七纵队司令许志远、顽睢宁县长刘天展、灵璧县长赵觉民等组成的萧、宿、灵、睢、泗联防指挥部。

② 本文发表于1942年5月30日《拂晓报》上。

③ 林颖：《彭雪枫家书》，文物出版社1985年版，第47页。

淮北边区人民向第四师送匾

误。4 月份，华中局的这个决定在第四师传达后，很多人有不同的看法，觉得这是不符合实际情况的。认为：彭师长依据战争形势的发展和战场情况，是向中央军委和华中局、军部提出过有关发展方向和兵力使用等建议，有些中央军委、华中局和军部是同意的，有的因时机不到或形势发生了变化，军委、华中局和军部作出了新的决定、部署，彭师长都是执行了，这是正常的嘛！应当客观的对待。更何况陈代军长到四师视察时的讲话、邓子恢政委在仁和集会议的总结报告中，并没有说四师在发展方向上有错误，而是肯定“基本上是执行了党的路线与政策”的嘛！因而一些干部思想上不大通，某些部队中也引起了波动。第四师领导发现这一情况后，反复教育部队要按照下级服从上级的原则，遵守党的纪律，一定要多从本单位、从自己身上去总结教训。

对于这个问题，彭雪枫是严格要求自己的。他曾对参谋长张震说：“路西问题，华中局已作了结论，虽然有不大符合实际的地方，但我们也应坚决照办。大家不要再讲什么了。当前，要抓紧部队的训练，提高战斗力，切实掌握路西情况，随时准备打回去。路西是我丢的，一定要由我的手把它夺回来，自己跌倒了，磕掉了门牙，和血吞下去，爬起来再干。”张震在回忆这一情况时说：“雪枫的态度，表现出共产党人的宽阔胸怀和高度的党性修养。”

后来的历史和中共中央领导人的评价，进一步证明彭雪枫在路线和发展方向上是正确的。

四、致力于部队的全面建设

自从进入淮北苏皖边区后，彭雪枫在认真总结过去的经验教训的同时，还非常注意从军事、政治、后勤工作等方面加强部队的建设，以提高干部的领导水平和部队的素质。

（一）关于加强军事方面的建设

彭雪枫根据陈代军长视察时对报纸刊物：“文艺多于政治、政治多于军事”的批评，以及第十九团参观团对连队工作：“文化多于政治、政治多于军事”的观感，向全师全体党政军各级工作人员提出：这是值得我们“特别警惕的大问题”！12 月 21 日，彭雪枫在《拂晓报》上发表了《马列主义者要学习军事》一文。其中在分析了忽视军事教育和军事学习的主客观原因后，明确指出：轻视军事，不是马列主义的观点，反之真正具备马列主义的正确观点的人，马列主义的政治家，必会以马列主义的领导原则把军事工作更健全地组织起来。并提出：“军事干部应当着重向军事学习方向发展，以期造成党在一部门中的专家；政治人员及其他非军事人员，‘通晓军事’应为其学习军事中的最高要求，而首先则应具备普通的军事常识”。

为达此目的，他提出：学习军事，除依照一般的行政上所规定的制度及课目配当表之外，应做到：

1. 师及各旅应即加强或创立“军事教育研究会”，各团即组织“军事教育研究组”。研究的基本材料，遵照中央之指示为：苏联步兵战斗条令（第二部）、刘伯承同志的《增修步兵战斗概则》、抗大总校出版之《抗日的步兵战术问答》，辅助材料为抗日实战中各种条令、论文等。

2. 加强并充实《军事杂志》，使《军事杂志》成为全师以及地方武装部队学习军事的中心，并成为连以上干部必须研究的读物。

3.《拂晓报》本版及部队版并各旅报纸，应做到按期登载短小精悍的军事常识、战斗动作、军事技术、实战经验诸种论文。对此，连队军政干部有传达讲授之义务。

4. 各级军政干部应把写作并发表军事论文（包括论评、战斗总结、经验教训、读书笔记等），作为自己的权利与义务，借以帮助别人，又提高自己。

在军事教育的方式上，应采取：实施野外演习、沙盘作业、图上作业、定期测验等，以求逐渐走向对诸兵种协同之指挥素养的提高。

彭雪枫强调指出：中国革命的特点：是武装的人民反对武装的反革命，凡是参与革命洪流中的每一个成员，都应有其自己的军事常识和高深的军事素养，然后才能应付任何事变，以至于争取革命的最后胜利。

在中共中央于 1941 年 12 月发出《精兵简政》的指示后，彭雪枫依据四师的情况，于翌年的 1 月 21 日，在《拂晓报》上发表了《论精兵主义》的专论一文。他写道：由于我们的游击习气，往往机关易于庞大，部队易于缩小，形成头大脚小，迟缓笨重；也由于我们染受了非工农阶级的习性，使我们在食粮、用物、花钱上发生了惊人的浪费。故在今天抗战胜利日益接近，抗战生活日益艰苦的敌后情况下，我们更需要精兵主义。

何谓“精兵”？他写道：“军队的基本任务是以不断的胜利而达成政治上的目标的。决定军队胜利的因素是人力（指战员加上广大群众），其次是物力（精良的武器加上善于使用武器的技术），加以科学的装备，灵活的战术，尤其能以弱抵强以少胜众，而后始可称之曰‘精兵’。”这是非常精辟的马克思主义的论断。

为了能在人力上求其以一当十、以十当百；在物力上求其物能尽其利，一物当作二物用；在财力上求其使用得当，一钱当作十钱用。彭雪枫提出：这在指挥、组织、管理和教育艺术上，就应当集中着眼于技术之熟练，时间之节省，以便在人力物力财力各方面促使军队之精干、轻便、灵活、机动，迅速而争取先机夺得胜利。为立即实行精兵主义，彭雪枫提出：

在人力使用方面的原则是：人各尽其才，才各尽其用，在党性审查和斗争考验中选贤任能，务使每一个干部都能德才兼备，称职尽责。根据本师（特别是师旅两级的直属队）情况，立即进行编制上的机关合并和人员调整，改变重床叠架、手续繁杂、相互推诿的状况，将减少层次省下的人员，拿去充实下层，加强领导。政治部拟议合部办公，司令部拟议以科为单位合科办公，这样可以免去公文传递，纸张浪费，灯油消耗，清谈偷闲等弊端。干部应按职务规定配备勤务员、通讯员、特务员以及马匹，不得任意增设，超过规定的应交还公家。战斗部队的人力必须多于非战斗部队（四与一之比），长枪多于短枪，使之成为最科学的战斗机构。

在工作作风上：强调已不能单纯是过去的“大刀阔斧”了，应当加上“精雕细刻”。要克服“铺张扬厉空口叫喊，只求表面不务实际的那种害人害己的肤浅行为”，确立“严密计划，科学分工，集体领导，个人负责，深入下层，耐心研究”的作风。

（二）关于政治工作方面的建设

根据中共中央和毛泽东关于整顿主观主义、宗派主义、党八股三股邪风的决定和报告，并结合师的情况，彭雪枫发表文章并出席师的第二次政工会议作重要的讲话。他指出：“政治工作的基本任务之一是传达党的政策，执行党的政策，监督党的政策，考验党的政策，总之一句话，是掌握党的政策。”一年来，我们虽然在这一方面获得很大成绩，但自中央发出整顿三风等一系列决定以后，有时我们还不曾或者还未深入加以研究执行，因而主观主义、宗派主义、党八股三股邪风“在我师，何尝不有棱有角件件俱全”？所以，“此届政工会应成为一把板斧，一只利刃，快刀斩乱麻，忍痛割尾巴！”在思想方法、处理事物的方法上来这样一个大革命。

为此，他提出：第一，军队中政治工作的基本任务，应提高部队的战斗力。一切大小工作都要围绕着这一个中心；政治工作人员，并应为全体指战员之表率。第二，军政联系更要密切起来，四方八面为着一个中心。第三，保证实行精兵简政，提高工作效能和工作速度，加强部队实力。第四，连队工作是各种工作之基础，面向连队，面向支部，才是考验领导机关工作决定的最灵的测验器。第五，发扬各机关各部队各个指战员的创造性。

（三）关于加强后勤工作的建设

自进入津浦路东后，第四师的后勤工作通过整训取得了一些成绩。主要是：供给、卫生工作各种制度的建立，走向了正规化的途径；开办了各种专业训练班，除进行政治理论和党性教育外，提高了专业水平；通过派人检查与召开全师粮秣、军实工作会议等进行总结，改进了工作；由于有了巩固的后方，军需生产给部队解决了部分武器、装备的补充供给。如：每月可生产手榴弹 3000 个，一天可以生产大刀 35—40 把，铁锹 65—70 把，可以进行子弹翻造，各种步枪、轻重机枪及炮的修理；被服的生产可以供应每人单衣 2 套，衬衣 1 套，棉衣 1 套，背心 1 件，每连站岗大衣 9 件，等等。在预防各种疾病和治疗技术上，都取得了明显的成果和进步。

关于物力财力的节省问题，彭雪枫在《论精兵主义》一文中说：我们十分惋惜过去浪费之未能及时纠正，大大方方地给那班贪污腐化者开了一扇方便之门。自从中央提出“精兵简政”的号召之后，我们提出了“节约运动”（应当是长期的自然的必要的本分），仅仅半月之内，已有了“可观”的成绩。师司令部取消了招待所，发起直属队“集体磨面”，不再请人磨面，每月可节省粮食 6000 多斤，停止待客纸烟，司令部每月即可节省 200 元。灯盏减少合科办公，每月可节省油钱 300 元。又如第九旅最近收回旧军帽 3000 顶，内一半洗染后等于新帽，即节省 6000 元之巨数！过去本师出版之报刊多而且杂，最近军政委员会决定停办了三种，而致力于办好《拂晓报》（部队版）及《拂晓杂志》、《军事杂志》，完全正确。倘能加以精密统计，则在纸张、油墨、蜡纸、灯油以及人力上所节省的数目字是足以惊人的。

（四）关心对干部的培养

抗日军政大学第四分校，是第四师培训干部的摇篮。彭雪枫自 1940 年 3 月 18 日建校开始（原为随营学校）就兼任校长，一直关心着学校的教学建设，并亲自为学校授课。

1941 年 5 月自津浦路西转移至皖东北泗县的鲍集后，部分学员由于在路西一天两次受日伪顽的夹击损失三百人，而情绪有所影响，思想不够稳定。彭雪枫闻讯后，立即赶往分校进行看望、抚慰，作形势报告，要求大家正确对待困难和挫折，树立战胜困难的信心和能力。“他说：我们到了皖东北地区，就如同到了自己家一样，应当高兴，在当地党政军同志领导下和当地人民共同开创淮北根据地。关于收复豫皖苏边区，他说，我们只有积极建设好路东根据地，就为收复路西做好了准备。我们一定能实现收复路西的愿望。他的讲话鼓舞了大家的情绪。”①

后来，根据上级的决定四分校迁到淮（安）、宝（应）县接替原第二师第五

---

① 刘清明：《抗大四分校的历史回顾》，载新四军第四师老战士编委会编：《抗战在淮北》第 1 辑，长征出版社 1995 年版，第 230 页。

旅的防务，因而学校的任务加重了。对此，彭雪枫嘱咐学校的领导："这次到淮宝在肩负繁重的教学任务之下，又担负起该区的防务任务，一定要吸取路西反顽斗争的教训，要建立起自己的侦察情报网，与各地建立有线电话联系，要有应急措施。同时，还要与地方搞好关系，在县委统一领导下，密切配合'淮宝'独立团和民兵保卫这个地区。"[①] 为加强对学校的领导，副校长除吴芝圃外，参谋长张震亦兼任副校长，并由邱一涵任学校政治部主任。

彭雪枫还要求学校坚决贯彻毛泽东提出的"坚定正确的政治方向，艰苦朴素的工作作风和机动灵活的战略战术"的教育方针；学员要立志成为一个"政治的军事家，军事的政治家"，并号召全校的教职员做到"不以陋巷为苦和美餐佳肴为乐"，而要发扬我党、我军的优良传统和作风，艰苦奋斗，勤俭办学。

1942 年的 6 月 11 日至 24 日，彭雪枫专门到四分校检查工作。他首先以三天的时间，边听取分校各部门的工作汇报，边就如何办校、如何提高工作效率和如何提高教学水平予以讲解。15 日，他对分校全体师生讲话，阐述了骄兵必败的历史教训。接着，他以五天的时间检查各队的教学、内务和学员的学习情况，检阅毕业学员的队列动作，观看他们的劈刺表演。最后，又以三天的时间，给分校讲军事课：《关于创造新的战斗作风》《关于命令的下达与执行》及《关于衣食住行以及待人接物》等。彭雪枫以如此长的时间对四分校做如此细微的考察与如此耐心的讲授，使全体师生受到了极大的鼓舞和教育。

在彭雪枫的关怀下，第四分校前四期已培养出了数千名学员，为夺取抗日战争的胜利做出了重大的贡献。

由于彭雪枫与政治委员邓子恢及张震、萧望东等师领导的共同努力，不仅使淮北苏皖边民主根据地有了进一步的巩固与扩大，并且使第四师在建设方面取得了显著的进步，在正规化建设上向前迈进了一大步。

五、从刻苦学习中提高

人们以彭雪枫的经历和他的文韬武略评说他是文武兼备的青年将领。而他自己却总"以未曾受过系统的教育为一生的憾事"！[②] 正因如此，工作战斗的需要，成功与挫折的鼓励与鞭策，使他的"求知欲"更加强烈。

从转移到路东以后，彭雪枫为了检讨与总结经验教训，为了加强部队的建设，他着力于读书、写作。参谋长张震为了能让彭雪枫清静地多读一些书，将自己的办公室让给了他，彭雪枫非常高兴。后来，彭雪枫发现半城东门外的小庙里有两间空房，他就把它当作"密室"，常常躲进去读书、写文章、修改演讲稿。

---

① 刘清明：《抗大四分校的历史回顾》，载新四军第四师老战士编委会编：《抗战在淮北》第 1 辑，长征出版社 1995 年版，第 231 页。

② 林颖：《彭雪枫家书》，文物出版社 1985 年版，第 43 页。

1941 年 12 月 24 日，彭雪枫就曾在“密室”里修改他在一个干部会议上关于路西三个月反顽斗争战术上的教训，“一篇颇长的东西，将来打算印成小册子，也好使人家了解我们在路西奋斗中的经验教训。”[①]

彭雪枫的读书，既贪婪又涉猎面广；既自己读又推荐给别人读；既博览又将“主要重心”定位于“研读基本的书”上。

从 1941 年 9 月到 1942 年 6 月，彭雪枫读了多少书呢？无法详查，仅从他的“家信”中，可以略知他读过和他推荐给别人读的书有：

1《列宁传》；

2《什么是列宁主义》；

3《科学社会基础教程》；

4 洛甫：《论待人接物》；

5 胡服：《论共产党员修养》；

彭雪枫认为：洛、胡两书“对于我辈为人、为党员，为一个革命家，有着决定的作用的”。[②]

6 列宁：《历史的唯物论与经验批判论》；

7 苏联小说《新时代的曙光》；

8《论持久战》；

彭雪枫说：“我应该努力”地读[③]。

9 鲁迅的《两地书》；

10《左派幼稚病》以及党十年来八十三种文件；

彭雪枫说：这“是必读物，我在努力的读着”[④]。“《左派幼稚病》，读完了，等着做笔记。”[⑤]

11《静静的顿河》；

12《斯大林演说集》；

13《三国演义》；

彭雪枫说：这“也是一本必读的书（陈军长说不读三国和红楼梦的即不是中国人）”。因为“那里有战术、有策略、有统战、有世故人情[⑥]”。

14《斯大林传》；

彭雪枫将此书作为“别致的礼物”送给林颖，并特意在此书的首页题道：“我们忠诚坦白之于爱，一如我们忠诚坦白之于党！”[⑦]

---

① 林颖：《彭雪枫家书》，文物出版社 1985 年版，第 31 页。
② 林颖：《彭雪枫家书》，文物出版社 1985 年版，第 5—6 页。
③ 林颖：《彭雪枫家书》，文物出版社 1985 年版，第 25 页。
④ 林颖：《彭雪枫家书》，文物出版社 1985 年版，第 31 页。
⑤ 林颖：《彭雪枫家书》，文物出版社 1985 年版，第 83 页。
⑥ 林颖：《彭雪枫家书》，文物出版社 1985 年版，第 34—35 页。
⑦ 林颖：《彭雪枫家书》，文物出版社 1985 年版，第 35 页。

15《战略与策略》;

16《抗日民族统一战线指南》;

17《各种政策》;

18《列宁主义问题》;

彭雪枫认为：列宁、斯大林的书都要读，但是“最最基本的现实的还是党目前的各种政策及统战中策略之运用”[①]。

19《季米特洛夫报告》;

20 毛泽东在延安高级干部会议上之《关于统战策略问题的报告提纲》;

彭雪枫说：“这是最宝贵的最实际的同时又是机密的材料。”[②]

21《反对党八股》;

彭雪枫致信林颖说：“毛主席的《反对党八股》文情并茂，请你多读几遍”[③]。并说，我们准备将毛主席拟的宣传指南：第一列宁的宣传方法，第二季米特洛夫报告中之宣传问题，第三是六中全会扩大会决议（即新阶段）中之文章中国化，第四是鲁迅的论创作，印成本小册子[④]。

22《日出》;

彭雪枫说：“一气读到头，不禁发生无限的感慨，所已读到的曹禺的剧本之中，这是我认为最好的一部”。[⑤]在此以后，彭雪枫还读过“曹禺的《原野》剧本”[⑥]。

23《真理》(合订本);

24 巴金的《家》《春》《秋》，爱情三部曲，以及茅盾的《大地》《子夜》，郁达夫代表作《论语与做人》;

彭雪枫在收到从上海寄来的这一大批书后，在一封家书中写道：琳琅满目，令人神飞！我喜欢极了！书报一到，“在我，等于‘有朋自远方来不亦乐乎’了”[⑦]。

25《水浒》;

26《死魂灵》;

27《红楼梦》;

28《儿女英雄传》;

29《镜花缘》;

30《儒林外史》;

31《老残游记》;

---

① 林颖:《彭雪枫家书》，文物出版社 1985 年版，第 36 页。
② 林颖:《彭雪枫家书》，文物出版社 1985 年版，第 61 页。
③ 林颖:《彭雪枫家书》，文物出版社 1985 年版，第 39 页。
④ 林颖:《彭雪枫家书》，文物出版社 1985 年版，第 37 页。
⑤ 林颖:《彭雪枫家书》，文物出版社 1985 年版，第 39 页。
⑥ 林颖:《彭雪枫家书》，文物出版社 1985 年版，第 83 页。
⑦ 林颖:《彭雪枫家书》，文物出版社 1985 年版，第 47 页。

彭雪枫写信给林颖说：“中央鼓励干部看小说（当然不是主要的），我劝你多看小说和文艺性的作品，这不仅可以提高文化水平，而且可以增加社会经验（古人的）和修身养性。”[①]

32《战争论》；

彭雪枫说：这是“一部名著”，是他从事于研读的基本书之一，“得益良多”。[②]在他所读过的俄文译本《战争论》上册[③]，共作批语 129 条，2867 字；用红、蓝、黑铅笔作的标志可谓少见的多种多样，共有 17 种方式。他的批语，有对克氏一些论断的赞同，有自己的体会和见解，有联系自己或红军、八路军、新四军作战经验的回忆，也有对克氏一些论断的质疑。其批语如：

“政治目的不仅与战争行动相等，而且还要超过战争行动。”

“战争不是独立的东西，而是政治的工具。”

“和平谈判亦应着眼于尔后对敌之有生力量的消灭上，否则将来必付更多的代价。”

“运用之妙存乎一心，而不能机械的运用死的条文。”

“但侵略的法西斯的帝国主义的战争就不应该全国的男子壮丁参加，相反还要极力反对它。”

“此节值得商量之处特多，追击者原则上不应分散力量，而应集结以跟踪追击，并用以对付万一敌人之反击。但在溃败之敌大部瓦解之时，则可分散力量以

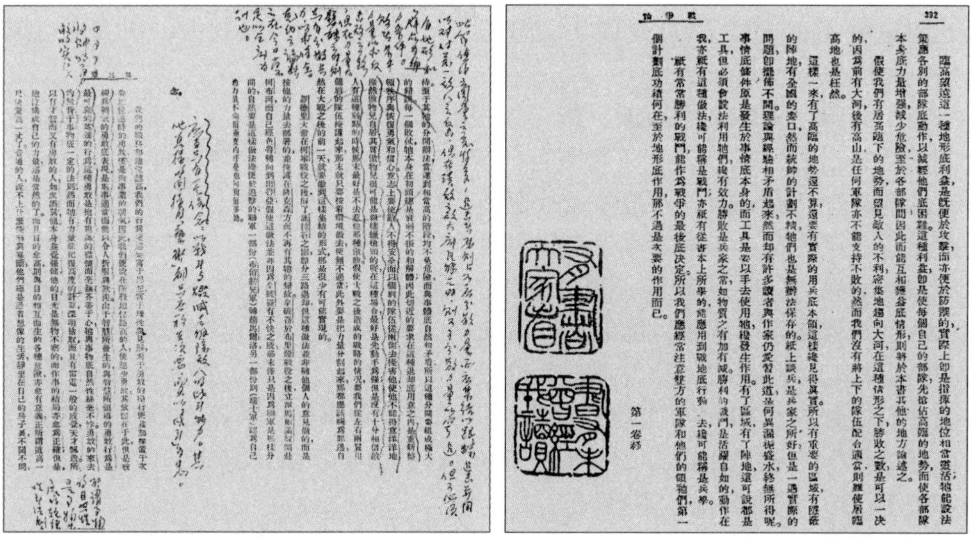

彭雪枫读《战争论》的部分批注和他的押书章

① 林颖：《彭雪枫家书》，文物出版社 1985 年版，第 55 页。

② 林颖：《彭雪枫家书》，文物出版社 1985 年版，第 60 页。

③《战争论》上册，彭雪枫于 1944 年 8 月西征前赠送淮北军区第三军分区司令员赵汇川阅读，赵读后十分珍惜此书。1986 年，赵将此书送交中国人民解放军军史资料征集委员会收藏。这是彭雪枫读过并做过许多重要批注的唯一仅存史籍。

穷追。但可必须在地形和群众为有利条件。败者集中力量以求反击敌之一路，但在力量太悬殊之时，则只有分散兵力，以求保全。克氏之论断之在今日尚不足以全部为训也。”

33《罗斯福传》；

彭雪枫读后感到：罗斯福虽为一资产阶级政治家，但其为人处世确有可取之处。

34《孙子兵法》。

彭雪枫说：“十三篇，已读七篇，且已成诵，对这些书，我决朗诵多遍以求会背。学习是非咬牙不可了。”[①]

…………

彭雪枫之读书，重在理解。他在读完《日出》剧本后写道：“《日出》结局之恰如红楼梦——不使人尝到‘义愤发泄之后的甜蜜’（见本书‘跋’）和‘大团圆’，而是义愤之后的‘出路’，更真实的说，不是什么‘义愤’，而是‘出路之寻求’！”[②]他赞赏剧本诱导以至鞭策着人们向革命的道路前进的精神。他的座右铭是“读书必须求甚解”，他的格言是“学以致用”，他的约法是“每日决学两小时”。

彭雪枫之读书，重在运用。他坚持理论联系实际、学以致用的原则，把读书学习与解决和指导部队的建设上存在与遇到的问题结合起来。彭雪枫对毛泽东大声疾呼、警告全党的党八股那些不正之风，他在师的第二次政工会议上坚定地指出：对这种不正之风，“此届政工会应成为一把板斧、一只利刃，快刀斩乱麻，忍痛割尾巴！”[③]

为了给师轮训队讲军事课，彭雪枫根据所读的“几本军书”，联系我军的战史并结合自己的作战经验，认真刻苦的研究，使之“提高到理论地位”，撰写成十章的讲义。其第一章，为战争及战争本质与战争形式；第二章，为战略学战役学战术学；第三章，为战略方针战役方针战术方针的关联性；第四章，为中国革命战争的战略方针；第五章，为目前我在敌后抗日民主根据地的战略战术方针；第六章，为战略指导要领；第七章，为战略防御——反“扫荡”的准备；第八章，为战略退却与战略反攻；第九章，为战役指导要领；第十章，为军事指挥员之条件及应有之修养。1942年10月15日，第四师《军事杂志》第29期以“战略战术问题浅说”为题发表时，彭雪枫谦逊地说：“其实严格说起来，叫做《军事业务读书笔记》，还更名副其实些。”

彭雪枫刻苦的学习、辛勤的学术创作，使他在军事理论上获得了显著的进步，取得了丰硕的成果。其具有重要学术价值的著作有：《马列主义者要学习军

① 林颖：《彭雪枫家书》，文物出版社1985年版，第61页。
② 林颖：《彭雪枫家书》，文物出版社1985年版，第39页。
③《彭雪枫军事文选》，解放军出版社1997年版，第445页。

事》《论精兵主义》《论大量使用原始武器》《再论精兵主义》《战略战术问题浅说》等。据不完全统计，自 1941 年 10 月至 1942 年 10 月，彭雪枫撰写的学术论文、指示、训令、战役总结、军事报告等文件共 34 份，其中已收入《彭雪枫军事文选》的 15 份。这些论著充分体现了他以马列的军事理论和毛泽东的军事学说与当时战争中与部队建设的实际问题相结合，做了十分有益的探讨，有力地指导与加快了全师的军事建设。

对于彭雪枫的刻苦好学、顽强探索所取得成果和进步，在部队中已引起了强烈反响。全师各级干部在彭雪枫的影响下，利用战斗间隙学习政治、军事、文化，苦练专业技术蔚然成风，对干部的成长收益很大，也促进了工作作风的转变。

彭雪枫之读书，重在联系实际增强党性。通过加强对《左派幼稚病》《反对党八股》《战略与策略》《论共产党员修养》等书的学习，彭雪枫的党性更加坚强，思想修养有了很大的提高，对自己要求更严了。他在 1941 年 9 月 14 日写信给林颖说：我始终没有忘记过一次毛主席在我外出进行统战工作时临别叮嘱的一句话："对人诚恳是不会失败的！"在"今天，拿来送给你"，也与你"共同勉励吧"。并表示：我们待人接物，应"更谦逊些，更诚恳些"。在夫妻之间，彭雪枫诚言："我还是主张你应有你的独立的工作环境，我无权干涉你，也不会干涉你"，"一切美满的愿望，都是建立在政治理智情感热心努力互助互谅之上的！"[①]对待批评乃至流言蜚语，彭雪枫更以坦荡的态度对待之，以保持"党之正气和浩然之气"！他说："鲁迅之一生是怎样苦斗出来的？毛主席之有今日，是在不断的攻击讽刺反对之中斗争来的，一部党史，即是一部斗争史，终久会要最后胜利的！"[②]在后来的整风运动，彭雪枫更是以严肃积极的态度投入到那一伟大的革命洗礼之中，并获得了进一步的提高。

在生活上保持着艰苦朴素、廉洁奉公、严于律己、不谋私利的品德与作风。过路东后，尤其是经过刻苦地学习以后，彭雪枫这方面更体现了他的感人的美德。

结婚是人生一件大事，像他作为一位师长又是 34 岁才结婚的人，添置一些新衣物是常人所能理解的。更何况他的一床被子还是 1937 年在山西作统战工作时，一位爱国人士送的，并且是在为了"不伤害"那位爱国人士的感情而收下的。经过南征北战，日晒夜露，洗了又洗，补了又补，已是颜色已退，补丁摞补丁了。战友们在帮助师长布置新房时，发现这床连棉絮都露在外面的旧被子，实在不忍心，想买一床新被子。可彭雪枫坚决不同意。"他对同志们说：'不必了，战争年代经常行军转移，行迹不定，就是新的也容易弄旧，这床被子虽破但还干净，同时又是战争年代的产物，也算是个纪念'。"[③]

彭雪枫与林颖结婚后，林颖仍在淮宝县工作，只是有时到师部来。对于林颖

---

① 林颖：《彭雪枫家书》，文物出版社 1985 年版，第 7 页。

② 林颖：《彭雪枫家书》，文物出版社 1985 年版，第 56、57 页。

③ 蒋中健、林文善、唐培远：《枫陵流丹》，宁夏人民出版社 1993 年版，第 56 页。

的到来，彭雪枫是很高兴、很热情的。林颖回忆说："他是很风雅的，很讲人情的。他带我去看司令部、政治部、抗大四分校、《拂晓报》，还看警卫员、炊事员、司号员。"① 但在物质方面却要求很严。一天，林颖使用的钢笔丢了。师的一位领导知道后，将公家存留的一支金星钢笔送给她。钢笔是工作必需的用具，当时林颖就收下了。彭雪枫知道后，立即用自己的稿费，按价还付了公家。

1942 年冬天，天气特别冷，师供给部的战友出于对师长身体的照顾，特地缝制了一件质量好（里外用的细布）的棉大衣，工人们为了表达对师长的敬意，还特意在大衣领子里面绣了"祝你健康"四个字。当把棉大衣送给彭雪枫时，他首先问："部队的棉大衣都发过了没有？"当他听到部队还没有发棉衣时，他坚决不要，并用退回的办法，教育后勤部门的人：不要只关心首长，要更多地关心战士们的生活，而这是后勤干部应该具备的群众观念。

对于彭雪枫刻苦学习，学以致用的精神，原第十二旅旅长谭友林回忆说："雪枫同志高瞻远瞩，有胆有识，具备多方面的领导才能，与他深思好学，善于将书本知识与革命斗争实际相联系是分不开的。他的求知欲望相当强烈，他常说：'不抓紧时间学习，我会输给工作的。'行军作战，不论多么紧张、艰苦，他都有两匹马驮着书报箱子，一到驻地，就挑灯夜读。鲁迅的书，中外小说名著，历史典籍，还有地方县志，说书唱本，凡能搜集到的，他都不随便放过。1941 年，第四师在洪泽湖畔休整，除处理军政大事外，他几乎用全部精力攻读马列和毛泽东著作，并且还钻研了《孙子兵法》和克劳塞维茨的《战争论》，结合自己长期的战争实践写下了《游击战的几个基本作战原则》、《战略战术讲授提纲》等军事著作。"并说："用战斗的作风刻苦学习，学以致用，自觉地在战争环境中磨炼自己，充分显示了雪枫同志忠于党、忠于人民的革命毅力和进取精神。"② 谭友林将军的回忆，说明了军事家彭雪枫成长之路的一个重要方面。

对于彭雪枫在工作作风上的转变和思想修养上的提高，陈毅曾有一重要的评价："雪枫同志此时在修养上有极大的进步，其特点是勇于自我批评，努力虚心学习。我认为不怕自我批评，不怕反省，不怕揭露自己的弱点，是我们党员和干部改造自己，提高自己必须具备的革命精神。多年在革命斗争中有功劳的人，如雪枫同志，他敢于揭露自己，批判自己，这种勇猛精进的革命精神，正是我们同志应向他学习的。"③

六、在边区参议会上作军事报告

淮北苏皖边区参议会为总结三年来的工作，于 1942 年 10 月中旬召开第二次

① 访问林颖同志记录，2002 年 3 月 19 日。
② 安徽省宿州市新四军历史研究会编：《著名军事家彭雪枫将军》，第 110、111 页。
③ 陈毅：《追忆彭雪枫同志》，《解放日报》1945 年 1 月 28 日。

会议。14日，彭雪枫在会上作了《军事报告》。其中就第四师过路东16个月来斗争的成绩、边区目前的形势与今后的任务等问题，作了系统、生动的报告，博得了与会者阵阵热烈的掌声。其主要内容有：

（一）关于16个月的战斗缴获与伤亡

彭雪枫报告说：四师主力进入淮北苏皖边区，已经16个月了，在保卫边区、巩固边区、扩大边区、缩小敌占区的任务上，不够的地方当然很多，然已竭尽智能，尽了他抗日保民的本分。接着讲了16个月的成绩。择其重要者如下：

（1）作战：340次。（2）缴获：步马枪3038支，轻重机枪30挺，其他枪210支；各种枪子弹62563发，迫击炮弹61发，手榴弹682枚，军用电话机19部，战马118匹，无线电台2部，军衣245件，敌伪旗帜15面。（3）歼敌：毙敌伪1997名，内军官31名，伤敌伪553名，内军官9人；俘敌伪3485名，内军官272名。（4）破坏：铁路35公里，桥梁15座，碉堡23座，击毁火车头5个，车厢50节，汽车7辆，电话杆140根；攻克据点13处。（5）我军损耗：各种弹药105778发，手榴弹4599枚，洋镐26把，洋锹94把。（6）我军人员损失：负伤842名，内各级指挥员198名；阵亡418名，内干部96名；失去联络201名。

（二）关于政治工作方面

第一，敌伪工作：对所俘虏的敌伪官兵，经过政治机关训练争取，参加我军的共1838名，宣传释放的共1240名。释放的俘虏经过宣传教育，他们回去本身就是很好的宣传品。可以使敌人宣传的共产党、新四军杀人放火的谬说不攻自破；加上他们把所见所闻照实说出，可以给敌伪和敌占区民众以很大的影响。像泗县城内的敌军小队长矢冈，在四师成立了来自敌方官兵的反战同盟支部①以后，他问一个经常到半城做生意的商人："你在半城见过日本人没有？"商人回答："见过日本人"。矢冈又问："新四军难道不杀吗？"商人答："不杀，而且优待他们，天天和新四军一起打球玩。"矢冈很高兴地说："好地好地，真的不杀！"因之要我们的布告和宣传品。蚌埠有一个敌军军官，出四百元买我们一张六言布告。诸如此类，不一而足。

第二，宣传工作：从去年6月到今年6月，全部队共举行了化装宣传238次，散发传单133种，写标语4210条，出壁报110次，举行群众大会2323次，士绅座谈会、访问会470次，演戏108次，抗日军人家属会30次，今年1至9月发对敌宣传品94种，25万份。宣传工作，对外是敌伪及敌伪区民众，对内是边区的民众及部队的指战员。对于宣传品，敌酋见了感到害怕，立刻关城门，搜查户口，检查行人。伪职员、伪军见了，说："到底是中国人，这是劝咱们的呀！"想反正。在敌伪区的士绅看了，对抗日各种政策有了认识，大半回来了；广大人民群众对中共中央的"七七宣言"，都很欢迎。

① 反战同盟支部，是由在战斗中脱离日本军队而参加第四师的抗日同志，组成日本人民解放联盟淮北支部，其领导人与成员有：后藤勇、矢口庄司、林博、太田延等。

第三，民运工作：各部队的民运机关从去年7月至今年8月，进行了以下的主要工作：（1）协助组织的救亡团体：农救会218个，会员12300人；工救会30个，会员1350人；青救会8个，会员165人；妇救会9个，会员530人；自卫队120个，队员5050人；儿童团18个，团员680人；开办训练班5个，训练干部320人；建立农村俱乐部14个。（2）救济灾荒：指战员在自己的零用费内共捐款25100元；衣服170件；得救灾民1500余户。（3）开辟新区工作：建立区署5个；乡公所10个；改造乡公所9个；保27个。（4）帮助群众春耕夏收工作：代耕地495亩，出人工2570个；代收麦17550亩，出人工78570个。（5）召开各种会议，仅民运部门召开的各种会议共有6092次。（6）协助政府征收救国公粮，14318石。

在16个月中，边区部队在行署、各县政府及地方群众团体的配合下，开拓了边区，缩小了敌伪区，使我们淮北苏皖边区今天的总面积的6.7万平方里中，我占60%，较前增加了一倍有余；边区人口有组织的占22%，较前增加了30倍。

（三）关于敌我之间发生的变化

在我部队方面：第一，过去多是夜间战斗，今天可以白天战斗了。第二，过去是采取游击战，打得开就打，打不开就“三十六计走为上”，然而今天可以进行运动战了。我们起了个名字叫“游击性的运动战”或“运动性的游击战”，部队飘忽而来，飘忽而去，游击战为其形式，运动战为其内容。第三，过去很少攻坚，不攻坚，今天可以攻坚了。部队本身战斗力是向上变化的。

在敌人方面：过去敌人打哪里就打得开，然而今天他不一定就能打开；反之，敌人的据点过去我们不容易攻下，然而一年多来我们打下了不少据点。过去敌人的死尸是必须用汽车装回去的，而在濠城战斗中敌人却遗下了30具死尸。这说明，敌人的战斗力在向下变化的。

（四）关于生产节约与精兵简政

彭雪枫说：军队的党以及全体指战员，不愿也不忍更多的枉花民众一分钱，因之部队从事了以下工作：第一，实行生产节约：部队在规定的预算之内，省吃俭用，努力生产，在今年的9个月中，共生产612197.2元，节约153457.81元。在作战之余，开荒、种地、种菜，仅今年秋季就种菜250亩。节约粮食，过去按规定一天是2斤半（16两制），经三次减到2斤，共节省粮食12万斤，后方部队比前方部队吃得更少。

第二，实行精兵简政：其意义，一是爱惜民力，爱惜根据地。执行中共中央严格指出的抗日根据地的脱离生产的工作人员，不能超过根据地全人口的3%。二是提高工作效能。三是缩小机关，充实下层，加强战斗力。

整个部队，上下一心，但凡能节省一分钱就节省，但凡能少吃老百姓一颗粮食就少吃，使我们的根据地经得起将来的困难。

（五）关于胜利和成绩的原因

第一，是中国共产党及新四军军首长的领导和指挥所得的结果。四师受党的领导、军部的指挥，执行党的政策，一切行动，都要首先看一看是不是违反了党的政策，看一看是否违反了群众的利益，他是为了广大民众的付托和愿望在奋斗着的！

第二，是全师指战员的英勇艰苦抗战。彭雪枫如数家珍般地讲述了昼伏夜战的宿东游击支队，艰苦奋战在邳睢铜区的第九旅和夜袭池家的军区独立第一、第二大队，以及顽强战斗、舍生忘死的二十多位指战员英勇的事迹。

宿东游击支队活动在天天听到枪声，天天看到敌人的汽车，一夜要搬家两三次，而周围离敌人的据点只有5公里、4公里或2.5公里，常年是过着白天隐蔽，夜间活动、生活、打仗和转移，活泼愉快的战士不能唱歌，其苦可知！他们的政治委员周启邦同志，军事、政权、地方党、民运工作都得过问，天天跟部队跑，战士睡觉了，可他还要工作，甚至为了掩护部队转移，他在与敌人追击的骑兵夹击的战斗中英勇地牺牲了！

第九旅的部队战斗在邳睢铜区，其苦不亚于宿东，在临近徐州，在津浦铁路、陇海铁路和海郑公路交错、敌伪据点林立的一个狭小地区里，几个月没有解过子弹带，不要说脱衣服睡觉了，他们几乎没有一天不在战斗。

彭雪枫为了使各位参议员了解四师指战员为完成战斗任务，列举了二十多位在战斗中英勇杀敌和壮烈牺牲的英雄。例如：

第三十一团四连排副鲁克训，在最近濠城战斗时，带着突击队员冒着敌密集炮火冲了进去，打了十几枚手榴弹，自身负了四处伤，仍坚持指挥不下火线，并且鼓励其他同志冲锋。

第二十七团三连排副王长彬，历来作战总是任突击队长，某次战斗中冲锋五次始行冲入，一个人打了四五十枚手榴弹，压迫敌人缴了枪。

游击支队的女医生何如顺同志（过去是一个学生），去年10月间敌人“扫荡”宿东的时候，她跑上前线去救护一个伤员，并把那位同志背下来，在离开战场时，她不幸中流弹牺牲了！

第二十六团排长朱庆康，在欧庙战斗中，他被敌人包围，想活捉他。朱排长把手榴弹当铁锤，向敌人的头上打去，一连打倒四五个敌人。后来敌人越来越多，于是朱排长抱定‘与敌偕亡’的决心，拉出手榴弹的导火线，轰然一声，炸死一大堆敌人，朱排长仅受了轻伤。后来部队乘时增援消灭了敌人，救出了朱排长。

彭雪枫还谈了许多在后勤和机关工作同志艰苦、勤奋工作的感人事迹。他说：我们师堂堂一个供给部，在路西时只保存着大洋四元。各部队来领菜金没有钱怎么办呢？我们只有学一学秦琼卖马。同志们最高的薪水一个月一块钱，可是三个月不发。到路东时，机器全部留在路西，可到这里半年之久，又来了个第二次白手起家。在不断战斗的情况下，现在各种军需品全靠自力更生解决。工人同志在制造炸弹碾炸药时，炸药燃着把眉毛头发都烧焦了，然而工人同志们仍然干着那种冒险的工作。

这些同志，就是这样的艰苦奋斗，英勇牺牲，成年累月在火线上活动着。

彭雪枫说：第三个原因，是依靠我们兄弟部队的协助；第四个原因是地方党与政府的帮助；第五个更重要的原因，是各阶级各阶层的广大民众、工农、士绅，给军队以精神上的鼓励和物质上的帮助。他说：在军区赖毅司令、刘子久政委的领导下，发动了广大的群众参军、参战，组织了民兵和地方武装。更值得人们景仰的是杨景镇的许老太太，慨然捐出良田 3 顷，充作抗日经费。游击区以外的一位五六十岁的老先生，卖了 5 亩地得了 600 多块钱，骑了一辆自行车送上门来，他说："我听说新四军很好，又听说新四军很苦，所以送你们几个钱花。"这种"解衣衣我，推食食我"的伟大精神，是值得感激和表扬的。

（六）关于目前边区形势——敌人的阴谋

彭雪枫说：目前在我们边区的周围，有敌人的据点 40 个，约 3000 多人；伪军据点 123 个，约 17080 人。根据情报及敌人的行动判断，敌人对边区有以下的企图：

第一，是打通淮阴公路。敌人企图把我们边区割成好几块，把淮宝隔断，把淮南、淮北隔断，使边区处在艰苦的环境中。

第二，是"蚕食"邳睢铜地区。最近敌人实行步步为营，缩小我们的辖区。经过最近八义集等战斗，把敌人击退了，古城以北敌人的据点也被迫放弃了。

第三，是打通运河。最近敌人在三棵树、史家集建立据点，又传在老陈圩建立据点，企图妨害我们边区和淮海区的联系。第五旅在三棵树消灭了敌人，拔除了据点，严重地打击了敌人的这一企图。

第四，是占领沱西。10 月 5 日，敌突然占领濠城，晚 8 时即被我军歼灭。虽严重地打击了其占领沱西的计划，但将来沱西严重的斗争是不可避免的。

此外，是敌人在边区抢劫粮食、财物。泗县敌人经常到马公店、蟠龙山等地抢掠，骑兵团曾予以打击。

彭雪枫郑重地指出：敌人对边区更残酷更大规模的"扫荡"，终有来临之一日。因之，今后边区更困难、更危险的局面一定会到来。因此，他坚定地表示：四师和兄弟部队愿和全边区父老兄弟姊妹团结在一起，共患难，同甘苦，应付艰苦的斗争，使已得的果实，不被敌人抢去。

（七）关于团结为当务之急

彭雪枫说：最重要的任务是团结，团结是辖区的当务之急。共产党、新四军历来就主张坚持团结，坚持抗战，坚持民族统一战线，虽然在抗战过程中遇到了困难，但坚持团结抗战的信念丝毫没有松懈过。"皖南事变"不久以后，第四师在路西也碰到同样的灾难！我们为了团结，顾全大局，宁可委屈放在心里，不能不实行退让，终于奉命到路东来了。有些人无事生非说四师过路东来是"被打过来的"，"是打了败仗过来的"。当时，我们并不愿有所申辩。但"此心此情，可无愧于天下！"

接着，彭雪枫又盛赞道：中国共产党中央委员会发表的"七七"宣言，是有历史意义的文献。宣言中说：在团结问题上，中国共产党认为，中国各抗日党派不但在抗战中应是团结的，而且在抗战后也应是团结的。战后的中国应当是独立的与各友邦发生平等互惠关系的中国，而不是殖民地半殖民地或附庸国，战后的中国应当是统一的和平的中国，而不是分裂专制的内部互相战争的中国，战后的中国应当是民主的中国，既不是专制的半封建的中国，也不是苏维埃的或社会主义的中国；战后的中国应当是民主幸福的经济繁荣的中国。既不是只顾一部分人的经济利益而使大多数人受苦的中国，也不是暴力没收土地没收工厂的中国。战后的中国应当是各党派合作经过人民普选的民主共和国，而不是少数人专政多数人无权的中国。总之，战后中国新秩序的建立应当依据孙中山先生的三民主义，国民党的抗战建国纲领和中国共产党的施政纲领与社会政策。

彭雪枫说：我们看，中共中央的宣言，应当作为全国军民今后斗争的金科玉律。

彭雪枫说：四师坚持团结、坚持抗战，过去如此，现在如此，今后更要如此！最近路西过来的两位老先生说：二十一师侯镜如师长有一次向驻地军民讲话说："我们不打新四军了，要和新四军合作，只要新四军不打我们，我们愿意和他们共同抗战！"对此，彭雪枫说：我们欢迎侯师长的言论，我们赞扬侯师长的演说，并郑重表示：我们遵照中央和军部指示，但凡与抗日有帮助的一定得团结！一定得奋斗到底！为抗战而团结，为建国而团结，这就是我们的目标，我们的热诚要求！

（八）关于我们对参议会的要求

彭雪枫表示：四师愿与辖区全民同生死共患难奋斗到底之后，也向辖区全体参议员及边区民众提出了以下的要求：第一，对部队不断地严格督促和批评；第二，帮助扩建；第三，优待抗日军人家属；第四，是进行归队运动；第五，发展民兵，发展地方武装，应付将来艰苦困难的局面；最后，要求全体民众为了保卫边区，扩大边区，实行武装斗争；相信第二届参议会会对军队有更大的帮助。

彭雪枫的报告多次为掌声和笑声所打断，并在全场热烈掌声中结束。

第十三章　战斗在淮北苏皖边区（下）

作为战区指挥员的彭雪枫，非常注重观察形势、研究与贯彻中共中央、中央军委和新四军军部的指示，以明确任务。1942年12月23日，他在全师干部会议上指示：目前国际战争局势，是苏联已取得了战争的主动权，正在进行大规模反攻，英、美在北非正胜利地向德、意军进攻；东方的日本帝国主义北进缺乏勇气，南进又遭受打击，南太平洋的战局已经改观了。日本帝国主义为了改变其孤立局面、维持其统治地位和克服其物资等困难，只有加紧西进，向中国进攻。因此，对于我们华北华中敌后抗日根据地必然进行残酷的“扫荡”，甚至采取堡垒政策，以对付我们。

为战胜愈加困难和恶劣的环境，彭雪枫根据中共中央12月1日《关于加强统一领导与精兵简政工作的指示》，提出：（1）要彻底进行精兵简政。要减轻与合并机关，充实与加强基层；军区与师部合并；主力要地方化，地方要军事化；大批干部及知识分子要到区乡、接敌区、游击区、敌占区去。（2）要根据整顿三风精神实行自我反省，坚决地痛快地废除自己的宗派主义余毒。（3）加强党政军民统一领导。边区整个领导统一于区党委，区党委不仅管地方政权团体，而且要指导战争领导战争。（4）加强群众工作和民兵工作。（5）加强敌占区工作和游击区的工作。最后，彭雪枫强调指示：为了应付将来更加严酷的斗争环境，坚决执行中央的指示，“已经刻不容缓了，战争情况之下，一切工作都须迅速、果断，丝毫因循不得，丝毫迟缓不得，迟缓等于死亡！”①

一、在33天反“扫荡”中

还在一个月之前，彭雪枫在边区第二届参议会上指出的“大规模的‘扫荡’将有来临之一日”的警告，果然很快到来！日伪军对苏皖边区的大“扫荡”于1942年11月15日开始了。

当11月7日至13日，彭雪枫与师和边区领导人在祖姚庄抗大第四分校大操场，召开庆祝俄国十月革命节并举行阅兵和攻坚等战术演习与表演时，得到日伪

①《彭雪枫军事文选》，解放军出版社1997年版，第503页。

军大“扫荡”的信息，遂即停止演习，令各部准备迎击来犯之敌。

14日晚，师军政委员会召开会议，分析敌情，研究确定反“扫荡”方针。根据所得情报：敌向苏皖边区的大“扫荡”分为五路：一路由泗县到青阳；一路由宿迁南下；一路由淮阴高良涧到蒋坝；一路由盱眙到洪泽湖；一路由五河到郑集。至当日，各路敌人已进入攻击准备位置了。

日伪军进攻的兵力与企图是：以平林第十七师团为基干，附以伪军窦光殿第十五师、潘干臣第二十八师（系抽调其精锐者），苏淮特区之绥靖军两个团，配合明光第十三混成旅团一部，以及各据点（如时村、张楼、埝口、水牛刘家、洋河、众兴等）之伪军，企图一举而歼灭第四师主力及淮北苏皖边区党政机关于洪泽湖沿岸。其兵力为步兵6500到7000人，骑兵600余，坦克2辆，汽车120辆，汽艇9艘，汽划子10只，飞机七八架（伪报上所夸称的‘陆空精锐部队’）。“敌伪‘扫荡’作战方针是以半城、青阳为全边区的中心目标而大规模的分进合击，其次又分区的以泗宿、泗南、淮泗、淮宝之中心集镇为目标而小规模的分进合击。”①

彭雪枫在分析判断敌情时认为：“敌人此次‘扫荡’规模将是全面的，时间将是长期的，方针将是西翼以泗县为指挥中心，‘扫荡’我泗南、泗宿、泗东；东翼以淮阴为指挥中心，‘扫荡’我淮海、淮泗、淮宝。五河、盱眙、宝应之敌亦将起而配合。战术将是长驱直入，分区‘扫荡’，反复‘扫荡’。以骑兵及伪军吸引我主力，而以主力并机械化部队实行包围突击。根据华北经验，敌之三光政策，亦将在我边区实现。”会议经过讨论，大家见解一致，“遂决定此次反‘扫荡’的战役方针为：（1）第一步主力跳出敌之合围圈，以一部并地方武装就地坚持，与敌纠缠。（2）第二步转移于敌之来路侧翼和后方，协同我处于敌之最后方部队（如宿东、邳睢铜）打击敌人实行破击战。（3）第三步如敌伪建立据点，则制造并寻找其弱点而袭击拔除之。”

彭雪枫和军政委员会的委员们强调指出，要正确执行上述方针，“需要防止和反对那种战术上的‘阶段论’，认为必须不管一切先求跳出，即使遇到有利目标亦只好轻松放过。跳出之后而又呆住一处专顾打人，而忽略了敌人的‘反噬’。在战斗中不是运用一切力量阻止敌人建立据点，或敌一建立即乘其立足未稳之际以拔除之，而只是专门等待那个所谓‘第三阶段’，让敌人的碉堡筑成，铁丝网架妥之后，而去大摇大摆的攻坚。”②

彭雪枫还鉴于敌人在武器、弹药、行动速度上都处于优势，提出要采取巧妙灵活的游击战术，以主力部队断然的跳出敌之包围圈，转到敌之外线，迂回敌之侧后，实行打击敌之尾，使其不能不回头的战术。“只有这样，才能缩短敌之‘扫荡’时间，才能缩小敌之‘扫荡’范围，才能乘其收兵后退之际，集中力

---

①《彭雪枫军事文集》，解放军出版社1997年版，第516页。

②《彭雪枫军事文集》，解放军出版社1997年版，第518页。

量聚歼敌之一路或数路！”彭雪枫接着解释道：“这种战术方针，即我国古代兵学家孙子亦曾加以提倡，如在他的《军争篇》中即说：‘是故朝气锐（敌初来时势甚锐猛），昼气惰（懈怠了），暮气归（情绪低落不愿徒劳再进了）。故善用兵者，避其锐气，击其惰归（乘其怠懈罢兵之际而聚歼之），此治气者也。’老子也曾说：‘飙风不终朝（大风不过一个早晨），骤雨不终日（猛雨顶多下一天），孰为此者？天地（自然界的规律）尚不能久，而况于人乎？’狂风暴雨尚不能久，而况于日本军阀乎？”[①] 并以点睛之言指出：“我们的战术指导要领，是依据既定的战役方针，力争为‘大弱者中的小强者，大劣势中的小优势，大不利中的小有利，大被动中的小主动，大包围中的小包围，大‘扫荡’中的小扫荡，大封锁中的小封锁，大内线中的小外线作战”。“总之，在避免被动，争取主动”的战斗中“粉碎敌之对我大‘扫荡’。”[②]

在彭雪枫与军政委员会连夜做好的反“扫荡”的部署之后，15日，日伪军对苏皖边区的“扫荡”已全面开始。当日，由睢宁南下之敌占领了归仁集，由洋河进犯之敌占领了金锁镇，其隆隆的炮声已传向半城。此时，彭雪枫将临产的林颖安排转移到淮南医院。师部机关亦做转移的准备。

16日，由北路进犯之日伪军，进占老韩圩、川城、青城，继续向半城推进。南路由盱眙进犯之日伪军1000余人，分两路进至管镇附近及其以西，师特务团分别予以袭击，歼其30余人。彭雪枫与师部机关，由半城转移至周台子。继于当夜南下，转移到鲍集附近。

17日，北路日伪军2000余人在骑兵、坦克的配合下，进占半城。南路之日伪军进占管镇、鲍集。另一路由明光进犯之日伪军进占沈集。彭雪枫等于当日夜南渡淮河，转移到盱凤嘉的小山地隐蔽。

对于“敌人大规模的‘扫荡’终有来临之一日”，彭雪枫虽已作了警告，但中心区域的人们存在“例外论”的和平麻痹思想，加之“苏皖边区从来没有受过敌人大举‘扫荡’的经验，不仅民兵不能及时执行袭扰惑敌的任务，甚至老百姓连跑反的经验都不如路西”，因而“跑就是十几里，大家拥挤一处，哭哭啼啼，十分凄惨”！[③]

但是，由于师的主力及边区机关及时跳出了日伪军的包围圈，使其各路合击的日伪军扑空，遂于19日撤出边区，其第一阶段的“扫荡”被迫停止。

然而，日伪军是不会就此停止其“扫荡”的。那些卖国求荣的汉奸们亦在为日伪军的“扫荡”而鼓噪呐喊。1942年11月24日，伪《徐州日报》以“洪泽湖共匪歼灭”为题发表“社论”叫嚷：“数年以来，共产党组织之新四军，相继窜扰，即以洪泽湖为最大根据地，四出劫掠，负隅自固”，“所以洪泽湖的匪窟，

---

① 《彭雪枫军事文集》，解放军出版社1997年版，第519页。

② 《彭雪枫军事文集》，解放军出版社1997年版，第522页。

③ 林颖：《彭雪枫家书》，文物出版社1985年版，第71页。

实为和平进展之一大障碍。”

对此，彭雪枫批驳道：“这无异于说：洪泽湖这个敌后抗日民主根据地，钉在敌伪所统治的‘苏皖两省之间’的‘江淮中心地带’，阻止了敌人汉奸灭亡华中的奸谋，作了敌伪‘和平进展之一极大障碍！’可见敌人对这个根据地及新四军是如何的‘痛心疾首’了！因此，故必欲‘歼灭’之而后甘心。”①

其“社论”又说：“现在此种匪区据点，既被友军攻破，匪共覆灭，殄夷几尽，大好湖田，将一变为良民之居住生产地带，共匪失所凭藉，更永无卷土重来之一日。”“所以此次讨伐新四军之据点，实即根绝苏皖两省全部共匪之伟大成果！”并进而鼓吹曰：“兹于大东亚战争将近周年纪念之际，友军竟将洪泽湖上之共匪巢穴粉碎，辉映时局，洵为极有价值极有意义之胜利！”

彭雪枫对此种种谬论，斥之为“阿Q式的精神胜利”，并指出：“在敌伪笔下，业已把他们的阴谋诡计的狰狞面目描写得淋漓尽致了！敌人对我们敌后抗日民主根据地的‘扫荡’，决不是所谓‘临时性’或‘局部性’，而是和共产党、新四军及其坚持的根据地抱定了‘势不两立’的决心，采取了长期的全面的大规模‘扫荡’。”②

对此，彭雪枫在盱凤嘉的小山地中，正抓紧搜集敌情，分析敌情，判断敌情，制定粉碎日伪军新的“扫荡”的决心。即遵照军部11月19日的指示，在日伪军向中心区‘扫荡’时，外围部队应在敌后乘虚进袭敌人重要据点及运输队，使敌首尾不能相应的精神，部署跳到外线之部队积极破坏日伪军之交通，袭击其据点，钳制其进攻；留在内线的小部队和地方武装，积极破路，灵活地阻击、袭扰日伪军。

11月23日，日伪军5000余（9/10为日军），又从泗县分三路向中心区域展开第二阶段的“扫荡”。同时，淮阴之日伪军500余向高良涧“扫荡”；众兴（今泗阳）之日军600余分三路向南新集合围。日伪军之所至，大肆烧杀抢掠。彭雪枫在一封家书写道：“敌伪以其强大兵力——四千到五千人，八架飞机、六辆坦克，数十门大炮，数十辆汽车，五百名骑兵，在我根据地横冲直撞，实行烧杀抢三光政策，到处是逃难的男女，可谓风声鹤唳，草木皆兵，整个边区都在动荡之中！”“我们主观力量不能与敌人比，不能不采取游击战术，首先是避实击虚，主力跳到敌人合击圈以外，从外线来打击敌人，而留小部队及地方武装在现地与之纠缠。”

坚持在内线反“扫荡”的部队，主动寻机打击敌人。11月23日，骑兵团第三大队于泗东击毙日军小队长以下15人。24日夜，第十一旅第四营乘敌进犯泗南魏营立足未稳之机，歼其一部。泗县地方武装3个连，袭击经洋河进占屠园圩修筑工事的伪军，毙伤其160人。26日夜，第十一旅一部袭歼进占蔡圩的日伪

①《彭雪枫军事文选》，解放军出版社1997年版，第511页。
②《彭雪枫军事文选》，解放军出版社1997年版，第512页。

军20余人。29日，骑兵团及第九旅侦察队在青阳与归仁集之间的王圩设伏，将押送抢掠之物资的日伪军130余人大部歼灭，夺回抢掠的全部物资。

与此同时，转入外线的部队与地方部队配合，积极向敌后方出击。24日，第九旅第二十七团及邳睢铜地方武装，先后攻击日伪军据点老山庙、海郑公路之田河、邢子圩等，共歼俘敌人230余人。25日，第十一旅一部进袭小蚌埠，将3个碉堡内之敌全部歼灭。似此等的作战，均给敌人以沉重的打击。

11月26日，林颖在淮南医院分娩，生一女孩。后彭雪枫提议起名“流离”，并说：“这倒名副其实，一个很妙的纪念！”[①]28日夜，为了更便于指挥部队作战，彭雪枫与师领导机关由盱凤嘉山郭家出发，北渡淮河，到达泗南峰山镇东大王套。

在第四师及地方部队的打击下，日伪军的第二次“扫荡”，除烧毁一些村庄、抢粮、抢牛、抓了一些壮丁外，其对边区党政军领导机关的“聚歼”企图，全部落空，乃于29日分路回窜，结束了其第二阶段的“扫荡”。

日伪军经过17天的“扫荡”，到处扑空，不但未达到其“聚歼”边区党政军领导机关和主力部队的目的，且遭到了一些损失。故日伪在苏淮行署检讨会上自供：是一次“失败的扫荡”。于是被迫改变了其战略，采取稳打稳扎的方针：即以建立据点，打通并巩固泗（县）宿（迁）公路为目标。计设置了青阳（敌300余），马公店（敌200余），金锁镇（敌200余），归仁集（敌200余），老韩圩子（敌三四百人，金子联队司令部设此），黑塔（日军一个中队），新关、董圩子（伪军一个团），赵庄（日军一个中队及伪军两个中队），以及侍卫圩、双蔡圩等据点，并于本月底开始了其第三阶段的“扫荡”，对边区实行出扰抢掠，或奔袭合击。

本月，华中局为统一与加强党与军队的领导，作出了两个重要决定：一是批准邓子恢、彭雪枫、吴芝圃、刘子久、刘瑞龙五人为中共淮北区党委委员，邓任书记，刘瑞龙副之。二是撤销淮北军区，由新四军第四师兼淮北军区，彭雪枫兼军区司令员，邓子恢兼政治委员，张震兼参谋长，吴芝圃兼政治部主任。

12月1日，彭雪枫以师部名义发表《慰问边区同胞书》，号召边区同胞立即进行三件大事：第一，立刻组织民兵，健全自卫队。洋枪、土炮、长矛、大刀、锄头都是我们的杀敌武器。主力在，即协助主力打击敌人；主力不在，三五一起，七八一群，放冷枪，截尾巴，捉哨兵，偷敌人的枪，摸敌人的哨，烧敌人的营房，炸敌人的辎重，遇见敌人就打，碰着机会就干。第二，加紧肃反锄奸，灭绝汉奸活动。第三，立即研究空舍清野的办法，应当学习冀中的办法，村村挖地洞、挖地道，地道相连，地洞相穿，共同保守秘密。对于粉碎敌人第三阶段“扫荡”的步骤为：如敌伪建立据点，则制造并寻找其弱点而袭击拔除之。2日夜，彭雪枫等由驻地移往双沟东南谷店子。

依据所制定的方针，从11月30日至12月13日，彭雪枫指挥所部采取袭击战、伏击战、破击战、守备战等样式打破敌人的“扫荡”。其中，“最有声有色最

---

① 林颖生下“流离”后，适逢日军“扫荡”的“荒乱之时”，加上林颖患“乳腺炎”，不久流离便夭折了。

壮烈且起着粉碎敌人‘扫荡’之决定作用者”，为 11 月 30 日“屠园圩战斗（毙敌伪四十名，获步枪四支），十二月一日之一打马公店战斗（毙伤敌伪六七十名，我获轻机枪一挺），十日之朱家岗战斗（十数次肉搏，激战十数小时，将敌击退，计毙伤敌二百人），十二日之二打马公店战斗（敌我在屋顶上格斗，毙伤烧死敌伪八十名），八日至十三日，沱西泗灵公路上之破击战斗（毁堡垒二十余座，缴电线一千八百余斤，电线杆一百六十根，破公路十余里）。牺牲消耗少，杀伤缴获大”。另外，游击战术者为：“十二月二日埝路口战斗（生俘伪大队长以下百余名，缴获步枪百支，轻机枪一挺，我伤亡五名），同日之津浦路新马桥战斗（毙伤敌二十余名，生俘四十余名，获长短枪四十余支，我伤二名），六日之渔沟战斗（生俘伪五十五名，获步枪五十二支，马四匹，我轻伤战士二名）等。”①

在此期间，根据地人民广泛开展民兵斗争、空舍清野、锄奸运动、破路运动、盘查行人等，处于敌情严重的泗南各县政府和民兵提出了“县不离县，区不离区，乡不离乡”的战斗口号，配合部队反“扫荡”。

由于边区军民连续对“扫荡”之日伪军发起攻击，使其遭到沉重的打击，乃被迫于 15、16 日从青阳、马公店、金锁镇诸大据点撤退，第三阶段的反“扫荡”因而结束，边区秩序亦告恢复。

这一次反“扫荡”历时 33 天，是淮北苏皖边区军民所进行的一次最大规模的反“扫荡”战役，虽然根据地人民遭受了日伪军烧杀抢掠，但是“我们胜利了”！彭雪枫这样坚定地说。并在胜利后的第二天深夜，他以十分喜悦的心情，

朱家岗战斗中缴获的日军部分武器

①《彭雪枫军事文选》，解放军出版社 1997 年版，第 523、524 页。

写信给林颖说：这次反“扫荡”，“尤以二十六团朱家岗战斗，三十二团两次马公店战斗，第三十一团泗县、灵璧战最为出色！这都是在我们统一的命令之下打的，全体指战员无不奋勇用命，毫无犹豫！据确实数字，计毙伤敌六七百人，俘虏三百余人，缴枪三百余支，我方伤亡二百余人，损失步枪五十余支，二十六团罗应怀团长负伤，营一级干部伤亡计五人。反‘扫荡’战斗共三十三天，我们完全胜利了！主力部队、地方武装、党政及后方勤务机关人员、资材均无损失，诚为幸事！老百姓欢喜非常，都说新四军是诸葛亮，计谋高，打仗好。的确，部队经过一年多的整训，在此次大考验中，证明战斗力是提高了。尤以十一旅之动作最为积极，伤亡小，缴获大，博得众人的称赞！九旅二十六团朱家岗战斗最为壮烈，也可说是迫敌撤退起着决定意义的一次战斗。”

彭雪枫并说：“敌人无耻，在广播及伪报中夸大虚伪宣传，一则曰洪泽湖新四军船只被空军精锐部队炸沉二千余只，再则曰‘匪军’全部歼灭了，三则曰我失踪了，四则曰我率‘残部’二百余人于半城混乱之际逃往淮南了。完全是荒乎其唐的谣言！”

谣言，历来是不攻自破的。而对于日伪军的失败，彭雪枫却曾风趣地指出：“莫过于从他们自己口中那种真切的描述，津浦路西寺坡车站伪军于溃回途中编一歌谣曰：‘去洪泽湖亮亮堂堂，拐回来吊蛋精光，谁要再去洪泽湖，男盗女娼！’”

此后，彭雪枫为总结这次反“扫荡”的经验教训，预测尔后的斗争形势并制定对策，在繁忙的工作之余进行紧张的思考写作，1943 年 2 月 13 日，发表了《三十三天反“扫荡”战役述略》，全文共 5 个部分，计 2 万余字。其中对反“扫荡”战役胜利作了全面的概述。指出：“胜利的表现，在于：（一）粉碎了敌人聚歼我主力的计划；（二）击退了敌人在中心区安设据点的企图；（三）消灭并严重打击了敌伪之有生力量；（四）缴获了大批武器、弹药、军用品；（五）沮丧了敌伪再次“扫荡”的凶猛气焰；（六）振奋了主力部队、地方武装广大群众的抗日保乡巩固边区的情绪和信心；（七）团结了边区内外友党友军各阶层的友谊。胜利的意义还表现在我师各部队在战斗中得到实际的锻炼，战斗力加强了，战斗力提高到一个新的阶段，干部的战术素养也提高了一步，特别是干部的战略素养加深一层的陶冶，痛切感到局部利益与全局利益之间的关联性与一致性，打破了那种各自为政、不为他人着想的本位主义，也更使军队与地方干部痛切感到‘一切为着战争，一切为战争胜利’，‘打破太平苟安观念’等口号的实际意义，使人们更进一步的认识‘学习战争’‘掌握武装’‘领导武装’的伟大作用。”①

对于在这次大反“扫荡”中英勇奋战与献身的英烈，苏皖边区人民无限的崇敬和怀念。1943 年秋，泗阳参议会为“追念斯役战绩及死难者之英勇”，特邀请彭雪枫为朱家岗殉国烈士碑撰写碑文，以“述其颠末，勒诸贞珉”。彭雪枫满怀激情，强忍悲痛，秉笔而书。他在揭露了敌人的残暴罪行和讴歌了苏皖边军民这

---

①《彭雪枫军事文选》，解放军出版社 1997 年版，第 525 页。

次反“扫荡”的胜利之后，写道：

“而全战役过程中，喋血奋战，惨烈悲壮、惊天地、泣鬼神，以击败敌寇使其一蹶不振之决定性战斗，则为我九旅二十六团之朱家岗守备战焉。”

12月9日夜，青阳、归仁、金镇三处之敌千余人分三路秘密运动至朱家岗我二十六团驻地附近。10日拂晓向我包围进击，“敌寇挟其优势之兵力与火力，抱定以石击卵之野心，妄图一逞”。“但我全团指挥员战斗员政工人员赤胆忠心，英烈奋勇，抱定与阵地共存亡之铁石意志以歼灭顽寇。自晨至夜，激战达十八小时，反复肉搏，十进十出。中华男儿革命斗士之英雄气概表露无遗！终使寇贼胆寒，丑类气馁，弃城遗尸而仓皇溃逃矣！”

接着以字字血、声声泪地记述了在战斗中，镇定指挥，机智歼敌，顽强冲杀，壮烈献身的众多英烈，“呜呼壮矣”！彭雪枫同时以坦诚的心情写道：

“革命军人，肝脑涂地，为国捐躯，固分所应尔。而死难诸同志之黄尘侠骨，碧草忠魂，乃蒙各界袍泽之思慕爱戴，扼腕凭吊，仰余烈而沐流光，庶可永安于九泉。”

最后，彭雪枫笔锋一转，以雷霆万钧之势，指向叛国投敌的民族败类，写道：“彼认贼作父，廉耻道丧，专以诬蔑八路军新四军为能事者，亦可以知所愧怍矣！”①

二、捉放韩德勤

彭雪枫在《三十三天反‘扫荡’战役述略》中，依据他对国际战局的密切关注与敏锐的判断，提出：“敌之向我根据地之进攻则为必然而且很快的”，并且“首先是华中”。他的根据是：在苏联红军势如破竹的攻势与美军在太平洋对日军的胜利攻击下，“轴心国家已向着穷途末路加速迈进”，“而日来日军复以退出瓜达康纳尔闻了”，进窥印度与缅甸又遇到阻碍和中英两军的严重威胁。于是，日本帝国主义被迫做战略防御的准备。其向华中进攻战略意图是：（1）确实占领我之根据地，借以保障敌之心脏地带（上海、南京、连云港、徐州等地）之安全。（2）以之为向我大后方进攻之基地，而免后顾之忧。（3）准备于其战略退却时作支撑点。

就在彭雪枫此文撰成之1943年2月13日，日伪军各万余人从宝应、兴化等地，对盐阜区的“扫荡”开始了。日伪军首先对淮安以东曹甸、车桥等地的国民党鲁苏战区副总司令兼江苏省政府主席韩德勤部进行“扫荡”，至17日，韩部各驻地被占，部队大部被歼，其余部向北突围至新四军第三师防区涟水以东地区。此后，日伪军即向新四军盐阜中心区“扫荡”。

韩德勤余部进入新四军防区后，新四军以粮草、经费等予以接济，博得韩部广大官兵的感激。然而，韩德勤却在蒋介石的统一部署下，恩将仇报，不仅不遵

① 彭雪枫：《纪念朱家岗殉国烈士碑记》，载《拂晓报》1943年10月10日。

前约“退返原防”[①]，反而西进，于3月3日侵占了新四军淮海根据地的里仁集、程道口等地。3月11日，津浦路西之反共军王仲廉部奉蒋介石之令以五个团东进，至14日，已有三个团过路东。新四军要求韩德勤信守协议东返，但韩不仅不予理睬，且于中旬亲率其第八十九军、保安第三纵队、独立第六旅等部偷渡运河，侵入到新四军第四师淮北根据地中心区的金锁镇、界头集以东之莫塘圩、山子头一带；其第八十九军之三十三师残部位于毛家集。韩德勤所部占领上述地区后，杀害新四军伤员，逮捕区乡抗日干部，缴了区队枪支，并扬言要到半城，在洪泽湖畔建立反共基地。韩德勤新的罪行，“激起了我根据地军民的无比愤慨，纷纷摩拳擦掌，要求予以严惩”。[②]

新四军军部对于韩德勤违约西进早已予以关注，并电示第三、第四师：韩部“如确赴路西，不在中途久留”，则你们“一面相机招待扩大影响，一面严加监视，以防异动”[③]；如其王光夏部“不受劝导执迷不悟停留不走，继续实行其野心，则当在有胜利把握条件下实行坚决打击与歼灭之”[④]；若韩德勤确能遵守与黄克诚所商定的前约，“则黄可嘱其再派代表前来磋商，否则我们在解决王光夏部后，亦当相机威迫其出境或逼他返回原防坚持斗争”[⑤]。

3月14日，彭雪枫与邓子恢、张震、吴芝圃等鉴于顽王仲廉部已有三个团过津浦路东，为打破王、韩分割淮北根据地的企图，向军部首长建议：以第七旅、第十旅及第四师之一部相策应，即向王光夏部威胁，逼走韩部，并建议军首长一人坐镇指挥。

新四军领导人陈毅等接到彭邓电后，认为打破王韩企图十分必要，“如若顽王东进与韩顽会合于洪泽湖一带将引起淮北形势变化，则对我今后坚持华中斗争任务亦受极大影响”。遂于15日向第三、第四师并第十旅连发三电，其要旨为：

1. 指明了战役方针：“兹为打破韩王（光夏）建立洪泽湖根据地之企图，决在韩（德勤）王（仲廉）未会合前首先集中打击韩德勤部，以达我各个击破之目的。”

2. 战役组织与部署：（1）参加此次战役部队除四师以一部担任警戒，阻击顽王（仲廉）东进部队外，该四师主力与二师五旅，淮海临时指挥部所辖十九团、二十团，淮海军分区部队等统由四师彭邓指挥；（2）对顽韩作战兵团应立即集结于韩军周围适当地点，同时四师一面派代表与韩谈判，说明其违前约到淮北破坏

---

① 前约：系指在日军“扫荡”前，韩德勤致函新四军第三师师长黄克诚要求谈判，经谈判双方约定：如果日军向韩部“扫荡”，新四军即配合韩部作战，牵制敌人，韩部在不得已时，可向新四军防区指定地区转移。韩德勤的代表向新四军保证：（1）敌向其“扫荡”而向新四军防区转移时，对新四军地方政权、民众团体不予侵害，予以保护；（2）敌“扫荡”停止时，其转移新四军防区之机关部队即返原防；（3）对新四军非指定的其他地区不得进入，以免妨害新四军的作战部署。

② 韦国清：《山子头自卫反击战》，载新四军第四师老战士编委会编：《抗战在淮北》第2辑，华艺出版社1997年版，第23页。

③ 陈毅等致黄克诚并告彭雪枫等电，1943年3月7日。

④ 陈毅等致新四军第三、第四师电，1943年3月10日。

⑤ 陈毅等致第三、第四师并第十旅电，1943年3月11日。

纪律，扰乱民众，逮捕我工作人员，及韩将率大队亲来洪泽湖沿岸一带，更引起群众异常恐惧，并表示如韩擅自行动发生误会我方概不负责；（3）淮海部队即以各种方法劝导韩德勤、王光夏部遵约退还原防，如其不受劝告或故意敷衍以拖延时日，即予以坚决的打击并歼灭之；（4）向部队说明，过去我方对韩王（光夏）之援助仁至义尽，强调团结是应该的；现在已到不以武力驱逐韩王则便要妨碍整个抗战团结前途，故前线各部队首长应迅速动作以完成驱逐韩王根本粉碎其盘踞运河西岸之目的。

彭雪枫受命后，经与邓子恢、张震、吴芝圃研究，于当日向各参战部队下达了命令：说明战役的方针是“为粉碎韩王企图，我决采取先礼后兵的策略，各个击破韩军，逼其返防”，并已专函韩王（光夏）。同时，对各部的行动作了部署。16日，彭雪枫与参谋长张震由大土庄帅部策马赴界头集前方指挥所。当日，彭雪枫接陈毅等电示：战斗发起后，最好让一条路给予韩本人及其随从人员逃窜；如韩被俘，立即欢送出境，以免引起事态扩大。

还在12日，陈毅、饶漱石、张云逸、赖传珠曾报告毛泽东、朱德、王稼祥、叶剑英：对危害我甚大的顽保三纵王光夏部及韩顽残部，如仍执迷不悟停留不走，则以武力驱逐或消灭之。16日，刘少奇复电陈张饶赖称：“文电毛朱王均已看过”，并指示：“我们仍应小心应付”，“只在他们妨害我们生存时或在他们向我进攻时，才采用武装驱逐他们的办法。”

17日午前，对侵占山子头地区的韩王部情况已侦察清楚。下午14时，彭雪枫与张震召集第七旅政治部主任郭成柱，第九旅旅长韦国清、第十一旅旅长滕海清、第十四团政治委员、骑兵团团长等参加的作战会议，研究分析了敌情，予各部以任务。虽然，当时韩王部共二三千人，外围之第八十九军一千余人；我之参战部队仅到达第二十五、第二十六团、骑兵团及第三十一、第三十二团各一个营，第五旅第十四团四个连，其余部队尚未到达，但彭雪枫决心遵照军首长指示不待兵力集中，即以现有兵力于当日晚20时出发，24时向山子头、盛圩等处顽军发起攻击，以争取时间。会议遂决定了以下部署：（1）第九旅第二十五、第二十六团歼灭山子头之顽保安第五、第六团及王光夏本部，如俘获韩德勤，即以不认识为由使其逃脱，得手后即北移会攻独立第六旅；（2）第十一旅、第十四团现有部队攻歼独立第六旅；（3）淮海南下部队到后向仓集以南攻击前进，得手后会攻独立第六旅；（4）第十三团到后即作为预备队。此外，骑兵团位于界头集作为机动部队，以第七大队对第八十九军警戒，如其东进即以游击战术迟滞之。

入夜，月光明媚恍如白日，各部队分头向攻击点前进，至23时许，气候骤变，乌云密布，大雨如注，历一时半始停，恰各攻击部队已达冲锋准备位置，而韩顽所部为避大雨，游动哨停止巡逻，步哨亦躲入房间内避雨，故攻击部队已接近顽营咫尺仍未被发觉，得以发起突袭的良机。

18日零时，战斗打响。第二十六团于山子头北歼保五团大部，余部由莫塘圩北逃。第二十五团经两小时战斗，歼灭孙圩、王圩之敌，该团第八连将韩总部与王光夏纵队部盘踞的前韩庄一地主大院子包围，连长齐德宽率第二排健儿登上屋顶，向院内射击、投手榴弹；指导员孙长兴率三排战士以机枪封锁院门。在战斗中，孙长兴从俘虏口中得知韩、王均龟缩在屋内，遂不顾头部负伤即率4名战士冲入屋内，击毙了双手沾满苏北人民鲜血的反共分子王光夏，活捉了韩德勤，至晨4时山子头之敌全部歼灭。

第十一旅两个营和第五旅第十四团对独立第六旅的攻击，战至18日10时，攻占了三个村庄，歼顽军一部；但因攻击兵力少，对盘踞于小王圩之顽旅部及一个营，以及东盛圩之一个营无力迅速歼灭。为迅速结束战斗，彭邓派参谋长张震到现场组织指挥。此时，第七师第二十团和第五旅第十三团先后赶到要求参战。张震遂令其协同第十一旅与第十四团歼灭顽抗之敌。后仅经五至十分钟战斗，即将两处顽抗之敌歼灭。整个山子头战斗胜利结束。

活捉了韩德勤，彭雪枫一面于3时向军部作了报告；一面令韦国清按预定的方法处理。后来，韦国清对当时的情况回忆说："韩德勤被我二十五团八连俘虏后，在战地释放他，但他不走，自己承认是'副司令长官'、'江苏省主席'，要求见四师领导人彭雪枫、邓子恢。但是，当我军战士要他离开战场时，他又要赖皮不走，反而责问我军战士：'你们为什么要打国军，是韦国清下的命令，还是彭雪枫下的命令？'我接到报告后，来到了关押的现场，只见韩德勤背靠着墙狼狈不堪地站在那里。"这个情景使韦国清想起了1931年在中央苏区第三次反"围剿"时，韩德勤曾被俘虏过，只是让他混在散兵中逃走了。韦国清没有公开自己的身份，只是"交待看押人员对韩既要讲政策，又要讲我军的尊严。天明后，我们派干部带队将韩押送界头集师指挥所"。①

18日，新四军领导人陈毅等就对韩德勤的处置问题复电彭雪枫、邓子恢，并报中央军委，提出的处置要点为：（1）对韩德勤本人要佯装不知，但应与一部分中下级军官一道优待，一道释放，并严防其自戕和对外自认。（2）对一般俘虏可开欢送会，优待发旅费遣送回路西，并派人作诚恳的解释和宣传。（3）对韩装着不认识，一面专责王光夏，一面又须将韩王等待大军东进企图消灭我军的阴谋使俘虏官兵均能明白，谅解我之立场，转而引起对韩王的不满。（4）对韩俘虏一事，对内对外应严守秘密。毛泽东接阅此电报后，当即批示："请刘拟复，我看应该释放。"刘少奇遂复电陈毅："同意其释放。"

韩德勤自被押送到界头集后，他感到一切都完了，既怕丢官、丢脸面，又不知怎么办才好。于是，根本不想承认其违约与制造磨擦等反动行动，反而以死相威胁，遂演出了吃火柴、绝食、写遗书等花招儿。

彭雪枫与邓子恢等遵照军部的指示，并考虑到为避免因韩绝食与久留不走，而激怒顽方使华中的磨擦扩大，乃与韩相见，并以礼相待。在谈话中表示：

---

① 韦国清：《山子头自卫反击战》，载新四军第四师老战士编委会编：《抗战在淮北》第2辑，华艺出版社1997年版，第29、30页。

（1）韩来此我们完全不知和未得主席手谕，王（光夏）亦未说；（2）此次对王光夏实行自卫，完全因王破坏团结，不履行韩主席对黄师长之诺言，并无不尊重韩主席之处；（3）我们只希望消弭王光夏等部会合王仲廉东进有威胁新四军于洪泽湖的阴谋。韩德勤觉得彭雪枫说的这些话既有礼貌，又是事实，他无法反驳，但又听不出对他将如何处置，如是采取了一个“死”招：态度相当强硬，表示心死了，绝食，又不喝水，劝慰亦不见效果。

彭邓判断：你韩德勤既然想死，何不在山子头就自毙呢？你要是想活命，又为何在山子头放你溜掉，你又自报姓名，坚决不溜掉呢？必然是在有所求吧！

于是彭邓与刘瑞龙、吴芝圃研究后，决定提出几条来试探韩德勤一下，考虑到韩既做了俘虏又放不下架子，反而挺要面子的，就决定由吴主任先与被俘的韩的参谋长吕汉劲与参谋处长陈沛浩谈谈。

19 日上午 10 时，吴芝圃与吕、陈谈话，先严肃地指出：此次磨擦事件，完全由你们造成。接着说：我们对韩主席目前的处境还是保密的么，为了今后在地方上的配合，解决这次的问题有三点你们可以考虑：第一，发还人枪及电台，并送韩带他的部队出去；第二，拥护韩主席仍在苏北领导和坚持抗战，但要保障新四军在敌后抗日的自由权利；第三，如韩主席同意这两点，我还想与韩当面谈谈。吕、陈听后当即同意，并表示向韩转达。

狡猾的韩德勤听了吕、陈的转达后，认为有了生机，表示完全同意，欢迎吴主任与他谈谈。下午 1 时，当吴芝圃应邀与韩相见时，韩痛哭流涕，特别悲伤。吴芝圃予以安慰后，韩谈了半小时。其大意是：第一，说了他在苏北坚持五年的艰苦，和新四军的磨擦，是部下不能遵守和服从。第二，是说他离中央很远，很多人说他是坏分子，蒋、顾（祝同）对他很不满，自然他是拥蒋的。第三，说黄桥战斗后他很后悔，觉得当时不应孤注一掷。第四，他近几年来在了解转变中，觉得国民党是消灭不了共产党的，共产党在华中也绝不能夺取国民党的地位。因之两党两军不和对国家民族不利，他现在的基本主张是团结合作，尤其是他在苏北的处境和新四军妥协（指对他实行统战政策）有利于他，在苏北坚持到抗战胜利之后便是他的最大光荣。但要达到目的必须与新四军合作，他与新四军合作在大的方面他的利益大于我们，在小的方面于他不便利，但我们的利益大（意指全国政治影响）。第五，对王仲廉东进，他认为无关轻重，王力量不大向东进不被敌人消灭，亦不足打新四军。最后，吴向韩表示有关问题将由彭师长和他谈。

随后，彭雪枫出面与韩德勤谈话。韩德勤表示接受吴主任提出的办法，并自我辩解地说山子头事件难免你们猜疑，则我以警戒疏忽又未事先与你们接头。转而说：你们的力量大，我的力量小，我不会消灭你们，而你们要给我一个面子，最好陈军长给我电报表示歉意。彭雪枫当即说：陈军长曾来电对山子头事件表示诧异，并关心你的安全。我们要求团结抗战的诚意，并通力合作。“现在你先派人找保六团，以便谈判有好结果，再送你到那个部队去。”韩德勤仍有所担心地问彭：“你们所提的办法，陈军长是否同意？”彭答：“以韩主席同意后，当请示陈军长。”

韩遂说："我亦必须请示蒋委员长，要在我权力范围内可以合作。"继要求和军长、政委一谈。经彭雪枫此次谈话后，韩德勤态度初显平静，遂停止绝食。

对于两次与韩谈话的内容，彭雪枫与邓子恢先后向军部作了请示与报告。彭邓刘（瑞龙）吴在20日致军部并中央的报告中，着重谈了对韩德勤的认识、估计与建议。报告说：从我们与韩的谈话中得到以下几点：（1）韩坚持在苏北当然是蒋的主张，但他若能在其家乡保持其力量到抗战胜利而不半途而废，自然是一块光荣的招牌。而西去阜阳等于丧失了他的政治生命，如他能在苏北呆下去，即不会去电催王仲廉东进。因此，在我们提出的条件下放韩，是缓和与阻止反共军东进的重要一环。（2）韩为了坚持苏北，如王仲廉真东进，韩王必发生矛盾，且恐怕省主席的位置不保；但今天韩的地区、主力已丧失，不靠王又怕不行，因此企图在王东进后，加强他与我对抗的力量，及在王东进的威胁之下与我谈合作，以此来控制王，借以在这些矛盾中保存自己。（3）韩在其主力已丧失，自己已被俘的情况下，特别担心自己的前途（所以他见吴时痛哭流涕），并以死来威胁想使我们让步，交还一些人枪和地区，以求共存（韩昨天谈话中着重此语）。我们估计，如果我们发还一些人枪，给他一些面子，使他无须依靠外援仍可在苏北保持现有地位（这是韩的主要希望），那么韩今后可能与我真正合作，而且可能用适当办法阻止与缓和王仲廉东进。这样不仅对我在敌后坚持抗战有极大作用；而且对全国合作也有极大关系。同时，如蒋知道韩德勤被俘，为了顾中央的面子可能调军队东进，这时对我亦不利。因此，认为应乘此机会对韩做必要的让步，来达到争取韩的目的。最后建议：为争取与韩合作军首长来一人主持，并令三师暂缓对韩河东残部进攻。

毛泽东、刘少奇在接到彭雪枫、邓子恢等电报后于21日复电彭邓并陈饶，指示：应准备释韩，但暂不释，待王仲廉东进及重庆反映明了后再定。

当日，彭雪枫、邓子恢致电军部并报中共中央军委称：上午韩提出以下问题要求我们转报军部，其要点是：1. 他所以不即死等待谈判是为了顾全大局，盼能赶快解决。2. 解决问题的途径必须顾全他的立场和面子，故在实际上是他向我们提出要求，但在形式上是要我们向他提出要求。具体办法：（1）要求军首长给他电报内容包括：对山子头事件表示遗憾，礼送他回部，发还人枪；（2）保证对他的部下不再进攻，允许今后给他以粮食等物资的帮助（韩说他可以帮助我们子弹）；要求韩指示苏北今后团结抗战的具体方针（他说就是你们对我的要求，由我发表）。（3）军首长给他来电后，他即打电报给顾祝同，请顾替他作主（他恐直接电蒋无效），便不是他独断专行了。3. 韩认为非军首长来他不放心，认为不能解决问题。

22日，新四军领导人陈毅等根据彭雪枫、邓子恢等的报告，就对韩德勤处置建议的意见，向毛泽东、刘少奇报告并复彭邓称：关于对山子头事件，可向韩答复：责任应由王光夏承担，不幸累及韩氏表示遗憾，四师可发还人枪；若韩返回原防或在我指定区内坚持斗争，今后不再向我进攻则我可保证决不向其进攻，关于互相帮助粮食弹药问题可以同意。鉴于体谅韩的本身利益与可能向我靠近及不积极策动蒋派部队东进，我们主张与韩成立妥协，释韩应快。

在彭雪枫等同意韩的参谋长吕汉劲出去找其队伍后，23 日吕派人回来向韩报告王仲廉部已东进。韩闻言极为焦急，遂托人向彭邓转告如他被俘消息传出蒋可能委汤恩伯为主席，且他已是一星期未与中央通讯了，要求允许他的电台与顾祝同联络，以稳定局面。彭邓等研究后认为可以，遂于 24 日致电军部与中央建议：允许韩的电台立即架通，发报稿经我们看过后发出；韩事对外保守秘密；并应迅速解决。

为解决韩德勤的问题，陈代军长于 23 日离开淮南第二师医院，夜渡洪泽湖，于 25 日抵半城附近大王庄四师师部。当日晚，彭雪枫、邓子恢等亦由界头集返回，并将韩德勤带来。

陈毅经过了解韩德勤的情况和要求后，同意彭雪枫、邓子恢的建议，并就有关问题于 27 日致电军部并转报中共中央。电称：（1）我们允许韩德勤向顾、蒋发报，内容是先报告双方误会，战斗失散；次报告得中共部队援助；再主张敌后活动困难，大兵停止东进，并建议与中共合作。（2）韩既与我同谋，其与顾、蒋通报[①]后，我可进一步掌握他，并可由韩第一步电请将其省府机关移路西或苏南，本人留苏北打游击，第二步再要求亲赴路西，这样韩会对我感激，我亦不怕他反奸。（3）对王仲廉与韩取分开处理，即对王采取消灭方针。（4）与韩谈判着重要他西移，对我最有利；但韩西去后即使蒋令其再来华中，只要韩与我们合作有利于对反共营垒采取分化政策，使蒋之东进方针有破产之可能。

29 日，中共中央复电新四军军部并转陈毅电称：同意陈毅 27 日所提处理韩、王办法；如陈估计韩留苏北比较有利，韩去路西反为不利即可使韩留苏北，但无论如何均必须与韩订立一个密约，方不上当；对王仲廉须先礼后兵，不必急打。31 日，刘少奇电告陈毅：29 日何应钦与周恩来谈话，提出韩德勤被俘事，周作了说明，何尚无向我提出稍微严重的交涉与条件的表示。你们让韩德勤与顾通电，此事可能向重庆方面敷衍过去，汤恩伯已下令王仲廉主力开回路西，留一部分在路东收容韩的散兵。

陈毅感到与韩谈话的条件已经成熟，遂于 31 日与韩谈话。韩一闻陈毅来甚喜，欣然出迎，并愿共同摄影，成立文件以示互信。接着，韩从黄桥战役直到山子头战役作了检讨，说“是我的错”。最后表示他们的防地尽失，恳求“帮助他一些地方，”“请贵军吃一些亏”。陈毅以他特有的坦诚豪爽并略带威严的气质，从民族大义和合作抗日为重的角度进行开导与批评。然后双方议论了共同坚持敌后抗战的有关事项，并决定由韩留其参谋长作代表与新四军代表彭雪枫会商，成立协定，交陈、韩批准，再由陈、韩交换一信件，以示同意，付诸实施。

---

① 韩德勤按与彭雪枫的约定给顾祝同发电，后顾回电：准韩与新四军消除误会，并将具体情况报告，以便转呈委座。

4月1日，韩德勤回拜，陈毅与彭雪枫、邓子恢设宴为他饯行。宴后，彭雪枫备了牛车送韩，韩提出借钱，陈答应送他八万元，并送还他的手表、皮包和手枪，韩满意上路。4日，韩的代表吕汉劲与彭雪枫签订了《韩德勤与新四军陈军长晤谈备忘录》，其中经双方同意的事项共十条。如："本着实行三民主义、团结抗战之精神，消除过去成见和误会，相互协助，以坚持苏北敌后抗战"；韩德勤允诺在总反攻阶段未到来之前，他在苏北所属除现有部队外，"不再策动其他国军东进，如华中时局发生意外变动，双方仍继续保持友好关系，以免事情扩大"；指定："铜灵睢地区暂维持现状"；"涟水城、悦来集、老张集、徐家溜、八集、众兴集沿运河北岸，至淮阴城、涟水城之圈线内地区"，"署家桥、马家荡、建阳镇、湖垛楼、夏庄、射阳、宝应南境沿运河，至淮阴沿旧黄河至苏家咀、咀坎圈线内地区"，为韩部"游击根据地"等。

5日，陈毅与彭雪枫、邓子恢联合将与韩的谈判与处理情况向华中局与中央作了报告。其中着重说明：

从国共双方大局与韩德勤的表现出发，仍本着友好合作态度，一面进行政治争取；一面提高警惕，不被麻痹，作有力控制，则可能争取韩为有利时局之一员。对韩要求给予立足之地区，准备划众兴集以东，淮阴属来安集以西，老家集、八集以南，运河、盐湖以北等地给韩，以衔接到曹甸原防，但不能危害我之战略利益。

报告中并说，韩在苏北计五年，最初辖一军三个师、十个常备旅、十个保安旅，迄今总崩溃转而求我，不能不是反共专家的切身教训。只有力量可以制服反共，也是一个证明。今后韩或积极寻找报复，或转而带一些觉悟，听韩自择。力量与政治争取必须双管齐下。

在整个捉放韩德勤的斗争过程中，彭雪枫与邓子恢等在陈毅的直接领导与中央的正确指导下，果断地抓住了时机，有理有利有节地粉碎了韩德勤的违约进犯，并进行了妥善的处置，取得了军事上与政治上重大胜利与主动。

人们在完成一件大事之后往往会觉得很累。半个多月以来，彭雪枫与邓子恢等师的领导们，忙于战前运筹、战中指挥与战后对韩德勤的妥善有利的处理，既感到胜利的喜悦，更因为"每天绞尽脑汁，以全力对之"①，而感到十分劳累。军长陈毅更是带病从医院中赶赴前线，对韩德勤的处置问题深谋远虑，权衡全局，亦甚疲劳。

此时，洪泽湖畔的淮北正是春意盎然，万物充满着勃勃生机的时节，淮北有名的风景区大柳巷与酒乡双沟，景美酒香，往此一游，正好消除疲劳。彭雪枫与邓子恢商定约请陈代军长与名记者范长江一行。4月18日，四人乘马西行，在古色古香的双沟古镇，泗南县县长张太冲在"贺全德"酒厂，请陈代军长与彭雪枫等人品尝了双沟名酒，视察了双沟镇的工作，随后驾舟到"世外桃源"般的大

①《彭雪枫家书》1943年3月24日。

彭雪枫（左）和新四军代军长陈毅在一起

柳巷游览，陈代军长还与范长江、张太冲等下围棋、作诗，陈毅兴致很好，还要在场的淮北行署教育处的苏堃操胡琴伴奏，出人意料地唱了一段“空城计”，大家由惊奇而欢笑，多日的疲劳随琴声、唱声、笑声飘逸而去。

下午，陈毅、彭雪枫等漫步在淮河大堤上，陈毅突然叫人牵过马来，要与彭雪枫一试骑术之高低。二人翻身上马，竞相争先，互相交错，但终究是经过在绥远受过骑马锻炼的彭雪枫略为占先，大家鼓掌助兴一番。

晚上，彭雪枫安排淮北京剧团演出《追韩信》《四郎探母》等戏，陈毅、彭雪枫等看到精彩处，鼓掌喝彩。看完演出，陈代军长问苏堃同志：“你们还演新戏吗？”苏答：“也演，像《送子参军》《两条路》等。”彭雪枫补充说：“在淮北抗日根据地，我们有不少群众性的文化团体，如京剧团、话剧团等，既演群众爱看的传统戏，也演宣传抗战的新戏！”陈毅听了很满意，连声说“很好！很好！今后只要群众喜爱看戏，就多演！”

第二天上午，彭雪枫陪同陈代军长应邀到宋家祠堂讲演。在大柳巷学校的师生与广大群众的欢迎下，陈、彭走到主席台前向大家招手致意。彭雪枫遵陈毅的授意先讲了捉放韩德勤的经过；接着陈毅作了形势报告。他们的报告生动精彩，使听众受到了鼓舞和教育，所以听众不断报以热烈的掌声。

大柳巷的三日游，是美好的，大家都是愉快的。23 日夜，彭雪枫更以另样的心情给轮训队的林颖写信说：这“在我们的生活史上，尚属初次，可谓当得起‘快何如之’四字的形容词了。十年之后，必为我们回忆往事的新鲜材料之一。”并告以“军长明天要回去了”。①

三、联系实际进行整风

还在 1942 年 4 月，全党开展了以反对主观主义、宗派主义、党八股，树立马克思主义作风为内容的整风运动。中共淮北区委员会根据中央的指示作了全面部署，并印发了中央规定的 22 个学习文件。6 月间，第四师召开政治工作会议

---

① 林颖：《彭雪枫家书》，文物出版社 1985 年版，第 92、93 页。

1942年6月，新四军第四师开展整风运动。图为彭雪枫在干部大会上作动员报告

要求以整风精神改变师的思想作风，并要求各部根据作战、工作、生产等具体情况，利用7、8、9三个月青纱帐起来的有利季节，争取完成整风学习任务。

7月1日，彭雪枫与政治委员邓子恢、政治部主任萧望东、副主任孔石泉联名发布了《关于整风运动决定的训令》，决定由彭雪枫、邓子恢等7人组成全师整风学习领导机构——师学习总委员会，并指出：整风运动“是彻底改造我们党思想方法工作作风，从思想上政治上组织上进一步巩固党，使党彻底走上布尔什维克化的重大工作，亦是我争取革命胜利完全战胜敌人的重要准备步骤”。“要求全师同志聚精会神，深入彻底的开展整风运动，以求得全师工作上思想上更进一步的改造，完成建设正规化党军的光荣任务。”随即进入了动员学习研究整风文件的阶段，并举办了营、团干部轮训班；彭雪枫等还分别担任授课任务，提出这次学习“基本的要靠反省自己，反省本师，反省本团、本部队，反省我们的整个工作”。但不久全师便投入了33天反“扫荡”和山子头等作战的斗争之中了。1943年4月3日，中共中央发布《关于继续开展整风运动的决定》，指出：从1943年4月3日到1944年4月3日，“整风的主要斗争目标，是纠正干部中的非无产阶级思想（封建阶级思想、资产阶级思想、小资产阶级思想）与肃清党内暗藏的反革命分子。”10日，中共中央华中局也发出了《关于1943年整风学习的指示》。28日，彭雪枫与邓子恢等七人组成了淮北苏皖边区整风学习总委员会。此时，在粉碎了日伪军的“扫荡”与顽军的进攻之后，边区趋于安定，整风学习又继续展开了。6月10日，中共淮北区委员会作出了《关于反对个人主义与自由主义倾向的决定》。7月4日，淮北区党委就整风问题召开旅、团以上主要干部参加的扩大座谈会，由彭雪枫在会上作《贯彻中央新指示继续开展整风运动》的传达报告。

彭雪枫在报告中，充分肯定了“全党一年来整风的伟大收获”。他说：改造了我党干部之不正确的思想方法和工作作风，克服了或正在克服着宗派主义、主观主义、党八股和不民主作风，以及官僚主义和军阀主义，因此加强了党内党外的团结。我党同志，首先是干部同志注意了调查研究，减少了专断的、独断的、武断的对人对事的态度。大家注意了对民主的学习和教育。他强调指出：“整风运动以来，获得这样大的成绩，是我党二十二年历史上的一个大创造，是党的建设的最大的关键。这种重要性必须使党的干部首先是军队中和地方上的高级干部加以最清楚的认识，才能够对今后完成中央整风新计划起着决定的作用。”

关于整风的主要斗争目标，彭雪枫报告说党中央着重指出：是“纠正干部中一切非无产阶级思想，如资产阶级的压迫的剥削的统治的思想，小资产阶级的英雄主义的风头主义的、特别是个人主义的思想，封建阶级的没落的倒退的所谓‘光宗耀祖’的思想。”这些思想，“完全与无产阶级思想尖锐的对立着，整风就在于彻底的摧毁它纠正它。”

对于整风中存在的不正确认识与偏向，彭雪枫指出必须坚决纠正。诸如：“专整下级不整上级，或专整上级不整下级；专整别人不整自己，或整自己不整别人；整老的不整新的，或专整新的不整老的”，都是错误的。他说：殊不知整风运动是全党的整风运动，凡系党员都在被整之列、都在自整之列；故必须自上而下而又自下而上、推己及人，而又连人带己。这是对于每个党员的科学思想的锻炼，即马列主义基础修养的增进和提高。并论证说：一个党员在组织上虽然加入了党，还要反省一下在思想上是否也同样加入了党；凡在思想上尚未入党的同志，特别要进行整风。在思想上入党，“这是个很严重的问题”。同时指出：整风中存在的偏向，特别是整风与实际工作和本身的业务不能有机地联系起来，甚至把二者对立起来；在反省检查中专门反省过去，避免反省现在，或反之；有意的或无意的把反省变为单纯的历史叙述或缺点、错误的罗列，没有检讨和总结个人思想演变的过程，没有找出改正的方法等。

据此，彭雪枫在对今后整风的方向和具体计划作部署时，特别强调联系实际的问题。一是读文件必须和实际工作联系起来，“把文件的精神与实质之‘矢’射工作中及思想意识中的‘的’，求得思想革命和工作检查。有了理论上的武器（思想方法）而又接触工作（检查工作），理论文件才能成为工作的指针”。联系实际的方法为：（1）保证当前工作任务的完成；（2）检查最直接最眼前的实际问题，而又能联系到工作上的基本任务而加以总结；（3）联系到个人的日常生活和党的生活，对人对事对过去对目前的作为和态度。“更好的联系，也就是更好的整风，更好的工作”。

为了联系实际普遍地、认真地进行整风，彭雪枫与师的领导干部，除从自身做起外，并着重从两件事上狠抓落实。

第一件事，是开展反军阀主义的斗争。根据 1942 年夏初步审查干部时，发现有的干部军阀主义残余的现象较为严重，特别是1943年6月25日灵北战斗中，师特务营连指导员过小秋、文化教员马正信等人竟然枪杀掉队新战士的严重事件，彭雪枫与邓子恢等决心开展反军阀主义的斗争，认为这是目前部队建设的中心环节，是部队整风的具体任务。遂于1943年8月1日亲自主持召开了全师性反军阀主义斗争大会，到会除师直属机关部队人员外，还有各旅团和区党委轮训队代表等400余人，会议对过小秋、马正信严重的军阀主义错误思想行为展开了严肃的揭发与批判；6日，师部组织临时军事法庭，对罪犯过小秋、马正信举行了公审大会，并宣布将过、马二人撤职、判处有期徒刑，党内也予以开除党籍。10日，以师兼军区司令部、政治部的名义，联合发布了《关于过小秋、马正信等错误处分的决定及如何开展部队中反军阀主义的斗争》的训令。全师通过这个具体的例子，进行有计划有组织地展开民主的群众性反军阀主义斗争的教育，要求广大干部检查思想上的根源，以及这一根源在执行政策、在管理教育上、在组织领导上、在政治工作上，在对党政民各方面关系上的表现，加以彻底的检查和批评。这一斗争进行了两个月，“大大推进了整风学习，使整风学习真正接触了部队的实际也就是打开了理论与实际联系的大门”①。

在反对军阀主义的斗争过程中，彭雪枫与师的领导干部除了亲自抓“整”，也抓“改”，同时大抓了正面教育。彭雪枫给部队作红军优良传统的报告，邓子恢亲自作反军阀斗争的总结报告，张震作正确的管理教育报告，对整风运动起了决定性的推动作用。对于纠正军阀主义的错误，采取了以下的办法：（1）加强干部的思想教育，着重打通思想关节，从思想上转变与提高对人民军队本质的认识；（2）提倡高度的发扬民主，提倡阶级友爱的精神，改善和建立新的管理教育方式；（3）加强党与政治工作的威力，特别是发挥连队支部与政治工作的作用，

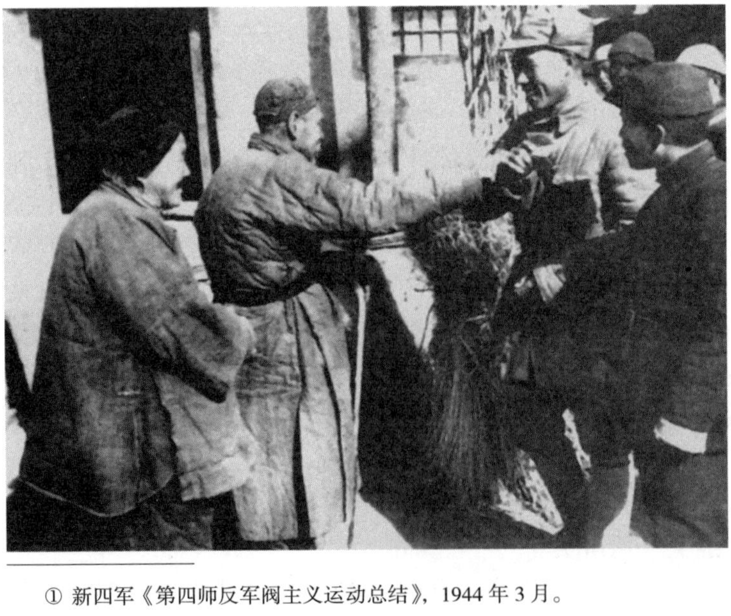

第四师部队向群众赔偿损失

① 新四军《第四师反军阀主义运动总结》，1944年3月。

密切党员与群众的关系；（4）严肃党纪军纪，执行革命的纪律；（5）适当地改善部队生活，解决战士的实际困难问题；（6）开展拥政爱民运动，严格遵守与检查群众纪律，增强干部的劳动观念和群众观念。

第四师政治部在总结反军阀主义斗争时说："反军阀主义运动给我们一个领导整风的启示，便是如何把整风文件与当前的实际工作相结合，如何理论与实际联系起来。由于反军阀主义运动是从部队中实际存在的不良倾向出发，来加以分析、研究，然后联系到文件，再以文件的尺度来检讨实际问题，这样不但了解了文件，而且解决了实际问题，也只有这样，才是实际的整风。"

第二件事，是狠抓对师医务工作存在的问题的整顿。1943 年 8 月 22 日到 9 月 4 日，第四师在大柳巷召开了第三届医务工作会议。这次会议是为了检查总结过去的工作，确定今后工作的方向，但会议检查揭发出了严重的军阀主义与官僚主义的不良倾向，彭雪枫寄予了极大的关注，并亲自到闭幕会上作长篇讲话。

会议揭发出的——彭雪枫称之为"极端严重的不可忍耐的现象和问题"，虽然是少数人的问题，但是"特别严重"。其表现为：

第一，和伤病员对立，和治疗看护的对象对立，不关心伤病员的生死、健康、痛苦和心情。

第二，和人民对立，和周围老百姓对立，和革命军队自己的主人对立。随便叫伕子，对民夫任意打骂。

第三，贪污腐化和浪费。药品、器材任意损坏和浪费，贪污腐化。

第四，粗枝大叶治疗马虎，药瓶子不贴药签，任意开刀，把一个可能挽救的伤病员弄到不可挽救的地步！难道我们一点也不痛心吗？

第五，个别同志存在着一技在身，有恃无恐，离开革命也可以赚钱享乐，去开一个"小医院"，当一个"走方郎中"，错误思想由此发展而走上政治上的动摇。

彭雪枫深刻地指出："军阀主义、官僚主义的实质是少数'特殊人物'爬在别人的头上，拿一种统治压迫剥削的观点和手段对待同志，对待伤病员，对待老百姓。"这是"把那种旧医官、旧医生、旧大夫及地主资本家的生活、习惯、思想意识带到我们部队中来，而反映到工作中、实际生活中，以致形成了今天医务工作系统中许多严重的不良倾向。"

对于上述种种严重的不良现象，彭雪枫大声疾呼必须坚决纠正，必须用批评和自我批评，达到"治病救人"的目的——整风的方法来纠正。同时，就今后医务工作的方向指出：

第一，要进行彻底反对医务系统中的军阀主义、官僚主义以及工作中的主观主义。必须坚决反对阻碍我们进步的最凶恶的敌人就是军阀主义、官僚主义的思想和行为。这是政治上思想上的问题，是今后开展工作的一个关键。

第二，要提高技术。我们过去和现在之所以发生了许多问题，便是技术不高，加上脑子里经常有军阀主义、官僚主义的思想作怪而来的。因此，我们要干一行，就学一行，学这一行，就要精这一行。

第三，要加强护理工作。要确立‘劳动神圣’的观念，反对资产阶级轻视工农、轻视劳动的错误观点；要发扬我们劳动神圣的精神及阶级友爱精神，来对待伤病员，关心伤病员。

第四，要确立正确的护理治疗态度。正确的治疗态度，用四个字可以包括——“精细耐烦”。“精细耐烦”的具体化是“大胆”“心细”“眼明”“手快”“腿勤”“气和”。

第五，要确定对死者的态度和处理方法。死了伤病员是人命关天的事！当然在今天我们的技术条件和物质条件下，要保证一个都不死是办不到的，只要我们对任何一个伤病员都尽力治疗了，还不能挽救，那不能怪大家。我们部队的同志死了，应该尊重群众的风俗习惯，要表示哀悼，要“送葬”，要开追悼会，以安慰死者，鼓励生者。

第六，必须节约资材、爱护公物。

彭雪枫对于犯了错误，特别是曾经动摇革命人生观的同志，从惩前毖后、治病救人的方针出发，指出应当牢固地确立自己的革命人生观。首先，是要把个人的利益和革命的利益结合起来。要懂得和坚信革命的出路，就是自己的出路，前途是光明的，革命事业是神圣而伟大的。其次，要认识社会发展的规律性。社会是依循着一定的规律而发展的，任何英雄好汉、皇帝老子也搬不过来，封建社会硬是要让位给资本主义社会，资本主义社会硬是要让位给社会主义社会。我们现在就是顺着这个道路前进的。我们所走的路是正确的。最后，我们必须择善而从。一个革命同志应该选择光明的前进的、拥护群众而又为群众所拥护的路走，只有坚定地走下去，才能得到我们终身的幸福和全人类的幸福。回头就是倒退。

彭雪枫满腔热情地说：“我希望每个医务工作同志一定要抱定终身为医务工作而奋斗的决心，立志做一个医务专家。”

四、作《时事教育总结》报告

1943 年 10 月 28 日，彭雪枫受淮北苏皖边区宣教会议主席团的委托作《时事教育总结》报告，对于当时淮北苏皖边区军队和地方机关的时事整风学习起了很大的指导与推动作用。

这次时事教育的背景是：在 1943 年 3 月蒋介石为维护其一党专政的统治和准备发动第三次反共高潮，发表了《中国之命运》一书，大肆鼓吹：“一个主义（即假三民主义）、一个政党”（即国民党）、“一个领袖”（即蒋介石）谬论，疯狂地攻击共产主义和中国共产党，诬蔑共产主义“不切于中国的国计民生，违反了中国的固有的文化精神”，“要中共交出军队、政权”①，甚至于 7 月间，已调集共 28 个师又 6 个旅的兵力包围陕甘宁边区，准备分九路闪击延安。

①《周恩来年谱（1898—1949）》，中央文献出版社、人民出版社 1993 年版，第 557 页。

在此形势下，第四师政治部根据中共淮北区委和中共中央的指示，于10月初，在部队中开始了时事学习。经过半个月的学习讨论，干部与部队中提出了许多不正确的想法。如对陕甘宁边区事件的发生感到突然；有的对中央发动的政治攻势认为过火；对时局的前途认识不清，有的认为新民主主义不能在全国实现，等等。对时局则抱有：漠不关心，认为还是和过去磨擦事件一样，或消极悲观感到革命胜利遥遥无期，有的则盲目乐观。

为了开展好时事学习，解决各种糊涂思想，提高对时局和国共两党根本的认识，中共淮北区委召开了宣传教育工作会议，对于半个月来时事学习进行了两天讨论，会议主席团推由彭雪枫作总结报告。

彭雪枫报告的第一个问题是："对于时事教育的认识问题"的重要性。他指出：

首先，应当确定时事教育是政治教育的一部分。因为我们研究了时事问题可以有系统地了解国际、国内及边区的情况，研究这些情况的发生、演变及其结果，它们彼此之间的关联性，它们每一事件之发展与结果所给予我们政治上工作上的影响。研究时事问题又可以学习社会，研究各个阶段阶层间的互相关系、个别状况、面貌和心理。如果我们不研究时事，当然就无法进行工作。而"在时事发展的考验中又可以使我们去认识、掌握与执行党的政策"。

其次，研究时事可以了解社会运动的规律性，使我们善于分析情况，判断情况，培养我们每个同志对于事物观察的远见性。一个政治上的天才家，必然注意时事发展的规律，注意与研究这一规律，熟悉透了这些规律——社会各种事物发展的法则，因而即表现出他政治上的远见。比如我们党对蒋介石的斗争上，最能摸到蒋介石规律性的，还是我们的毛泽东同志。

再次，研究时事可以提高我们的政治觉悟——即阶级觉悟。从认清国际、国内事变的发展上，可以增强我们的胜利信心和坚持斗争的决心，坚定我们的革命人生观。

最后，应该明确认识时事教育就是阶级教育。中央指出十大政策中的时事教育，在党内、在广大工农中从时事教育中能够确定：（1）认识阶级力量的对比，无产阶级是一个新兴的发展的革命阶级，无产阶级有其不可被战胜性不可被消灭性。（2）争取阶级最后的解放，统一战线在今天是争取民族解放的政策，有了民族解放才有阶级解放。（3）没有离开阶级立场的"超阶级"的统一战线教育，资产阶级如此，无产阶级更是如此。

彭雪枫报告的第二个问题是："对目前时事的几种不正确认识"。他指出：

1. 是对阶级矛盾是基本矛盾认识不清——我们应当懂得两个阶级——无产阶级与大地主大资产阶级——的基本利益是矛盾的。因此，阶级斗争有他的不可调和性，和不可避免性。暂时和缓是可以的，永远的消灭只有等待于社会主义革命胜利以后。所以阶级解放是我们革命的最终目标，民族解放并不等于阶级解放。

大地主大资产阶级的"革命性"是极有限度极有条件的。中国的资产阶级在革命中的两重性，在某一时期他是革命的，但一超过他的限度，他就一定回到反革命。从他的阶级的两重性，形成了他的阶级政策的两面性。

部分的过右认识，即认为："没有国民党就没有中国"、"只有蒋介石才能救中国"等，是由于夸大了地主资产阶级的革命性，夸大了国民党的力量而产生的。这是极端幼稚的言论，是对国民党的幻想。

党的策略有联合的一面，也有打击的一面。这表现在军事、政治、理论各方面上。

2. 是对革命力量胜利前途估计不足。许多同志担心："八路军新四军共产党能否存在？""一则对敌一则对顽的两面作战是否应付得了？"等等问题，就是由于：

（1）不认识无产阶级是一个新兴的阶级，是正在发展中的力量，有不可战胜的条件。资产阶级是走向没落的。斯大林说："新兴的力量，哪怕它现在力量很小很弱，但是终要壮大起来的，没落的力量哪怕现在力量很大很强，但是也必然要没落的。"

（2）忽视了革命的动力。今天的革命动力是工农小资产阶级，这占有全国人民的最大多数，这个力量不革命就不能生存，要生存就必然革命，就必然要得到胜利。

（3）不懂得利用革命的后备军，利用敌人之间的矛盾，灵活掌握党的策略；实行既联合，又斗争，既斗争，又联合，一打一拉，又打又拉的政策；反而把反革命内部的一致性估计过高，矛盾性估计过低。

（4）轻视党的政策的伟大作用。我们的许多同志，只见到几根枪杆子，不知道党的战略战术的灵活运用的伟大作用。22 年中党由几个人的马克思主义小组发展成今天 80 万的大党，由三五十人的游击队发展成为今天 50 万的新四军八路军。这种发展就是主观力量与客观条件相配合相作用的结果。要注意政策和理论的重要性，一如马克思说："理论只要掌握群众，就立即成为物质的力量。"

（5）唯武器论——单纯的军事观点，认为我们的根据地不大，兵力太少，武器不多，而又无外国的援助，一旦内战爆发，便感到对待国民党反动派无从战胜。这种看法，更是错误的，他们只是机械的、片面的、形式的去作双方的眼睛所能看到的数量的对比，而不去也不会去从全面的（由国内到国际），联系的（由外部联系到内部联系），历史的（由过去到将来），实质上（由数量到质量）去观察分析问题，片面孤立去看一件事物，无论如何是不能明白认识的，其结果只有走向"神秘""不可解"之一途。

国民党反动派所发动的内战，我们是坚决反对的。今天不是昨天，现在不是大革命时期，也不是内战时期了，中国的前途和世界的前途是属于人民大众而不是属于法西斯特务反共分子的了。今天的中国共产党及其军队和全国人民对它的认识和拥护已大大不同于十年以前了。特别是我们有了布尔什维克化的中央，和伟大的领袖毛泽东同志的正确领导，我们的前途，中国革命的前途是无限光明的。国共团结会更加缩短抗战过程，会把新中国建设得更好，即不幸而分裂，以今天不同于往昔的中国共产党及人民的力量，还是能够争取抗战胜利与革命胜利的！

3. 是思想方法上的错误：很多同志在对时事的认识和分析上，采取一种机械的绝对论——教条主义，或不联系实际工作的空谈与空想。理论与实际不能很好地联系起来。这是我们今天研究时事中最大的缺点。

彭雪枫上述的报告，实质上是回答或指出了对时事的种种怀疑与糊涂思想的来源，也深刻地阐明了对一些问题基本认识，以及分析与研究时事的方法。

彭雪枫报告中的第三个问题是："今后如何进行时事教育"。他指出过去对时事教育的不正确态度后，着重提出今后进行时事教育要：

（1）确定研究时事的正确态度：要从大处着眼小处着手，要看到国际、国内的时局发展，又一定要联系到目前本（单）位工作和现实的斗争任务；要因小看大，由近及远，从每一个微小的消息中向大的方面去看，以感觉新事物，接受新事物；不隐蔽发展中的困难，不过低估计敌人的力量；从党的政策去分析时事，从时事发展中联系党的政策；学习毛泽东同志读报的精神，他读报是仔细的、认真的，轻易不放过一张旧报纸，从社论到广告都仔细地阅读。（2）要从阶级立场、阶级观点上去分析问题。（3）综合性的研究党报的文件和新闻。（4）研究时事应定为一个经常制度。（5）定期作时事报告。（6）开时事讨论会、座谈会。（7）搜集舆论和谣言，并反复进行教育与解释。（8）建立读报制度。（9）实行时事测验及做论文。

同时，阐述了对非党群众时事宣传的问题。

彭雪枫所作《时事教育总结》，不仅指出了时事教育是"党的政治教育的一部分"，并且提到了有关"认识世界"与"改造世界"的高度。

彭雪枫的这一报告，使淮北苏皖边区党政军干部"对时事学习的认识又进了一步"①，并推动了学习的深入开展。采取的主要方法有以下几点：

1. 通过领导作报告，深入动员，学好重要文件。针对大家感到《评中国之命运》、中国共产党与中华民族解放的道路等文件深奥难读，不好做笔记，不易进行反省的问题，师政治委员邓子恢到第十一旅，师长彭雪枫、师政治部主任吴芝圃到第九旅、参谋长张震到宿东游击支队作时事报告，并指导学习中央发表的国共两党抗击敌伪比较。《解放日报》发表的两篇史录，以研究和认清国民党反动派的罪恶事实及其发展历史，和中国共产党对中国革命的贡献，以及两党的不同路线。

2. 通过做笔记、出版手写学习杂志等方法，自由发表意见，交流意见，推动思想论战。

3. 汇报与归纳主要问题开展思想论战。将在学习中提出和争论的问题（如第二十五团提出一百多个问题，第二十六团也提出三十多个问题），进行分析归纳，围绕几个主要问题，通过自由论战，予以解决。区党委根据邓子恢政委在第十一旅讨论会上所提出的五个问题，决定在全师、全边区普遍进行讨论。五个讨论题为：（1）蒋介石主义、孙中山主义与毛泽东思想的区别，旧三民主义与新三

---

① 新四军第四师整风学习总结，1944 年 3 月。

民主义的区别，新三民主义与新民主主义及社会主义的区别。（2）谁是中国命运之决定者，谁能救中国？（3）投降内战是否可能？如国民党投降会不会亡国？我党我军会不会生存和发展？（4）拖下去前途如何，新民主主义是否能实现？（5）如何争取时局好转？

这次讨论，是按照彭雪枫在报告中提出的“采取民主方式，自由发言，自由论战”的方法。一般是先由小组会展开讨论和辩论，再以支部及中心小组为单位召开扩大座谈会，然后汇集争论的主要问题，以师、旅直属队或团为单位召开更大的座谈讨论会，有多至三四百人以上，会期有一周以上，或半月之久。结束时由首长作结论。由于这是启发思想、自由辩论，成为领会文件的最好方法，故“收到的教育效果比上课还大”①。

对于这次时事学习的收获，在“第四师两年来政治工作总结”中，有这样的两个评语：

通过时事学习，“使全体干部深刻认识了‘没有共产党就没有中国’，‘只有新民主主义才能救中国’这一颠扑不破的真理，决定中国之命运的不是蒋介石法西斯化的新专制主义而是毛泽东的新民主主义；不是国民党反动派反共反人民的路线，而是中国共产党抗日与民主的坚持抗战的路线，毛泽东才是中国人民的真正领袖，共产党才是中国人民的救星。”

这次时事学习，“替今后学风党风学习打下了很好的基础”。

五、关注人民武装力量建设

加强主力军、地方武装和民兵三结合的人民武装力量的发展与建设，是彭雪枫十分关注的大事之一。早在 1937 年 10 月 16 日，他就提出：在“目前抗战的局面下，发动民众进行广泛的游击运动，配合主力与敌进行持久战，是我们的急务！”要战胜敌人，“只有在实际行动中来教育千百万人民都变为坚强的武装部队！”

（一）关于加强主力军——新四军第四师的建设

还在 1940 年 10 月，彭雪枫就提出了“为建设铁的党军而斗争”的号召，并作了全面的论述；1942 年 9 月以后，他相继提出：要做好“精兵简政”，以“增强战斗力”；要做好“整风运动”，以“改造思想改造作风”，增强政治素质；要继续做好“主力整训”，以增强“部队在战斗中之顽强性、突击性，以及战斗射击之准确性，加强干部的管理教育能力，提高干部的战术素养”和“指挥艺术”。这些方面的收获和进步，“不仅在整训成绩中证明，而且在实战胜利中同样证明”②了。1944 年 1 月 1 日，彭雪枫又提出：“今后的军事工作重心，应当是推动游击

① 新四军第四师整风学习总结，1944 年 3 月。
② 彭雪枫：《一年来的军事工作》，《拂晓报》1944 年 1 月 1 日。

战转变为运动战的总方向而努力”，要提高干部的战术修养；我们的战士“须学会现代化步兵的整套本领，即战斗兵、工兵、侦察兵、通讯兵、机枪手、狙击手六大本领”，“向着现代化的战斗员前进”。

同时，彭雪枫还特别重视主力军的发展壮大。首先，是兵员补充的问题。在1941年5月初进入路东时，第四师的主要任务是缩编、整训，是以部分主力分遣到各地去建立地方武装，以协同主力作战。经过两年的发展，从1943年起，根据地得到了扩大与巩固，民兵组织得到了发展，因而开始了为主力大规模扩军的工作。1943年12月15日上午，彭雪枫在军部会议上作了关于《淮北苏皖边区扩军的经验》[①]报告。这个报告极为全面，包括：关于扩军问题的两个方针、扩军的宣传动员、组织工作，欢迎与接收新战士、优待抗属工作，关于归队的问题，扩军的经验教训，一般总结等八个问题。

对于扩军采取什么方针？曾经有过不同的意见：一种意见是主张把现有的区队及地方武装一部分给主力，然后再扩大区队及地方武装；另一种意见是主张直接扩大主力，主力扩军的数字完成以后再扩大地方武装。经过激烈的争论后采取了第二种意见。彭雪枫总结说：采取第二个方针的理由是：假使采取第一个办法那就会使地方武装更不容易巩固，影响他们的战斗力。同时把地方武装抽出二分之一或三分之二给主力，这个数目字对主力来讲也很有限，故第二种方针的好处是既不削弱影响地方武装的战斗力和巩固，也可直接满足主力扩军的需要。

对于扩军的组织领导与宣传动员，主要是依靠各级党政组织、群众团体、学校以及参议会和绅士，同时军队的政治机关、剧团予以协助配合，因而很快就形成了扩军热潮；动员内容，主要是通过根据地与国民党大后方的对比、新四军与国民党军队的对比，说明参加新四军光荣、有出路等，增强了广大青年参军的自动性和荣誉感。扩军掌握的政策是：“三不四要”，即：“不强迫、不欺骗、不收买”；“要成份好（流氓、兵痞不要），要来历清楚，要身体健康，要甘心情愿”。这样，仅经一个月的宣传动员，就接收了3600余青年参军，超过原来计划的20%。

对于这次扩军的经验，彭雪枫总结说：（1）动员深入、反复，造成了公论，改变了老百姓对党对新四军的观念；（2）扩军政策好，党员带领参军起了最决定的作用；（3）新兵成分好，都是年轻力壮很有生气，进了部队情绪很高；（4）党员、群众团结、特别是工会、农会起了决定作用，绅士经过这一次扩军对我们党和信仰增高了。

其次，随着兵员的补充、地方武装的发展，并根据斗争形势发展的需要，第四师在部队编制上也得到了一些恢复与扩建。第十一旅由1941年6月的缩编和1942年6月的“精兵简政”，旅所辖的第三十一团、第三十二团团部撤销（但番号还在），直辖4个营。到1943年6月开始恢复两团制，经过补充，至12月两团团部全部恢复。骑兵团于1943年新组建第七大队和学兵大队，全团由原来的

---

① 彭雪枫的这个汇报提纲，发表于1944年2月25日中共中央华中局理论刊物《真理》第17期上。

3个大队发展为5个大队，马匹已达600余匹。

至此，第四师不仅在军政素质方面有了极大的提高，在部队编成上也得到了恢复和发展，军威更壮了。

（二）关于地方武装的建设

加强地方武装的建设，彭雪枫认为是“使我边区各种工作得以顺利开展起来”的重要力量。为建立和加强地方武装的建设，彭雪枫与师的其他领导人采取了许多有效的措施：首先，是以缩编下来的部队组建地方团队，如组建宿东游击支队或加强县独立团等。其次，是依据地方部队的发展、地区的扩大，建立与加强军分区，至1943年11月，已先后建立了第一、第二、第三、第四军分区，加强了对地方武装的领导；再次，是以主力旅的领导人兼任分区的领导人，调干部担任地方支队或独立团的主官，以利领导地方武装的斗争，应付复杂局面；第四，是加强对地方武装军政工作的指导。

由于对地方武装的有力领导，使地方武装在斗争中得到了顺利的发展。如宿东游击支队，以宿东独立团为基础，加上师的两个主力连，于1941年8月成立时，只有宿东、宿灵两县共四个区的活动范围，且处于敌伪顽的夹击之下；经过英勇顽强灵活的斗争，至1942年秋，便由两县四区发展到十二个区。随后，又成立了灵北县政府和县大队，并辖五个区；1943年秋，以宿东游击支队为基础成立了淮北第四军分区，除原有三个大队外，并辖三个县大队。翌年5、6月间，由三个大队组成分区独立团（未设团部），由分区首长直接指挥三个营。处于徐州以东、海州以西、宿迁以北的邳睢铜地区，为第一军分区，是淮北解放区与华北解放区的联络枢纽，是侵华日军的战略要点之一，斗争极为艰苦复杂。但该军分区经过艰苦的斗争，至1943年反“扫荡”胜利后，将逐步组建起来的铜山、睢宁、邳县三个县大队编成独立团，各区队武装也都有了极大的发展。

地方武装的发展壮大，不仅开展和坚持各地方的对敌斗争，保护了地方政权，在一些重大战役中，“主力及地方武装几乎全部轮番参加”，“起了极大的配合作用”。[①] 同时，也为升级补充主力部队做出了贡献。第十一旅之第三十二团即是由该团第一营与泗五灵凤独立团等部合编组建的，后来恢复第十二旅时，也是由第三军分区的三个独立团改编而成的。

彭雪枫在地方武装建设上，所采取的：以部分主力地方化、发展地方武装，进行游击战争，并求其与主力部队进行协同作战；然后吸收其部分升编主力。这一方法正是贯彻执行了毛泽东所指出的：“采取逐渐地和部分地集中的办法，使地方保有余力能够继续发展游击战争；采取首先协同行动然后实行合编以及不破坏其建制不撤换其干部的办法，使小集团能够融合于大集团”[②] 的发展道路。

---

① 彭雪枫：《一年来的军事工作》，《拂晓报》1944年1月1日。

②《毛泽东选集》第2卷，人民出版社1992年版，第433页。

（三）关于加强民兵建设

民兵（自卫队）是中国共产党领导的人民武装力量体制的组成部分之一，是人民军队雄厚的后备力量。所以，彭雪枫十分关注民兵的建设。

1942 年 12 月 23 日，彭雪枫在第四师干部会议上提出："加强地方领导，首先是加强民兵领导。"并指出："目前军区工作中民兵工作还是特别薄弱的一环"。他同时十分兴奋地说：泗灵睢的老周围子的民兵是值得表扬的，他们对张楼的伪军四五百人携机枪 20 余挺，大炮数门的进攻，进行顽强防御，激战四五个钟头之久，迫使敌人终于溃退了。"由此看来，民兵如何的重要！"并说："以往红军时代赤卫队、少先队的坚强有力，不是不能学到的，问题是要干部到民兵中去加强他们的领导。"

为加强对民兵建设的领导，彭雪枫找边沿区的干部座谈、汇报，了解民兵对敌斗争的情况和亟待解决的问题；抓对民兵干部的轮训，与区党委一起研究关于加强对民兵工作领导的决定，可谓是殚精竭虑了。1943 年初，他在给第一军分区领导关于主力与民兵作战配合问题的长信中，作了全面、重要的论述。在举要谈了一些民兵对敌斗争所采取的"麻雀阵""伏击战"等几个漂亮战例后，指出也存在与其他各县所共有的亟待解决的问题。

第一，"是主力部队与民兵配合作战，又从而对之教育、推动和加强的问题。"解决这个问题，彭雪枫提出了以下几种方式：（1）主力之一部（一个连或两个连）位于机动位置，与自卫队及区乡政府约定好联络方法，当自卫队一与敌人接触并与之纠缠起来，主力即由敌之侧翼或后方夹击之。（2）主力之一部伪装成自卫队，活动于敌伪骚扰地区，伺机消耗或歼敌。（3）主力派出一挺或二挺轻机枪，附弹药手及射击手，配于自卫队作战。（4）主力派出三五名老战士或特等射手加入自卫队，以便于作战时起"核心作用"。（5）主力派出参谋、副连长、排长等军事干部加入自卫队，一面在作战时指挥自卫队，平时又便于教育他们，一面也可了解自卫队的活动要求、困难和情绪等。（6）反过来，在主力作战时，调自卫队随主力行动，担任警戒、打扫战场、押解俘虏等。（7）行军时也可调自卫队跟着"出发"一两天，然后再要他们回去，并送些枪弹、手榴弹，以教育、奖励他们。并强调指出："民兵，以及由主力去教育、帮助、配合推动民兵，是今天整个边区的一个首要问题"，必须重视。上述办法如能大部或全部做到，"主力地方化的过程，就可以走了一半路了"，"民兵加强问题的过程，也可以走了一半路了。"这样的"带"很重要，"任何坚强的劲旅，不都从新兵开端锻炼起来的吗？"

第二，"是民兵的武器问题"。彭雪枫针对民兵中存在着"快枪少、子弹少"，"喜欢快枪不喜欢原始武器"，"手榴弹少，害怕使用手榴弹"等状况和心理，指出这是一个"很大的问题"。解决的办法：（1）主力现有的余枪、坏枪修理好后发给民兵；（2）县设立"修械所"；（3）主力发给若干手榴弹；（4）自造"土炸药"；（5）还是要提倡使用原始武器。

第三，“是敌伪军工作问题”。彭雪枫提出：对于敌人采用“蚕食政策”和逐渐伪化缩小我根据地政策，我们一是要主力配合民兵给予不断地打击和阻止；二是要不倦怠地进行敌伪军的瓦解争取工作。

7月，彭雪枫在边区民兵工作会议上作总结时说：经此次会议，更深刻认识了民兵工作之重要性，在秋后，应突出民兵工作。11月19日，中共淮北区委员会作出了《关于整顿民兵加强党对民兵工作领导的决定》。从而，使民兵工作得以健康的发展。

“当时，中共淮北区党委和新四军第四师兼淮北军区，十分重视民兵建设，1943年和1944年，曾两次召开边区民兵工作会议，总结工作经验，表彰民兵英雄。截至1944年，淮北路东已有10万强大民兵，路西地区也组建民兵3万余人。”淮北民兵，“打击敌人，保护人民”，“踊跃参军，壮大了自己的队伍，增强了敌后抗战力量。”[①] 这是淮北苏皖边区行政公署主任刘瑞龙对淮北民兵工作的总结，也是对彭雪枫关心民兵工作的肯定。

彭雪枫对加强新四军第四师、淮北地方武装和民兵的建设与发展，孜孜不倦，倾注了不少心血，取得了显著的成绩，体现了他高度的政治素质和杰出的军事才能。

六、甘当人民的护兵

彭雪枫自1941年5月率部转移到津浦路东后，他既潜心于认真总结过去的经验教训，卓越的组织指挥保卫和发展淮北苏皖边区根据地的战斗；又勤奋地参与领导和加强根据地的建设，他是受人崇敬的领导者，又是克己献身的人民公仆。

刘瑞龙曾回忆说：“雪枫同志是淮北和四师的军事负责人，又是边区行政委员，在军事倥偬之中，仍不断钻研并参与根据地各方面的建设工作。在发动基本群众、团结各阶层人民的工作上，雪枫同志既是积极的参加者又是出色的指挥者”[②]。他应邀参加淮北苏皖边区妇女救国会、青年救国会成立大会，以及边区参议会议，并作报告，热情地支持地方政权建设。

他还教育部队开展《拥政爱民》运动，讲明：军队是“政府卫队”，是“人民护兵”的道理。他作了一副对联要求各单位俱乐部写下贴到墙上。对联是：政府卫队保卫政府乃是义务，人民护兵爱护人民原为本分；横批是：拥政爱民。[③]

彭雪枫甘为人民服务、为人民的利益而战的思想，还反映在他为淮北《大众半月刊》题词中：

---

① 新四军第四师老战士编委会编：《抗战在淮北》第1辑，长征出版社1995年版，第101页。
② 刘瑞龙：《雪枫同志长在人间》，载《忆彭雪枫同志》，河南人民出版社1979年版，第42页。
③《彭雪枫军事文选》，解放军出版社1997年版，第628页。

新四军是老百姓的武装，
是武装起来的老百姓，
所以我们新四军全体同志是属于老百姓的，
应当为老百姓说话，
为老百姓做事，
为老百姓打仗。
同时，也真心诚意地听老百姓的呼唤，
受老百姓的指使。
为老百姓流血！流汗[①]！

彭雪枫“热爱人民，最为全边区人民称道”[②]。

淮北人民把雪枫热爱人民、为人民贡献和领导人民斗争的事迹，汇成一首民歌来歌颂。歌词是：

彭雪枫，到路东，
好似桃花遍地红。
扛起扁担拿起枪，
跟着雪枫闹革命。

从人民传颂的许多感人的事迹中，仅引述以下几例：

（一）倾心关爱江淮大学

还在 1942 年 7 月，在淮宝县仁和集开办了一所文理工科大学——江淮大学，这是华中敌后根据地中的一件新鲜事，也是一件大事，彭雪枫对这所大学倾注了不少心血和深深的关爱。

这所大学的师生，全是经过艰难的跋涉，自上海来到这里的。事情的发生是这样的：1941 年 12 月 8 日（夏威夷时间为 7 日）凌晨 6 时，日本侵略军偷袭珍珠港；而当日晨 5 时许，侵华日军在上海迫使美国炮舰投降了；击沉拒不投降的英国炮舰；11 时即占领了上海的各国租界。广大不甘心做亡国奴的教职员和青年学生，不少人渴望离开。在此情况下，中共中央华中局和上海地下党组织为他们指路引航，到华中敌后根据地去，而华中敌后根据地也急需大批的知识分子参加解放区的建设。于是，撤离上海的一批师生分为两路：一路到镇江经扬州分水陆两路至高邮，再直出宝应城乘船抵第四师所在地——仁和集；另一路到南京经六合、天长到淮南新四军第二师驻地——新铺，再转到仁和集汇合。

---

① 新四军第四师老战士编委会编：《抗战在淮北》第 8 辑，长征出版社 1999 年版，第 44 页。
② 刘瑞龙：《雪枫同志长在人间》，载《忆彭雪枫同志》，河南人民出版社 1979 年版，第 42 页。

在开学典礼那天，彭雪枫陪同副军长张云逸、行署主任刘瑞龙等莅临，向校长韦悫[①]祝贺！祝青年学生们在敌后好好学习，成长为有用的人才！

彭雪枫注意也善于通过第四师的各种政治活动，对师生进行思想教育和政治学习。像召开庆祝新四军成立五周年和十月革命等庆祝大会，彭雪枫邀请全校师生作为客人参加，进行联欢，用十几个菜进行招待，看土坦克攻碉堡，看骑兵表演，还要骑兵团教同学们骑马和夜行军；晚上还看丰富多彩的文艺节目，使师生们在欢乐中受到了教育和启发，并逐渐适应敌后紧张的战斗环境。

彭雪枫还十分关心师生们的衣食住行。有一次他听到士兵报告说：江淮大学的同学有的在街上买油条吃。彭雪枫想，这些来自上海的娃，吃惯了油条，是要帮他们解解馋了，于是他要炊事员第二天早晨炸些油条，要同学们都来吃油条，并可以放开肚子吃！尽管淮北地区由于日伪军的封锁财政经济相当困难，部队供应尽量节俭，但对江淮大学却最大限度地保证他们的物资供应。平时师生的伙食，主食是大米、白面，有时老师每餐八碟菜，学生八人一桌四个菜。老师们说："这样的生活，超出了在上海的标准了！"故师生们自动要求降低标准。穿的不是大粗布，而是细洋布，也比战士们好多了。在天冷了以后，彭雪枫发现学生们衣着单薄，他决定发给每个同学一件大衣。这在当时是连级干部才能享受的待遇。

彭雪枫还经常给全校师生作报告，讲新四军和日伪顽作斗争的故事，讲淮北人民捐款、卖地帮助新四军的故事，也根据同学们的思想和要求进步的心理，讲青年人应树立革命的理想和"组织入党与思想入党"等问题。他的报告、演讲深入浅出、富于哲理、生动感人。深深地教育了江淮大学的全体同学，使他们进一步明确了自己的前进的方向，更加严格地要求自己了。

1943 年冬，当洪泽湖渔民受灾的时候，江淮大学的师生们以彭雪枫对他们的关怀和护爱之心，将自己节约所得的 4680 元 5 角钱，悉数捐献给了渔民[②]。

（二）为民打井

1942 年 12 月 17 日，即在结束三十三天反"扫荡"的第二天，彭雪枫与师部由洪泽湖畔的林台子移驻半城南的大王庄。这是一个几百人口的庄子，全村只有在村南野外一口水井，且由于地下水位低，井里水很少，老百姓吃水很困难。彭雪枫曾想给该村打一口井，但由于军务繁忙和反对韩德勤部的违约进犯，而没有来得及落实。1943 年 3 月 25 日，为了处理被俘的韩德勤，陈代军长来到了大王庄。一天傍晚，彭雪枫陪同陈代军长到村外散步，碰到一位老大爷吃力地挑着水桶走过来，陈毅上前问道："老乡，你们都出来这么远挑水吗？"老汉答："是啊！""这不太远了吗？"陈毅问。老汉叹口气说："是远，可全村只有这一

① 韦悫，1896 年生，广东省中山县人，参加辛亥革命，曾任孙中山的秘书，日军侵占上海后，进入华中抗日根据地。

②《拂晓报》1943 年 12 月 4 日讯。

口井啊！”陈毅、彭雪枫两人都若有所思，也都没有再问下去。老人挑着水桶走了。

彭雪枫与陈毅迈步向井边走去。到了井边，陈毅深有感触地说：“全村就这么一口井，离村又这么远，影响群众的生活和生产哟。”听了军长的话，彭雪枫感到无比的内疚，想打，却迟迟没有抓紧打，这是什么群众观念呢？毛主席在中央苏区时不是就说过了“要关心群众生活”吗？！

于是，彭雪枫回到司令部后，立即召开会议商量打井的问题。他说：“咱们新四军既然是为人民群众谋利益的，群众的困难，咱们就得帮助群众解决。现在群众吃水困难，咱们就不能袖手旁观！”与会者都同意为群众打一口井，并议定将井址选在村西边的庙宇、祠堂的“官”地上。

动工的那天，彭雪枫带头与战士们一起挥锹掘土，一起拉绳子，干得既快又高兴。经过四天的努力，井终于打成功了。

“当清冽冽的井水提到井上时，人们欢腾了。一位老大娘双手捧起井水，喝了一口，满怀深情地说：‘彭师长，看着这水俺心里高兴，喝了这水俺心里甜，吃水不忘挖井人，俺们永远忘不了新四军的恩情’。人们为让后人世世代代记住新四军的恩德，将此井命名为‘新四井’。”①

（三）率领军民抢险筑堤

1943 年中秋，洪泽湖畔连续二十多天大雨不止，淮河水位猛增。8 月 28 日，泗南县峰山区的大柳巷（在双沟镇对面的淮河水中的一个大圩子）堤坝，突然崩塌好几丈，眼看堤内三万多亩良田、一万多人民群众的生命财产有被洪水淹没危险，大柳巷危在旦夕！

当时，彭雪枫正在附近参加师医务工作会议，他闻讯后立即率领会议的全体人员和警卫营指战员冒雨前往抢险。在圩堤最危险的地段大小李行，他以亲自抱草、抬土的行动，领导军民加筑堤坝。同时，还不断地巡回检查河堤的其他地段。当发现老鼋窝的圩堤被激流冲开一个缺口时，彭雪枫一边高喊：“同志们，这里决堤了，快来呀，堵住它！”一边手抱一捆麦秸，纵身从两人多高的堤上跳进缺口，用身体堵挡水流。战士们闻声赶来，纷纷跳入水中，与师长一起形成一道人墙；附近的群众也急忙抬来门板、柴草和土石，从天黑奋战到天明，才将缺口堵住。为了防止万一，彭雪枫又抽调了三个连队，与党政机关部分干部和学生五千多人，同大柳巷人民并肩继续加固与监视着圩堤。而彭雪枫则抽身于 8 月底到前窑举办的小学校长和教师暑期训练班上，作《当前形势与任务》的报告，又于 9 月 4 日，在师第三届医务工作大会闭幕会上作《前事不忘后事之师》的长篇讲话。

大柳巷圩堤的防洪抢险，经过 26 个昼夜的奋战，十余次的大小抢险，计运

---

① 蒋中健、林文善、唐培远：《枫陵流丹》，宁夏人民出版社 1993 年版，第 48 页。

1943 年 8 月 28 日，彭雪枫在淮北大柳巷率部与群众并肩抢修淮河大堤

5 万以上土方，至 9 月 13 日筑成了长 20 多公里的新堤[①]。从此，大柳巷圩堤牢固，稻谷飘香，人民过起了安居乐业的生活了。

就在大柳巷筑堤结束的当天下午，淮北苏皖边区参议会在双沟镇举行的军民联欢大会上，彭雪枫与邓子恢接受了边区人民敬献的“淮北屏障，华中干城”的锦旗一面，彭雪枫并以“拥政爱民”之话作答谢。

（四）智断“淮中冤案”

“淮中案件”，是 1943 年 8 月下旬，在淮北中学发生的一起所谓“进步青年建国团”特务案件。起因是女学生孙某在偷窃了 50 元边币（淮北边区银行发行的货币）的行为暴露后，为掩饰错误捏造说是“特务”胡某（同班女同学）指使她偷的。淮中副校长张某和女教导员（兼教员）周某不作调查研究，便信以为真，并要其打入“特务组织”充当“内线”，以将功赎罪，否则就公布她偷钱的事。孙某被迫接受了“打入”任务。因为淮中根本不存在什么“特务组织”，她只好虚构假情况，从编造“进步青年建国团”的名称起，直到一步步地编造出“特务组织”领导图谋“偷枪”“投毒”“暗杀”等反革命破坏活动。只要张、周想要什么情况，孙就编造什么情况；而张、周对孙某编造的情况一概相信，并作为根据，按图索骥，对被诬之人严刑拷打，逼供、指供、诱供、串供。到了 10 月底

① 大柳巷堤，于 1945 年 1 月 5 日，淮北苏皖边区行政公署召开大会，命名该堤为“雪枫堤”，以资纪念故师长彭雪枫。

至11月初，经过七天“反特斗争”大会，一个220人的学校，竟有42人被打成“特务分子”或“上层领导人”。11月6日，周某又以严刑逼供、指供，要一学生诬蔑女教师陈秉惠是日、汪、蒋“三者合流”的“特务总负责人”。副校长张某竟说这是“全国少有的胜利，空前未有的成绩”。

“淮中案件”哄传开来，引起了淮北区党委的注意，要淮中党组织认真清理，并责成边区公安局受理此案。但边区公安局某些人不仅不严肃核查和审理此案，反而完全相信淮中领导提供的“案情”，将拒不认供的陈秉惠及其他“重点对象”调半城公安局拘押，继续采用逼供信的办案方式，企图进一步证实过去那些虚构的口供，致使“特务分子”增加到56人，占该校人员的四分之一。

身兼边区党委委员、边区行署委员的彭雪枫，虽军务繁忙，但“淮中案件”仍引起了他的关注。遂派人对“淮中案件”进行了解。调查人员经过了解，从各个角度提出了怀疑，认为这个案件需要妥善审理，有的人并具体提出“说陈秉惠是特务没有根据”。然而，这些正确意见却遭到公安局某些人的抵制，甚至借口反“扫荡”拘押困难，竟发出对陈秉惠的枪决令，企图灭口结案。

彭雪枫鉴于事态严重，遂以“案情还没有查清怎么能轻易杀人”为由，断然撤销公安局的枪决令，并在陈秉惠即将被押赴刑场时，令骑兵团派人乘最快的马前去营救，才避免了一场惨案发生。不久，彭雪枫接到毛泽东关于“反特斗争必须坚持少捉少杀及少捉不杀方针”的指示电报[①]。这证明，彭雪枫不准“枪决”的主张与毛泽东的指示精神是一致的。

1944年2月中旬，区党委在行署主任兼公安局长刘瑞龙因公去泗阳的情况下，决定由彭雪枫负责审理“淮中案件”。

彭雪枫面对极其复杂的案情，决定首先从调查研究入手，弄清案件的真相。他用四天时间查阅了全部案件材料（主要是口供记录），接着听取各方面的意见，包括向“案犯”询问了解。他特别注意分析不同的意见，并亲自到淮北中学去深入调查。通过这些调查了解，彭雪枫发现了几个重大的疑点：

“1. 陈秉惠没有口供，没有铁证，淮中送来物证不能成立，估计陈与“淮中案件”关系不大，甚至并无关系。

“2. 在审问过程中，发现淮中严重的逼供信，在这样情况下获得的口供，往往大都是不可靠的。

“3. 串供。

“4. 口供中不合情理的‘事实’（见下）[②] 并建议边区党委对‘淮中案件’进行全面分析研究，妥善处理。”

彭雪枫遂采取抓主要矛盾、解决主要疑点的方法，首先着重查明“特务总负

---

① 毛泽东致中共中央华中局并转新四军第一、第二、第三、第四师，山东分局、第五师电，1943年12月27日。

② 刘瑞龙：《淮北中学第二次反特案件总结》1944年6月1日。

责人”陈秉惠是怎么被“检举”出来的？他发现并抓住两个关键情节进行追查：一是为什么开始是胡某布置孙某“偷陈秉惠的箱子”，而到后来陈却变成比胡还大的“特务总负责人”了！经查实发现这纯属被周某用逼供、指供捏造出来的。二是所谓陈秉惠是“CC”特务的“物证”问题。陈有一枚在上海读书时同学送她的带“C”字的鸡心胸章（因陈字的第一个英文拼音字母是C而送的）被孙某偷去，便成了“CC”特务的“铁证”。彭雪枫为弄清这一“物证”，专门找从上海来的几个人询问，在得知：“这个东西在上海的百货商店到处都可以买到”后，又判定此“物证”不能成立。

彭雪枫在判定陈秉惠与“淮中案件”关系不大后，为进一步考察和听取陈的意见，便通知陈秉惠到他的办公室谈话。当陈秉惠由于感到这个案件的荒诞无稽和对逼供的愤慨，曾激动地拍桌子责问：“共产党为什么干出这样的错事来？！”彭雪枫毫不动气，只是说：“共产党和国民党不同，如果确实是搞错了，我们可以纠正嘛。”耐心地听取和回答了陈提出的问题，同意陈给她母亲写封简单的信和给她送床被子来御寒，并主动安排陈与其爱人见面。对此，陈秉惠后来回忆说：“彭雪枫同志是完全按照党的政策办事的。”[①]

彭雪枫在清理“淮中案件”的过程中，还特别注重从政治的高度客观的估量形势。他曾在与师政治部组织部长谢胜坤等研究“淮中案件”案情的会议上，从大局上明确指出：抗日是广大人民群众的共同要求，国民党顽固派消极抗日，甚至勾结日寇积极反共，为广大人民所痛恨。对此青年尤其敏感，他们中间的大多数人逐渐认识到，只有共产党、八路军、新四军可以领导中国人民得解放。于是他们羡慕我们，向往我们。他们来参加抗日，是追求光明和进步的，一定要看到这是主流。同时指出：敌人也必然要千方百计地派遣特务密探到根据地来，钻入我们内部进行破坏。但是，真正打进来的敌人，只能是个别的，少数的，不可能是大批的。整个淮北中学员生才二百多人，搞出的“特务”竟占四分之一，这难道是符合实际的吗？并尖锐地指出：搞扩大化是主观主义，是不利于革命，甚至会搞垮革命的。彭雪枫在对“人犯”审问与调查中，发现淮北中学个别领导人亲自带头并鼓动一部分人打人骂人、严刑逼供、指供、串供，公安局甚至搞“车轮战”“假枪毙”等等严重违法乱纪行为，非常气愤，特对有关人员进行了严厉的批评教育。3月27日，日军飞机轰炸半城镇时，胡某被炸死，从她身上发现了许多写有“冤枉”的字条。胡某的惨死，引起了孙某的痛哭和自责，她从诬陷好友胡某到今天遭遇的悲剧，深感自己有不可推卸的责任，遂向组织上吐露了在张、周二人的威逼、导演下所编造的一切谎言。从而进一步证实了彭雪枫对“淮中案件”的调查判断。

当案情已经真相大白时，几个冤案的主持者和促成者，仍坚持错误无理争辩，甚至公然对彭雪枫进行威胁。淮中副校长张某扬言要到中央、华中局去打官

---

①《忆彭雪枫同志》，河南人民出版社1979年版，第178页。

司、告状。彭雪枫笑道："那很好，就请你去告状吧！"那位女教导员周某坚持认为："如果某人不是特务，至少也是三青团员。"彭雪枫严肃地回答她："你拿出根据来呀？"公安局参加办理此案的一个干部竟当面向彭雪枫赌咒："某人如果不是特务，砍我的头以谢天下！"彭雪枫驳斥道："是不是特务，要根据事实，也砍不到你的头！"[①]彭雪枫以坚定的态度顶住了阻止甄别的逆流。

彭雪枫坚持调查研究、实事求是；坚持党的政策，反对逼供信；坚持对革命高度负责的精神，为彻底查清和平反"淮中案件"起到了关键作用。后来，刘瑞龙说：彭师长提出的"几项疑点，开始使区党委怀疑陈秉惠与本案有关的真实性"，因而经过进一步的调查研究，"才判断淮中第二次反特案件[②]的全部案情是假的。"[③]

1944年7月17日，中共淮北区党委正式作出决定：指出该案"全部案情是虚构的、伪造的"；批评了淮北中学反特扩大化的严重错误，宣布"全部被牵累的人与本案无关"，全部被牵累的学员恢复学籍，工作人员恢复工作，党员恢复党籍，对抵制假供，大胆揭发者予以奖励；对制造假供、串供、指供、大搞逼供信的主要办案人员按不同情况分别给予相应的处分。从而挽回了党的影响，博得广大群众的拥护。

"淮中案件"的发生和发展，一方面受到康生在陕北反特斗争中"左"倾错误指导及"抢救运动"的影响，同时又有自身错误思想的根源。当时，淮北地区的党政军系统正遵照中共中央、毛泽东的指示，深入开展整风运动，彭雪枫正确审理淮北中学冤假错案的典范，成为大家反对主观主义、宗派主义的一部活的教材，发挥了深刻的教育作用。

此时，彭雪枫正与政治委员邓子恢在军部接受西进的新任务。

---

①《忆彭雪枫同志》，河南人民出版社1979年版，第187页。

② 刘瑞龙：《淮北中学第二次反特案件总结》1944年6月1日。

③ 淮北中学曾于1941年建学之初进行过一次错误的反特斗争。

第十四章　回师收复豫皖苏边区

1944 年夏，当侵华日军为挽救其失败命运，妄图打通大陆交通线，国民党军第一战区和汤恩伯集团仓皇放弃郑州、遂平等地退守伏牛山区，使河南大片土地陷于日军之手时，彭雪枫向新四军军部请缨率部西进收复豫皖苏边区。不久，获新四军军部、中共中央华中局同意，并得到中共中央批准。8 月 15 日，彭雪枫率第四师主力一部奉命誓师西征，揭开了新的战斗篇章。

一、西进时机的到来

“打回路西去，为死难的战友和人民报仇！”——彭雪枫没有忘三年前撤离津浦路西时的誓言，没有忘当时豫皖苏人民依依不舍、挥泪相送的情景！

“彭雪枫同志在津浦路东始终念念不忘收复豫皖苏，他总是称豫皖苏人民、河南人民为故乡父老。他多次提出：豫皖苏是我丢的，我要带兵收复它。君子报仇三年未晚。一次他在一位河南籍同志的笔记本上题诗道：‘家如夜月圆时少，人似流云散处多。’借以抒发怀念河南故乡父老心情。”①

“师长，我们什么时候收复路西的失地呀？”这是 1942 年冬，彭雪枫到第十一旅第三十一团看望时，一位年轻战士的发问。彭雪枫怀着与战士同样的心情，但此刻他没有正面回答，却反问那位小战士和他的战友们：‘你们准备好了没有？’‘准备好了！’部队齐声回答。接着，彭雪枫说：‘你们这个单位准备好了，可其他单位准备好了没有，你们知道吗？你们思想准备好了，物质上准备好了没有？出发阵地准备在哪里？当前的时机怎样？这些我们都要全面地考虑呵。我同你们一样希望早一天收复路西失地，这就要求我们一起来创造条件，当时机成熟、条件具备了，我跟你们一路打回老家去，好不好？’部队齐声回答：‘服从命令听指挥！’‘好！’雪枫同志高兴地大声说。”②

西进的时机在走来。

---

① 王克：《彭雪枫是功垂青史的民族英雄》，载安徽省宿州市新四军历史研究会编：《著名军事家彭雪枫将军》，1996 年，第 129 页。

②《忆彭雪枫同志》续集，河南人民出版社 1981 年版，第 35 页。

1944 年的春天，对于世界反法西斯战争来说，是一个走向大规模的战略反攻，迎接胜利曙光的重要季节。

当时，在欧洲战场上，苏联红军已完全掌握了战争的主动权；在亚洲、太平洋战场上，中国敌后战场开始攻势作战，美军正向马里亚纳群岛和菲律宾进逼，并轰炸日本本土，危及其海上交通的安全。

在华中的淮北苏皖战场上，在彭雪枫与邓子恢的指挥下，第四师对日伪军发动了春季攻势，经 3 个月作战共攻克大店集、归仁集、魏集等据点 51 处，歼灭日伪军 1800 余人。继于 3 月下旬至 5 月初，第四师又发起一个半月的攻势，进行大小战斗 60 次，先后攻克淮泗、泗宿等地区之徐家、老韩圩、蔡圩、冯庄、魏集；萧铜地区之阚疃、路疃、马庙；泗南、泗灵睢地区之毛圩子、仁义集、朱楼；宿东、宿灵等地区之禅堂、官沟等日伪军据点 46 个，歼日伪军 1819 余人，其中俘伪军副支队长以下 1296 人，缴获各种武器、弹药等军用物资甚多；使泗县地区全部收复，并开辟了 5 个行政区。10 万群众获得解放，使泗宿、泗灵睢、灵北、宿东各县完全连成一片。战役的特点是 90% 为攻坚战，在攻坚战中 90% 为歼灭战，表明部队的战斗指挥和战斗技术有了很大的提高。这说明，西进的“出发阵地”已准备好了。

在此期间，第四师部队得到了恢复和发展：第九旅所属 3 个团相继恢复了团辖 3 个营、营辖 3 个连的建制；第十一旅已恢复了两团（第三十一、第三十二团）的建制；各个军分区组建了独立团；师主力部队已得到 3787 名新兵的补充，地方武装也得到了新兵 1264 人的补充。经过到路东两年来的整训、战斗和补充，第四师在军政素质上已有了显著的恢复和提高。这说明，西进的“条件”在逐步具备。

与此同时，日军大本营为了挽救其覆灭的命运，决定发动豫湘桂战役，以打通大陆交通线。1944 年 4 月中旬，侵华日军以调集了 15 万人的兵力，发动豫中战役。自 4 月 18 日至 5 月 25 日，日军突破国民党军第一战区和汤恩伯所部数十万军队的防线，占领郑州、洛阳、漯河、遂平、卢氏、陕县等豫中、豫西 38 座县城，国民党军主力被迫退至洛宁、嵩县以南伏牛山区，使河南广大地区沦于

张楼战斗总结大会的会场

日军之手。这说明，西进的“时机”在到来。

彭雪枫时刻关注着时局的发展和路西情况的变化。还在4月25日即就路西情况向军部报告称：目前，顽甚恐慌，日伪据点已减少，伪组织间矛盾日深，顽力削弱，路西铜山区已全为我控制，耿继勋部[①]已退回路北，吴信元支队[②]愿与我合作。目前条件，对我颇为有利，开展路西条件已成熟。惟我们如以一部西进开辟路西，则坚持路东部队不敷分配，请军部指示对路西的方针。

5月8日，彭雪枫与邓子恢、张震联名致电新四军副军长张云逸、代政治委员饶漱石[③]、参谋长赖传珠称：刻鹿邑、亳州、永城、夏邑一带伪军空虚，陇海沿线敌兵力亦甚薄弱；扶沟、鄢陵一带，纵横数百里无国民党正规军，仅有土顽，社会秩序混乱，群众渴望我军。现水西河套只有顽一、二、五3个游击纵队，有二三千人。据目前情况，是我们恢复原四师基地永涡地区及开辟泛西地区（扶鄢地区）的良机。

6月23日，刘少奇、陈毅从延安致电新四军第五师师长李先念和第四师师长彭雪枫称：目前敌全盘战局，重心在攻略粤汉。五师今后方向，应该向河南发展，完成缩毂中原的战略任务，使我华中、华北、陕北呵成一气。第四师之一部，越过津浦路，可西进至涡、蒙、阜、颍等地。总之，发展河南的斗争任务是必须完成的。

7月9日，陈毅致电新四军军部并告四、五两师：中央决定四师应派队越津浦路西进，开辟涡、蒙等地；五师应向河南和湘鄂赣边作各种发展的准备。中央已令第一二九师由太行派队渡河到豫西，令冀鲁豫派队加强水东。

正在军部参加整风学习的彭雪枫与邓子恢11日电告四师：中央控制河南的战略方针已定，昨日军部首长所定四师西进拟采取三个方案，[④]并确定出动日期约在半月之后。为做好西进准备，指示师部抓紧就侦察计划、干部准备、兵工生产、地方武装、部队休整、过路保障等项工作，讨论详细执行办法。

从以上中共中央、刘陈与军部数电说明：彭邓张关于第四师西进的建议是及时的、正确的，第四师西进的时机和条件已经成熟。

二、受命率部西进

向河南敌后发展，是中共中央的重大战略决策。

当时，路西日伪顽军的态势是：北自陇海铁路夏邑站至徐州以南，津浦铁路

① 即国民党苏北挺进纵队，耿继勋时任纵队司令。

② 即国民党苏北挺进军第二十八纵队第三支队吴信元，时任支队司令。

③ 此时，代军长陈毅、政治委员刘少奇已奉命抵延安。

④ 三个方案是：1.集中十个步兵团，附一个骑兵团，由四师地区向豫东挺进；2.由四师派遣四个步兵团附一个骑兵团，由铜南、宿北一带过路，向萧永砀地区挺进，首先恢复过去根据地；3.只用较小部队向萧永砀地区挺进，开展游击战争，发动群众和恢复根据地。

徐州至蚌埠以西，蚌埠至凤台间淮河以北，西淝河、亳县以东的地域内，据不完全的统计，日军据点20余处，伪军据点100余处，“国民党留李品仙、何柱国、陈大庆三个集团军在敌后企图最后坚持”[①]，据守于涡河南岸周口、阜阳等地外，其“挺进纵队”、“游击纵队”等部的重要据点40余处。他们是不抗日，只反共和残害人民群众的。

为此，中共中央于1944年7月25日关于向河南敌后进军的部署，向华中局，并告北方局、山东分局及五师发出电示。其中称：我党向河南敌后地区发展的初步部署，包括：（1）北方局决定由太岳军区派两个团渡河赴豫西工作，冀鲁豫分局派一个营加强睢杞太阵地，新四军第五师抽七个连沿平汉线向河南发展，由第四师抽五个团兵力，进入永城、夏邑、萧县、宿县地区，建立阵地，打通与睢杞太的联系，并相机控制新黄河以东之地区。（2）四师西进部队，应配置百名以上地方干部，统归雪枫、芝圃率领，加以集训，然后向西开进。（3）新四军第三师派一部进入淮北地区。（4）鲁南军区可接收运河支队地区，以便四师向西发展。同时，冀鲁豫六分区应相机派队打开微山湖西岸局面，以策应四师在南面的发展。当日，中共中央还发出关于发展河南敌后工作的政策指示，其中指出：“我军政策应照顾敌、伪、友、我诸方面，更灵活的去适应具体情况，成功关键取决于此。”并指出：我军发展河南，要善于插入敌顽之间的空隙地区，在敌伪区及其边沿去建立抗战秩序，对李（仙洲）、陈（大庆）、何（柱国）三个集团的地区不应主动楔入，如其向我进攻，才可举行严正自卫，不故意去制造磨擦。

依据中共中央上述指示，张云逸、饶漱石、赖传珠于8月5日向中央报告第四师西进的具体部署如下：

1. 彭雪枫、吴芝圃、张震率十一旅二个团、九旅一个团、萧铜独立团、骑兵团全团，从萧、铜境西进。第一步解决刘瑞岐[②]、再解决刘子仁[③]，以恢复萧夏永地区，以便再与睢杞太打通，此为主攻方向。

2. 此外另由游（击）支（队）派一个大队，配合宿西游击队，向宿西发展，由泗五灵凤独立团派一个营进至淮上，此二路为牵制方向。

3. 四师抽调原路西工作干部数十名，配备好萧县、永城、宿西、夏邑、砀山等县之党政机构，随同出发。

4. 经费上先自带一个月粮款，一个月内不在当地筹粮。

5. 为统一领导计，由彭、吴、张三人组织行动委员会，以彭为书记。

6. 路东由邓、刘[④]二人主持，军事上以韦国清[⑤]为军区参谋长，邓指挥路东部队进行整训。

---

① 1944年7月25日，中共中央关于发展河南敌后工作的指示。

② 刘瑞岐，时任国民党苏北挺进军第十三纵队司令。

③ 刘子仁，时任国民党苏北挺进军第二十八纵队司令。

④ 邓、刘，指邓子恢、刘瑞龙。

⑤ 韦国清，时任第四师第九旅旅长。

8月13日，新四军军部送给第四师200万元，以资西进之用。

依据中央和军部的部署，彭雪枫于7月31日晚由军部返回淮北，准备西进之各项工作；邓子恢则于8月10日由军部回第四师。8月14日，彭雪枫与邓子恢、张震签发了第四师西进命令，其要旨为：（1）自敌进犯河南后，汤恩伯等40万大军已大部溃灭，现河南极端混乱，新沦陷区域则已成无政府状态，群众渴望我军甚殷。（2）军部以控制河南敌后、增进我反攻有利条件之任务，师主力奉命西进，第一步求得恢复豫皖苏边原阵地，继即与睢杞太地区打通，并相机发展沙河北岸皖北地区。（3）定于本月15日各由现驻地出发，以6日行军，由萧铜西越津浦路，求得以奔袭手段聚歼王传绶、刘瑞岐、刘子仁等部。同时提出了各部应注意的事项。当日，彭、邓、张致电军部，报告了率部出动及行动计划，并称："决于明（十五日）出动。"

8月15日下午，西征誓师大会在半城召开，彭雪枫与邓子恢、刘瑞龙、张震、吴芝圃等淮北党政军领导人出席大会。会场红旗招展，歌声阵阵，一片欢腾景象。

大会宣布开始后，由师长彭雪枫作出征动员。当时情况，有一篇文章作了生动描述：

彭雪枫师长戎装整洁，挥手登上土台，心情激动、斗志昂扬地振臂疾呼："同志们！今天我师奉命打回路西去！"师长的宣告还未落音，广场上顿时爆发出气壮山河的震天怒吼："响应党的号召，打回路西去，收复失地，挽救中原！"此时的广场上群情激昂，待命出发的指战员举起手中的武器，向党、向四师首长表示了他们西征的决心。

接着，彭师长又打着手势对指战员进一步动员说："同志们，我们离开豫皖苏边区已经3年3个月了！时间虽然不长，然而，我师全体指战员，不论是谁都有一日三秋之感！3年以来，无时不在惦记着路西，谈论着豫皖苏边区，念念不忘我们的父老兄弟姊妹！从我们撤出豫皖苏边区的那天起，老百姓又陷入水深火热之中，'上半天伪军催粮催工，下半天顽军催粮催款，一到夜晚又到了土匪世界！'如今日寇占领我中原大地，汤恩伯、胡宗南的大军不战而逃。令人恨之入骨的是，汤总部在叶县大兴土木，占民田20余顷，建筑所谓人民会场、文化公园。所以老百姓这么说：寇如梳，匪如篦，汤军过后如扫地；宁愿亡国亡家，不愿三十一集团军驻扎。在我中原同胞遭受敌伪顽蹂躏之时，我师奉命打回老家去；我们要报仇！为路西人民报仇！骑兵团要把路东的威风带到路西去！大家准备好了没有？"霎时，广场上又是一片震天动地的回答声。①

彭雪枫的动员，每一句话都表达了四师指战员的心声，他们日夜盼望的时刻终于来到了！

会后，彭雪枫与张震、吴芝圃率领由第二十五、第三十一、第三十二团和骑兵团组成的第四师西征大军，在淮北区党委书记、师政治委员邓子恢、淮北苏

① 蒋中健、林文善、唐培远：《枫陵流丹》，宁夏人民出版社1993年版，第64页。

彭雪枫在半城西进誓师大会上讲话

皖边区行政公署主任刘瑞龙和半城人民群众的热烈欢送下，浩浩荡荡冒暑向津浦路西挺进，一部由窦冲等地西进。在行军路上，指战员们迎着西斜的太阳唱起了《豫皖苏进行曲》，歌词是："豫皖苏是我们生长的地方，豫皖苏是我们的家乡，我们热爱着豫皖苏边区，我们永远战斗在家乡……"

这次彭雪枫率部西征，可遂与豫皖苏边区人民重逢的愿望；可也是他告别淮北苏皖边区军民之时，其中包括他心爱的夫人、战友林颖。当时，他由于从6月13日至7月31日参加军部的整风学习会议和参与研究西征的决策、部署、动员和组织指挥部队出征，而没有来得及向林颖同志作细谈。对此，林颖回忆说："开西征誓师大会那天，我到会为雪枫和西进的部队送行。但是会后却在想，第一个孩子他没有见过，现在我已怀妊半年了，他又要走，便动感情地哭了。雪枫便劝慰说：'哭什么，不吉利。等我和部队西征获胜之时，我们的爱情就结果了。'我们就这样地告别了。"①

8月17日，各部队和师指挥机关到达灵璧以北冯庙地区集中。自泗县以北到冯庙等地大部是第四师在春季攻势中收复的地区，不仅部队更增加了西进的勇气，群众也是日夜争先恐后地为部队烧茶送水，喜悦兴奋的眼神，透露了他们从内心深处对部队的感激。18日，部队经时村以北的张集，19日到达萧铜阚町集、草堂地区。在这里又进行了西征豫皖苏边区的政治动员。20日夜晚，彭雪枫与张震、吴芝圃率直属队与第三十一团为左路；第三十二团为右路，第二十五团与骑兵团紧随其后，分别由曹村与夹沟之间越过津浦路，踏进了阔别三年有余的豫皖苏边，继续西进。"第二天拂晓，我们进到萧县境内的一些村庄，这里的居民非常惊疑的在望着我们。他们很奇怪：为什么不停声的叫我'大爷'、'大娘'的，

① 访问林颖同志记录，2002年3月19日。

1944年8月，由彭雪枫、吴芝圃、张震等组成西进行动委员会，彭雪枫任书记。这是西进途中的彭雪枫

那样亲热？为什么不拿咱们的东西？为什么吃饭照给钱？啊呀！用过的席子和门板都送来了，为什么他们都是很和气的？”一个老大娘实在忍耐不住了：“老哥，从哪里来？”当说明“我们是新四军”后，老大娘惊喜地说：“老天爷！你们可回来了……”①

彭雪枫深深为路西人民欢迎子弟兵回来解放他们的热情所感动，他决心打好过路后的第一仗。

三、初战小朱庄

在西进途中，据师侦察科长罗会廉报告：路西顽军刘瑞岐部和叛军刘子仁部组成所谓“东方防线”，以顽军王传绶率部固守永堌集以南梧桐、白顶山区山口处的小朱庄，阻我西进。王传绶原籍萧县，抗战开始后，他花钱买了个杂八队队长的职务，把当地的土匪、流氓、恶霸都笼络在自己手下，坚持拥蒋反共，得到王仲廉的赏识，很快被封为苏北挺进军第四十纵队司令，手下有1600余人枪，他夸下海口：“有我把住小朱庄这扇路西的大门，新四军插翅也别想飞过去！”反共气焰十分嚣张。彭雪枫听后，淡然一笑，令部队加速前进。

8月21日晨，第十一旅先头部队冒雨急进，在过路十多公里后的白顶山上，击溃了王传绶部一个排的警戒分队，俘其人枪20余，并追踪逃敌向小朱庄急进。

小朱庄位于萧县以南、濉溪口以北，周围地形开阔，一公里以外才有村庄。当日上午10时左右，第三十一、第三十二团占领了小朱庄周围的有利地形，并在击退守敌的3次反击后，将其包围。骑兵团进到东、西任台等村庄待伏，第

① 张景华：《西征记》，载新四军第四师老战士回忆录编委会编：《抗战在淮北》第2辑，华艺出版社1997年版，第313页。

二十五团进到坡里集附近打援。

彭雪枫在小朱庄战斗前夕观察敌情

为了扫除前进道路上的这个障碍，彭雪枫不顾连日行军的疲劳，与参谋长张震、政治部主任吴芝圃及第十一旅和各团的首长，于下午 1 时绕小朱庄一周，仔细察看地形、敌情。下午 4 时左右，回到第十一旅旅部研究作战方案。彭雪枫要第十一旅旅长滕海清根据俘虏口供和侦察所得情况作一汇报。滕海清说：小朱庄的王传绶部，共有 2 个支队、5 个大队、14 个中队，号称 2000 人，武器装备较好，据说轻重机枪三四十挺，迫击炮 2 门，这股敌人很有战斗力，号称'铁军'。但是他们不打日军，也不打伪军，只是打老百姓。他们训练时间长，反共坚决，队伍中有一部分土匪等亡命之徒。他们进驻小朱庄后，防御阵地已经完成，有土围墙六七米高，外壕一道，外壕外还有鹿砦一道。并说："对小朱庄据守之敌我们在战略上要藐视他，相信我们能够把他们全部歼灭，但在战术上又必须认真对待。"[①]

经过对攻击部署的讨论后，彭雪枫说："小朱庄守敌是萧、永、宿土顽中最强的一个，武器装备较好，据点也比较牢固，他们在这里已苦心经营了一年多的时间。打掉这个'拦路虎'，是我们收复路西的关键一仗。这里离铁路近，不宜久战，所以我们必须迅速、干脆、彻底地歼灭之！""接着，彭雪枫同志宣布师部决定：第三十一团从南面和西面主攻，第三十二团从北面和西北面助攻，二十五团进入西北坡地区，阻击来援之敌，东南有一条河沟，离小朱庄约 1 公里多路，估计顽军溃败时可能从这里逃往梧桐山，骑兵团隐蔽在河沟里，歼灭突围之敌！师部要求是：不但要拿下小朱庄，歼灭守敌，还要除掉'疤瘌眼'[②]王传绶。"[③]

在战斗准备过程中，彭雪枫习惯地到部队中去检查，看望和鼓励指战员认真做好各项准备。指战员们见到师长到前沿阵地作检查，情绪非常高涨，鼓掌欢迎。彭雪枫则亲切地和突击队员、机枪射手们握手，并说："同志们要好好准备，我们要为路西 250 万群众打好第一仗！给豫皖苏边区人民送上一个胜利的见面礼！"战士们坚定地答道："打不进小朱庄，不回来见师长！"

---

① 新四军老战士回忆录编委会编：《抗战在淮北》第 2 辑，华艺出版社 1997 年版，第 301 页。

② 王传绶，诨名"王疤瘌眼"。他以 80 块银元买了一个杂八队长，后投靠汤恩伯，坚持拥蒋反共，四处招兵买马，很快发展起来。

③ 蒋中健、林文善、唐培远：《枫陵流丹》，宁夏人民出版社 1993 年版，第 65 页。

1944 年 8 月 21 日，小朱庄战斗前夕，彭雪枫（左三）与张震（左二）、滕海清（左一）等在一起研究战斗部署

21 日夜，部队在大雨滂沱中修筑工事，完成了攻击准备。

22 日，攻击部队潜伏在掩体和盖沟的堑壕里待机。

23 日下午 1 时许，彭雪枫令攻击部队向小朱庄守敌发起总攻。在军号的激励和迫击炮炮火的轰击与掩护下，担任主攻的第三十一团和助攻的第三十二团，很快突破敌鹿砦等外围障碍，迅速将梯子靠在敌圩墙上，突击队员沿梯子向圩墙上冲击。但因梯子顶端只能上去一人，虽连续突击，均遭守敌用刺刀搏击，而难于登上。第三十一团三连连长姜培庆、指导员屠庆春及第三十二团一营营长盛玉坤牺牲，激战一小时突破口尚未打开。此时，已到达第十一旅指挥所——小朱庄西南角小学校里的师长彭雪枫，要亲自下到外壕里去鼓励和指导战士们突破。指挥所里的其他领导人考虑到他的安全，坚决不同意他下去。这样，彭雪枫才没有下壕沟，但他一直注视着战场，要突击队想方设法尽快突破。

在第三十一团第一营代理营长三连连长尚志清又牺牲后，第三十一团副团长杨森奎奉命到一营去指挥。杨副团长组织战士分多路采取搭人梯的方法，终于登上了圩墙顶上，打开了一个二十多米宽的突破口，很快第一营和第二营相继攻入村内。随后，第三十二团也从北边突入圩内，顽军被压到村庄东南角，凭借着一个大院子负隅顽抗。突击队几次攻击，均被顽军猛烈的火力所遏止。在此情况下，彭雪枫亲临离院墙一百多米远的地方指挥战斗，突击队在他的指令下，利用老百姓的房子作掩护，逐步逼近大院歼敌。王传绶见大势已去，仓皇率队向东南突围。

埋伏在小朱庄东南干河沟里的骑兵团，早已摩拳擦掌，群情激奋。在总攻开始前，各大队和各班都进行深入的战斗动员，决心遵照师长的命令，“发挥骑兵团英勇善战的光荣传统，打好西进的第一仗！”第三大队的一个“快板大王”用自己编的快板词鼓励大家说：

快速部队骑兵团，行动起来如闪电。
只等敌人跑出来，追歼逃敌我争先。
机枪小炮打先锋，马刀要劈疤瘌眼。
我的马刀要见血，刀不见血非好汉。

所以，当王传绶率领五百余溃兵逃出圩子一千余米时，骑兵团便立即催马出击，第一批马队用机枪猛扫，将狼狈逃窜的敌群打散；随后，第二、第三批马队的勇士们，挥舞着马刀冲入敌群，随着刀光闪闪的起落，敌人血肉横飞，不到半个小时，王传绶以下二百多顽军被砍死，余敌一一被俘。在战斗最激烈时，师长彭雪枫站在小朱庄东南一个大坟包上指挥骑兵团痛歼逃敌。当他看到威风凛凛的骑兵团勇士们，驱马冲杀，敌兵呼天号地，死的死，降的降时，他欣喜万分，拍手叫好，对指挥所的战友们说："你们看，我们的战士打得多么英勇，多么顽强啊！"

此时，滕海清向彭雪枫报告："小朱庄内的残敌已全部被歼，战斗结束了。"师长彭雪枫面带笑容，很幽默地说："来者不善，善者不来，所谓'铁军'也不过如此而已！""你代我向全体同志祝贺。"①

在小朱庄战斗时，叛军刘子仁部在小朱庄西北十公里以外，不敢增援，向西逃去。

小朱庄战斗，仅经三小时激战即胜利结束，歼守敌一千八百余人，拔除了西进路上第一个"拦路虎"，首战告捷，军威大振。

战斗胜利消息迅速传开，小朱庄周围的群众潮水般地涌来，他们欢呼新的解放，他们与凯旋的子弟兵，与师长彭雪枫、参谋长张震、政治部主任吴芝圃等一同庆祝胜利！

当日，彭雪枫领衔与邓子恢、张震、吴芝圃发表《敬告豫皖苏边区父老兄弟姊妹书》。《书》中略谓：

"新四军第四师——你们的子弟兵，离别你们""三年以来，无时不在惦记着路西，谈论着豫皖苏边区，念念不忘我们的父老兄弟姊妹们！"每一念及"三年零三个月"的"痛苦日子"，"陷我豫皖苏边区同胞于水深火热之中，在敌伪顽匪重重夹击之下，度一种非人的生活"，便"不禁忧心如捣！"而"从四月间日寇进攻河南以来"，"汤恩伯、胡宗南两将军的四十万大军，三十七天之内丢掉了三十八个城池"，"我们的豫皖苏边区，已经变为敌后之敌后了，仅仅数月之间，两三千万的同胞又在敌寇的铁蹄之下过牛马生活，思之令人发指，言之使人心痛！"

接着，宣告此次西征的战斗任务："为了最后的挽救中华民族，抢救大后方，收复中原，迅速求得战略反攻，协同友军作战，我军继续地不计嫌隙"，

① 新四军第四师老战士编委会编：《抗战在淮北》第2辑，华艺出版社1997年版，第305页。

“以期协同目前之空前有利的国际形势，早日驱逐敌人，收复国土，解放中华民族”。

最后，宣告了团结抗战，民主建政，军民合作等政策，号召豫皖苏边区“必须男女老少全体组织起来，大家动员起来，建立自己的武装，组织自己的团体，在主力部队帮助之下实行武装自卫，广泛的组织民兵自卫队，或者加入主力，以求保家、保乡、保国，巩固后方，援助前线。”

8月23日，为了宣告四师重回豫皖苏边，是决心戮力抗敌，志在配合友军，携手抢救中原，与中原各界同胞共享太平，彭雪枫领衔与政治委员邓子恢、参谋长张震、政治部主任吴芝圃发布了《国民革命军陆军新编第四军第四师司令部、政治部布告》。

布告首先申明第四师重返豫皖苏边区的任务是：

本师奉命西征，重回豫皖苏边，志在配合友军，携手抢救中原。念自郑洛失守，日寇疯狂南犯，妄想踞我神州，打通平汉粤汉。国军屡遭挫折，衡阳又告沦陷，匝月丧地千里，中原到处糜烂。浩劫急待挽救，呼声高入云汉，我党我军宗旨，全国人民共见，一向顾全大局，八年努力抗战。纵横三大战场，抗击敌伪过半，收复锦绣山河，团结人民亿万。敌人初犯豫中，当即策应作战，大小千百战役，俘虏缴获无算。当今敌寇深入，尤应开往前线，本师返旗振旅，特来共赴大难。望我友军将士，风雨同舟为念，团结一致杀敌，永绝阋墙之患。至于豫皖苏边，原为本师所创，当时数万健儿，来自河淮芒砀。执行中共政策，抗战当仁不让，团结广大群众，汇为革命力量。孰料反共军来，横加摧残斫丧，少数失足分子，倒戈为虎作伥。当为避免内战，本师隐忍东向，遂使抗日阵地，变为敌伪窟藏。三载水深火热，四民生机无望，父老日夜祝祷，悬念本师不忘。本师此次西进，誓与父老更新，恢复抗日秩序，安定社会人心。

接着，宣布第四师的各项政策为：

对于各界人民，一体相爱相亲。只要一不通敌，二不破坏本军，三不违犯法令，一律保其安宁。身家性命财产，依法维护认真。宗教信仰自由，概予切实保证。至于失足分子，无论附敌附逆，一概不咎既往，热烈望其自新。其系胁从附和，切望乘机反正，如有拖枪归来，分别奖赏公平。其有率队来投，本师尤为欢迎。官兵仍旧编制，决不予以变更，其有特殊功绩，允予呈报提升。所有汉奸伪军，以至绿林弟兄，只要改邪归正，一律赦宥从轻。各地会门武装，原为看家防匪，切望协助我军，做到便人利己。凡我抗日同胞，更要团结精诚，不分贫富贵贱，不分党派阶层，务望各安生理，大家共趋繁荣。商民努力营业，旅途保证安宁，农民努力生产，田租利息减轻，工人增加工资，加紧劳动勿停。地主收租放债，保其应得权益，取消苛捐杂税，负担合理公平。政权发扬民主，三三制度施行。更盼壮年子弟，群起武装自己，爱国人人有份，杀敌各尽所能。

最后，重申第四师的纪律与希望是：

本师行军所至，纪律素称严明，倘有个别人员，在外违法乱行，或有不肖之徒，冒名破坏本军，一经民众告发，立即予以严惩。本师言行一致，执行政策认真。民族统一战线，为我行动方针，如有错误缺点，批评无任欢迎。所望各界同胞，大家戮力同心，还我中原大地，军民共享太平。

这是一篇别具风格的战斗檄文：它高举抗日大旗，气贯乾坤；它坚持团结抗战的路线，誓除为虎作伥的败类；它执行中共的政策纪律，解中原人民于倒悬，可谓抗战文丛中的一枝奇葩。

也是在8月23日这一天，来自萧县的信使三人，拿着原萧县抗日民主政府县长彭笑千给师长彭雪枫的信来到小朱庄前线指挥所，将信给了彭师长。

在彭雪枫看信时，信使之一的郝长顺[①]“仔细打量着，师长中等身材，两眼炯炯有神。8月的天气正炎热，他的风纪扣扣得紧紧的，绑腿打得整整齐齐，腰带上挂着一支左轮手枪，令人肃然起敬。师长看完信，向前跨了两步，同我们三人一一握手，微笑着说：‘同志们，你们辛苦了！’我们顿时热泪盈眶，快四年没听到‘同志’这个称呼了！乍一听到，心中感到热乎乎的。师长要参谋带我们到后边休息。在师长转身往前沿走时，我看见他上衣的背后全汗湿了，心中极为感动。”[②]

彭笑千的信，是向师长彭雪枫汇报萧县、宿县、永城边境日伪顽动态和兵力部署，以及顽军吴信元支队[③]上层人员的思想情况。此时他们正在作吴支队起义的准备工作。

事情起因是这样的：在8月10日——即西进前五天，彭雪枫等师的领导人为了争取在1940年12月被叛徒刘子仁裹胁而投顽的原第六旅第十八团（原萧县抗日游击支队）起义归来，曾约彭笑千视情况做吴信元的工作。14日，彭雪枫与邓子恢、张震致电军部称：吴信元渴望我军过路西，他可解决刘瑞岐[④]的后方机关（吴、刘对立甚烈）。我们已准备届时给予吴支队以较轻任务，使其易于完成，今后即以外围军待之。

24日，由彭笑千与吴信元召开支队中、上层干部会议，正式决定起义，宣

---

① 郝长顺，时为国民党苏北挺进军第二十八纵队第三支队吴信元支队的中共秘密支部党员。

②《淮北拂晓》，新世纪出版社1998年版，第371页。

③ 吴信元支队，即第十八团被裹胁后编为国民党苏北挺进军第二十八纵队第三支队，原支队长吴信容被刘子仁害死后，由其弟吴信元继任。

④ 刘瑞岐，为国民党苏北挺进军第十三纵队司令。

布脱离国民党反共军刘子仁纵队。会后，彭笑千陪同支队领导人前往第四师师部驻地。彭雪枫与张震、吴芝圃热情地接待了他们，并互相交谈了主要情况。彭雪枫宣布：依照我党对待起义部队的政策，你们这支部队改编为新四军第四师萧县独立旅，属四师师部和萧县县委双重领导。目前你们的任务是准备协助马上建立萧县民主政府，打击地方土顽，建立区、乡政权，安定社会秩序。

25日，彭雪枫和吴芝圃在听取吴支队的中共秘密支部书记朱达川和郝长顺的工作汇报后，称道："这几年你们支部的工作做得不错，同志们辛苦了！"最后着重指出："你们的秘密党支部还归萧县县委领导，党员暂不要公开身份，要有条件地发展一批党员，党员要广泛交朋友，能团结的人一定团结过来，能争取的人一定要争取过来，进一步做好部队的思想转化工作。"①

彭雪枫争取吴部起义，这是第四师西进后政治争取工作取得的第一个胜利，也是吴部的新生，为打开豫皖苏边区复杂的局面增添了一支力量。

攻克小朱庄，争取吴支队的光荣起义，是以彭雪枫为首的行动委员会所取得的军政双胜利。

在小朱庄战斗胜利后的第二天，彭雪枫与张震、吴芝圃商定，部队稍事休整后，即于24日向萧西挺进，以消灭刘子仁余部为第二个战斗；同时留萧铜独立团4个连在瓦子口以东开展地方工作，建立行政机构。

依据上述决心，第二十五团与第十一旅于25日在永城以北歼灭刘子仁部近100人。26日，继续追至酂阳城东北，又俘其人枪150余人，刘子仁率残部逃脱。刘瑞岐率残部2000人退守路北与耿（继勋）顽会合。

宿东游击支队于20日向西挺进后，尾追顽军魏振铎纵队之胡开祥支队至铁佛寺附近，歼其一部，胡部南窜至涡阳曹市集一带。

至8月底，西进第一阶段作战告一段落。第四师西进部队已进至夏邑以东，永城以北之薛家集、王白楼，海清房等地区，休整待机。

至9月初，第四师在萧、永、夏地区，已开辟了东西近100公里，南北95公里共1.9万平方公里的地区，成立了3个县、15个区的抗日民主政权，建立了西进的基地。

四、击破顽军夹击方针的确立

小朱庄大捷，和第四师进至萧夏永边，对于盘踞中原的日、伪、顽、匪来说，不啻是晴天一声霹雳，他们惊恐不已，特别是国民党顽固派汤恩伯集团，企图"联伪剿共"。因而，路西的局势在急剧地变动中。

至8月底，国民党顽固派为向第四师进行反扑，调驻沙河、太和、阜阳、凤台等地之骑八师、暂十四师、暂一军之第一一七师、暂九军之第三十师，由南向

①《淮北拂晓》，新世纪出版社1998年版，第372页。

北，以四个“挺进纵队”由北向南，对彭雪枫部进行夹击外，令津浦路东之顽军段海洲第三十三师、苗秀霖第十四纵队回窜路西，以配合上述各部，企图合击第四师路西部队于萧永地区。因而成为恢复与发展豫皖苏边区的主要威胁。

还在 8 月 27 日，彭雪枫在预见到将面临一场激战的情况下，即与参谋长张震、政治部主任吴芝圃研究后，向军部建议：增调两个团西进，如此则短期内可全控制永夏商亳边境，进而与睢杞太打通。彭雪枫的意图是争取尽快完成中共中央 7 月 25 日赋予的西进任务，并为击破顽军的围攻做准备。

28 日，军部复电彭雪枫等：（1）同意增调一个团；（2）第一步争取巩固已得胜利，完全肃清萧永边境残顽，建立政权及开展群众工作，以稳定苏豫地区的立足基地，尔后逐步西进。同时，将四师面临的严重敌情报告毛泽东、朱德、刘少奇，并建议：八路军立即由北向南进击，我们命令四师立即北上，夹击陇海铁路北耿（继勋）、冯（子固）、刘（瑞岐）残部，以达全部控制路北，俾南北连成一片。不仅鲁南更为巩固，亦保证了四师西进之侧翼安全，且可打击陈大庆对耿北援之企图。

29 日，彭雪枫与张震致电军部，同样提出：“建议华北八路军乘胜协助路南四师，彻底消灭冯耿刘部，则以后对付涡蒙顽之主力亦易集中，可使萧永商亳及睢杞太部队与路西确实打成一片。”

30 日，新四军军部致电彭雪枫等称：中央已同意我们 28 日之建议，在自卫原则下，由八路军派队迅速南下，打击路北耿、冯诸顽军，以保证四师西进之侧翼安全，俾能集中力量击退韩德勤[1]、陈大庆之大队顽军由南面之进攻。

彭雪枫与张震、吴芝圃 9 月 3 日为准备击破来自南面的顽军主力、北面的耿、冯、刘部及东面的段、苗部的三路夹击，致电军部称：我们认为东、南两面顽向我萧永边合击之焦点在段海洲部之能否顺利过路西，路东段之防务是否巩固为转移。因而建议以首先阻止段部过路西，并在路东消灭之为上策。

5 日，军部就歼灭段、苗两顽的作战部署致电第四师并第七旅，其要旨是：路东以第七旅两个团、第五十二团、第二十六团（暂归第七旅指挥），于段顽出动后，从运动中歼击之，如段苗两部被歼击或部分逃窜路西后，必要时第七旅及第五十二团主力可西援对陈（大庆）顽作战，留第二十六团于路东坚持。

彭雪枫接到军部电示后，与张、吴于 6 日午时再次向军部提出以下建议和报告：（1）目前仍以首先阻止段部过路，并在路东消灭之为上策，如段、苗两顽过路西时即应追歼之。（2）重新建议第二十六团另加一个团迅速进入宿（县）南，首先歼灭顽韩金山部，并向龙亢、河溜进逼，如此着成功，可有效钳制涡蒙顽军北进；如其不顾一切北进时，则我两团即南渡涡河，占领河溜、龙亢及其以南地区，乘秋收之机增加我之财政收入，亦可逼使顽北进之部队回师；如顽进迫，我即北渡并相机北来萧永边（第五十二团可返回泗五灵凤待机）。（3）请军部再次建议中央督促八路军对耿冯刘迅速动作。（4）四师路西部队于此数日内，即首

[1] 韩德勤，时为国民党江苏省政府主席，此时已由苏北率部撤至阜阳地区。

先解决李光明部及其他土顽、伪军，求得巩固后方。如我第一、第三师能再加强二三个团为我此次歼敌及伸入涡河下游，破坏顽之北进计划，则我此次西进豫皖苏边可谓基本上已得解决。

就在彭、张、吴发电的同时，军部作出了两项重要决定：（1）为完成歼路东顽军段苗等部之任务，现决定路东成立此次战役临时指挥部，由彭明治任司令，韦国清任政治委员，统一指挥七旅之十九团、二十团与九旅之二十六团、二十七团及五十二团；（2）为使路东、路西所有部队统一指挥，求得行动协同一致，决定路东、路西部队统归四师彭雪枫师长指挥，在华中局、军部意图下，由彭下决心执行之。

至7日，彭雪枫与张震仍不闻段、苗出动的消息，估计其可能发觉我之意图。为不被段、苗钳制我主力，遂向军部建议："在攻坚条件具备而有把握时即以七旅和五十二团、二十七团强攻聚歼段、苗于据点之内，而二十六团即西进参加对顽陈作战。"当日，彭、张在向军部的另一报告中称：萧、铜日伪军一千余人"扫荡"萧西，估计有可能"扫荡"王白楼永萧地区。准备以活动在萧永边的第三十一团主力和骑兵第三大队，向日伪进袭。

在以彭雪枫为书记的行动委员会的领导下，第四师自西进以来，十分重视地方县、区政权和地方武装的建立，以及群众的发动。永城、夏邑、亳县等地群众，因受日伪顽匪残酷的横征暴敛，生活极端痛苦，对第四师的回来群众异常兴奋。他们担着粮食，提着热水，含着眼泪对子弟兵说："今天盼，明天盼，这次可把你们盼回来了。到底是乌云不能永远遮住太阳，彭司令也没有忘记我们这个地方！"许多中产阶级以上的人士，对四师部队亦均表示好感。唯有的地区群众对四师西进虽暗自欢喜，但对是否能长期立足表示怀疑，惧怕顽军日后卷土重来报复，而取"观望态度"①。对此，正在加紧进行宣传工作。

第四师在西进后，注意了对于土顽与伪军进行政治争取工作。这对吴信元支队的起义，产生了很大的影响。李光明支队的第三大队已与第四师有联系，有的土顽大队长率四十余人来降。伪军张岚峰部第十八师师长杜新民经第四师去信争取后，表示不妨碍四师的行动，其一个团已与第四师有联络；有的保安队则表示自动撤退，有的表示暗中作抗战事情。

在严峻的局势下，彭雪枫同时全力领导着各方面工作的开展。

9月10日，中央军委向华中局、八路军前方总指挥部等发出了《关于击破国民党三路夹击计划的指示》，其中授予了彭雪枫以"统一指挥"的大任。指示的全文如下：

一、顽情：自我彭师②进入萧县、夏邑、永城地区后，陈大庆已开始集

---

① 彭雪枫、张震给军部的报告，1944年9月1日。

② 彭师，即彭雪枫为师长的新四军第四师。

结三个地方师在涡阳、蒙城地区，归王毓文[①]指挥，防我南下，并有北进配合陇海路北顽耿、刘[②]残部夹击我军之企图。耿、刘残部已编为五个团，准备恢复湖西地区。陈大庆已令段海洲、苗秀霖两部西调。又汤恩伯、陈大庆共同商定联伪剿共。汤又令陈确实掌握骑二军、暂十五军、暂九军等主力在手，以应付我军西进的局势。顽方甚为恐慌。唯顽军各部散处各地，调动不灵，配合不确实，三路夹击计划是不易实现的。

二、为了巩固我军西进的新发展和实施各个击破顽方的来攻计划，对各兵团任务分配如左[③]:（一）彭师西进部队，应立即在萧夏永地区布置初步根据地，布置反顽战场，准备迎击来攻之顽部。对向西打通水东地区联系和向南发展，暂取待机姿势。（二）路东淮北部队，应不去妨害段、苗西调，待其西调后，淮北应派得力部队尾进配合我西进部队，消灭段、苗于萧永地区，不得让其逃逸。（三）四军三师之七旅，应进入泗南[④]、灵壁之线，准备必要时过路增援。我宿西游击部队应加强其活动力量，予涡、蒙顽军以牵制。（四）宋、黄[⑤]应以最大速度调集部队消灭耿、刘残部，并打通与道南彭师部队的联系。这个任务由冀鲁豫负全责完成之。（五）太岳军区被指定派赴豫西的部队，如多方设法不能立即渡河[⑥]时，可取捷径转移至水东地区，一面加强水东活动力量，一面相机进入豫西。水东部队目前的任务，是就现地游击予陈大庆以牵制，防其全力北进向我萧永夏地区进攻。（六）四军五师北进部队，应就可能程度去推进，如顽方防范甚严，可择地待机。

三、新黄河以东地区，为我华北、华中的联系枢纽，战略上极为重要，目前已成为顽我必争。我军必须在连续不断的战斗胜利中，才能完全巩固该地区的发展。仰各兵团灵活机敏地去完成所负任务，各部作战上之配合，统归彭师长指挥。

这样，在巩固与发展豫皖苏边区的同时，各部协同，待机击破顽军夹击的方针即确定下来了。这也是中央军委在战场情况出现新的变化时，授予彭雪枫以军事指挥大权的重要决策。

五、再战八里庄

9 月 10 日，为争取先机消除后顾之忧，以扩大与巩固萧永夏亳边立足基地，

① 王毓文，时任是国民党暂编第一军军长。
② 耿、刘，指耿继勋、刘瑞岐。
③ 如左，即如下，当时电文为竖排。
④ 泗南，淮北抗日根据地的一个县，今安徽省泗县南部地区。
⑤ 宋、黄，即宋任穷、黄敬，时分别任八路军第一二九师属冀鲁豫军区司令员、政治委员。
⑥ 河，指黄河。

彭雪枫与参谋长张震、政治部主任吴芝圃决定于11日独力发起八里庄战役，歼灭李光明部。

李光明原为投靠日寇的伪区长，长期盘踞八里庄。刘子仁叛变后，李又投靠刘逆，任第八十二支队支队长，共有1000余人，机枪11挺，掷弹筒1具，步轮半数为土造。其部署为：李光明率特务连驻守八里庄村西南角150米处之小寨，并在小寨中修了一个高碉堡控制八里庄四周，或进行火力支援；有两个营驻大圩子，一个营驻李小楼；一个营驻小张庄。八里庄四周有寨墙和四米宽的外壕护围。李光明自恃有夏邑城敌伪的随时支援，而作恶多端。故在日伪顽从北、东、南夹击第四师的情况下，如李光明部在西面进行配合，就成为背后的一大芒刺。

因此，彭雪枫与张、吴决心首先"拔除背上的芒刺"。其军事上和政治上的重大意义为：可以打破顽军的四面夹击，有利于开展夏（邑）北的工作；可以更有效地瓦解和动摇顽军的内部；可以解放夏东、夏北的群众，进一步扩大新四军的政治影响。

为了打好这一仗，彭雪枫坚持他事必躬亲的作风，亲自做调查，作战斗动员。据他的警卫员刘书芳回忆：在"战斗开始前，师长向很多当地的群众进行了调查，详细地掌握了八里庄的地形、地貌和敌人的数量、武器装备等情况。战斗打响的头一天，他组织有关作战部门的干部开了会，周密细致地研究了作战方案。"[①] 根据会议的讨论，彭雪枫宣布：以第九旅第二十五团担任主攻，以第十一旅一部分别监视李小楼和小张庄之顽军；以第三十二团担任打击夏邑城可能增援之日伪军；以骑兵团控制在姬庄，一面防李顽突围，一面警戒夏邑之敌。

要打八里庄了，第十一旅旅长滕海清跑到师部请缨，他感到西进一来师长太累了，应该让他休息两天，于是就对彭雪枫说："打八里庄你非亲自去吗？杀鸡用不着宰牛刀！我去你就不放心啦？"彭雪枫朗声笑道："你一来，我就知道你

彭雪枫在八里庄战斗前夕听取侦察人员情况汇报

① 《忆彭雪枫同志》续集，河南人民出版社1981年版，第98页。

是来跟我讲价钱的，或许你有点误会。”接着说：“我的意思是，你抓紧时间把三十一团整顿一下，我和参谋长打八里庄去，估计不要几天，回来后，我也到王白楼去。咱们各有差事，别讲价钱啦！”

晚饭后，彭雪枫与滕海清又闲谈了起来，在谈了小朱庄的胜利对开展路西的影响后，彭雪枫以回顾的口吻说：“我们三年来在建军和建立巩固抗日根据地方面有了些经验，特别在建军方面。我们这个师是抗日战争开始后组建起来，现在的战斗力已经和老部队不差上下了。这主要是因为，我们有一批红军时代的老干部。”

滕海清后来回忆说：“这一夜，我和参谋长就跟彭师长住在一间屋子里，我们睡得很晚。师长谈了好多事情，几乎把我们六年的经验全部回顾了一遍。从他的谈话中，叫人感到，他对革命前途充满了必胜信心，对今后的工作已作了种种打算。”①11日凌晨，彭雪枫握着滕海清的手分别时，坚定地说：“我回来就到你们那里去，把地方工作详细地研究和布置一下。”“师长，祝你凯旋！”滕海清说。

根据参谋长张震的回忆：“九月十日早饭后，雪枫同志骑着他的名叫‘火车头’的白马，带着骑兵通讯班，要亲自到二十五团和其他各团去布置任务。十六时，我和吴芝圃同志来到了二十五团。这时，雪枫同志已经分别给干部们下达了任务，对担任主攻的二十五团、打援的三十二团、做预备队的骑兵团，他都详细地作了指示。雪枫同志是我们大家最钦佩的文武兼优将领，他不但是一个优秀的指挥员，而且也是一个出色的政治工作者和宣传鼓动家，他讲话时仍带着河南土音，听起来刚劲有力，给人一种鼓舞的力量。这次，他在交待了任务以后，又照例向部队进行了宣传鼓动，只听他说：‘同志们！我们是淮北人民的子弟兵，人民有灾难，我们要不要管？’

“大家异口同声响亮地回答：‘要管’。

“雪枫同志又说：‘你们不要轻视当前这个敌人，他们既是土匪，又是和顽军、伪军、日军穿一条裤子的反动派，拔掉这个据点，除掉这个祸害，日本鬼子就耳聋眼瞎寸步难行，以后我们开辟根据地就容易了。现在我提议，这次参加战斗的几个团，开展一个革命的竞赛，看谁打得最漂亮，好不好？’

“‘好！’队伍里响起了春雷般的掌声。

“战斗动员以后，我们在永城北边一个名叫蒋胡同的村庄上作短暂的休息。”②

主攻团——第二十五团第二营第四连政治指导员唐德诚回忆说：部队于11日凌晨1时开始接敌运动。当接近八里庄据点1000米左右，我们连隐蔽向敌人据点接近时，在月光下的夜色中，连的后边跟着3个人，我停止下来，向连通讯员小声问话：

“他们是哪个？”

“这是‘101’首长……就是彭师长呀！”

---

①《忆彭雪枫同志》续集，河南人民出版社1981年版，第42、43页。

②《忆彭雪枫同志》，河南人民出版社1979年版，第72、73页。

我出乎意外，简直不敢相信。在月色朦胧中，彭师长伸出他指挥千军万马的大手，握着我的双手热情地问我：

“你是谁啊？”

这时，就像一阵闪光的电波那样，热遍了我的全身。我说：我是四连指导员，叫唐德诚。

“部队情绪怎样？”接着他又问。

我斩钉截铁地回答：“情绪很高，一定坚决打进圩子，消灭敌人！请师首长放心。”

彭师长说：“很好啊！快去掌握部队。”

这时，师长拍拍我的臂膀，我立正敬礼而别，跟上了部队。我激动地把和彭师长这难忘的战地会见所有问话，一句不漏地告诉全连指战员，全连同志无不热泪盈眶，个个紧握拳头，发出战斗誓言。

凌晨4时开始攻击，在我八二迫击炮与机枪火力掩护下，部队排除了简易鹿砦、铁丝网、跳进壕沟。掩护组投弹射击，突击组架梯子，二营一举突进圩墙。敌人没敢顽强抵抗，就向后逃窜。这时，东北方向一营也突进圩内，横扫大圩子内的敌人，敌人除被打死打伤外，有的投降了，有的乘混乱之机逃向西南角小圩子内固守[①]。

此时，驻守八里庄南的李小楼的黄遵德营，在战前的联络与争取下起义；驻小张庄的一个营被迫投降。

在战斗向小圩子发展时，彭雪枫与张震、吴芝圃和指挥所的人员，也随着转移到大圩子的一所天主教堂，临近研究情况，指挥战斗。据参谋长张震回忆：彭师长“还亲自审问了俘来的两个伪大队长，研究了小寨敌的部署，并亲自去侦察了小寨的地形。他发现敌人利用中间碉堡观察，大小两寨同时受敌人一挺机枪封锁，有一个大胖子端着机枪向下打，使我军在接敌中伤亡很大。雪枫同志告诉二十五团组织特等射手封锁敌人枪眼。只等了一会儿，这个大胖子就被我们打死了。后来我们才知道这是国民党派给李光明的参谋长。”[②]

此时，“雪枫同志实在疲乏了。”参谋长张震说，他几天来亲自动员、主持作战，又安排地方工作。他喜欢接近群众，只要有来访的人他总不拒绝。因为我师撤退路西已经三年了，有的找儿子，有的诉说亲人被顽、伪军杀了，要求报仇。直到发起战斗那天早晨，他还请了原来我师在永城东北山城集与日本鬼子作战牺牲的第一总队总队长鲁雨亭同志的家属吃饭。我劝他休息一下，以便白天指挥作战，他才回到天主教堂内，把油布铺在地上和衣而睡。我正在要睡未睡的时候，突然机枪声大作，警卫员急匆匆地跑进来说：“师长！师长！敌人突围了！”雪枫同志从油布上一下爬起来说：“走！”

---

①《抗战在淮北》第2辑，华艺出版社1997年版，第323、324页。

②《忆彭雪枫同志》，河南人民出版社1979年版，第74页。

骑兵团追歼突围之敌

对小寨的攻击，据当时隐蔽在大主教堂东边的唐德诚回忆：“当时部队还不会爆破”，团首长说：“彭师长从十一旅调来一门山炮，摧毁敌人碉堡，掩护你们突击。”“攻击的一切准备工作都做好了。只听得一声‘开炮’的命令，山炮‘轰’地一声命中碉堡。第二发炮弹刚装好还没有发射，敌人就慌乱地向西南突围了。我们连在追击逃跑的敌人时，看到师首长们站在南圩墙上观看战场，指挥部队消灭突围的敌人。还听到彭师长说‘这一仗打得好啊！’在鼓励大家。全连战士怒吼着加快追击的脚步。骑兵团从西南方向把敌人包围起来，在马上挥刀砍杀敌人。我们从北面追击敌人，三营、警卫连和兄弟部队也从东南面包围敌人，战斗不到一个小时，敌人全部被消灭在八里庄与小楼之间的空旷田野里。”①

少顷，李光明部全部被歼，由夏邑城出援的日伪军亦被第三十二团击退，战士们在欢呼胜利！

就在战斗即将胜利结束时，晴天霹雳般的噩耗传来了！

参谋长张震与警卫员刘书芳扶着师长彭雪枫的身体，木然地凝望着远方的原野：

> 芒砀如黛，秋风如诉，心潮如涛，泪飞如注。
> …………

① 新四军老战士回忆录编委会编：《抗战在淮北》第2辑，华艺出版社1997年版，第325页。

第十五章　浩气长存

彭雪枫在抗日前线英勇地牺牲了。他的牺牲，使民族丧精英，中原折栋梁；山河同一哭，万民齐断肠。他的一生是功在祖国垂千古，泽被长淮佑万民；满腔碧血书青史，一片丹心永流芳。

一、将星陨落

当9月11日天色已亮，八里庄战斗正进入最后激战的时候，彭雪枫与参谋长张震、政治部主任吴芝圃等人，从指挥所出来观察战场情况，“他指示徐体三团长立即派部队追歼敌军，用电话命令骑兵团去进行截击。”[①]警卫员刘书芳为了保证首长的安全，劝师长从围墙的南门出去，从这里也可以看到战斗最后结束的情况。“可是师长却登上了南门围墙，来到了堑壕里，居高临下，直接指挥最后的战斗。这时，我突然听到‘嗖’的一声刺耳的子弹呼啸，猛回头，只见离我只有半米远的师长，身子摇晃了一下，慢慢地倾倒了。”[②]警卫员抢前一步扶住师长，只见已脸色发白，目光仍然坚毅地注视着战场，刹那间瞳孔的光芒消失了。

张震、吴芝圃和警卫员连忙把师长抬下寨墙，大家在他的左心房上找到了一个像小刺扎破的伤痕，原来是子弹击中他的左心房还没有跳出来。警卫员急忙找来第二十五团的军医进行抢救，注射强心剂，止血止痛，但师长的心脏已停止跳动了。

主任吴芝圃抱着师长尚未冷却的遗体，热泪盈眶地喊叫着：“不要紧！不要紧！”以为师长一会儿就会醒过来。参谋长张震“强忍悲痛，如实告他：‘已经不行了’。”[③]但却多么希望师长能睁开眼看看，八里庄战斗即将到来的胜利！

张震、吴芝圃、军医、警卫员都不愿接受这个残酷的事实，他们不能没有师长啊！师长日日夜夜和他们战斗在一起，自从挺进路西以来，他每仗都身先士卒，亲临前线，指挥部队英勇杀敌。全师指战员需要他，豫皖苏边区的人民需要他，祖国需要他，抗战需要他！大家悲痛地哭着：师长，师长，你回来吧！我们

---

①《张震回忆录》(上)，解放军出版社2003年版，第232页。

② 刘书芳：《我所熟悉的彭师长》，《忆彭雪枫同志》，河南人民出版社1979年版，第99页。

③ 张震：《我的良师益友彭雪枫同志》，《忆彭雪枫同志》续集，河南人民出版社1981年版，第76页。

等着你率领我们一起解放中原大地……

然而，党和人民军队的杰出青年将领，他悄然地走了。为了他所追求和期望的："争取抗战胜利与革命胜利"，"把新中国建设得更好"[①]，不幸地走了！时年仅 37 岁。

彭雪枫将军殉难处

在值班骑兵和警卫员找来软床，把师长彭雪枫的遗体抬到天主教堂里后，骑兵团团长周纯麟押着顽匪支队长李光明等来给师长报喜。可是走进天主教堂一看，师长躺在床上，身上盖着毯了，眼睛半闭，脸色苍白。这个突如其来的打击，使周纯麟顿时心如刀割，浑身发抖，两眼发直，泪水涌流，口里说不出话来。参谋长张震命令周纯麟立即将李光明等送交第三十二团团长张永远收押，周纯麟万分悲痛地告别了师长的遗体。

当日，张震、吴芝圃以极其悲痛的心情，向中共中央、华中局发急电报告彭雪枫师长牺牲的噩耗，并代第四师西进部队指战员向中共中央表示决心：誓歼顽敌，完成雪枫师长遗志。同时，根据当时的形势需要，请示新四军军分会，暂缓公布彭雪枫师长不幸阵亡的噩耗。

新四军军部接到师长彭雪枫殉国的噩耗，副军长张云逸、政治委员饶漱石、参谋长赖传珠急电张、吴：

> 痛悉雪枫同志于追击李光明残部时光荣牺牲，噩耗传来，深为震惊！盼张、吴负责妥为装殓，派员护返师部，另期举行盛大追悼外，仰达前方全体指战员，更加加紧团结，服从张参谋长指挥，誓竟彭师长遗志。查我军西进，不出兼旬，即歼刘瑞岐精锐，击溃刘子仁全部，俘支队长李光明以下数百人，并缴获极多，获此伟大胜利。我们深信我前线指战员，在张参谋长、吴主任指挥下，必能粉碎敌顽进攻，巩固萧永夏抗日基地，并完成与八路军打成一片的光荣任务。特别托张、吴代表我们向前方各受伤同志表示慰问，并祝他们早日恢复健康。

彭雪枫的遗体用担架从天主教堂转送到王白楼，停放在第十一旅旅长滕海清的办公室里。警卫员们流着泪水，一双双哆哆嗦嗦的手解开师长的军装、衬衣，

①《彭雪枫军事文选》，解放军出版社 1997 年版，第 591 页。

一串串绞心的热泪吧嗒吧嗒地滴到师长的脸上和身上。他们忙碌了一阵子，才替师长换上了干净的白衬衫，崭新的军装、军帽和一双新鞋。然后端来温水，给师长洗了脸和手。

此时，参谋长张震走过来，从彭师长的旧军装口袋里摸出一支钢笔、一个黑色小笔记本。这支钢笔曾经伴随彭雪枫度过了多年的艰苦战斗岁月，现在它的主人与世长辞了，它也悲伤地沉默了。那个小笔记本里，将军写满了一页页密密麻麻的重大事件，有敌方情况、烈士姓名、豪言壮语、作战经验，以及自己的不足之处，等等。屋里挂的那支左轮手枪，是他最心爱的一支手枪，多年来他佩戴着它指挥部队南征北战，消灭了无数的敌人。

旅长滕海清走进办公室，一看见师长已安详地闭上了双眼，微微锁着眉头，仿佛在沉思的情景，顿时脑子“轰”的一下，泪如泉涌。随即一头扑过去，最后一次将头紧紧靠在师长肩上，不停地高喊：“师长！你不会离开我们，死是不会临到你的头上的！”当别人劝解道“师长真的壮烈殉国”时，他紧紧握着师长冰凉的手，悲伤地说：“师长！你长眠了，我们再也不能和你并肩战斗了！你不是说，等打下八里庄后马上回王白楼，召开会议，研究布置地方工作吗……”

12 日，中央军委致电华中局、四师并张震、吴芝圃，对彭雪枫师长牺牲，深表哀悼，并电勉第四师西进部队在张、吴指挥下，团结一致，扩大战果，巩固路西阵地。13 日，电令张爱萍为第四师师长，韦国清为副师长，陈锐霆为副参谋长，韦国清赴路西指挥，张爱萍兼第九旅旅长，驻路东。同时提出：“雪枫牺牲的消息，是否对外发表，还是暂缓发表，望你们决定，并将雪枫牺牲详情电告。”

在张震、吴芝圃与滕海清的主持下，派人买了一副黑漆棺材，将师长彭雪枫的遗体入殓。根据军部的指示，由师政治部军法官宗晓天负责，在雪枫师长原警卫员、副排长刘书芳带领一个警卫排，化装护送。雪枫灵柩经敌伪统治区新四军的第五、第六、第七等地下兵站，辗转两个多月，才由王白楼送回新四军第四师师部所在地泗南县半城镇东南的洪泽湖畔。为了保密，灵柩暂厝在魏咀八大家的一只停泊在濉河上的大木船上，棺木用红色幔布遮盖着。由警卫部队保卫，外人根本不知道是谁的灵柩。

为了誓竟彭师长恢复发展与巩固豫皖苏边区根据地，第四师西进部队在新任副师长韦国清与张震、吴芝圃的指挥下，于 10 月 8 日发起砀（山）南战役，19 日，又协同新增加的第三师第七旅进行了保安山战役，一举歼灭顽军主力，并全线出击，跟踪追击至涡河左岸。至 12 月，新四军“四师西进 4 个月来，粉碎日伪‘扫荡’及国民党顽固派的阻拦进攻频繁作战，共歼日伪顽 1.3 万余人，拔除据点 36 处，控制了东起津浦路、西至商（丘）亳（县）公路，北自陇海路、南迄涡河的广大地区，基本上恢复了豫皖苏边抗日根据地。”[1] 张震在他的回忆录中说：我们“胜利地完成了中共中央和新四军军部赋予的西进任务”，“雪枫同志经常讲路西根

①《新四军第四师大事记》，第 339、340 页。

据地是我们丢的，一定要由我们的手把它夺回来。这个梦寐以求的愿望，今天终于实现了，九泉之下的老师长雪枫同志如能有知，定会和我们一样高兴。”

住在大王庄的林颖，自从彭雪枫率部西进后，常常在盼望那署着“枫”或“红叶”的来信。她渴望知道西征后的战斗胜利喜讯，她期盼着雪枫能凯旋而回，看看、抚摸他们不久将要出世的小宝宝……她有时半回忆、半遐想地想着：有朝一日再与她的夫君、战友挽手漫步在洪泽湖畔，看成双的野鸭从芦苇中飞起迎着朝霞盘旋，看那岸边水中的柳枝随着风儿在摇曳，看那湖中的白云婀娜地飘逝，看那湖中跃起的金色鲤鱼跌下后圆圆的波纹不断地散去，散去……10 月 28 日，林颖在组织的关怀下，到达淮南军部医院。

不久，第四师领导人为了不使林颖生疑，能顺利地分娩，便以“雪枫”的名义给她发了电报，盼她顺利分娩，勿念西线。“当时，我曾三四次接到过雪枫的电报，都是说‘部队在打胜仗，他很好。’每次看到电报我是完全相信的，因为不能通信，所以没有别的想法。”[①]12 月 23 日，林颖生一男孩，取名小枫。午后，新四军参谋长赖传珠亲往探望。

1945 年 1 月 20 日，第四师政治委员邓子恢到军部开会。这时，林颖产后即将满月，于 21 日出院回到军部住下；而中共淮北区委已作出了公开举行追悼彭故师长纪念活动的决定。因此，雪枫师长逝世的事不能不对林颖讲了。为此，邓子恢约军参谋长赖传珠一起去看望林颖，并将雪枫牺牲的事公开对她讲明。

第二天早饭后，邓、赖二人推门入室，林颖惊喜地迎上前：“二位领导驾到，欢迎，欢迎！”邓子恢边招手边说：“好吗？小宝宝在哪里？”林颖引导邓、赖看躺在炕上的小枫。邓子恢连声说：“啊，好，好！”赖传珠则说：“嗯，雪枫后继有人哪！”邓子恢还是：“啊，好，好！”林颖感到邓政委的情绪沉闷，像是有什么心事？随说：“二位‘无事不登三宝殿’，有什么话要说吧？”

邓子恢伸出双手示意：都坐下。接着强忍悲痛地说：“林颖同志，不幸啊！小枫看不到他的爸爸了！……还是在去年 9 月 11 日，雪枫同志正在指挥战斗取得胜利时，不幸被流弹击中，在八里庄为国捐躯了！”林颖顿时不啻被惊雷所击，头晕目眩，五内俱焚，哇的一声：“雪枫！你——不——能——走！——不是——真——的！”赖传珠说：“这是真的。您要节哀，照顾好小枫！”

邓子恢又以抚慰的口吻说：“雪枫同志是我党我军的好党员、好干部，是卓越的指挥员，中央将发表雪枫同志殉国的公告，淮北区党委和淮北军民将举行隆重的追悼雪枫同志大会，我是特意来陪你回去的……”赖参谋长也劝慰说：“林颖同志，你就带小枫回去吧，让小枫回去为他爸爸送行！”

已是泣不成声的林颖，思绪已飞向了八里庄……

又是一个早饭后，林颖带着小枫随邓子恢政委踏上了返回大王庄的路[②]……

① 访问林颖同志记录，2002 年 3 月 19 日。
② 根据访问林颖的记录整理，2002 年 9 月 2 日。

二、中央遥祭

彭雪枫为了中华民族的解放事业，在炮火连天的抗日战场上，为祖国、为人民献出了自己年轻的宝贵生命，为中国共产党革命斗争史谱写了壮丽的篇章。他的一生，是英勇机智、好学奋进的一生，是廉洁奉公、全心全意为人民服务的一生，是一身正气、两袖清风、光明磊落的一生，是为共产主义事业英勇奋斗的一生。他的不幸牺牲，不但是全党全军的重大损失，也是中国人民和中华民族的巨大损失。

在彭雪枫牺牲的当时，中共中央和华中局根据对敌斗争的需要，指示第四师师部要严格保密，暂不公布，故一切悼念活动均未进行。

直到1945年1、2月间，为了缅怀彭雪枫的丰功伟绩，中共淮北区委、华中局和新四军政治部、中共中央办公厅和第十八集团军总司令部，相继作出了《关于追悼彭故师长雪枫同志的决定》等，并在中共中央机关报《解放日报》上发表，或发出有关的命令、布告、通知。

1月24日，第十八集团军总司令部发表："新四军第四师师长兼淮北军区司令员彭雪枫同志于去年九月间在淮北地区与敌军作战时殉国"的公告，及《彭雪枫同志略历》；新四军代军长陈毅发表《追忆彭雪枫同志》一文，极悲痛地写道："雪枫同志的阵亡"，使"中国丧失了一个民族英雄，党和新四军丧失了一个重要的干部，我自己也丧失了一个亲密的战友！"

2月2日，中共中央办公厅、第十八集团军总司令部在《解放日报》上向国内外发出了"彭雪枫同志于一九四四年九月间阵亡淮北前线"的启事。启事写道："雪枫同志早年献身革命，艰难备尝。抗战后组织人民武装，于豫皖苏一带驱逐强敌，解放人民，创造淮北抗日民主解放区，功在国家。噩耗传来，同声哀悼！谨定于二月七日上午十时在杨家岭中央大礼堂举行追悼大会。各界同志如有花圈、挽联、诗词，务请于二月五日前送交杨家岭。"

2月7日，寒风刺骨，一缕灰白色的浮云遮住了温暖和煦的阳光。毛泽东主席、朱德总司令及中央各负责人亲率延安各界代表1000余人，参加于中央大礼堂举行的追悼彭雪枫大会。

礼堂门口高悬中共中央委员会挽联，挽辞是：

> 为民族，为群众，二十年奋斗出死入生，功垂祖国；
> 打日本，打汉奸，千百万同胞自由平等，泽被长淮。

会场四壁遍贴各解放区及延安各部队、机关、学校、团体和个人的挽联及悼词；国际友人林迈可先生亦亲书挽辞悼念。

台上花圈丛中，悬立彭雪枫遗像。左侧是毛泽东写下的挽词：

> 雪枫同志在与敌斗争中牺牲了，全民族和全党都悲痛这个损失。为了补

偿这个损失，应该学习雪枫同志的英勇精神，更加努力扩大解放区，扩大八路军、新四军，促成联合政府和联合统帅部，使日本侵略者在有效的联合打击下早日消灭，使独立民主的新中国早日实现。

右侧是朱德写下的挽辞：

雪枫同志在中国人民抗日救国的前线上，身先士卒，英勇牺牲，这是雪枫同志个人的无上光荣，也是中国共产党、八路军、新四军和中国人民的无上光荣。我全军指战员将永远纪念他的牺牲，坚决为他复仇，打倒日本帝国主义，消灭法西斯，解放中国。

会议在催人心碎的哀乐声中开始，在主祭朱德、陪祭彭德怀、陈毅的主持下，全场向雪枫遗像志哀、献花圈及诵读中国共产党中央委员会与十八集团军总司令部的祭文。祭文中回顾了彭雪枫的革命历程和他建树的丰功伟绩：

雪枫同志！你自十九岁献身革命，到现在已整整二十年，这二十年中间，你不曾离开过斗争一天。一九三〇年你加入了红军，十五年来，你经历了无数考验，证明你不仅是英勇的战士，而且是天才的指挥员。身先士卒的你，曾三次负伤，但就在伤病中你也不顾自身的安全，继续率领着队伍和敌人作战。一九三八年你带三百人挺进豫东，马上把华中敌人的后方变做前线，扩大了抗日武装，建树了民主的政权，从此毛泽东的旗帜，光辉地插在淮河北岸。当去年夏天汤恩伯弃甲曳兵，豫西一天丢一县，你却从津浦路东勇猛出击，解放路西的同胞二百五十万，使新四军的声威震动了河南，惊碎了敌伪汉奸的狗胆。敌人越是恨你，人民越是爱你，他们正期待你解除深重的灾难，光复沦陷的中原。啊！谁想这时倒下了你，你永远辞别了人间！雪枫同志，你太早的倒下了，最后胜利你还没有看见，但是你放心吧，这一天已不再远。你创造的队伍更壮大了，为了替你和一切死难者复仇，他们战斗得更勇敢。全党全军痛悼你的牺牲，将学习你的模范，工作得更好，团结得更坚，万众一心，勇往直前，直到敌人完全消灭，中国完全解放，你和一切死难者的愿望完全实现。雪枫同志，你安息吧，你愉快地安息吧，你的愿望将很快实现，你的事业将迅速发展，你的功绩将被全国的人民永远地纪念，纪念于永远。

在陈毅详细地报告了彭雪枫的革命经历后，接着朱德、刘少奇、彭德怀致悼词，他们一致赞扬了彭故师长的优良品德和他对中国人民的伟大贡献，并说：为纪念雪枫同志“我们要更加努力工作，以便击败日寇，建立独立民主的新中国”。最后，乐队奏起雄壮的国际歌，全场起立向彭雪枫遗像再度志哀。

在会内，中央和军队其他领导人的挽词有：

刘少奇和陈毅的共挽是：

淮上哀音，痛毁长城，忆杀敌中原，革故鼎新，解放人民三千万；全军素缟，永识典型，念服务群众，出生入死，致力革命二十年。

刘少奇另书挽词是：

为雪枫同志复仇的最好办法，就是进一步加强我们的工作，加速我们的胜利。华中的军民一致努力，完成雪枫同志的遗志，为扩大并巩固新四军与华中解放区而斗争。

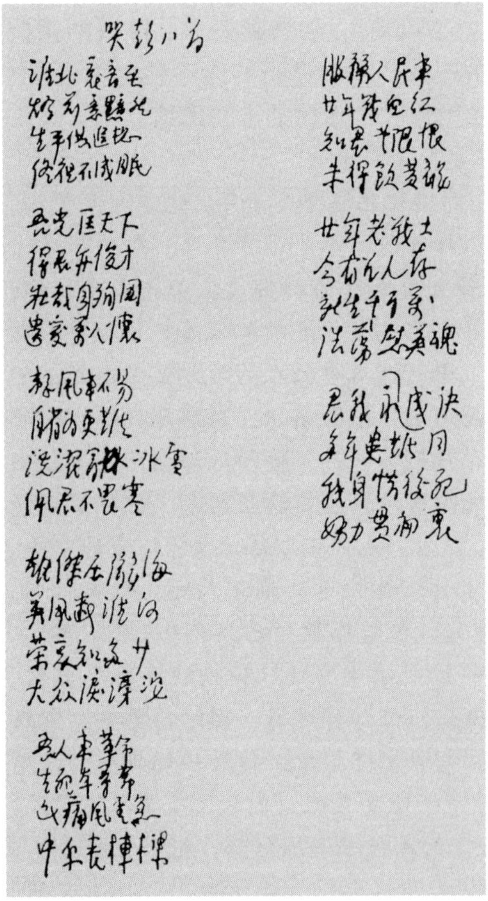

陈毅《哭彭八首》手迹①

彭德怀的挽联是：

为革命奋斗，替人民服务，英勇牺牲，无愧共产党员伟大称号；痛壮志未成，誓倭寇必灭，途程艰苦，愿随全军同志努力反攻。

贺龙与联防军诸领导人的共挽是：

奋战中原，功在史册；壮志未竟，我们复仇。

陈毅在惊闻彭雪枫以身殉国的噩耗后，夜不能眠，写诗悼念他的战友。

在追悼大会前，《解放日报》还全文发表了吴芝圃、张震及孔石泉所写的《悼雪枫同志》等文章。他们沉痛地写道："雪枫同志与我们永别了，但他对于党对于无产阶级革命事业的无限忠心，他的二十年如一日艰苦卓绝为党工作的精神，他的英明果断与刚毅不拔的魄力，他的努力学习与近年来努力约束自己、努力纠正弱点的态度，他的廉洁奉公一丝不苟的生活，以及他在二十年中所做的事业，都是光荣不朽的，都是值得

①《陈毅诗词选集》，人民文学出版社 1977 年版，第 88—90 页。

我们学习的。”[①]追悼大会后的第五天，《解放日报》又发表了由塞克作词、紫光作曲的《抗战烈士挽歌》，是专“为追悼彭雪枫同志而作”的。

在延安追悼大会前后，敌后各根据地军民纪念彭雪枫烈士的活动也在逐渐展开。

三、军中缅怀

彭雪枫英勇殉国，如晴天霹雳，在人民军队中引起了极大的震惊与深切的缅怀。

第十八集团军总司令部与中共中央办公厅发布追悼《启事》《祭文》，表示“全党全军痛悼”雪枫同志的牺牲。第十八集团军副总司令彭德怀对吴溉之[②]深情地说：“雪枫同志是天才的指挥者，他对敌人斗争是坚决、勇敢、顽强、机警的，他在困难的时候，更有高度的责任心，平时做事，积极、认真，对同志友爱、热情，对部队的生活很关心，同时也很严肃。他虽然也有一些缺点，但这是一般青年革命家所难免的，而且他勇于改正自己的缺点。我们应当将他的优点发扬光大，在每一实践中去学习他。”[③]。

新四军政治部与华中局作出《关于纪念彭雪枫同志的决定》，并决定：第一，淮北永城县改名为雪枫县。第二，抗大第四分校，改名为雪枫军政大学。第三，将雪枫同志一生光荣奋斗事迹，写成传略公布我军各师，作为战士教材。新四军第四师兼淮北军区为了纪念与学习彭故师长的不朽精神，作出《训令》：第一，以旅（分区）团（总队）为单位举行隆重的追悼大会。第二，各兵团首长须立即召开干部会报告彭故师长兼司令员历史及忠勇事迹，动员全体转悲痛为仇恨，各连队亦可出纪念墙报。第三，号召部队加紧练兵，大量创造雪枫射击手与雪枫投掷手，以此来推动部队军事技术的提高。第四，尔后各兵团、各部队成立小型图书馆，一律命名为雪枫图书馆。第五，设立雪枫奖金，奖励各种工作部门工作中的模范创作与特殊模范人物。

各部队的领导人与彭雪枫的老战友、老部下，纷纷发表缅怀雪枫同志的纪念文章、挽联与诗词，以抒发哀思与复仇的决心。仅在 1945 年 2 月 5 日《拂晓报》上发表缅怀文章的有：张云逸、邓子恢、赖传珠、张爱萍、韦国清、吴芝圃、赖毅、任泊生、谢胜坤、喻新华、郑国、康志强等。

新四军副军长张云逸在《悼彭雪枫师长》中写道：“雪枫同志！您安息吧！您已为中华民族的解放事业战斗了十九年，而尽了您最后的努力，您的努力已构成了新中国建设事业中不可磨灭的一部分。您已经证明是我们伟大的共产党中一个先进的与优秀的党员，您已经证明是毛泽东同志的好学生。您的斗争历史，将

---

① 原载《解放日报》1945 年 1 月 28 日。

② 吴溉之，1931 年至 1932 年与彭雪枫分别为红军第三军团第五军第一、第二师的政治委员；1936 年至 1945 年先后任中共中央军委总政治部组织部长、锄奸部长。

③ 原载《解放日报》1945 年 2 月 7 日。

永远光辉的照耀在中国革命的历史上。您未完成的事业，有我们无数未死同志继续努力下去，而在不久的将来，中国人民就可以得到伟大的胜利，来作为您的纪念。您的弱妻幼子，有我们党的照顾与抚养，使之继续您的遗志而努力。”

许多人缅怀说：

“你最善于以党的政策来教育我们，为我们指明了正确的政治方向和工作目标。你信任干部，大胆地使用干部。”[①]

“他是一手拿着枪杆一手拿着笔杆向敌人冲锋陷阵战斗了一生的布尔什维克战士，是枪杆与笔杆结合着的军事家兼宣传教育家的典型，是军事战线同时又是文化教育战线上一个卓越的领导者与组织者！”[②]

“他认为提高部队的文化水平，是进行部队政治工作的基础，所以他努力于文盲的扫除，打破迷信和介绍科学。记得他常常跟战士们讲解‘地球为什么是圆的’？‘人类是怎样产生的’？等等问题的道理。”[③]

“每次打仗以后，你总是亲自到医院看望伤病员，你曾几次去淮宝、去盱凤嘉的各个休养所，每一次去总会根据伤病员的意见对医院的工作做些具体的指示。任何一个工作岗位的同志们都很难被你遗忘的。你给四师带来了热情、友爱、朝气勃勃的作风。”[④]

“这位为人民为同志所爱戴的文武双全的将军，为了人民的事业竟在最前线上流尽了他最后的一滴血！他的牺牲是光荣的！然而损失也是重大的——人民失去了一个忠实的勤务员！党失去了一个优秀的干部！我们——参谋工作者则失去了一个很好的导师！虽然如此，但因而触动人民的仇恨，三军震怒，将更会加速日本侵略者和民族败类的死亡，巨大的损失是可以补偿的，血海深仇，是可以索还的！”[⑤]

新四军原第二师兼淮南军区政治部主任郭述申的挽联是：

> 陕北会师，黄河东渡，回首便是十年，犹记涡河风雨，樽酒论文，孰料一别成永诀；忠心赤胆，克己宽人，神采犹如昨日，唯有追随先烈，完成遗志，不时双泪落满怀。

广东人民抗日游击队东江纵队惊闻雪枫将军殉国的噩耗，曾生、林平等领导人于2月9日致电中共中央表达沉痛的哀悼。电称：

> 听到彭雪枫同志殉国的消息，全军同志无限悲痛，因为彭雪枫同志的光

---

① 陈其五：《雪枫精神光照人间》，《拂晓报》1945年2月5日。
② 潘琪：《作为军事家和宣传教育家的彭故师长》，《拂晓报》1945年2月5日。
③ 陈其五：《雪枫精神光照人间》，《拂晓报》1945年2月5日。
④ 龙飞虎：《回忆和感想——悼彭雪枫同志》，《新华日报》1945年2月19日。
⑤ 赖传珠：《悼参谋工作者的良师益友雪枫同志》，《拂晓报》1945年2月5日。

荣牺牲是党的损失，是中国人民与中华民族的损失，也是我华南解放区军民的损失，我们除举行追悼会外，决心加倍努力，为党为革命为中国无产阶级与中国人民的解放事业而奋斗到底！我们要向彭雪枫同志学习，并把彭雪枫同志的精神发扬到全军中去，发扬到全华南解放区的军民中去。

四、人民痛悼

地跨津浦路西东的豫皖苏边区和淮北苏皖边区人民，对于他们深深敬爱的师长彭雪枫不幸殉职，其震惊与悲痛之情，难以言表，其哀如黄淮呜咽，其悼则全民同祭。

1945 年 1 月 5 日，中共淮北区委作出《关于追悼彭故师长雪枫同志的决定》。就追悼与纪念办法决定为：（1）遵照华中局与军首长电令成立以张爱萍同志为主任委员的 27 人治丧委员会，为雪枫同志发丧营祭。（2）营筑坟墓，并于其旁建造淮北阵亡将士纪念塔。（3）《拂晓报》出追悼雪枫同志专号。（4）编印雪枫同志纪念册。（5）成立雪枫图书馆。（6）建议淮北行署改泗南县的半城镇名称为雪枫镇。（7）建议淮北行署将大柳巷四周河堤命名为雪枫堤。（8）开追悼大会，除边区外，地方可以县与区为单位分别进行，部队可以团或营为单位分别进行。

根据中共淮北区委的《决定》，豫皖苏边区各界悼念彭故师长的活动于 1 月下旬即已开始。泗阳、泗南、淮宝及永城等县纷纷举行追悼大会、宣读祭文、作报告，缅怀彭故师长的丰功伟绩；建立雪枫纪念亭、雪枫图书馆；通过开展拥军优属、生产运动等倡议。

2 月 2 日，淮北各界三千余人前往洪泽湖畔，恭迎彭故师长雪枫的灵柩。沿途群众含泪设案致祭。

在第四师师部驻地大王庄村头的广场上，军民们用木柱搭起了彭故师长的灵堂，四周围着灰色布幔，灵堂大门的挽联是：功勋垂千古，浩气壮山河。堂内堂外摆、挂着挽联、挽词和花圈。灵台正中悬挂着彭雪枫遗像，像上边横匾是：“留取丹心照汗青。”两边挂着毛泽东、朱德、刘少奇、彭德怀、陈毅共挽的挽联：

> 二十年艰难事业，即将彻底完成，忍看功绩辉煌，英名永在，一世忠贞，是共产党人好榜样。
>
> 千万里破碎河山，正待从头收拾，孰料血花飞溅，为国牺牲，满腔悲愤，为中华民族悼英雄。

在灵台两旁，还有中共中央华中局、新四军各师、华中各抗日根据地、淮北各界，以及淮北抗日根据地领导人张爱萍、邓子恢、韦国清、张震、吴芝圃、刘瑞龙等人的挽词、挽联。

中共中央华中局的挽词是：

雪枫同志，不管在苏区工作与白区工作中，都有很大成绩，不管在内战时期与抗战时期，均建立辉煌功勋。他是一个智勇双全与英明能干的军事家和政治家，他是一个对党对革命对中国无产阶级与中国人民解放事业无限忠诚的布尔什维克。雪枫同志英勇殉国，不但是我党我军的重大损失，也是我中华人民与中华民族的巨大损失。

第四师师长兼淮北军区司令员张爱萍的挽联是：

恨敌寇夺去吾战友，率全师誓为尔报仇。

淮北各群众团体敬献的挽联是：

生为斯民，死为斯民；功满淮北，泪满淮北。

为了表达淮北军民对彭故师长雪枫的无限怀念之情，2月4日至6日在雪枫灵前举行公祭仪式。灵堂前30把横笛竹筀，不停地奏起阵阵哀乐。声泪俱下、心肝欲裂的吊唁者：新四军第四师各旅、团的代表，淮北民兵代表，路东、路西各民主政府代表，各机关、团体、学校代表，胸前挂着白花，来到雪枫灵前，一一祭奠，他们千呼万唤彭师长："将军快回还！"参议会两鬓斑白的老先生们，个个热泪盈眶，无限虔诚地脱帽向彭师长遗像行鞠躬礼。路西的开明士绅吴先生率领沦陷区的民众代表，冒着生命危险，前来为彭师长行礼谒灵。各地难民代表（那时国统区、敌占区的贫苦农民，因不堪忍受敌伪顽的欺压蹂躏，逃到淮北解放区后受到民主政府的安置，生产自救）数百人来到灵前，怀着无比感激的心情，跪倒在地，泣不成声。妇救会的老太太、姑娘们，身着重孝，手持清香，跪在灵前悲痛欲绝。淮北中学案件中被彭师长挽救的女教师陈秉惠和被平反昭雪的师生们，头裹白布，手捧清香，长跪在彭师长灵前，泪如雨注，捶胸顿足，呼喊恩人的名字，悲痛不已。一名7岁的儿童受卧病在床的祖父所遣，买了炷香，连夜从远处赶来，点上香，双膝跪在彭师长的遗像前，为师长祈祷，泣不成声。

日本反战同盟、朝鲜独立同盟淮北支部、华中分盟的国际友人后滕勇、矢口庄司、太田延、崔达彦、孙达等，向彭师长遗像抚膝鞠躬，泪水滚滚。他们并分别作了祭文与悼文。

当林颖来到雪枫灵堂前，看见彭雪枫遗像时，悲痛欲绝，猛扑上去，放声大哭："雪枫，雪枫，你不该走……雪枫，雪枫，我再也见不到你了，小枫还没有看见他的爸爸啊……"灵堂四周的人们，目睹此情此景，无不同声悲悼。

2月7日5时，淮北各界2万人举行追悼彭雪枫师长大会。当日，中共中央委员会特致挽电，挽联是：

追悼大会会场

遗爱满江淮，八百里河山增颜色；功勋在祖国，千百万同志共仇雠。

追悼会由中共中央华中局代表（华中局委员兼组织部长）曾山主祭，新四军、新华社华中分社代表、淮北苏皖边区党政军、参议会领导及新四军第二师、第七旅、第五十二团代表陪祭，在鸣炮21响声中开始，几十名男女青年组成的挽歌队，奏起低沉凄婉的哀乐，歌词是彭雪枫的老战友、继任第四师师长张爱萍于1944年10月所作的：

二十年来，为了人民、为了党，
你留下的功绩辉煌：
首战长沙城，八角亭光荣负伤；
乐安事变，荣获红星章。
雪山草地，百炼成钢。
在豫东，燃起抗日烽火；
在淮北，粉碎敌人扫荡。
对党坚贞，为民赴汤；
英勇善战，机智顽强，
是我们的榜样。
雪枫同志，你把最后一滴血，
献给了人民，献给了党。
多年同患难，长别在战场。

我们一定为你报仇，
完成你未竟的事业，
争取全中国的解放！

挽歌悲壮，哀乐阵阵，人人掩面而泣。在华中局代表曾山、新四军代表邓逸凡、新华社华中分社代表范长江和与会全体代表向彭雪枫遗像致祭后，治丧委员会宣读中共淮北区委、行政公署、四师兼军区司令部政治部《祭文》，当读到“呜呼，师长往矣，将军成仁，光荣千古，遗忠于国，复仇万民！遗爱于党，复仇一心。天地为愁，草木凄悲”时，悲痛之声阵阵四起。接着，张爱萍代表第四师全体指战员、刘瑞龙代表淮北各界致悼词，各界代表也沉痛发言。最后，曾山等向雪枫家属林颖致意慰问。

追悼会，在悲壮低婉的哀乐声中、在人们禁不住放声大哭呼唤着“好师长雪枫”的无限怀念之情中结束。

彭雪枫的墓地，选定在半城镇的西郊。出殡的当天，洪泽湖畔出现了罕见的大霜，四野、树枝、房屋一片雪白，顿成银装。当地群众叩谢苍天：“天鼓响，将星陨落；树头凌，草木挂孝。”人们将哀思寄托于自然，倾吐心中的悲痛。

下午 2 时出殡开始。从大王庄到半城镇西郊的送葬路上，成千上万的群众夹道路旁，扶老携幼，自动为彭师长送葬。在短短的几里路上，群众设路祭达 128 处，案桌上敬放着一炉香，放着一碗水，一面镜子，寓意着好师长雪枫为官清正廉洁，清如水，明如镜。

送葬的队伍，是以四匹战马为先导，马额上戴着黑纱，马尾上扎着麻丝，骑兵手举着“为彭故师长复仇”的横幅，缓缓前进；彭雪枫的灵柩上覆盖着鲜艳的党旗，周围有彩旗、手枪、马刀队护卫；治丧委员会全体委员和各县代表亲自执绋，紧随其后。灵柩所经之处，成群结队的群众早就肃立路旁，悲恸难抑，哭声震天。

在灵柩入葬前，中共中央华中局委员邓子恢代表华中局发表演说。他悲壮地说：

同胞们，同志们！

现在我们已到了彭故师长的墓前，彭故师长的灵柩马上就要入土了。彭故师长一生的斗争生活，已从此结束了。假如照盖棺定论来说，那么今天我们就可以为彭故师长下一个严正的定论。

首先就国家民族来说，彭师长是一个保卫国家的民族英雄，是国家的忠臣。

就对人民来说，彭师长是为人民服务而又为人民热情爱戴的群众领袖。

就我们部队来说，彭师长是一个文武双全智勇兼备的军事家和政治家。

就党内来说，彭师长是一个模范党员，是一个布尔什维克。

邓子恢的话表达了大家的心声，人们唏嘘不已。邓子恢接着要求人们化悲痛为力量，“要以彭师长的奋斗精神与工作作风来对照自己，并贯彻到各部门各方面的工作中去，来完成反攻前的准备工作”，尤其是在今年完成以下三件大事：努力扩大与巩固解放区，开展生产运动，开展城市工作。“这就是最实际的追悼彭故师长”。

邓政委的演说，使哀悼的人们想起了彭师长的话：“后死者的责任，不是流泪，而是向敌人为逝者复仇！”

当灵柩徐徐放入墓穴时，林颖的心碎了，嗓子哭哑了，她不停地呼唤着雪枫的名字。淮北中学、大柳巷与各县、各界代表，以及彭雪枫的警卫员们，也都千呼万唤彭师长，捶胸顿足，悲痛欲绝。

送葬结束了。可人们围着彭故师长的墓久久不愿离去。华中局代表曾山看到这激动人心场面，无限感慨地说：“一个领导同志牺牲后，出现这样动人的场面，过去是很少有的。”

在津浦铁路西，中共淮北路西地委于 2 月 5 日，在萧（县）西洪河集举行彭故师长雪枫同志追悼大会，各界群众和干部万余人与会。地委书记吴芝圃代表路西地委敬撰的挽联为：

为国家，为民族，为共产主义，流最后一滴血，极目中原山河碎；
恨日寇，恨汉奸，恨顽固分子，压胸前千种愤，放眼神州楚天哀。

第四师参谋长兼第十一旅旅长张震敬撰的挽联为：

日寇侵华千万里，破碎河山，正等待从头收拾，溘然长逝，公目不瞑；
禹甸蛮荒十数载，驰驱附骥，方相期痛饮黄龙，毅而永诀，我心何堪。

夏邑县彭沟崖村民代表彭光鼎等率族众于师长雪枫灵堂遗像前，沉痛宣读祭文。文曰：

苦哉雪枫，寒薄门庭，青灯彀读，拳拳服膺，百折不挠，学识精通；壮哉雪枫，坚强英明，献身祖国，此志靡穷，无产阶级，立所大同；勇哉雪枫，百战百功，所向披靡，顽敌无踪，力挽危局，大厦扶倾；公哉雪枫，淡泊一生，不贪功利，不慕虚名，不知奢侈，不居尊荣；惜哉雪枫，壮志未终，庚届三八，抗战陨星，合族饮泣，涕泪零零；叹哉雪枫，唏嘘哽呜，事业未就，将星忽冲，山河皆悼，谁挽颓风。

当日，留在路西的第九、第十一旅，也分别在涡蒙与萧永地区召开了隆重的追悼会。师参谋长兼第十一旅旅长张震与第九旅旅长滕海清分别代表各该旅全体指战员致悼词，决心继承彭故师长的遗志，为争取抗日战争的最后胜利、为中华民族的彻底解放而战斗到底。

五、永远的纪念

彭雪枫将军不幸殉国，但他虽死犹荣。他的战斗精神，他的高尚品质，他的丰功伟绩，是留给人民的宝贵财富，他永远留在人民的心里。

从彭雪枫将军逝世后，半个多世纪以来，人们纪念、学习和宣传雪枫不朽精神的活动始终没有间断过。

（一）营建陵园和纪念馆

1945 年 5 月 12 日，中共淮北区委、淮北苏皖边区行政公署决定在雪枫墓地营建淮北烈士陵园。由行署主任刘瑞龙任建筑委员会主任，钱正英任工务科长、周华青任工程处副处长，艺术工作者鲁莽等参加筹建。陵园坐西朝东，内建“淮北解放区抗日阵亡将士纪念塔”一座，“彭故师长雪枫墓”一陵，铸造彭故师长雪枫半身铜像一尊，铭刻彭故师长和淮北抗日阵亡烈士英名录碑 13 通，占地共 10.45 公顷。陵园大门上端和两侧有苏皖边政府主席李一氓题写的“淮北烈士陵园”门额和“半壁河山留战绩，两淮风雨吊忠魂”的对联。陵园于 1946 年 10 月竣工后，原第四师领导人与淮北区党委、苏皖边区政府、行署、参议会领导以及淮北军民举行了首次谒陵式。

在国民党反动派发动全面内战后，原第四师与兄弟部队已分别整编为华中野战军第二、第九纵队开赴前线作战。1946 年 11 月下旬，边区党政机关撤离半城地区。国民党反动派在侵占半城后，穷凶极恶地破坏彭故师长雪枫的陵墓，竟至扒墓劈棺，抛撒遗骨，焚亭毁碑，惨不忍睹。1947 年 3 月 4 日，解放军淮北挺进支队重返淮北，解放半城，惩办了毁陵扒墓的主犯和杀害收藏雪枫遗骨壮士的凶手。1949 年 1 月，原第四师参谋长、时任华东野战军副参谋长张震将军由淮海前线凯旋半城，凭吊彭故师长陵墓，指示拨粮 5 万公斤，修复陵园。始将雪枫遗骨由高咀迎回半城，重新入殓，改葬塔北新墓地，墓前新立“彭故师长雪枫同志革命史略”石碑一通，并改淮北烈士陵园为“雪枫公园”。后几经易名，1978 年，又易名为“雪枫墓园”。

1959 年 5 月 1 日，中共宿县地委在宿县烈士陵园落成彭雪枫全身汉白玉雕像一尊。像基正面中央刻有吴芝圃、张震撰写的《彭故师长雪枫同志史略》。1986 年，园内兴建宫殿式“彭雪枫纪念馆”一座，馆正厅陈列彭雪枫珍贵历史照片 80 余幅。

1984 年 9 月 9 日，彭雪枫母校北京市第二十六中学（原汇文中学），举行彭雪枫烈士雕像落成典礼，雕像座石的正前方，镶嵌着张爱萍手书的“彭雪枫同志永垂不朽”的题词。

1985 年 9 月 3 日，郑州烈士陵园雪枫亭落成，郑州市各界千余人参加揭幕式。

1985 年 10 月 15 日，河南省夏邑县八里庄彭雪枫将军纪念馆落成。迎着纪念馆大门，卧形纪念碑上横刻着“彭雪枫同志壮烈殉国处”10 个大字，背后刻

1985 年 10 月 15 日，杨尚昆（前排左四）、张震（前排左二）等出席河南夏邑县彭雪枫纪念馆落成典礼

有《彭雪枫同志革命事略》的碑文，纪念碑后，矗立着彭雪枫将军半身塑像，纪念馆由纪念碑、塑像、陈列室、殉难处和遗体停放处组成。出席典礼的有：中共中央政治局委员、中央军委副主席杨尚昆，副总参谋长张震与彭雪枫的战友谭友林、滕海清、李宣化、林颖、陈兰和彭雪枫的儿子彭小枫，以及河南省党政领导人、各界代表等。杨尚昆、张震和中共河南省委书记杨析综等在讲话中，一致盛赞彭雪枫是我党我军优秀的军事家和政治家，我们要学习和发扬雪枫同志的革命精神和高尚品质，为加速我国社会主义建设事业多做贡献。

1988 年 11 月 6 日，经中共中央批准兴建的河南省镇平县彭雪枫纪念馆正式开馆。馆的正门广场中央建有彭雪枫将军青铜雕像一尊，内设八角形瞻仰厅 1 个、陈列室 4 个，陈列彭雪枫遗物 16 件，展出照片 300 余幅，以大事年表形式，生动地再现了彭雪枫将军光辉战斗的一生。

各地的彭雪枫将军陵园、纪念馆，已成为人们缅怀、纪念、学习革命优良传统的好课堂，使人们受到了深刻的教育，使一代一代的青少年不断茁壮成长。它们不仅成为重要的革命文物保护单位，有的还被国务院民政部或省市授予“爱国主义教育基地”。

（二）出版书籍，摄制电视剧

通过书刊、影像宣传彭雪枫，弘扬彭雪枫的革命精神和业绩，是极为深入和广泛的。

自1945年2月1日，中共中央华中局、新四军政治部决定“将彭雪枫同志一生光荣奋斗事迹，写成传略公布我军各师作为战士教材”以来，编撰出版关于彭雪枫的书籍有多种多类。其中主要有：

彭雪枫自述性的文稿和著作：《彭雪枫书信日记选》，内有彭雪枫《给邓颖超同志的信》《驻晋办事处日记》等；《彭雪枫家书》，《彭雪枫论抗日游击战争》文选，内辑论军事、政治工作文章38篇。这些都是了解、学习和宣传彭雪枫的珍贵文物和重要文献。

回忆彭雪枫的专集：《忆彭雪枫同志》，内有陈毅、张云逸、邓子恢、曾山、张爱萍、李志民、唐亮、张震等将帅们，亲历、亲见、亲闻的文章92篇；《抗战在淮北》，内有邓子恢、张爱萍、张震、刘瑞龙、韦国清等人，以生动、丰富、翔实的131篇史料，记叙了在彭雪枫将军的领导下，由1938年9月27日成立的新四军游击支队发展壮大为新四军劲旅之一的第四师的战斗历程。《淮北拂晓》《千里东征》，以150余篇回忆文章，细述了在彭雪枫领导下第十一旅的成长史。这370余篇具有重要史料价值的回忆文章，不仅记述了彭雪枫将军光辉的一生，也是进行革命传统教育和爱国主义教育的好教材。

此外，已出版了一批长篇文学传记、纪念专集，其中收入文献、纪念文章、史料齐全。一部《将军颂》——纪念彭雪枫诗词专集，共有357人和19个单位，作诗、词、挽联、题词623首（条）。这一首首古风诗词、一幅幅挽联题词，充分地表达了从中央到地方、从党政军民到侨胞，对彭雪枫的深切痛悼与久久的怀念之情。

（三）以“雪枫”的名字命名学校报刊

根据中共中央华中局和新四军政治部的决定，抗大第四分校于1945年3月24日易名为雪枫军政大学。在易名典礼大会会场上，醒目地贴着彭雪枫的训语：“做一个军事的政治家政治的军事家”，和“为创造千百个雪枫式的干部而努力，继承彭故师长孜孜不倦的学习精神”的标语。1946年4月，雪枫军政大学与苏中公学、华中野战军随营学校合并成立华中雪枫大学。先后以雪枫名字命名的小学、中学有：半城镇北的淮北干部子弟小学命名为“雪枫小学”，夏邑县八里庄“雪枫小学”、镇平县“雪枫中学”“雪枫小学”。

中共华中分局第八地委机关报——《拂晓报》（路西版）于1946年夏更名为《雪枫报》。后来，《雪枫报》又成为中共豫皖苏区委、分局的机关报。

以“雪枫”命名的县镇、学校、报刊，后来或因单位变迁，或因中共中央决定不以个人姓名命名地名而停止使用了，但彭雪枫“忠烈的名字”是“永垂不朽”的！

（四）纪念到永远

对彭雪枫的纪念方式是多种多样的。在他殉国的忌日，人们自动地用不同的方式表达他们的哀思和缅怀，举行大规模的隆重的纪念会或学术座谈会。

1984年9月4日至11日，为纪念彭雪枫殉国40周年，中共中央机关报

《人民日报》发表张震将军撰写的题为《纪念彭雪枫同志——为雪枫同志殉国40周年而作》的重要文章。安徽省在宿州举行纪念彭雪枫学术座谈会、书画展。江苏省洪泽县与泗洪县在半城镇、河南省夏邑县在八里庄同时举行纪念会，河南省并在彭雪枫故乡镇平县隆重举行纪念大会，国家和军委等领导人寄来了题词。李先念的题词是："学习彭雪枫同志的革命精神，为我国社会主义现代化建设事业而奋斗！"杨尚昆的题词是："彭雪枫同志是我党我军的优秀干部。他的早逝，是我党我军的很大损失。他的革命精神，值得永远纪念。"

1994年9月5日至10日，豫、皖、苏三省党、政、军领导机关和市、县机关、群众团体，分别在郑州市、宿州市、半城镇，隆重举行纪念彭雪枫同志殉国50周年纪念会、座谈会、书画作品展。前往出席宿州纪念会的有原司法部副部长谢邦治、彭雪枫的亲密战友林颖及新四军研究会常务副会长金冶与浙江、江西、湖北、河南等7省市新四军研究会负责人等。与会的省委等领导号召学习彭雪枫的坚强党性，争当廉政勤政的模范。彭雪枫的老战友、原司法部副部长谢邦治等以言、以文，表达他们对师长彭雪枫的深切怀念，并热情地盼望着雪枫式的一代新人茁壮成长。一幅幅书画作品，缅怀着表达着"彭雪枫将军永远活在我们心中"。出生于香港、加入英籍的香港何东公司集团董事长何鸿章先生，少年在上海度过，抗战爆发后返港，其父双腿惨遭日本侵略军空军轰炸致残，他受彭雪枫将军革命精神的感动，特偕其夫人帕特丽夏女士出席半城纪念大会，向雪枫陵墓敬献了花圈和花篮，并捐赠港币100万元，作为纪念彭雪枫将军及淮北抗日阵亡诸烈士的"昭烈基金"。对何鸿章先生的义举，"雪枫将军拟在天有知，当亦默鉴"。①

1988年10月，中共中央军委确定毛泽东、周恩来、朱德、彭德怀等33人为"军事家"，彭雪枫名列其中。

1997年8月，经中央军委批准，由中国人民解放军军事科学院军事历史研究部《彭雪枫军事文选》编辑组编辑、解放军出版社出版《彭雪枫军事文选》一书。《文选》从已搜集到的彭雪枫300余篇文稿中选定和收入电报、文章、书信、文告共112篇，集中反映了彭雪枫在中国工农红军、八路军、新四军任职期间，领导军民进行武装斗争、创造革命根据地和开展统战工作等诸方面的重要实践、经验和理论贡献。

8月16日，中共中央总书记、国家主席、中央军委主席江泽民为即将举行的《彭雪枫军事文选》暨此前出版的《彭雪枫将军》②画册座谈会题词：

文武兼备一代英才　功垂祖国泽被长淮

接着，25日《彭雪枫军事文选》暨《彭雪枫将军》画册出版座谈会在北京

---

①《何东·何鸿章先生昭烈基金碑记》语。

②《彭雪枫将军》，长城出版社1996年版。

举行，出席座谈会的有中央军委副主席张震、张万年、迟浩田，全国政协副主席钱正英，老干部叶飞、张廷发，中央军委委员于永波、王克、王瑞林，以及各方面代表近 200 人。张震在座谈会上发表了重要讲话，他指出：彭雪枫同志是中国工农红军、八路军、新四军的著名将领。在长期的中国革命战争中，他努力学习并创造性地运用毛泽东军事思想，在军事理论方面有不少精辟论述和独到见解。他既是出色的军事指挥员，又是优秀的政治委员。他的军事理论和军事实践，对毛泽东军事思想的运用和发展做出了重要的贡献。

彭雪枫——
一位功勋卓著、军政兼备的军事家，
一位忠贞一世、共产党人的好榜样，
一名对中华民族、中国人民有益的人。
你已被全国人民久久地纪念，并将纪念于永远。

生平大事年表
（1907—1944）

1907 年　诞生

■ 9 月 9 日　生于河南省镇平县七里庄一个农民家庭。乳名隆兴，学名修道。

1912 年　5 岁

■ 跟主张“耕读传家”的祖父彭汝澜习文练武，并学读唐诗。

1913 年　6 岁

■ 随塾师伯父彭延庆在陈园私塾伴读。

1916 年　9 岁

■ 随伯父在草王庄私塾伴读。少小聪明，《出师表》《满江红》等古籍名篇皆能背诵。不久，其父彭延泰即送他到县城仓房街初级小学读书。

1919 年　12 岁

■ 春　因才学出众，被县督学准予免试升入镇平察院高等小学。其间，所写《李自成打梁寨》等文传闻全校。

■ 同年　受“五四”爱国运动影响，在县城十字街头宣传抗日，高呼“打倒北洋军阀”“不给日本当牛马”等口号。

1921 年　14 岁

■ 春　辍学在家。跟父亲学习织绸，田间劳作。时因乡间匪患，同村民自备枪弹，“团结御侮，保卫家乡”，并被村民誉为“中心人物”。

■ 秋　投奔天津。在伯父资助下，到南开中学旁听。

1922 年　15 岁

■ 夏　辍学天津。开始“自力更生”生活。

■ 年底　投靠族叔彭禹廷，入冯玉祥陆军第十一师军官子弟育德学校读书。

1924 年　17 岁

■ 9 月　受校长余心清关爱，在育德中学附属小学兼任语文教员。

■ 12 月 31 日　以育德中学学生代表身份前往北京前门车站，欢迎孙中山抵京。

1925 年　18 岁

■ 5 月　任育德中学学生会会长，组织领导该校学生参加“五卅”爱国运动。

■ 6 月　经中国共产主义青年团北京地委书记唐从周介绍，参加中国共产主义青年团。

1926 年　19 岁

■ 3 月　直奉联军进攻国民军，育德中学无人主持，遂以学生会名义组织该校学生随国民军迁至绥远。

■ 9 月 2 日　由共青团员转为中国共产党党员。

■ 9 月下旬　和同学王志远等由绥返京，入汇文中学，不久任该校中共支部书记。

1927 年　20 岁

■ 年初　由汇文中学转入今是中学，并任该校学生自治会会长和中共支部书记。

■ 4 月　因李大钊被捕，转移天津，做“秘密党的工作”。

■ 10 月　由津返京，参加中共中央北方局组织的北京南苑暴动。

1928 年　21 岁

■ 年初　南苑暴动流产，复返天津，继续做秘密工作。

■ 2 月 5 日　修订《塞外游记》，并定名为《塞上琐记》后，在天津《国闻周报》第 5 卷连续 7 期发表，借以维持生计。

■ 3 月 29 日　在天津《大公报》副刊专栏“小公园”，发表《又是在电车上》一文。

■ 夏　返籍探亲，并谒族叔彭禹廷，给官不受，抱志返津。

■ 年底　和同学张维翰联袂考取冯玉祥所办开封训政学院政治专修科。

1929 年　22 岁

■ 5 月　开封训政学院因韩复榘、石友三强行停办，被迫离汴。

■ 夏　经扶沟、许昌返回北平，考取北平民国大学文学系。后因经济无着未能入校，引为终生“憾事”。

- 9月　受中共顺直省委指派，与同学过家和由天津到烟台刘珍年部做兵运工作，并被该部政训处委为宣传股长。
- 年底　被刘珍年部以“不稳分子”为名，“礼送”离部。后转赴福山，开展农运。

1930年　23岁

- 2月　奉命由福山抵沪，后以中共中央军委巡视员名义赴镇江巡视。
- 5月　由沪溯江赴鄂参加红五军，任红五军五纵队教导大队第三大队长。途中，正式易名雪枫。
- 6月　任红三军团红八军第一纵队副政治委员。
- 7月中旬至27日　升任第一纵队政治委员，并率部在进攻长沙战役中，首登长沙城。
- 8月中旬　任红八军第六师政治委员。
- 8月25日至9月12日　参加第二次进攻长沙战役。
- 9月13日　率红六师由长沙郊区转进江西，开始为“建立苏维埃”而斗争。
- 12月22日　参加东山坝红三军团前委紧急会议，支持和主张军团长彭德怀揭露“富田事变”阴谋。
- 12月30日　率红六师参加永丰龙岗战斗。

1931年　24岁

- 1月3日　率红六师参加东韶战斗，歼国民党军谭道源一部。
- 5月16日　率红六师参加富田战斗。
- 5月21日　率红六师参加中村战斗。
- 5月30日　率红六师参加建宁战斗。
- 6月3日　率红六师攻占泰宁县城。
- 8月7日　率红六师参加莲塘、良村战斗，歼国民党军上官云相、郝梦龄等师各一部。
- 9月8日　率红六师参加高兴圩战斗，并光荣负伤。
- 9月15日　率红六师参加方石岭战斗，全歼韩德勤第二十五师等部。
- 9月底　调任红二师政治委员。任内创办《猛攻报》，并被誉为“讲道理的政治委员”。

1932年　25岁

- 2月3日至3月8日　率红二师参加围攻赣州战役。
- 8月18日至20日　率红二师参加乐安、宜黄战役。
- 9月3日　率红二师由宜黄转兵东韶，始悉师长郭炳生挟持第五团北入白区，阴谋叛变投敌。9 日晚，亲率随行武装人员 15 人北上崇仁县境，挽救第五团。10 日夜，率第五团南返。郭炳生乘机只身投敌。

- 9 月中旬　率第五团返抵东韶。后大病几日，坚不离队。
- 10 月 16 日至 11 月 3 日　率红二师参加建（宁）、黎（川）、泰（宁）战役。

1933 年　26 岁

- 1 月 4 日至 6 日　率红二师参加黄狮渡战斗。
- 1 月 8 日　率红二师参加枫山埠（又称枫山铺）战斗。
- 2 月 27 日至 28 日　率红二师参加黄陂登仙桥战斗。
- 3 月 20 日　率红二师参加草台岗战斗。
- 6 月中旬　红三军团在大湖坪整编。整编后任红四师政治委员。不久，创办师“火线剧团”。
- 7 月 1 日　东方军组成。率红四师随东方军誓师东征福建。
- 7 月 9 日　率红四师在延祥设伏，毙国民党军旅长张兴隆，并乘胜攻占清流县嵩溪镇。
- 7 月 15 日　率红四师攻占清流县城。
- 8 月 26 日　率红四师攻占峡阳县城。
- 9 月 3 日　率红四师沿闽江直下水口，追歼残敌，震动福州全城。
- 9 月 29 日　率红四师回师黎川。
- 10 月 7 日　率红四师协同红五师于洵口歼国民党军 3 个团。
- 10 月 9 日　率红四师参加硝石战斗。连攻 5 日未克。
- 11 月 12 至 13 日　率红四师和国民党军第四师激战抚州八角亭，并光荣负伤。
- 年底　伤愈。调红军大学高级指挥科学习，并任红大政治委员（未到职）。

1934 年　27 岁

- 1 月　荣获中华苏维埃共和国第二次全国苏维埃代表大会授予的红星奖章。
- 3 月 31 日　在红军总政治部编印的《火线上的一年》一书里发表《八角亭战斗的教训》一文。
- 夏　调任江西省军区政治委员，并参加中共江西省委。
- 7 月 10 日　撰《一个小的战斗许多大的教训》一文，同年 8 月 15 日中革军委编印的《革命与战争》第 8 期予以发表。
- 7 月 11 日　向朱德、周恩来、王稼祥并江西省军区司令员陈毅报告（时在西方军前线）江西军区独立第三、四、五团编制和组建问题。
- 7 月 27 日　向朱德、周恩来并陈毅报告江西军区第二军分区各部作战部署。
- 8 月 15 日　在《红星》报上发表《这样的宣传是要不得的——对〈扩大

红军歌剧〉的批评》一文。

- 8月　调任红六师政治委员。
- 10月9日　调任中央红军第一野战纵队第一梯队队长兼政治委员，10月率部开始长征。
- 10月　调任红军总参第一局（作战局）局长。仍兼第一梯队队长、政治委员。
- 11月30日　协助周恩来在广西界首前线指挥军委第一纵队抢渡湘江。

1935年　28岁

- 1月9日　进驻遵义，和周恩来等同住老城柏辉章公馆。
- 1月16日　调任红三军团第五师师长。
- 1月21日　率红五师进抵花秋坝。根据敌情，与政委徐策向中革军委建议中央红军“不走温水，直出东皇殿”，并乘机攻占赤水。
- 1月27日至29日　率红五师参加土城战斗，并一渡赤水。
- 2月10日　扎西整编，改任红十三团团长。
- 2月18日　率第十三团二渡赤水。
- 2月26日　率第十三团参加夺取黔北要隘娄山关。
- 2月28日　率第十三团协同第十一团重占遵义。
- 3月16日　率第十三团三渡赤水。
- 3月21日　率第十三团四渡赤水。
- 3月31日　率第十三团南渡乌江。
- 5月4日　率先头第十三团由洪门渡抢渡金沙江。
- 5月22日　率第十三团通过彝族聚居区，直抵安顺场。
- 6月1日　率前卫第十三团抢渡大渡河。
- 6月14日　率第十三团翻过夹金山大雪山。
- 6月28日至7月7日　率第十三团翻过梦笔山、长板山、打鼓山、拖罗冈大雪山。
- 7月26日　和政委张爱萍签署《部队进至茶力革地区后警戒及行动之命令》。
- 8月23日至29日　率第十三团东出毛儿盖，经7天行程，徒涉茫茫草地，驻防巴西。
- 9月10日　率第十三团在巴西河岸布防，掩护中央机关安全北上。
- 9月18日　率第十三团通过腊子口。
- 9月22日　哈达铺整编。改任红军陕甘支队第二纵队司令员。
- 10月3日　和纵队政委李富春、副司令员刘亚楼向彭德怀、毛泽东等报告会宁地区敌情。
- 10月7日　率第二纵队乘夜翻过六盘山。

■ 10月21日　率第二纵队到达吴起镇。21日在吴起镇以西五里沟口与第一纵队击退国民党军马鸿宾、白凤翔骑兵5个团的追击。
■ 11月3日　改任红一方面军第一军团第四师政治委员。
■ 11月20日至26日　率红四师参加直罗镇战役，给中共中央把全国革命大本营放在西北举行了“奠基礼”。

1936年　29岁

■ 1月6日　和师长陈光向彭德怀、左权、聂荣臻报告部队行动计划及宜川、韩城等地敌情。
■ 1月25日　和毛泽东、周恩来、彭德怀等20位红军高级将领联名发表《为红军愿意同东北军联合抗日致东北军全体将士书》。
■ 2月中旬　奉命集结永坪、延长地域，进行东征政治动员和政策教育。
■ 2月20日　率红四师和红二师、红一师等部于绥德沟口强渡黄河，东出山西抗日。
■ 2月26日至27日　率红四师参加中阳县关上村战斗。
■ 3月10日　率红四师参加兑九峪战斗。
■ 3月17日　率红四师突破汾河防线，并包围霍县。
■ 3月25日　率红四师在临汾、洪洞等地发动群众，筹款扩军。
■ 4月1日　改任中国人民红军抗日先锋军第一路第四师政治委员。
■ 5月2日至4日　率红军抗日先锋军第一路第四师西渡黄河，回师陕北。
■ 5月20日　奉调红军抗日大学高级指挥科学习。
■ 8月　为《红军长征记》一书撰《娄山关前后》一文。
■ 9月24日　化名彭雨峰，随叶剑英等密赴西安，10月2日到达西安后不久彭又转至兰州，做东北军上层统战工作。
■ 11月初　由西安应召返回保安，后持毛泽东亲笔函赴绥远，同傅作义晤谈协同抗日事宜。
■ 11月10日　由绥远抵达天津，并同中共中央北方局接谈。
■ 11月12日　经天津到太原，并首次晤见阎锡山，进行联合抗日秘密谈判。红军驻太原秘密临时联络站在新南门基督教青年会后院6号建立。

1937年　30岁

■ 2月9日至10日　化名望敏，在北平《世界日报》上发表《说太原》一文。
■ 2月18日　同晋方代表梁化之面谈设立电台及红军在太原开设商店诸事。
■ 2月23日　向毛泽东书面报告阎锡山对“设立电台及开店诸事”“均已应允”等统战工作情形。
■ 3月22日　红军驻晋秘密联络站由基督教青年会迁驻新满城30号，对外称“彭公馆”，太原与延安从此开始电台联络。

- 5月26日至6月17日　兼任中共华北联络局书记，并以中共中央代表身份巡视北平、天津、济南、聊城等地。
- 6月30日　撰《平津济之行》一文，7月初由晋返延。
- 7月下旬　由延返晋，并同阎锡山谈判红军开赴华北前线抗日诸项事宜。
- 8月7日　致电毛泽东、彭德怀、任弼时，报告绥察边境粮食缺乏，建议派员在大同、丰镇等地建立兵站，预先筹粮。
- 8月12日　致电毛泽东、彭德怀、任弼时，报告阎锡山拟于同蒲路运送红军，可由韩城渡河。
- 8月22日　致电张闻天，请示王若飞回陕北路线。
- 8月25日　任八路军总部少将参谋处长兼八路军驻晋办事处主任。
- 8月30日　八路军驻晋办事处由新满城移驻坝陵南街8号成成中学，公开办公。
- 9月7日　陪同周恩来、彭德怀等赴太和岭口行营与阎锡山会商八路军进入山西后的活动地区及指挥关系、作战原则等问题。
- 9月18日　致电毛泽东，报告16日赴太和岭口同阎锡山商定指挥八路军两原则。
- 9月20日　任山西省战地总动员委员会委员。
- 10月5日　复函范长江，简介八路军敌后游击战战略意义。
- 10月16日　应山西战地总动委会主任续范亭之邀，在山西大学作《游击队政治工作》报告。
- 10月22日　致函朱德、彭德怀、任弼时、邓小平，介绍内蒙古青年纪明德前来总部接谈内蒙古骑兵兵运事宜。
- 11月5日　和周恩来、张震等撤离太原。
- 11月13日　创办临汾八路军学兵大队。
- 11月底　接见音乐家贺绿汀，为其创作《游击队歌》介绍和提供八路军开展游击战文件资料。
- 12月9日　为解放出版社撰《游击队政治工作教程》一书前言。
- 12月中旬　接见美国海军陆战队情报视察员埃文斯·福代斯·卡尔逊。
- 12月23日　致电毛泽东、周恩来、彭德怀，报告本日陪同朱德会见阎锡山、卫立煌，阎对划区游击表示热诚，并拟于日内将计划定妥。

1938年　31岁

- 1月4日　接见作家刘白羽，并应邀作《决定持久战的三个因素》等问题的谈话。
- 1月25日　由临汾到汉口中共长江中央局领受新的使命。本日晚，接受《新华日报》记者陆诒采访，作《华北民众游击战的发展》的谈话。

- 年初　和周昆、边章五、张经武分别代表八路军总部、第一一五师、第一二〇师、第一二九师参加在武汉召开的全国师以上参谋长会议。
- 2月16日　由武汉到达竹沟，并电请刘少奇、杨尚昆调张震等人来豫，临汾八办可结束。
- 3月1日　致电毛泽东，建议八路军应以豫西、陕南作为后方。
- 3月中旬　任中共河南省委军事部长。
- 3月29日　整编第八团，改造安段团，并送其开赴皖东前线抗日。
- 3月　创办竹沟军政教导大队。
- 4月25日　致电刘少奇，报告豫南党近来已打下基础。
- 5月4日　组建拂晓剧团。
- 5月上旬　劝退进驻竹沟的国民党军第一八八团，豫南土顽企图“驱逐新四军”的阴谋破产。
- 5月底　根据中共中央关于徐州失守后华中工作指示，同中共河南省委书记朱理治研究确定：在河南新建新四军1500到2000人，加紧准备豫西山地游击战争，支持豫东平原游击战争。
- 6月6日　撰《目前在河南应该做些什么》一文，6月14日《新华日报》予以发表。
- 6月　任中共河南省委统战委员会主任，广泛深入开展全省统战工作。
- 7月2日　撰《论在敌人后方工作》一文，8月8日《解放》杂志予以发表。
- 7月7日　撰《游击战术的几个基本作战原则》一文，并在竹沟教导大队讲授。
- 7月9日　任中共河南省委常委，负责主持河南省委军事和统战工作。
- 7月10日　致电朱德、彭德怀、任弼时，报告目前河南“客观形势极端有利于我们发展”。
- 7月15日　派萧望东率新四军第四支队游击大队（简称萧大队）开赴豫东抗日。
- 8月初至8月中旬　视察西华、扶沟、周口，部署豫东特委工作，并为新四军游击支队东进敌后预做准备。
- 8月19日　致电毛泽东、周恩来、叶剑英，报告视察豫东情形，认为如能派出大批军政干部，西华、扶沟、杞县各地武装均能在最短期间变成党领导下如八路军一样的正规部队。
- 9月3日　致电毛泽东、周恩来、叶剑英，报告豫东近况，认为在平汉危急情况下，我军如入豫东皖北，可造成冀察晋边区前途。
- 9月5日　和朱理治、陈少敏研究决定河南军事工作重心移向豫东，并赴洛阳同第一战区司令长官程潜联络，说明竹沟部队拟去豫东游击。
- 9月17日　致电毛泽东、周恩来、叶剑英，报告竹沟部队拟于第二期教导大队毕业后即行出动，豫东现势大可开展。

- 9月27日　组建新四军游击支队，任司令员兼政治委员。另同吴芝圃、萧望东组成三人团，并任豫东军政委员会主席。
- 9月29日　创办《拂晓报》，并撰《拂晓报——我们的良友》创刊词。
- 9月30日　和张震率新四军游击支队二大队在竹沟誓师东征。
- 10月11日　致电周恩来、博古、叶剑英和中共河南省委，报告豫东特委扩大会议已制定今后工作方针，特委在党领导下“进步颇速”。
- 同日　致电周恩来、叶剑英，报告游击支队已与萧大队、豫东游击三支队会合。三部整编后，拟用新四军游击支队名义向杞县地域行动。
- 10月12日　新四军游击支队二大队、萧大队、豫东游击三支队在西华杜岗会师，新四军游击支队正式组成。
- 10月24日　率新四军游击支队由西华聂堆东渡黄河，进入敌后。
- 10月25日至27日　因新黄河二次决口，睢、杞地区不能通过，乃率部乘夜继续东进，于淮阳窦楼首战告捷，日军林津少尉授首。
- 10月30日　率游击支队进抵鹿邑县刘大庄休整。
- 11月2日　致电周恩来、叶剑英并毛泽东、王稼祥，报告游击支队在豫东统战部队中信仰颇好，并已获得接济补充。拟在此整顿后西征睢杞太，并在豫皖苏鲁边游击区域建立抗日根据地。
- 11月8日　致电周恩来、博古、叶剑英，报告此间决定组建豫皖边工委，以张爱萍为书记。
- 11月9日　根据中央政治局通知，任中共中央中原局委员。
- 11月20日　率游击支队回师睢杞太。
- 11月26日　致电朱德、彭德怀并刘少奇，报告部队出动经过及其现状，认为豫皖苏边除地形条件较差外，其余各种条件均极便于开展游击和建立根据地。
- 11月下旬　在杞县傅集创办新四军随营学校，兼任校长。
- 12月3日　致电中共中央书记处并刘少奇，报告已允睢县李寿山部要求收编所请，现正以一个大队对其进行整编。
- 12月7日　致电毛泽东、王稼祥，报告目前肃清睢杞地域挂着政府名义之土匪武装实为开展该区工作的关键。建议中央对沦陷区之该类土匪给予适当处理办法，并请刘少奇到洛阳会见程潜时顺便加以说明，以便消除上层疑难。
- 12月18日　被任命为中共中央军事委员会总政治部党务委员会委员。
- 12月中旬　率游击支队途经太康砖角楼（现为转楼）重建拂晓剧团后返抵鹿邑白马驿整训。
- 12月21日　致电西华部队负责人胡晓初、王其梅并报中共中央和刘少奇，报告西华部队目前有被顽军收编或堵截之最大可能，建议该部精锐在顽军来到前由胡、王率领，立即秘密东渡黄河，以便配合游支在睢、太、鹿边地域游击。

■ 12 月 24 日　致电毛泽东、王稼祥、滕代远并朱德、彭德怀，报告游击支队已组建一、二两团等情，告知新年过后即东进皖北。

1939 年　32 岁

■ 1 月 1 日　欢宴《拂晓报》工作人员，指出："一支笔胜过三千支毛瑟枪！希望同志们埋头苦干，作新闻职业家。"

■ 1 月 3 日　组建游击支队驻亳县联络站，开展驻亳余亚农部统战工作。

■ 1 月 8 日　率游击支队由白马驿向皖北进发。

■ 1 月 9 日　命令游击支队二团一部夜袭亳北芦家庙，毙俘进犯亳州的豫东"剿共军"第一支队崔化山部参谋长以下百余人。

■ 1 月 19 日　率游击支队司、政机关经十字河进驻亳（县）南观音堂。

■ 1 月 23 日　命令游击支队一、二团各一部由张震率领摧毁永（城）东茴村二区日伪"良民"区署。25 日消灭高庄等地杂八队。

■ 2 月 1 日　致电毛泽东、王稼祥、朱德、彭德怀、刘少奇并朱理治，报告宋（克宾）、魏（凤楼）两部要求编入新四军问题处置经过。并称：我已两次抵鹿（邑），说服该部不能编入之理由，借以避免造成顽方借口。

■ 2 月 9 日　率游击支队直属队进驻永（城）南书案店。

■ 2 月 10 日　欢送游击支队独立营西征睢杞太。

■ 2 月11 日　致电毛泽东、王稼祥、滕代远并朱德、彭德怀、左权，报告游击支队目前经费万分困难，干部奇缺，建议军委明确规定游支军事管辖系统，以便弹药、给养具有来源，每月发给固定经费。日后，曾因"卖马度春荒"，荣获"天下文明第一军"的美称。

■ 2 月 23 日　召开团以上干部会议，决定以永（城）南、涡（阳）北为中心建立根据地。

■ 3 月 28 日　独立营由睢杞太返回书案店，并以此为基础组建游击支队第三团。

■ 3 月　书案店群众自动集资，勒树国民革命军陆军新编第四军游击支队司令员彭公雪枫德政碑一通。

■ 4 月 6 日　撰游击支队一团二营副营长《陈光勋烈士碑碑文》，称赞他为"忠诚的党员"，"长征英雄之一"。

■ 4 月 10 日　和吴芝圃在书案店接见参政员梁漱溟，挽留招待三日，后派部送其北上山东。

■ 4 月底，派张先舟到永（城）北鲁雨亭部进行统战工作。

■ 4 月　指示永城地下党负责人寿松涛组建中共永城县委，并任书记。

■ 5 月 7 日　新四军江北指挥部在安徽庐江东汤池成立，统一指挥江北新四军部队。

■ 5 月 31 日　率游击支队二、三两团进军淮上，途次蒙城乌衣集，并撰《平原游击战的实际经验》一文。

■ 6 月 1 日　致函毛泽东、王稼祥，并附信寄上《拂晓报》若干份和《平原游击战的实际经验》一文，恳请审查，推荐发表。

■ 6 月 12 日　军次淝河南岸，编《游击战术的实际运用》一书，并撰《写在前面》一文为序。

■ 6 月 15 日　率游击支队进驻怀远邵家圩，并与当地抗日武装领导人韩金山、王峙宇等建立统战关系。

■ 6 月　创办游击支队《军事杂志》。

■ 7 月　初派张爱萍、刘玉柱等赴皖东北。后经中共皖东北特支书记江上青介绍，张爱萍与国民党安徽省第六行政区警察专员盛了瑾在泗县魏营子达成抗日协议。

■ 7 月 20 日　致电军长叶挺并转皖省主席廖磊，报告汉奸孟昭光组织“新国民党”一案处理经过，并告该犯已在群众要求下被处决。

■ 7 月 25 日　命令第一团张太生部由永（城）南北进夏邑，与八路军苏鲁豫支队第七大队会师会亭集，实现“北联苏支”任务。

■ 7 月 30 日　应邀在怀远县耿村集基督教堂发表《基督教友和共产党人联合起来》的重要演说。

■ 8 月 5 日　致电郑位三、张云逸并刘少奇，建议游击支队南渡淮河，东出嘉山，以自来桥及嘉山、来安、盱眙三县为中心建立苏皖边抗日根据地。

■ 8 月 20 日　在《拂晓报》上发表《宁可消灭敌人一连，不愿击溃敌人一团》一文，总结怀远魏庄战斗经验教训。

■ 8 月 29 日　复电张震，同意永城抗日游击队鲁雨亭部改编为游击支队第一总队，鲁雨亭任总队长。

■ 8 月　任中共豫皖苏边区党委委员。

■ 9 月 1 日至 3 日　在游击支队第一次党代表大会上作《政治报告》，制定支队建党、建政、建军等各项工作方针。

■ 9 月 6 日　率游击支队领导机关进驻涡（阳）北新兴集。

■ 9 月 10 日　指示中共豫东地委书记向明率西华人民自卫军相机东进，与游击支队会合。

■ 同日　致电刘少奇，报告游击支队进军淮上与地方党发展状况，并告以永（城）涡（阳）为中心的豫皖苏边六县已略具根据地规模。

■ 9 月　在永（城）南唐楼接见永城各区工作队员，号召他们亲手铸造根据地的“铜墙铁壁”，使我军立于不败之地。

■ 10 月 1 日　在新兴集支队出征一周年纪念大会上发表讲话，概述游击支队一年来所取得的军事、统战等六大胜利。

■ 10 月 4 日　致电朱德、彭德怀并徐向前、朱瑞，建议将苏鲁豫支队东调皖东北，与张爱萍会合，以便游击支队在此放手做去，一举两得。

- 10月5日　在《拂晓报》上发表《斗争一年》一文。指出：支队一年斗争生活证明，敌人后方是可以变为前线的。
- 同日　在《拂晓报》上发表《〈拂晓报〉的产生和壮大及其今后的方针》一文。
- 10月23日　撰《英勇斗争的一年》一文，并在11月1日《拂晓报》上发表，纪念苏鲁豫支队东征一周年。
- 10月25日　在游击支队活动分子会议上作《抗战进入相持阶段的基本任务和具体工作方针》的报告。
- 10月　应新兴集民众所请，借新兴集、新四军、军民合作之意，为新兴集军民修建的水渠命名为“新新沟”。
- 11月7日　在新兴集纪念十月革命节大会上举行阅兵式，欢迎刘少奇、徐海东等到所部视察。
- 11月30日　在游击支队直属队和一、二团连以上干部会议上作《关于竹沟事变》的报告，号召全体指战员同全国抗日人民团结一致共同克服反共投降危险，坚持抗战、团结、进步到底。
- 12月5日　为《拂晓报》百期纪念撰《立志做办报专家》一文。
- 12月11日　西华人民抗日自卫军改编为游击支队第二总队，总队长胡晓初，政治委员向明。
- 12月20日　致电刘少奇、张云逸、徐海东，报告游击支队第一团附党政干部百余人随张爱萍赴津浦路东，组建第四总队，张爱萍任总队长。
- 12月29日　在新兴集“新新沟”竣工立碑典礼大会上致答谢词，并以“军民团结结成血肉关系”与新兴集民众共勉。

1940年　33岁

- 1月1日　在《拂晓报》上发表《为庆祝元旦告全体指战员书》，指出坚持并扩大我们的既得阵地，把敌人占领地缩小到线与点，以至彻底赶走他们，是1940年的任务。
- 同日　在新年干部晚会上号召，“学习马列主义，武装我们的头脑；学习军事，武装我们的手脚。”
- 1月20日　在直属队欢迎新来干部会议上，发表《目前国际国内形势的重心》等问题的演说。
- 1月30日　和吴芝圃联名发布自2月1日起游击支队正式改称新四军第六支队令。
- 2月17日至18日　在新兴集“精忠堂”党的活动分子会议上，作《目前时局与目前任务》的报告。
- 2月21日　在新兴集“精忠堂”支队参谋工作会议上，作《加强参谋工作建设》的讲话。该讲话于 1945 年 3 月新四军司令部编印的《参谋业务参考资料》第二集发表。

■ 2 月 23 日　出席新兴集万人讨汪（精卫）大会，号召肃清潜伏在抗日阵营中的投降派和顽固派。

■ 2 月 26 日　向中共中央报告豫皖苏边区财经状况。

■ 2 月 28 日　致电江苏省政府主席韩德勤，就砀（山）南常备总队政治处主任、共产党员怀盛德被砀山县长等无端扣留枪杀一案，敦请严惩凶手，抚恤烈士家属，以彰大义，而雪冤抑。

■ 3 月 8 日　在《拂晓报》上为"三八"妇女节题词："为妇女大众的政治解放而斗争"。

■ 3 月 12 日　在新兴集"精忠堂"孙中山逝世 15 周年纪念大会上，发表《谁是中山先生主张的忠实执行者》的演说。

■ 3 月 18 日　兼任抗大四分校校长，并在该校成立暨第一期开学典礼大会上，勉励学员立志做一个"政治的军事家，军事的政治家"。

■ 3 月 25 日　在支队第一次政治工作会议闭幕会上，作总结报告。

■ 3 月 27 日　和吴芝圃、萧望东联名致函三总队八团副团长兼一营长陈文甫家属，盛赞陈文甫忠于民族国家之精神，对其在王浅子战斗中英勇牺牲表示深切哀悼。

■ 春　率部开挖永（城）南李寨至新兴集"新四沟"。竣工后当地群众自动集资勒树"新四沟碑记"一通，称赞新四军"前引前导与五亿袍泽谋乐利，耐苦耐劳为三区广众造腴田"。

■ 4 月 10 日　在新兴集"精忠堂"扩大欢迎新来干部会上致欢迎词，号召"一切抗日进步的先进人士团结起来"，共同开垦豫皖苏边这片"荒园"。

■ 4 月 14 日　在新兴集"精忠堂"鲁雨亭追悼大会上致悼词——《痛悼亲密的战友鲁雨亭同志》。

■ 4 月 21 日和 23 日　在《拂晓报》上，连续发表读苏联古伯尔曼所著《怎样把日本武装干涉者赶出了远东》一书笔记——《我们的镜子》一文。

■ 4 月 24 日　和吴芝圃率所属全体官兵发表通电，抗议汪精卫在南京"傀儡登场，伪造中央"。

■ 4 月 29 日　在《拂晓报》上公开致函蒙城县长袁传璧，抗议活埋共产党员杨子仪等滔天罪行，揭露其反共降日法西斯真面目。

■ 同日　主持成立豫皖苏边第一个文艺研究团体"读与写社"。5 月该社《读与写》杂志创刊，并为其撰代创刊词——《望读与写》。

■ 5 月 1 日　在豫皖苏边区军民纪念"五一"大会上，发表《以无产阶级战士的英雄气概为革命而斗争到底》的演说。

■ 同日　撰《五四运动的继承者新民主主义的实行家》一文，5 月 4 日《拂晓报》予以发表。

■ 同日　为《拂晓木刻》题写刊名，并撰创刊词。

■ 5月4日　在支队直属队“五四”纪念大会上发表《发扬“五四”精神，坚持团结进步》的演说。

■ 5月6日　和军长叶挺、副军长项英以及陈毅、张鼎丞、张云逸、戴季英、罗炳辉、李先念在《新华日报》上发表通电，表示抗敌讨逆决心，不使汪逆“离间挑拨之奸巧”得逞。

■ 同日　致电朱德、彭德怀并刘少奇和中共中央，报告豫东、皖北顽我武装斗争形势，估计此间大的武装冲突将不可避免，特请总部速令第三四四旅速向永、夏、商边开进。

■ 5月15日　在中共豫皖苏边区党委党校第一期开学典礼大会上作《亟待解决的大问题》的讲话。

■ 5月26日　豫皖苏边宪政促进会成立，被选举为该会名誉理事长。

■ 5月28日　致函邓颖超，告知汉皋一别，三个年头，“每天冒着枪林弹雨，风来雨去，肉体上虽不舒服，精神上倒也愉快”。

■ 6月1日　指挥新兴集“六一”战斗，胜利粉碎日军数路围攻。

■ 同日　晚接见《国际新闻社》战地记者任重，畅谈豫皖苏边抗日游击战争的现状和发展，认为目前豫皖苏边已成为“游击根据地的雏形”。

■ 6月4日　和萧望东联名发布重建新兴集布告，表示“新兴集与新四军血肉相关，尽心竭虑，纠合群力，重新创造一新兴集而后可”。

■ 6月9日　在支队党的活动分子大会上作《欧战进入新阶段后的国际形势》等问题的报告。

■ 6月中旬　命令支队第一、二、三总队进行缩编，成立支队特务团和豫皖苏边区保安司令部。

■ 6月20日　与南下八路军黄克诚部会师新兴集。

■ 6月21日　致电刘少奇并彭德怀等，建议黄克诚及新二旅留豫皖苏边开展局面。

■ 6月29日　和黄克诚联名致电刘少奇、朱德、彭德怀并报毛泽东、王稼祥，报告此间部队已根据军委27日电示实行合编，对外六支队名义及八路军名义均不变，对内则为八路军第四纵队。

■ 7月1日　致电刘少奇并毛泽东、王稼祥、朱德、彭德怀，报告发展华中的战略设想。

■ 7月7日　撰区党委机关刊物《〈党的工作〉发刊词》，认为正确地开展思想斗争，应该是《党的工作》的任务。

■ 7月11日　致函烈属涡阳谢庄谢老太太，称其三个儿子抗日救国英勇牺牲，可谓满门忠烈，留下无上光荣。

■ 7月12日　奉朱德、彭德怀电令，就任第十八集团军（八路军）第四纵队司令员。

■ 7月25日　致电叶挺、项英，报告“七一九”太和惨案经过，并请据实向安徽省政府当局提出交涉，以伸公理而利团结。

■ 7月27日　因黄克诚奉令率第三四四旅、新二旅执行“向东发展”任务，八路军第四纵队遂重新进行整编。彭雪枫仍任司令员，黄克诚仍任政治委员，下辖第四、五、六旅，进军淮上，执行“向西防御”任务。

■ 8月1日　致电刘少奇并项英、毛泽东、朱德、王稼祥、彭德怀、黄克诚，报告第四旅及第五旅一部控制淮河下游以后的皖北紧张局势，决定撤出蒙境双涧集部队，不再西进。

■ 8月23日　在纵队党的活动分子会议上作《开展统一战线，争取二百万友军及国民党主体继续团结抗战》的报告，纠正个别地区和部队不重视统一战线的过左倾向。

■ 8月25日　在《八路军军政杂志》2卷8期上，发表《豫皖苏边两年来平原游击战总结——游击战术指导法则》一文。

■ 8月27日　给木刻家刘砚题词：“文化是社会解放的前锋”。

■ 9月初　率纵队司令部进驻怀远钮家湾，并令四纵五旅、六旅在萧（县）、宿（县）、永（城）、夏（邑）等地全线出击，响应与配合八路军举行的百团大战。

■ 9月14日　为《抗大生活》出版抗大四分校第一期毕业纪念特刊题词：“为了革命，为了解放事业，立志做一个政治的军事家，军事的政治家。”

■ 9月27日　赴板桥西陆楼看望第十三团（老一团）欢迎该部胜利归建，并祝在建设铁的党军工作中一路领先。

■ 10月上旬　和萧望东、张震等参加淮上地委、怀远县委在龙亢举行的平阿山烈士追悼大会，悼念10月2日在平阿山惨案中牺牲的刘墨舞等三烈士。

■ 10月20日　致电彭德怀、左权、刘少奇并毛泽东、朱德、王稼祥，针对李品仙似采取“首先向我皖东进攻，而对皖北取守势”的“出攻入守”方策，提出“皖北战略方针”的建议。

■ 10月21日　在怀远基督堡纵队参谋会议开幕式上作《为建设铁的党军而斗争》的报告。

■ 10月　在边区各界实行紧急政治动员干部会上，作《大风暴前夜的国内外形势》的报告。

■ 11月7日　在抗大四分校第二期开学典礼大会上，号召学员“一面学习，一面战斗”，“把战争当课堂，在战争中学习战争”。

■ 11月17日　指挥蒙北板桥集战斗。此役激战三昼夜，歼日伪军1000余人，并收复蒙城、涡阳，击落九八式敌轻型轰炸机一架。

■ 同日　致电毛泽东、朱德、王稼祥并刘少奇，告知汤恩伯以阜阳、太和、临泉、颍上为基地，自南而北，分路向涡河北之永城、宿县、怀远、凤台间地区进攻之可能性为最大。

■ 11月20日　急电刘少奇并毛泽东、朱德、王稼祥，建议在何柱国、马彪等部均已西撤和汤恩伯、李品仙主力未到前，即以江南退让、苏北稍为退让为谈判中心，把苏北之第五纵队主力西撤至皖东北，以便增援淮南路西，使皖东、皖北两方均不致受到影响。

■ 11月　修订《豫皖苏边工作报告大纲》一文。

■ 12月3日　致电中共中央书记处并刘少奇、陈毅，报告豫皖苏边三年来统战工作之经验教训，强调党对军队及地方各级干部应加强“事故人情”“中国历史常识”“马列主义中国化”“党的政策策略”的教育。

■ 12月9日　作《〈怎样和敌人斗争与怎样建立敌后抗日根据地〉序》。

■ 12月12日　发表《为紧急动员告淮上绅耆书》，呼吁淮上父老绅耆本“国家兴亡，匹夫有责”之旨，“挺身倡导”，“组织动员”，“空舍清野”，“保卫淮上”，以“挽空前投降危险”。

■ 同日　豫皖苏边区保安司令耿蕴斋、第六旅第十八团团长吴信容在第十七团团长刘子仁策动下，裹胁所部1000余人，在永（城）萧（县）边发动军事叛变，并武装扣押该部政工干部蔡永、王静敏等数十人。

■ 12月13日　致电刘少奇、陈毅并毛泽东、朱德、王稼祥、彭德怀，报告“耿吴刘叛变”事件经过及善后办法。

■ 12月19日　在《文化战线》第二、三两期合刊上发表《为展开文化运动而斗争》一文。

■ 12月27日　致电毛泽东、朱德、王稼祥、刘少奇、陈毅，报告“耿吴刘事件”的演变及其经验教训，表示对耿、吴仍取“争取”方针，对刘则取“打击瓦解方针”。

1941年　34岁

■ 1月2日　致电刘少奇、陈毅并毛泽东等，报告边区反顽基本方针为：坚持现阵地，只有到万不得已时才能过路东。

■ 1月6日　致电彭德怀并贺龙、刘伯承、聂荣臻、罗荣桓等八路军诸将领，报告汤（恩伯）顽进攻豫皖苏边的情况和我之策略及应对之准备，并建议刘子久到此间任区党委书记。

■ 1月14日　和陈毅等新四军各将领联名致电蒋介石，要求制止企图围歼遵令北移的皖南新四军。

■ 同日　和陈毅等新四军将领联名发表《敬告华中华南新四军全体指战员同志》书。

■ 1月17日　和陈毅等联名发表《抗议国民党顽固派制造皖南事变通电》。

■ 1月24日　和陈毅等新四军将领联名发表通电，抗议国民党军委会1月17日通令。

■ 同日　在驻地接受《拂晓报》记者采访，发表《纵谈皖南事变》重要谈话。

- 同时　获悉日军发起“豫南战役”。
- 1月25日　致电刘少奇、陈毅并毛泽东、朱德、王稼祥，报告顽我双方之优劣条件及纵队反顽基本方针。并告我们已立下长期坚持华中之前哨战争决心，并用一切努力争取最后胜利。
- 同日　和黄克诚、张震、萧望东联名发布《十八集团军第四纵队司令部政治部紧急通令》，命令四纵队全体指战员“立即准备一切，枕戈待旦，随时待命行动，以迎击迫在我近前之反共军”。
- 1月27日　在纵队直属队干部会议上，作《誓为皖南事变殉难烈士复仇》的报告。
- 1月29日　向四纵队所属各部发出“艳酉代电”，命令各部自即日起在可能条件下对反共军实行进攻的态度，但对反共军各部及其地方政权、地方武装应采取不同的对策和方针。
- 1月30日　致电中原局并中共中央，建议中央立即准备在豫西各县发动抗日除奸之游击战争，并应准备在各地建立抗日民主根据地。
- 2月1日　在日军向豫北、豫西进攻的情况下，和区党委书记刘子久致电中共中央并刘少奇、陈毅，建议挺进豫西、陕南敌后，建立抗日防顽战略基点。
- 2月3日　接毛泽东、朱德、王稼祥复电，该电称：目前我军不应挺进豫西、陕南。“但敌至何处，我新四军即应至何处”，“但不要去得太猛，太吓人”。
- 2月4日　致电刘少奇、陈毅并毛泽东、朱德、王稼祥、彭德怀，报告四纵部署及怀（远）、凤（阳）、宿（县）、蒙（城）县政府建立的情况，并建议徐深吉部及赵谭支队南下豫皖苏边基本区，以便四纵主力在新区扩展战略阵地。
- 2月5日　和张震致电所属四纵各部，命令主力向西运动，侦察河西敌顽情况，并控制新黄河渡口船只。
- 2月6日　接刘少奇、陈毅电示：“你们应不顾一切西进到阜阳、太和、颍上地区。”
- 2月10日　反共军乘日军停止豫南战役之机向四纵队发起攻击。为坚持团结抗战，反对枪口对内，第四纵队发表《告华中被迫剿共的忠勇抗日官兵书》。反顽斗争，在不利形势下从此开始。
- 2月11日　急电刘少奇、陈毅并毛泽东、朱德、王稼祥、彭德怀、左权，报告昨晨渡过沙河之反共军已占江口集，我九团二营已向北撤退。
- 同日　致电新四军军部，报告边区严峻形势下的斗争方针为：巩固涡北，坚持涡南。
- 同日　致函国民党军第九十二军军长李仙洲，敦劝悬崖勒马，出主正义，不致内战再起，叛乱相仍，予敌以再犯之机。

■ 2月18日　中共中央军事委员会发布新四军各师军政负责人委任令，彭雪枫为新四军第四师师长暂兼政治委员。

■ 同日　致函阜阳警备司令廖运泽，呼吁共筹团结御侮，挽救大局义举，避免三军之热血洒于不光荣之内战中。

■ 2月20日　致电刘少奇、陈毅、赖传珠并毛泽东、朱德、王稼祥、叶剑英、彭德怀、左权，报告顽军已分三路向我进攻，我略作抵抗即退涡北，涡阳亦于昨晨失守。目前我正处在极端紧急复杂之局势中，但决心以最大之努力奋斗下去。

■ 3月1日　遵照中共中央军委2月18日电令，和萧望东于淮上防次联名发布《陆军新编第四军第四师司令部政治部新字第一号布告》，宣誓就任新四军第四师师长兼政治委员，萧望东就任政治部主任。

■ 3月3日　发表《致九十二军骑二军全体将士通电》，呼吁停止内战，枪口对外，维持抗战大业。

■ 3月4日　致电新四军军部，报告蒙北半古店战斗失利教训。

■ 3月9日　致电刘少奇、陈毅并毛泽东、朱德、王稼祥、彭德怀、左权，报告龙亢、河溜均于昨日失守，自即日起，四师已转入游击生活阶段。

■ 3月11日　致电刘少奇、陈毅并彭德怀、左权和毛泽东、朱德、王稼祥、叶剑英，报告四师目前对顽军采取的斗争方针，并不时派队夜袭之。

■ 3月19日　和张震致电刘少奇、陈毅、赖传珠并毛泽东、朱德、王稼祥、叶剑英、彭德怀、左权，报告四师目前方针是坚持涡北游击，部队作战以袭击打小仗为主要手段。

■ 3月23日　电示师政治部及师属各旅并报毛泽东、朱德、王稼祥、刘少奇、陈毅，批评反顽“战争既已开始，统战遂亦完结”的错误倾向，指示反顽斗争应取打拉兼施策略。

■ 3月26日　和萧望东与区党委联合发布《关于阅读传达了解与执行上级各种文件的指示》的训令，要求各级干部把上级各种文件运用到自己的实际工作中去，变成实际的行动。

■ 3月　派敌工部长刘贯一赴宿南蕲县集开展津浦路沿线胡沟、桃园等地统战工作。

■ 4月1日　发表《告南阳同乡书》，呼吁反共军中的南阳同乡官兵，“宁为抗日而壮烈牺牲，不为内战罪恶而死”。

■ 4月2日　和萧望东、雷明、张百川、任崇高联名发表《为征收公粮告淮上父老绅耆书》，呼吁淮上父老体念时艰，献纳余粮，协力同心，渡过难关。

■ 同日　为《拂晓报》撰写并发表《对今后宣传工作的几点意见》重要社论。

■ 4月7日　致电陈毅、刘少奇、饶漱石、赖传珠、黄克诚并毛泽东、朱德、王稼祥、叶剑英、彭德怀、左权等，报告永（城）南万楼战斗失利教训，强调我军对涡北顽军对策应为坚持并发扬游击战术原则。

- 4月14日　致电毛泽东、朱德、王稼祥、叶剑英，报告中共党员、国民党第一四二师第四二五团团长陈锐霆要求起义。
- 4月20日　在陈巷子接见陈锐霆，代表中共中央及中央军委对他进行慰问，并派方中铎到该部工作。
- 同日　接见《拂晓报》记者，发表《对“四一九”皖北起义之观感》的谈话。
- 4月21日　致电张震、萧望东、岳夏及各旅首长并报陈毅、刘少奇、毛泽东，通报大郭家战斗经过、胜利原因及其政治意义。
- 4月29日　复电陈毅、刘少奇并毛泽东、朱德、王稼祥，报告四师决留第十一旅在路西游击，第十二旅过路东等战略行动意见，并认为我军总以跳出顽军之包围圈，深入顽之后方作战，方为上策。
- 4月30日　经中共中央军委批准，任新四军第四师军政委员会书记。
- 5月4日　午夜，率师直属队经蕲县集在西寺坡越过津浦路。
- 5月7日　率直属队进驻路东泗县南管镇。
- 5月20日　在管镇四师参谋长会议上作《三个月来军事斗争检讨与今后战术改进问题》的报告，初步总结路西三个月反顽斗争的经验教训。
- 6月4日　率师部由管镇移驻洪泽湖东高良涧整训。
- 6月9日　召开师直干部会议，欢迎中共中央华中局委员、新四军政治部主任邓子恢到所部巡视工作。
- 6月23日　率师部移驻淮宝仁和集，并发布整训令。
- 7月19日至25日　出席仁和集军政委员会扩大会议，并代表军政委员会作专题报告，对路西三个月反顽斗争的成败得失和经验教训作了全面总结，并深入开展批评与自我批评。
- 8月1日　建立第四师骑兵团。
- 8月8日　组建宿东游击支队，坚持宿东游击战。
- 8月12日　和政治委员邓子恢（11日任职）联名致函罗炳辉，祝贺第四旅获得淮泗大捷。
- 8月22日　向华中局作《关于四师进入淮北后之各方面工作布置报告》，确定第四师向西、向北发展和在发展中求巩固的方针。
- 8月23日　任淮北苏皖边区军政委员会委员。
- 9月14日　和政治部代主任吴芝圃出席全师组织会议，并作《组织会议是四师作风转变的关键》的长篇讲话。
- 9月15日　出席边区戏剧协会成立大会，指出：“我们的艺术作品应该是带有充分教育意义的，而不是单纯的消遣品；我们的艺术作品应该要起先锋与领导的作用，以鼓励和鞭策大家向展开的远景迈进不息。”
- 9月24日　在半城与林颖结婚。

■ 10月5日　为淮北行政公署教育处主办的《大众》半月刊题词。
■ 10月10日　前往骑兵团讲话，号召“锻炼体力，成为黑壮而有力的标准美人”。
■ 10月12日　和邓子恢联名发表《为我军成立四周年暨本师出征三周年纪念告父老同胞书》。
■ 10月13日　在《拂晓报》上发表《我们将会被洗炼得更出色些》一文。
■ 10月16日至23日　协助陈毅指挥程道口战役。
■ 10月26日　在师直属队排以上干部会议上，作《程道口战斗经过及经验教训》的报告，着重从战术上总结程道口战役的经验教训。指出：此战改正了一般同志在战术上的陈旧观念——不攻坚，不坚守，加强了我们对游击性运动战的信念。
■ 11月1日　在半城北大操场欢迎陈毅大会上致辞，并接受陈毅所赠俄文译本《战争论》。
■ 11月5日至12日　主持召开四师团以上干部会议，聆听陈毅讲话。
■ 12月4日　和政委邓子恢联名发布《新四军第四师司令部关于主力部队与地方部队之指挥关系问题的通令》，确立主力军与地方武装的正常关系。
■ 12月14日　撰《宁为鸡口不为牛后》一文。
■ 12月21日　在《拂晓报》上发表《马列主义者要学习军事》一文，纠正四师报纸刊物“文艺多于政治，政治多于军事”的偏向，要求四师指战员，都应有其自己的军事常识和高深的军事素养。
■ 12月31日　和政委邓子恢就《新四军第四师一九四一年工作总结报告》，向军部作书面报告。

1942年　35岁

■ 1月1日　在《拂晓报》上发表《为新年元旦告指战员书》。
■ 同日　在《拂晓报》上发表《迎接一九四二年》一文，指出过去一年内本师饱受了最大的苦难和经历了严重的考验，敌后四度新年的今天，必将带来更大更多更出色的战斗胜利。
■ 1月21日　在《拂晓报》上发表《论精兵主义》一文，号召扩展工作，积蓄力量，精兵简政，为四师真正走向铁的党军而斗争。
■ 1月25日　和邓子恢、张震、萧望东、吴芝圃联名发布《新四军第四师司令部政治部布告》，对解除武装、取消敌对行为之日伪军官兵实施“绝对禁止杀害”等七项政策。
■ 1月31日　做出向西发展的军事部署：即以第九旅驻泗宿公路以北，第十一旅驻泗宿公路以南，游击支队确保现阵地，消灭土顽，建立政权，并派小部队去路西游击建立前进阵地。
■ 2月15日　在第四师《军事杂志》第17期上发表《论大量使用原始武

器》一文。

- 3月8日　在《拂晓报》上发表《迎击敌人春季“扫荡”》一文。
- 3月19日至31日　在中共淮海区党委驻地周村送别刘少奇，并作长谈。
- 4月22日　为《拂晓报》撰写代社论《认清敌人与准备自己》。
- 5月10日　参加师直保卫麦收军事演习，并率师司令部移驻管镇。
- 5月12日　开始读《战争论》第1卷，并陆续作眉批2900余字。
- 5月15日　撰《悼启邦同志》一文。
- 5月19日至22日　在师侦察工作联席会议上，作《没有情报就没有胜利》的报告和《侦察工作联席会议总结》报告。
- 5月25日　在《拂晓报》上发表《所望于政工会者》一文。
- 5月30日　在全师第二次政工会议上，作训词：“保持大刀阔斧雷厉风行作风，反对粗枝大叶不求深入习气。”
- 6月11日至24日　到抗大四分校检查工作，主讲军事课。
- 7月1日　和政委邓子恢、政治部主任萧望东、副主任孔石泉联名发布《关于开展整风运动决定的训令》，并参加全师整风学习总委员会。
- 7月7日　在“七七”抗战五周年纪念大会上，作《抗战什么时候胜利，抗战以后中国将成怎样》的讲话。
- 7月9日　率师司令部由管镇返驻半城。
- 7月15日至20日　参加全师军事工作会议，号召清算军事训练中的教条主义，创造新的战斗作风。
- 7月22日　和邓子恢参加师直盛大晚会，迎送萧望东赴第二师工作，吴芝圃主持第四师政治工作。
- 8月5日　和政委邓子恢、政治部主任吴芝圃、副主任孔石泉联名发布《关于整风学习的决定的训令》。
- 9月12日　撰《再论精兵主义》一文。
- 9月18日　在师直“九一八”11周年纪念大会上，发表《严重局势下的两大工作》讲话，号召“又精兵又整风，兵精风正好打仗”。
- 9月25日　和邓子恢、张震等发布《关于提高〈军事杂志〉在部队军事指导作用的指示的训令》。
- 10月14日　在淮北苏皖边区第二届参议会上作《军事报告》，总结了边区16个月来所取得的政治、军事成绩，指出目前敌对边区“大规模的‘扫荡’将有来临之一日”。
- 10月15日　在师《军事杂志》第29期发表《战略战术问题浅说》一文第一、二、三章。其余7章，现已无存。
- 11月14日　召开军政委员会会议，研究确定反“扫荡”方针。
- 11月16日　率师部撤离半城。淮北军民投入反“扫荡”战斗。
- 11月　淮北军区奉令与师司令部合并。彭雪枫兼淮北军区司令员。

■ 12月17日　率部移驻洪泽湖畔大王庄。33天反“扫荡”战役胜利结束。

■ 12月23日　在师直干部大会上作《迟缓等于死亡》的报告，指出在战争条件之下，一切工作都须迅速、果断，丝毫因循不得，丝毫迟缓不得。

1943年　36岁

■ 1月24日　致函第一军分区，对“主力与民兵配合”诸问题作出指示，认为“民兵，以及由主力去教育、帮助、配合推动民兵，是今天整个边区的一个首要问题。”

■ 2月13日　撰《三十三天反“扫荡”战役述略》一文，总结了33天反“扫荡”战役经验教训，并对日军今后动向和华中斗争形势作出预测。

■ 3月15日　电令四师各部采取先礼后兵策略，各个击破顽军韩（德勤）、王（光夏）的进犯，迫其返防。

■ 3月16日　和张震等由师部前往界头集前方指挥所指挥对韩、王顽军自卫反击战斗。

■ 3月18日　在山子头全歼进犯顽军，俘虏韩德勤，击毙王光夏。

■ 4月1日　以新四军代表名义与韩德勤总部代表吕汉劲签订《新四军陈毅军长与韩德勤会谈备忘录十条》。

■ 4月18日至20日　陪同陈毅等春游大柳巷。

■ 4月30日　和邓子恢、刘子久联合致函中共泗宿县委，发出关于《坚持边区的武装斗争》的指示。

■ 5月1日　和邓子恢、张震向陈毅、张云逸、赖传珠报告淮北反“蚕食”斗争形势、任务和方针，并作为《淮北区党委关于反“蚕食”斗争的指示》发布全区实施。

■ 5月12日　撰《悼彭雄同志》一文。

■ 5月19日至31日　赴军部黄花塘，听取饶漱石关于共产国际解散问题报告。期间，赴第一、二师之抗大分校与第五旅参观。

■ 6月29日　在全师军事教育会议上作《继续完成新的整训计划》的总结报告，指出此次整训的方针是“在战斗中整训，在整训中战斗”。

■ 7月4日　在区党委总学委扩大座谈会上作《关于中央整风新指示及华中局补充指示的传达》报告，要求边区全党完成整风计划，切实改进干部思想方法和工作作风。

■ 7月21日　在双沟举行的边区军民联合反对内战动员大会上，作“一面坚忍苦斗，一面荒淫无耻”为题的演说，号召边区同胞反对内战，保卫边区。

■ 8月2日　根据7月30日在岔河镇淮宝全县士绅反内战座谈会上所得情况，致函邓子恢、刘子久、吴芝圃、刘瑞龙，提出目前边区宣传教育工作应注意气节教育等几个中心问题。

■ 8月22日　撰《整风第一》一文，提出“战斗之外整风第一”的任务。

■ 8月28日　率师直属队及参加医工大会干部多人参加泗南大柳巷淮河大堤抢险斗争，并借拨公粮500石，接济河工抢修淮河大堤。

■ 9月4日　在师第三届医工大会闭幕会上，作《前事不忘后事之师》的报告，号召全师医务工作者“立志做一个医务专家”。

■ 9月18日　在师直“九一八”12周年纪念大会上，作题为《严重警惕》的演说，驳斥国民党“只有国民党才能救中国”的说教，指出：“只有共产党的政策，毛泽东的政策，毛泽东思想才能救中国。”

■ 9月25日　在第九旅旅直干部会上，作《民主运动中的偏向》的报告，强调正确运用“民主”和必须正确解决“服从”问题。

■ 10月5日　和陈毅、张云逸、潘汉年、范长江等参加江淮大学开学典礼。

■ 10月10日　在《拂晓报》上发表《纪念朱家岗殉国烈士碑记》一文，纪念1942年12月10日在33天反“扫荡”中为守备朱家岗而壮烈殉国的革命烈士。

■ 10月12日　在边区军民庆祝新四军建军六周年暨第四师建军五周年大会上发表演说。

■ 10月中旬　在淮北苏皖边区第六次教育行政会议上，提出“教育应走向劳动化、群众化、战斗化的方向。”

■ 10月28日　在淮北苏皖边区宣教会上，作《关于时事教育》的总结报告，指出：“时事教育是党的政治教育的一部分”，必须予以重视。

■ 11月8日　在《拂晓报》上发表《略论苏德战局》一文，纪念俄国十月革命26周年。

■ 11月25日　前往淮宝曹王庄迎送陈毅，并派淮北第三军分区警卫连护送陈毅至微山湖铁道游击队活动地区，转赴延安。

■ 11月30日　在部队版《拂晓报》上，发表《文化训练队思想论战总结报告》一文。

■ 12月1日　在淮北卫生学校开学典礼大会上，作“技术第一，政治第二”的训词。

■ 12月2日　在《拂晓报》上发表《贺〈拂晓报〉五百号——五年来〈拂晓报〉的检讨》一文，指出《拂晓报》今后应“向着‘全党办报’，‘全军办报’，‘全根据地人民办报’的路走去。”

■ 12月6日　和邓子恢、吴芝圃、刘瑞龙、陈荫南等发表师兼军区司令部、政治部、淮北苏皖边区行政公署《战斗动员准备反‘反荡’》布告。

■ 12月15日　在军部会议上作《淮北苏皖边区扩军的经验》报告。

1944 年 37 岁

■ 1 月 1 日 在《拂晓报》上发表《一年来的军事工作》一文，指出今后的军事工作重心，应向着“推动游击战转变为运动战的总方向而努力”。

■ 1 月 3 日至 9 日 和张震赴灵（璧）北张大路指挥战斗。

■ 1 月 29 日 在师直全体人员大会上，作《我们是政府的卫队和老百姓的护兵》的讲话。

■ 2 月 主持清查淮北中学第二次“反特案件”，并经中共淮北区委员会深入调查和慎重研究后，予以彻底平反。

■ 3 月 27 日 和邓子恢、吴芝圃、刘瑞龙致函泗阳案件受害者朱清阳，告知该案区党委已做出平反处理，望速回行署面谈，重新走上工作岗位。

■ 3 月 31 日 和邓子恢、张震致电张云逸、饶漱石、赖传珠，报告第三十一团等部泗阳反“扫荡”经过及未能全歼敌人的原因，并报泗阳县长兼总队长谢骙等九人在反“扫荡”中壮烈牺牲。

■ 4 月 6 日 和邓子恢、张震、吴芝圃联名复信睢杞太抗属工厂工友和抗属小学师生，告知“我们胜利的日子，翻身的日子，就要到来了”，并望他们“做好工作为前线，学好本事打敌人”。

■ 4 月 8 日 和邓子恢、张震、吴芝圃联名发布《关于加强军事宣传问题的训令》，要求边区党政军干部“既会执枪作战又会执笔作战”。

■ 4 月 25 日 和邓子恢、张震致电新四军军部，报告日军发动河南战役后津浦路西的敌伪顽情况，认为目前开展津浦路西的条件已经成熟。

■ 5 月 8 日 和邓子恢、张震致电张云逸、饶漱石、赖传珠，报告津浦路西顽伪军部署情况，认为目前是我恢复原四师基地永涡地区及开辟黄泛区以西扶沟、鄢陵的良机。

■ 5 月 24 日 参加骑兵团历次战斗牺牲烈士追悼大会，号召指战员学习革命烈士的英雄气概，以作战胜利为烈士复仇。

■ 6 月 6 日 致信林颖，告知反法西斯第二战场已于本日开辟，围攻希特勒德国之局面今已形成。“整个地球上到处充满着炮火，新的世界行将不远了！”“中国革命二十余年，应该苦尽甜来了。”

■ 6 月 9 日 参加师直革命老战士资凤五十寿辰祝贺会，送“甘居人下”四字致贺。

■ 6 月 13 日 和邓子恢赴军部，参加华中局打通思想会议。

■ 6 月 23 日至 24 日 作反省报告。

■ 7 月 11 日 和邓子恢致电师部，告知中央缩毂中原方针已定，指示做好西进准备工作。

■ 7 月 31 日 和吴芝圃由军部同返淮北师部。

■ 8 月 4 日 和张震、吴芝圃、刘瑞龙等研究实施中央西进作战方针及收复路西等有关事宜。

- 8 月 14 日　和邓子恢、张震致电张云逸、饶漱石、赖传珠，报告四师西进行动计划，并和邓子恢、张震联名发布四师西进命令。
- 8 月 15 日　和张震、吴芝圃在半城率部誓师西进，拯救中原。
- 8 月 20 日　率部越过津浦路，进抵路西。
- 8 月 23 日　和张震等指挥四师西进部队攻克小朱庄，全歼王传绶以下 1800 余人，胜利打开西进大门。
- 同日　和邓子恢、张震、吴芝圃在《拂晓报》上联名发布《国民革命军陆军新编第四军第四师司令部政治部布告》，宣示第四师主力西进“志在联合友军，携手抢救中原”。
- 同日　和邓子恢、张震、吴芝圃在《拂晓报》上联名发布《敬告豫皖苏边区父老兄弟姊妹书》，希望豫皖苏边区“男女老少全体组织起来，人家动员起来，建立自己的武装，组织自己的团体，在主力部队帮助之下实行武装自卫”，“巩固后方，援助前线”。
- 8 月 24 日　和张震致电张云逸、饶漱石、赖传珠，报告小朱庄战斗后的敌情及战斗部署。
- 8 月 29 日　和张震、吴芝圃致电张云逸、饶漱石、赖传珠，报告西进部队整训待机后的作战方案。
- 9 月 4 日　和张震、吴芝圃致电邓子恢、刘瑞龙，报告西进部队“地方工作情形”及“目前地方工作的方针”。
- 9 月 7 日　奉军部命令，统一指挥路东、路西部队，拟歼路东、路西各路来攻顽军。
- 9 月 9 日　和张震致电张云逸、饶漱石、赖传珠，报告西进部队“打顽拉伪”、“避免两面作战”方针初步战绩。
- 9 月 10 日　奉中共中央军委命令，在萧（县）、夏（邑）、永（城）地区布置反顽战场，实施各个击破顽军夹击四师西进部队计划，并统一指挥新四军、八路军参战各部，以求作战密切配合。
- 9 月 11 日　为准备迎击各路顽军合围反扑，指挥四师西进部队围歼夏邑八里庄顽二十八纵队八十二支队李光明部。晨 6 时许，顽李光明部大部被歼，在其指挥骑兵团追歼突围残敌时，不幸为流弹所中，壮烈殉国，遗爱长淮。

后 记

在彭雪枫将军97岁诞辰来临之际，我们将历时三载撰写的《彭雪枫传》奉献给读者，以表缅怀。

彭雪枫是我党我军德才兼备、智勇双全的无产阶级革命家和军事家。他1925年加入中国共产主义青年团，1926年转为中国共产党党员，从此投身于大革命洪流。土地革命战争时期，他曾任红三军团师长、政治委员，江西军区代司令员、政治委员，中央军委一局局长，陕甘支队第二纵队司令员，参加两次进攻长沙作战、中央革命根据地历次反“围剿”和红军长征。在作战中屡建奇功，被誉为中央红军中“优秀的青年将领，模范的政治委员”。抗日战争爆发后，他历任八路军总部参谋处长兼八路军驻晋办事处主任、中共河南省委军事部部长、新四军游击支队（后为第六支队）司令员兼政治委员、八路军第四纵队司令员、新四军第四师师长兼淮北军区司令员，在华中敌后担负一个独立战略区的领导工作。1944年9月，彭雪枫在抗日前线作战中壮烈牺牲，年仅37岁。在他短暂的一生中，直接指挥和参加了许多重大的战役战斗，谱写了可歌可泣的壮丽篇章，为中国人民的解放事业做出了重大贡献。在长期的革命战争实践中，彭雪枫努力学习并创造性地运用毛泽东军事思想，对开展人民战争、运用灵活机动的战略战术、创建革命根据地、加强武装力量建设、建立与发展抗日民族统一战线等重大问题，特别是对开展抗日游击战争，有许多精辟的论述和独到见解，为毛泽东军事思想的形成和发展做出了重要贡献。研究他一生的光辉业绩和军事理论，对于我们在新形势下加强军队建设，努力探索现代条件下特别是高技术条件下建军和作战规律，做好军事斗争准备，都大有帮助。同时，追记革命先烈的丰功伟绩，对于发扬我军的优良传统，教育和激励后人，具有重要的现实意义。

2001年2月，中央军委指示由军事科学院负责编写《彭雪枫传》。根据中央军委指示精神，军事科学院指定原军事历史研究部承担《彭雪枫传》的编写工作，成立了《彭雪枫传》编写组。编写组组长：耿成宽，成员有：毕建忠、张光彩、冯文纲、李成刚。为加强对传记编写工作的领导与审定，随后成立了《彭雪枫传》编审委员会，主任由葛东升副院长担任，副主任有王福成、闵振范，委员有萧裕声、齐德学、赵丕、寿晓松、黄林、徐树森、张剑。

为了高质量地完成传记的编写工作，编写组先后到中央档案馆、解放军档案馆、军事科学院军事图书资料馆、军事博物馆查阅、研究了大量文献资料；分赴彭雪枫将军生活、工作和战斗的河南、安徽、江苏、山东、贵州及北京等地进行实地考察和研究；还多次采访新四军、红军老同志及彭雪枫的家属，获取大量第一手的权威材料。在收集材料、拟定提纲和撰写初稿的基础上，于2002年底前写出了50余万字的《彭雪枫传》(征求意见稿)。之后分送新四军部分老同志、有关专家及传主的家属，广泛征求意见。根据他们提出的意见及建议，编写组经过反复修改加工，于2003年11月形成56万字（含照片）的送审稿。2003年12月24日，由军事科学院研究员罗焕章、张幼明、袁德金、李效东、徐占权等组成鉴定组，对书稿进行了认真的评审。评审会认为，该成果基础扎实，客观、公正地反映了传主伟大战斗的一生，是迄今为止有关彭雪枫革命实践和理论成就的首部权威性著作，对完成当代中国军事人物传记，弘扬我党我军光荣传统，推进社会主义精神文明建设和教育后代，都有重要意义。专家组在充分肯定书稿质量的同时，提出了一些具体的宝贵意见。编写组再次进行了认真的修改加工，并于2004年1月完成出版稿，上报并经编审委员会审查批准。

在编写过程中，曾在新四军第四师工作过的许多老首长、老同志给予热情指导和帮助。谭友林、陈锐霆、李宣化、罗应怀、沙风、奚原、沈宗洪、黄林、徐树森、张剑、林颖及彭雪枫将军的儿子彭小枫等同志对本书编写工作提出过一些很好的建议和意见，对确保传记的质量起到至关重要的作用。中央档案馆、解放军档案馆、军事博物馆、军事科学院军事图书资料馆、济南军区政治部、南京军区政治部、成都军区政治部以及河南省军区、安徽省军区、江苏省军区、贵州省军区、重庆市警备区政治部及有关省、市党史部门等对本书的编写工作给予了大力支持。在此，我们谨向所有帮助、支持本书编写工作的单位和个人，致以由衷的感谢。

撰写此书的具体分工是：耿成宽负责并参与全书编写提纲的制订、书稿的修改及统稿、定稿工作，撰写第十章；张光彩参与全书编写提纲的制订、书稿的修改及统稿工作，撰写第一至五章；毕建忠参与编写提纲的制订、书稿的修改及统稿工作，撰写第十一至十五章；冯文纲参与部分章节的修改，撰写第六至八章及生平大事年表；李成刚参与部分章节的修改，撰写第九章，并承担了传记组的大量行政事务工作。

在编写过程中，我们坚持以辩证唯物主义和历史唯物主义为指导，忠于史实，客观公正，按照历史本来面目秉笔直书，写出信史。但由于作者水平和掌握的素材有限，本书可能存在这样或那样的不足，敬请广大读者批评指正。

《彭雪枫传》编写组

2004年2月